KB041765

도산판례백선

사단법인 도산법연구회 도산판례백선 편집위원회 엮음
위원장 김관기 **위원** 김성용 김형두 박재완 서경환 정영진 홍성준

박영사

발 간 사

무릇 책의 머리말을 쓰는 것은 큰 기쁨입니다. 오랜 기간의 작업이 끝났다는 것을 뜻하기 때문입니다. 「도산판례백선」의 편집방향을 정하고 원고 집필을 의뢰하여 집필자들로부터 순차 도착한 원고를 심사하는 과정에서 저희 편집위원들은 서로 배우기도 하고 각자 생각하지 못한 점을 깨우치기도 한 보람 있는 시간을 보냈습니다.

나아가 저희들은 이 책에 반산 오수근 선생의 정년을 기념한다는 뜻을 붙여 선생이 오랜 기간 베풀어 주신 은혜를 기억하고자 합니다. 이 책은 도산법 전문가들의 반산 선생에 대한 존경과 애정의 표현입니다.

반산 선생께서는 한국 도산법의 발전에 많은 기여를 하셨지만 여기에서는 세 가지만 언급하겠습니다. 첫째는 도산법 연구에 기초를 마련하신 것입니다. 1997년 외환위기로 기업도산이 속출한 상황에서, 법원이 도산사건을 처리하면서 일본의 실무에 의존하지 않을 수 없었습니다. 이 시기에 반산 선생은 1998년 도산제도에 관심이 있는 학자 및 실무가들과 함께 도산법연구회(2009년 사단법인으로 전환함)를 결성하여, 한국 상황에 맞는 도산제도의 정착에 노력하셨습니다. 도산법연구회는 현재까지 매월 모임을 가지면서 각국의 도산제도와 실무를 연구하고 있습니다. 둘째, 도산법 통합에 산파 역할을 하신 것입니다. 2001년부터 통합도산법 제정 특별분과위원회 위원장으로 봉사하면서, 2005년 파산법, 화의법과 회사정리법을 통합한 채무자회생법 제정에 기여를 하셨습니다. 채무자회생법 제정 이후 회생에 성공한 채무자가 많아졌고, 이에 따라 도산절차에 대한 국민의 인식도 긍정적으로 변하였습니다. 셋째, 도산법 연구의 국제적 교류에 기여하신 것입니다. 한국 기업의 해외진출이 활발해짐에 따라 도산법원 간의 국제공조뿐만 아니라 학술기관 간의 국제교류도 중요하다는 점을 일찍이 파악하여, 2008년 도산법연구회를 중심으로 「동아시아도산심포지엄」의 결성을 주도하셨습니다. 이후 현재까지 정기적으로 학술대회가 개최되어 한국·중국·일본의 도산 경험이 공유되고 있습니다.

반산 선생께서 2021년 8월 대학교에서 정년퇴임하신다는 것은 이미 알고 있었기에, 이를 기념하기 위한 이 책의 준비는 오래되었지만, 본격적으로 시작된 것은 2019년 2월 도산법연구회에서 「도산판례백선 편집위원회」를 구성하면서부터입니다. 편집위원회는 우선 평석 가치가 높은 도산법 관련 판례들을 선정하고, 각 판례별로 적합한 집필자를 선정하였습니다. 그 결과 총 101개의 판례가 선정되었고, 반산 선생을 포함하여 총 80명의 집필진이 선정되었습니다. 원고의 초안은 2020년 말경 대부분 제출되었는데, 편집위원회가 여러 차례에 걸쳐 윤독을 하면서 표현을 수정하였지만 아직도 매끄럽지 못한 부분이 있을 것이라고 생각합니다. 사람이 하는 일이니까 오류는 불가피하겠습니다만 즉시 발견하지 못한 오류는 편집위원들의 책임입니다.

판례가 존재한다는 것은 그와 반대로 생각한 사람들이 있었다는 것, 그리고 그 반대설에도 상당한 근거가 있다는 것을 의미합니다. 이에 따라 판례 자체가 변경될 수 있고 관련 법령이 개정될 수도 있습니다. 또한 현실의 변화에 의하여 새로운 판례가 꾸준히 나옵니다. 따라서 편집위원들은 본서의 개정을 예고합니다. 변화한 여건에 적실성이 떨어진 판례는 빠지고 새로운 판례가 추가될 것이고, 편집위원회의 구성도 변동할 것입니다.

이 책의 출간에는 많은 분들의 도움이 있었습니다. 우선 출간의 취지에 공감하고 원고를 보내주신 집필진에 감사를 드립니다. 현업에 바쁘신 와중에 귀한 시간을 내서 이 작업에 함께하여 주시고 편집위원들의 원고 독촉과 과도한 편집을 감내해 주셨습니다. 일일이 찾아뵙고 인사를 올리고 싶습니다만 2020년에 세계를 덮쳐 이 책을 발간할 때까지도 완전히 그치지 않고 있는 대역병을 구실로 삼고자 합니다. 또한 편집위원회는 2달에 1번 정도 모임을 가졌는데, 원고를 모아주셨을 뿐만 아니라 편집위원회의 진행을 준비하고 궂은일을 맡아주신 법무법인 세종의 김영근 변호사님과 법무법인 율촌의 황인용 변호사님에게 특히 감사의 인사를 전합니다. 앞으로도 우리 도산법연구회에서 관건적인 역할을 하실 것이라고 믿습니다. 마지막으로 원고 취합과 정리에 힘을 보태 준 조수현 간사님에게도 감사의 인사를 전합니다.

반산 선생이 지금 정년을 맞는다고는 하시지만 오히려 현업의 부담이 덜어지니 앞으로 더욱 도산법의 발전에 기여하실 것을 기대합니다. 극히 최근까지 이 책이 당신의 정년을 기념하는 것이라는 점을 알려 드리지 못한 것은 평소 형식적인 의전을 일체 거부하시고 젊은이들과 어울리기를 즐겨하신 반산 선생의 마음 쓰심을 헤아렸기 때문입니다. 저희들은 늘 반산 선생과 함께하고 싶습니다. 반산 선생께서 퇴임 이후 더욱 건강하시고 학문적으로 더 큰 성취가 있기를 기대하면서 이 책을 봉정합니다.

2021년 8월

사단법인 도산법연구회
도산판례백선 편집위원 일동

차 례

Ⅰ. 회생절차

① 신청 · 개시 · 보전처분

② 개시의 효력(일반)

③ 상계

④ 부인권

⑦ 채권조사확정절차

8 회생계획의 성립(요건과 절차)

9 회생계획(인가)의 효력

II. 파산절차

1 신청·파산선고

2 파산선고의 효력(일반)

3 상계와 부인권

④ 쌍무계약

⑤ 파산채권·별제권·재단채권 등

Ⅲ. 개인파산

1 신청·파산선고

2 면책

Ⅳ. 개인회생

Ⅴ. 국제도산

Ⅵ. 기업구조조정촉진법

사단법인 도산법연구회 도산판례백선 편집위원회

도산판례백선 집필진

(법무법인의 형태는
표시하지 아니하였다)

강정완(법무법인 한결 변호사)

권민재(서울남부지방법원 판사)

권순민(특허법원 고법판사)

김관기(김·박 법률사무소 변호사)

김선경(법무법인 율촌 변호사)

김성용(성균관대학교 법학전문대학원 교수)

김소연(법무법인 세종 변호사)

김시내(법무법인 율촌 변호사)

김영근(법무법인 세종 변호사)

김영석(대법원 재판연구관(판사))

김영주(법무법인 우리 변호사)

김유성(대법원 재판연구관(부장판사))

김장훈(김·장 법률사무소 변호사)

김정만(법무법인 정행 변호사)

김주현(법무법인 디코드 변호사)

김지평(김·장 법률사무소 변호사)

김진석(서울고등법원 인천재판부 고법판사)

김철만(법무법인 율촌 변호사)

김형두(법원행정처 차장)

김효선(법무부 상사법무과 행정사무관)

김희중(김·장 법률사무소 변호사)

나원식(대구지방법원 판사)

나 청(대법원 재판연구관(부장판사))

노영보(법무법인 태평양 변호사)

문혜영(법무법인 세종 변호사)

박민준(대법원 재판연구관(판사))

박용석(법무법인 세종 변호사)

박재완(한양대학교 법학전문대학원 교수)

박정호(법원행정처 사법등기국장)

박진홍(법무법인 태평양 변호사)

박태준(법무법인 태평양 변호사)

배현태(김·장 법률사무소 변호사)

백종현(법무법인 태평양 변호사)

서경환(서울회생법원장)

송두용(법무법인 디코드 변호사)

신동욱(울산지방법원 판사)

심영진(서울고등법원 고법판사)

심태규(서울동부지방법원 부장판사)

심활섭(김·장 법률사무소 변호사)

양민호(인천지방법원 부장판사)

오세용(사법연수원 교수)

오수근(이화여자대학교 법학전문대학원 교수)

유철희(대법원 윤리감사제1심의관)

윤덕주(법무법인 강남 변호사)

이민호(서울회생법원 판사)

이상재(법무법인 태평양 변호사)

이성용(서울남부지방법원 부장판사)

이수연(법무법인 율촌 변호사)

이수열(법무법인 화우 변호사)

이은재(법무법인 광장 변호사)

이의영(서울고등법원 고법판사)

이재희(서울고등법원 부장판사)

이주헌(법무법인 율촌 변호사)

이진만(이진만 법률사무소 변호사)

이진웅(서울남부지방법원 부장판사)

이희준(서울고등법원 고법판사)

임장호(법무법인 태평양 변호사)

임지웅(법무법인 광장 변호사)

임치용(김·장 법률사무소 변호사)

장경찬(장경찬 법률사무소 변호사/서울회생법원 파
산관재인)

장원규(한국법제연구원 연구위원)

일러두기

「채무자 회생 및 파산에 관한 법률」은 '채무자회생법'이라고 표시한다.

[01] 공익채권자의 회생절차 신청 적부

오수근(이화여자대학교 법학전문대학원 교수)   대법원 2014. 4. 29.자 2014마244 결정

[사안의 개요]

임금 및 퇴직금 등을 지급받지 못한 종업원 201명이 채무자인 언론사에 대해 회생절차를 신청하였다. 채무자 회사의 대주주들은 임금채권자는 회생절차에서 공익채권자로서 일반 민사집행절차에 비해 불리한 지위에 있어 회생절차에 대하여 법률상 이해관계가 없는 자이기 때문에 신청권이 없다고 주장하였지만 제1심은 회생절차 개시결정을 하였다.[1] 대주주들은 즉시항고에서 신청이 성실하지 않은 경우에 해당한다는 주장을 추가하였으나 기각되었고,[2] 대법원은 재항고를 기각하였다.

[결정요지]

1. 주식회사인 채무자에 대한 임금·퇴직금 등의 채권자도 채무자회생법 제34조 제2항 제1호 (가)목에서 정한 요건을 갖춘 이상 회생절차개시의 신청을 할 수 있고, 이는 임금 등의 채권이 회생절차에 의하지 아니하고 수시로 변제해야 하는 공익채권이라고 하여 달리 볼 수 없다.

2. 원심이 이 사건 회생절차개시신청이 성실하지 아니한 경우에 해당한다는 재항고인들의 주장을 배척한 것은 정당하다.

[해설]

1. 문제의 소재

첫 번째 쟁점은 신청인에게 회생절차 개시신청권이 있는가이다. 채무자회생법 제34조 제2항 제1호 (가)목은 채무자 외에 자본의 1/10 이상에 해당하는 채권을 가진 채권자도 회생절차 개시신청을 할 수 있다고 규정하는데 여기서 '채권자'에는 회생절차가 진행된다면 공익채권에 해당하는 권리를 가진 채권자도 포함되는지 여부이다.

두 번째 쟁점은 신청인의 개시신청이 회생절차 개시신청 기각사유의 하나로 규정하고 있는 "회생절차 개시신청이 성실하지 아니한 경우"(채무자회생법 제42조 제2호)에 해당하는지 여부이다.

2. 대상결정의 논거

가. 공익채권자의 개시신청권

대법원은 우선 채무자회생법이 일정한 주주에게 회생절차 개시신청권을 주면서 다른 제한을 두고 있지 않는 점을 지적했다. 나아가 임금·퇴직금 등의 채권자에게도 채무자에게 파산의 원인인 사실이 생길 염려가 있는 경우에는 회생절차를 통하여 채무자 또는 사업의 효율적인 회생을 도모할 이익이 있고, 개별적인 강제집행절차 대신 회생절차를 이용하는 것이 비용과 시간 면에서 효과적일 수 있다고 보았다.

나. 신청이 성실하지 않은 경우

항고인이 제출한 자료만으로는 신청인들이 채무자 회사의 대주주와 경영진 교체를 주된 목적으로 이 사건 개시신청을 하였음을 소명하기에 부족하다.[3]

3. 검토

이 사안은 채무자 회사의 대주주들이 채무자회생법의 명문 규정과 다른 주장을 하면서 다투어지게 되었다. 채무자회생법 제34조 제2항 제1호 (가)목은 자본의 10분의 1 이상에 해당하는 채권을 가진 주식회사의 '채권자'에게 회생절차의 개시신청권을 부여하고 있는데, 대주주들은 여기서 채권자에는 공익채권자가 포함되지 않는다는 주장을 하였다. 그 근거는 공익채권자가 회생절차에 대하여 법률상 이해관계가 없다는 것인데[4] 그

---

1) 서울중앙지방법원 2013. 9. 6.자 2013회합142 결정.
2) 서울고등법원 2014. 1. 24.자 2013라1595 결정.

3) 대법원 결정은 이 쟁점에 대해서 직접 판단하지 않고 원심의 판단을 지지하였으므로 원심 결정을 인용한다.
4) 회생절차가 개시되기 전에는 공익채권자라는 개념이 성립하지 않는다. 회생절차가 개시되기 전에 공익채권자라고 규정하고 개시신청권이 없다고 주장하는 것은 본말이 전도된 주장이다. 김성용, "2014년 도산법 중요 판례", 「인권과 정의」 제

이유는 다음 두 가지로 관찰된다.

하나는 공익채권이 회생절차에서 특별하게 처리된다는 점이다. 제1심 결정에 따르면 대주주들은 "공익채권은 회생절차에 의하지 않는 수시변제를 받고, 법원에 채권 신고하여 조사·확정절차를 거칠 필요도 없고, 회생계획에 의하여 변제할 필요도 없으며 회생절차가 개시된 이후에도 공익채권에 기하여 채무자의 재산에 강제집행을 할 수 있으므로 공익채권자는 회생절차에 대하여 아무런 법률상 이해관계가 없는 자"라고 주장하였다.

다른 하나는 공익채권자에게는 회생절차가 일반 민사집행절차보다 더 불리하다는 것이다. 원심 결정에 따르면 대주주들은 "채무자 회사에 대한 회생절차가 개시되지 않을 경우 신청인들은 각종 경매절차에서 최우선배당을 받을 수 있는 지위에 있는데 채무자 회사에 대한 회생절차가 개시되면 신청인들은 조세채권 또는 다른 공익채권자들과 안분하여 변제를 받아야 하고 회생담보권이 설정된 특정재산의 매각대금에서는 회생담보권자보다 우선변제를 받지 못하는 등 채권 회수에 있어 신청인들의 지위가 회생절차가 개시되지 않을 경우보다 불이익하다."고 주장하였다.

공익채권이 회생절차에서 다른 채권과 다르게 취급되는 것은 사실이다. 그러나 공익채권자가 회생절차에 대하여 아무런 법률상 이해관계가 없는 자라고 볼 수는 없다. 대주주들의 주장은 '회생절차 내에 있는 것'과 '회생계획에 의하지 아니하고 변제받는 것'을 혼동한 것이다. 회생절차가 개시되면 관련된 여러 권리들은 〈표 1〉과 같이 처리된다. 신탁재산에 대한 권리나 적격금융거래(채무자회생법 제120조)처럼 처음부터 회생절차 외에 있는 권리도 있고, 환취권처럼 회생절차 내에서 회생절차 외로 이동하는 권리도 있다(채무자회생법 제70, 61조). 한편 회생절차 내에 있는 권리 중에는 회생계획에 따른 변제를 받는 회생담보권과 회생채권, 회생계획에 따르지 않고 변제를 받는 공익채권, 전혀 변제를 받지 못하는 개시후기타채권이 있다. 따라서 "공익채권이 회생절차에 의하지 않고 변제를 받는다"는 주장은 틀린 것이다. 대법원 결정에서 이러한 잘못된 이해가 지적되지 않고 "임금 등의 채권이 회생절차에 의하지 아니하고 수시로 변제해야 하는 공익채권이라고 하여 달리 볼

─────────

448호(2015. 3), 262면.

수 없다."라고 반복된 것은 아쉬운 일이다.

〈표 1〉 회생절차에서 각종 권리의 처리

회생절차 외			신탁채권, 적격금융거래
회생절차 내에서 외로 이동			환취권
회생절차 내	회생계획에 따르지 않은 변제		공익채권
	회생계획에 따른 변제		회생채권, 회생담보권
	무변제		개시후기타채권

공익채권은 회생절차에서 벗어날 수 없고 단지 회생계획에 따르지 않고 변제받을 수 있을 뿐이다. 공익채권의 변제가 회생절차 내에서 이루어지기 때문에 ① 채무자가 아닌 관리인으로부터 변제를 받아야 하고, ② 관리인이 공익채권을 승인하는 경우 법원의 허가를 받도록 할 수 있고, ③ 채무자의 재산이 공익채권을 변제하기에 부족한 경우에는 공익채권간에 우선권의 차이가 생긴다. 이렇게 회생절차에 구속되는 공익채권자가 회생절차에 대하여 법률상 이해관계를 갖지 않는다고 할 수는 없다.

대주주들이 주장의 근거로 제시한 대법원 2006. 3. 29. 선고 2005그57 결정은 '정리계획'의 인부에 대한 것이므로 공익채권자가 법률상 이해관계가 없다고 판단하였다. 공익채권자가 정리계획(회생계획)에 따라 변제를 받지 않으므로 공익채권자는 당연히 정리계획(회생계획)에 법률상 이해관계를 갖지 않는다. 만일 해당 사안에서 정리절차 자체를 다투었다면 결론은 달랐을 것이다. '회생절차'에 구속되는 것과 '회생계획'에 구속되는 것은 다른 것이다.

공익채권자가 회생절차에서 일반 민사집행절차보다 더 불리해진다는 주장도 잘못된 것이다. 임금채권자들이 최우선변제권을 갖고 있다고 해서 임금채권자들에게 일반 민사집행절차가 더 유리하다고 단언할 수는 없다. 다수의 공익채권자들이 개별적 추심절차인 강제집행절차를 이용하는 것보다 집단적인 추심절차인 회생절차를 이용하는 것이 비용과 시간 면에서 효과적일 수 있다. 또 기업가치를 보전 또는 확대하는 이익이 있을 수 있다. 민사집행법에 따른 강제집행을 하거나 파산절

차에 의하는 경우에는 기업의 가치가 훼손되어 공익채권을 모두 변제하지 못하거나 변제받는 기간이 길어질 수 있다. 회생절차를 통해서 기업가치를 보전하거나 확대하여 공익채권자가 완전히 변제받을 수 있다면 일반 민사집행절차보다 회생절차가 더 유리하다.[5]

채무자회생법에서 '채권자'란 모든 종류의 채권자를 가리키는 일반 용어(generic term)이다. 채무자회생법이 채권자 중에서 어느 특정 부류의 채권자만 의미하거나 어느 특정 부류의 채권자를 배제할 때는 회생채권자, 회생담보권자, 공익채권자, 환취권자 등의 구체적으로 제한된 용어를 사용한다. 회생절차의 개시신청권은 헌법이 보장하고 있는 재판청구권의 일부이므로 명문의 규정에 반하여 축소해석하기 위해서는 충분한 논거가 있어야 한다. 그런 점에서 임금채권자는 공익채권자로서 회생절차 개시신청권이 없다는 대주주의 주장을 배척한 법원의 판단은 옳았다.[6]

이 결정에서 흥미를 끄는 점의 하나는 신청인들이 대주주와 경영진의 교체를 목적으로 회생절차를 신청한 것이어서 회생절차 개시신청 기각사유의 하나인 신청이 성실하지 않은 경우라고 주장한 점이다.

채무자회생법은 각종 신청의 기각 사유의 하나로 "신청이 성실하지 아니한 경우"를 규정하고 있다.[7] 이 규정은 일본 파산법과 회사갱생법에서 유래하는 것인데 일본의 표준적인 해석론에 따르면 신청인의 목적이 법의 목적과 합치하지 않는 것을 의미하며 주로 신청의 동기에 주목한다.[8]

법원은 신청인들이 채무자 회사의 대주주와 경영진 교체를 주된 목적으로 이 사건 신청을 하였음을 소명하기에 부족하다 하여 대주주의 주장을 배척했다. 통상 미지급 임금 및 퇴직금 채권이 있는 종업원이 회생절차를 신청했다면 신청의 주된 목적은 채권회수라고 보아야 할 것이다. 설사 채권회수를 위해서 신청인들이 대주주와 경영진의 교체를 주된 목적으로 신청한 것이 분명했더라도 신청이 성실하지 않다고 보아야 하는지는 의문이다. 채무자의 회생을 통한 채무 변제를 위해 회생절차에서 대주주와 경영진을 교체할 수 있다. 그러한 방법은 일반 민사집행절차에서는 기대할 수 없는 도산절차의 특색이다. 미지급 임금채권을 가진 종업원이 대주주 및 경영자의 교체를 주목적으로 회생절차를 신청했다고 하여 이를 신청이 성실하지 않은 경우라고 단언할 수는 없다.

---

5) 제1심 결정은 "신청인들과 같은 채무자 회사 근로자의 경우에는 회생절차의 진행으로 기업가치를 존속시킴으로써 향후 고용과 임금까지 보장받는 이해관계가 있는 점"을 고려했다고 판시하는데 이해관계의 범위를 현재의 채권을 넘어서 미래의 고용과 임금 보장까지 확대할 수 있을지는 의문이다. 김성용, 앞의 글, 263면.

6) 당사자의 주장이나 판례에서 "신청권이 없다."는 것과 "신청의 이익이 없다."는 것이 개념적으로 혼동되고 있다. 향후의 논의에서는 이들 개념을 구분하여 사용하는 것이 바람직하다고 본다.

7) 회생절차 개시신청(제42조), 파산신청(제309조), 면책신청(제559조), 개인회생절차 개시신청(제595조).

8) 伊藤眞, 「破産法·民事再生法」, 제4판(2018), 125면.

[02] 포괄적 금지명령의 대상인 '회생채권'에 기한 강제집행 등의 의미

유철희(대법원 윤리감사제1심의관)   대법원 2016. 6. 21.자 2016마5082 결정

[사안의 개요]

B는 A로부터 건물 신축공사를 도급받았는데, 준공을 마쳤음에도 일부 공사대금을 지급받지 못하였다. 이에 A와 B는 A가 C에게 건물을 임대한 다음 C로부터 지급받는 임대보증금을 재원으로 B에게 미지급 공사대금을 지급하기로 하면서, A는 C로부터 지급받을 임대보증금 채권을 B에게 양도하고, C에 대한 채권양도통지서를 작성하여 B에게 교부하기로 하는 내용의 약정(이하 '이 사건 약정'이라 함)을 체결하였다. 이후 A는 회생절차 개시신청을 하였고, 회생법원으로부터 포괄적 금지명령이 내려져 A에게 송달되었다. 그 후 B가 이 사건 약정에 따른 채권양도통지 이행청구권을 피보전권리로 하여 A의 C에 대한 임대보증금에 관하여 추심 및 처분금지가처분을 신청하여 집행법원으로부터 가처분결정을 받았는데, A는 위 가처분결정이 포괄적 금지명령에 위배되어 무효라고 주장하며 가처분의 해제를 신청하였다. 집행법원 법원주사는 가처분의 피보전권리가 제118조 제1호에 따른 회생채권에 해당한다고 보기 어렵다는 이유로 A의 가처분해제신청을 받아들이지 않았고, 이에 대하여 A가 집행에 관한 이의신청을 제기하였다(이후 A에 대하여 회생절차 개시결정이 내려졌으나, 청산가치가 계속기업가치보다 명백히 크다는 이유로 제286조 제2항에 따라 회생절차가 폐지되었다).

집행법원이 A의 이의신청을 기각하자 A가 항고를 제기하였고, 항고심은 A의 항고를 인용하였다. 이에 B가 재항고를 하였고, 대법원은 원심결정을 파기하고 제1심법원으로 환송하였다.

[결정요지]

포괄적 금지명령에 따라 보전처분 등이 금지되는 회생채권은 '채무자에 대하여 회생절차개시 전의 원인으로 생긴 재산상의 청구권'을 의미하는데, 회생채권은 이른바 금전화, 현재화의 원칙을 취하지 않고 있으므로 그러한 재산상의 청구권은 금전채권에 한정되지 아니하고 계약상의 급여청구권과 같은 비금전채권도 대상이 될 수 있다.

[해설]

1. 문제의 소재

제45조 제1항은 채무자가 회생절차개시신청을 한 이후 그 결정 이전까지 취할 수 있는 사전절차 중 하나로 '포괄적 금지명령'을 규정하고 있다. 이는 중지명령(제44조 제1항)에 의하여는 회생절차의 목적을 충분히 달성하지 못할 우려가 있다고 인정할 만한 특별한 사정이 있는 때에 이해관계인의 신청에 의하거나 직권으로 회생절차개시의 신청에 대한 결정이 있을 때까지 모든 회생채권 및 회생담보권에 기한 강제집행·임의경매·가압류·가처분(이하 '강제집행 등'이라 함)의 금지를 명하는 제도이다. 포괄적 금지명령은 회생채권자나 회생담보권자에 의한 강제집행 등을 금지 및 중지[1]시킴으로써 회생신청 이후부터 개시 여부에 대한 결정 사이에 채무자의 재산이 소멸·처분되지 않도록 하고, 일부 채권자만 편파적으로 만족을 얻게 되는 불평등의 결과도 방지한다. 포괄적 금지명령에 따라 금지되는 강제집행 등은 그 집행채권이 '회생채권 또는 회생담보권'에 기한 경우이어야 한다. 회생채권의 개념에 관하여 제118조 제1호는 "채무자에 대하여 회생절차개시 전의 원인으로 생긴 재산상의 청구권"이라고 정의하고 있다. 대상사안에서는 B가 공사대금채권자로서 회생채무자 A에 대한 회생채권을 보유함과 동시에 A에 대하여 이 사건 약정에 따른 '채권양도통지 이행청구권'도 보유하고 있다. B는 A에 대한 포괄적 금지명령의 효력이 발생한 이후[2]에 위 채권양도통지 이행청구권을 집행채권으

---

1) 중지명령(제44조 제1항)은 이미 계속 중이던 절차를 '중지'시키는 효력만 있을 뿐이고 새로운 절차의 착수를 '금지'하는 효력은 없다. 그러나 포괄적 금지명령은 새로운 절차를 '금지'할 뿐만 아니라 이미 계속 중이던 절차도 모두 '중지'시킨다(제45조 제3항 참조).

2) 포괄적 금지명령은 중지명령과 달리 채무자에게 송달된 때

로 하여 가처분결정을 받았는바, 결국 이러한 채권양도통지 이행청구권이 포괄적 금지명령의 대상인 강제집행 등의 집행채권으로서 '회생채권'에 해당한다고 볼 수 있는지 여부가 이 사안의 주된 쟁점이다.

2. 대상결정의 논거

앞서 언급한 제118조 제1호에 따라 회생채권으로 평가되기 위한 주요 요건을 분설하여 보면, ① 채무자를 대상으로 할 것, ② 회생절차개시 전의 원인에 의할 것, ③ 재산상의 청구권일 것 등을 들 수 있다. 이 사안에서 위 ①, ② 요건의 해당 여부는 별다른 의문이 없는 반면, 채권양도통지 이행청구권이 위 ③ 요건 즉, '재산상의 청구권'에 해당하는지 여부를 검토할 필요가 있다.

이 사안에서 집행법원은 B의 채권양도통지 이행청구권이 이 사건 약정에 따라 A에 대하여 '채권양도의 사실을 통지할 것'을 구하는 일종의 '관념의 통지'에 불과하다고 보았다. 이러한 해석을 전제로 위 채권양도통지 이행청구권은 A가 보유한 재산의 담보가치나 사용가치를 이용하여 이행되는 청구권이거나 금전으로 평가될 수 있는 것이 아니므로 회생채권에 해당하지 않는다고 하였다.

반면 대법원은 반대의 결론을 취하였다. 그 논거로는 먼저 위 채권양도통지 이행청구권이 A와 B 사이에 A의 재산인 임대보증금채권을 B에게 양도하고 그 대항요건(민법 제450조 제1항)의 구비를 구하는 청구권으로서 회생채무자인 A의 재산 감소와 직결된다는 것을 들었다. 이 사안의 채권양도통지 이행청구권이 비금전채권에 해당하기는 하나 그 내용상 채무자의 자산인 임대보증금채권의 귀속에 중대한 영향을 미친다는 점에 주목한 것이다. 나아가 다른 논거로 회생절차가 파산절차와 달리 이른바 금전화, 현재화의 원칙을 취하지 않고 있다는 것도 들었다. 파산절차는 채무자의 모든 재산을 환가하여 그 환가대금으로 파산채권에 대하여 금전에 의한 배당을 하는 절차이므로 금전화(제426조), 현재화(제425조)를 통하여 모든 파산채권을 이행기가 도래한 금전채권으로 등질화하는 체계를 취하고 있지만, 회생절차에서

는 금전채권만 회생채권이 된다고 볼 수 없다고 하면서 회생채권의 범위를 다소 유연하게 해석한 것이다.[3]

3. 검토

가. 일반적으로 재산상의 청구권이란 채무자의 책임재산에 의하여 만족을 얻을 수 있는 권리를 의미한다. 금전채권이 재산상의 청구권에 해당함은 명백한데, 비금전채권에 대하여도 재산상의 청구권으로서 회생채권으로 볼 수 있는지 문제된다.

이를 검토하기 위해서는 회생절차의 대상인 회생채권을 재산상의 청구권으로 규정한 근본취지에 대하여 고민할 필요가 있다. 회생절차는 채무자의 재산 및 계속기업가치를 기반으로 채무자와 모든 회생채권자 및 회생담보권자 사이에서 집단적 채무조정을 하는 절차이다. 채권자들 사이에서도 평등의 원칙(제218조), 공정·형평의 원칙(제217조)에 따라 같은 성질의 권리자는 평등하게 취급되어야 하고, 회생담보권자와 일반의 우선권 있는 회생채권 등의 권리순위를 고려한 회생계획이 수립되어야 한다. 일부 채권자가 회생절차에 구속되지 않은 채 자유롭게 권리행사를 하기 위해서는 법률상 다른 명시적 규정이 있어야 하는 것이다(예컨대 회생절차에서의 공익채권, 파산절차에서의 환취권, 별제권 등).

결국 전체 채권자를 위한 책임재산인 채무자의 재산을 통하여 만족을 얻는 권리라면 회생절차의 집단적 채무조정절차로서의 성격상 그 대상에 포섭시켜야 하고, 그러한 때에 비로소 앞서 본 평등의 원칙, 공정·형평의 원칙이 실질화될 수 있는 것이다. 어떤 권리가 채무자의 재산으로부터 만족을 얻으면서도 재산상의 청구권이 아니라는 이유로 회생절차에서 배제된다면 다른 채권자와의 평등이나 공정·형평이 깨져 회생절차의 근본이 흔들리게 될 것이다.

나. 이러한 전제하에서 비금전채권 중 구체적인 경우를 상정하여 재산상의 청구권으로서 회생채권에 해당

부터 효력을 발생한다(제46조 제2항). 채권자에게 송달되었는지, 채권자가 포괄적 금지명령 사실을 알았는지 등은 효력 발생요건이 아니다.

[3] 회생절차에도 파산절차의 제426조와 유사하게 비금전채권의 금액 평가에 관한 규정이 존재하기는 한다(제137조 참조). 그러나 이는 회생절차가 비금전채권에 대한 의결권 부여를 위하여 기준을 설정해 둔 것일 뿐, 회생절차에서 금전화의 원칙을 채택하고 있는 것은 아니다. 의결권의 존부 및 범위는 회생채권 등에 대한 조사확정재판의 대상도 되지 않는다(대법원 2015. 7. 23. 선고 2013다70903 판결 참조).

하는지 여부를 살펴보면 다음과 같다. 신분관계상의 권리가 재산상의 청구권이라고 볼 수 없다는 것에 별다른 이론이 없다. 부대체적 작위청구권, 부작위청구권은 일반적으로 회생채권이 되지 않지만, 그 의무위반에 기한 손해배상청구권은 그 성질상 재산상의 청구권으로서 회생채권이 될 수 있다.[4] 인도청구권이나 이전등기·등록을 구하는 청구권도 비금전채권이지만 물권적 청구권이 아닌 이상[5] 회생채권에 해당한다고 보는 것이 일반적이다.[6]

종래부터 대법원도 재산상의 청구권인 이상 금전채권에 한정되지 않고 비금전채권도 회생채권이 될 수 있다고 판시해 왔다. 예컨대 골프회원권(대법원 1989. 4. 11. 선고 89다카4113 판결), 체육시설 회원권(대법원 2016. 5. 25.자 2014마1427 결정) 등에 대하여 금전채권적인 측면 외에 골프장이나 체육시설과 그 부대시설을 이용할 수 있는 비금전채권의 측면도 있지만 채무자의 재산에 관한 청구권으로서 회생채권으로 취급하였다.

다. 이 사안으로 돌아와 보면, B의 A에 대한 채권양도통지 이행청구권 자체가 비금전채권의 성격임에는 이론이 없다. 그러나 위 채권양도통지 이행청구권이 A의 주요 자산에 해당하는 임대보증금채권에 관련된 것임에 주목할 필요가 있다. B가 위 채권양도통지 이행청구권을 행사하게 되면 A가 보유한 임대보증금채권이 B에게 이전하게 되고 결국 B는 공사대금채권자로서 회생채권자에 해당함에도 불구하고 회생절차에 의하지 않고 만족을 얻게 되는 결과가 초래된다. 이는 집단적 채무조정절차인 회생절차의 기본적 성격에 반하는 것이다.

---

4) 한편, 伊藤眞, 會社更生法(제2판), 有斐閣, 2015, 175~176면은 부대체적 작위 또는 부작위를 목적으로 하는 채권이라 하더라도 그 불이행에 기한 손해배상청구권에 관하여는 갱생절차 개시 시까지 '그 불이행이 발생하지 않은 경우'라 하더라도 손해배상액을 기준으로 한 금전적 평가가 가능하다고 보아 갱생채권에 포함시켜야 한다는 입장이다.
5) 구 회사정리법상의 사안이기는 하나 대법원 1994. 8. 12. 선고 94다25155 판결 참조(피담보채권이 변제로 소멸한 후 담보가등기에 대한 말소청구권은 물권적 청구권으로서 정리채권에 해당하지 않는다는 취지).
6) 분양대금 전액을 납부한 수분양자의 소유권이전등기청구권을 회생채권으로 보는 견해로는 서울회생법원 재판실무연구회, 회생사건실무(상)(제5판), 박영사, 2019, 420면.

나아가 이 사안에서 A와 B는 이 사건 약정을 통하여 A가 B에게 채권양도통지서를 교부하기로 하였는데, 이와 달리 만일 A가 일반적인 채권양도와 같이 C에게 직접 채권양도통지를 하는 경우와도 비교할 필요가 있다. 만약 도산위험에 직면해 있는 A가 회생절차개시신청 이후에 C에게 직접 채권양도통지를 하는 경우라면 제103조 제1항에 따라 그 채권양도통지행위는 부인대상이 될 여지가 크다. 따라서 형식만 다를 뿐 그 실질은 A와 B 사이의 채권양도에 대한 대항요건을 갖추도록 한다는 점에서 동일한 B의 채권양도통지 이행청구권을 회생절차 밖에 둠으로써 다른 채권자들에 비하여 B에게 독점적인 만족을 가능하게 하는 것은 채권자 일반의 이익을 해하는 결과로 귀착된다.

라. B의 채권양도통지 이행청구권도 재산상의 청구권으로서 회생채권으로 봄이 타당하다. 결국 A에 대한 포괄적 금지명령 이후에 B가 채권양도통지 이행청구권을 피보전권리로 하여 가처분을 신청한 것은 포괄적 금지명령의 효력에 반하는 것으로서 무효로 보아야 한다. 대상결정도 B가 받은 가처분결정은 무효이므로 집행법원으로서는 A의 집행취소신청에 따라 집행을 취소하였어야 한다고 판시하였다. 다만 이 사안에서 가처분결정이 포괄적 금지명령에 위반하였다고 보더라도, 이후 A의 회생절차가 폐지된 사정이 있으므로, 위와 같은 가처분결정상 흠이 회생절차 폐지결정에 따라 치유된다거나 가처분결정이 유효하게 취급되는 것은 아닌지 문제된다. 대법원은 포괄적 금지명령에 반하여 무효인 강제집행 등은 사후적으로 회생절차 폐지결정이 확정되더라도 여전히 무효라고 보아야 한다고 판시하였다(대법원 2014. 12. 11. 선고 2014다210159 판결 참조). 회생절차 폐지결정에는 소급효가 없다는 취지이다. 따라서 A의 회생절차 폐지 여부에 관계 없이 B의 가처분결정은 무효로 평가된다.

4. 보론

이 사안은 민사집행법 측면에서도 상당히 주목할 만한 쟁점이 있다. 사실관계를 더욱 들여다보면, A가 제기한 집행에 관한 이의신청에 대하여 집행법원이 기각결정을 하였고, 이에 대하여 A가 항고장을 집행법원에 제출하자, 집행법원은 이를 즉시항고로 보아 항고심법원

(지방법원 항고부)으로 기록을 송부하였다. 이 항고심법원에서 A의 항고를 받아들여 집행법원의 결정을 취소하고 가처분집행취소를 명하는 결정을 하자, 이번에는 B가 항고심법원의 결정에 대하여 불복하여 대법원에 재항고를 제기한 것이다.

민사집행법 제15조 제1항은 집행절차에 관한 집행법원의 판단에 대하여는 특별한 규정이 있어야만 즉시항고를 할 수 있다고 규정하고 있으므로, 그러한 즉시항고를 제기할 수 있는 대상이 아닌 재판에 대하여는 민사집행법 제23조 제1항, 민사소송법 제449조에 따라 특별항고로서만 불복할 수 있다. 또한 그러한 경우 당사자가 특별항고라는 표시를 하지 않았더라도 항고장을 접수한 법원으로서는 이를 특별항고로 보아 소송기록을 대법원으로 송부하여야 한다.

민사집행법 제16조에 따른 집행에 관한 이의신청에 대한 재판이 이루어진 경우, 그 불복절차가 무엇인지는 주의를 요한다. 민사집행법 제17조 제1항이 "집행절차를 취소하는 결정, 집행절차를 취소한 집행관의 처분에 대한 이의신청을 기각 · 각하하는 결정 또는 집행관에게 집행절차의 취소를 명하는 결정"에 대하여만 즉시항고를 허용하고 있으므로, A의 경우와 같이 집행에 관한 이의신청이 받아들여지지 않아 기각결정이 내려진 경우에는 즉시항고를 할 수 없고, 특별항고로서만 불복할 수 있는 것이다. 따라서 이 사안에서 집행법원이 A의 항고장을 접수하였더라도 명칭이나 제출법원에 구애됨이 없이 이를 특별항고로 보아 소송기록을 대법원에 송부하였어야 했다.

항고심법원도 이러한 법리하에서 A의 항고가 즉시항고가 아님을 알았다면 즉시 대법원에 사건을 이송하는 결정을 하였어야 한다. 그러나 항고심법원이 이를 간과하여 결정을 내렸고, 이는 권한 없는 법원이 한 재판으로서 헌법 제27조 제1항에 위배된 무효인 결정에 해당한다.[7] 결국 이 사안에서 대법원은 항고심법원의 결정이 없는 것을 전제로 하였고, 유효한 원심결정에 해당하는 집행법원의 결정에 대하여만 심리하여 이를 파기하고 환송하는 결정을 하였다. 결과적으로 A가 권리구제를 받기는 하였으나, 항고심법원에서 진행된 절차기간만큼은 무익한 기간으로서 권리구제가 지연되었다고 볼 수 있다.

---

7) 판결경정신청에 대한 기각결정의 불복에 대하여 항고심법원이 한 재판을 무효로 본 사례로는 대법원 1971. 7. 21.자 71마382 결정 및 대법원 1985. 7. 2.자 85마381 결정. 가집행선고부 판결에 관하여 한 강제집행정지신청 기각결정의 불복에 대하여 항고심법원이 한 재판을 무효로 본 사례로는 대법원 1987. 12. 30.자 86마347 결정. 집행문 부여에 대한 이의에 관한 재판의 불복에 대하여 항고심법원이 한 재판을 무효로 본 사례로는 대법원 1997. 6. 20.자 97마250 결정, 구 회사정리법상 추완신고에 관한 재판의 불복에 대하여 항고심법원이 한 재판을 무효로 본 사례로는 대법원 1999. 7. 26.자 99마2081 결정 참조.

[03] 주식회사의 회생절차개시신청과 이사회 결의 요부

정영진(인하대학교 법학전문대학원 교수)　　　　대법원 2019. 8. 14. 선고 2019다204463 판결

[사안의 개요]

피고는 국내·외 무역업, 토목 등을 주된 목적으로 하는 주식회사이고, 원고는 2013. 6. 12.부터 2016. 10. 20.까지 피고의 대표이사로 재직하였다. 원고는 피고의 대표이사로서 2016. 8. 22. 이사회 결의 없이 피고에 대한 회생절차개시신청을 하였는데, 회생법원은 2016. 9. 6. 위 신청에 이사회 결의가 없음을 이유로 각하결정을 하였고, 이에 항고하였으나 항고취하로 위 각하결정은 2016. 9. 20. 확정되었다. 원고는 2016. 10. 20. 피고의 대표이사에서 해임되었다.

그 후 원고는 피고에 대하여 본건 퇴직금지급 청구의 소를 제기하자, 피고는 원고가 이사회 결의 없이 위법하게 회생절차개시신청을 하는 불법행위로 피고에게 손해를 입혔으므로, 그로 인해 발생한 원고에 대한 손해배상채권을 자동채권으로 하여 원고의 퇴직금채권과 상계한다고 항변하였다. 1심법원과 원심법원은 상계적상에 해당하는 범위 내에서 원고의 청구를 기각하였다. 상고기각.

[판결요지]

주식회사에서의 이사회의 역할 및 주식회사에 대한 회생절차개시결정의 효과 등에 비추어 보면, 주식회사의 회생절차개시신청은 대표이사의 업무권한인 일상 업무에 속하지 아니한 중요한 업무에 해당하여 이사회 결의가 필요하다.

대표이사가 이사회 결의 없이 회생절차개시신청을 한 경우, 대표이사는 회사에 대하여 불법행위에 기한 손해배상책임을 부담한다.

[해설]

1. 문제의 소재

본 판결과 관련하여 다음 세 가지가 문제된다. 첫째는 상법상 쟁점으로 주식회사의 대표이사가 회생절차개시신청을 함에 있어서 이사회의 결의를 거쳐야 하는

지 여부이고, 둘째는 채무자회생법상 쟁점으로, 이사회 결의를 거치지 않은 대표이사의 회생절차개시신청의 효력이 문제된다. 셋째는 손해배상법상 쟁점으로, 대표이사가 이사회 결의 없이 회생절차개시신청을 한 경우 회사에 손해배상책임을 부담하는 근거와 그 범위가 문제된다.

2. 회생절차개시신청과 이사회의 결의

상법 제393조 제1항은 주식회사의 중요한 자산의 처분[1] 및 양도, 대규모 재산의 차입 등 회사의 업무집행은 이사회의 결의로 한다고 규정함으로써 주식회사의 이사회는 회사의 업무집행에 관한 의사결정권한이 있음을 밝히고 있다. 그리고 중요한 자산의 처분이나 대규모 재산의 차입행위뿐만 아니라 이사회가 일반적·구체적으로 대표이사에게 위임하지 않은 업무로서 "일상 업무에 속하지 아니한 중요한 업무"에 대해서도 대표이사는 이사회의 결의를 거쳐야 한다(2009다55828).

결국 회생절차개신신청이 "일상 업무에 속하지 않은 중요한 업무"라면 이사회의 결의가 필요한데, 본 판결은 다음과 같은 이유로 이사회의 결의가 필요하다고 보았다. (1) 주식회사가 회생절차를 신청할 경우 개시결정 전에도 그 신청사실은 금융위원회와 감독행정청 등에 통지되고(법 제40조), 법원의 보전처분을 통해 채무자의 업무 및 재산에 관한 처분권한이 통제되는 등(법 제43조) 채무자에 미치는 영향이 적지 않다. (2) 주식회사에 대하여 회생절차가 개시되는 경우 이를 이유로 한 계약의 해지 및 환취권 행사 등으로 인하여 회사의 영업 또는 재산에 상당한 변동이 발생하게 된다. 또한 회생절차가 개시되면 주식회사의 업무수행권과 관리처분권이 관리인에게 전속하게 되고, 관리인이 재산의 처분이나

---

1) 중요한 자산의 처분에 해당하는 경우에는 이사회가 그에 관하여 직접 결의하지 아니한 채 대표이사에게 그 처분에 관한 사항을 일임할 수 없으므로 이사회규정상 이사회 부의사항으로 정해져 있지 아니하더라도 반드시 이사회의 결의를 거쳐야 한다(2014다213684).

금전의 지출 등 일정한 행위를 하기 위해서는 미리 법원의 허가를 받아야 하는 등(법 제56조 제1항, 제61조 등) 회사의 경영에 근본적인 변화가 발생하게 된다. (3) 주식회사는 회생절차를 통하여 채권자·주주 등 여러 이해관계인의 법률관계를 조정하여 채무자 또는 그 사업의 효율적인 회생을 도모할 수 있으나(법 제1조), 회생절차 폐지의 결정이 확정된 경우 파산절차가 진행될 수 있는 등(법 제6조 제1항) 회생절차개시신청 여부에 관한 결정이 주식회사에 미치는 영향이 크다.

일상 업무를 줄여서 '상무'(常務)라고 하는데, 상법 제408조 제1항이 규정하는 회사의 '상무'라 함은 일반적으로 회사에서 일상 행해져야 하는 사무, 회사가 영업을 계속함에 있어서 통상 행하는 영업범위 내의 사무 또는 회사경영에 중요한 영향을 주지 않는 통상의 업무 등을 의미하는데(2006다62362),[2] 회생절차개시신청이 위 상무에 해당한다고 보기 어렵기 때문에 위 결론은 타당하다.

3. 이사회 결의 없는 회생절차개시신청의 효력

원고의 회생절차개시신청에 대하여, 회생법원은 이사회 결의 없음을 이유로 이를 각하하였다. 회생법원실무에서도 회생절차개시신청 시 채무자의 진정한 의사를 확인하기 위하여 이사회 의사록을 첨부서류로 요구하고, 이사회 결의 없이 회생절차개시신청을 하는 경우 이를 각하하고 있다(원심법원의 판결이유 참조).

이러한 결론에 대하여 다음 두 가지 점을 검토할 필요가 있다. 첫째, 대표이사가 상법 제393조 제1항에 해당하는 중요자산을 이사회 결의 없이 제3자에게 처분한 경우 위 처분행위는 원칙적으로 유효하고, 회사가 제3자가 상대방이 이사회 결의가 없었음을 알았거나 알 수 있었던 사정을 주장·증명한 경우에 위 처분이 무효로 된다(2006다47677). 그런데 법인의 대표자에 대하여는

법정대리인에 관한 규정이 준용이 되는데(민사소송법 제64조), 대표이사가 상법 제393조 제1항에 해당하는 소송행위를 이사회의 결의(수권행위) 없이 한 경우 그 소송행위는 무권대표행위에 해당되어 무효이다.

둘째, 법인이 당사자인 사건에 있어서 그 법인의 대표자에게 적법한 대표권이 있는지 여부는 소송요건에 관한 것으로서 법원의 직권조사사항이지만(96다40578) 직권탐지사항은 아니므로 직권으로 증거조사를 할 필요는 없다(66다1163). 회생절차에 관하여 채무자회생법에 규정이 없는 경우 민사소송법이 준용되는데(법 제33조), 소송행위에 필요한 권한의 수여에 흠이 있는 경우 법원은 기간을 정하여 이를 보정하도록 명하여야 하고, 소송행위에 필요한 권한의 수여에 흠이 있는 사람이 소송행위를 한 뒤에 보정된 당사자가 이를 추인한 경우에는 그 소송행위는 이를 한 때에 소급하여 효력이 생긴다(민사소송법 제59조 전단, 제60조). 또 지연으로 인하여 당사자 본인에게 손해가 생길 염려가 있는 때에는 보정을 조건으로 일시적 소송행위를 하게 할 수 있다(제59조 후단). 그러나 그 흠결을 보정할 수 없는 경우에는 변론 없이 판결로 소를 각하할 수 있다(제219조).[3]

본건의 경우 2016. 8. 22. 원고가 이사회 결의 없이 피고에 대한 회생절차개시신청을 하였는데, 2016. 9. 6. 회생법원은 이사회 결의 없음을 이유로 이를 각하하였다.

4. 손해배상의 근거와 범위

1심법원은 손해배상의 근거를 상법 제393조 제1항 위반의 불법행위책임으로 보았고,[4] 원심법원은 제393

---

2) 법원이 회사의 상무에 속하지 아니하는 행위를 법원의 허가를 얻어야 하는 행위로 지정한 경우 객관적으로 보아 회사에서 일상 행해져야 하는 사무나 회사가 영업을 계속함에 있어서 통상 행하는 영업범위 내의 사무 또는 회사경영에 중요한 영향을 주지 않는 통상의 업무 등은 회사의 상무에 속한다고 할 것이지만 이를 제외한 나머지 업무는 회사의 상무에 속하지 아니하는 행위로서 법원의 허가를 받아야 할 행위에 해당한다(2006도4885).

3) 대표권이 흠결된 경우 그 흠결을 보정할 수 없음이 명백한 때가 아닌 한 기간을 정하여 보정을 명하여야 할 의무가 있다고 할 것이고(78다19) 소외인을 조합장으로 인정하고자 하는 조합원들의 총의에도 불구하고 그러한 의사를 결집하는 데 있어서 조합 정관에 따른 적법한 총회의결을 미처 거치지 못한 등의 어떤 절차상의 하자가 있었기 때문에 원고 조합 대표자의 대표권에 흠이 있음이 밝혀진 바라면 원심으로서는 그 심리과정에서 기간을 정하여 보정명령을 하는 등 그 흠을 보정할 수 있는 기회를 부여하는 조치를 취하는 것이 옳다(2003다2376).

4) 원고는 피고의 대표이사로서 상법 제393조 제1항에 따라 이사회 결의를 거쳐 회생절차개시를 신청하여야 함에도 불구하고 이를 거치지 아니한 채 이 사건 회생절차개시신청을 하여 법령을 위반한 행위를 하였고, 이로 인하여 피고에게 재산상

조 제1항 위반은 충실의무 위반에 해당되고 그 법적 성질은 불법행위책임으로 보았다.[5] 대법원은 원심법원의 결론이 정당하다고 보았다.[6]

상법 제399조는 이사가 고의 또는 과실로 법령 또는 정관에 위반한 행위를 하거나 그 임무를 해태한 경우, 그 이사는 회사에 대하여 손해배상책임이 있다고 규정하고 있다. 위 임무해태에는 선관주의의무와 충실의무의 위반이 포함되고(2000다9086), 법령위반의 경우 과실이 추정된다는 것이 통설이다. 이에 따라 대표이사의 법령위반행위로 회사에 손해가 발생한 경우, 회사는 민법 제750조가 아니라 상법 제399조에 근거하여 대표이사에게 손해배상을 청구하는 것이 증명책임의 면에서 유리한 점이 있다. 그러나 본건에서 피고는 상계항변을 하면서 상법 제399조에 따른 손해배상책임은 주장하지 않은 것으로 보인다. 한편, 다수설과 판례(84다카1954)는 상법 제399조의 책임의 법적 성질을 채무불이행책임으로 본다.

손해배상의 범위와 관련하여 피고회사는 (i) 수주 실패로 인한 일실수익, (ii) 기한이익 상실, (iii) 보증금/출자금 예치의무 발생 등의 손해를 주장하였는데, 대법원은 원심법원의 판단이 정당하다고 보았다. 원심법원은 (i)의 손해에 대하여는 ㈜한국토지신탁으로부터 공동주택 신축사업을 수주하여 수익이 확실하게 발생할 예정이었음을 인정하기에 부족하다는 이유로 받아들이지 않았다. (ii)의 손해에 대하여는 원고의 회생절차개시신청에 의하여 기한이익을 상실하여 지연손해금 채무를 추가부담한 경우에만 그 지연손해금을 손해로 인정하였다. (iii)의 손해에 대하여는 추가로 부담한 보증금/

출자금[7]에 대한 금융이자 상당액을 손해로 보았다.

5. 결론

본 판결의 의의는 주식회사의 회생절차개시신청 시 채무자의 진정한 의사를 확인하기 위하여 이사회 의사록을 첨부서류로 요구하고 이사회 결의 없이 회생절차 개시신청을 하는 경우 이를 각하하고 있는 회생법원실무의 적법성을 대법원 판결로 최초로 확인하였다는 점과 대표이사가 이사회 결의 없이 회생절차개시신청을 하는 경우 대표이사에게 손해배상책임이 발생한다는 점을 명확히 한 점에 있다.

손해가 발생하였는바, 원고는 피고에게 위 재산상 손해를 배상할 책임이 있다

5) 회생절차개시신청을 위해서는 이사회 결의가 법령상 요구되고, 이를 해태한 경우 이사의 충실의무 위반에 해당된다. 그럼에도 불구하고 이사회 결의 없이 피고에 대한 회생절차개시신청을 한 원고는 피고에 대하여 불법행위에 기한 손해배상책임을 부담한다.

6) 원심은, 피고의 대표이사였던 원고의 회생절차개시신청은 대표이사의 일상 업무에 속하지 아니한 중요한 업무에 해당하므로 이사회의 결의를 거쳐야 한다는 전제하에 원고는 피고에 대하여 불법행위에 기한 손해배상책임을 부담한다고 판단하였다. 앞서 본 법리와 기록에 비추어 살펴보면, 원심의 위와 같은 판단은 정당한 것으로 수긍할 수 있다.

---

7) 구체적으로 다음 세 건이다. 원고의 회생절차개시신청으로 전기요금보증계약이 해지되어 한국전력공사에 보증금을 예치한 것, 건설공제조합과의 거래가 제한됨에 따라 기계설비 건설공제조합에 가입하여 출자금을 예치한 것, 하도급대금지급보증을 받고자 건설공제조합에 보증금을 예치한 것이다.

[04] 근저당권실행 경매절차 매각대금 납입 후 회생절차 개시의 효력

최복기(법무법인 세종 변호사)   대법원 2018. 11. 29. 선고 2017다286577 판결

[사안의 개요]

A 소유 부동산에 관하여 C의 B에 대한 대출금 채무를 담보하기 위한 근저당권이 설정되었다. 근저당권자인 B의 신청에 따라 담보권실행을 위한 경매절차가 개시되어 집행법원의 매각허가결정이 내려지고 매각대금이 납부되었다. 그런데 배당기일 전에 A가 회생절차 개시신청을 하여 회생법원이 포괄적 금지명령을 발령하고 A에 대하여 회생절차 개시결정을 하였다. 회생절차 개시결정 이후 진행된 배당기일에서 근저당권자인 B 명의로 배당금이 공탁되었고, 회생절차에서 회생계획이 인가된 이후 공탁금을 수령하였다. 회생절차에서 B는 회생담보권 신고를 하지 않았고 관리인이 제출한 목록에도 B의 권리는 기재되지 않았다. A는 회생절차 개시결정에 따라 경매절차가 중지되었다가 회생계획 인가결정으로 실효되었고, B는 회생담보권자로서 회생계획에 따라서만 변제받을 수 있는데 실권되어 공탁금에 대한 수령 권한을 상실하였기 때문에 B가 경매절차에서 공탁금을 수령한 것은 법률상 원인 없이 이득을 얻은 것이라는 이유로 부당이득반환청구의 소를 제기하였다. 법원은 A의 주장을 그대로 받아들여 B가 수령한 공탁금 상당 금액의 반환을 명하는 판결을 선고하였다. B가 항소하였으나, 항소심 역시 회생절차 개시결정으로 중지된 경매절차가 회생계획 인가결정으로 실효되었다는 이유로 항소를 기각하였다. B가 상고하였다. 상고기각.

[판결요지]

1. 부동산 경매절차에서 채무자 소유 부동산이 매각되고 매수인이 매각대금을 납부하여 매각부동산 위의 저당권이 소멸하였더라도 배당절차에 이르기 전에 채무자에 대해 회생절차 개시결정이 있었다면 저당권자는 회생절차 개시 당시 저당권으로 담보되는 채권 또는 청구권을 가진 제141조에 따른 회생담보권자이다.

2. 채무자 소유 부동산에 관하여 경매절차가 진행되어 부동산이 매각되고 매각대금이 납부되었으나 배당기일이 열리기 전에 채무자에 대하여 회생절차가 개시되었다면, 집행절차는 중지되고, 만약 이에 반하여 집행이 이루어졌다면 이는 무효이고, 이후 채무자에 대한 회생계획 인가결정이 있은 때에 중지된 집행절차는 효력을 잃게 된다.

3. B가 회생계획 인가결정으로 실효된 경매절차에서 이루어진 배당절차에 따라 배당금을 수령한 것은 법률상 원인 없이 이득을 얻은 것에 해당하고, 회생계획 인가결정으로 인해 부동산 경매절차에서 배당에 참가하여 배당을 받을 수 있었던 자들을 포함한 모든 회생채권자, 회생담보권자의 권리는 회생계획에 따라 실체적으로 변경되었고, B의 회생담보권과 같이 신고되지 않은 권리에 대하여는 A가 책임을 면하게 되었으므로, B의 배당금 수령으로 인해 손해를 입은 자는 다른 회생채권자나 회생담보권자가 아닌 부동산 소유자인 A이고, 또한 B가 회생절차 개시결정 이후에 이루어진 배당절차에서 공탁된 배당금을 수령한 것을 A가 임의로 채무를 이행한 것과 같이 볼 수도 없으므로, B는 A에게 수령한 배당금 상당액을 부당이득으로 반환할 의무가 있다.

[해설]

1. 문제의 소재

회생절차가 개시되면 회생담보권에 기한 담보권실행을 위한 경매절차는 중지되고(제58조 제2항), 회생계획 인가결정이 있는 때에는 중지된 경매절차는 그 효력을 상실한다(제256조 제1항). 한편, 부동산에 대한 임의경매 또는 강제집행절차에서 매수인은 매각대금을 다 낸 때에 소유권을 취득하고(민사집행법 제135조), 매각부동산 위의 모든 저당권은 매각으로 소멸된다(민사집행법 제91조 제2항). 부동산에 대한 저당권실행 경매절차에서 매수인이 매각대금을 완납한 후 채무자에 대하여 회생절차가 개시된 경우 회생절차 개시결정 당시를 기준으로 볼 때 민사집행법에 의하여 이미 매수인이 매각

부동산의 소유권을 취득하고 저당권은 소멸한 것으로 볼 수 있는바, 회생담보권에 관하여 정의하고 있는 제141조 제1항의 '회생채권이나 회생절차개시 전의 원인으로 생긴 채무자 외의 자에 대한 재산상의 청구권으로서 회생절차개시 당시 채무자의 재산상에 존재하는 저당권으로 담보된 범위의 것'에 해당하는지가 문제된다. 회생담보권에 해당할 경우 회생절차 개시결정으로 인한 경매절차 중지와 회생계획 인가결정으로 인한 경매절차 실효의 효과는 어떠한지가 문제된다.

2. 대상판결의 논거

대상판결이 근저당권자였던 B가 채무자 A에 대한 회생절차에서 회생담보권자이고, A에 대한 회생절차 개시결정에 따라 경매절차가 중지되며 이후 회생계획 인가결정으로 중지된 경매절차가 실효되었다고 결론을 내린 판단의 핵심적 근거는 첫째, 저당권은 경매절차에서 실현되는 저당부동산의 교환가치로부터 다른 채권자에 우선하여 피담보채권의 변제를 받는 것을 내용으로 하는 물권이라는 점(대법원 2005. 4. 9. 선고 2005다3243 판결), 둘째, 민사집행법 제145조 제2항 및 제148조 제4호에 따라 매수인이 매각부동산의 소유권을 취득하고 매각부동산 위의 저당권이 소멸하더라도 저당권자는 이후 배당절차에서 그 저당권의 순위와 내용에 따라 저당부동산의 교환가치에 해당하는 매각대금으로부터 피담보채권에 대한 우선변제를 받게 된다는 점이다.

3. 검토
가. 회생담보권 해당 여부

매각대금을 완납하면 민사집행법에 의하여 매수인이 매각부동산의 소유권을 취득하고 저당권은 소멸하게 되므로, 이후 회생절차가 개시될 경우 제141조 제1항에서 규정하고 있는 '회생절차개시 당시' 시점을 기준으로 하여 '채무자의 재산상에 존재하는 담보권'이 있는지에 대해서는 의문이 제기될 여지가 있다.[1]

그러나 저당권은 채무자 또는 제3자가 점유를 이전하지 않고 채무의 담보로 제공한 부동산으로부터 채권자가 우선변제를 받을 수 있는 권리이다(민법 356조). 저당권은 저당부동산의 사용가치를 소유자에게 유보시키고 저당부동산의 교환가치만을 지배하는 권리로서, 경매절차에 있어서 실현되는 저당부동산의 교환가치로부터 다른 채권자에 우선하여 피담보채권의 변제를 받는 것을 본질적 내용으로 한다.[2] 부동산 경매절차에서 매각대금이 납부됨에 따라 매각부동산 위의 저당권이 형식적으로 소멸하였다고 하더라도, 저당권은 배당이 완료될 때까지 매각부동산의 교환가치를 현실화한 매각대금에 대하여 우선변제를 받을 수 있는 권리로서 존속하고, 최종적으로 배당이 완료되었을 때에 그 목적을 달성하여 소멸된다.[3]

매수인이 매각대금을 지급하면 집행법원은 배당절차를 밟아야 하고, 매각대금으로 배당에 참가한 모든 채권자를 만족하게 할 수 없는 때에는 민법·상법, 그 밖의 법률에 의한 우선순위에 따라 배당하여야 한다. 저당부동산의 매각으로 인하여 소멸하는 저당권을 가진 채권자는 매각으로 저당권이 소멸되었더라도 당연히 저당권의 순위에 따라 매각대금으로부터 우선변제를 받을 수 있다(민사집행법 제145조, 제148조 제4호). 만약 매각대금으로 각 채권자의 채권과 집행비용 전부를 변제할 수 있는 경우 잔여 매각대금은 매각부동산의 소유자에게 교부된다(민사집행규칙 제155조 제1항). 이처럼 경매절차의 각 이해관계인은 저당부동산이 매각될 경우 저당부동산의 교환가치의 현실화 결과인 매각대금과 관련하여 집행법원으로부터 배당금을 지급받을 지위(채권자) 또는 잔여 매각대금 상당 금액을 지급받을 수 있는 지위(소유자)를 갖는다. 부동산 경매는 사법상의 매매계약으로 볼 수 있고,[4] 경매에 의해 매수인은 매각부

---

[1] 대상판결의 원심판결인 서울고등법원 2017. 10. 31. 선고 2017나005981 판결에서 매각대금에 대한 우선변제권을 근거로 회생담보권으로 인정하고 경매절차의 중지·실효를 인정한 것과 관련해 비판하는 견해로는 한상구, "물상보증인이 설정한 저당권에 기해 부동산경매절차가 개시되고 매각대금

이 완납된 후 물상보증인에 대해 회생절차가 개시된 경우의 효력", 도산법연구(2019. 6.); 윤남근, "회생절차개시가 매각이 완료된 부동산 집행절차에 미치는 효력", 안암법학(2018. 1.) 등이 있다.

[2] 대법원 2005. 4. 29. 선고 2005다3243 판결; 대법원 2008. 1. 17. 선고 2006다586 판결 등.

[3] 양형우, "회생절차가 담보권실행을 위한 경매절차에 미치는 영향", 홍익대학교 법학연구소 홍익법학(2020년), 512~513면.

[4] 대법원 1993. 5. 25. 선고 92다15574 판결.

동산의 소유권을 매각부동산의 소유자로부터 승계취득한다. 따라서 채권자에 대한 배당이 이루어지기 전까지 매각대금 자체에 관한 권리는 매각부동산의 소유자에게 귀속되는 재산으로 남아 있고,[5] 경매법원은 매각대금을 일시적으로 보관하면서 각 권리자들에게 배당 또는 지급하는 역할을 하는 것으로 볼 수 있다. 이러한 교환가치의 현실화 결과인 매각대금과 관련하여 저당권은 여전히 만약 채무자에 대한 회생절차가 폐지되거나 회생계획 불인가결정이 확정되어 중지된 경매절차가 속행될 경우 우선변제를 받을 수 있는 권리로서 존속하고 있으므로, '회생절차개시 당시 채무자의 재산상에 존재하는 담보권'에 해당한다.

나아가 매수인이 집행법원에 납부한 매각대금 자체는 금전의 특성상 혼장임치되어 특정성이 없으므로 채무자의 재산이 아니고, 경매절차의 각 권리자는 저당부동산이 매각될 경우 집행법원에 대하여 배당금지급청구권(채권자) 내지 매각대금으로부터 배당받을 권리자들에게 배당 후 남는 잉여금 상당 금액의 지급청구권(채무자)을 가지는 것에 불과한 것으로 보더라도,[6] 채무자(매각부동산의 소유자)에 대해 회생절차가 개시된 이상 매각대금 전액 상당 채권이 매각부동산 소유자의 재산에 귀속된다고 보는 것이 타당하다. 회생절차가 개시된 이상 진행중이던 경매절차는 중지되어 더 이상의 절차 진행을 할 수 없고, 추후 회생계획 인가결정이 내려지면 중지된 절차가 실효되므로, 저당권자를 비롯한 배당받을 권리자들의 집행법원에 대한 배당금지급청구권 자체도 실효되기 때문이다. 즉, 저당부동산의 소유자에 대해 회생절차가 개시되어 경매절차가 중지된 이상 저당권자를 비롯한 배당받을 권리자들의 배당금지급청구권은 소유자의 매각대금 상당 지급청구권에 우선하는 권리가 될 수 없고, 회생계획 인가결정이 내려지면 확정적으로 소멸하게 된다. 그렇다면 회생절차 개시로 인해 경매절차가 중지될 경우 저당부동산의 소유자는 최소한 잠정적으로나마 집행법원을 상대로 매각대금 전액 상당의 금액에 대해 지급을 청구할 수 있는 권리를 가지고 있다고 볼 수 있고, 이는 저당부동산의 교환가치의 현실화 결과물로서 채무자의 재산에 포함된다고 봄이

타당하다.

나. 회생절차 개시와 경매절차의 중지·실효

회생절차 개시결정이 있으면 회생채권 또는 회생담보권에 기한 강제집행, 가압류, 가처분, 담보권실행 등을 위한 경매절차(이하 "강제집행 등")를 할 수 없고, 채무자의 재산에 대하여 이미 행한 강제집행 등은 당연히 중지되며(제58조 제1항, 제2항), 회생계획인가의 결정이 있은 때에는 중지된 강제집행 등은 그 효력을 잃는다(제256조 제1항). 회생절차 개시결정은 집행장애 사유에 해당하고, 이는 집행기관이 직권으로 조사하여야 하며, 그것이 발견되면 집행을 개시할 수 없고, 진행 중의 집행절차는 정지된다.[7] 집행장애 사유에 위반하여 개시되거나 진행된 집행절차는 무효이다.

부동산 경매절차에서 매각절차가 완료된 후 회생절차가 개시된 경우 매각의 효력에 영향이 없고 후속 배당절차도 중지되지 않는다는 견해가 있다.[8] 그러나 이는 명백히 제58조 제2항, 제256조에 반한다. 부동산 경매절차에서 매각절차 완료 이후 회생절차가 개시되어 경매절차가 중지되고 회생계획 인가결정으로 인해 중지된 경매절차가 실효되더라도 매각의 효력에 영향이 없는 것은 민사집행법 제135조에 의해 경매절차에서 매수인이 대금 납부에 의하여 부동산의 소유권을 취득하기 때문이며,[9] 특별히 부동산 경매절차만을 다른 집행절차와 달리 취급할 이유는 없다. 특히 회생절차에서는 회생절차 개시 전에 이루어진 담보권의 실행행위도 부인권의 대상이 될 수 있는데,[10] 담보권 실행을 위한 경매절차 진행 중 회생절차가 개시된 경우에 있어서 민사집행법의 특유 규정에 의해 경매절차에서 기 이루어진 매각의 효력에 영향이 없다는 이유로 회생절차 개시 이후에 후속 배당절차를 그대로 진행하는 것은 부당하다.

강제집행 등이 종료되지 않은 이상 회생절차 개시결정으로 중지되고 회생계획 인가결정으로 실효되는 것이 원칙이다. 다만, 회생절차 개시결정으로 중지되기 전까지 진행된 강제집행 등과 관련하여 이미 완결된 집

---

5) 양형우, 위 논문, 513면.
6) 한상구, 위 논문, 7~13면; 윤남근, 위 논문, 116~119면.

7) 민일영 편집대표, 주석 민사집행법(2018), 210, 338면.
8) 한상구, 위 논문, 22~24면; 윤남근, 위 논문, 124~126면.
9) 따라서 민사집행법 제266조 제1항 각호의 담보권실행 경매절차의 정지·취소 문서의 제출시한은 대금 납부 전까지로 해석된다[민일영 편집대표, 위 책, 261면].
10) 대법원 2003. 2. 28. 선고 2000다50275 판결.

행행위에 의해 새로운 권리관계가 창출된 경우에는 중지되기 전까지 진행된 절차를 소급하여 전부 무효로 하기는 어렵다.[11] 부동산 경매절차에 있어서 단순히 매각절차 완료에 그치지 않고 배당절차를 통해 채권자들에게 배당금 지급 내지 공탁이 이루어진 경우라면 이는 경매절차가 실질적으로 종료된 상태로 볼 수 있으므로 그 이후 회생절차가 개시되더라도, 배당절차에서 이루어진 배당이나 공탁은 채무의 변제로서 유효하며 이를 무효로 볼 수는 없을 것으로 판단된다.

그러나 대상판결의 사안은 부동산 경매절차에서 매각이 이루어지기는 했지만 매각대금으로 배당이 실시되기 이전에 회생절차가 개시되어 경매절차가 중지되었음에도 배당기일이 개최되어 배당 및 공탁이 이루어진 경우이므로, 채무변제의 효력을 가지는 배당 내지 공탁과 관련한 절차진행 자체가 무효인 경우에 해당한다. 따라서 A 소유 부동산에 관한 경매절차에서 매각대금이 납부되었으나 배당기일이 열리기 전에 A에 대하여 회생절차가 개시된 이상, 집행절차는 중지되고, 이에 반하여 이루어진 집행은 무효이고, 이후 회생계획 인가결정이 있은 때에 중지된 집행절차는 효력을 잃게 된다.

4. 결론

대상판결의 사안에서는 저당권자의 권리가 관리인이 제출한 목록에 기재되지 않고 신고도 이루어지지 아니하여 회생계획 인가결정에 의해 실권되어 결과적으로 무효인 배당절차에서 수령한 배당금을 부당이득으로 반환해야 해서 저당권자에게 가혹한 측면이 있기는 하다. 그러나 회생절차에 있어 회생채권 또는 회생담보권에 기한 강제집행 등의 중지·실효 제도를 두고 있는 이유는 채권자들의 개별적인 권리실현행위를 제한함으로써 채권자들 사이의 공평한 분배를 도모함과 아울러 채무자의 재산을 보전하여 채무자의 회생에 지장이 초래되는 것을 방지하기 위한 것이므로 부득이하다. 채무자의 부동산에 대한 저당권실행 경매절차에서 매각대금이 납입되어 매각절차의 효력을 번복시킬 수 없다고 하더라도 배당절차에 이르기 전에 채무자에 대한 회생절차가 개시된 이상, 그 이후의 집행절차를 중지, 실효시켜 개별적인 권리행사를 막고 회생절차를 통해 그 권리를 행사하도록 해야 한다는 대상판결의 결론은 타당하다.

---

11) 집행처분이 취소되면 집행처분은 법률상 존재하지 아니하는 것으로 되어 이에 기한 효과도 소멸하나, 집행처분이 취소되더라도 이미 완결된 집행행위의 효과는 소급하여 소멸되지 아니하고 원상회복을 하여야 하는 것도 아니므로, 추심명령이 취소되더라도 그 이전에 제3채무자가 압류채권자에게 한 채무의 변제는 유효하다[민일영 편집대표, 위 책, 357면].

[05] 회사정리절차가 취득시효 완성에 미치는 영향

김관기(김·박 법률사무소 변호사)   **대법원 2015. 9. 10. 선고 2014다68884 판결**

[사안의 개요]

A회사는 이 사건 토지를 취득하고 1976. 12.경 아파트를 분양, 완공한 후 1977. 12. 30.까지 최초의 수분양자들에게 각 해당 구분건물에 대한 소유권이전등기와 전유부분의 면적 비율로 산정하여 위 토지에 대한 공유지분의 이전등기를 마쳐주었다. 위 토지의 지분 대부분인 20,067.5분의 19,806 지분은 구분소유자들에게 이전되었지만 그 중 일부인 20,067.5분의 171.5 지분은 이전에서 제외되었는데, 1985. 4. 11. 집합건물의 소유 및 관리에 관한 법률의 시행으로 위 19,806지분에 관하여 위 전유부분을 위한 대지권등기가 마쳐진 후 171.5 지분이 A회사 명의로 남아 있었다. 2003. 6. 27.경 구분소유자들을 조합원으로 하여 인가를 받은 B조합은 2012년 말경부터 2013년 초경까지 재건축사업을 위하여 구분소유자들로부터 각 해당 구분소유권에 관하여 신탁을 원인으로 한 소유권이전등기를 마치고 재건축사업을 개시하였다. A회사에 대하여는 1997. 12. 16. 회사정리법에 의한 정리절차가 개시되어 1998. 6. 30. 정리계획이 인가되었으며 2002. 11. 21. 절차가 종결되었다.

B조합은 위 1976. 12.경 분양 당시 이 사건 토지 전체를 수분양자들에게 이전하기를 의도하였던 것인 이상 A회사 명의로 남아 있는 171.5 지분도 그 이전할 의사였고, 그렇지 않더라도 그 무렵부터 이 사건 토지 전체를 최초의 수분양자들이 점유하기 시작한 이래 171.5 지분권자가 변경된 바 없으니 소장부본송달일인 2013. 8. 2.부터 역산하여 20년 이상 점유하여 취득시효가 완성하였음을 주장하여, 2013. 8. 2. 취득시효 완성을 원인으로 한 171.5 지분에 관한 이전등기를 소구하였다.[1]

제1심법원은 수분양자들의 자주점유를 인정할 수 없

다는 이유로 B조합의 청구를 모두 기각하였다. 항소심은 제1심법원과 달리 자주점유는 인정하였으나, 다만, 정리절차에서 관리인은 채무자 회사의 포괄승계인이라기보다는 제3자로서의 지위에 있는 점 및 제3자의 취득 이전에 취득시효가 완성된 경우 그 제3자를 상대로는 이전등기를 청구하지 못하고 또 취득시효의 기산점을 임의로 선택하여 그 후에 시효가 완성된 것으로 주장할 수도 없는 법리를 종합하여 아래와 같이 세 가지 경우로 나누어 결론을 달리하였다. 1. A회사에 대한 정리절차 개시 전에 취득시효가 완성된 경우: 정리절차개시 이전에 시효가 완성하였고 정리절차개시 이후로 다시 시효 기간이 경과하지 않았으니 청구기각, 2. 정리절차개시 후 B조합이 점유를 승계하기 전에 취득시효가 완성된 경우: 시효 완성 당시의 점유자만이 시효취득을 주장할 수 있는 것인데, B조합은 채권자대위권을 행사하지 않았으므로 청구기각, 3. B조합이 점유를 승계한 이후 취득시효가 완성된 경우: 취득시효 완성을 원인으로 한 지분이전청구 인용. 이에 B조합이 패소부분에 대하여 상고하였다. 파기환송.

[판결요지]

취득시효기간 중 점유 부동산의 등기명의자에 대하여 회사정리법에 따른 정리절차가 개시되어 관리인이 선임된 사실이 있다고 하더라도 점유자가 취득시효 완성을 주장하는 시점에서 그 정리절차가 이미 종결된 상태라면 등기명의자에 대하여 정리절차상 관리인이 선임된 적이 있다는 사정은 취득시효기간 중 점유 부동산에 관하여 등기명의자가 변경된 것에 해당하지 아니하므로, 점유자는 그의 승계를 주장하는 점유를 포함한 점유기간 중 임의의 시점을 취득시효의 기산점으로 삼아 취득시효 완성을 주장할 수 있다.

---

[1] 1976. 12. 매매를 원인으로 한 지분이전청구는 제1심은 증거부족, 항소심은 회생채권으로서 실권되었다는 이유로 각하하고, 대상판결은 이를 유지하였으므로 평석의 범위에서 제외한다.

[해설]

1. 문제의 소재

우리 법제에서 토지와 그 위에 지어진 건물은 독립적으로 소유권의 대상이 되지만, 시장 거래의 실제는 토지와 그 지상 건물이 한 묶음으로 이전되는 것이 대부분이다. 집합건물의 소유 및 관리에 관한 법률(1985. 4. 11. 시행) 이전에는, 건물에 관하여는 구분소유(민법 제215조), 그 대지를 이루는 토지에 관하여는 구분소유권자들이 소유부분에 비례하여 공유(민법 제262조)를 하는 방식으로 등기가 마쳐졌었다. 따라서 집합건물 특히 공동주택에 관하여 토지에 관한 권리가 별개로 거래되거나 강제처분됨으로 인하여 토지의 권리자와 건물의 구분소유자가 달라져 분쟁이 자주 발생하였다. 집합건물의 소유 및 관리에 관한 법률은 아파트 등 집합건물에 대지라는 관념을 도입하여(제4조) 구분소유자의 대지사용권은 전유부분의 처분에 종속되도록 규정하였고(제20조), 경과조치(부칙 제4조)의 시행 과정에서 이미 사업시행이 마쳐진 대규모 단지에서도 건물의 대지를 이루는 토지를 위 법률에 의한 대지사용권으로 통합하여 대지권등기를 마쳤다. 그런데, 의도적이든 실수로 인한 누락이든 사업시행자가 아파트 단지에 포함되는 일부 토지에 관하여 최초의 매수인들에게 지분 등기를 마쳐주지 않고, 또 법률 시행 이후 경과조치로 실행된 대지권등기 과정에서도 누락된 채 오랜 기간이 경과할 수 있다. 이 사건에서도 분양 후 36년 이상 구분소유권자들이 바뀌고 A회사는 회사정리절차 개시 및 종결이라는 근본적 변동을 겪는 동안 자기 명의로 남은 지분에 기한 배제청구권을 행사한 바 없고 그렇다고 전유부분의 소유자도 지분이전등기를 구한 바 없는 상태가 지속될 수도 있었지만, B조합은 재건축사업 시행에 즈음하여 A회사 명의로 남아 있는 토지에 관하여 완전한 소유권을 취득할 필요가 있었다. 주택법 제21조 제1항은 주택건설사업의 승인을 받으려는 자는 원칙적으로 해당 주택건설대지의 소유권을 확보하여야 한다고 규정하고 있기 때문이다.

자주점유를 인정하더라도, 취득시효가 완성된 후 소유권의 변동이 생긴 경우에 새로운 취득자에 대하여는 취득시효 완성으로 대항할 수 없다는 전통적인 법리를 적용함에 있어서 회사정리절차의 개시가 새로운 취득자에 해당하는가가 대법원이 이 사건에서 직면한 쟁점이었다. 원심은 B조합이 취득시효 완성일로 주장하는 2013. 8. 2.부터 20년 전인 1993. 8. 2. 당시 점유자인 구분소유자의 점유개시일을 취득시효 기산점으로 주장할 수 있을 뿐이므로 그 점유기간 중 임의의 시점을 기산점으로 선택할 수밖에 없다고 보았던바, 이것은 취득시효에 관한 판례의 입장[2]을 전제로 하여 회생절차가 불가역적으로 권리의 귀속주체를 변경한 것과 같다고 본 것이다.

2. 대상판결의 논거

취득시효기간 중 점유 부동산의 등기명의자에 대하여 구 회사정리법에 따른 정리절차가 개시되어 관리인이 선임된 사실이 있다고 하더라도 점유자가 취득시효 완성을 주장하는 시점에서 그 정리절차가 이미 종결된 상태라면 등기명의자에 대하여 정리절차상 관리인이 선임된 적이 있다는 사정은 취득시효기간 중 점유 부동산에 관하여 등기명의자가 변경된 것에 해당하지 아니하므로, 점유자는 그가 승계를 주장하는 점유를 포함한 점유기간 중 임의의 시점을 취득시효의 기산점으로 삼아 취득시효 완성을 주장할 수 있다. B조합이 취득시효 완성을 주장하는 2013. 8. 2.까지 20년의 취득시효기간 동안 이 사건 지분의 소유 명의자가 피고에서 변경된 사실이 없고, 다만 1997. 12. 16. 피고에 대하여 회사정리절차가 개시되어 관리인이 선임되었다가 2002. 11. 21. 그 정리절차가 종결되었을 뿐이므로, 이 사건 지분에 관하여 취득시효 완성을 주장하는 원고로서는 그가 승계를 주장하는 점유를 포함한 점유기간 중 임의의 시점을 취득시효의 기산점으로 선택할 수 있다. 취득시효의 기산점은 법률효과의 판단에 관하여 직접 필요한 주요사실이 아니고 법원으로서는 이에 관한 당사자의 주장에 구속되지 아니하고 소송자료에 의하여 점유의 시기를 인정할 수 있으므로 원심으로서는 원고가 취득시효 완성일로 주장하는 2013. 8. 2.로부터 역산하여 20년 전인 1993. 8. 2.을 취득시효의 기산점으로 인정할 수 있고, 따라서 원고는 그로부터 20년이 경과한 2013. 8. 2. 이 사건 지분에 관하여 취득시효 완성을 원인으로 한 소

---

2) 대법원 1976. 6. 22. 선고 76다487, 388 판결, 대법원 1998. 5. 12. 선고 97다8496, 8502 판결 등.

유권이전등기청구권을 취득하였다고 봄이 상당하다.

3. 검토

파산절차에서는 취득시효에 관하여도 궤를 같이 하여 "파산선고 전에 부동산에 대한 점유취득시효가 완성되었으나 파산선고시까지 이를 원인으로 한 소유권이전등기를 마치지 아니한 자는, 그 부동산의 소유자에 대한 파산선고와 동시에 파산채권자 전체의 공동의 이익을 위하여 파산재단에 속하는 그 부동산에 관하여 이해관계를 갖는 제3자의 지위에 있는 파산관재인이 선임된 이상, 파산관재인을 상대로 파산선고 전의 점유취득시효 완성을 원인으로 한 소유권이전등기절차의 이행을 청구할 수 없다. 또한, 그 부동산의 관리처분권을 상실한 파산자가 파산선고를 전후하여 그 부동산의 법률상 소유자로 남아 있음을 이유로 점유취득시효의 기산점을 임의로 선택하여 파산선고 후에 점유취득시효가 완성된 것으로 주장하여 파산관재인에게 소유권이전등기절차의 이행을 청구할 수도 없다. 이 경우 법률적 성질이 채권적 청구권인 점유취득시효 완성을 원인으로 한 소유권이전등기청구권은 파산채권에 해당하므로 파산절차에 의하여서만 그 권리를 행사할 수 있다"는 것이 판례이다.[3] 이것은 채무자의 재산으로 구성되는 파산재단 및 그 대표자인 파산관재인은 채무자와는 독립된 제3자로서 새로운 법률상 이해관계를 가진 것으로 관념되며 통정허위표시의 상대방은 파산관재인에게 대항하지 못한다는 판례[4]와 같은 맥락에서 나온 결론으로 보인다.

문제는 이러한 파산절차에서의 법리가 그대로 회생절차에 유추적용될 수 있는가이다. 원심은 이를 충실하게 따랐고 나름 수긍할 점이 있다. 문제는 취득시효 제도가 가지는 일반적인 문제점이기는 하지만, 이와 같은 기계적 법리 적용이 오랜 기간 동안 지속되어 온 구분소유자들의 기대가 회생절차의 개시라는 우연한 사정에 의하여 좌우되는 불합리가 있다는 점이다. 파산절차가 불가역적인 청산으로 종결되는 데 반하여 회생절차는 채무자의 재조직을 할 뿐 동일성에 변동을 일으키는 것은 아니라는 점에서 이와 같은 파산절차에서의 법리를

따라야 하는 필연성은 없다고 하겠다. 즉 회생절차가 개시되었다고 하더라도 그것으로 회생재단에 재산이 이전하였다고 볼 수 없다고 관념하여도 그만이다.

한편, 판례는 점유취득시효가 완성된 것을 등기하지 않고 있는 사이에 제3자에게로 소유권이전등기가 경료되어 시효취득으로 대항할 수 없게 되었더라도 그 후 어떠한 사유로 취득시효 완성 당시의 소유자에게로 소유권이 회복되면 그 소유자에게 시효취득의 효과를 주장할 수 있다는 것인바,[5] 그 취지를 존중한다면, 대상판결의 결론을 수긍할 만하다. 일상적이지 않은 사안에 대하여 기존의 틀에 충실히 따른 것으로 보이는 원심판결을 최대한 구체적 타당성을 고려해 파기한 것으로 평가할 수 있겠다.[6]

---

3) 대법원 2008. 2. 1. 선고 2006다32187 판결.
4) 대법원 2003. 6. 24. 선고 2002다48214 판결.

5) 대법원 1991. 6. 25. 선고 90다14225 판결.
6) 정성헌, "회생절차와 부동산점유취득시효에서의 등기명의 변경 — 대판 2015. 9. 10. 선고 2014다68884 판결을 중심으로", 민사법의 이론과 실무(2017), 75면.

[06] 회생절차개시결정이 있기 전 자본금이 건설업등록기준에 미달한 경우 건설업등록말소 대상의 예외 사유에 해당하는지 여부

나청(대법원 재판연구관(부장판사))　　　　대법원 2015. 5. 28. 선고 2015두37099 판결

[사안의 개요]

건설회사인 원고는 '채무자회생법에 따라 회생절차개시신청을 하여, 2013. 4. 30. 회생절차개시결정을 받았다. 그러나, 지방자치단체장인 피고는 2013. 10. 17. 원고가 회생절차개시결정 전인 2011. 12. 31. 기준으로 자본금 등록기준에 미달하였다는 이유로 구 건설산업기본법(2012. 6. 1. 법률 제11466호로 개정되기 전의 것) 제83조 제3호의3에 따라 건설업등록말소처분(이하 '이 사건 처분'이라 한다)을 하였다.

원고는 회생절차개시결정이 되어 그 절차가 진행 중임을 이유로 구 건설산업기본법 시행령(2012. 2. 2. 대통령령 제23583호로 일부개정되기 전의 것) 제79조의2 제3호 가목(이하 '이 사건 시행령 조항'이라 한다)이 적용되어 일시적 등록기준에 미달된 경우이므로 건설업등록말소 대상이 되지 아니한다고 주장하면서, 법원에 이 사건 처분의 취소를 구하였다.

그러나, 제1심은 회생절차개시결정 이전에 이미 자본금 등록기준 미달사유가 발생한 경우에는 비록 처분 당시 회생절차가 진행 중이라고 하더라도 이 사건 시행령 조항에서 정하고 있는 제재처분의 예외사유에 해당하지 않는다고 보아, 원고의 청구를 기각하였고, 원심도 같은 이유로 원고의 항소를 기각하였다. 이에 원고가 상고하였고, 대법원은 원심판결에 이 사건 시행령 조항에 규정된 건설업등록말소 예외사유의 적용범위에 관한 법리오해의 위법이 있다며, 원심판결을 파기환송하였다.

[관련 법령]

구 건설산업기본법 제10조(건설업의 등록기준) 제2호는 건설업의 등록기준이 되는 자본금(개인인 경우에는 자산평가액)의 사항은 대통령령으로 정한다고 규정하고 있고, 제83조(건설업의 등록말소 등) 제3호는 제10조에 따른 건설업의 등록기준에 미달한 사실이 있는 경우 건설등록의 말소 등을 명할 수 있되, 다만 일시적으로 등록기준에 미달하는 등 대통령령으로 정하는 경우는 예외로 한다고 규정하고 있다.

구 건설산업기본법 시행령 제13조(건설업의 등록기준) 제1항 제1호, 별표 2(건설업의 등록기준)는 법인(토목건축공사업)의 경우 자본금 12억 원 이상을 갖출 것을 규정하고 있고, 제79조의2(일시적인 등록기준미달) 제3호 가목(이 사건 시행령 조항)은 '채무자회생법에 따라 법원이 회생절차의 개시의 결정을 하고 그 절차가 진행 중인 경우, 제13조 제1항 제1호에 따른 자본금기준에 미달한 경우라도 법 제83조 제3호 단서에서 정하는 일시적인 등록기준미달에 해당한다고 규정하고 있다.

[판결요지]

이 사건 시행령 조항의 규정 취지와 목적, 구 건설산업기본법 시행령 제79조의2에 규정된 건설업등록말소의 다른 예외사유의 내용, 채무자회생 제도의 취지와 절차적 특성 등을 고려할 때, 이는 자본금 기준에 미달한 사실이 회생절차개시결정 전후에 있었는지를 가리지 않고 건설업자에 대한 회생절차가 개시되어 진행 중인 경우에 적용된다.

[해설]

1. 문제의 소재

대부분의 건설업체는 이미 자본 잠식의 상태(장부상으로는 자본 잠식이 아니라도 분식된 부분을 제거하고 나면 대부분 채무초과 상태가 됨)에서 회생절차에 진입하는데, 이는 중소 건설사나 대형 건설사나 큰 차이가 없는 경우가 많다.

이에 원심과 같이 자본금 기준 미달이 회생절차개시결정 이전에 발생한 경우에 이 사건 시행령 조항이 적용되는 것으로 보지 아니할 경우(소극설), 회생절차에 들어온 거의 모든 건설업체에 대하여 행정청이 회생절차 개시 전의 재무상황을 조사하여 건설업등록을 말소하고 회생절차를 중단시킬 수 있게 된다.

반면, 상고이유 주장과 같이 자본금 기준 미달이 회생절차개시결정 이전에 발생한 경우에도 이 사건 시행령 조항이 적용되는 것으로 볼 경우(적극설), 건설업등록말소를 회피하는 수단으로 회생절차가 남용될 우려의 문제가 제기될 수 있다.

이 부분 쟁점은 결국 부실기업에 대하여 행정부의 등록말소에 의한 통제를 우선할 것인지, 사법부의 회생절차에 따른 통제를 우선할 것인지의 문제로, 어느 한 쪽이 통제권한을 행사하게 되는 순간 다른 쪽의 권한은 무력화될 수 있는 관계에 있는 사안으로 볼 수 있다.

2. 대상판결의 논거

대상판결은 다음과 같은 논거를 제시하면서 원심과 달리 적극설을 취하여, 자본금 기준 미달이 회생절차개시결정 이전에 발생한 경우에도 이 사건 시행령 조항에 규정된 건설업등록말소 예외사유를 적용할 수 있다고 보면서, 원심을 파기환송하였다.

이 사건 시행령 조항은 문언상 회생절차가 진행 중인 사실 자체를 건설업등록말소의 예외사유로 규정하고 있을 뿐, 말소사유인 자본금 기준에 미달한 사실과 예외사유의 시간적 선후관계에 관하여 명시하고 있지 아니한 점, 채무자회생법은 회생법원의 감독행정청에 대한 회생절차개시신청사실 통지의무와 감독행정청의 의견진술권을 규정하고 있고(제40조 제1항 제1호, 제3항), 이러한 절차를 통하여 건설업자가 건설업등록말소를 피하기 위한 목적에서 회생절차개시신청을 한 것임이 밝혀진 경우에는 신청이 성실하지 않다고 보아 이를 기각할 수 있으므로(제42조 제2호), 회생절차가 등록말소를 회피하기 위한 수단으로 남용될 우려가 크지 아니한 점, 회생절차개시결정과 자본금 기준 미달사실 발생의 선후관계에 따라 등록말소 여부를 달리 보아야 하거나 시행령 조항의 적용 범위를 문언보다 좁게 해석해야 할 합리적 이유를 찾기 어려운 점, 회생절차는 재정적 어려움으로 파탄에 직면한 채무자를 효율적으로 회생시켜 채무자는 물론 채권자, 주주, 근로자 등 여러 이해관계인 공동의 이익을 도모하기 위한 제도인데, 건설업자의 사업의 기초가 되는 건설업등록이 말소되면 더 이상의 영업활동이 불가능해져 회생절차가 곧바로 무산될 수밖에 없는 점 등이다.

3. 검토

우선 문리적 및 법체계적인 측면에서 볼 때, 다음과 같은 점에서 적극설에 찬동한다. 첫째, 이 사건 시행령 조항은 회생절차가 진행 중인 사실 자체를 건설업등록말소의 예외사유로 규정하였을 뿐, 말소사유인 자본금 기준에 미달한 사실이 회생절차개시결정 이후에 있어야 한다고 특별히 명시하지 않고 있다. 둘째, 이 사건 시행령 조항이 회생절차 진행 중에 있는 건설업자의 건설업등록을 말소하지 않도록 한 이유는 회생절차가 진행될 경우 회생법원이 회사 운영 전반을 감독함으로써 추가적인 부실발생이 방지되고 회생계획이 인가될 경우 회생채권 등에 대한 권리변경이 이루어짐으로써 재무구조가 개선되어 결국 자본금 기준을 다시 충족하게 될 수 있는 가능성이 높기 때문인 것으로 생각된다. 셋째, 같은 시행령 제79조의2 제3호 나목은 '회생계획의 수행에 지장이 없다고 인정되는 경우로서 해당 건설업체가 법원으로부터 회생절차의 종결 결정을 받고 회생계획을 수행 중인 경우'에도 자본금에 관하여 일시적 등록기준미달의 사유로 규정하고 있는데, 위 조항은 그 규정 형식상 예외사유 발생 이전에 말소사유가 발생한 경우를 포괄하고 있는 것으로 보이므로 법체계상으로 이 사건 시행령 조항도 다르게 볼 이유가 없다.

정책적 측면에서 볼 때에도, 다음과 같은 점에서 적극설이 더 적합한 해석으로 생각된다. 첫째, 원심과 같은 소극설은 건설업등록말소를 회피하는 수단으로 회생절차가 남용될 우려를 걱정하고 있으나, 채무자회생법은 대법원이 설시한 바와 같이 감독행정청의 의견진술권 등 남용방지 제도를 갖추고 있다. 둘째, 현행 건설산업기본법 제83조 제3호의3에 의하면, 과거에 등록기준에 미달하여 영업정지처분을 받고 3년 이내에 다시 등록기준에 미달하게 된 건설업자는 회생절차가 개시되더라도 등록말소 또는 영업정지처분의 예외사유에 해당하지 아니하므로, 상습 미달업체는 애초부터 이 사건 시행령 조항의 적용이 문제되지 않을 여지가 높다. 셋째, 앞서 언급한 바와 같이 대부분의 건설업체는 이미 자본 잠식의 상태에서 회생절차에 진입하는바, 원심의 견해에 따를 경우, 회생절차에 들어 온 거의 모든 건설업체에 대하여 행정청이 언제든지 건설업등록을 말소할 수 있게 되므로, 회생절차를 성실히 수행하고 있는

업체라도 위 건설업등록말소처분에 의하여 입찰에 참
가하지 못하고 건설공제조합 등의 보증서 발급이 어려
워져 회생절차를 통한 갱생에 심대한 타격을 받게 된다.

결국 문리적, 법체계적 및 정책적 측면 등 여러 측면
에서 살펴보아도, 적극설을 취한 이 사건 대법원 판결은
타당한 것으로 생각된다. 특히 원심과 같이 해석할 경우
건설업체의 경우 현실적으로 회생제도의 존재 의의가
상실될 수 있어 부당하다는 점에서 회생절차의 취지에
따라 건설업등록말소의 예외 사유를 넓게 해석한 이 사
건 대법원 판결은 건설회사의 회생절차의 특성을 충분
히 고려한 선례로서 그 의미가 크다고 생각된다.

[07] 회생절차개시결정으로 인한 소송절차의 중단을 간과하고 심리·선고한 판결의 효력

정문경(서울고등법원 고법판사)   대법원 2011. 10. 27. 선고 2011다56057 판결

[사안의 개요]

A(원고)가 B(피고)를 상대로 양수금 청구 소송을 제기하였다. 제1심에서 A에 대한 승소판결이 선고되었고 이에 불복하여 B가 항소하였다. 항소심 계속 중 B에 대하여 회생절차개시결정이 있었고 공동관리인들이 선임되었다. 항소심은 회생절차개시결정 사실을 알지 못한 채 공동관리인들로의 소송수계가 이루어지지 아니한 상태 그대로 소송절차를 진행하여 제1회 변론기일에 변론을 종결한 후 B의 항소를 기각하는 판결을 선고하였다. 이에 불복하여 B가 상고하였고, 공동관리인들은 상고심에서 소송수계신청을 한 후 항소심판결의 위와 같은 절차상 하자를 다투는 상고이유서를 제출하였다. 파기환송.

[판결요지]

채무자회생법 제59조 제1항, 제33조, 민사소송법 제247조 제1항, 제2항의 각 취지 및 내용 등에 비추어 보면, 소송계속 중 일방 당사자에 대하여 채무자회생법 제49조에서 정한 회생절차개시결정이 있었는데, 법원이 회생절차개시결정 사실을 알지 못한 채 그 관리인의 소송수계가 이루어지지 아니한 상태 그대로 소송절차를 진행하여 판결을 선고하였다면, 그 판결은 일방 당사자의 회생절차개시결정으로 소송절차를 수계할 관리인이 법률상 소송행위를 할 수 없는 상태에서 심리되어 선고된 것이므로 여기서는 마치 대리인에 의하여 적법하게 대리되지 아니하였던 경우와 마찬가지의 위법이 있다고 할 것이다.

[해설]

1. 대상판결의 쟁점

회생절차개시결정이 있는 때에는 채무자의 업무의 수행과 재산의 관리 및 처분권한은 관리인에게 전속하므로(채무자회생법 제56조 제1항 참조), 채무자는 원칙적으로 회생절차 진행 중에는 채무자의 재산에 관한 소송의 당사자가 될 수 없다. 이에 따라 채무자회생법 제59조 제1항은 "채무자의 재산에 관한 소송계속 중에 채무자에 대하여 회생절차개시결정이 있는 때에는 그 소송절차는 중단된다."라고 규정한다. 채무자회생법에는 민사소송법 제238조와 같이 소송대리인 선임 시 소송절차 중단에 관한 예외 규정이 없으므로, 회생절차개시결정으로 인한 소송절차 중단은 채무자에 대하여 소송대리인이 선임되어 있는지 여부를 불문한다. 또한 채무자회생법에는 이러한 소송절차 중단의 효과와 중단 중에 행해진 소송행위의 효과에 관한 아무런 규정이 없으므로, 여기에는 채무자회생법 제33조에 의하여 민사소송법의 관련 규정이 준용되고, 그에 관한 법리가 적용된다.

소송절차 중단 중에는 판결의 선고를 제외하고는 당사자나 법원은 본안에 관한 일체의 소송행위를 할 수 없다(민사소송법 제247조 제1항). 그런데 대상판결 사안처럼 법원이 회생절차개시결정으로 인한 소송절차 중단 사실을 알지 못한 채 소송절차를 그대로 진행하여 변론을 종결하고 판결까지 선고한 경우, 그 절차상 위법으로 인한 판결의 효력과 그에 따른 불복절차가 문제된다.

2. 대상판결의 논거

대상판결은 이러한 쟁점에 대하여, 당사자가 소송계속 중 소송대리인을 선임하지 않은 상태에서 사망하였음에도 법원이 그 사망으로 인한 소송절차 중단 사실을 알지 못한 채 그대로 심리·선고한 판결의 효력에 관한 대법원 1996. 2. 9. 선고 94다24121 판결 등의 법리가 적용된다고 보았다. 즉, 당사자의 사망으로 소송절차를 수계할 상속인이 법률상 소송행위를 할 수 없는 상태에서 심리·선고된 판결에는 마치 대리인에 의하여 적법하게 대리되지 않았던 경우와 마찬가지의 위법이 있고, 회생절차개시결정으로 인한 소송절차 중단을 간과하고 심리·선고한 판결 역시 위와 같이 적법한 수계인의 권한을 배제하는 대리권의 흠결이 있다고 판단하였다. 대

상판결은 그 논거로서 채무자회생법 제59조 제1항, 제33조와 민사소송법 제247조 제1항, 제2항의 각 취지와 내용 등을 언급하였다.

3. 검토

가. 민사소송법상 소송절차 중단의 관련 법리

민사소송법에 의하면, 소송계속 중 당사자가 소송대리인을 선임하지 아니한 채 사망한 경우 그 소송절차는 상속인 등 적법한 수계인이 수계절차를 밟아 관여할 수 있을 때까지 중단된다(제233조 제1항, 제238조). 법원이 위와 같은 소송절차 중단사유를 간과하고 변론을 종결하여 판결을 선고한 경우 이와 같이 절차상 위법이 있는 판결의 효력 유무에 대하여, 종래 판례와 학설의 입장이 나뉘어 있었다. 즉, 판결이 당연무효라는 무효설과 당연무효라고 볼 수는 없고, 다만 대리인에 의하여 적법하게 대리되지 않았던 경우와 마찬가지로 보아 대리권의 흠결을 이유로 상소(민사소송법 제424조 제1항 제4호) 또는 재심(민사소송법 제451조 제1항 제3호 본문)에 의하여 그 취소를 구할 수 있을 뿐이라는 위법설이 제기되었다. 그러나 대법원 1995. 5. 23. 선고 94다28444 전원합의체 판결에서 위법설을 채택하고, 무효설을 취하였다고 판단되는 이전 대법원판결들을 폐기함으로써 그 논의가 일단락되었다.[1] 대상판결에서 인용한 대법원 94다24121 판결은 위 전원합의체 판결을 인용한 후속판결이다.

위법설에 따르면, 소송절차 중단 중에 제기된 상소는 부적법하지만 그 상소로써 사건은 상소심으로 이전하고, 상소심에서 소송수계를 한 경우에는 하자가 치유될 수 있으므로 상소를 부적법한 것으로 각하해야 하는 것은 아니다.[2] 또한 판결이 선고된 후 적법한 수계인이 수계신청을 하여 판결을 송달받아 상소하거나 사실상 송달받아 상소장을 제출하고 상소심에서 수계절차를 밟은 경우 그 수계와 상소는 적법하다.[3] 그리고 소송절차

의 중단을 간과한 판결이 반드시 적법한 수계인 등 당사자에게 불리한 것은 아니므로 소송수계인이 명시적·묵시적으로 원심판결의 위와 같은 절차상 하자를 추인하면 원심에서 소송중단 중에 행한 소송행위는 모두 행위시에 소급하여 적법하게 되고, 이를 상소사유 또는 재심사유로 다투지 못한다.[4] 따라서 상소심으로서는 추인이 인정되지 아니한 경우에는 당사자의 심급의 이익을 보호할 필요가 있으므로 본안판단에 나아가지 않고 그 소송절차상 하자를 이유로 원심판결을 파기환송(상고심) 또는 취소환송(항소심)하고,[5] 추인이 인정되는 경우에는 본안판단을 하게 된다.[6]

한편, 판례는 당사자의 사망으로 인한 소송절차 중단사유를 간과한 위법한 판결인지 여부를 해당 상소심의 직권조사사항으로 보고 있다.[7]

나. 도산절차에 민사소송법상 관련 법리의 적용

대법원은 대상판결 이전에도 이미 위와 같은 법리를 구 파산법 사안에 적용하여 파산선고로 인한 소송절차 중단을 간과한 채 이루어진 판결의 효력 등에 관하여 판단하였다. 즉, 채무부존재확인소송의 항소심 계속 중 피고(파산자)에 대한 파산선고가 있었음에도 적법한 소송수계 없이 원고 패소판결이 선고되었다가 원고의 상고로 인한 상고심에서 원고와 파산관재인 쌍방이 각 수계신청을 한 사안에서, 대법원 94다28444 전원합의체 판결 등을 참조판결로 하여 이러한 수계절차로써 절차상 하자가 치유되고 수계와 상소는 적법하게 되었다고

---

[1] 무효설과 위법설의 논거에 대한 상세한 논의는 민일영 편집 대표, 주석 민사소송법(Ⅲ) 제8판, 한국사법행정학회(2018. 10.), 650~652면(유남석 집필부분) 참조.

[2] 대법원 1996. 2. 9. 선고 94다61649 판결; 대법원 2016. 4. 29. 선고 2014다210449 판결 등 참조.

[3] 대법원 1995. 5. 23. 선고 94다28444 전원합의체 판결; 대법원 2003. 11. 14. 선고 2003다34038 판결; 대법원 2016.

4. 29. 선고 2014다210449 판결 등 참조.

[4] 대법원 1995. 5. 23. 선고 94다28444 전원합의체 판결; 대법원 2003. 11. 14. 선고 2003다34038 판결 등 참조.

[5] 원심판결을 파기하고 환송한 사례로는 대법원 1996. 2. 9. 선고 94다24121 판결; 대법원 1997. 10. 10. 선고 96다35484 판결 등 참조.

[6] 대법원 1995. 5. 23. 선고 94다28444 전원합의체 판결 사안에서는, 당사자의 사망으로 인한 수계인들이 원심에서 소송수계 등의 절차를 밟지 아니한 채 사망한 사람의 이름으로 소송대리인을 선임하여 그 소송행위를 대리하게 하였다가 패소하자, 다시 사망한 사람의 이름으로 상고를 한 후 상고심에서 소송수계신청을 하면서 소송중단 중에 선고된 원심판결의 절차상 하자에 관하여는 상고이유로 삼지 아니하고 본안에 관하여만 다투는 내용의 상고이유서를 제출하였다. 대법원은 이 경우 이러한 절차상 하자를 추인한 것으로 보았다.

[7] 대법원 1987. 3. 24. 선고 85다카1151 판결; 대법원 1996. 2. 9. 선고 94다24121 판결 등 참조.

보아 본안판단으로 원고의 상고를 기각하였다(대법원 1999. 12. 28. 선고 99다8971 판결). 또한 대법원은 채무자회생법상 파산선고와 개인회생절차개시결정으로 인한 소송절차 중단을 간과한 판결의 효력에도 위와 같은 법리를 적용하여 일관되게 판단해오고 있다.[8] 그리고 회생절차개시결정으로 인한 소송절차 중단 사안에서는 대상판결에서 위와 같은 법리를 적용하여 명시적으로 판단한 이후 이를 인용하여 판단한 후속판결들이 이어지고 있다.[9] 대상판결을 비롯한 이러한 일련의 판결들은 채무자회생법과 그 제정·시행 전 구 파산법 등에서 명시한 민사소송법 준용규정을 통해 민사소송법상 소송절차의 중단을 간과한 채 선고된 판결의 효력 등에 관한 기존 판례 법리를 도산절차에도 그대로 적용함에 따른 것이다. 이처럼 회생절차개시결정 등으로 인한 소송절차 중단을 간과하고 심리·선고한 판결에 마치 대리인에 의하여 적법하게 대리되지 않은 것과 같은 절차상 위법이 있다고 보는 것은 관련 법률의 규정과 그 취지 및 내용에 부합하는 것으로 타당하다.

또한 대상판결 사안에서는 피고 겸 채무자인 B의 공동관리인들이 상고심에서 소송수계신청을 하면서 소송절차 중단을 간과한 원심판결의 절차상 하자를 상고이유로 다투는 상고이유서를 제출하였다. 이에 대법원은 수계인이 원심판결의 절차상 하자를 추인하지 않은 것으로 판단하고, 수계인의 나머지 상고이유를 나아가 살펴볼 필요 없이 소송절차 중단에 관한 법리오해의 위법을 이유로 원심판결을 파기하고 사건을 다시 심리·판단하게 하기 위하여 원심법원에 환송하였다. 이는 절차상 하자에 관한 추인이 인정되지 않은 사안에서 그러한

하자를 이유로 원심판결을 파기환송한 기존 판례 법리에 따른 것으로 볼 수 있다.

다. 부적법한 소송수계신청과 관련한 문제

회생절차개시결정으로 인하여 소송절차를 수계할 적법한 수계인이 법률상 소송행위를 할 수 없는 상태에서 선고된 판결의 절차상 위법이 치유되기 위해서는 우선 소송수계신청 자체가 적법해야 한다.[10] 채무자회생법 제59조 제2항은 "제1항의 규정에 의하여 중단한 소송절차 중 회생채권 또는 회생담보권과 관계없는 것은 관리인 또는 상대방이 이를 수계할 수 있다."라고 규정하고, 회생채권 및 회생담보권에 관한 이의가 있는 경우 그 소송절차의 수계에 관하여는 같은 법 제172조, 제174조 제2항에서 별도로 규정하고 있다. 그런데 채무자회생법 제172조, 제174조 제2항에서 규정하는 회생채권 및 회생담보권의 확정을 위한 소송절차의 수계는 그 회생채권 등에 대한 이의 여부에 따라 처리되므로, 당사자는 회생채권 등이 이의채권이 되지 아니한 상태에서 미리 소송수계신청을 할 수는 없다.[11] 따라서 법원이 위와 같이 부적법한 소송수계신청을 받아들여 소송을 진행한 후 소송수계인을 당사자로 하여 판결을 선고하였다면 이 역시 소송에 관여할 수 없는 적법한 당사자가 법률상 소송행위를 할 수 없는 상태에서 심리·선고된 것으로 위법하다.[12] 원심판결에 회생절차개시결정으로 인한 소송절차 중단을 간과한 절차상 위법이 있더라도 당사자가 상소심에서 한 회생채권 등 확정을 위한 소송수계신청이 위와 같이 이의채권이 되지 아니한 상태에서 미리 한 것으로 부적법한 경우에는 이를 각하하고, 본안판단 없이 원심판결을 그 절차상 하자를 이유로 파기환송(상고심) 또는 취소환송(항소심)하여야 한다.[13] 이는 파산선고 당시 파산채권에 관한 소송이 계속 중이었으나 채권조사절차가 진행되지 않아 파산채권이 이의채권이 되지 아니한 상태에서 미리 소송수계신청이 있었던 경우에도 마찬가지이다.[14] 한편 회생채권자 목

8) 파산절차에 대하여는, 대법원 2013. 9. 12. 선고 2012다95486, 95493 판결; 대법원 2018. 4. 24. 선고 2017다287587 판결; 대법원 2019. 4. 25. 선고 2018다270951, 270968 판결 등 참조. 개인회생절차에 대하여는 대법원 2013. 6. 13. 선고 2012다33976 판결; 대법원 2014. 5. 29. 선고 2013다73780 판결; 대법원 2016. 6. 9. 선고 2016다7692 판결; 대법원 2016. 8. 30. 선고 2015다243538 판결 등 참조.

9) 대법원 2012. 9. 27. 선고 2012두11546 판결; 대법원 2013. 10. 24. 선고 2013다41714 판결; 대법원 2015. 10. 15. 선고 2015다1826, 1833 판결; 대법원 2016. 3. 24. 선고 2015다35393 판결; 대법원 2016. 12. 27. 선고 2016다35123 판결 등 참조.

10) 대법원 2015. 10. 15. 선고 2015다1826, 1833 판결 참조.

11) 대법원 2013. 5. 24. 선고 2012다31789 판결; 대법원 2015. 10. 15. 선고 2015다1826, 1833 판결; 대법원 2016. 12. 27. 선고 2016다35123 판결 등 참조.

12) 대법원 1981. 3. 10. 선고 80다1895 판결; 대법원 2019. 4. 25. 선고 2018다270951, 270968 판결 등 참조.

13) 대법원 2015. 10. 15. 선고 2015다1826, 1833 판결 참조.

록에 기재되지 아니하고 신고되지 아니한 회생채권으로서 채무자회생법 제251조에 따라 회생계획인가결정이 있는 때에 실권된 회생채권에 대하여는 회생채권확정의 일환으로 진행되는 소송수계의 여지는 없게 되고, 채무자회생법 제59조 제2항에 따라 관리인 또는 상대방이 수계할 수 있을 뿐이다.[15]

라. 대상판결 사안에서 소송수계신청의 적법 여부와 계속 중인 소송에 관한 소의 이익 여부

대상판결은 채권자인 A가 채무자인 B를 상대로 양수금 청구를 한 사안으로 회생채권에 관계된 것이다. 따라서 대상판결 사안의 소송수계는 회생채권확정을 위한 소송수계로서 채무자회생법 제59조 제2항이 아닌 제172조가 적용된다고 볼 수 있다.

대상판결 사안의 사실관계에 의하면, A가 회생절차에서 신고한 회생채권에 대하여 조사기간의 말일이 경과하도록 아무런 이의가 없었고, B의 공동관리인들은 조사기간 말일이 경과한 후 회생채권자표에 확정된 A의 회생채권이 기재되기 전 사이에 대법원에 소송수계신청을 하였다. 대상판결은 회생채권자표에 A의 회생채권이 기재된 후로부터 약 2개월이 경과한 시점에서 선고되었다.

앞서 본 것처럼 회생채권확정을 위한 소송수계에서 관리인은 그 회생채권에 대한 이의자의 지위에서 당사자가 되므로,[16] 엄밀하게 말하면 회생채권이 이의채권이 되지 아니한 상태에서 한 공동관리인들의 소송수계신청은 적법하다고 보기 어렵다.

또한 채무자회생법에 의하면, 신고된 회생채권에 대하여 이의가 없는 때에는 채권이 신고된 내용대로 확정되고(제166조 제1항), 확정된 회생채권을 회생채권자표에 기재한 때에는 그 기재는 확정판결과 동일한 효력이 있다(제168조). 따라서 위와 같이 회생채권자표에 기재한 때에는 계속 중이던 회생채권에 관한 소송은 소의 이익이 없어 부적법하게 되고, 상고심은 원심판결을 파기하고 자판으로 소를 각하할 수 있다.[17]

다만 상고심으로서는 기록상 회생절차에서의 회생채권 확정과 그 확정된 회생채권의 회생채권자표 기재 사실을 확인할 자료가 없다면, 원심판결에 소송절차 중단사유를 간과한 위법이 있는지에 나아가 소송수계신청의 적법 여부나 소의 이익 여부까지 명확하게 판단하기는 어렵다. 이러한 사정을 감안하면, 대상판결에서 공동관리인들의 상고심에서의 소송수계신청이 적법한지 여부 등을 문제삼지 않고, 소송절차 중단을 간과하고 심리·선고한 절차상 위법만을 이유로 원심판결을 파기환송한 것은 이해가 되는 측면이 있다.

4. 대상판결의 의의

대상판결은 법원이 회생절차개시결정으로 인한 소송절차 중단사유를 알지 못한 채 심리하여 선고한 판결의 효력에 대하여 명시적으로 판시하였다는 점에 의의가 있다. 위와 같이 소송절차의 중단을 간과한 채 심리·선고한 판결은 마치 대리인에 의하여 적법하게 대리되지 아니한 경우와 마찬가지의 위법이 있다는 대상판결의 판시는 민사소송법상 소송절차 중단에 관한 기존 법리에 부합하고, 대상판결 전후 이루어진 파산절차와 개인회생절차에 관한 법리와도 일치한다는 점에서 타당하다.

---

14) 대법원 2018. 4. 24. 선고 2017다287587 판결 참조.
15) 대법원 2016. 12. 27. 선고 2016다35123 판결 참조.
16) 대법원 2013. 5. 24. 선고 2012다31789 판결; 대법원 2015. 10. 15. 선고 2015다1826, 1833 판결 등 참조.
17) 대법원 2014. 6. 26. 선고 2013다17971 판결(소의 이익이 없어 부적법하게 된 원심판결 중 해당 부분을 파기하고 자판

으로 위 부분 소를 각하하였다); 대법원 2020. 3. 2. 선고 2019다243420 판결 등 참조. 대상판결의 파기환송 후 원심은 A가 신고한 회생채권이 회생채권자표에 기재됨으로써 확정판결과 동일한 효력을 갖게 되었으므로, 이로써 회생채권에 관한 소송이 당연히 종료되었다고 보아 소송종료선언을 하였고, 상고 없이 위 판결이 그대로 확정되었다. 그러나 위 법리에 따르면 소송종료선언이 아니라 소를 각하하는 것이 옳다.

[08] 한국전력공사의 전기미납을 이유로 한 전기공급 중단의 적법 여부

노영보(법무법인 태평양 변호사)   대법원 2010. 2. 11.자 2009마1930 결정

[사안의 개요]

주식회사 X는 2002. 1.경 한국전력공사와 사이에 공장 등에 대하여 전기사용계약을 체결하였다. 위 회사가 2008. 6. 분부터 전기요금을 납부하지 아니하자 한국전력공사는 2008. 11. 17. 2개월 이상 전기요금을 미납하였음을 이유로 전기공급약관 제15조, 제45조에 따라 위 전기사용계약을 해지하고 공장 등에 대한 전기공급을 중단하였다. 위 회사는 2009. 1. 20. 대전지방법원에 회생절차개시신청을 하여 2009. 2. 18. 회생절차개시결정을 받았고, 한국전력공사는 미납전기요금을 회생채권으로 신고하였다. 위 회사는 한국전력공사에게 공장 등에 대한 전기공급을 요청하였으나, 한국전력공사는 미납전기요금 124,750,520원이 납부되지 않았음을 이유로 전기공급을 거절하였다. 위 회사의 관리인은 한국전력공사를 상대로 대전지방법원에 전력공급재개가처분신청을 하였는데, 제1심과 원심은 그 신청을 인용하였고, 이에 한국전력공사가 재항고하였다. 재항고 기각.

[결정요지]

전기사업법 제14조는 "발전사업자 및 전기판매사업자는 정당한 사유 없이 전기의 공급을 거부하여서는 아니 된다"라고 규정하고 있고, 법 시행규칙 제13조는 전기판매사업자등이 전기의 공급을 거부할 수 있는 8가지 사유를 열거하고 있는바, 전기판매사업자등은 법 시행규칙에서 열거된 사유에 해당되지 않는 한 원칙적으로 전기의 공급을 거부할 수 없다. 다만, 법 시행규칙 제13조 제1호는 '전기요금을 납기일까지 납부하지 아니한 전기사용자가 법 제16조에 따른 전기공급약관에서 정하는 기한까지 해당 요금을 내지 아니하는 경우'를 전기공급을 거부할 수 있는 사유로 규정하고 있으므로, 전기판매사업자등은 특별한 사정이 없는 한 전기공급약관에 따른 전기요금을 납부하지 않은 전기사용자에 대하여는 전기의 공급을 거부할 수 있다.

한편, 회생절차가 개시되면 채무자의 업무수행권과 재산의 관리·처분권이 관리인에게 전속하게 되고, 회생채권의 개별적인 권리행사는 금지되며, 회생계획이 인가되면 회생채권은 그 채권금액 및 변제기일 등 그 권리의 내용 및 행사방법이 회생계획에 정해진 대로 변경되므로, 애초의 회생채권은 회생절차를 통하여 권리의 내용 및 행사방법이 제한되게 된다.

상대방에 대한 회생절차의 개시로 인하여 한국전력공사도 회생채권인 전기요금채권을 바로 행사하지 못하고, 상대방측도 그 미납전기요금을 임의로 지급할 수 없게 되었다면, 비록 상대방이 전기요금을 납부하지 않아 이 사건 전기사용계약이 적법하게 해지되어 전기공급이 중단되었다고 하더라도, 재항고인이 미납전기요금의 미변제를 이유로 상대방에 대한 전기공급을 거부하는 것은, 전기사업자로서의 독점적 지위를 이용하여 회생절차개시로 그 권리행사가 제한되어 있는 체납전기요금에 대한 즉시 변제를 강요하는 것이 되고, 나아가 다른 회생채권자의 권리를 해하는 결과에 이르게 되므로, 전기사업법에 의하여 원칙적인 전기공급의무를 부담하는 재항고인이 전기공급을 거부할 수 있는 정당한 사유에 해당하지 않는다고 봄이 상당하다.

[해설]

1. 문제의 소재

채무자회생법 제122조 제1항은 채무자에 대하여 계속적 공급의무를 부담하는 쌍무계약의 상대방은 회생절차개시신청 전의 공급으로 발생한 회생채권 또는 회생담보권을 변제하지 아니함을 이유로 회생절차개시신청 후 그 의무의 이행을 거부할 수 없다고 규정하고 있다. 그런데 위 조항은 그 문언상 개시신청 당시까지 계속적 공급을 목적으로 하는 쌍무계약이 유지되고 있음을 전제로 하는 것이므로, 회생절차개시신청 전 전기요금 미납을 이유로 전기공급계약이 적법하게 해지되어 전기공급이 중단된 후 회생절차가 개시된 경우에 한국

전력공사는 전기공급을 거부할 수 있는 것인지, 아니면 위 조항이 적용되어 전력공사는 공급을 거부할 수 없는 것인지 하는 점이 문제로 된다.

다른 한편 위와 같은 경우 채무자회생법 제122조는 적용되지 않는다고 하더라도 회생절차가 개시된 경우에는 전기사업법상 한국전력공사가 전기공급을 거부할 수 있는 정당한 사유에 해당하지 않는다고 볼 여지가 있는지도 문제된다.

2. 대상결정의 논거

대상결정은 회생절차개시신청 전에 상대방이 전기요금을 납부하지 않아 한국전력공사가 미납전기요금의 미변제를 이유로 전기사용계약을 적법하게 해지하여 전기공급이 중단된 상태에서 상대방에 대한 회생절차가 개시된 경우 상대방에 대한 전기공급을 거부하는 것이 채무자회생법 제122조 제1항에 위반되는지 여부에 관하여는 직접 판단하지 아니한 채, 그러한 경우 미납전기요금의 미변제를 이유로 상대방에 대한 전기공급을 거부하는 것은, 전기사업자로서의 독점적 지위를 이용하여 회생절차개시로 그 권리행사가 제한되어 있는 체납전기요금에 대한 즉시 변제를 강요하는 것이 되고, 나아가 다른 회생채권자의 권리를 해하는 결과에 이르게 된다는 이유로, 전기사업법에 의하여 전기공급을 거부할 수 있는 정당한 사유에 해당하지 않는다고 판시하였다.

3. 검토

전기사업법 제14조는 발전사업자 및 전기판매사업자는 정당한 사유 없이 전기의 공급을 거부하여서는 아니 된다고 규정하고 있고, 전기사업법 시행규칙 제13조는 법 제14조에 따라 발전사업자 및 전기판매사업자는 다음 각 호의 사유를 제외하고는 전기의 공급을 거부해서는 아니 된다. 1. 전기요금을 납기일까지 납부하지 아니한 전기사용자가 법 제16조에 따른 공급 약관에서 정하는 기한까지 해당 요금을 내지 아니라는 경우(이하 생략)라고 규정하고 있다. 한편 전기공급약관 제15조에 따르면 위에서 말하는 기한은 2개월이다.

당초 동시이행의 항변권은 과거의 공급에 대한 대가의 지급을 위하여 현재의 급부에 관하여 행사할 수 있으

나, 과거의 공급에 대한 대가의 청구권이 회생채권이 되면 이에 관하여는 이행을 청구할 수 없기 때문에 동시이행의 항변권을 행사하여 공급을 정지할 수는 없는 것이다. 채무자회생법 제122조 제1항은 회생절차 개시 전의 공급에 대한 대가의 청구권이 회생채권임을 전제로 하여, 다만 회생절차 개시의 신청 이후의 공급에 대한 대가청구권은 채무자회생법 제179조 제1항 제8호가 특히 공익채권으로 하고 있는 것과의 관련에서 신청전 해당분의 미지급을 이유로 하여서는 동시이행의 항변권을 행사할 수 없는 것을 명백히 한 것이고, 다른 면에서 보면 신청전의 공급분에 따른 요금청구권은 회생채권임을 명백히 한 것이다.

따라서 회생절차개시 전이라면 공급자는 동시이행의 항변권을 행사하여 공급을 정지할 수 있고, 개시신청 후의 공급에 대한 대가의 지급이 없을 때에는 절차개시 후에도 정지할 수 있다. 물론 이는 공익채권이므로 미지급의 경우는 드물 것이다. 절차개시 전에 채무변제금지의 보전처분이 발령된 경우에도 절차가 개시되어 신청 후의 공급분이 공익채권이 된다는 보장은 없으므로 여전히 정지할 수 있다. 개시신청 전의 공급분에 관하여 지급을 구하기 위하여 절차개시 전에 공급을 정지하고 있어도 절차가 개시되고 그 당시까지 계약이 존속하며, 또 관리인이 채무자회생법 제119조 제1항에 의한 이행의 청구를 한 경우에는 동시이행의 항변권이 없어지므로 공급을 재개하여야 한다. 관리인이 해제를 선택한 경우에는 공급하지 않아도 좋은 것은 물론이고, 그때까지의 미지급액이 회생채권이 되며, 개시신청 후의 공급으로 발생한 요금은 공익채권이 된다.

위와 같은 시각에서 보면 채무자회생법 제122조 제1항은 그 문언상 개시신청 당시까지 계속적 공급을 목적으로 하는 쌍무계약이 유지되고 있음을 전제로 하는 것이므로 개시신청 이전에 그 계약이 적법하게 해지된 경우에는 적용되지 아니한다고 보아야 한다.[1] 대상결정도 한국전력공사가 전기공급을 거절하는 것이 위 조항에 위반된다고 판시하지는 않고, 전기사업법을 위반하였다고만 하였음은 위에서 본 바와 같다.

따라서 위와 같이 전기사용계약이 적법하게 해지되

---

[1] 오영준, "2010년 도산법 중요 판례", 인권과 정의 제415호, 대한변호사협회(2011), 198면.

고 전기공급이 중단된 후 채무자에 대하여 회생절차가 개시된 경우 채무자는 채무자회생법 제122조 제1항을 근거로 한국전력공사에게 전기공급의 재개를 요구할 수는 없는 것으로 보아야 한다. 회생절차가 개시되었다고 하여 그 이전에 적법하게 해지된 공급계약이 자동 부활할 수는 없기 때문이다. 회생절차의 개시가 있다는 사정만으로 체납요금을 납부하지 않으면 공급신청에도 불구하고 전기공급을 거절할 수 있다는 전기사업법 시행규칙이나 전기공급약관의 적용이 당연히 배제되는 것이라고 볼 것도 아니다.[2]

그러나 위와 같이 전기사용계약이 적법하게 해지된 경우 채무자회생법 제122조 제1항의 적용을 부인하면서도, 그 후 회생절차가 개시된 경우에는 한국전력공사가 즉시 체납요금 전액을 지급할 것을 주장하면서 전기공급을 거절하는 것은 전기사업법이 규정한 "정당한 사유"가 되지 못한다고 보는 것이 일반이다. 그 근거로는 한국전력공사의 전기공급약관은 기본적으로 법률상 이행가능한 전기요금지급의무의 불이행을 전제로 전기공급을 거절할 수 있다는 취지로 보아야 한다는 점을 든다.[3]

그러나 전기사업법 제14조가 "전기판매사업자는 정당한 사유 없이 전기의 공급을 거부하여서는 아니 된다"라고 규정하고 있는 것은 전기사용계약이 적법하게 체결되어 유지되고 있는 경우 한국전력공사의 상대방에 대한 의무를 규정한 것이지 전기사용계약 자체가 적법하게 해지되어 있는 상태까지 적용되는 것은 아니라고 보아야 할 것이다.

종래 채무자회생법 제122조에도 불구하고 실무상 회생채무자에게 반드시 필요한 원자재의 공급에 관하여 독점적 지위에 있는 회생채권자가 회생채권을 변제하지 않으면 원자재를 공급할 수 없다고 부당한 압력을 행사하는 사례가 많이 있었음은 사실이다. 이러한 경우 부득이하게 채무자회생법 제132조 제2항을 적용하여 그 회생채권을 변제하지 아니하고는 채무자의 회생에 현저한 지장을 초래할 우려가 있다고 인정하여 회생계획인가결정 전에 그 전부 또는 일부의 변제를 허가하는 사례도 있었다.

그러한 사정을 배경으로 보면 대상결정은 위와 같이 횡포를 부리는 회생채권자를 상대로 가처분결정을 받아 물품공급을 받을 수 있다는 점을 선언한 점에서 매우 큰 의의가 있다는 의견도 있고,[4] 하급심의 판례 중에도 위와 같은 경우 채무자회생법 제122조의 적용을 긍정한 예도 있으나,[5] 전기공급의무를 근거로 회생절차에서 전기공급의 재개를 거부할 수 없다고 보는 것은 원활한 회생절차의 진행을 위하여서는 몰라도 이론상으로는 많은 문제점을 내포하고 있는 것으로 보인다.

---

2) 이에 반대하는 견해로 전대규, "한국전력공사가 전기요금 미납을 이유로 회생회사에 대하여 한 전기공급중단이 「채무자회생 및 파산에 관한 법률」에 위반되는지 여부", 경기법조 제23호, 수원지방변호사회(2016), 388면은 채무자회생법 제122조 제1항의 적용을 긍정하고 있고, 전기공급이 되지 않는다면 채무자로서는 회생절차를 진행할 수 없다는 점에서 보전의 필요성도 인정된다고 한다.
3) 오영준, 전게 논문. 물론 이 경우에도 사인간의 원자재공급계약이 회생절차개시 전에 이미 해지된 경우에는 전기사업법 제14조와 같은 특별규정이 마련되어 있지 아니한 이상 공급자는 얼마든지 새로운 공급계약의 체결을 거절할 수 있다고 한다.
4) 김형두, "2011년판 분야별 중요판례분석", 법률신문사(2011), 583면.
5) 전대규, 전게논문, 389면.

[09] 회사정리절차개시신청을 하였다는 이유만으로 상장폐지결정을 하도록 정한 유가증권 상장규정의 효력

황인용(법무법인 율촌 변호사)　　　　　　　대법원 2007. 11. 15. 선고 2007다1753 판결

[사안의 개요]

원고 회사는 2002. 12. 12. 대전지방법원으로부터 회사정리절차개시결정을 받고, 당시 시행 중이던 유가증권 상장규정(이하 "구 상장규정")에 따라 관리종목으로 지정되었다. 피고 한국증권선물거래소(현재의 한국거래소)는 2005. 3. 31. 회사정리절차개시의 신청을 한 경우 당해 주권의 상장을 폐지하도록 한 개정 유가증권 상장규정 제37조 제1항 제9호(이하 "이 사건 상장폐지조항")과 2005. 3. 31.까지 회사정리절차가 종결되지 아니하는 경우 구 상장규정에 따라 관리종목으로 지정된 회사의 주권도 상장폐지한다고 규정한 유가증권 상장규정 부칙규정에 따라 원고 회사의 관리인(원고)에게 원고 회사 주권의 상장폐지절차를 진행할 것을 통지(이하 "이 사건 상장폐지결정")하였다.

이에 원고는 위 상장폐지결정의 무효 확인을 구하는 소를 제기하였고, 제1심에서는 피고가 승소하였으나, 제2심은 이 사건 상장폐지조항이 비례의 원칙과 형평의 원칙에 현저히 어긋나고 상장법인에 대하여 회사정리법에 기한 회생의 기회를 현저하게 제한하고, 회사정리절차를 통하여 조기에 부실을 종료할 기회를 박탈함으로써 회사정리법상 보장된 회사정리절차를 밟을 권리를 현저히 제약하는 것이라고 하여 신의성실의 원칙에 반하는 공정을 잃은 조항으로서 무효라고 판단하였고, 이러한 판단을 근거로 무효인 상장규정을 근거로 한 이 사건 상장폐지결정도 무효라고 판단하였다.

이에 대하여 피고가 상고하였다. 상고기각.

[판결요지]

피고 한국증권선물거래소가 제정한 유가증권 상장규정은 법률의 규정에 근거를 두고 상장법인 내지 상장신청법인 모두에게 당연히 적용되는 규정으로서 실질적으로 규범적인 성격을 가지고 있음을 부인할 수 없어 관련 법률의 취지에 부합하지 않는 사항을 그 내용으로 할 수는 없고, 피고 한국증권선물거래소는 고도의 공익

적 성격을 가지고 있는 점을 감안하면, 위 상장규정의 특정 조항이 비례의 원칙이나 형평의 원칙에 현저히 어긋남으로써 정의관념에 반한다거나 다른 법률이 보장하는 상장법인의 권리를 지나치게 제약함으로써 그 법률의 입법목적이나 취지에 반하는 내용을 담고 있다면 그 조항은 위법하여 무효라고 보아야 한다.

회사정리법의 제반 규정과 입법 취지에 비추어 회사정리절차의 개시신청을 하였다 하여 곧 그 회사의 재정상태가 주식상장을 불허할 정도에 있다고 단정할 수는 없다 할 것이고, 오히려 그 개시신청만으로 상장을 폐지하면 회생가능한 기업의 정상화를 막아 사회경제에 손실이 초래될 수도 있을 뿐 아니라 이 사건 상장폐지규정으로 말미암아 재정상의 어려움을 겪는 회사들이 상장폐지를 면하고자 정리절차의 개시신청을 회피하다가 결국 부실을 심화시키거나 장기화시켜 정상화의 기회를 놓칠 가능성도 적지 아니한 점, 부실상태가 심각한 기업을 조기에 주식시장에서 퇴출시키고자 하는 공익적 목적은 다른 상장폐지조항만으로도 충분히 그 목적을 달성할 수 있다는 점 등을 감안해 보면, 오로지 회사정리절차의 개시신청을 하였다는 이유만으로 그 기업의 구체적인 재무상태나 회생가능성 등을 전혀 심사하지 아니한 채 곧바로 상장폐지결정을 하도록 한 이 사건 상장폐지규정은 그 규정으로 달성하려는 '부실기업의 조기퇴출과 이를 통한 주식시장의 거래안정 및 투자자 보호'라는 목적과 회사정리절차개시신청을 하였다는 이유만으로 위 조항에 따라 상장폐지될 경우 그 상장법인과 기존 주주들이 상실할 이익을 비교할 때 비례의 원칙에 현저히 어긋나는 것이고, 또한 이 사건 상장폐지규정은 회사정리절차를 선택한 기업만을 곧바로 상장폐지하도록 하고 있어서 기업구조조정 촉진법(이하 "기촉법")에 따른 공동관리절차를 선택한 기업에 비하여 차별하고 있는데 그러한 차별에 다른 합리적인 근거를 발견할 수 없다는 점에서 형평의 원칙에도 어긋나 정의관념에 반한다고 할 것이다.

아울러 이 사건 상장폐지규정은 회사정리절차를 선택할 경우에 과도한 불이익을 가하여 회사정리법에 기한 회생의 기회를 현저하게 제한하고 회사정리절차를 통하여 조기에 부실을 종료할 기회를 박탈함으로써 사실상 회사정리법상 보장된 회사정리절차를 밟을 권리를 현저히 제약하는 것이어서, 앞서 본 바와 같이 부실이 심화되기 전에 조기에 회사를 정상화하도록 하려는 회사정리법의 입법 목적과 취지에 반한다고도 할 것이다. 따라서 이 사건 상장폐지규정은 위법한 조항으로서 무효라고 할 것이므로 같은 취지의 원심 판단은 정당하고, 거기에 상고이유의 주장과 같은 상장폐지절차와 기촉법상 공동관리절차의 의미, 비례의 원칙 및 형평의 원칙에 관한 법리오해 등의 위법이 없다.

[해설]

1. 문제의 소재

대법원은 여러 차례에 걸쳐 한국거래소가 규정하는 유가증권 상장규정의 법적 성격을 상장회사와 한국거래소 사이의 상장계약에 적용되는 사법상 약관이라고 판시하였다(대법원 2007. 11. 15. 선고 2007다1753 판결; 대법원 2019. 12. 12. 선고 2016다243405 판결 등). 그렇다면 이 사건 상장폐지조항과 같이 상장폐지사유를 구성하는 상장규정의 세부 규정들은 결국 상장계약의 해지사유에 관한 약관 규정이라고 평가할 수 있다.

이 사건 상장폐지규정은 상장회사가 회사정리절차개시신청(현재의 회생절차개시신청)을 하는 경우, 별도의 심사없이 곧바로 상장폐지결정을 하도록 규정하고 있었다. 대상판결에서는 이 사건 상장폐지결정의 효력을 판단하는 과정에서 해당 규정의 효력이 검토되었는데 그 과정에서 (1) 유가증권 상장규정을 무효라고 판단하기 위한 요건은 무엇인지, (2) 위 요건에 비추어 보았을 때, 회사정리절차개시신청을 상장폐지사유(아래에서 설명하는 형식적 상장폐지사유)라고 규정하는 이 사건 상장폐지조항의 효력은 어떠한지 등이 문제되었다.

2. 검토

상장폐지의 구체적인 사유와 절차는 자본시장과 금융투자업에 관한 법률 제390조에 기초한 한국거래소 규정(유가증권 상장규정 등)에 명시되어 있다. 유가증권

상장규정의 법적 성격에 대해서는 종래 행정입법설, 자치법규설, 약관설 등의 견해가 대립하고 있었으나 대상판결을 비롯한 다수 대법원 판결에 의해 현재는 유가증권 상장규정이 상장계약의 내용을 구성하는 약관에 해당한다는 점이 분명해졌다.

유가증권 상장규정 등이 규정하는 상장폐지사유는 크게 해당 사유가 발생할 경우 곧바로 상장폐지에 이르도록 하는 형식적 상장폐지사유와 해당 사유가 발생할 경우 한국거래소 내에 설치된 위원회의 상장적격성 실질심사를 거쳐 상장폐지에 이르도록 하는 실질적 상장폐지사유로 구분된다.

이 사건 상장폐지조항의 경우, 회사정리절차개시신청을 형식적 상장폐지사유로 규정하였고, 해당 조항에 의하였을 때, 회사정리절차개시신청을 하는 모든 상장기업은 원칙적으로 별도의 심리없이 곧바로 상장폐지 결정을 받게 되었다.

대상판결에서 대법원은 상장규정의 특정 조항이 비례의 원칙이나 형평의 원칙에 현저히 어긋남으로써 정의관념에 반한다거나 다른 법률이 보장하는 상장법인의 권리를 지나치게 제약함으로써 그 법률의 입법목적이나 취지에 반하는 내용을 담고 있다면 그 조항은 위법하여 무효라고 보아야 한다는 일반론을 설시한 후, 회사정리절차의 개시신청의 법률적, 경제적 의의, 이 사건 상장폐지조항을 존속하는 경우 초래되는 사회적 파장, 회사정리절차와 기촉법상 공동관리절차 간의 비교, 회사정리법의 입법목적과 취지 등을 종합하여 이 사건 상장폐지조항을 무효라고 판단하였다.

대상판결의 판시 내용과 관련하여, 대법원이 유가증권 상장규정을 사법상 계약의 내용을 구성하는 약관이라고 판시하였음에도 불구하고, 민법상의 일반 원리나 약관의 규제에 관한 법률이 규정하는 강행규정이 아니라 행정법 영역에서 적용되는 재량권의 일탈, 남용의 법리를 적용하여 약관의 효력을 부인하는 것이 가능한 것인지 다소간의 의문이 있다. 이는 한국거래소의 고도의 공익적 특성 등을 고려한 것이라고 생각한다. 또한, 대상판결의 결론에 대하여 반대 의견을 제시하는 평석이나 문헌은 발견되지 않는다.

이 사건 상장폐지조항은 재건형 법적 도산절차인 회생절차(과거 회사정리절차)에 대한 부정적인 시각 내지

인식 하에 제정된 것으로서 재건형 도산절차의 취지를 고려하였을 때, 이러한 시각 자체가 용인되기 어렵다고 생각한다. 물론 현실적으로는 회생절차개시결정 이후 성공적으로 절차를 종결하지 못하는 기업들도 다수 존재하는 것이 사실이지만, 체계적으로 정비된 법률과 방대하게 축적된 실무례를 바탕으로 현재 다수의 부실기업들이 성공적으로 회생절차에서 졸업하고 있고, 상장기업들 또한 이러한 회생절차를 바탕으로 기업가치를 더욱 공고히 다져나갈 여지가 있다. 채무자회생법 제32조의2(차별적 취급의 금지)의 규정 및 취지를 고려하더라도 이 사건 상장폐지규정은 무효라고 평가하는 것이 타당해 보이고, 대상판결이 선고되지 않았다고 하더라도 결국 이 사건 상장폐지조항은 삭제되었으리라 생각한다.

3. 대상판결의 의의

대상판결의 경우, (1) 사법상 약관의 일종인 유가증권 상장규정이 어떤 경우에 무효가 되는지를 구체적으로 밝혔고, 이러한 판시 내용이 현재까지도 다양한 후속 판결들에 의하여 원용되고 있다는 점, (2) 회사정리절차의 입법 목적 내지 취지 등을 고려하여 회사정리절차를 선택한 기업에게 과도한 불이익을 가하는 약관 규정을 무효라고 판단하였고, 그 결과 상장기업들도 회사의 상황에 따라서 재건형 도산절차를 선택할 수 있는 길을 열어주었다는 점에서 큰 의의가 있다.

4. 여론

대상판결 이후, 한국거래소는 2007. 12. 7. 상장규정을 개정하여 "정리절차(회생절차)가 개시된 기업에 대하여는 상장위원회를 열어 자구계획의 적정성 및 재무상태 등을 심의한 다음 상장 존속이나 매매거래 재개 여부를 결정하는 제도(소위 상장폐지 실질심사제도)"를 도입하게 되었다.

한편, 현재 회생절차개시신청을 하는 경우, 해당 상장기업은 관리종목으로 지정되고, 회생절차개시신청이 기각되거나 회생계획이 불인가되는 경우 이는 상장폐지 실질심사의 사유를 구성하게 된다. 최근에는 회생계획 인가결정을 받는 경우, 채무자 회사의 채무 관계가 확정되어 결론적으로 채무자 회사의 우발부채 문제를 해결할 수 있다는 점에 착안하여, 우발부채 문제로 인하여 의견 거절 등의 상장폐지 사유가 발생한 기업들이 적극적으로 회생절차를 진행한 후, 회생계획 인가결정을 받아 의견 거절 사유(우발부채 문제)를 극복하고, 적정 의견의 감사보고서를 획득하여 상장을 유지하는 사례가 발견되기도 한다.

[10] 도산해지조항의 효력

김효선(법무부 상사법무과 행정사무관)　　　　대법원 2007. 9. 6. 선고 2005다38263 판결

[사안의 개요]

원고 A는 B의 지분 전부를 소유하고 있는 회사로, B와 C는 D 회사를 설립하는 합작투자계약을 체결하여 각 D 회사 지분 70%, 30%를 소유하기로 하였다. 합작투자계약의 내용 중에는 C 회사가 회사정리절차 등을 신청하는 경우 B는 C가 소유하는 D 회사 주식에 대한 매수청구권을 행사할 수 있고, 그 사유가 180일 이내에 소멸하지 않을 경우 계약을 해지할 수 있다는 조항이 포함되어 있었다. C는 회사정리절차개시신청을 하여 개시결정이 내려졌고, 합작투자계약상 B의 지위를 인수한 원고는 개시신청 이후 180일 이내에 그 사유가 소멸되지 않았음을 이유로 계약 해지권 및 주식매도청구권을 행사하여 정리채권으로 신고하였다. 이에 피고(C의 관리인)는 쌍무계약에 관하여 관리인에게 계약의 이행 또는 해제의 선택권을 부여한 구 회사정리법 제103조 제1항의 취지를 몰각한다고 주장하였고 1심에서는 쌍무계약에 해당한다고 볼 수 없고, 설사 해당한다고 하더라도 일방이 모두 이행한 것이어서 그 이행을 완료하지 않았음을 전제로 하는 제103조 제1항이 적용되지 아니한다고 판시하였다. 원고는 항소하였고, 원심은 회사정리절차개시신청이 있음을 원인으로 하여 이 사건 합작투자계약을 해지할 수 있다는 약정은 회사정리절차의 취지에 반하고 또한 회사정리법상 관리인의 회사재산에 대한 관리처분권을 침해하는 것으로서 무효라고 하여 이러한 해지권 및 주식매도청구권의 발생을 정지조건으로 하는 정리채권이 존재하지 않는다고 보았다(서울고등법원 2005. 6. 10. 선고 2004나87017 판결). 원고는 상고하였다. (상고기각)

[판결요지]

계약의 당사자들 사이에 채무자인 회사의 재산상태가 장래 악화될 때에 대비하여 지급정지, 회사정리절차의 개시신청, 회사정리절차의 개시와 같이 도산에 이르는 과정상의 일정한 사실이 그 회사에 발생하는 것을 당해 계약의 해지권의 발생원인으로 정하거나 또는 계약의 당연 해지사유로 정하는 특약(이하 '도산해지조항'이라고 한다)을 두는 경우가 있는데, 도산해지조항의 적용 결과가 정리절차개시 후 정리회사에 미치는 영향이라는 것은 당해 계약의 성질, 그 내용 및 이행 정도, 해지사유로 정한 사건의 내용 등의 여러 사정에 따라 달라질 수밖에 없으므로 도산해지조항을 일반적으로 금지하는 법률이 존재하지 않는 상태에서 그와 같은 구체적인 사정을 도외시한 채 도산해지조항은 어느 경우에나 회사정리절차의 목적과 취지에 반한다고 하여 일률적으로 무효로 보는 것은 계약자유의 원칙을 심각하게 침해하는 결과를 낳을 수 있을 뿐만 아니라, 상대방 당사자가 채권자의 입장에서 채무자의 도산으로 초래될 법적 불안정에 대비할 보호가치 있는 정당한 이익을 무시하는 것이 될 수 있다. 이와 같은 사정과 아울러 구 회사정리법상 관리인은 정리절차개시 당시에 존재하는 회사 재산에 대한 관리처분권을 취득하는 데 불과하므로 채무자인 회사가 사전에 지급정지 등을 정지조건으로 하여 처분한 재산에 대하여는 처음부터 관리처분권이 미치지 아니한다는 점을 생각해 보면, 도산해지조항이 구 회사정리법에서 규정한 부인권의 대상이 되거나 공서양속에 위배된다는 등의 이유로 효력이 부정되어야 할 경우를 제외하고, 도산해지조항으로 인하여 정리절차개시 후 정리회사에 영향을 미칠 수 있다는 사정만으로는 그 조항이 무효라고 할 수 없다.

[해설]

1. 문제의 소재

원고는 채무자와의 합작투자계약에 포함된 도산해지조항에 기한 해지 시 주식매수조항이 있음을 이유로, 장차 해지권 및 주식매수청구권을 행사할 경우 발생할 주식인도청구권을 정리채권으로 신고하였다. 이와 관련하여 원고의 주식인도청구권이 정리채권으로 인정될지 여부의 판단을 위해 합작투자계약에 포함된 도산해

지조항[1])의 효력이 문제되었다.

현행법에서는 도산해지조항의 효력에 관한 명시적인 규정이 존재하지 않는다. 그리고 그 효력을 인정할 경우 도산제도의 취지에 반할 우려가 있다. 반면 그 효력을 부정할 경우 계약자유의 원칙과 채권자의 권리 침해 우려가 있다는 점에서 그 효력 인정 여부가 문제가 되었다.

2. 대상판결의 논거

대상판결은 도산해지조항을 일반적으로 금지하는 법률 규정이 존재하지 않는 상황에서 구체적인 사정을 고려하지 않고 도산제도의 취지만을 고려해 도산해지조항을 원칙적으로 무효로 할 수는 없다고 판시하고 있다. 또한 채무자인 회사가 사전에 지급정지 등을 정지조건으로 하여 처분한 재산에 대하여는 처음부터 관리처분권이 미치지 아니한다는 점을 고려할 때, 도산해지조항이 부인권의 대상이 되거나 공서양속에 위배되어 그 효력이 부정되어야 할 경우를 제외하고 도산해지조항으로 인하여 정리절차개시 후 정리회사에 영향을 미칠 수 있다는 사정만으로 그 조항이 무효라고 할 수 없다고 하였다.

그리고 합작투자계약은 본질적으로 조합계약에 해당하고, 본래적으로 쌍방의 채무 사이에 성립·이행·존속상 법률적 경제적으로 견련성을 갖고 있어 서로 담보로서 기능한다고 할 수 없어 서로 대등한 대가관계에 있다고 보기 어렵고, 일반적인 재산상의 계약과 달리 서로 간의 고도의 신뢰관계를 전제로 함을 고려해 도산해지조항을 무효라고 단정하기 어렵다고 하였다.

다만 대상판결은 쌍방미이행의 쌍무계약인 경우에는 계약의 이행 또는 해제에 관한 관리인의 선택권을 부여한 법의 취지에 비추어 도산해지조항의 효력을 무효로 보거나 절차 진행 중 행사가 제한된다는 등으로 해석할 여지가 있음을 언급하고 있다.

3. 검토
가. 대상판결의 의의

대상판결은 도산해지조항의 효력을 직접 다룬 첫 대법원 판결이다. 다만 대상판결이 모든 계약에 있어 도산해지조항의 효력을 인정한 것인지에 대하여는 해석이 나뉜다. 모든 계약에 통용되는 도산해지조항에 관한 기준을 제시한 것이 아니라 합작투자계약이라는 특수한 계약 유형임을 고려한 판결이라고 해석하는 것이 일반적이다.[2]) 그리고 대상판결이 쌍방미이행 쌍무계약에 관한 도산해지조항의 유효성까지 전면적으로 인정하는 판결로 평가할 수는 없다고 보는 입장[3])과 쌍방미이행 쌍무계약에 관한 도산해지조항의 효력을 부정해야 한다는 취지라고 해석하는 견해가 있다.[4]) 대상판결은 조합계약의 본질을 지니는 합작투자계약이라는 특수한 계약에 포함된 도산해지조항의 효력을 판단한 것으로 보는 것이 타당할 것이다. 즉, 쌍방미이행 쌍무계약이 아닌 계약에서 도산해지조항의 효력의 판단은 회생절차상 부인권을 인정한 취지를 몰각시킨다거나 공서양속에 위반되는 경우에 한하여 무효가 된다는 점을 판시한 것이다. 다만, 쌍방미이행 쌍무계약에서는 도산해지조항이 무효가 될 가능성을 언급하고 있다. 이것은 합작투자계약의 도산해지조항은 회사정리절차의 취지에 반하고 또한 회사정리법상 관리인의 회사재산에 대한 관리처분권을 침해하는 것으로 무효라고 판단한 원심에 법리 오해의 위법이 있음을 설명하기 위한 것이다. 따라서 이러한 설시를 명시적으로 쌍방미이행 쌍무계약의 경우 도산해지조항의 효력이 무효임을 인정하거나 이를 전제로 한 것으로 보기는 어려울 것이다. 한편 대상판결 이후 하급심 판례의 경우 쌍방미이행 쌍무계약에서 도산해지조항의 효력을 인정한 판결[5]) 뿐 아니라 관리인의 이행선택권을 부여한 채무자회생법 제119조의

---

1) 용어와 관련하여 계약을 실효시키는 원인 및 효과 등에 따라 다양한 용어가 존재하나, 여기서는 판례에서 사용한 '도산해지조항'으로 표현한다.

2) 김재형, "2007년 민법 판례 동향", 민법론Ⅳ(2011), 428면.
3) 권영준, "도산해지조항의 효력", 비교사법 제25권 제2호 (2018. 5.), 762~763면.
4) 김영주, "계약상 도산해지조항의 효력", 선진상사법률연구 제64호(2013. 10.), 17면.
5) 서울중앙지방법원 2014. 1. 24.자 2013카합80074 결정. 이 결정에 대한 항고는 서울고등법원 2014. 7. 30.자 2014라 20044 결정으로 기각, 재항고는 대법원 2014. 11. 14.자 2014마4144 결정으로 심리불속행 기각됨.

취지 및 도산절차를 이유로 차별적 취급을 금지하는 취지에 비추어 무효로 보는 판결도 나온 바 있다.[6]

나. 도산해지조항의 효력에 관한 논의

도산해지조항에 관한 명문 규정이 없는 상황에서 도산해지조항의 효력 인정 여부가 문제되었다. 도산해지조항의 효력을 인정하는 견해는 도산신청이 있기 전에는 계약자유의 원칙이 적용되고, 도산절차가 개시되면 계약해제권이 제한됨을 고려하여 미리 조치를 취한 당사자가 유리한 지위를 갖는 것은 당연하다는 점을 논거로 든다. 반면, 이러한 해제 등을 인정하게 되면 도산재단의 재산이 특정 채권자에 의하여 탈취되는 결과가 되므로 총 채권자에게 공평한 만족을 주려는 파산절차의 목적, 채권자간 형평 도모와 이해관계인 간의 이해 조정 등을 통한 기업 재건이라는 회생절차의 취지에 반하므로 그 효력을 부정하는 견해가 있었다.

대상판결 이후 많은 견해는 쌍방미이행의 쌍무계약에 관하여 도산해지조항의 효력을 무효로 보아야 한다고 한다. 즉, 쌍방미이행의 쌍무계약에 관하여 도산해지조항의 효력을 인정한다면 상대방에 회생절차개시 이전에 항상 해지권이 발생하여 법이 관리인에게 계약에 관하여 이행 또는 해제의 선택권을 부여한 의미가 몰각되므로, 도산해지조항의 효력을 원칙적으로 부정하는 것이 타당하다고 한다.[7] 그러나 일정한 경우 예외를 인정할 필요가 있다고 한다. 다만 그 예외 인정의 구체적 범위에 관하여는 다양한 견해가 존재한다.[8]

독일 도산법은 도산해지조항의 효력에 관한 규정을 두고 있지는 않으나, 독일 도산법 제103조에서 규정한 관리인의 선택권 등을 배제하거나 제한하는 합의의 효력이 없다고 규정한 도산법 제119조를 근거로 도산해지조항의 효력을 제한한다.[9] 한편 독일 연방대법원은

2012. 11. 15. 선고한 판결에서 도산절차의 목적에 비추어 전기공급계약에 포함된 도산해지조항은 무효라고 판시한 바 있다.[10]

일본의 경우도 도산해지조항에 관하여 명시적인 규정을 두고있지 않으나, 일본 최고재판소는 소유권유보부매매계약에 포함된 도산해제특약에 기초하여 회사갱생절차개시신청을 이유로 해제권을 행사한 사안에서 회사갱생절차의 취지와 목적을 해함을 이유로 그 효력을 인정할 수 없다고 한 바 있다.[11] 또한 민사재생절차에서 금융리스계약에 포함된 도산해지조항에 따른 계약 해지와 관련해 민사재생절차의 취지에 반하므로 이를 무효라고 한 바 있다.[12] 일본에서도 도산해지조항의 효력을 부정해야 한다는 입장이 다수인 것으로 보인다.

도산제도의 취지를 고려할 때 그 효력을 제한할 필요성이 있다. 다만 명시적인 제한 규정 없이 그 제한 대상의 구체적인 범위 및 제한의 효력 등을 결정하기 어렵다. 그리고 도산절차개시 후 사후적으로 그 효력을 제한할 경우 이를 예측하지 못한 채권자 등의 권리에 미치는 영향이 더 클 것이다. 나아가 쌍방미이행 쌍무계약에서 관리인의 선택권 등 강행규정 위반을 이유로 할 경우 그 약정을 무효로 보아야 한다는 점에서 정당성을 충분히 확보하기 어려워 보인다.

다. 입법의 필요성 및 방향

도산해지조항의 효력을 명문의 규정으로 제한하는 것이 바람직한지 여부에 대하여는 견해가 나뉠 수 있을 것이다. 그러나 도산제도의 취지를 실현하고, 당사자에게 예측가능성을 부여하기 위해 입법 필요성이 인정된다.

해외의 입법 동향을 검토해 보면, 도산해지조항의 효력을 인정하면 채무자의 재산이 일탈되어 채무자의 회생이나 청산에 방해가 된다는 점을 고려해 미국 연방파산법은 1978년 개정 시 쌍방미이행 쌍무계약에 관한 도산해지조항의 효력을 원칙적으로 부정하였다. 다만, 일정한 경우 예외를 인정한다[미국 연방파산법 제365조

---

6) 서울중앙지방법원 2013. 7. 17.자 2012회확1735 결정.

7) 서울회생법원 재판실무연구회, 회생사건실무(상) 제5판, 408~409면.

8) 오수근, "도산실효조항의 유효성", 판례실무연구(Ⅸ), 451면에서는 도산절차의 목적 달성과 개별채권자의 이익 보호 사이의 균형이 필요한 영역에서는 그 예외가 인정될 수 있다고 한다. 그 예로 계약 당사자의 개인적인 신뢰를 바탕으로 한 사적 서비스 계약, 다른 법률에서 계약의 실효를 규정하거나 계약의 양도나 이행 선택을 금지하는 경우, 계약을 유지할 경우 당사자에게 현저히 부당한 손해가 발생하는 경우가 있다고 한다.

9) Kroth/Braun, Insolvenzordnung, 7. Auflag C.H.Beck,

2017, §119 Rn. 12.

10) BGH NZI 2013, 178 = BGH ZInsO 2013, 292.

11) 최고재판소 1982(昭和 57).3.30. 판결(민집 36권3호 484면).

12) 최고재판소 2008(平成 20).12.16. 판결(민집 62권 10호 2561면).

(e)(1), 제541조(c)(1)]. 또한 영국 등 도산해지조항의 효력에 대하여 원칙적으로 그 효력을 인정하던 국가들도 도산해지조항의 효력을 제한하는 규정을 입법화하고 있다.[13]

또한 국제연합 국제상거래법위원회 도산법 입법지침(UNCITRAL Legislative Guide)은 도산법에서 도산절차 신청 또는 개시, 도산 대표자의 선임 등을 이유로 하는 계약의 자동종료조항 또는 기한이익상실조항은 도산 대표자 또는 채무자에 대하여 집행할 수 없음을 명시할 것을 권고하고 있다. 다만, 금융계약 또는 고용계약과 같은 특별법의 대상이 되는 경우 그 예외를 인정할 수 있도록 하고 있다.[14] 나아가 2019년에 채택되어 회원국에 입법의무를 부여하고 있는 예방적 구조조정 등에 관한 EU 지침은 쌍방미이행 쌍무계약의 도산해지조항의 효력을 원칙적으로 부정하도록 하고 있다.[15]

4. 시사점

도산해지조항의 효력은 계약자유의 원칙과 도산절차의 취지와의 관계에서 결정이 필요한 부분이다. 다만 도산제도의 취지 실현, 예측가능성 부여를 통한 채권자 등 권리 침해 최소화, 해외 입법 동향을 고려할 때 도산해지조항의 효력을 제한할 수 있는 근거를 규정할 필요성이 인정된다. 이러한 구체적인 입법을 고려 시 대상판결은 시사하는 바가 있다고 할 것이다.

즉, 도산해지조항 효력의 제한을 입법화할 경우, 대상판결이 언급한 계약의 성질, 계약의 내용과 해제 시 계약의 이행의 정도, 해지사유로 정한 사건의 내용(지급불능 발생, 도산절차개시신청, 개시결정 등), 도산해지조항의 효력 제한의 정도(무효 또는 중지 등)는 그 요건 및 효과를 결정하는 데 중요한 고려요소가 될 것이다. 또한, 예외의 인정 범위 등을 결정하기 위해 대상판결에서 언급한 계약자유의 원칙을 심각하게 침해하는지 여부, 상대방 채권자의 보호가치 있는 정당한 이익 보호, 도산절차의 취지 및 관리인 등에게 쌍방미이행 쌍무계약의 이행 또는 해제권 부여 취지, 부인권의 대상, 공서양속 위배 여부 등을 검토할 수 있을 것이다.

---

13) 영국에서는 도산해지조항의 효력을 규정하는 명문의 규정은 없었고, 따라서 원칙적으로 그 효력을 인정하되 박탈금지원리(anti-deprivation rule)에 따라 그 효력을 판단해왔다. 그러나 최근 2020. 6. 25. 개정된 2020 기업 도산 및 지배구조법에서 도산법 제233조B를 신설하여 회사가 관련 도산절차의 대상이 되었음을 이유로 물품 또는 서비스의 공급이 종료된다는 계약은 효력이 중지됨을 규정하였다(Corporate Insolvency and Governance Act 2020 14, 15 참조).

14) UNCITRAL Legislative Guide on Insolvency Law Recommendation 70, 71.

15) Directive (EU) on preventive restructuring frameworks, on discharge of debt and disqualifications, and on measures to increase the efficiency of procedures concerning restructuring, insolvency and discharge of debt, and amending Directive (EU) 2017/1132 (Directive on restructuring and insolvency) Art. 7, para. 5 참조.

[11] 채무자에 대한 회생절차의 개시로 근저당권의 피담보채무가 확정되는지 여부

김주현(법무법인 디코드 변호사)　　　　　대법원 2001. 6. 1. 선고 99다66649 판결

[사안의 개요]

A(원고)와 B(피고)는 정리회사 C의 회사정리절차 개시 전에 금원을 대출하여 주고 C 소유의 부동산에 대하여 근저당권을 설정받은 근저당권자들인데, 그 등기부상 B가 선순위이고, A가 후순위였다. A와 B는 위 각 근저당권의 피담보채무를 정리담보권으로 신고하였고, 조사절차를 거쳐 확정된 피담보채권액은 A가 178억 원, B가 23억 원이었다. 그 후 C에 대한 정리계획이 인가되었는데 인가된 정리계획에 기재된 정리담보권의 명세도 확정된 피담보채권과 거의 동일하였다. A는 C에 대한 정리절차에서 정리계획 9차 연도까지 107억 원을 변제받았고, B는 10억 원을 변제받았다. 그런데 C에 대한 정리절차는 그 후 폐지되었다. 그 후 위 근저당권이 설정된 부동산에 대하여 임의경매절차가 진행된 결과 위 부동산은 합계 70억 원에 매각되었다. 경매법원은 1순위 근저당권자인 B가 정리절차 개시 이후에 발생한 어음금 채권 3억 원을 포함하여 근저당권으로 신고한 26억 원에 대하여 1순위로 배당하고, A가 근저당권의 피담보채권으로 신고한 채권은 2순위로 배당(결국 신고 채권의 일부만을 배당하게 되었다)하는 내용으로 배당표를 작성하였다. 이에 A는 배당기일에서 B의 배당액 중 정리절차 개시 이후에 발생한 채권액에 해당하는 부분에 대하여 이의를 제기하였고, 이후 B를 상대로 배당이의의 소를 제기하였다.

제1심은 A의 청구를 인용하여 B의 배당액 중 정리절차 개시 이후에 발생한 어음금 채권 3억 원에 상응하는 배당액을 감축하고, 같은 금액을 A에 대한 배당액에 추가하는 것으로 변경한다는 취지의 판결을 선고하였다. B가 항소하였으나, 원심은 항소를 기각하였고, B가 상고하였다. 상고기각.

[판결요지]

근저당권이 설정된 뒤 채무자 또는 근저당권설정자에 대하여 회사정리절차 개시결정이 내려진 경우, 그 근저당권의 피담보채무는 회사정리절차 개시결정 시점을 기준으로 확정되는 것으로 보아야 하므로, 그 이후 근저당권자가 정리회사 또는 정리회사의 관리인에게 그 사업의 경영을 위하여 추가로 금원을 융통하여 줌으로써 별도의 채권을 취득하였다 하더라도, 그 채권이 위 근저당권에 의하여 담보될 여지는 없다.

[해설]

1. 문제의 소재

근저당권의 피담보채권은 기본계약이 존속하는 동안 계속적으로 증감, 교체되다가 결산기가 도래하는 등 일정한 사유가 발생하면 구체적으로 확정된다. 근저당권의 확정은 근저당권 실행의 전제가 되고 근저당권이 확정된 이후에 발생하는 채권에 대하여는 근저당권에 의하여 담보될 수가 없게 되어 피담보채권의 확정의 시기는 후순위권리자의 이해관계에도 지대한 영향을 미치게 된다.[1]

그런데 민법에서는 근저당권의 확정시기에 관하여 아무런 규정을 두고 있지 않고, 종래 구 회사정리법은 물론 채무자회생법에서도 회생절차 등이 개시된 경우나 파산선고가 내려진 경우에 근저당권의 확정 여부에 대한 규정을 마련해두지 않고 있다. 회생절차가 개시되면 회생담보권과 회생채권에 대한 조사 및 확정의 절차를 거치게 되므로, 결국 근저당권의 피담보채무도 확정되는 것으로 보아야 하는 것은 아닌가 문제된다.

2. 대상판결의 논거

대상판결은 별다른 논증 없이 결론만을 제시하고 있지만, 원심판결인 광주고등법원 1999. 11. 4. 선고 99나5223 판결은 "근저당권의 채무자인 회사에 대하여 회사정리법상의 회사정리절차 개시결정이 내려진 경우에 그때부터 정리채권 또는 정리담보권에 기하여 회사

---

1) 편집대표 김용덕, 주석 민법(제5판) 물권법(4), 한국사법행정학회(2019. 6.), 68면 이하(배형원 집필 부분).

재산에 대한 강제집행을 할 수 없게 되는 등 정리회사는 법률관계의 각 분야에 있어 새로운 단계에 들어가게 되므로, 근저당권도 확정되어 담보할 피담보채권이 특정되고 그 이후 동일한 거래관계로부터 채권이 발생한다 하더라도 그 채권은 피담보채권에 포함될 수 없으며, 회사정리절차에서 정리계획에 대하여 법원의 인가결정이 내려진 경우에 정리회사는 정리계획의 규정 또는 회사정리법의 규정에 의하여 인정된 권리를 제외하고는 모든 정리담보권과 정리채권에 관하여 그 책임을 면함과 아울러 정리담보권자나 정리채권자 등의 권리는 정리계획의 규정에 따라 변경되는 것이고, 정리계획 인가결정이 확정된 후의 정리담보권자표는 회사나 정리담보권자 등에 대하여 확정판결과 동일한 효력을 가지게 되며, 회사정리절차가 폐지되더라도 정리계획의 수행과 회사정리법의 규정에 의하여 생긴 효력은 소멸되지 않는다"라고 판시하여 논거를 보다 구체적으로 설시하였다. 대상판결 역시 원심판결과 같은 근거에서 회사정리절차 개시로 근저당권의 피담보채무가 확정된다고 본 것으로 짐작된다.

3. 검토

회생절차가 개시되면 근저당권의 피담보채권이 확정되는지 여부에 관하여 회생절차가 개시되면 근저당권이 확정된다는 확정설과 근저당권이 회생절차 개시 후에 발생하는 채권도 담보할 수 있다는 비확정설의 대립이 있어 왔다.[2]

비확정설은 개시결정에 의하여 피담보채무를 확정시키지 않고 근저당권을 존속시킨다면 그 한도액에 여유가 있는 경우 관리인이 이를 이용하여 회생절차 개시 후 그 사업경영에 관한 비용 등 공익채권을 용이하게 차입할 가능성이 있고, 채무자의 회생에 기여할 수 있다고 본다.[3] 덧붙여 회생절차 개시로 피담보채무가 확정된다고 볼 법률상의 근거가 없다거나, 회생절차는 담보권을 실행하여 만족을 얻는 절차가 아니라는 점을 지적하는 견해도 있다.[4]

이와 달리 확정설은, 회생절차가 개시되면 채무자의 재산에 대한 관리처분 권한이 관리인에게 이전하고, 이 때를 기준으로 법률관계의 각 분야에 걸쳐 새로운 단계에 들어가게 되므로 법률관계를 명확하게 할 필요가 있다는 점을 강조한다.[5] 일부 견해는 회생절차도 청산적인 성격을 가지고 있기 때문에 채무가 확정되어야 할 필요가 있다고 설명하기도 한다.[6]

비확정설에 의하면 선순위 근저당권자는 회생절차 개시 이후에 발생한 채권에 대하여서도 담보권을 가지게 된다는 점에서 매우 유리하게 되지만, 후순위 근저당권자는 회생절차 개시 이후의 사정으로 자신의 채권이 담보되는 범위가 달라지게 되어 현저하게 불리하게 되는 문제가 있다.[7] 그런데 회생절차가 개시된 채무자의 경우에는 담보권 설정액이 자산의 평가액을 초과하는 경우가 대부분이어서 위와 같은 결과를 그대로 용인할 수 있다고 보기는 어려운 측면이 있다.

무엇보다도 채무자에 대한 회생절차 개시로 인하여 기존의 법률관계에 중대한 변화가 초래되므로 근저당권의 피담보채무가 확정되는 것으로 볼 필요성이 있다는 점을 간과하기는 어려운 것으로 보인다. 채무자에 대하여 회생절차가 개시되는 경우에는 자산 및 법률관계에 대한 관리처분 권한이 관리인에게 전속하게 되고, 채권자들은 회생채권 또는 회생담보권에 기하여 채무자의 재산에 대한 강제집행 등을 할 수 없으며, 채무자의 재산에 대하여 이미 행한 회생채권 또는 회생담보권에 기한 강제집행 등은 중지된다(채무자회생법 제58조 제1항, 제2항). 또한 쌍방미이행의 쌍무계약의 경우에는 관리인이 계약의 해지 또는 채무의 이행 여부를 선택할 수 있고(채무자회생법 제119조 제1항), 위와 같은 관리인의 선택이 있기 전까지는 상대방은 계약의 이행 등을 청구할 수 없다. 이처럼 회생절차가 개시된 경우에는 채무자

---

2) 서울회생법원 재판실무연구회, 회생사건실무(상)(제5판), 박영사, 473면.

3) 편집대표 곽윤직, 민법주해 제7권 ─ 물권(4), 박영사(1992), 25면.

4) 신용락, "회사정리절차 개시 결정과 근저당권의 확정시기", 사법논집 제26집, 법원행정처(1995), 121면.

5) 임채홍·백창훈, 회사정리법(상), 한국사법행정학회, 568면.

6) 채원식, "회사정리절차 개시와 근저당확정의 유무에 관한 고찰(하)", 사법행정 제26권 제9호, 한국사법행정학회(1985), 80면.

7) 서울회생법원 재판실무연구회, 『회생사건실무(상)』(제5판), 박영사, 473면.

는 법률관계의 각 분야에 있어서 새로운 단계에 들어가게 되고, 이후 회생담보권 등의 조사 및 확정 절차를 거치고 그에 따라 회생계획안을 수립하며, 회생계획안에 대한 심리, 의결 등을 진행하게 되므로, 결국 회생계획의 근거가 될 채권이 확정될 필요성을 부정하기는 어려운 것으로 생각된다. 이러한 필요성에도 불구하고 종전의 거래관계가 당연히 유지되어 근저당권의 피담보채권이 회생절차 개시 이후에도 증가될 수 있다고 보는 비확정설은 타당하다고 보기는 어렵다.

대상판결은 확정설의 입장에 따라 회생절차 개시일을 기준으로 근저당권의 피담보채권이 확정된다고 본 것으로 타당한 것으로 생각된다. 결국 채무자에 대하여 회생절차가 개시된 이후에 근저당권자가 동일한 기본 거래관계로부터 채권을 가지게 된다고 하더라도 그와 같은 채권은 근저당권의 피담보채권에 포함될 수 없다고 할 것이다. 대상판결의 취지는 그 후 대법원 2021. 1. 28. 선고 2018다286994 판결 등에서 유지되고 있다.

4. 여론

대상판결이 회생절차의 개시가 근저당권부 피담보채무의 확정사유에 해당한다는 판단한 것은, 회생채무자 재산에 설정된 근저당권을 전제로 한 것이라는 점에 유의할 필요가 있다. 한편 회생절차가 개시된 이상, 회생절차가 나중에 폐지되었다고 하더라도 근저당권의 피담보채무가 확정된 효력은 그대로 유지된다는 점에도 유의할 필요가 있다.

대상판결의 태도는 근저당권이 아닌, 집합채권양도담보의 경우에도 이어지고 있다. 그리하여 장래 발생하는 채권이 담보목적으로 양도된 후 채권양도인에 대하여 회생절차가 개시되었을 경우에는 회생절차가 개시된 후 발생하는 채권은 채무자가 아닌 관리인의 지위에 기한 행위로 인하여 발생하는 것으로서 채권양도담보의 목적물에 포함되지 아니하고, 이에 따라 그러한 채권에 대해서는 담보권의 효력이 미치지 아니한다고 보고 있다(대법원 2013. 3. 28. 선고 2010다63836 판결).

[12] 소수주주의 회계장부 등 열람·등사청구권과 회생절차

이진웅(서울남부지방법원 부장판사)　　　　　대법원 2020. 10. 20.자 2020마6195 결정

[사안의 개요]

피신청인 주식회사의 주주인 신청인(선정당사자)은 피신청인 회사를 상대로 주주총회 의사록 등과 그 밖의 회계장부·서류에 대해 열람·등사를 구하는 가처분 신청을 하였다. 1심 법원은 주주총회 의사록 등에 대한 열람·등사를 인용하고(상법 제396조, 제448조), 나머지 회계장부 등 서류에 대해서는 상법 제466조 제1항에 의한 소수주주의 열람·등사를 구하는 이유에 대한 소명부족 등의 이유로 신청을 기각했다. 항고심 계속 중 피신청인 회사에 대해 회생절차개시결정이 내려졌고, 항고심은 피신청인 회사의 회생절차에서 선임된 조사위원인 회계법인이 회사의 자세한 재산상태, 회생절차에 들어가게 된 경위 등을 포함한 조사보고서를 제출하였고 신청인이 이 조사보고서를 열람함으로써 신청의 목적을 달성할 수 있다는 점 등의 이유를 추가하면서 신청인의 항고를 기각했다. 이에 신청인이 재항고하였다. 파기환송.

[결정요지]

상법 제466조 제1항에 의한 소수주주의 회계장부 등에 대한 열람·등사청구권은 회사에 대하여 채무자회생법에 따른 회생절차가 개시되더라도 배제되지 않는다.

[해설]

1. 문제의 소재

이 사건의 쟁점은 회생절차가 개시된 주식회사 주주의 회사에 대한 자료 확보 수단과 관련한 것이고, 그중에서도 이른바 소수주주의 회계장부 등 열람·등사청구권이 회생절차가 개시된 채무자 회사에 대해서도 인정되는지 여부이다. 한편 이 사건은 소수주주의 회계장부 등 열람·등사청구의 가처분사건 계속 중 채무자 회사에 대해 회생절차개시결정이 내려진 경우의 소송수계에 관한 쟁점에 대해서도 생각해 볼 점을 제공하고 있다.

2. 검토

가. 회생절차가 개시된 주식회사 소수주주의 회계장부 등 열람·등사청구권 행사

회생절차가 개시된 주식회사에 대해 재무상태표 등 회계장부 및 서류를 확보하고자 하는 주주는 어떠한 권리를 행사할 수 있는가?

1) 먼저 주주는 회생절차의 이해관계인으로서 법원에 회생회사에 대한 사건기록의 열람·복사를 청구할 수 있다.[1] 이때 주주는 상법상 소수주주권을 행사하는 것이 아니므로 주식 보유비율 요건[2]이 따로 없다. 다만, 열람 대상이 법원에 제출된 문서 등에 한정되고, 법원이 채무자의 사업유지 또는 회생에 현저한 지장을 초래할 우려가 있거나 채무자의 재산에 현저한 손해를 줄 우려가 있는 때에는 열람·복사를 허가하지 않을 수 있다는 제한을 받는다.

2) 다음으로 회생절차에서 구성되는 채권자협의회로부터 주주가 자료를 제공받는 것은 가능할까? 이 방안이 가능한지에 관해서는 법 규정 등을 검토해 볼 필요가 있다. 채권자협의회는 법원, 관리인으로부터 주요 서류 등을 제공받고(채무자회생법 제22조), 채권자협의회에 속하지 않는 채권자도 자신의 비용으로 채권자협의회에 사본의 제공을 청구함으로써 자료를 확보할 수 있다(제22조, 채무자 회생 및 파산에 관한 규칙 제41조). 하지만 채권자가 아닌 주주의 경우 채권자협의회가 자발적으로 자료를 제공하지 않는 이상 지금의 법률, 규칙 규정으로는 주주의 채권자협의회에 대한 자료 제공 요청권이 있다고 보기는 어려워 보인다. 이와 관련하여 미

---

[1] 채무자회생법 제28조(사건기록의 열람 등) ① 이해관계인은 법원에 사건기록(문서 그 밖의 물건을 포함한다)의 열람·복사, 재판서·조서의 정본·등본이나 초본의 교부 또는 사건에 관한 증명서의 교부를 청구할 수 있다.

[2] 상법 제466조(주주의 회계장부열람권) ① 발행주식의 총수의 100분의 3 이상에 해당하는 주식을 가진 주주는 이유를 붙인 서면으로 회계의 장부와 서류의 열람 또는 등사를 청구할 수 있다.

국 연방파산법은 채권자위원회(creditors' committee) 뿐만 아니라 법원의 명령에 의해 별도의 지분권자위원회(equity committee) 등을 구성할 수 있도록 하고 있는데 입법론적으로 참고할 만하다.[3]

3) 마지막으로 떠올릴 수 있는 방법은 대상결정에서 쟁점이 된 것으로 발행주식 총수의 100분의 3 이상 주식을 보유한 소수주주가 상법 제466조 제1항에 의해 회계장부 등 열람·등사청구권을 행사하는 것이다. 대법원은 소수주주의 회계장부 등에 대한 열람·등사청구권은 채무자회생법에 따른 회생절차가 개시되더라도 배제되지 않는다고 판시하면서 원결정을 파기환송하였다. 대상결정은 세 가지 이유를 들었다.

① 먼저 첫 번째 이유는 상법상 소수주주의 회계장부 등 열람·등사청구권이 회생절차개시로 배제되거나 회생절차에 의해서만 행사할 수 있다는 규정이 없다는 것이다. 이는 가처분에 있어서 피보전권리에 관한 판단인데, 소수주주의 회계장부 등 열람·등사청구권은 이른바 공익권인 소수주주권 중의 하나로서 회생절차에 의해서 그 행사가 제한되는 회생채권이 아니므로 타당한 결론이다. 대법원은 더 나아가 소수주주권 행사로 열람할 수 있는 서류가 법에 따라 이해관계인이 열람할 수 있는 서류보다 그 범위가 넓다는 점도 지적하고 있다. 채무자회사가 법원에 제출하는 자료에 소수주주가 열람할 수 있는 회계장부, 서류 등이 다 포함되어 있지 않을 수 있고, 조사위원의 조사보고서에도 회계장부 등이 반드시 첨부되는 것은 아니다. 따라서 대상결정에 따르면 소수주주는 회사가 회생절차에 들어갔다고 해서 자료 확보 면에서 더 불리해지지 않고, 오히려 회생채권자가 확보할 수 있는 자료보다 더 많은 자료에 접근할 수 있게 될 여지도 있다. 다만, 회생절차의 특성상 채권자가 제공받는 정보가 주주에 미치지 못하는 것은 바람직

하지 않을 수 있으므로 정보제공의 편차가 크지 않도록 실무에서 운용의 묘가 필요해 보인다.

② 두 번째 이유는 회생계획안이 인가되기 전에 회생절차가 폐지되면 권리변경 등의 효력 없이 채무자의 업무수행권이 회복되므로 소수주주권에 따른 열람·등사청구권 행사의 필요성이 부정되지 않는다는 것이다. 이는 가처분에서의 보전의 필요성과 관련된 판단인데 대상결정은 인가 전 폐지의 경우를 이유로 들고 있으나 회생절차 실무상 기존 주식이 100% 감자되는 경우도 있지만 지분을 약간이라도 남기는 형태로 회생계획이 인가되는 경우가 대부분이므로 이 경우 회생절차가 인가전에 폐지되지 않는다 하더라도 여전히 주주의 권리를 인정할 필요가 남는다. 다만, 소수주주가 회계장부의 열람·등사를 재판상 청구하는 경우 소송이 계속되는 동안 주식 보유요건을 구비해야 하므로(대법원 2017. 11. 9. 선고 2015다252037 판결 참조) 감자로 인해 발행주식 총수 100분 3 이상 보유 요건을 충족시키지 못하게 된 주주의 신청은 각하될 것이다(대법원 2020. 9. 25.자 2020마5509 결정 참조).

③ 세 번째 이유는 주주가 회사의 회생을 방해할 목적으로 열람·등사청구권을 행사하는 경우 정당한 목적이 없어 부당한 것이라고 보아 거부할 수 있다는 것이다. 이는 회사가 회생절차에 있지 않는 경우에 적용되는 일반 법리[4]가 회생회사에도 적용된다는 점을 확인한 것으로 회생절차에서도 소수주주권 행사에 제한이 있음을 적절히 지적한 것으로 보인다.

나. 회생절차개시와 소송절차의 중단 및 수계의 관점에 바라본 대상결정의 의미

한편, 대상결정에서 쟁점으로 다뤄지지는 않았지만 회생절차개시와 소송절차의 중단이라는 관점에서 음미해 봐야 할 부분이 있다. 이 사건 피신청인 회사는 항고심에서 회생절차가 개시되었다. 그렇다면 소수주주의 회계장부 등 열람·등사 가처분 신청의 피신청인은 채무자 그대로인가 아니면 채무자의 관리인으로 수계시켜야 하는가? 이 사건 항고심에서는 피신청인 회사 관리인으로 수계가 이뤄졌고 그 후 이러한 수계가 적법함을 전제로 본안에 대한 판단이 이뤄졌다. 필자는 관리인으로의 수계가 타당하다고 생각하는데 그 이유는 다음

---

3) 미국 파산법원은 채권자들 또는 지분권자들의 적절한 대표를 보장하기 위하여 필요하다고 판단하는 경우 추가적인 위원회의 선정을 명할 수 있다[11 U.S.C. §1102(a)(2)]. 이러한 위원회들은 DIP와 협상할 권한을 갖고[11 U.S.C. §1103(c)(1)], 회생절차에서의 어떠한 이슈에 대해서든 의견을 제출하고 심문에 참여할 수 있는 기회를 갖는다[11 U.S.C. §1109(b)]. 뿐만 아니라 DIP로부터 정보(특히 일상적이지 않은 거래에 관한 정보)를 얻을 수 있다. In re Structurlite Plastics Corp., 91 B.R. 813(Bankr. S.D. Ohio 1988).

4) 대법원 2018. 2. 28. 선고 2017다270916 판결 참조.

과 같다.

회생절차개시결정이 있는 때에는 채무자의 재산에 관한 소송절차는 중단되고(채무자회생법 제49조 제1항), 중단한 소송절차 중 회생채권 또는 회생담보권과 관계 없는 것은 관리인 또는 상대방이 이를 수계할 수 있다(같은 조 제2항). 그런데 중단되는 소송의 범위와 관련하여서는 채무자의 인격적 활동에 관한 권한은 회생절차 개시 후에도 여전히 채무자에 귀속되므로 주주총회, 이사회 결의의 무효 또는 취소의 소 등의 경우 소송절차가 중단되지 않고, 주주가 제기한 주주지위의 확인의 소 등 역시 채무자 내부의 조직법적·사단적 활동에 관한 것으로 중단되는 재산관계의 소송으로 보지 않는 것이 현재 일반적으로 받아들여지는 견해로 보인다.[5][6] 그렇다면 소수주주의 회계장부 등 열람·등사청구는 어떠한가? 일견 조직법적·사단적 활동에 해당하는 것으로 보아 재산관계의 소송으로 보지 않는다는 논리도 가능하다. 하지만 채무자회생법이 회생절차개시결정이 있는 때에는 채무자의 업무의 수행 및 재산 관리처분권이 관리인에게 전속한다고 규정하고 있는데(제56조 제1항) 회계장부 등의 관리는 전형적인 채무자의 업무수행이라고 볼 수 있는 점, 소수주주의 열람·등사청구권은 궁극적으로 채무자의 재산관계와 관련성이 작지 않은 점, 현실적으로도 회생절차개시 후에는 관리인이 채무자의 회계장부 등을 관리하고 있는 점, 관리인은 공적수탁자로서 열람·등사의 허용 여부를 적절히 판단할 수 있는 지위에 있다고 볼 수 있는 점 등을 고려하면, 비록 주주의 권리행사이기는 해도 조직법적·사단적 활동이라는 범주에 넣어 채무자로 하여금 소송을 수행하게 하기보다는 관리인이 수계하여 소송을 수행하게 하는 것이 이론적으로도 현실적으로도 더 타당해 보인다. 기존경영

자 관리인(DIP)이 아닌 제3자 관리인이 선임되는 경우 이 쟁점은 실무상 중요한 의미를 가질 것이다.

3. 결론

회생절차에서 주주는 의결권이 없는 등으로 영향력이 약한 경우가 대부분이다. 대상결정은 이렇게 미약한 지위의 회생회사 소수주주에게도 회계장부 등 열람·등사청구권의 행사를 허용하였는바, 지분권자위원회와 같은 회생절차 내 기관이 없는 우리 회생절차를 감안하면 의미가 있는 결정이다. 다만, 부당한 열람·등사청구권 행사로 인해 채무자의 회생이 저해되지 않도록 실무에서는 열람·등사청구 허용 여부에 대한 신중한 판단이 이뤄져야 할 것이다. 또한 이 사건은 소수주주의 열람·등사청구권 행사 가처분에서 관리인으로의 수계를 전제로 진행된 사안으로 향후 회생절차로 중단되는 소송의 범위와 관련한 논의를 발전시키는 데 참고할 만한 하나의 단초를 제공하고 있는 것으로 보인다.

---

5) 서울회생법원 재판실무연구회, 회생사건실무(상) 제5판, 205면.
6) 일본에서도 갱생회사 재산에 관한 관리처분권과 무관한 소송, 예를 들어 갱생회사의 조직법상 다툼과 관련한 소송에 대해서는 중단효과가 없다는 것이 통설이다. 이에 대해서는 갱생회사의 사업경영권 및 재산관리처분권을 전속적으로 행사하는 관재인의 직무의 관점에서 볼 때, 승소 또는 패소의 결과 또는 소송수행 비용의 부담을 고려하면, 그와 무관한 조직법상의 소송을 생각할 수 없으므로, 모두 중단의 대상이 된다고 해석해야 한다는 유력한 견해가 있다. 伊藤眞, 会社更生法(有斐閣, 2012), 311면.

[13] 주채무자에 대한 회생절차 개시와 보증인의 상계권

이진만(이진만 법률사무소 변호사)　　　　　　대법원 2018. 9. 13. 선고 2015다209347 판결

[사안의 개요]

S건설회사가 도급인인 원고로부터 건물 신축공사를 도급받으면서 공사계약상의 의무를 이행하지 않을 경우 부담하게 되는 채무에 관하여 건설공제조합을 보증인으로 하는 계약이행보증증권을 원고에게 제출하였는데, 신축공사를 마치지 못한 상태에서 S건설회사에 대하여 회생절차가 개시되었다. 도급인인 원고는 건설공제조합을 상대로 계약이행보증금의 지급을 청구하였고, 건설공제조합은 민법 제434조에 따라 S건설회사의 원고에 대한 공사대금채권으로 원고의 S건설회사에 대한 손해배상채권(회생채권)과 상계한다고 주장하였다. 제1심[1]은 주채무자에 대하여 회생절차가 개시되더라도 보증인은 민법 제434조에 따른 상계권을 행사할 수 있다고 하여 피고의 상계주장을 받아들였다. 반면 항소심[2]은 주채무자에 대하여 회생절차가 개시된 이후에는 보증인은 민법 제434조에 따른 상계권을 행사할 수 없다고 하여 피고의 상계주장을 배척하였다. 피고가 상고하였다. 상고기각.

[판결요지]

계약보증에 해당하는 건설공제조합의 보증계약은 그 성질이 보증보험과 유사하나 실질적으로 보증의 성격을 가지고 보증계약과 같은 효과를 목적으로 하는 점에서 보증에 관한 민법 제434조 등의 규정이 유추 적용된다. 따라서 건설공제조합은 계약자인 채무자의 채권에 의한 상계로 보증채권자에게 대항할 수 있고, 상계로 보증채권자의 채무자에 대한 채권이 소멸하는 만큼 건설공제조합의 보증채권자에 대한 계약보증금 지급채무도 소멸한다. 그러나 회생절차에서는 보증인의 주채무자의 채권에 의한 상계권이 제한되므로 계약보증의 보증인에 해당하는 건설공제조합의 상계권도 제한될 수

밖에 없다.

[해설]

1. 문제의 소재

민법 제434조는 "보증인은 주채무자의 채권에 의한 상계로 채권자에게 대항할 수 있다."라고 정하고 있다. 이 규정은 보증인을 보호하고 주채무자와 보증인, 보증인과 채권자 사이의 법률관계를 간편하게 해결하기 위하여 보증인이 주채무자의 상계권으로 채권자에게 대항할 수 있도록 한 것이다. 한편, 회생절차가 개시되면, 채무자회생법에 특별한 규정이 있는 경우를 제외하고는, 회생채권에 관하여는 회생계획에 규정된 바에 따라서만 변제할 수 있고 이에 따르지 아니한 채 임의로 변제를 하거나 변제받는 등 회생채권을 소멸하게 하는 행위(면제는 제외)를 할 수 없다(채무자회생법 제131조). 회생채권을 수동채권으로 한 채무자의 상계권 행사도 회생채권을 소멸하게 하는 행위이므로 위 규정에 따라 제한된다. 그러면, 주채무자에 대하여 회생절차가 개시된 경우에, 보증인은 채무자회생법 제131조의 제한에 따라 상계권을 행사할 수 없게 되는가 아니면 민법 제434조에 따라 여전히 상계권을 행사할 수 있는가? 이것이 이 사건의 쟁점이다.

2. 대상판결의 논거

회생절차에서 회생채권을 변제 등으로 소멸하게 하는 행위는 회생계획에 의한 자본구성 변경과 불가분의 관계에 있으므로 종전의 채권·채무관계를 일단 동결할 필요가 있다. 만일 변제 등의 행위를 금지하지 않으면, 회생채무자의 적극재산이 감소되어 회생채무자 또는 그 사업의 효율적인 회생을 도모할 수 없고 일부 회생채권자에게만 회생계획에 의하지 않고 우선 변제 등의 행위를 하는 것은 회생채권자들 사이의 공평을 깨뜨릴 염려가 있다. 이러한 취지에서 채무자회생법 제131조 본문은 파산절차에서와는 달리 명시적으로 회생채무자에

---

1) 서울중앙지방법원 2013. 10. 18. 선고 2013가합500287 판결.
2) 서울고등법원 2015. 2. 17. 선고 2013나2026171 판결.

대한 회생절차가 개시된 후에는 채무자회생법에 특별한 규정이 없는 한 회생채무자의 재산으로 회생채권을 변제하는 등 회생채권을 소멸하게 하는 행위를 포괄적으로 금지하고 있다. 이 규정에서 금지하는 행위에는 회생채무자 또는 관리인에 의한 회생채권 변제뿐만 아니라 회생채무자 또는 관리인에 의한 상계와 보증인 등 제3자에 의한 상계도 포함된다고 보아야 한다. 이 규정은 행위의 주체를 한정하지 않고 있는데다가 이러한 상계도 이 규정에서 정한 '회생채권을 소멸하게 하는 행위'에 해당하기 때문이다. 다만 이 규정에서 명시하고 있는 면제는 회생채무자의 재산이 감소되지 않기 때문에 예외적으로 허용된 것이다.

건설산업기본법에 따라 계약보증을 한 건설공제조합이 민법 제434조에 따라 채무자의 채권에 의한 상계로 보증채권자에게 대항할 수 있다고 하더라도 법률상 상계가 금지되는 경우까지 이를 허용할 수는 없다. 그런데 채무자회생법 제131조 본문에서 채무자회생법에 특별한 규정이 있는 경우를 제외하고는 회생채권의 소멸 금지를 정하고 있다. 따라서 특별한 규정이 없는 한 채무자에 대하여 회생절차가 개시된 경우 건설공제조합이 민법 제434조에 따른 상계로 보증채권자의 회생채권을 소멸시킬 수는 없다고 보아야 한다.

3. 검토

주채무자에 대하여 회생절차가 개시된 경우에도 민법 제434조가 여전히 적용되는가라는 문제를 직접적으로 다룬 문헌은 보이지 않는다. 이 사건의 제1심과 제2심의 견해가 달랐고 거기에 논거가 있으므로 이를 중심으로 살펴본다.

제1심과 같이 회생절차개시에도 불구하고 보증인은 여전히 민법 제434조에 따라 상계권을 행사할 수 있다는 견해가 있을 수 있다. 그 논거로는, 채무자회생법에 민법 제434조의 적용을 배제하는 명문의 규정이 없다는 점, 민법 제434조는 주채무자의 무자력으로부터 보증인을 보호하고 보증인, 주채무자, 채권자 사이의 법률관계를 간편하게 해결하기 위한 규정이므로 주채무자에 대한 회생절차의 개시에도 불구하고 그 입법목적이 관철될 필요가 있다는 점, 주채무자에 대한 회생절차가 개시되더라도 회생채권자는 상계가 가능한 경우가

있는데, 보증인에 대하여만 상계를 불허하면, 보증인은 회생채권자의 선택에 따라 자신의 구상금 채권이 회생채권이 되는 등 실질적인 손해를 입게 되고, 회생채권자의 선택이라는 우연한 사정에 따라 보증인의 지위가 크게 달라지는 것은 불합리하다는 점, 주채무자의 입장에서 보증인의 상계권을 인정하더라도 회생채권자가 상계권을 행사하는 것과 실질적인 결과에서 차이가 없다는 점 등을 들고 있다.

반면 제2심과 같이 주채무자에 대한 회생절차가 개시된 경우에는 보증인은 민법 제434조에 따라 상계권을 행사할 수 없다는 견해가 있을 수 있다. 그 논거로는, 민법 제434조에 따라 보증인이 상계를 하는 경우에도 자동채권은 어디까지나 주채무자의 채권인데, 주채무자에 대한 회생절차가 개시되면 주채무자의 채권자에 대한 자동채권의 처분권한은 관리인에게 전속하게 되어 주채무자는 더 이상 자신의 채권자에 대한 채권을 자동채권으로 한 상계권한을 행사할 수 없게 되는 점(채무자회생법 제131조), 채무자회생법의 규정이 민법 제434조에 대하여 특별법의 관계에 있는 점, 회생절차에서 주채무자의 상계가 원칙적으로 허용되지 아니하고, 상계의 담보적 기능을 중시하여 일정한 요건 하에서 허용되는 채권자의 상계조차도 일정한 제한을 받는 데 비하여 채권자와 대항적인 채권·채무 관계에 있지 아니하여 채권자와 사이에서 상계의 담보적 기능을 주장할 만한 위치에 있지 아니한 보증인에게 주채무자의 채권에 기한 상계를 제한 없이 허용하는 것은 균형에 맞지 않는 점, 보증인은 주채무자가 채무를 이행하지 아니할 경우 채권자에 대한 현실적인 이행 후 자신의 구상권에 관하여 자력이 약화된 주채무자로부터 만족을 얻을 것을 기대하여야 하는 입장에 있고, 우연히 주채무자가 채권자에 대하여 반대채권을 가지고 있을 경우 민법 제434조에 기하여 상계권을 원용할 것을 기대할 수 있을 뿐이며, 회생채권자의 상계권은 권리이지 의무가 아니므로 회생채권자로 하여금 상계권의 행사를 강요할 수 없고, 게다가 회생채권자가 수개의 채권(무보증채권과 보증 있는 채권의 혼재)을 가지고 있는 경우 보증인이 있는 채권에 관하여는 보증인으로부터 현실적인 이행을 받는 것이 유리할 수 있어 상계권을 행사하지 않을 수도 있는 것 등을 비롯하여, 채권자와 보증인의 상대적인 법적 지

위 및 이익 상황 등을 고려할 때 주채무자에 대한 회생절차 개시 이후에 보증인으로 하여금 일방적으로 채무자의 채권으로 채권자의 채권과 상계할 수 있도록 한다면 당사자의 합리적인 의사 및 형평에 반하는 결과가 되는 점, 보증인의 주채무자의 채권에 기한 상계를 제한 없이 인정하면, 채무자 재산의 처분권한을 관리인에게 전속하도록 하고 회생채무자의 재산을 최대한 확보하여 회생계획에 따라 회생채무자를 회생하도록 함으로써 이해관계인의 권리에 최대한의 공평한 만족을 주려고 하는 목적을 결정적으로 저해할 수 있다는 점 등을 그 논거로 하고 있다.

긍정설과 부정설을 절충한 견해도 있을 수 있다. 일정한 요건 하에서만 회생채권자에 의한 상계가 가능하다는 점에 착안하여, 회생채권자가 상계를 할 수 있는 경우, 즉, 회생채권 신고기간 만료시까지 두 채권이 상계적상에 있고 상계권 행사 시점 또한 신고기간 만료 이전이라면 민법 제434조에 따라 보증인도 상계를 할 수 있다는 견해이다. 이 견해는 채무자회생법 제131조에서 말하는 '특별한 규정'에 '채무자회생법 제144조 제1항 유추적용'을 포함시키는 입장이라고 할 수 있다. 상계의 공평유지기능, 담보적 기능을 고려하면, 채무자회생법 제144조 제1항에서 허용되는 범위 내에서는 회생채권자의 상계를 예상할 수 있으므로 보증인이 민법 제434조에 기한 상계권 행사를 허용하는 것도 예상 범위 내에 있는 점, 긍정설과 같이 보증인의 상계권 행사를 무제한 허용하는 것은 회생채권자 사이의 평등에도 어긋나고 채무자회생법 제131조 문언상 '채무자에 의한' 회생채권의 소멸만을 금지하고 있는 것이 아니라는 해석에도 반하는 점, 부정설을 따를 경우 상계가능 회생채권자보다 변제에 있어 사실상 불리한 지위에 있던 다른 회생채권자들이 상계가능 회생채권자가 직접 상계권을 행사하는 경우에 비하여 회생채무자로부터 더 많은 액수를 변제받을 수 있게 되고 반면 보증인은 그 불이익을 감수해야 하는 점, 파산절차와 달리[3] 회생절차는 채권자의 상계권 행사를 제한하고 있으므로 그와 동일한 기준에 따라 보증인의 상계권 행사가 가능한 것으로 보는

것이 채무자회생법 제131조의 합리적 해석인 점 등을 그 논거로 하고 있다.

이 문제는 결국 보증인과 다른 회생채권자 사이의 이익 조정의 문제라고 할 것이다. 긍정설은 채무자회생법 제131조의 문언에 반하여 받아들이기 어려운 점이 있고, 절충설은 이익 조정 면에서는 장점이 있지만 회생채권자에 대하여 자신이 가진 여러 채권 중 수동채권이 된 채권과의 상계를 강제하는 것과 같은 결과가 된다는 문제가 있다. 회생절차에서는 회생채권자에 의한 상계와 관리인에 의한 상계를 구별하여 규정하고 있는 점과 채무자회생법 제131조가 회생절차의 목적을 달성하기 위하여 채무자의 재산의 처분에 일정한 제한을 가한 것이라는 점을 고려하면 대상판결의 결론은 수긍할 만하다. 대상판결의 결론은 그 후 2015다240201 판결에서도 다시 확인되어 판례로서 확립되었다고 볼 수 있다.

4. 여론

이 사건에서 민법 제434조가 이 사건에 적용(유추적용)될 수 있는지 여부가 먼저 결정되어야 하므로 건설공제조합의 보증계약의 성질이 먼저 규명되어야 한다. 이 문제에 관하여 대법원은 일찍부터 일관되게, 건설산업기본법에 따라 건설공제조합이 하는 계약보증은 조합원이 도급받은 공사 등의 계약이행과 관련하여 부담하는 계약보증금의 납부에 관한 의무이행을 보증하는 것으로 그 성질은 보증보험과 유사하고, 실질에 있어서는 보증의 성격을 가지고 보증계약과 같은 효과를 목적으로 한다는 점에서 건설공제조합과 채무자 사이에는 민법상의 보증에 관한 규정(제434조 포함)이 준용된다고 하였다.[4]

---

3) 파산절차에서 주채무자의 채권자에 대한 채권이 파산재단에 속하게 된 경우 보증인이 민법 제434조에 따라 이를 자동채권으로 하여 상계할 수 있는지에 관해서는 견해가 나뉜다.

4) 대법원 2001. 2. 13. 선고 2000다5961 판결; 대법원 2002. 12. 26. 선고 2002다13447 판결; 대법원 2003. 9. 2. 선고 2003다9568 판결 등.

[14] 회생절차에서의 상계제한의 예외로서의 "전(前)의 원인"

김철만(법무법인 율촌 변호사)   대법원 2017. 3. 15. 선고 2015다252501 판결

[사안의 개요]

사실관계

원고는 피고와 사이에 1999. 8. 경부터 2003. 12.경까지 사이에 피고가 운영하는 2개 골프장의 입회계약을 체결하고 137억 8천만 원을 입회보증금으로 지급하였고, 피고는 2004. 3. 및 2005. 5. 원고가 소유하게 된 위 2개의 골프장 부지 및 건물을 임차하면서 원고에게 임대차보증금 103억 원을 지급하였다. 한편, 서울중앙지방법원이 2013. 10. 17. 피고에 대하여 회생절차개시결정을 하자, 원고는 당일 피고에게 탈회신청을 하였고, 피고에 대한 회생채권신고기간 전에 위 입회보증금반환채권과 임대차보증금반환채권 103억 원을 상계한다는 통지를 하였다.

소송진행경과

원고가 피고에게 임대차보증금의 부존재확인을 구하는 소송을 제기하였는데, 1심(서울중앙지방법원 2014가합587267)은 입회보증금반환채권은 원인인 입회계약이 회생절차 개시 전에 있었으므로 채무자회생법 제145조 제4호 단서, 제2호 (나)목[1]에 의하여 예외적으로 상계가 허용된다는 이유로 원고의 청구를 인용하였다.

그런데, 2심(서울고등법원 2015나2046810)은, 채무자회생법 제145조 제2호 나목의 '원인'이란 채권자에

게 구체적인 상계 기대를 발생시킬 정도로 직접적인 것으로서 구체적인 사정을 종합하여 상계의 담보적 작용에 대한 회생채권자의 신뢰가 보호할 가치가 있는 정당한 것으로 인정되는 경우를 의미하는데, 원고의 입회금반환채권의 발생원인은 입회계약이 아니라 탈회의 의사표시에 의하여 발생한 것이고 원고에게 상계의 담보적 작용에 대한 정당한 기대 내지는 보호가치 있는 신뢰가 있었다고 보기 어렵다는 이유로 이 사건 상계의 효력을 부정하고 원고 청구를 기각하였다.[2]

대법원(2015다252501)은 원심판결을 파기하였고, 결국 파기환송심에서 원고승소판결이 확정되었다.

[판결요지]

원고가 한 상계의 의사표시에 임대차보증금반환채무에 관한 기한의 이익을 포기하는 의사표시가 포함되어 있어 채무자회생법 제144조 제1항에서 정한 회생채권자의 상계권 행사의 요건을 갖추었고, 비록 원고가 피고의 회생절차개시 신청 사실을 알면서 입회금반환채권을 취득하였으나, 원고와 피고가 체결한 입회계약은 원고가 입회금반환채권을 취득한 직접적인 원인이며, 피고의 회생절차개시 신청 전에 입회금의 거치기간이 모두 경과하여 원고는 언제든지 입회금을 반환받을 수 있는 상태였고, 임대차계약은 위 골프장의 부지와 건물 등이 임대목적물이므로, 입회계약이 종료하는 상황이 되면 원고의 입회금반환채권과 피고의 임대보증금반환채권을 상호 연계하여 상계 등의 방법으로 채권채무관계를 정리할 수 있을 것으로 기대하는 것은 충분히 합리성이 있어 이러한 기대에 상응한 원고의 신뢰는 보호가치가 있는 정당성이 인정되므로, 위 입회금반환채권은 상계금지의 예외사유인 '회생절차개시의 신청이 있은

---

1) 제145조(상계의 금지) 다음 각호의 어느 하나에 해당하는 때에는 상계하지 못한다.
   2. 회생채권자 또는 회생담보권자가 지급의 정지, 회생절차개시의 신청 또는 파산의 신청이 있음을 알고 채무자에 대하여 채무를 부담한 때. 다만, 다음 각목의 어느 하나에 해당하는 때를 제외한다.
      나. 회생채권자 또는 회생담보권자가 지급의 정지, 회생절차개시의 신청 또는 파산의 신청이 있은 것을 알기 전에 생긴 원인에 의한 때
   4. 회생절차가 개시된 채무자의 채무자가 지급의 정지, 회생절차개시의 신청 또는 파산의 신청이 있음을 알고 회생채권 또는 회생담보권을 취득한 때. 다만, 제2호 각목의 어느 하나에 해당하는 때를 제외한다.

2) 2심은, 회생절차에 있어서 상계제도를 신중히 허용하고 있는 채무자회생법의 취지를 고려하면, '회생절차개시의 신청이 있은 것을 알기 전에 생긴 원인'을 엄격하게 제한적으로 해석함이 타당하다고 보았다.

것을 알기 전에 생긴 원인'에 의하여 취득한 회생채권에 해당한다.

[해설]

1. 문제의 소재

회생절차가 개시된 채무자에 대하여 채무를 부담하고 있는 회생채권자는 원칙적으로 회생채권신고기간 내에 관리인에게 상계의 의사표시를 하여(채무자회생법 제144조 제1항) 자신의 채무와 회생채권을 동시에 소멸시킬 수 있다. 채무자의 자력이 악화되었음에도 채권자가 자신의 채무는 그대로 이행하여야 하는 경우 발생할 수 있는 불공평을 고려하여, 다른 회생채권자와 달리 사실상 우선적으로 변제받도록 허용된 예외적인 제도이다.

그런데, 채무자회생법 제145조는 위와 같은 상계가 금지되는 경우를 열거하고 있는데, 그 중 제4호 본문은 회생절차가 개시된 회생채무자의 채무자가 지급의 정지, 회생절차개시의 신청 등 회생채무자의 위기상태의 존재를 알면서 회생채권을 취득한 때에는 그 회생채권을 자동채권으로 하는 상계를 할 수 없도록 제한하고 있다. 그리고 다시 그에 대한 예외로서, 같은 조 제4호 단서 및 제2호 단서 (나)목에서는 회생채무자의 채무자가 회생채무자의 지급의 정지, 회생절차개시의 신청 등이 있은 것을 알기 전에 생긴 원인(이하 '전의 원인'이라고 한다)에 의하여 회생채권을 취득한 때에는 그 회생채권을 자동채권으로 하는 상계를 할 수 있도록 허용하고 있다. 여기에서 정한 "전의 원인"이 무엇인가에 관하여 이 사건의 항소심과 대법원의 견해가 전혀 달랐다.

2. '전의 원인"에 관한 대법원의 태도

채무자회생법 제145조 제2호 단서 (나)목[3]을 보면, 단순히 회생채권자가 채무자의 위기 이전의 원인으로 회생채권을 취득한 경우 예외적으로 상계를 허용한다

고만 규정하고 있을 뿐 다른 제한은 두고 있지 않다. 그러나, 대법원은, 회생채무자에 대하여 채무를 부담하고 있던 채무자가 회생채무자에게 위기상태가 생긴 이후에 새로 채권을 취득하여 상계할 수 있다고 하면, 회생채권자 상호 간의 공평을 해칠 수 있고 회생채무자의 회생에도 지장을 초래할 수 있는 반면 회생채권을 취득한 것은 회생채무자에게 위기상태가 생긴 이후이지만 그 이전에 이미 채권발생의 원인이 형성되어 있었던 경우에는 상계에 대한 회생채권자의 기대를 보호해 줄 필요가 있고, 그러한 경우에는 예외적으로 상계를 할 수 있도록 한 것이므로, 위기상태의 존재를 알게 된 이후에 취득한 채권이 그 이전부터 존재한 사유, 즉 '전의 원인'에 의하여 발생하였다고 하려면, 그 원인은 채권자에게 상계의 기대를 발생시킬 정도로 직접적인 것이어야 할 뿐 아니라 구체적인 사정을 종합하여 상계의 담보적 작용에 대한 회생채권자의 신뢰를 보호할 가치가 있는 정당한 것으로 인정되어야 한다고 판시하였고,[4] 이 사건에서도 동일한 입장을 유지하였다.

구체적으로 대법원이 '전의 원인'에 대하여 판단한 사례는 다음과 같다. (1) 채권자가 채무자로부터 어음의 추심위임을 받은 후 회사정리절차 개시 후 추심된 금원으로 상계한 것에 대하여, 구체적인 어음의 추심위임 행위 자체나 위임사무의 처리 경과만으로는, 수임인에게 구체적인 상계기대를 발생시킬 정도의 직접적인 원인에 해당한다고 볼 수 없다(대법원 2005. 9. 28. 선고 2003다61931 판결). (2) 채권자가 구매자와 물품대금 등을 채무자의 대출금 변제에 충당할 수 있도록 채권자에 개설된 지정계좌로 지급하기로 협약을 체결하고, 채무자와 여신거래약정을 체결하여 대출을 실행한 다음 위 계좌에 입금된 돈을 대출금 변제에 충당해 왔는데, 구매자가 채무자에 대한 회생절차개시 신청 후에도 위 계좌로 물품대금을 입금하자 채권자가 예금반환채무와 대출금채권의 상계를 주장한 사안에서, 위 상계의 의사표시는 회생절차개시 신청이 있음을 알기 전의 원인인 여신거래약정에 따라 부담하게 된 채무에 관한 것이어서 유효하다(대법원 2014. 9. 24. 선고 2013다200513 판결).

---

[3] 채무자회생법 제145조 제2호는 회생채권자의 상계제한에 관한 것으로 그 단서는 회생채권자의 채무부담과 관련한 예외를 둔 것이고, 제145조 제4호는 회생채무자의 채무자가 회생채권을 취득한 경우의 상계제한에 관한 것으로 그 단서는 회생채권취득과 관련한 예외이다. 하지만 두 개 모두 동일한 조문에 의하여 예외를 인정하고 있으므로 각 단서에 관한 해석은 당연히 동일한 것으로 보인다.

[4] 대법원 2005. 9. 28. 선고 2003다61931 판결(단, 회사정리법에 관한 판결임), 대법원 2014. 9. 24. 선고 2013다200513 판결; 대법원 2016. 4. 12. 선고 2015다1802 판결.

(3) 채권자가 채무자의 회생절차 개시 전 해외송금은행으로부터 지급지시를 받았다고 하더라도 회생절차 개시 후 채무자의 예금원장에 기입한 후 상계한 것은 채권자의 상계의 담보적 작용에 대한 신뢰가 보호할 가치가 있는 정당한 것으로 인정될 수 없다(대법원 2016. 4. 12. 선고 2015다1802 판결).

3. 본건의 검토

앞에서 본 사례를 보면 대법원은 수동채권 발생의 직접적 원인인 예금채권이나 추심금반환채권이 발생하기 전에 채권자와 채무자 사이에 상호 상계에 관한 기대가 존재한 경우에만 상계를 허용해 왔다. 그런데, 이 사건은 특이하게 먼저 채권의 발생원인(이 사건 입회계약)이 존재하였고 사후적으로 상계에 대한 신뢰가 발생한 사안이다. 즉, 이 사건 원고와 피고는 당초 대기업집단에 속한 계열사 관계에 있을 때, 이 사건 입회계약 및 임대차계약이 이루어졌다. 두 회사가 계열사였으므로 비교적 자본거래가 빈번하였으나 채권자 입장에서는 이미 입회금반환채권을 보유하고 있었기 때문에 그 회수를 용이하게 할 방법으로 임차보증금반환채무를 쉽게 부담하였을 것으로 보인다. 그렇다고 하더라도 이 사건 입회계약을 할 때에 회생채권자가 상계의 담보적 작용에 대한 신뢰를 가졌다고 보기는 어려우며, 오히려 회생채권자가 이 사건 입회금의 거치기간이 모두 경과함에 따라 언제든지 탈회를 신청하여 입회금을 반환받을 수 있었음에도 회생절차개시 당시까지 탈회를 하지 않고 있었다는 것을 보면, 회생채권자의 상계의 담보적 작용에 대한 신뢰는 이 사건 입회계약 이후인 이 사건 임대차계약 또는 입회금의 거치기간이 모두 경과하여 언제든지 탈회할 수 있었을 때에 발생하였다고 보는 것이 타당하다.

그렇다고 하더라도, "전의 원인"이 요구하는 채권취득의 원인(이 사건 입회계약)과 상계의 담보적 작용에 대한 회생채권자의 보호할 가치가 있는 신뢰는 채무자의 회생절차개시 전에 존재하였던 것은 분명해 보이므로 대법원의 판단에 결과적으로는 찬성한다. 다만, 대법원이 이 사건에서 채권의 직접 발생원인 이후에 상계기대를 갖는 경우에도 상계를 허용하는 취지인 이상 이러한 점을 판결문에 명시하였더라면 좀 더 의미있는 판결로

서 해석될 수 있었을 것으로 보인다.

한편, 피고는 자동채권의 발생원인이 이 사건 입회계약이 아니라 탈회의 의사표시라고 주장하나, 탈회의 의사표시는 추상적으로 존재하고 있었던 입회금반환채권을 구체화하면서 그 변제기를 정한 것일 뿐 입회금반환채권 자체를 발생시키는 직접적인 원인이라고 보기는 어렵다고 생각한다. 대법원도 이 사건에서, 예탁금제 골프회원권은 회원의 골프장 시설업자에 대한 회원가입계약상의 지위 내지 회원가입계약에 의한 채권적 법률관계를 총체적으로 가리키는 것이고, 이러한 예탁금제의 골프회원권자는 회칙이 정하는 바에 따라 골프장 시설을 우선적으로 이용할 수 있는 권리인 시설이용권과 회원자격을 보증하기 위하여 예탁한 입회금을 탈회 시에 반환받을 수 있는 권리인 입회금반환청구권과 같은 개별적인 권리를 가지므로(대법원 2015. 1. 29. 선고 2013다100750 판결 등 참조), 이 사건 각 입회계약은 원고가 이 사건 입회금반환채권을 취득한 직접적인 원인이라고 판단하였다.

[15] 상계와 공제의 차이

심활섭(김·장 법률사무소 변호사)　　　　대법원 2007. 9. 28. 선고 2005다15598 전원합의체 판결

[사안의 개요]

A는 2002. 8. 21. 회사정리절차가 개시된 정리회사이고, 원고는 그 관리인이다. B는 2005. 2. 15. 파산선고를 받은 보험회사이고, 피고는 그 파산관재인이다.

A는 2000. 8. 4. B와 보험계약(이하 '이 사건 보험계약'이라 한다)을 체결하고, 같은 달 7일 B로부터 2억 원을 대출받았다(이하 '이 사건 대출'이라 한다).

A에 대한 회사정리절차가 2002. 8. 21. 개시되자, B는 2002. 9. 25. 이 사건 대출 원리금 217,450,473원을 신고하였는데, 원고는 이를 정리채권으로 시인하였다. A가 2002. 8. 7.부터 B에게 이 사건 대출 원리금을 상환하지 못하자, B는 2003. 7. 24. 원고에 대하여 대출 원리금을 상환일로부터 6개월 이상 연체하여 납입하지 아니한 때에 해당한다는 이유로 이 사건 보험계약을 해지하고, 해약환급금 326,837,634원에서 이 사건 대출 원리금과 소득세를 공제한 잔액만을 지급하였다.

이 사건 보험계약 약관에는, 보험계약자는 보험계약의 해약환급금의 범위 내에서 보험회사가 정한 방법에 따라 대출을 받을 수 있고, 이에 따라 대출이 된 경우에 보험계약자는 위 대출금과 그 이자를 언제든지 상환할 수 있으며, 상환하지 아니한 동안에 보험금이나 해약환급금의 지급사유가 발생한 때에는 위 대출 원리금을 상계하고 나머지 금액만을 지급한다는 취지로 기재되어 있었고, 이 사건 대출 차용증서에는 '대출 원리금을 상환일로부터 6개월 이상 연체하여 납입하지 아니한 때'에는 보험회사가 보험계약을 임의로 해지하여 대출 원리금에 충당한다는 취지의 기재가 있었다.

원고는 B의 이 사건 대출 원리금채권은 '정리채권'에 불과하므로 정리계획(2003. 9. 2. 인가된 정리계획에 따르면 정리채권은 12% 변제, 88% 출자전환)에 따라 별도의 절차에서 변제를 받을 수 있을 뿐이라고 주장하였다. 이에 대하여 피고는 이 사건 대출은 그 전제되는 보험계약이 해지될 경우 보험계약자가 받게 될 해약환급금을 담보로 그 범위 내에서 보험계약자에게 대출하는 것이므로, 보험계약이 해지되는 경우 보험계약자에게 지급할 해약환급금에서 그때까지의 대출 원리금을 당연히 공제하고 그 잔액만 지급할 의무가 있는 것이라고 주장하였다. 청구기각, 항소 및 상고기각.

[판결요지]

1. 다수의견

이 사건 대출은 약관상 의무 이행으로 행하여지는 것으로서, 보험계약과 별개의 독립된 계약이 아니라 보험계약과 일체를 이루는 하나의 계약이라고 보아야 한다. 보험약관대출금의 경제적 실질은 보험회사가 장차 지급하여야 할 보험금이나 해약환급금을 미리 지급하는 선급금과 같은 성격이라고 보아야 하고, 보험금이나 해약환급금에서 대출 원리금을 공제하고 지급한다는 것은 보험금이나 해약환급금의 선급금의 성격을 가지는 위 대출 원리금을 제외한 나머지 금액만을 지급한다는 의미이므로 민법상의 상계와는 성격이 다르므로, 구 회사정리법에서 정한 상계제한규정은 적용될 여지가 없다.

2. 별개의견

이 사건 대출은 민법이 규정하고 있는 이자 있는 금전소비대차의 일종이다. 다만, 금전소비대차로서의 성질을 갖는 보험약관대출이 갖는 특수한 법적 성질(해약환급금 반환채권과 대출 원리금 채권이 보험계약 해지 등으로 상계적상에 이른 경우 별도의 의사표시 없이도 당연히 공제 내지 차감되어 당연 상계의 효과를 의도한 것) 및 구 회사정리법이 정한 상계시한 규정의 입법 취지(형평성과 조속한 정리계획 작성 필요성)에 관한 합리적 해석을 통하여, 해약환급금 반환채권과 대출 원리금 채권 사이의 상계에 관하여는 구 회사정리법에서 정한 상계제한규정이 적용되지 않는다고 볼 수 있다.

[해설]

1. 문제의 소재

채무자회생법 제144조 제1항은 "회생채권자 또는 회생담보권자가 회생절차개시 당시 채무자에 대하여 채무를 부담하는 경우 채권과 채무의 쌍방이 신고기간 만료 전에 상계할 수 있게 된 때에는 회생채권자 또는 회생담보권자는 그 기간 안에 한하여 회생절차에 의하지 아니하고 상계할 수 있다. 채무가 기한부인 때에도 같다."라고 규정하여, 회생절차개시 이후라도 회생절차에 의하지 아니한 상계를 하는 것을 일정한 범위에서 허용하고 있는데, 이는 회생채권자와 회생채무자 상호간에 상대방에 대한 채권, 채무를 가지고 있는 경우에는 상계할 수 있다는 당사자의 기대를 보호하고자 하는 것이다. 다만 회생절차개시 이후에도 상계할 수 있으려면 채권과 채무의 쌍방이 신고기간 만료 전에 상계할 수 있어야 한다.[1]

보험계약자가 보험계약 약관에 따라 대출을 받는 경우가 흔히 있다. 보험약관대출을 받은 보험계약자에 대하여 회생절차가 개시되고 채권신고기간이 경과한 다음에 보험계약이 해지된 경우에, 보험회사가 해약환급금을 지급함에 있어 보험약관대출 원리금을 '차감'하여 지급할 수 있는지가 문제된다.

2. 대상판결의 논거

대상판결의 다수의견은 A와 B는 이 사건 대출 원리금의 합계액이 해약환급금에 도달하거나 대출 원리금을 상환일로부터 6개월 이상 연체하여 납입하지 아니한 때에는 보험계약을 해지하여 이미 해약환급금으로 선지급된 대출 원리금 상당 금액을 제외하고 나머지 해약환급금만을 지급하기로 하며, 별도의 방법으로는 이 사건 대출 원리금의 지급을 청구하지 아니하기로 한다는 취지로 약정한 것이라고 해석함이 상당하므로, 이 사건 약관대출차용증서에서의 상환기일과 연체이자에 관한 약정에도 불구하고 이 사건 대출금은 보험약관에서 정한 보험금이나 해약환급금의 '선급금'으로 지급된 것으로 보아야 하고, 그 성격을 보험계약과는 별도의 소비대차계약에 의하여 지급된 대여금이라고 볼 수 없어 상계의 법리가 적용되지 않는다고 판단하였다.

반면 대상판결의 별개의견은 보험약관대출계약과 보험계약은 비록 별개의 계약이기는 하지만, 그 각 계약에 의한 대출 원리금 채권과 해약환급금 반환채권은 그 성립, 존속, 양도, 변제, 소멸 등 모든 측면에서 강력한 견련관계를 지니고 있고, 어느 한쪽 채권의 성립, 존속, 소멸 등은 바로 다른쪽 채권의 그것에 영향을 미친다. 그리고 이러한 양 채권간의 고도의 견련성에 더하여 A와 B가 보험계약 종료시 A가 상환하지 아니한 대출 원리금이 있을 경우 그 차감절차에 관하여 '공제'라고 표현한 것은 그 대출 원리금을 B가 지급하여야 할 해약환급금 등에서 당연히 차감되는 것을 예정한 것으로 보이고, 이에 따라서 별도의 최고요건이나 통지절차 등을 규정하지 아니한 점에 비추어 보면, 이 사건 보험계약과 보험약관대출계약은 당사자 쌍방이 상계를 당연시하면서 해약환급금 반환채권과 대출 원리금 채권이 보험계약의 해지 등으로 상계적상에 이른 경우 별도의 상계의 의사표시를 할 것도 없이 대출 원리금이 해약환급금에서 당연히 공제 내지 차감되어 '당연 상계의 효과'를 발생하도록 의도한 것이라고 판단하였다.

3. 검토

회생절차에서 '상계'를 인정하고 있는 취지는 회생채권자는 회생절차에 의하지 않으면 변제를 받을 수 없음에도 불구하고, 채무자에 대하여 부담하는 자기의 채무는 전부 변제하지 않으면 안 된다는 것은 형평의 원칙상 타당하지 않다는 것이다. 다만, 상계의 시점에 관하여 상계의 의사표시를 '채권신고기간 만료 전'에 하도록 규정하고 있는데, 이는 회생계획 작성 등을 위하여 회생채권자, 회생담보권자가 채무자에 대하여 가지는 회생채권 등의 액수 및 채무자가 회생채권자 등에 대하여 가지는 채권의 액수를 일정 시점까지 확정하여 놓을 필요가 있기 때문이라는 것이 통설적 견해이다. 해약환급금 반환채권과 대출 원리금 채권이 상계적상에 이른 때에 별도의 상계의 의사표시 없이 당연 상계의 효과가 발생하는 것이라면 채무자의 관리인에게 상계의 의사표시를 하여 그 의사표시가 채권신고기간 만료 전에 도달하여야만 비로소 적법한 상계로서의 효력을 인정하는 규정은 적용될 수 없다. 또한 채무자의 관리인으로서도 채무자 재산의 가액을 평가하고 회생채권자 등의 인

---

[1] 대법원 2017. 3. 15. 선고 2015다252501 판결 등 참조.

적 사항, 그 회생채권 등의 내용 및 원인 등을 조사하는 과정에서 이미 보험계약의 해지시 지급받을 해약환급금의 액수에서 당연히 대출 원리금이 공제 내지 차감되어 나머지 금액만을 지급받게 될 것임을 쉽게 파악할 수 있기 때문에, 보험계약 및 대출계약과 관련하여 회생절차에 참여할 대출 원리금 내지 해약환급금 반환채권의 존부 및 범위에 관하여도 쉽게 파악할 수 있다. 그러므로 채권신고기간 만료 후에 별도의 상계의 의사표시 없이 보험계약의 해지로 인한 해약환급금에서 대출 원리금을 공제 내지 차감하고 그 나머지 금액만을 반환한다고 하더라도, 그것이 채무자의 관리인의 예상에 벗어난다거나 회생계획 작성 등에 지장을 초래하거나 초래할 위험이 없다.

이 사건 보험약관대출은 그 대출이 실행되기 위해서는 보험계약자와 보험자 사이의 보험계약이 유효하게 성립되어 있어야 하는 점, 해약환급금이 존재하지 않는다면 보험약관대출금의 존재 역시 상정할 수 없고, 보험약관대출은 보험계약자마다 계산되는 해약환급금의 범위를 한도로 하여서만 이루어지는 점, 약관대출이자의 납입 지연 등이 보험계약을 해지할 수 있는 사유로 규정되어 있고, 약관대출기간 중이라도 보험계약의 해지 등으로 보험계약이 종료되면 보험약관대출계약도 종료하는 점, 보험계약 종료시 보험자는 아직 상환되지 않은 대출 원리금을 보험약관에 따라 보험계약자에게 지급할 보험금 또는 해약환급금에서 '공제'하게 되어 있는 점 등을 종합하면, 보험약관대출계약과 보험계약은 비록 별개의 계약이지만, 그 각 계약에 의한 대출 원리금 채권과 해약환급금 반환채권은 그 성립, 존속, 양도, 변제, 소멸 등 모든 측면에서 강력한 견련관계를 지지고 있고, 어느 한쪽 채권의 성립, 존속, 소멸 등은 바로 다른 쪽 채권의 그것에 영향을 미치게 된다. 보험계약 종료시 상환하지 아니한 대출 원리금이 있을 경우 그 차감 절차에 관하여 '공제'라고 표현한 것은 그 대출 원리금을 보험자가 지급하여야 할 해약환급금 등에서 당연히 차감되는 것을 예정한 것으로 보이고, 이에 따라 별도의 최고요건이나 통지절차 등을 규정하지 아니한 점에 비추어 보면, 보험계약과 보험약관대출계약은 당사자 쌍방이 상계를 당연시하면서 해약환급금 반환채권과 대출 원리금 채권이 보험계약의 해지 등으로 상계적상에

이른 경우 별도의 상계의 의사표시를 할 것도 없이 대출 원리금이 해약환급금에서 당연히 공제 내지 차감되어 당연 상계의 효과를 발생하도록 의도한 것이라고 해석할 수 있다.

'공제'는 하나의 계약관계에서 발생한 채권·채무 관계를 상호 가감하여 정산하는 것이다. 별개의 계약관계에서 발생한 채권·채무 관계를 소멸시키기 위한 상계와 구별된다. 공제는 특별한 약정이 없는 한 당사자 쌍방의 채권이 서로 상계적상에 있는지 여부와 관계없이 가능하고 별도의 의사표시 없이도 당연히 공제되는 것이 원칙이다.[2] 다수의견은 해약환급금이 '선급금'의 성격을 갖고 있다고 보아 상계의 시한에 관한 제한규정이 적용되지 않는 것으로 판단한 반면, 별개의견은 견련관계를 중시하면서 당연 상계의 효과가 발생한다고 판단한 것이다.

다수의견은 보험회사가 상계시한에 저촉됨이 없이 보험계약자에게 반환할 해약환급금에서 대출 원리금을 공제한 후 그 나머지 금액만을 지급할 수 있어야 하고, 이와 달리 본다면 형평에 어긋난 부당한 결과를 가져온다는 판단을 전제로 한 것인데, '공제를 인정하지 않으면 부당한지' 여부에 따라 공제의 법리 적용 여부를 결정할 뿐, 어느 두 계약이 별개인지 아니면 일체인지를 판단하는 일반적 기준을 제시하고 있지는 않다. 별개의견은 해약환급금과 약관대출금채권은 모든 측면에서 '강력한 견련관계'를 지니고 있다는 판단을 전제로 한 것인데, 그러한 강력한 견련관계의 존부를 판단하는 '일반적 기준'을 제시하고 있지는 않다.

4. 보론

판례는 해약환급금에서 약관대출금을 공제하는 경우 이외에도 임대차보증금에서 밀린 차임을 공제하거나,[3] 기성공사대금에서 선급금을 공제하는 경우[4]에 공제의 법리가 적용된다고 본다.[5]

---

2) 대법원 2018. 1. 24. 선고 2015다69990 판결 참조.
3) 대법원 2012. 9. 27. 선고 2012다49490 판결 참조.
4) 대법원 2004. 11. 26. 선고 2002다68362 판결 참조.
5) 최진규, "상계계약의 대외적 효력", 법조(2014. 3.), 75면 주 49 참조.

[16] 상계금지의 예외 사유 해당 요건과 어음의 추심위임

임장호(법무법인 태평양 변호사)　　　　　　　대법원 2005. 9. 28 선고 2003다61931 판결

[사안의 개요]

원고 D자동차는 해외에 수출한 자동차 대금의 지급을 위하여 수입처에서 발행한 수출환어음의 추심을 위하여 피고 은행들과 사이에 외국환거래약정을 체결하였고, 이에 따라 원고 D자동차는 피고 은행들에게 수출환어음의 추심을 의뢰하고 피고 은행들은 수출환어음 및 운송서류를 해외의 지급은행에 송부하여 그 수출대금을 피고 은행들에 개설된 원고 D자동차의 예금계좌로 지급받는 방식으로 거래를 하여 왔다.

원고 D자동차는 피고 은행들이 소속되어 있던 채권금융기관협의회에 의한 기업개선작업[1]이 실패하자 2000. 11. 8. 최종 부도처리되었고, 같은 달 10일 구 회사정리법에 따라 회사정리절차 개시신청을 하여 같은 달 30일 회사정리절차 개시결정을 받았다.

원고 D자동차는 최종 부도처리되기 이전까지 수출자동차 대금의 지급을 위하여 수입처로부터 수출환어음을 받으면 피고 은행들에게 그 추심을 위임하였고, 그 수출대금은 최종 부도일 이후인 2000. 11. 9.부터 2001. 1. 12.까지 사이에 피고 은행들에 개설된 원고 D자동차의 예금계좌에 입금되었는데, 원고 D자동차에 대하여 회사정리절차가 개시되자 피고 은행들은 위 추심금반환채무를 수동채권으로 하고 원고 D자동차가 정리절차 개시 이전부터 이미 피고 은행들에 대하여 부담하고 있던 대출금채무를 자동채권으로 하여 상계하였다.

그러자 원고 D자동차는 피고 은행들을 상대로 위 상계가 무효라고 주장하며 추심금의 반환을 청구하였는데, 1심과 2심은 피고 은행들의 상계가 모두 구 회사정리법 제163조 제2호 본문에 해당하여 무효라고 판단하고는 원고 D자동차의 청구를 인용하였다. 이에 피고 은행들은 위 상계가 구 회사정리법 제163조 제2호 단서 나목에 해당하여 유효하다는 주장을 하며 상고를 하였

다. 상고기각.

[판결요지]

회사정리법 제163조 제2호 단서 나목의 "정리채권자 또는 정리담보권자가 지급의 정지 또는 파산·화의개시·정리절차개시의 신청이 있은 것을 알기 전에 생긴 원인"에 해당하는 법률관계란 채권자에게 구체적인 상계기대를 발생시킬 정도로 직접적인 것이어야 하고, 개별적인 경우에 구체적인 사정을 종합하여 상계의 담보적 작용에 대한 정리채권자의 신뢰가 보호할 가치가 있는 정당한 것으로 인정되는 경우이어야 한다.

어음의 추심위임에서 배서인과 피배서인의 관계는 위임계약관계의 성질을 갖고 있고, 그 위임사무의 처리로 인하여 취득한 금전은 수임인이 부담하는 선량한 관리자로서의 주의의무의 일환으로서 이를 위임인에게 인도할 의무가 있는 것인바(민법 제684조), 수임인이 이러한 취득물 인도·이전채무를 수동채권으로 하여 자신의 위임자에 대한 채권과 상계하는 상황은 예외적인 것으로 보아야 할 것이고, 추심위임을 받은 자가 위임의 본지에 따라 어음의 지급제시나 서류의 송부 등 위임사무를 처리하였다거나, 그 결과 추심위임계약을 해지하더라도 어음을 반환받기가 사실상 곤란하게 되었다는 사정이 있다 하여 달리 볼 것은 아니라 할 것이므로, 처음부터 추심위임에 의한 채권회수를 전제로 금원을 대여하였다거나, 채무를 변제하기 위한 수단으로 추심위임이 이용된 경우에 채무자가 추심위임을 철회하거나 직접 추심하거나 혹은 제3자에게 중복하여 추심위임을 하지 아니한다는 특약을 하였다는 등의 특별한 사정이 없는 한, 구체적인 어음의 추심위임행위 자체나 위임사무의 처리 경과만으로는, 수임인에게 구체적인 상계기대를 발생시킬 정도의 직접적인 원인에 해당한다고 볼 수 없다.

---

1) 당시에는 기업구조조정촉진법이 제정되기 전이라 채권금융기관들 사이에 체결된 협약에 따라 워크아웃이 진행되었다.

[해설]

1. 문제의 소재

구 회사정리법 제163조는 채무자회생법 제145조와 약간의 문구 차이가 있을 뿐 그 내용은 동일하다.

피고 은행들이 위임을 받아 추심한 수출환어음대금은 원고 D자동차의 최종 부도처리일로서 지급정지시점인 2000. 11. 8. 이후에 피고 은행들에 개설된 원고 D자동차의 예금계좌에 입금되었고, 피고 은행들은 원고 D자동차의 기업개선작업을 하고 있던 채권금융기관협의회 소속이었으므로 원고 D자동차의 지급정지 사실을 잘 알고 있었다.

그러므로 피고 은행들이 원고 D자동차에 대하여 가지고 있던 회생채권(정리채권)인 대출금채권을 자동채권으로 하고, 원고 D자동차에 대하여 부담하는 위 추심금(수출환어음대금)반환채무를 수동채권으로 하여 상계를 하는 것은 채무자회생법 제145조 제2호 본문(구 회사정리법 제163조 제2호 본문)에 의하여 금지된다.

다만, 피고 은행들의 추심금반환채무는 원고 D자동차가 지급정지시점 이전에 피고 은행들과 체결한 외국환거래약정에 근거하여 피고 은행들에게 하였던 수출환어음 추심위임을 원인으로 한 것이므로, 이러한 지급정지시점 이전의 추심위임이 채무자회생법 제145조 제2호 단서 나목(구 회사정리법 제163조 제2호 단서 나목)의 "회생채권자 또는 회생담보권자가 지급의 정지, 회생절차개시의 신청 또는 파산의 신청이 있은 것을 알기 전에 생긴 원인에 의한 때"에 해당하는지가 문제된 사안이다.

2. 대상판결의 논거

대상판결은 먼저 상계금지의 예외사유인 구 회사정리법 제163조 제2호 단서 나목에 해당하기 위해서는 그 법률관계가 "채권자에게 구체적인 상계기대를 발생시킬 정도로 직접적인 것이어야 하고, 개별적인 경우에 구체적인 사정을 종합하여 상계의 담보적 작용에 대한 정리채권자의 신뢰가 보호할 가치가 있는 정당한 것으로 인정되는 경우이어야 할 것"이라고 판시하였다.

그리고 위임에서 수임인이 추심의 결과로 얻은 취득물을 위임인에게 인도·이전하여야 할 채무를 수동채권으로 하여 자신의 위임자에 대한 채권과 상계하는 상황은 예외적인 것으로 보아야 한다는 이유로 어음 추심위임의 법률관계에서 수임인이 위임인에게 추심의 결과물을 인도·이전할 채무를 수동채권으로 하여 자신의 위임인에 대한 채권과 상계하는 것은 예외적인 것으로 판시하였으며, 이를 바탕으로 하여 대상판결은 위와 같은 예외를 부정할 수 있는 "특별한 사정", 즉 (1) 처음부터 추심위임에 의한 채권회수를 전제로 금원을 대여하였다거나, (2) 채무를 변제하기 위한 수단으로 추심위임이 이용된 경우에 채무자가 추심위임을 철회하거나 직접 추심하거나 혹은 제3자에게 중복하여 추심위임을 하지 아니한다는 특약을 하였다는 등의 특별한 사정이 있어야만 어음의 추심위임이 수임인에게 구체적인 상계기대를 발생시킬 정도의 직접적인 원인에 해당한다고 판시하였는데, 사안의 경우에는 이러한 특별한 사정이 없다고 판단하였다.

3. 검토

우선 대상판결은 상계금지의 예외사유인 구 회사정리법 제163조 제2호 단서 나목의 "정리채권자 또는 정리담보권자가 지급의 정지 또는 파산·화의개시·정리절차개시의 신청이 있은 것을 알기 전에 생긴 원인"에 관하여, 이는 "채권자에게 구체적인 상계기대를 발생시킬 정도로 직접적인 것이어야 하고, 개별적인 경우에 구체적인 사정을 종합하여 상계의 담보적 작용에 대한 정리채권자의 신뢰가 보호할 가치가 있는 정당한 것으로 인정되는 경우이어야 할 것"이라고 그 일반적인 기준을 명확히 한 데에 의의가 있다.[2]

구체적으로 어떠한 경우에 위 예외사유에 해당하는 것인지에 관하여는, 대출금채권 담보의 방법으로 채권자인 은행과 채무자 및 제3채무자 사이의 약정에 의하여 제3채무자가 채무자에 대한 지급을 채무자의 은행계좌로의 납입만에 의하여 하고 이를 철회하지 않기로 약정하는 이체지정,[3] 담보의 목적으로 회사가 특정의 채권자에게 대리수령권을 수여하고 이를 철회하지 않는다는 합의를 하고 제3자도 이를 승인하는 대리수령 등

---

[2] 이러한 대상판결의 입장은 대법원 2017. 3. 15. 선고 2015다252501 판결에서도 반복되고 있다.

[3] 이체지정에 관하여는 대법원 2014. 9. 24. 선고 2013다200513 판결 참조.

이 논의되고 있는데, 대상판결은 채무자의 위기시기 이전에 어음 추심위임의 약정이 체결되고 이에 따라 회생채권자인 은행의 추심행위까지 이루어졌지만 위기시기 이후에 어음금의 지급이 이루어진 어음 추심위임의 법률관계에 있어서 위 규정의 적용에 관한 구체적인 기준을 제시하고 있다는 데에 의의가 있다.

먼저 사안에서는 (1) 원고 D자동차와 피고 은행들 사이에 체결된 외국환거래약정에 의하여 추심위임계약의 내용으로 편입된 은행여신거래기본약관에 규정된 일반적인 상계 허용 규정(고객에게 기한의 이익 상실 사유가 발생한 경우에는 은행이 상계할 수 있다는 규정)과 (2) 원고 D자동차가 추심위임시 작성하여 제출한 수출환어음매입(추심)신청서에 기재된 "위 수출물품에 대한 모든 권리를 귀 은행에 양도하겠습니다"라는 문구가 문제되었는데, 대상판결은 위와 같은 약관상의 기한의 이익 상실시의 일반적인 상계 허용 규정만으로는 '곧바로 은행에게 채무자의 은행에 대한 예금 등의 채권을 처음부터 담보의 목적으로 한다는 점에 대한 정당한 기대가 있었다고 보기 어렵다'고 판시하였고, '수출환어음의 추심을 위하여 수출물품에 대한 권리를 은행에 양도한다는 합의는 수출환어음의 추심금을 피고들의 대출금채권에 대한 담보로 제공하기로 하는 합의를 당연히 포함한다고 할 수는 없다'고 판시하였다. 다시 말해, 여신거래기본약관상의 상계 허용 규정이나 수출환어음추심신청서상의 추심금에 관한 모든 권리를 양도하겠다는 문구만으로는 피고 은행들에게 구체적인 상계 기대가 생겼다고 볼 수 없고, 추심금반환채무가 상계의 담보적 작용을 하리라는 신뢰를 피고 은행들에게 준 것으로 볼 수 없다고 판시한 것이다.

또한, 사안에서는 피고 은행들이 원고 D자동차로부터 그 지급정지 전에 추심위임을 받아 수출환어음 및 운송서류를 해외의 지급은행에 송부한 사실, 즉 추심의 실행 자체가 구체적·직접적 원인에 해당하는지도 다투어졌는데, 대상판결은 수임인의 인도·이전의무는 추심의뢰나 제3채무자에 대한 청구(지급제시)로 인하여 발생하는 것이 아니라, 현실적으로 제3채무자로부터 지급받은 경우에 구체적으로 발생하는 것(대법원 1963. 9. 26. 선고 63다423 판결 등 참조)이라는 이유로, 추심의뢰나 지급제시 자체 또는 지급제시의 결과 추심위임계약을 해지하더라도 어음을 반환받기가 사실상 곤란하게 되었다는 사정을 수임인의 위 의무 발생의 구체적·직접적 원인으로 볼 수는 없다고 판시하였다.

이 부분 판시에 의하면 수임인의 인도·이전의무는 현실적으로 제3채무자로부터 지급받은 경우에 구체적으로 발생하는 것이므로, 만약 사안의 경우와 달리 지급정지 이전에 어음의 추심이 완료되어 원고 D자동차의 계좌에 수출대금이 입금이 된 경우라면, 지급정지 이전에 피고 은행들에게 추심금반환채무를 상계할 수 있는 구체적, 직접적인 기대가 생겼다고 볼 수 있을 것이다.

무엇보다 대상판결은 어음의 추심위임의 법률관계에서 구 회사정리법 제163조 제2호 단서 나목이 적용되기 위한 적극적인 요건으로서 특별한 사정의 예를 들고 있다는 점에서 의의가 있다고 본다. 이러한 특별한 사정으로 대상판결은 처음부터 어음의 추심위임에 의한 채권회수를 전제로 금원을 대여하였다거나, 채무를 변제하기 위한 수단으로 추심위임이 이용된 경우에 채무자가 추심위임을 철회하거나 직접 추심하거나 혹은 제3자에게 중복하여 추심위임을 하지 아니한다는 특약을 하였다는 사정을 예로 들고 있다.

[17] 차입금에 의한 변제와 부인 ─ 행위의 유해성

김정만(법무법인 정행 변호사)　　　　　대법원 2018. 4. 12. 선고 2016다247209 판결

[사안의 개요]

A는 2013. 9. 24. B에게 49억 원을 변제기를 2013. 10. 15.로 정하여 대여하고, B는 2013. 9. 27. 18:00경 C로부터 선수금 명목[1])으로 121억 원을 입금받은 후 같은 날인 9. 27. 20:10 그중 49억 원으로 A에 대한 위 대여금 채무를 변제하였다. 또한 A는 같은 날 20:11 B로부터 변제받은 위 돈에 다른 돈을 합하여 D에게 60억 원을 지급하였다. A, B, C, D는 갑 그룹(59개 계열사를 거느림)의 주요 계열회사들이고, 갑 그룹 전략기획본부는 위 주요계열사들의 재무담당자들과 자금회의를 통하여 계열사간 소요자금 내역과 조달계획 등 자금현황을 파악하고 이를 토대로 '주요계열사 자금현황서'를 작성하여 계열사 사이의 자금지원을 수시로 조정하는 역할을 하고 있었다. B가 C로부터 받은 위 선수금은 어음 만기 등으로 추가자금이 필요했던 B와 D에 대한 자금지원 목적으로 전략기획본부의 지시에 따라 B가 A에게 위 대여금 채무를 변제하고 A는 이를 기초로 D에게 60억 원을 지급하기 위한 것이었다. A의 B에 대한 위 대여금은 변제기가 2013. 10. 15.이고 이율은 연 9.3%이었음에 반해 A가 받은 위 선수금 명목의 돈은 변제기 및 이율이 정해진 바 없어 B가 선수금을 받기 전과 비교하여 B의 재산이 감소하지는 않았다.

B는 2014. 9. 30. 회생절차 개시신청을 하였고, 법원은 2013. 10. 17. 회생절차개시결정을 내렸다. B의 관리인은 A에 대하여 한 위 49억 원의 변제행위에 대하여 부인(제100조 제1항 제1, 3호의 고의부인, 위기부인)의 청구를 하고, A는 이에 대하여 부인의 일반요건인 유해성, 부당성(상당성)이 없다고 주장하였다. 서울회생법원이 부인의 청구를 인용하는 결정을 하자 A가 이에 대하여 이의의 소를 제기하였다. 제1심인 서울중앙지방법원은

부인권 행사를 인용하는 판결을 하였으나, 원심인 서울고등법원은 부인권 행사를 배척하여 A의 이의의 소를 인용하였다. B의 관리인이 상고하였다. 상고기각.

[판결요지]

채무자회생법 제100조 제1항은 '회생채권자 등을 해하는 행위'라는 행위의 유해성을 부인권 행사의 요건으로 규정하고 있다. 여기서 '회생채권자 등을 해하는 행위'에는 채무자의 일반재산을 절대적으로 감소시키는 사해행위 외에 채권자 간의 평등을 저해하는 편파행위도 포함되므로, 채무자가 제3자로부터 자금을 차입하여 특정 채권자에게만 변제를 한 경우 그 변제는 다른 채권자와의 평등을 해하는 것으로서 원칙적으로 부인의 대상이 된다. 한편 일체로 이루어진 행위는 전체를 통틀어 판단할 때 회생채권자 등에게 불이익을 주는 것이 아니라면 개별 약정만을 따로 분리하여 그것만을 가지고 유해성이 있다고 판단하여서는 안 된다. 일체로 이루어진 행위의 유해성은 행위 전체가 회생채권자 등에게 미치는 영향을 두고 판단되어야 하기 때문이다. 따라서 채무자가 제3자로부터 자금을 차입하여 변제 등 특정 채무를 소멸시키는 경우, 제3자와 채무자가 차입금을 특정 채무를 소멸시키는 데에 사용하기로 약정하고, 실제 그와 같은 약정에 따라 특정 채무에 대한 변제 등이 이루어졌으며, 차입과 변제 등이 이루어진 시기와 경위, 방법 등 제반 사정에 비추어 실질적으로 특정 채무의 변제 등이 당해 차입금에 의하여 이루어진 것이라고 볼 수 있고, 이자, 변제기, 담보제공 여부 등 차입 조건이나 차입금을 제공하는 제3자와 채무자의 관계 등에 비추어 차입 이전과 비교할 때 변제 등 채무소멸이 이루어진 이후에 채무자 재산이 감소되지 아니한 것으로 평가될 수 있다면, 해당 변제 등 채무소멸행위는 전체적으로 보아 회생채권자 등을 해하지 아니하여 부인의 대상이 되지 아니한다. 위와 같은 제3자와 채무자의 약정은 반드시 명시적으로 행하여질 필요는 없고 묵시적으로

도 이루어질 수 있다.

[해설]

1. 사안의 쟁점

채무자가 제3자로부터 자금을 차용하여 특정 채권자에게만 변제하는 것은 일단 채무자의 재산에 포함되었던 자금으로 변제하는 것이기 때문에 편파행위로서 부인의 대상이 된다. 그러나 전적으로 특정 채권자에게 변제하기 위하여 차용하고 그 차입금으로 변제가 이루어진 경우와 같이 차용과 변제를 일체로 볼 수 있는 때에는 제3자가 수익자에게 대가를 지급하고 그의 도산채권을 양수하는 것과 다름없기 때문에 일반 채권자에 대한 책임재산의 감소나 편파변제의 문제가 발생하지 않을 수 있다. 이는 고의부인뿐만 아니라 위기부인에서도 문제된다. 대상사안에서는 B가 A에게 변제한 행위는 변제행위만을 떼어 놓고 보면 위기시기에 특정 채권자에게만 변제하는 것이어서 편파행위로 부인의 대상이 될 수 있다. 또한 편파행위도 고의부인의 대상이 될 수 있으므로 대상사안에서는 관리인의 주장과 같이 고의부인과 위기부인 모두에 해당할 수 있으나, 변제행위가 차입행위와 일체로 이루어진 것이어서 유해성(또는 사해성)이 부정될 수 있는지가 문제된다.

2. 부인의 일반요건으로서 행위의 유해성

채무자회생법에서 정하고 있는 3가지 부인의 유형인 고의부인, 위기부인, 무상부인의 개별적인 성립요건 이외에도 일반 성립요건으로 채무자의 행위, 행위의 유해성, 행위의 부당성(상당성)이 거론된다.

부인권은 제104조의 집행행위의 부인 등을 제외하고 채무자의 행위를 그 대상으로 하는데 부인의 대상이 되는 행위는 일반적으로 유해성과 부당성이 인정되어야 한다는 것이다. 유해성이라 함은 부인의 대상이 되는 행위는 회생채권자 등에게 해를 끼치는 행위이어야 하는데, 해를 끼치는 행위에는 채무자의 일반 재산을 절대적으로 감소시키는 사해행위뿐만 아니라 채권자들 사이의 평등을 해치는 편파행위도 포함된다는 것이 통설과 판례이다.

유해하지 않은 행위는 애초에 부인의 대상이 될 수 없기 때문에 유해성은 부인권의 각 개별 유형에 모두 포함된 요소이다. 그럼에도 유해성을 부인권의 일반요건으로 요구하는 것은 개별적인 부인요건을 형식적으로 적용함으로써 발생하는 불합리한 점을 해결하기 위한 것이다. 즉, 부인요건을 형식적으로 적용할 경우 부인이 성립하기 어려운 행위에 대해서는 부인을 가능하게 하는 이론적 도구(근거)로 사용되고, 부인요건을 형식적으로 적용할 경우 부인이 성립하게 되는 행위에 대해서는 부인성립을 부정하기 위한 이론적 도구로 사용된다. 유해성의 존부가 문제되는 것은 적정 가격에 의한 부동산의 매도, 차입금에 의한 변제, 담보목적물에 의한 대물변제 등이다. 대상판례는 차입금에 의한 '변제' 행위에 대하여 유해성을 인정하지 않은 판결이다. 위와 같은 유해성에 관한 이론은 고의부인의 개별 요건인 사해성 판단에서도 그대로 타당하다.

3. 신규 차입금에 의한 변제의 부인

가. 대상판례는 다음과 같은 특별한 요건을 충족하는 경우에 부인을 면할 수 있다는 견해를 취하고 있는바, 이는 부인 부정설과 긍정설을 절충한 것이다. 즉, ㉠ 대여자와 채무자가 차입금을 수익자의 채무를 소멸시키기 위하여 사용하기로 약정하고, 실제 그와 같은 약정에 따라 특정 채무에 대한 변제 등이 이루어졌으며, ㉡ 차용과 변제 등이 이루어진 시기와 경위, 방법 등 제반 사정에 비추어 실질적으로 차입금이 수익자의 채무 변제에 사용되어야 하며, ㉢ 이자·변제기·담보제공 여부 등 차입금의 조건이나 대여자와 채무자의 관계 등에 비추어 변제 이후에 채무자의 재산이 감소되지 아니하는 것으로 평가될 수 있다면 전체적으로 보아 회생채권자 등을 해하지 아니하여 부인의 대상이 되지 않는다고 한다.[2] 대법원 판례는 총 채권자에 대한 책임재산이 감소하지 않아서 사해성이 인정되지 않는다는 점에 판시의 중점을 두고 있는 것이다.

대상사안에서는 ⓐ 대여자인 C와 채무자인 B가 직접 선수금(차입금의 실질을 가지고 있다)을 수익자인 A에 대한 채무 변제에 사용하기로 하는 약정을 한 사실이 인정되지는 않았지만 위와 같이 B가 C로부터의 선수금을 B의 A에 대한 채무변제에 사용한 것은 그룹 전략기획본

---

2) 대법원 2011. 5. 13. 선고 2009다75291 판결도 같은 취지이다.

부장의 기획 내용에 따른 것이므로 B와 C 사이에서 묵시적으로라도 B의 A에 대한 차입금 채무 변제에 사용하기로 한 약정이 있었던 것이고, ⓑ B가 C로부터 선수금을 받은 시기는 2013. 9. 27. 18:00경이고 그로부터 2시간 10분 후인 같은 날 20:10에 A에 대한 변제가 이루어졌고 선수금으로 받은 돈으로 차입금에 대한 변제가 이루어진 것이며, ⓒ 이자·변제기 등 선수금의 조건 등이 B의 A로부터의 차입금의 조건보다 열악하지 않아서 B의 재산이 감소되지 않은 것으로 평가된 것이다.

나. 일본 판례는 실질적으로 채권자가 교체된 것과 같고 신규 차입금채무가 종전 채무조건보다 무겁지 않으면 부인의 대상이 되지 않는다는 부인 부정설에서, 채권자간의 평등에 반한다는 이유로 긍정설로 변경하였다가, 1993년 최고재판소 판례에서 일정한 요건 아래서만 부인대상이 되지 않는다는 절충설을 취하기에 이르렀다. 위 최고재판소 판례는 대법원 판례와 거의 같은 취지이다.[3] 일본 학설도 부인 긍정설, 부정설, 절충설로 나뉘나 다수는 절충설에 해당하는 위 최고재판소 판례에 찬성하고 있다.[4]

다. 대상판결의 의의

법적으로 차용과 변제는 별개이기 때문에 원칙적으로 차용행위와 변제행위가 각각 독립하여 부인의 대상이 된다. 그런데 차용과 일체로 변제가 이루어짐에 따라 차입금이 채권자 전체를 위한 공동담보로 될 여지가 없었다면 총채권자를 위한 책임재산의 감소도 없었을 뿐만 아니라 차입금으로 다른 채권자들에 대한 변제도 상정할 수 없었기 때문에 채권자 사이의 평등에 반하지도 않게 되고, 결국 유해성이 없게 되어 부인이 성립하지 않는다. 대상판례는 이 점을 명백히 한 것이다.

라. 유해성의 구체적인 판단 기준

일체로 이루어진 행위에 대한 부인권 행사의 요건으로서 유해성은 그 행위 전체가 채권자에게 미치는 영향을 두고 판단되어야 할 것이며, 그 전체를 통틀어 판단

할 때 채권자에게 불이익을 주는 것이 아니라면 개별 약정만을 따로 분리하여 그것만을 가지고 유해성이 있다고 판단하여서는 안 된다.[5]

어느 정도의 일체성이 필요한지에 관하여 보면 일응 대상판례와 일본 최고재판소 판례가 드는 것과 같은 정도의 엄격한 요건 아래 부인의 성립을 부정할 수 있다. 즉, ㉮ 차용의 목적이 특정 채권자에 대한 변제를 위한 것이어야 하고 이를 위하여 대여자와 채무자의 2자 또는 수익자와의 3자 사이에 합의가 있고 그런 약정에 따라 차용과 변제가 이루어지며, 그 과정에서 일반 채권자의 책임재산으로 귀속될 수 있는 사정이 없어야 한다(차용즉시 현장에서 하는 변제 등). ㉯ 신규 차입금의 조건이 종전 채무의 조건보다 채무자에게 불리하지 않아야 한다. 전자와 관련하여 일단 채무자의 재산으로 귀속되면 채권자간의 평등에 반하는 문제가 발생하고 후자와 관련하여 신규차입금의 조건이 채무자에게 더 불리하면 그 자체로 책임재산의 절대적인 감소를 초래하므로 차용행위가 부인대상이 될 수 있을 뿐만 아니라 그에 기한 변제도 편파행위에 해당할 수 있기 때문이다.[6]

유해성은 고의부인에서는 유해성이 행위의 사해성 내에 흡수되어 있기 때문에 관리인 또는 파산관재인이 행위의 사해성 성립요건의 하나로서 주장·입증하여야 하고, 편파행위에 대한 부인에서는 수익자가 유해성이 없다는 점을 주장·입증하여야 한다.[7]

---

3) 일본 판례의 상세한 것은 박성철, '파산법상 부인권', 257, 258면; 임종헌, '일본 파산법상의 부인권에 관한 연구', 780면; 이진만, '통합도산법상의 부인권', 920면; 井上治典, '借入金による辨濟の否認' 判例タイムズ 830호(임시증간), 100면; 竹下守夫, 藤田耕三 編輯代表, 破産法大系 제2권, 487, 488면.

4) 條解 破産法(第2版), 1090. 大コメンタール破産法, 648면.

5) 대법원 2002. 9. 24. 선고 2001다39473 판결.

6) 특정 채권자가 신규차입금에 의한 변제를 강요한 때에는 유해성이 인정된다는 견해가 있다(條解 破産法(第2版), 1091면). 그러나 이에 대해서 차입금의 공동담보성 유무를 유해성 판단의 기준으로 삼는 이상 그 판단자료는 차입금의 재산적 귀속의 성격과 다른 채권자에 대한 재산적 영향이라는 객관적 사정에서 구해야 한다는 이유로 이에 반대하는 견해가 있다(竹下守夫, 藤田耕三 編輯代表, 破産法大系 제2권, 489면).

7) 伊藤眞, 破産法(全訂 第3版 補訂版), 有斐閣(2001), 339면; 伊藤眞, 破産法·民事再生法 第3版, 有斐閣(2014), 507면; 伊藤眞 會社更生法, 378면. 편파행위에 관하여 대법원 2011. 5. 13. 선고 2009다75291 판결.

[18] 질권실행행위에 대한 부인: 집행행위부인규정의 적용범위

윤덕주(법무법인 강남 변호사)   대법원 2011. 11. 24. 선고 2009다76362 판결

[사안의 개요]

A회사는 2006. 6. 23. 피고(전문건설공제조합)와 한도거래약정을 체결하고 200좌의 출자증권을 피고에게 담보로 제공하여 질권을 설정하여 준 다음, 피고로부터 변제기를 2007. 6. 25.로 하여 144,000,000원을 융자받았다(이하 '이 사건 융자금 채무').

A회사는 2007. 5. 29. 최종부도를 내고 회생절차개시신청을 하여 2007. 6. 29. 회생절차개시결정을 받았다.

피고는 2007. 6. 7.경 A회사에게 A회사의 2007. 5. 30.자 당좌거래정지로 인하여 이 사건 융자금 채무의 기한의 이익이 상실되었음을 통지하고, 2007. 6. 28. A회사로부터 이 사건 융자금 채무의 담보로 제공받은 위 출자증권에 대한 담보권을 실행하기 위하여 A회사의 출자증권 중 165좌(이하 '이 사건 출자증권')를 취득하여 피고 앞으로 명의개서하였다. 나아가 피고는 2007. 7. 2. A회사에 대한 이 사건 융자원리금채권 144,364,410원으로 이 사건 출자증권취득대금 145,843,335원에서 취득비용 729,210원을 공제한 A회사의 순출자증권취득대금 145,114,125원을 대등액에서 상계한다는 취지의 의사를 원고에게 통지하였다.

A회사의 관리인인 원고는 피고에 대하여 위 상계는 무효이므로 A회사가 165좌의 출자좌수를 가지고 있음을 확인한다는 소송을 제기하였다. 제1, 2심은 원고의 청구를 기각하였고, 원고가 상고하였다. 파기환송.

[판결요지]

[1] 채무자회생법상의 부인은 원칙적으로 채무자의 행위를 대상으로 하는 것이고, 채무자의 행위가 없이 채권자 또는 제3자의 행위만 있는 경우에는 채무자가 채권자와 통모하여 가공하였거나 기타의 특별한 사정으로 인하여 채무자의 행위가 있었던 것과 같이 볼 수 있는 예외적 사유가 있을 때에 한하여 부인의 대상이 될 수 있다.

[2] 채무자회생법 제104조 후단에 의하면 부인하고자 하는 행위가 집행행위에 의한 것인 때에도 부인권을 행사할 수 있는데, 집행행위를 제100조 제1항 제2호에 의하여 부인할 경우에는 반드시 그것을 채무자의 행위와 같이 볼만한 특별한 사정이 있을 것을 요하지 아니한다. 왜냐하면 제104조에서 부인하고자 하는 행위가 '집행행위에 의한 것인 때'는 집행법원 등 집행기관에 의한 집행절차상 결정에 의한 경우를 당연히 예정하고 있다 할 것인데 그러한 경우에는 채무자의 행위가 개입할 여지가 없고, 또한 제100조 제1항 각 호에서 부인권의 행사 대상인 행위의 주체를 채무자로 규정한 것과 달리 제104조에서는 아무런 제한을 두지 않고 있기 때문이다. 그리고 이 경우 집행행위는 집행권원이나 담보권의 실행에 의한 채권의 만족적 실현을 직접적인 목적으로 하는 행위를 의미하고, 담보권의 취득이나 설정을 위한 행위는 이에 해당하지 않는다.

[3] 제104조의 집행행위는 원칙적으로 집행기관의 행위를 가리키는 것이지만, 집행기관에 의하지 아니하고 질권자가 직접 질물을 매각하거나 스스로 취득하여 피담보채권에 충당하는 등의 행위에 대해서도 집행기관에 의한 집행행위의 경우를 유추하여 제100조 제1항 제2호에 의한 부인권 행사의 대상이 될 수 있다고 보아야 한다. 이와 같이 보지 아니하면 동일하게 회생채권자 또는 회생담보권자를 해하는 질권의 실행행위임에도 집행기관에 의하는지 여부라는 우연한 사정에 따라 부인의 대상이 되는지가 달라져서 불합리하기 때문이다.

[4] 집행행위에 대하여 부인권을 행사할 경우에도 행위 주체의 점을 제외하고는 제100조 제1항 각 호 중 어느 하나에 해당하는 요건을 갖추어야 하므로, 제2호에 의한 이른바 위기부인의 경우에는 집행행위로 인하여 회생채권자 또는 회생담보권자를 해하는 등의 요건이 충족되어야 한다. 이 경우 회생채권자 등을 해하는 행위에 해당하는지를 판단할 때는 회생절차가 기업의 수익력 회복을 가능하게 하여 채무자의 회생을 용이하

게 하는 것을 목적으로 하는 절차로서, 파산절차와 달리 담보권자에게 별제권이 없고 회생절차의 개시에 의하여 담보물권의 실행행위는 금지되거나 중지되는 등 절차적 특수성이 있다는 점 및 집행행위의 내용, 집행대상인 재산의 존부가 채무자 회사의 수익력 유지 및 회복에 미치는 영향 등 제반 요소를 종합적으로 고려하여 정하여야 한다.

[5] 대상사건에서 피고는 출자증권을 취득하여 자신 앞으로 명의개서하고 위와 같은 상계의 의사표시를 통지함으로써 출자증권에 대한 질권을 확정적으로 실행하였다. 이는 제104조 후단의 집행행위에 준하여 제100조 제1항 제2호에 의한 부인권 행사의 대상이 될 수 있으며, 위 출자증권은 채무자인 A회사가 영업을 계속하기 위하여 필요한 주요자산으로서 조합이 이를 취득함으로써 A회사의 회생에 현저한 지장을 가져올 것임을 쉽게 예상할 수 있으므로, 조합이 출자증권을 취득한 행위는 특별한 사정이 없는 한 회생채권자를 해하는 것으로서 제100조 제1항 제2호에 의하여 부인될 수 있고, 그 결과 상계행위는 효력이 유지될 수 없다.

[해설]

1. 문제의 소재

대법원은 종래 회사정리법 시절에도 건설공제조합의 출자증권에 대한 질권행사와 관련하여 부인규정의 적용을 긍정하였다. 즉, 회사정리법 시절의 대법원 2003. 2. 28. 선고 2000다50275 판결은 질권의 목적물을 타에 처분하여 채권의 만족을 얻는 경우도 그 실질에 있어서 집행행위와 동일한 것으로 볼 수 있어 부인의 대상이 되는 행위에 포함된다고 해석함이 타당하다는 점을 들어 원심의 판단을 수긍한 바 있다. 원심의 판시는 위기부인 규정을 적용하면서, 부인의 대상을 채권자인 피고의 출자증권 처분 및 채권충당행위로 구성하였고, 대법원은 실질에 있어서 집행행위와 동일한 것으로 볼 수 있음을 근거로 구 회사정리법 제81조 후단(현행 채무자회생법 제104조 후단)을 유추적용하는 듯한 판시를 하였다. 대상판결은 위와 같은 회사정리법 시절의 정책적 판단을 넘어 이론적 근거를 확고히 제공하였다는 데 의미가 있다고 하겠다.

본고에서는 먼저 적용에 있어 많은 혼란이 있었던 집행행위 부인규정의 적용범위를 명확히 하고, 그 토대 위에 대상판결의 당부를 검토하고자 한다.

2. 집행행위 부인규정의 적용범위
가. 집행행위 부인규정의 성격

집행행위의 경우에도 회생채권자 등을 해한다면 본질에 있어 차이가 없다는 점, 강제집행절차를 통한 채권의 만족 등은 채무자의 임의변제와 달리 볼 수 없다는 점 등을 근거로 새로운 부인대상을 창설한 것이라고 할 수는 없다는 견해가 다수설로 판단된다. 위 견해는 나아가 고의부인의 경우 사해의사의 존재가 추인될 정도의 채무자의 가공행위 또는 이와 동일시될 정도의 제3자의 행위를 요하고, 위기부인의 경우 채무자의 사해의사를 요하지 않고, 법적 효과에 있어 채무자의 행위와 동일시되는 제3자의 행위도 부인의 대상으로 포함하므로 채무자의 행위를 별도로 요하지 아니한다는 이론구성을 취하고 있다.[1]

채무자회생법 제104조(제395조) 전단은 채무자의 행위가 제100조(제391조)의 요건을 갖추고 있다면, 상대방이 집행권원을 가지고 있더라도 채무자의 행위를 부인할 수 있다는 의미로 판단된다. 전단의 규정은 주의적·확인적으로 이해함에 있어 아무런 문제가 없다.

후단부인의 경우 대상판례는 채무자의 행위가 개입할 여지가 없다는 점, 행위주체를 제한하지 않고 있다는 점을 근거로 삼고 있고, 이러한 판례의 입장을 예외규정설로 평가하는 것이 일반적이다.[2]

후단의 성격은 전체 부인규정의 체계 및 집행행위 부인규정의 문언 분석을 통하여 확정할 문제라고 생각한다. 부인권의 총칙규정인 제100조(제391조)는 행위주체와 부인의 객체를 각 채무자 및 채무자의 행위로 한정하고 있는 점, 후단에서 말하는 '그 행위'는 '집행행위에 의한 것인 때'라는 문언과의 관계상 집행행위의 결과(실체법상 효과)를 의미하고, 집행행위 그 자체를 부인의 대상으로 삼는 것은 아닌 점, 부인대상이 '그 행위'인 이상, 채무자의 행위에서 부인의 원인을 구할 수는

---

[1] 헌법재판소 2019. 2. 28. 2017헌바106 결정도 동일한 취지이다.

[2] 서울회생법원 재판실무연구회, 회생사건실무(상), 제5판, 박영사(2019), 357면[이하, '실무연구회(상)'으로 인용].

없는 점[3] 등을 종합하면, 후단은 예외적으로 채권자도 행위주체가 될 수 있다는 점, 부인대상은 행위가 아니라, 채권자가 집행을 통하여 취득한 법적 효과임을 명백히 한 것이라는 의미에서 예외적인 규정으로 파악하여야 한다.[4] 후단의 예외규정을 해석 및 적용함에 있어 행위의 부인과 효과의 부인은 병렬적으로 원용할 성질이 아니므로, 후단부인과 채무자의 행위를 연결시키려는 구성은 지양하여야 한다. 후단을 이해함에 있어 채무자의 행위와 연결시키려는 구성은 후단의 성격이나 적용범위를 이해함에 있어 혼란만을 가져 올 뿐이다.[5]

나. 전단과 후단의 준별

부인하고자 하는 행위에 관하여 상대방이 집행력 있는 집행권원이 있는 경우는 ① 집행권원의 내용을 이루는 의무를 발생시키는 채무자의 원인행위, ② 집행권원 자체를 성립시킨 채무자의 소송행위, ③ 집행권원의 내용을 이루는 의무를 이행하는 행위로 대별하는 것이 일반적이다.[6] 위 3가지 경우들은 모두 채무자의 행위를 대상으로 한다는 공통점을 갖는다.

이 중 채무자가 집행권원의 내용을 이루는 의무를 이행한 경우라면, 채무자의 변제행위를 부인하고, 채권자가 받은 급부는 부당이득으로 반환을 구하게 될 것이다(③유형). 이 경우 부인의 대상은 채무자의 변제행위이며, 후단의 '(집행행위에 의한) 그 행위'에 해당하지 아니한다. 한편, 채권자가 금전지급을 내용으로 하는 집행권원을 취득하고, 이에 기하여 강제집행을 하여 만족을 얻은 경우도 전단부인의 예로 설명하는 것이 일반적이

나,[7] 이 사안은 후단을 적용하여야 한다. 전단은 집행기관의 행위가 개재되지 않은 채무자의 원인행위, 소송행위, 이행행위를 부인하는 규정으로, 후단은 집행기관의 행위의 결과 또는 집행행위의 법적 효과를 부인하는 규정으로 그 적용범위를 명백히 하여야 한다. 후단부인은 채무자나 이와 동일시할 제3자의 특정의 행위를 문제삼는 규정이 아니며, 집행행위가 있은 후의 결과를 문제삼는 규정인 점을 고려하면, 전단과 후단은 적용의 단계 또는 대상을 달리한다고 할 것이다.

다. 소결론

(1) 후단의 엄격해석

이상에서 논한 바와 같이 후단부인은 행위를 부인한다는 관점이라기보다는 법적 효과를 도산재단으로 회복시키는데 중점을 둔 예외규정이며, 주관적 요건을 통한 적용제한도 쉽지 않은 관계로 거래안전에 미치는 부정적인 결과는 일반규정을 적용할 경우에 비하여 더욱 크다는 점에서 적용에 신중을 기하여야 한다.

(2) 후단의 독립적 성격

필자와 같이 후단부인 규정을 법적 효과 내지 도산재단 확보의 측면에서 파악할 경우 고의부인 규정과 후단의 조합에서 간극이 발생한다는 문제제기가 있을 수 있다.[8] 판례이론은 고의부인과 후단을 결합할 경우 채무자가 집행을 초래하였다는 등의 특별한 사정이 연결고리 역할을 하게 되나, 이 또한 법문의 한계를 유월한 해석이라고 생각한다. 집행행위의 성격상 채무자의 행위가 개입할 여지가 없으므로, 행위 없이 의사만을 의제할 것이 아니라, 위기부인과 마찬가지로 고의부인의 경우에도 채무자의 주관적 요건은 요하지 않는 것으로 해석

---

3) 채무자의 행위를 부인대상으로 삼자면, 근거는 총칙인 제100조(제391조) 또는 전단부인의 문제라고 할 것이다.

4) 가령, 압류채권자가 제3채무자로부터 전부금을 수령한 경우 채권의 만족이라는 변제의 효과를 부인하고, 변제금의 반환을 구할 수 있고, 제3채무자가 공탁한 경우에는 전부명령에 따른 채권의 이전 자체를 채무자로부터 채권자로의 채권양도와 동일시하여 부인할 수 있다고 할 것이다.

5) 伊藤 眞, 会社更生法, 有斐閣, 2012(이하, '伊藤 眞'으로 인용), 429면은 부인의 대상이 되는 것은 집행기관의 집행행위가 아니라, 효과에 관하여 이와 동일시되는 채무자의 행위라는 취지로 설시하고 있으나, 후단을 적용함에 있어 채무자의 행위를 개입시켜서는 안된다고 본다.

6) 일본의 통설로 판단되며[伊藤 眞, 427~428면; 圓尾隆司·小林秀之 編, 條解 民事再生法, 제3판, 弘文堂, 2013(이하, '條解'로 인용), 688면]; 국내에서도 위 견해를 원용하는 것이 일반적이다[가령, 실무연구회(상), 356면].

7) 條解, 688~689면; 전대규, 채무자회생법, 법문사, 제4판(이하, '전대규'로 인용), 344면.

8) 전술한 대법원 2018. 7. 24. 선고 2018다204008 판결의 원심인 서울고등법원 2017나2041949 판결은 ① 파산채무자가 임의변제한 경우에는 사해의사를 입증하여야 하나, 집행권원을 가진 채권자가 집행절차에서 변제받은 경우에는 채무자의 사해의사 존부와 관계없이 부인된다는 것은 부당하다는 점, ② 위기부인의 경우 객관적 요건으로서 사해행위요건 및 주관적 요건으로서 수익자의 지급정지 등에 관한 악의를 요하는데, 오히려 지급정지 등의 사유가 없는 시점에 채권자가 강제집행을 하여 고의부인을 이유로 할 경우 사해행위 요건 충족만으로 부인의 대상이 된다는 부당한 결과에 이르게 된다는 점을 지적하고 있다.

함이 타당하다.

집행행위 부인규정의 해석상 문제는 제100조(제391조)의 표제가 '부인할 수 있는 행위'이고, 제104조(제395조)는 '부인하고자 하는 행위가 …'라고 규정하고 있는 관계로 문언상 양자를 별개로 취급하기 어렵다는 점, 그럼에도 제100조(제391조)는 고의부인과 위기부인이라는 상이한 제도를 병렬적으로 규정하고 있고, 이를 후단에 다시 담아내려고 한다는 점에서 해석상의 난점이 발생한다. 제100조(제391조)로부터 후단을 독립시키기 위한 다각적인 시도가 필요하다고 생각한다.

3. 집행행위의 범위

집행행위의 개념에 관한 판례의 입장에 대하여는 이견이 없으나, 후단이 적용되는 상황은 집행의 실체법상 효과를 채권자로부터 탈취하는 것인 점에 비추어 거래안전에 대한 배려가 필요하다. 부인권은 민법상의 사해행위 취소권에 비하여 그 적용범위가 넓고 제척기간도 장기라는 점에서 거래안전에 미치는 효과가 크고, 후단은 그중에서도 예외에 해당하는 규정이므로 확장 및 유추에는 그 자체로 한계가 존재한다. 따라서, 후단의 집행행위는 집행기관의 행위(집행기관으로서의 행위)로 한정하여야 할 것이다.[9]

대상판결의 사안과 같이 채권자가 출자증권에 대하여 질권을 설정받은 것은 환가의 비용과 시간을 절약하고자 하는 고민의 결과이다. 여기에 채무자도 동의함으로써 질권설정이 이루어지게 된 것이다. 우연한 사정은 집행기관에 의하는지 유무로부터 발생한 것이 아니라, 채무자가 파산절차를 취하였느냐, 회생절차를 취하였느냐의 문제로부터 파생된 것이다. 채무자가 파산을 신청하였다면 별제권자로서 채권을 안전하게 확보하였을

것이나, 파산신청을 하지 아니하고, 회생신청을 하였다는 우연한 사정으로 인해 담보권 실행이 부인의 대상이 된다고 해석하는 것이 오히려 균형에 어긋난 해석이며, 예외규정으로서의 입법취지에 부합하지 아니한다.

4. 유해성의 관점에서

포괄적금지명령이 내려진 상황이었다면 위 포괄적 금지명령의 효력에 반하는 질권실행으로 무효라고 볼 여지가 있을 것이나, 사건검색을 해보면, 대상사건은 포괄적금지명령은 이루어지지 않았던 것으로 보인다.

개시결정전에 담보권이 실행되었으므로, 회생절차에서만 권리를 행사하여야 한다는 제한도 적용되지 아니한다. 이러한 상황에서 부인권을 행사하자면, 일반요건으로서 담보권 실행행위의 유해성 여하에 관한 논의가 필요하다.

국내 학설상으로는 대상 판시를 지지하는 입장이 주류로 보인다.[10] 일본의 유력설도 회생절차에서 담보권은 회생담보권으로서 회생절차 내에서만 행사하여야 하고, 권리변경이 예정되어 있는 점, 담보권소멸허가의 가능성 등을 근거로 유해성을 긍정한다.[11]

유해성을 부정하는 입장은 원심이 정치하게 논한 관계로 재론하지 아니하나,[12] 유해성의 판단기준은 관념적으로 계산된 청산가치이고, 위 금액 이상의 배분이 이루어지지 않은 이상 다른 채권자를 해하는 것으로 단정하기는 어려운 점, 유해성을 긍정하는 입장에 따를 경우 부동산 경매절차의 매수인에 대하여 후단부인 규정을 적용하여야 할 것이나, 거래안전에 미치는 파급효과를 고려하면 신중한 접근이 필요한 점,[13] 대상판결은 출자증권이 확보되지 않을 경우 건설사의 재건이 곤란해 질

---

9) 양형우, "회생절차상 부인권 행사의 대상과 집행행위의 부인", 홍익법학 제13권 제4호(2012), 903~904면; 임채웅, "담보권의 임의적 실행행위와 부인권에 관한 연구", 서울대학교 금융법센터, BFL, 제1호(2003. 9.)(2003년), 79~81면; 김형두, "담보권의 실행행위에 대한 관리인의 부인권", 민사판례연구, 제26권, 박영사(2004), 571~572면; 최은경, "질권의 임의적 실행행위에 대한 관리인의 부인권", 대구판례연구회, 재판과 판례 제22집(2013. 12.), 471면; 민정석, "질권 실행행위가 회생절차상 부인권 행사의 대상이 될 수 있는지 여부", 서울대학교 금융법센터, BFL, 제54호(2012), 108~109면 등.

10) 최은경, 상게논문, 467면; 양형우, 상게논문, 900면; 민정석, 상게논문, 114~117면 등.

11) 伊藤 眞, 376면이 취하고 있는 견해이다. 다만, 동 견해는 부동산집행의 경우에는 거래안전을 배려할 필요가 있으므로, 채권자가 매수인이 된 경우로 적용을 한정한다(伊藤 眞, 429면). 전대규, 347면도 유사한 견해를 취하고 있다.

12) 서울고등법원 2009. 8. 20. 선고 2009나12650 판결.

13) 회생절차 개시결정 전에 담보물의 소유권이 이전된 경우 그 소유권 이전을 집행행위의 결과로 보아 부인할 수 있다는 구성도 가능할 것이나, 평자는 유해성의 관점에서 부인대상이 아니라는 제한을 통해 후단 부인규정의 적용을 제한하여야 한다고 생각한다.

수 있다는 점을 배려한 정책적 판단으로 볼 수는 있으나, 이를 넘어 일반화할 수는 없다는 점을 각 지적하고자 한다.

5. 결어

대상판결은 부인권의 총칙규정인 제100조(제391조)와 집행행위 부인규정인 제104조(제395조)의 관계, 부인대상인 집행행위의 범위 등 집행행위 부인규정에 관한 판례이론을 정립하였다는 데 의미가 있다.

대상판결은 집행행위 부인에 관한 이론체계를 확립한 의미있는 판결이다. 그러나, 후단의 적용범위를 지나치게 확대한다는 점에서는 찬성하기 어렵다. 이에 예외규정으로서의 후단의 가치를 살리기 위해서는 적용범위를 집행기관(으로서의) 행위로 한정하고, 엄격한 유해성 심사를 통해 후단의 적용범위를 축소하는 것이 타당하다. 결론적으로 피고의 담보권 실행은 유효하였다고 보며, 원심의 입장을 지지한다.

6. 여론

독일의 경우 도산관리인[14]은 절차 개시 전에 이루어진 채권자에게 불리한 법적 행위(Rechtshandlungen)를 도산법(Insolvenzordnung(InsO)) 제130조 내지 제146조에 의거 부인할 수 있고(Inso. §129①), 부작위는 법적 행위와 동일하게 본다(Inso.§129②). 법적 행위는 법률행위보다는 넓은 개념이며, 위 원칙규정은 행위주체를 제한하고 있지 않으므로 제3자의 법적 행위도 채권자를 해하는 결과를 갖는다면 부인의 대상이 된다는 점을 명백히 하고 있다.

집행행위와 관련하여 부인권은 (부인하고자 하는) 법적행위에 대하여 집행력 있는 집행권원(vollstreckbarer Schuldtitel)이 발급되었거나 또는 그 행위가 강제집행을 통하여 이루어진 것(die Handlung durch Zwangs-vollstreckung)으로 인하여 배제되지 아니한다(Inso. §141). 위 집행행위 부인규정은 독립된 부인대상(An-fechtungsgegenstand)을 규정한 것이 아니며, 집행권원이 발부되었거나 혹은 집행되었다는 이유로, 부인권이 배제되지 않는다는 원칙을 밝힌 것일 뿐이며, 구체적인 내용은 위 법 제130조 이하의 해석을 통하여 확정하여야 한다는 것이 일반적인 견해로 보인다.[15]

독일의 부인규정 체계와 집행행위 부인의 규정방식은 채무자회생법의 해석과 적용에 있어 많은 시사를 줄 것으로 판단되는바, 보다 상세한 연구를 기약하며, 본 평석을 마치고자 한다.

---

14) 독일은 도산절차가 일원화된 국가로서, Insolvenz-verwalter를 파산관재인이나 관리인 등의 용어로 사용할 수 없어, 위와 같은 용어를 사용하였다.

15) 『Insolvenzanfechtung: Fallgruppenkommentar』, Joachim Kummer/Berthold Schäfer/Eberhard Wagner/Werner Maier, Köln: Otto Schmidt, 2017., pp.791~792.

[19] 특수관계인을 상대방으로 한 무상행위의 부인

정영진(인하대학교 법학전문대학원 교수)   대법원 2009. 2. 12. 선고 2008다48117 판결

[사안의 개요]

A는 B 의료법인의 이사장으로 재직하면서 2005. 11. 16. 그 소유의 X 부동산을 임차인 C에게 임차보증금 3억 원으로 하여 임대하였고, 같은 날 그 소유의 Y 부동산에 대하여 임차인 D에게 임차보증금 3억 원으로 임대하였다.

원고는 보증보험회사로서 2005. 11. 24. A와 X 부동산에 대한 임차보증금 3억 원의 반환채무를 보증하기 위하여 피보험자를 임차인 C로 하는 보증보험계약을 체결하였고, 2005. 11. 30. A와 Y 부동산에 대한 임차보증금 3억 원의 반환채무를 보증하기 위하여 피보험자를 임차인 D로 하는 보증보험계약을 체결하였다. B 의료법인은 위 각 보증보험계약이 체결될 무렵 A의 원고에 대한 각 구상금채무를 연대보증하였다.

B 의료법인은 2006. 9. 26. 회생절차를 신청하여 2006. 11. 3. 회생절차개시결정을 받았고, 피고가 B 의료법인의 관리인으로 선임되었다.

원고는 회생절차에서 2006. 12. 14. 위 각 연대보증계약에 따른 합계 6억 원의 구상금채권을 회생채권으로 신고하였는데, 피고는 2007. 1. 5. 개최된 회생채권 조사기일에서 원고가 신고한 위 6억 원의 구상금채권이 채무자회생법 제101조 제3항, 제100조 제1항 제4호에서 규정한 '특수관계인을 상대방으로 한 무상행위'에 해당한다는 이유로 부인하였다.

원고는 2007. 1. 31. 회생계속법원에 피고를 상대로 위 구상금채권에 관하여 회생채권조사확정재판을 신청하였는데, 회생계속법원은 2007. 4. 5. A와 B 의료법인은 특수관계인에 해당하고, 위 연대보증계약이 회생절차개시신청 전 1년 이내의 무상행위에 해당한다는 이유로 "원고의 소외 B 의료법인에 대한 회생채권은 존재하지 아니한다"는 내용의 결정을 하였다. 이에 원고는 피고를 상대로 채권자조사확정재판에 대한 이의의 소를 제기하였다.

1심법원은 B 의료법인의 연대보증행위는 법 제100조 제1항 제4호의 무상행위에 해당하지만, 법 제101조 제3항의 '특수관계인을 상대방으로 한 무상행위'에서 그 무상행위가 연대보증행위인 경우 그 상대방은 채무자가 아니라 수익자인 채권자인데, 채권자인 원고가 B 의료법인과 특수관계인에 해당되지 않으므로, 회생절차개시신청 전 6개월 이전에 이루어진 위 연대보증행위는 부인의 대상이 될 수 없다고 판시하였다.

원심법원은 B 의료법인의 연대보증행위는 법 제100조 제1항 제4호의 무상행위에 해당되고, 제101조 제3항의 '특수관계인을 상대방으로 한 무상행위'에서 그 무상행위가 연대보증인 경우 '상대방'에는 채권자는 물론 주채무자도 포함되어 부인의 대상이 된다는 이유로, 원고의 위 연대보증계약에 따른 회생채권은 존재하지 아니한다고 판시하였다. 파기환송.

[판결요지]

1. 회생절차의 채무자(B 의료법인)가 주채무자(A)를 위하여 보증을 제공한 것이 채권자의 주채무자에 대한 출연의 직접적 원인이 되는 경우에도, 채무자의 보증행위와 이로써 이익을 얻은 채권자의 출연과의 사이에는 사실상의 관계가 있음에 지나지 않고, 채무자가 취득하게 될 구상권이 언제나 보증행위의 대가로서의 경제적 이익에 해당한다고 볼 수도 없으므로, 달리 채무자가 보증의 대가로서 직접적이고도 현실적인 경제적 이익을 받지 아니하는 한 그 보증행위의 무상성을 부정할 수는 없다.

2. 법 제100조 제1항 제4호에 따른 부인대상이 연대보증행위인 사안에서 부인대상 행위의 기간을 확장하는 위 법 제101조 제3항이 적용되는 상대방이 특수관계인인 경우라 함은, 그 연대보증행위의 직접 상대방으로서 보증에 관한 권리를 취득하여 이를 행사하는 채권자가 채무자의 특수관계인인 경우를 말하며, 비록 주채무자가 채무자와 특수관계에 있다고 하더라도 연대보증행위의 상대방인 채권자가 채무자의 특수관계인이 아

닌 경우에는 위 법률 제101조 제3항이 적용될 수 없다.

[해설]

1. 문제의 소재

본 판례의 쟁점은 두 가지이다. 하나는 B 의료법인이 당해 법인의 이사장 A를 위한 연대보증이 무상행위인지 여부이고, 둘째는 본건 연대보증이 무상행위인 경우, 위 연대보증계약은 회생절차개시신청이 있기 전 1년에서 6개월 사이에 체결되었는 바, 부인대상행위의 기간이 확장되는 '특수관계인을 상대방으로 하는 행위'에 해당되는지 여부이다.

2. 연대보증행위의 무상성 여부

회생채권자 등의 목록에 기재되거나 채권신고기간(추후보완신고기간 포함) 내에 신고된 회생채권 등에 대하여, 관리인이 부인권을 행사하기 위해서는 그 행사요건을 관리인이 증명하여야 한다.[1] 이에 따라 관리인이 법 제100조 제1항 제4호에 근거하여 채무자의 행위를 무상행위라는 이유로 부인하기 위해서는 행위의 무상성을 관리인이 증명하여야 한다. 무상행위란 채무자가 대가를 받지 않고 적극재산을 감소시키거나 소극재산 즉 채무를 증가시키는 일체의 행위를 의미하는데, 채무자가 '의무 없이' 타인을 위하여 한 연대보증은 그 무상성이 사실상 추정된다. 따라서 채권자가 적극적으로 그 대가성을 주장할 필요가 있는데, 판례는 '회생채무자가 연대보증의 대가로 직접적이고 현실적인 경제적 이익을 받을 것'을 요구하고 있다(2008다29128).

또한, 고의부인(제100조 제1항 제1호)과 위기부인(제2호 및 제3호)의 경우 채권자 등의 주관적 요소가 고려되지만, 무상행위 부인의 경우 채권자 등의 주관적 요소를 고려되지 않는다. 이에 따라 채무자가 주채무자를 위하여 연대보증을 제공한 것이 채권자의 주채무자에 대한 출연의 직접적 원인이 되고, 채권자가 그 무상성에 대하여 선의라 하더라도 보호받지 못한다. 또한 채무자가 취

득하는 주채무자에 대한 구상권은 연대보증에 따른 직접적인 경제적 이익으로 볼 수 없다(97다20755).

한편 주채무자의 이익을 채무자의 이익으로 볼 수 있는 경우 무상성이 부정될 수 있다. 예를 들면, 주채무자의 법인격이 부인되어 보증인이 주채무자의 채무를 부담하는 경우, 주채무자가 형식적으로 법인의 형식을 취하고 있으나 보증인이 주채무자의 주식을 100% 보유하고 있고, 주채무자는 보증인의 실질적인 일개 사업부분에 불과하여 주채무자의 경제적 이익이 보증인에게 모두 귀속되는 경우 등이다.[2] 그러나 단순히 채무자와 주채무자가 계열회사 관계에 있거나 대표관계에 있다는 사실만으로는 주채무자의 경제적 이익을 회생채무자의 경제적 이익으로 볼 수 없다(97다20755).

원고인 채권자는 'A는 이 사건 연대보증의 대가로 2006. 1. 20. B 의료법인이 원고에게 부담하는 구상금채무를 연대보증한 적이 있고, 또한 A는 B 의료법인과 실질적 계열회사 관계에 있는 의료법인, 노인병원 등을 각 설립하고 이사장 또는 대표자로 재직하였는데, B 의료법인은 상호보증관계에 있는 위 계열회사의 경영자금을 확보할 목적으로 이 사건 연대보증을 하였으므로 유상성이 있다'고 주장하였으나, 1심법원, 원심법원과 대법원은 일관되게 직접적이고 현실적인 경제적 이익으로 볼 수 없다고 보았다.

3. 무상행위와 특수관계인의 범위

법 제101조[3] 제3항은 무상행위의 상대방이 채무자의 특수관계인인 경우 부인대상행위의 기간을 6개월에서 1년으로 확장하고 있다. 위 규정의 취지는 특수관계인이 채무자로부터 얻은 정보를 이용하여 다른 채권자를 해하는 행위를 하거나 채무자의 회생절차개시신청시 특수관계인에 대한 무상행위가 부인권 행사의 대상이 되지 않게 신청시기를 조정할 우려가 있기 때문이다.

그런데 무상행위가 연대보증인 경우, 채무자가 특수관계인인 주채무자를 위하여 연대보증을 하였지만, 그

---

1) 채권조사확정재판이나 채권조사확정재판에 대한 이의의 소의 소송물은 관리인 등이 회생채권 또는 회생담보권으로 시인한 금액을 초과하는 채권의 존재 여부이므로(채무자회생법 제170조 제3항, 제171조 제6항), 관리인 등이 회생채권으로 시인한 금액을 초과하는 회생채권이 존재한다는 것은 이를 주장하는 회생채권자가 증명하여야 한다(2011다67897).

2) 김용철, "무상행위의 부인대상 기간이 확장되는 특수관계인을 상대방으로 하는 행위에 연대보증행위의 주채무자가 특수관계인인 경우도 포함되는지 여부", 대법원판례해설 제79호(2009), 630~631면.

3) 특수관계인을 상대방으로 한 특칙은 2005년 기존 회사정리법을 폐지하고 통합도산법을 제정하면서 신설되었다.

상대방인 채권자는 특수관계인이 아닌 경우에 위 규정이 적용될 수 있는지가 문제된다. 현실적으로 연대보증의 상대방인 채권자가 채무자의 특수관계인일 가능성은 거의 없다. 왜냐하면 채권자가 자신의 특수관계인과 연대보증계약을 체결할 경우 주채무자의 독자적인 신용보강이 있었다고 볼 수 없기 때문이다.

1심법원은 법 제101조 제3항의 적용을 부정하고, 원심법원은 긍정하였으나 대법원은 다음과 같은 이유로 부정하고 있다. 연대보증은 주채무자와는 별개로 연대보증인과 채권자 사이에 이루어지는 법률행위이고, 채권자가 채무자와 특수관계가 없음에도 불구하고 주채무자가 특수관계에 있다는 이유로 부인대상 행위의 기간을 확장한다면 채권자는 채무자로부터 내부정보를 취득하거나 회생절차개시 신청시기에 어떠한 영향을 미치는 등 특수관계인의 지위에서 할 수 있는 행위를 전혀 할 수 없었음에도 불구하고 채무자의 부인권 행사로 인하여 원상회복의무(제108조)를 부담하여야 하는 불합리한 점이 있다는 것이다. 참고로 미국 연방 파산법상 편파행위의 부인에서 채권자가 내부자(insider)인 경우 부인대상 행위의 기간이 파산신청 90일 이내에서 1년 이내로 확대되지만 내부자가 아닌 채권자에 대하여 그러하지 아니하다[제547조 (i)].

4. 결론

본 판결의 의의는 채무자가 '의무 없이' 타인을 위하여 연대보증을 한 경우 보증의 대가로서 '직접적이고도 현실적인 경제적 이익'을 받지 않는 한 그 무상성을 부정할 수는 없다는 기존 판례의 입장을 재확인하는 한편 위 제101조 제3항은 연대보증의 상대방인 채권자가 채무자의 특수관계인인 경우에 적용되고, 단순히 주채무자가 채무자와 특수관계에 있는 경우에는 적용할 수 없다는 법리를 최초로 밝혔다는 점에 있다.

[20] 회생절차의 종결이 관리인의 부인권에 미치는 영향

홍성준(법무법인 태평양 변호사)　　　　　대법원 2006. 10. 12. 선고 2005다59307 판결

[사안의 개요]

정리회사 A는 1997. 3. 계열사인 B가 물품대금 지급을 위하여 제3자에게 발행한 약속어음(액면 10억 원)에 배서하였고, 피고는 위 어음을 할인하여 대출하였으나, 피고가 원리금 일부를 회수하지 못한 상태에서 위 어음이 지급거절되었다. 피고는 정리회사 A와 B를 상대로 어음금 청구 소송을 제기하여 1998. 1. 21. 의제자백 승소판결을 받았고, 위 판결은 그 무렵 확정되었다.

한편, 정리회사 A는 1997. 9. 8. 화의개시신청을 하여 1998. 2. 3. 화의개시 결정을, 1998. 3. 19. 회의 인가 결정¹⁾을 각 받은 후 약 9,600억 원에 이르는 채무를 변제하였으나, 2003. 3. 화의 채무 원금의 변제기가 본격적으로 도래하게 되자 2003. 4. 3. 회사정리절차 개시신청을 하였고, 2003. 5. 14. 회사정리절차 개시결정이 내려졌고, 2003. 5. 15. 회의 취소결정이 내려졌다.

피고는 2003. 6. 24. 어음사본과 어음거래약정서 등을 근거로 정리회사 A의 B에 대한 보증채무 잔존 원금 314,704,655원 및 이에 대한 지연손해금 등 총 461,425,186원의 채권을 정리채권으로 신고하였는데, 정리회사 A의 관리인은 2003. 9. 열린 일반조사기일에서 부인권 행사 대상이라는 이유로 이의하였다. 그런데, 피고는 2003. 10. 16. 이의통지서를 수령하고서도 아무런 조치를 취하지 아니하다가, 2003. 11. 26. 위 확정판결에 기한 잔존 원금 314,704,655원 및 이에 대한 지연손해금 등 총 461,710,528원을 신고하면서, 판결정본, 송달·확정 증명원, 대출계좌 거래기록조회표 등을 제출하였다. 이에 관리인은 2004. 3. 17. 특별조사기일에서 B의 위 정리채권 신고가 이중신고에 해당하고 부인권 행사 대상이라는 이유로 이의하고서 부인의 소를 제기하였다.

원심은, ①B의 정리채권은 1차 정리채권 신고 후 일반조사기일에서 이의를 당하였음에도 불구하고 1개월 내에 B가 정리채권 확정의 소를 제기하지 아니하여 실권되었고, ②정리회사가 지급정지 및 화의개시신청 시점으로부터 6개월 이내인 1997. 3. 17. 계열사인 B를 위하여 아무런 반대급부 없이 배서한 것은 무상부인 사유에 해당하며, ③변론을 하지 않아 의제자백 판결이 선고되도록 한 것은 고의부인 내지 위기부인 사유에 해당한다는 관리인의 주장을 모두 배척하고 원고 패소 판결을 선고하였다.

관리인은 2005. 9. 23. 상고하면서 부인권 주장만 상고이유로 삼았다(한편, 정리회사는 M&A로 조달한 자금으로 정리채무를 변제한 후 원심 판결 선고 후인 2005. 9. 27. 정리절차가 종결되었다). 그 후인 2005. 10. 10. 정리 후 회사는 대법원에 소송수계를 신청하였다. 소송종료선언.

[판결요지]

구 회사정리법 제78조의 부인권은 정리절차개시 결정 전에 부당하게 처분된 회사재산을 회복함으로써 회사사업을 유지·갱생시키기 위하여 인정된 회사정리법상의 특유한 제도로서 정리절차의 진행을 전제로 관리인만이 행사할 수 있는 권리이므로 정리절차의 종결에 의하여 소멸하고, 비록 정리절차 진행 중에 부인권이 행사되었다고 하더라도 이에 기하여 회사에 재산이 회복되기 전에 정리절차가 종료한 때에는 부인권 행사의 효과로서 상대방에게 재산의 반환을 구하거나 또는 그 가액의 상환을 구하는 권리 또한 소멸한다. 따라서 부인의 소 또는 부인권의 행사에 기한 청구의 계속 중에 정리절차종결 결정이 확정된 경우에는 관리인의 자격이 소멸함과 동시에 당해 소송에 관계된 권리 또한 절대적으로 소멸하고 어느 누구도 이를 승계할 수 없다.

---

1) 주요 화의조건은 비금융기관 화의채권은 이자를 면제하고 원금은 1998.부터 2000.까지 매년 분할 변제하고, 금융기관 화의채권은 1999.말까지의 장래이자는 원금에 산입하고, 2000.부터 2007.까지 발생이자는 매월 말에 지급하며 원금은 5년 거치 후 2003.부터 2007.까지 5년간 매분기말에 균등 분할상환한다는 것이다.

[해설]

1. 문제의 소재

대상판결은 종래 회사정리절차의 폐지[2] 또는 종결[3]로 관리인의 부인권이 절대적으로 소멸한다는 취지로 판시한 대법원 판결의 취지에 따라 회사정리절차 종결 시 관리인이 행사하던 부인권은 소멸하고, 부인권 행사의 효과로 상대방에게 갖는 원상회복청구권이나 가액상환청구권도 소멸한다고 판시한 것이다.

그런데 회사정리절차에서의 부인권은 회사정리절차 개시 전에 채무자가 ① 정리채권자 또는 정리담보권자를 해하는 것을 알고 한 행위 또는 ② 다른 정리채권자 등과의 평등을 해하는 변제, 담보제공 등과 같은 행위를 한 경우에 정리절차 개시 후에 관리인이 채무자의 재산을 위하여 정리절차 개시 전의 채무자의 행위의 효력을 부인하고 감소한 재산과 기업의 수익력을 회복하거나 채권자 간의 평등을 회복할 것을 목적으로 인정된 권리를 말하는데, 채권자 간의 불공평의 시정이나 일탈된 재산 및 수익력을 회복하기 전에 회사정리절차가 종료되었다는 이유만으로 부인권이 소멸한다고 판시한 대상판결은 부인권의 제도적 취지에 부합하지 않는 결과를 가져온다.

현실적으로도 회생실무에서는 회생계획이 인가되기 전에 폐지되는 경우가 적지 않고, 회생계획 인가 후 M&A 또는 사업수행의 성과를 토대로 회생계획의 수행이 거의 완료되었거나 수행 전망이 긍정적이어서 회생절차가 조기에 종결되는 사례가 늘어가고 있는 실정이어서 회생절차의 종료가 부인권의 운명에 미치는 영향은 중요한 의미를 갖게 되고, 그 결과 회생채권자 등 여타의 이해관계인들에게도 적지 않은 영향을 준다.[4]

2. 검토

가. 판례와 학설의 태도

(1) 판례의 입장

대법원은 회사정리절차 종료가 관리인의 부인권에 미치는 영향에 대하여 대상판결과 같은 취지로 판시해 오고 있다. 대법원은 1995. 10. 13. 선고 95다30253 판결(채권자의 담보권 실행행위에 대하여 관리인이 제기한 부인의 소 계속 중 정리절차 폐지 결정이 내려진 사안)에서 대상판결과 동일한 취지로 판시한 바 있고, 대법원 2004. 7. 22. 선고 2002다46058 판결(정리절차 개시 전 체결된 담보신탁계약에 대하여 부인권을 행사한 것으로 상고심 계속 중 정리절차 종결 결정이 내려진 사안)에서도 동일한 취지로 판단을 하고 있으며, 대상판결에서 문제된 것과 동일한 정리회사 A의 관리인이 부인권을 행사하는 다수의 사건[5]에서 동일한 취지의 판시를 하고 있다.

한편, 이와 반대로 회사정리 절차의 종결 후에도 부인권이 존속한다는 반대입장을 취한 하급심 판결[6]도 다수 존재하는데, 정리절차 종결 결정은 폐지결정과 달리 정리계획의 수행에 지장이 없다고 인정될 때 하는 것으로서 회사 사업의 유지·갱생을 위한 회사정리계획의 수행을 전제로 하고 있어서 정리절차 개시 결정 이전에 부당하게 처분된 회사재산을 회복하는 부인권도 존속하도록 하는 것이 부인권 제도의 취지에 부합하고, 부인 대상 행위가 정리절차 종결시까지 소송이 확정되었는지에 따라 그 효력을 달리하면 채권자 간에 형평을 잃게 되며, 대상판결의 취지를 관철하면 신속한 종결도 어려워져 회사정리제도의 목적에도 반한다는 등을 논거로 한다.[7]

---

2) 대법원 1995. 10. 13. 선고 95다30253 판결(동양정밀).
3) 대법원 2004. 7. 22. 선고 2002다46058 판결(뉴코아).
4) 미국의 도산실무에서는 재건계획(reorganization plan)의 인가로 사실상 제11장 재건절차는 끝나고 사건의 종결(closing)은 도산법원의 관할에서 벗어나는 것을 의미한다. 이런 이유로 미국 문헌에서는 회생절차의 종결과 부인소송의 운명에 대한 논의를 찾아보기 어려우며, 실무상 부인소송이 진행 중인 동안에는 사건이 종결되지 않지만 종결이 되었다고 해도 부인소송은 계속된다고 한다. 일본은 회생계획에 따른 변제가 완료된 후에 종결 결정을 하므로 조기 종결에 따른 부인 소송의 문제가 생길 여지가 없다. 오수근, "회생절차의 종료와 부인권", 상사법연구 제30권 제1호(2011), 245

면 참조.
5) 대법원 2006. 10. 22. 선고 2006다32507 판결; 대법원 2006. 10. 13. 각 선고 2005다73402 판결, 2005다73396 판결, 2005다73365 판결, 2005다73389 판결, 2005다75880 판결; 대법원 2007. 2. 22. 선고 2006다20429 판결 등.
6) 서울고등법원 2004. 6. 2. 선고 2003나81562 판결(확정), 같은 법원 2005. 12. 28. 선고 2005나17428 판결 및 같은 법원 2006. 2. 28. 선고 2004나73452 판결(위 대법원 2007. 2. 22. 선고 2006다20429 판결로 파기됨) 등.
7) 한편, 대법원 2003. 5. 30. 선고 2002다67482 판결 및 대법원 2006. 6. 29. 선고 2004다32503 판결은 모두 정리절차 종결 후 회사가 관리인을 수계한 후 부인의 항변을 유지한 채권확정소송인데, 위 두 사건에서는 부인권의 운명에 대해서는

일본의 경우에는 하급심 판결로는 대상판결과 같이 부정설을 취한 것이 있다.[8]

(2) 학설의 태도

우리나라[9]와 일본[10]의 학설은 대상판결과 같이 회생절차 종결 후에는 부인권을 행사할 수 없다는 부정설이 다수설인 것으로 보인다. 부정설은 대상판결과 같은 입장에서, 부인권은 회생절차상의 권리로서 회생절차 중에 한하여 인정되는 것이라는 이유로, 회생절차가 종료되면 부인소송은 그 기초를 잃어 당연히 종료되고, 다만 부인소송이 채권자 취소의 소를 수계한 것이거나 견련파산이 선고되는 등의 경우에는 부인소송은 중단되었다가 파산관재인 또는 원래의 원고가 수계할 여지가 있고, 부인의 항변은 견련파산의 경우를 제외하면 더 이상 주장할 수 없게 된다고 한다.

이에 대하여 소수설[11]은 부인권은 회생절차에서 인정되는 권리이므로 그 행사는 회생절차 진행 중에 있어야 하지만 부인의 효과가 회생절차 진행 중에 완성되어

야 하는 것은 아니고, 부인소송 제기 후 형성된 부인이익에 대한 기대는 회생절차 종결 이후 채무자에게 승계되어야 하며, 회생절차의 종결로 부인권이 소멸한다는 다수설의 결론을 유지하면, 부인소송의 상대방이나 채권자 등에게 부적절한 유인을 제공할 수 있다는 점 등을 논거로 회생절차종결에도 불구하고 채무자가 부인소송을 수계하여 계속할 수 있다고 본다.

(3) 소결

사견으로는 회생절차상 부인권은 채권자 간의 평등한 처우와 채무자 재산의 보전을 목적으로 인정된 것인데, 회생절차의 종결이라는 우연한 사정으로 존속 여부가 결정된다는 것은 불합리하다고 생각되고, 관리인의 부인권은 소송상 행사되어야 하지만 그 효과는 관리인의 의사표시로 생기므로 회생절차 진행 중에 개시된 부인권 행사의 효과는 회생절차 종결 이후에도 유지되어야 하고, 채무자가 부인소송을 수계하여 계속할 수 있다고 본다.

나. 회생절차 종결 시 실무 처리

최근의 회생실무는 채무자가 인가된 회생계획에 따른 변제에 착수한 후에는 회생계획 수행이 곤란하다는 등의 사정이 없으면 회생절차를 조기에 종결하는 경향을 보이고 있는데, 대법원이 대상판결과 같은 입장을 견지하고 있으므로, 일반적인 경우 회생절차의 종결과 부인소송의 유지는 양립할 수 없게 되는 문제가 발생한다. 이에 대한 대응책으로 회사분할 제도를 이용하여 분할회사는 종결절차를 밟아 정상기업으로 사업을 수행하도록 하는 한편, 분할신설회사는 회생절차에 남아 부인소송을 계속 수행한 후에 그 소송으로 얻은 이익을 회생담보권자나 회생채권자에게 분재함으로써 회생절차 종결에 따른 부인권 소멸의 위험을 방지하고 있다.[12]

아무런 판단 없이 부인 요건 구비 여부에 대한 본안 판단을 하고 있다.

8) 동경고등재판소 1962. 1. 29. 선고 소34(누) 제2983 판결. "회사갱생법상 부인권은 갱생절차 개시 결정 이전에 부당하게 유출된 회사 재산을 회복하는 것에 의하여 회사 사업의 유지 정리를 도모하기 위하여 갱생절차 중 관재인이 행하는 것이며, 갱생절차 계속 중에 존재하기 때문에 갱생절차의 종결에 의하여 소멸하고, 비록 갱생절차 진행 중에 부인권이 행사되었다고 하더라도 이것에 의하여 회사의 재산을 확보하기 전에 갱생절차가 종료된 때에는 부인권 행사의 효과로서 상대방에 대하여 재산의 반환 또는 그 가액의 상환을 요구할 권리는 소멸된다고 해석하여야 한다. 따라서 본건 부인권 행사에 의거한 청구에 기하여 소송계속 중에 앞서 본 바와 같이 갱생절차 종결 결정이 있었던 이상, 한편으로는 본 청구의 원고인 관재인 자격의 소멸과 함께 다른 한편으로는 당해 청구에 관련된 권리도 절대적으로 소멸하여 어느 누구도 이를 승계할 수 없다"

9) 박성철, "회사정리절차 및 화의절차에서의 부인권", 재판자료 86집, 740면; 임채홍·백창훈, 회사정리법(상)(제2판), 449면; 장상균, "회사정리절차의 종결이 관리인의 부인권 행사에 미치는 영향", 대법원 판례해설 제63호(2006 하반기), 794면 이하.

10) 兼子一 감수, 條解 會社更生法(中), 弘文堂(1999), 109면 이하 ; 宮脇幸彦 와 2인 編, 註解 會社更生法(上), 靑林書院 (1986), 300면.

11) 오수근, 전게논문, 264, 265면; 졸고, "회생절차상 부인권과 회생절차 종결", 민사판례연구 제29집(2007), 485면 이하.

12) 서울회생법원 재판실무연구회, 회생사건실무(하)(제5판), 797면.

[21] 예약형 집합채권 양도담보 실행행위와 부인권

홍성준(법무법인 태평양 변호사)　　　　　　　대법원 2002. 7. 9. 선고 2001다46761 판결

[사안의 개요]

정리전 회사 A가 담보제공 없이 피고로부터 수십억 원의 여신을 제공받고 있던 중, 1997. 8. 피고에게 매출채권을 양도담보로 제공하면서 대출금의 만기 연장을 받았는데, ① 위 매출채권 양도 당시 A는 피고에게 제3채무자와 제3채무자별 채권금액 및 지급기일 등의 명세를 제출하고 변동이 있을 때 수시로 보고하며, ② A가 위 대출금 채무의 기한의 이익을 상실하는 경우 피고가 A를 대리하여 채권양도의 통지를 할 수 있고, ③ A는 피고에게 전부 또는 일부가 백지인 채권양도계약서 및 채권양도통지서를 제출하면서 피고에게 양도받을 채권의 확정과 채권양도계약서 및 채권양도통지서에 제3채무자 및 채권금액을 보충할 권한을 수여하는 약정('이 사건 기본 약정'이라 함)을 체결하였다. 이에 따라 A는 피고에게 ① 채무자란에만 A의 명판과 대표이사의 인감을 날인하고 연월일은 백지인 상태로 위 약정 내용이 인쇄된 각서, ② 양도인란에 A의 명판과 대표이사의 인감을 날인하고, 채무자와 제3채무자, 채권의 종류, 그 금액, 연월일이 모두 백지인 채권양도 계약서, ③ 통지인란에 A의 명판과 대표이사의 날인만 있고, 채권의 종류와 금액 및 제3채무자란 모두 공란인 상태로 작성된 채권양도통지서, ④ A가 제3채무자들에게 가지는 외상매출금이 기재된 매출채권 명세서를 교부하였는데, 위 매출채권명세서에는 제3채무자 B에 대한 채권은 기재되어 있지 않고 A가 피고에게 매출채권 변동내역을 보고한 바도 없었다.

그런데 A는 1999. 11. 30. 회사정리절차 개시 신청을 하였고, 피고는 A와 제3채무자 B 간의 거래 사실을 우연히 알게 되어 1999. 12. 2. 백지상태로 교부받은 채권양도계약서 및 채권양도통지서의 백지 부분에 A가 제3채무자 B에 대하여 갖는 물품대금 채권 20억 원을 양도한다는 취지로 기재하고 채권양도통지서의 연월일란에는 1999. 12. 2.을 기재하고 이를 B에게 발송하였고, 그 통지는 그 무렵 B에게 도달하였는바, 이로써 A와

피고 사이에 B에 대한 매출채권 양도계약이 성립되었고, 대항요건도 갖추게 되었다.

한편, A는 2000. 2. 10. 정리절차 개시 결정을 받았고, 원고와 소외인이 관리인으로 선임되었다.

원고는, 주위적으로 A와 피고 사이의 B에 대한 매출채권에 관한 1999. 12. 2.자 양도행위와 B에 대한 채권양도통지행위는 회사정리법 제78조 제1항 제2호에 정한 위기부인 사유에 해당한다고 주장하고, 예비적으로 1999. 12. 2.자 채권양도통지행위는 회사정리법 제80조 제1항에 정한 권리변동의 대항요건 부인사유에 해당한다고 주장하면서 A의 B에 대한 위 매출채권 양도행위와 채권양도통지행위의 취소 및 그 원상회복조치로서 취소 사실을 B에게 통지할 것을 청구하였다.

원심은, 회사정리법 제78조 제1항 제2호 소정의 이른바 위기부인의 대상이 되는 '회사의 행위'라 함은 회사가 제3자의 행위에 협력하거나 제3자가 회사의 행위를 대행하는 경우, 또는 제3자의 행위의 효과가 실질적으로 회사가 한 것과 동일시할 수 있을 정도에 이르러야 한다고 새겨야 한다면서, 이 사건의 경우 이 사건 기본약정, 채권양도계약서 등 서식의 교부행위, 피고의 보충행위의 법적 성질 등에 비추어 위 1997. 8.경의 이 사건 기본약정과 그에 터잡아 백지를 보충함으로써 1999. 12. 2.자 채권양도계약이 체결되게 한 피고의 행위는 전체적으로 '회사'인 A에 의한 채권양도계약의 체결로서의 실질을 가진다 할 것이고, 대항요건을 갖추기 위한 피고의 통지행위 역시 A를 대리 내지 대행한 것이므로, 결국 '회사'인 A의 행위로 볼 수 있고, 위 채권양도계약 및 그 통지행위는 회사정리절차개시신청 이후 정리채권자들 사이의 평등에 위배되는 불공평한 담보제공 또는 불공평한 채무소멸에 관한 행위로서 회사정리법 제78조 제1항 제2호 소정의 부인권 행사의 대상이 된다고 판단하였다. 파기환송.

[판결요지]

[1] 구 회사정리법 제78조 제1항 각 호의 규정에 의하면, 회사정리법상의 부인의 대상은 원칙적으로 정리 전 회사의 행위라고 할 것이고, 다만 회사의 행위가 없었다고 하더라도 정리 전 회사와의 통모 등 특별한 사정이 있어서 채권자 또는 제3자의 행위를 회사의 행위와 동일시할 수 있는 경우에는 예외적으로 그 채권자 또는 제3자의 행위도 부인의 대상으로 할 수 있다.

[2] 금융기관이 정리 전 회사와 사이에 체결한 정리 전 회사의 대출채무를 담보하기 위한 정리 전 회사의 매출채권에 관한 채권양도를 목적으로 하는 대물변제의 예약의 내용에 따라 예약완결권을 행사한 것은 정리회사의 행위가 아니라는 이유로 구 회사정리법 제78조 제1항 제2호 소정의 위기부인의 대상이 되지 않는다고 한 사례.

[해설]

1. 문제의 소재

대상판결은 A와 피고 간의 이 사건 기본약정은 A의 대출채무의 담보를 위하여 A의 매출채권에 관한 채권양도를 목적으로 한 대물변제의 예약을 체결한 계약, 즉 예약형 집합채권의 양도담보에 해당하는 것으로서, A가 피고에게 예약완결권과 매출채권명세서에 기재된 것 가운데 대물변제로 양수할 것을 매출채권을 선택할 수 있는 선택권을 부여하고, 나아가 제3채무자에게 채권양도사실을 통지할 수 있도록 대리권을 부여한 계약이라고 판단하고 있다.

대상판결의 사안과 같은 예약형 집합 채권의 양도담보의 경우 채권자가 사전에 체결한 기본계약에 따라 예약완결권을 행사하고 채무자를 대리하여 채권양도사실을 통지함으로써 채권을 양수하게 되어 그 채권으로부터 편파적인 만족을 얻게 되는데, 이러한 결과는 그 자체로 채권자 간 공평을 해하는 결과가 될 뿐 아니라, 일반 책임재산의 부족을 가져온다는 면에서 다른 채권자에게 유해한 결과를 초래하여 회생절차의 근본 목적에 반한다.

이와 같은 예약형 집합채권의 양도담보와 관련한 채권자의 편파적 채권 만족 행위와 관련해서 부인 대상 행위로 생각해 볼 수 있는 것으로 ① 기본계약의 체결 행

위, ② 채권자의 예약완결권 행사 행위, ③ 대항요건 구비 행위 등을 생각해 볼 수 있다. 그러나 ① 기본계약의 체결 행위는 보통 지급불능이나 지급정지 등 위기시기에 앞서 정상적인 거래의 일환으로 체결되므로 사해성이 없다는 등의 이유로 부인 대상이 되기 어렵고, ③ 담보로 제공된 채권은 예약완결권 행사로 채권자에게 이전되므로, 채권자가 그 시점으로부터 15일 이내 한 채권양도통지행위는 부인할 수 없는 한계가 있다(채무자회생법 제103조 제1항).[1]

한편, 채무자회생법 제100조 제1항 각호는 모두 "채무자가 … 한 행위"라고 규정하고 있고, 회생절차상 부인권이 채무자의 행위로 채무자로부터 일탈한 재산을 회복하기 위한 제도라고 볼 수 있으므로, 부인 대상이 되는 행위는 채무자의 행위로 한정하여야 한다고 볼 여지가 있다. 그러나 대물변제예약 완결권의 행사, 채권자의 담보권실행행위 내지 강제집행 행위나 상계 의사표시 등과 같이 채무자의 일반재산을 감소시키거나 다른 채권자와의 평등을 해하는 결과를 초래하는 행위임에도 채무자가 개재되지 않는 행위가 있다. 이런 경우 채무자의 행위가 아니라는 이유로 부인 대상이 될 수 없다고 할 것인지에 대해서는 다툼이 있다. 이런 측면에서 위 ② 채권자의 예약완결권 행사 자체를 부인할 수 있는지를 검토할 필요가 있다.

2. 검토
가. 판례와 학설의 태도
(1) 학설의 입장

일본의 학설은 ①채무자의 행위 또는 이와 동일시할 수 있는 행위가 필요하다는 필요설, ②채무자의 사해의사를 요건으로 하는 고의부인의 경우에는 채무자의 행위가 필요하거나 채무자의 해의가 있는 가공이 필요하다는 절충설, ③고의부인이든 위기부인이든 부인 일반에 걸쳐 채무자의 행위가 필요하지 않다는 불요설 등의 대립이 있다.[2] 우리나라의 학설은 대상판결과 같이 채

---

[1] 대상판결도 피고가 A를 대리하여 B에게 한 채권양도통지가 예약 완결일로부터 15일 이내에 있었다는 이유로 대항요건 구비행위를 부인할 수 없다고 판단하였다.

[2] 일본 학설에 대한 자세한 내용은 이진만, "통합도산법상의 부인권 — 부인의 대상을 중심으로 —", 민사판례연구 제28권, 박영사(2006), 876면과 박성철, "회사정리 및 회의절차

무자의 행위 또는 이것과 동일시할 수 있는 행위를 필요로 한다거나,[3] 고의 부인의 경우에는 채무자의 사해의사를 추단할 수 있는 채무자의 행위 또는 채무자가 채권자나 제3자의 행위에 협력, 가공하였다는 사정이 필요하고, 위기부인의 경우도 채무자의 사해의사를 요건으로 하지 않지만 법문상 채무자의 행위를 요건으로 하고 있으므로 제3자의 행위가 위기부인 대상이 되려면 적어도 그 행위의 효과를 채무자의 행위와 동일시할 수 있어야 한다는 등의 견해[4] 등이 있다.

(2) 판례의 입장

대상판결은 채무자회생법상 부인의 대상은 원칙적으로 채무자의 행위라고 할 것이고, 다만 채무자의 행위가 없었다고 하더라도 채무자와의 통모 등 특별한 사정이 있어서 채권자 또는 제3자의 행위를 채무자의 행위와 동일시할 수 있는 경우에는 예외적으로 그 채권자 또는 제3자의 행위도 부인의 대상으로 할 수 있다고 판시함으로써 필요설의 입장을 분명히 하고 있다.[5]

다만, 대상판결은 채무자가 위기시기 이전에 정상적인 거래 과정에서 기본계약을 체결하였다가 채권자가 위기시기에 예약완결권을 행사하고 채무자를 대신하여 채권양도통지를 한 사안에 대한 것으로 이 경우에는 채무자의 행위와 동일시할 수 있는 경우가 아니라고 판시하였으나, 대법원은 채무자가 1차 부도 이후 1개월이채 경과하기 전에 채무자의 자금사정이 급격히 악화된 것을 알고 있는 채권자와 거래계속을 위해 기본계약을 체결하였다가 3일 만에 예약완결권과 선택권을 행사한 경우 그 예약 완결의사표시는 실질적으로 채무자의 행위와 동일시할 만한 특별한 사정이 있다면서 이를 부인 대상에 해당한다고 판시하였다.[6]

나. 결론

부인권은 회생절차 개시 전에 부당하게 일탈된 채무자의 책임재산을 회복하여 채권자 간의 공평을 도모하려는 제도로서 형식적으로 채무자의 행위에 국한하여 부인권을 행사하여야 한다면, 채무자의 행위가 개재되지 않은 채 이루어지는 다양한 재산 유출행위나 채권자 평등을 저해하는 행위를 시정하지 못하는 결과가 되므로 부인권의 제도적 취지를 충실히 달성하지 못하게 되는 측면이 있는 것은 부인할 수 없다. 그러나 채무자회생법 제100조 제1항에서 부인 대상 행위의 주체를 채무자로 명시하고 있으므로, 불요설과 같이 부인 대상 행위를 채무자의 행위일 필요가 없다는 견해는 문언의 한계를 벗어나는 것으로 현행법의 해석론으로는 찬성하기 어렵다. 대상판결과 같이 부인의 대상이 되는 행위는 원칙적으로 채무자의 행위이어야 하지만, 채무자와의 통모 등 특별한 사정이 있어 채권자 또는 제3자의 행위가 실질적으로 채무자의 행위와 동일시한 것으로 볼 수 있는 경우에는 이를 부인할 수 있는 것으로 보는 것이 옳다고 생각한다.

에서의 부인권", 회사정리법·회의법상의 제문제, 재판자료(86), 697, 698면 등을 참조하였다.

3) 김형두, "담보권실행행위에 대한 관리인의 부인권", 민사판례연구 제26권, 박영사(2004), 563면; 김진석, "파산절차상 부인권 요건에 관한 몇가지 쟁점", 도산법실무연구, 재판자료(127), 331, 332면.

4) 박성철, 전게논문, 699면; 이진만, 전게논문, 882면.

5) 대법원 2002. 7. 9. 선고 99다73159 판결; 대법원 2004. 2. 12. 선고 2003다53497 판결; 대법원 2011. 11. 10. 선고 2011다56637, 56644 판결 등.

6) 대법원 2011. 11. 10. 선고 2011다56637, 56644 판결. 이 판결에 대한 평석으로는 이상현, "예약형 집합채권양도담보

와 부인권의 행사", 민사법연구(21), 27면 이하.

[22] 무상행위 부인권을 행사할 수 있는 시기적 요건

이상재(법무법인 태평양 변호사)　　　　대법원 2001. 11. 13. 선고 2001다55222, 55239 판결

[사안의 개요]

A사는 B사 등과 어음거래약정을 체결하여 어음을 할인하여 주는 방식으로 대출을 시작한 이래, 만기가 도래하면 같은 액면금의 어음을 다시 할인하여 줌으로써 실질적으로 만기를 연장하여 주는 방식으로 거래를 계속하였다. C사(정리회사)는 위와 같이 B사 등이 A사에 대하여 부담하고 있는 어음할인대출금채무를 연대보증하였다. 최초의 어음할인거래 및 이에 대한 연대보증계약의 체결은 C사에 대한 회사정리절차가 개시되기 전 6개월 이전에 있었지만, 이후 어음할인거래가 계속됨에 따라 C사에 대한 회사정리절차개시신청 전 6개월 이내에도 어음할인거래가 있었다.

A사는 C사에 대한 회사정리절차에서 위 연대보증채권을 정리채권으로 신고하였다. 이에 대해 C사의 관리인은, 위 연대보증이 지급정지 전 6개월 내에 피보증인인 B사 등으로부터 아무런 경제적 대가를 받지 않고 무상으로 한 것이므로, 회사정리법 제78조 제1항 제4호에 따라 무상부인의 대상에 해당한다고 주장하면서 이의를 하였다. 이에 A사는 정리채권확정의 소를 제기하였다. 제1심 및 원심은 A사의 청구를 인용하였다. 이에 C사의 관리인이 상고하였다. 상고기각.

[판결요지]

금융기관과 채무자가 새로운 자금의 실질적 수수 없이 문서상으로만 신규대출의 형식을 구비하여 기존 채무를 변제한 것으로 처리하는 이른바 대환은 특별한 사정이 없는 한 실질적으로는 기존 채무의 변제기의 연장에 불과하고 이렇게 대환이 이루어진 경우에는 기존 채무가 동일성을 유지한 채 존속하는 것이므로, 최초의 어음할인과 이에 관한 정리회사의 연대보증 등 대출거래가 있은 후 이와 같은 대환에 의하여 변제기가 연장되어 옴에 따라 최초의 대출거래시기가 정리회사의 지급정지일로부터 6월 이전에 해당하게 된 경우에는 정리회사의 연대보증행위는 회사정리법 제78조 제1항 제4호에 규정된 무상행위 부인권의 대상이 될 수 없다.

[해설]

1. 문제의 소재

회사정리법 제78조 제1항 제4호는 "채무자가 지급의 정지 등이 있은 후 또는 그 전 6월 이내에 한 무상행위 및 이와 동일시할 수 있는 유상행위"를 부인권의 행사 대상으로 삼는다. 이러한 무상부인에서 '6개월'의 시기적 요건과 관련하여, 최초 어음할인 대출거래와 이에 대한 보증행위가 지급정지일로부터 6개월 이전에 이루어졌고 이후 실질적으로 만기를 연장하는 내용의 어음할인 대출거래가 계속되어 왔으며, 마지막 어음할인 대출거래가 지급정지 전 6개월 내에 이루어진 경우 위 어음할인거래에 대한 보증행위가 본 호에 따른 부인이 될 수 있는지 여부가 쟁점이 되었다.

2. 대상판결의 논거

대법원은 최초 보증 후 대환 등의 방식으로 주채무가 실질적으로 연장된 경우에는 처음 보증행위가 지급정지 전 6개월 내에 있지 않는 한 무상부인의 대상이 되지 않는다고 판시하였다. 즉 금융기관과 채무자가 새로운 자금의 실질적 수수 없이 문서상으로만 신규대출의 형식을 구비하여 기존 채무를 변제한 것으로 처리하는 대환은 실질적으로 기존 채무의 변제기의 연장에 불과하고 이렇게 대환이 이루어진 경우에는 기존채무가 동일성을 유지한 채 존속하는데, 이 사건과 같이 어음할인 대출을 해 준 후 그 만기가 도래하면 같은 액면금의 어음을 재차 할인하여 주는 경우도 실질적으로 만기를 연장하여 주는 대환에 해당한다고 보면서, 최초의 어음할인과 이에 관한 정리회사의 연대보증 등 대출거래가 정리회사의 지급정지일로부터 6월 이전에 이루어졌다면 비록 최후의 어음할인이 지급정지일로부터 6개월 내에 이루어졌더라도 무상부인 대상이 되지 않는다고 판단한 것이다.

3. 검토

가. 어음할인거래가 대출인지

어음의 할인은 만기가 도래하지 아니한 어음소지인이 어음금액으로부터 만기까지 이자 기타 비용을 공제한 금액을 상대방으로부터 취득하고 어음을 양도하는 거래를 말한다. 어음할인의 법적 성격과 관련하여, ① 어음할인은 할인의뢰인이 할인은행으로부터 금전을 차용하는 것이고 그 지급방법으로 어음이 교부된다는 소비대차설과 ② 어음할인은 어음상의 권리 매매라는 매매설 등이 대립하고 있다.[1] 대법원은 어음할인이 대출에 해당하는지 어음의 매매에 해당하는지는 약정의 내용과 거래의 실태 등을 종합적으로 고려하여 결정하여야 한다는 입장이다.[2]

이 사건에서 A사는 종합금융회사인데, 종합금융회사에 관한 법률(2000. 4. 29. 시행 법률 제6205호) 제2조 제4호는 어음의 할인을 대출과 같은 신용공여의 한 형태로 규정하고 있고,[3] B사 등과 어음할인거래를 함에 있어서 대출금과 만기를 정하는 등 거래의 형태를 고려하면, 이 사건에서 어음할인은 대상판결의 판시와 같이 대출의 한 형태라고 보는 것이 타당해 보인다.

나. 어음할인거래에서 어음금 채무가 소멸하면 대출금채무도 소멸하는지

이 사건과 같이 어음할인거래를 대출로 보면 어음상의 권리의무관계와 별도로 원인채권관계인 대출금채무가 성립하게 된다. 대법원은 이러한 경우 어음금채무가 소멸하였다 하더라도 바로 원인관계가 소멸하지 않고 실질적으로 변제되지 아니한 대출금채무는 소멸되지 않는다고 보고 있다.[4] 대상판결에서 대법원이 만기가

도래하면 같은 액면금의 어음을 할인하여 줌으로써 실질적으로 만기를 연장하여 주는 방식으로 거래를 계속한 것을 두고 변제기의 연장에 불과한 대환이라고 본 것은 이와 동일한 맥락으로 이해할 수 있다.

다. 대환에서 보증인의 보증책임이 미치는 범위

대법원은, 현실적인 자금의 수수 없이 형식적으로만 신규 대출을 하여 기존 채무를 변제하는 이른바 대환은 특별한 사정이 없는 한 형식적으로는 별도의 대출에 해당하나, 실질적으로는 기존 채무의 변제기 연장에 불과하므로, 그 법률적 성질은 기존 채무가 여전히 동일성을 유지한 채 존속하는 준소비대차로 보아야 하고, 이러한 경우 채권자와 보증인 사이에 사전에 신규 대출 형식에 의한 대환을 하는 경우 보증책임을 면하기로 약정하는 등의 특별한 사정이 없는 한 기존 채무에 대한 보증책임이 존속된다고 보고 있다.[5]

보증채무의 범위는 주채무의 범위보다 클 수 없고, 만일 더 크다면 주채무 한도로 감축된다.[6] 이러한 부종성에 따라 보증계약이 일단 성립한 후 주채무 내용이 변경되면, 그 변경 때문에 주채무의 실질적 동일성이 상실되는 경우 당초 주채무는 경개로 인하여 소멸되므로 보증채무도 소멸하고, 그 변경으로 인해 주채무의 실질적 동일성이 상실되지 않고 부담이 가중되는 경우 변경되기 전 주채무 내용에 따른 보증책임만 지게 된다.

대환의 경우에 있어서도 채무자가 대환에 관하여 보증인의 동의를 받은 경우는 신규채무의 내용대로 보증책임을 부담하지만 보증인의 동의를 받지 아니한 경우에는 대환의 형태와 내용에 따라 보증책임의 내용이 신규채무와 달라질 수도 있을 것이다. 기존채무와 신규채무 사이에 대출과목과 이자율 등이 동일하여 결국 변제기한만을 연장하는 경우라면 보증인의 책임을 가중시키는 것이 아니므로 보증채무도 존속하는 것으로 볼 수 있다. 대상판결에서의 어음할인거래가 대환에 따라 기존 채무와 동일성을 유지한 채 변제기만 연장된 것에 불과하다고 본다면 보증책임이 존속한다고 봄이 타당할 것이다.

---

1) 편집대표 손주찬, 주석상법 어음수표법(제4판), 한국사법행정학회(1996), 258~265면.
2) 대법원 2002. 4. 12. 선고 2001다55598 판결; 대법원 2008. 1. 18 선고 2005다10814 판결 등.
3) 종합금융회사에 관한 법률 제2조(정의) 이 법에서 사용하는 용어의 정의는 다음과 같다.
　4. "신용공여"라 함은 대출, 어음의 할인, 지급보증 및 유가증권의 매입(자금지원적 성격의 것에 한한다), 기타 금융거래상의 신용위험을 수반하는 종합금융회사의 직접·간접적 거래를 말하며, 그 구체적 범위에 대하여는 대통령령이 정하는 바에 따라 금융감독위원회가 정한다.
4) 대법원 1986. 2. 11. 선고 85다카1670 판결; 대법원 2008. 1. 18. 선고 2005다10814 판결 등.

5) 대법원 2002. 10. 11. 선고 2001다7445 판결 등.
6) 민법 제430조.

라. 보증행위는 지급정지 전 6개월 이전에 있었고 이후 주채무에 대한 대환이 이루어진 경우 무상부인의 대상이 되는지

무상부인은 다른 부인과는 달리 채무자와 수익자의 악의와 같은 주관적 요건을 요구하지 아니하고 ① 객관적으로 무상행위이며 ② 시기적으로 지급정지 전 6개월 이후의 행위에 해당되기만 하면 부인의 대상으로 삼고 있다. 무상부인의 대표적인 예로는 증여, 유증, 채무면제, 권리포기 등이 있는데, 실무상 가장 흔히 문제되는 것은 '보증'이다.[7]

최초 보증행위가 지급정지 등이 있기 전 6개월 내에 이루어졌다면 무상부인의 대상이 됨에 의문의 여지가 없을 것이다. 그런데 이 사건에서는 최초 보증행위가 지급정지 등으로부터 6개월 이전에 이루어졌고 이후 보증의 대상이 되는 주채무에 대하여 대환이 이루어졌으며 그에 따라 보증채무가 존속하게 되었는데, 대상판결은 위 보증행위는 무상부인의 대상이 아니라고 보았다. 변제기 연장에 불과한 대환의 경우 기존에 발생한 보증채무가 존속한다는 측면에서 보면, 최초 보증행위가 지급정지 등으로부터 6개월 이전에 있었고 이후 지급정지 등으로부터 6개월 내에 다른 보증행위 없이 대환만 이루어진 경우 지급정지 등으로부터 6개월 내에 보증행위가 있었다고 볼 수는 없으므로 대상판결과 같이 부인대상이 아니라고 봄이 타당하다. 대상판결 이후에도 대법원은 이와 같은 취지에서, 채권자와 주채무자 사이의 어음할인약정에 따른 주채무자의 채무에 대하여 정리 전 회사가 연대보증한 후 부인권행사 가능기간 내에 주채무자가 어음을 할인한 경우, 그 어음할인시에 정리 전 회사의 연대보증행위가 이루어졌다고 볼 수 없고 주채무자의 어음할인행위가 정리 전 회사의 행위와 동시할 수 없다는 이유로 부인권 행사의 여지가 없다고 판시하였다.[8]

4. 대상판결의 의의

대상판결은 종합금융회사의 어음할인이 대출의 한 형태에 불과하다는 점과 대환이라는 금융 관행의 법적 성격을 재확인하면서, 어음할인거래에서 보증행위와 관련하여 무상부인의 시기적 요건의 판단 기준을 구체적으로 제시하였다는 데에 그 의의가 있다.

---

7) 서울회생법원 재판실무연구회, 회생사건실무(제5판, 상권), 박영사(2019), 351, 352면.
8) 대법원 2002. 7. 9. 선고 99다73159 판결.

[23] 위기부인에서 '채무자의 의무에 속한다'의 의미

한상구(법무법인 화우 변호사)　　　　　대법원 2000. 12. 8. 선고 2000다26067 판결

[사안의 개요]

A회사(보험회사)는 B회사와 여신한도거래약정을 체결하고 75억원을 대여하였다. 위 대출 거래에 적용되는 여신거래기본약관에는 '채무자의 신용변동, 담보가치의 감소, 기타 채권보전상 필요하다고 인정될 상당한 사유가 발생한 경우에는 채무자는 회사의 청구에 의하여 회사가 승인하는 담보나 추가담보의 제공 또는 보증인을 세우거나 이를 추가하기로 한다.'는 규정이 있었다(이하 "이 사건 약관규정"). A회사는 이 사건 약관규정에 근거하여 B회사에게 담보제공을 요구하였고 B회사는 근저당권을 설정해 주었다. B회사는 이 사건 근저당권 설정 후 1개월이 채 지나지 않아 부도로 당좌거래정지 처분을 받았고, 그 후 구 회사정리법에 따라 회사정리절차가 개시되었다. A회사는 위 채권을 정리담보권으로 신고하였으나 B회사의 관리인은 구 회사정리법 제78조의 부인권을 행사하는 방식으로 정리담보권에 대하여 전액 이의하고 정리채권으로만 인정하였다. 이에 A회사는 정리담보권확정의 소를 제기하였다. 제1심은 B회사가 이 사건 약관규정에 따라 담보제공을 할 의무가 있으므로 '회사의 의무에 속하지 않는 담보제공'으로 볼 수 없다고 판단하여 원고의 청구를 인용하였고, 제2심도 항소를 기각하였다. 이에 A회사의 관리인이 상고하였다. 파기환송.

[판결요지]

구 회사정리법 제78조 제1항 제3호에서 '회사의 의무에 속한다'함은 일반적·추상적 의무로는 부족하고 구체적 의무를 부담하여 채권자가 그 구체적 의무의 이행을 청구할 권리를 가지는 경우를 의미한다.

이 사건 약관규정은 채무자에게 일반적·추상적 담보제공의무를 부담시키는 것에 불과하고, 구체적인 담보제공의무를 부담시키는 것은 아니어서 그러한 규정에 따른 담보제공은 제78조 제1항 제3호 소정의 '회사의 의무에 속하는 행위'라고 볼 수 없다.

[해설]

1. 문제의 소재

대상사건은 이 사건 근저당권설정행위가 구 회사정리법 제78조 제1항 제3호에 따라 부인권 대상이 되는지 여부가 쟁점인 사안이다.

구 회사정리법 제78조 제1항은 고의부인(1호), 본지행위의 위기부인(2호), 비본지행위의 위기부인(3호), 무상부인(4호)의 4가지 부인 유형을 규정하고 있다. 채무자회생법 제100조 제1항도 기본적으로 같은 내용이다. 담보제공행위와 채무소멸행위는 모두 2호 또는 3호에 의해 부인권 대상이 될 수 있는데, 그것이 채무자의 의무에 속한 경우(본지행위)에는 2호 부인의 대상이고, 채무자의 의무에 속하지 않은 경우(비본지행위)에는 3호 부인의 대상이 된다. (i) 3호는 시기적 요건으로서 지급정지 등이 있기 전 60일(현행법 기준) 이내의 행위까지 대상으로 하고, (ii) 주관적 요건의 입증책임이 2호는 관리인에게 있는 반면 3호는 채권자에게 있다는 점에서 양자의 구별은 중대한 의미를 갖는다.

그런데 2호와 3호의 부인권 대상을 구분할 때 '채무자의 의무에 속한다'는 것이 구체적으로 어떤 의미인지가 문제된다.

2. 대상판결의 논거

대상판결은 '채무자의 의무'가 일반적·추상적인 것으로는 부족하고 구체적 의무를 부담하여 채권자가 그 의무의 이행을 청구할 권리를 가져야 한다고 판단하였다.

즉, 채무자가 (담보제공)의무를 불이행하여도 채무자에게 소로써 청구할 수 없고, 기한의 이익을 상실시키는 정도의 효과만 있는 경우에는 법 규정상 '회사의 의무'에 해당하지 않는다는 것이다.

3. 검토
가. 부인권의 요건과 본건 담보제공의무의 내용

채무자회생법 제100조 제1항 제3호는 '담보의 제공

또는 채무의 소멸에 관한 행위로서 채무자의 의무에 속하지 않거나', '그 방법이나 시기가 채무자의 의무에 속하지 아니한 것'이라고 규정하고 있다. 행위 자체가 채무자의 의무에 속하지 아니하는 전형적인 예로는, 채무자가 기존의 채무에 대하여 담보를 제공하기로 하는 약속이 없음에도 불구하고 담보제공을 하는 경우, 변제기한의 유예를 받거나 집행을 면하기 위하여 담보를 제공하는 경우 등을 들 수 있다. 그 방법이나 시기가 채무자의 의무에 속하지 아니하는 전형적인 예로는, 원래 대물변제 약정이 없음에도 불구하고 대물변제하는 경우, 원래 약정된 것과 다른 담보를 제공하는 경우, 변제기 전에 채무를 변제하는 경우 등을 들 수 있다.[1]

담보 없는 물품대금채무나 대출금채무를 부담하고 있는 채무자가 지급정지 등이 있기 직전에 채권자의 요구에 따라 채무자 소유의 재산(동산, 부동산, 채권 등)에 담보를 설정해 준 경우는 의무에 속하지 않은 행위임이 비교적 분명하다. 그런데 이 사건과 같이 약관규정에 따른 담보제공행위는 당사자들이 합의한 약관규정이 있고 그에 따른 계약상 의무의 존재는 인정할 수 있기 때문에 위와 같은 경우와는 다르다.

예를 들어, 채무자 소유의 부동산에 관해 저당권을 설정해 주기로 약정한 경우, 채권자는 채무자를 상대로 저당권 설정에 관한 의사의 진술을 명하는 판결을 청구할 수 있다. 이와 같이 급부의 내용이 확정되어 있는 경우 소로써 청구할 수 있으나, 이 사건 약관규정만으로는 급부의 내용을 특정할 수 없다. 그렇다고 채권자가 채무자의 재산 중 임의로 담보목적물을 지정할 수 있다고 볼 근거도 없다.

대상판결도 이 점을 지적하고 있다. 즉, 이 사건 약관규정은 일반적·추상적 의무에 불과하여 채무자가 이 사건 약관규정에 따른 담보제공의무를 불이행하여도 채권자는 그 이행을 소구할 수 없다고 판시하고 있다.

나. 독일 및 일본에서의 논의

독일 연방통상법원은 '은행과 사이에 계약내용의 일부로 편입시킨 일반거래약관에 기하여 이루어진 채무자의 담보제공 내지 교체의무와 관련하여 어떠한 목적물을 담보로 제공할 것인가는 채무자에게 자유로운 선택권이 있고 이러한 선택은 담보목적물이 채무자에 의하여 실제로 특정되었을 때 이루어지는 것이며 그 이전에는 금융기관이 채무자에게 특정 목적물을 담보로 요구할 수 없다. 따라서 채무자의 이러한 담보제공행위는 채무자의 의무에 속하지 않는 비본지행위에 해당한다'고 판시하였다. 독일의 학설도 위 판례의 태도를 지지하여 당사자 사이의 합의에 의하여 담보로 제공할 목적물이 구체적으로 특정되어 있는 경우에 비로소 그에 따른 담보제공행위가 본지행위에 해당한다고 하고 있다.[2]

일본의 하급심 판결례와 학설도 위와 같은 약관에 기한 채무자의 의무는 일반적·추상적 의무에 불과하고 구체적 담보제공의무를 부담하는 것이 아니라는 이유로 비본지행위의 위기부인 대상으로 보고 있다고 한다.[3]

다. 우리나라에서의 논의

우리나라의 학설도 대상판결을 반대하는 견해는 찾을 수 없고, 지지하는 입장으로 일치되어 있는 것으로 보인다.[4] 그런데 이 사건 약관규정에 따른 담보제공의무(이하 "본건 담보제공의무")의 법적 성격에 관해 구체적으로 분석한 논의는 찾기 어렵고, 채무불이행시 소구력, 손해배상청구권 등이 흠결된 '강도가 약한 의무'로서 본래 의미의 채무와 본질적인 차이가 있다는 견해가 있다.[5] 이하에서는 본건 담보제공의무의 법적 성격에 관해 좀 더 살펴서 대상판결의 의미를 보다 명확하게 파악해 보고자 한다.

라. 채권총론적 논의

채권은 '채무자로 하여금 특정의 작위 또는 부작위를 청구할 수 있는 권리'이다.[6] 특정의 작위 또는 부작위를 '급부(給付)'라고 한다.[7]

---

1) 서울회생법원 재판실무연구회, 회생사건실무 제5판 상권, 박영사(2019), 350면.

2) 임종헌, 약관에 기한 추가 담보제공행위와 회사정리법상 위기부인, 저스티스 34권 2호(2001년), 한국법학원.

3) 임종헌, 전게 논문.

4) 이진만, "통합도산법상의 부인권", 민사판례연구 제28권 (2006. 2.), 민사판례연구회; 정대홍, "회사정리법 제78조 제1항 제3호(비본지변제부인)에서 정한 회사의 의무에 속하지 아니하는 담보제공의무의 의미", 대법원판례해설 통권 제35조(2001), 법원도서관.

5) 임종헌, 전게 논문.

6) 이에 대응하여, 특정한 작위 또는 부작위를 할 채무자의 의무를 '채무'라 한다.

7) 김용담 편집대표, 주석민법 채권총칙(1), 한국사법행정학

'채권의 목적'(민법 제3편 제1장 제1절 참조)은 '급부' 라는 개념과 동일한 의미로 이해할 수 있다.[8] 일반적으로 유효한 채권으로 인정되기 위해서는 확정성(특정성), 실현가능성, 적법성 등의 요건을 갖추어야 한다.[9]

채권의 목적에 대응하는 채무자의 의무는 여러 가지 형태로 구분되는데, 본래의 급부의무[10]와 부수적 의무로 구분하기도 한다. 양자는 소구가능성에 의해 구분된 다고 한다. 즉, 전자는 소로써 청구할 수 있으나, 후자는 그 자체를 소로써 청구할 수 없고 손해배상청구권만 주어진다.[11]

채권의 효력은 학설에 따라 분류방법이 다르나, 일반적으로 청구력, 소구력, 집행력, 급부보유력을 들고 있다.[12]

마. 대상판결이 나열한 채무의 특성

대상판결은 본건 담보제공의무를 다음과 같은 특징으로 파악하고 있다. (i) 일반적·추상적 의무, (ii) 소구할 수 없는 의무, (iii) 의무를 불이행한 경우 약정에 따라 기한의 이익이 상실되는 효과 발생.

일반적·추상적 의무라는 것은 구체적인 담보제공의무를 부담하는 것이 아니고 급부의 특정성이 없다는 취지로 이해된다.

소구할 수 없는 의무라는 것은 채권의 효력으로서 소구력이 없다는 의미로 이해된다. (iii)은 소구력이 없다는 판단에 부수적인 판단으로 보인다.

바. 채권의 성립, 의무의 분류에 따른 검토

앞서 본 바와 같이 채권이 유효하게 성립하려면 목적인 급부가 확정되어 있거나 확정할 수 있어야(확정할 수 있는 기준을 구비) 한다. 그런데 본건 담보제공의무는 담보목적물 등 급부의 내용이 확정되어 있지 않고, 그것의

확정에 관한 규정도 없다. 담보권제공의무에서 담보권의 설정이 급부이고, 담보목적물이 채권의 목적물이다. 그런데 담보목적물이 특정되어 있지 않거나 특정할 기준도 정해져 있지 않다면 급부의 확정성이 결여된 것이다. 이와 같이 급부가 확정되어 있지 않거나 소정의 기준에 따라 확정할 수 없다면 채권이 유효하게 성립하지 않았다고 볼 여지도 있다.[13]

그러나 이 사건 약관규정이 계약의 내용으로 포함되어 있고, 채권자는 그에 기하여 채무자에게 담보의 제공을 청구할 수 있으며, 불이행한 경우 기한의 이익을 상실시킬 수 있는 효력이 있다. 이러한 점들을 고려할 때 채권으로서 성립하지 않았다고 보기는 어려울 것이다. 즉, 채무자는 이 사건 약관규정에 따라 약정상의 의무로서 담보제공의무를 부담한다.

본건 담보제공의무는 본래의 급부의무와 부수적 의무 중 어디에 속할까? 본래의 급부의무라면 소구력이 있고, 부수적 의무라면 소로써 그 이행을 청구할 수는 없다.[14]

여신거래기본약관이 적용되는 대출계약에서 차주가 부담하는 본래의 급부의무는 대출금상환의무이다. 본건 담보제공의무는 이 사건 약관규정의 내용에 비추어 부수적 의무로 볼 여지가 있다. 급부가 특정되어 있지 않고 신용악화 등 소정의 이벤트가 발생하였을 때 추가 담보 등을 제공함으로써 신용을 보강하는 의미가 주된 내용이기 때문이다. 본건 담보제공의무를 부수적 의무로 본다면 소구력이 없다는 점과 상통하게 된다.

반면 여기서 나아가 일정한 이벤트 발생시 제공할 담보목적물이 특정되어 있다면 그것은 조건부 담보권설정계약(대출약정과 별개의 계약)에 해당한다고 볼 수 있다. 담보권설정계약에서 본래의 급부의무는 담보권설정의무이다. 즉, 담보목적물이 특정되어 있거나 특정할 수 있으면 그것은 부수적 의무가 아니라 담보설정계약상 본래의 급부의무에 해당하게 될 것이다.

회(2013), 44면.

8) 송덕수, 채권법총론, 박영사(2013), 50면; 민법 제374조 (특정물인도채무자의 선관의무)는 "특정물의 인도가 채권의 목적인 때에는 채무자는 그 물건을 인도하기까지 선량한 관리자의 주의로 보존하여야 한다."고 규정하고 있다. 여기서 '특정물의 인도'가 급부(이행행위)이면서 '채권의 목적'이다. 그리고 특정물이 '채권목적물'이다.

9) 위 주석민법, 44면.

10) 본래의 급부의무는 주된 급부의무와 부수적 급부의무를 포함한다.

11) 위 주석민법, 63면; 송덕수, 전게서, 55면.

12) 위 주석민법, 47면.

---

13) 이 사건 약관규정에 따른 담보제공의무를 선택채권(민법 제380조)으로 보기도 어렵다. 선택채권이라면 채무자가 선택권을 행사하지 않는 경우 채권자에게 선택권이 이전되는데, 본건 담보제공의무는 이러한 방식으로 급부의 내용을 확정할 수 있는 것이 아니다.

14) 위 주석민법, 113, 114면; 송덕수, 전게서, 55면.

사. '채권의 효력'에 기초한 검토

앞서 본 바와 같이 채권의 효력은 일반적으로 청구력,[15] 급부 보유력, 소구력, 집행력 등인데, 그 중 일부를 흠결한 채권이 있을 수 있다.

채무가 이행되지 않으면 채권자는 채무자에 대한 자신의 채권을 소구할 수 있고, 채권자의 청구를 인용하는 이행판결에 기하여 채무자의 재산에 대하여 강제집행을 할 수 있다. 이와 같이 채권은 통상적인 효력으로서 소구력과 집행력을 갖는다. 그런데 이러한 채권의 통상적 효력의 일부 또는 전부를 결한 채권이 있고, 학설은 일반적으로 소구가능성이 없는 채무를 '자연채무'라고 하고, 강제집행가능성이 없는 채무를 '책임없는 채무'라고 하여 양자를 구별한다.[16]

자연채무의 대표적인 예가 부제소합의가 있는 채무이다. 부제소합의가 있는 채무를 채무자가 변제하였다면 채무자회생법상 부인권의 요건과 관련하여 채무자의 의무에 속한다고 볼 수 없을 것이다. 또한 채무자가 소멸시효가 완성된 금전채무를 지급정지 등이 있기 전에 변제하였다면, 비본지행위로서 부인할 수 있다고 보아야 할 것이다. 이와 같이 소구력이 없는 채권에 대한 변제는 비본지행위로 보아야 할 것이다.

강제집행을 하지 않기로 하는 특약이 붙은 채무는 집행력이 결여된 경우이다. 소구력이 없는 경우와 마찬가지로 집행력이 결여된 채권에 대한 변제도 비본지행위로 보아야 할 것이다.

이와 같이 채권의 통상적 효력인 소구력 또는 집행력이 결여된 경우 그에 관한 이행의무는 채무자회생법상 부인권의 요건과 관련하여 채무자의 의무에 속한다고 볼 수 없을 것이다.

대상판결은 약관규정에 따른 담보제공의무가 소구력이 없다고 판시하고 있다. 급부의 불확정으로 소구할 수 없다고 보든 부수적 의무로 보아 소구력이 없다고 보든 결론은 동일하다. 소구력이 없다면 본건 담보제공의무는 채권의 통상적 효력을 결여한 경우로서 부인권의 요건과 관련하여 채무자의 의무에 속한다고 볼 수 없을

것이다.

한편, 청구력은 본래의 급부와 손해배상을 청구[17]할 수 있는 효력을 의미한다.[18] 채권자는 이 사건 약관규정에 따른 의무의 이행을 채무자에게 청구할 수 있다. 그런데 채무자가 담보제공의무를 불이행한 경우 손해배상을 청구할 수 있는가? 대상판결은 이에 관해 판시하고 있지 않다. 이에 관하여 약관규정에 따른 담보제공의무의 불이행을 이유로 손해배상을 청구할 수 없다는 견해가 있다.[19] 부수적 의무의 불이행의 경우 그 의무 자체를 소구할 수는 없으나 손해배상청구는 가능하다. 담보제공의무의 불이행으로 인한 손해는 무엇일까? 담보제공의무가 대출계약상 본래의 급부인 대출금상환의무를 담보하기 위한 것이라는 점에 비추어 볼 때, 결국 본래의 급부의무인 대출금상환의무 및 그 지체로 인한 지연배상 이외에 본건 담보제공의무의 불이행을 원인으로 별도의 손해배상청구를 할 수 있다고 보긴 어렵지 않나 생각한다.

원래 채권의 효력으로서 청구력은 채무불이행시 손해배상의무에도 미치는데 손해배상을 청구할 수 없다면 청구력의 일부가 결여된 것이라고 볼 수도 있다.

아. 결론

이상과 같이 채권자는 이 사건 약관규정에 따른 담보제공의무의 이행을 청구할 수는 있으나 채무자가 그것을 불이행하더라도 소구할 수 없고, 손해배상을 청구할 수도 없다. 즉, 채권의 통상적인 효력을 결여한 경우이다. 대상판결의 논거는 결국 채권의 통상적인 효력의 전부 또는 일부가 결여된 채권을 채무자가 이행한 경우 비본지행위에 해당한다는 판단으로 이해할 수 있을 것이다.

대상판결은 '소로써 청구할 수 있는 의무'라는 기준을 제시한 것인데, 이는 '채권의 통상적 효력'에 관한 법리로 분석할 수 있고, 소구력 뿐만 아니라 집행력이 없는 경우에도 동일한 결론에 이를 수 있다고 본다.

---

15) '청구력'은 본래 급부를 청구할 수 있는 것 이외에 채무불이행 시 손해배상을 청구할 수 있는 효력을 포함한다(위 주석민법, 47면).

16) 위 주석민법, 457, 458면.

17) 채권의 효력으로서 소구력은 별도로 논의되므로 여기서 청구란 재판 외 청구를 의미한다.

18) 위 주석민법, 454면.

19) 임종헌, 전게논문.

[24] 도급인의 파산에 관한 민법 제674조 제1항의 회생절차에 대한 유추적용

김영주(법무법인 우리 변호사)　　　　　대법원 2017. 6. 29. 선고 2016다221887 판결

[사안의 개요]

甲(원고)은 2011. 9. 20. 소외 A회사와의 사이에 소외 B공사가 발주한 공사 중 일부인 이 사건 공사를 甲이 하도급받는 내용의 계약을 체결하였고(이하 '이 사건 하도급계약'), 2015. 3. 23. 계약금액을 변경하고 공사기간을 2015. 5. 31.까지로 하는 내용의 정산합의서를 작성하였다. A회사에 대하여는 2015. 4. 7. 법원으로부터 회생절차개시결정이 내려졌으며, 乙(피고)이 관리인으로 선임되었다. 당시 甲은 이 사건 공사 총 10단계 과정 중 5단계에 해당하는 업무까지 이행하였고, 乙은 甲에게 기성부분에 대한 공사대금 중 일부만 지급한 상태였다.

甲은 2015. 5. 7. 이 사건 하도급계약은 쌍방 미이행 쌍무계약에 해당한다고 보아 乙에게 계약의 해제·이행 여부에 대한 확답을 최고하였다(채무자회생법 제119조 제2항). 이에 대해 乙은 쌍방 미이행 쌍무계약에 해당되지 않으나, 만일 해당한다면 이 사건 하도급계약을 해지한다고 통보하였다.

甲은 이 사건 하도급계약이 乙의 위 통보에 따라 해지되었으므로, 乙에게 기성금을 공제한 나머지 공사대금의 지급을 구하고 이는 공익채권에 해당한다고 주장하였다. 이에 대해 乙은 A회사에 대한 회생절차개시일 전에 이 사건 하도급계약에 따른 甲의 주된 업무가 대부분 이행되었으므로 쌍방 미이행 쌍무계약에 해당하지 않고, 甲의 기성부분에 대한 대금채권은 회생절차개시일 이전에 발생한 회생채권이라고 주장하였다. 제1심은 甲의 기성부분에 대한 대금채권은 회생채권이므로 이에 대하여 회생절차에 의하지 않고 직접 이행의 소를 제기하는 것은 부적법하다고 보아 甲의 소를 각하하였다. 원심 항소기각. 상고기각.

[판결요지]

도급인이 파산선고를 받은 경우 민법 제674조 제1항에 의하여 수급인 또는 파산관재인은 계약을 해제할 수 있다. 도급계약의 해제는 해석상 장래에 향해 도급의 효력이 소멸되는 것을 의미하고 원상회복은 허용되지 않으므로, 당사자 쌍방이 이행을 완료하지 아니한 쌍무계약의 해제 또는 이행에 관한 채무자회생법 제337조가 적용될 여지가 없다.

회생절차와 파산절차에서는 모두 절차개시 전부터 채무자의 법률관계를 합리적으로 조정·처리할 필요가 있고, 쌍방 미이행 쌍무계약에 관한 채무자회생법 제121조와 제337조의 규율이 공통되므로, 파산절차에 관한 특칙인 민법 제674조 제1항은 공사도급계약의 도급인에 대하여 회생절차가 개시된 경우에도 유추적용할 수 있다.

따라서 도급인의 관리인이 도급계약을 쌍방 미이행 쌍무계약으로 해제한 경우 그때까지 일의 완성된 부분은 도급인에게 귀속되며, 수급인은 채무자회생법 제121조 제2항에 따른 급부의 반환 또는 그 가액상환을 구할 수는 없고 일의 완성된 부분에 대한 보수청구만 할 수 있는데, 이때 수급인의 보수청구권은 그 주요한 발생원인이 회생절차개시 전에 이미 갖추어졌으므로 회생채권에 해당한다.

[해설]

1. 문제의 소재

대상판결은 도급인에 대해 회생절차가 개시된 경우 도급인의 파산에 관한 민법 제674조 제1항을 유추적용할 수 있다고 인정한 최초의 판결이다. 도급인에 대해 회생절차가 개시된 경우에 관하여는 민법상 별도의 규정이 존재하지 않는다. 따라서 쌍방 미이행 쌍무계약 상태인 도급계약의 존속 여부는 채무자회생법의 규율에 따라 처리함이 원칙이겠으나, 이에 의하지 않고 파산절차에 관한 민법 규정의 유추적용을 인정한 것이다.

쌍방 미이행 쌍무계약에 관한 민법과 채무자회생법의 규율이 상이한 현재의 법률상황에서, 대상판결은 도급인에 대해 회생절차가 개시된 때 어느 법규를 적용할

것인지, 민법 제674조 제1항의 입법취지 및 법률효과는 무엇이며, 도급계약 해제시 수급인이 갖는 보수청구권을 어떻게 취급할 것인지에 관하여 의미 있는 해석론을 제시하고 있다. 나아가 대상판결을 계기로, 도급계약 이외에 다른 계약 유형에서도 계약당사자에 대해 회생절차가 개시된 때 파산절차에 관한 민법 규정을 유추적용할 것인지 문제될 수 있을 것이다.

2. 대상판결의 논거

도급인에 대해 회생절차가 개시된 경우에 관하여 민법상 별도의 정함은 없으며, 채무자회생법 제119조 이하의 법리를 적용함이 원칙일 것이다. 대상판결 이전의 해석론 및 법원 실무의 입장도 그러하였다.

그런데 대상판결은 제1심 및 원심과는 달리 도급인의 관리인이 해제권을 행사하는 근거가 채무자회생법이 아닌 민법 제674조 제1항이라고 보았다. 민법 제674조 제1항이 파산절차에 관한 특칙이며, 회생절차와 파산절차의 목적은 상이하나, 이러한 목적을 달성하기 위하여 절차개시 전부터 채무자의 법률관계를 합리적으로 조정·처리하여야 한다는 점에서는 공통되고, 채무자회생법 제121조와 제337조의 내용도 동일하다는 점을 유추적용의 이유로 들고 있다.

나아가 대상판결은 도급인이 파산선고를 받아 도급계약이 해제되는 경우 원상회복은 허용되지 않으므로 채무자회생법 제337조는 적용될 여지가 없고, 같은 맥락에서 도급인에 대해 회생절차가 개시되고 민법 제674조 제1항의 유추적용에 기해 도급계약이 해제되는 경우 채무자회생법 제121조 제2항의 적용을 부정하였다. 이 때 수급인의 보수청구권은 회생채권에 해당한다고 판단하였다.

3. 검토
가. 적용법규와 법률효과

민법 제674조의 입법취지는 수급인에게 도급계약을 해제할 수 있는 권리를 부여하는 한편 일의 완성된 부분에 대한 보수 및 기타 비용에 대해 파산재단의 배당에 가입할 수 있도록 하여 수급인을 보호하고자 하는 데에 있다. 도급인이 파산선고를 받았다고 해서 도급계약을 종료시켜야만 하는 필연적 이유는 없다. 그러나 도급인

의 재산상태가 크게 악화되었음에도 수급인에게 일의 완성의무를 그대로 부담하게 하고 일의 완성에 이르지 못한 이상 보수를 청구할 수 없다고 한다면 수급인에게 지나치게 불리할 수 있다는 점을 고려한 것이다.

종래부터 도급인이 파산선고를 받은 경우 쌍방 미이행 쌍무계약에 해당하는 도급계약을 해제할 수 있는 근거가 민법 제674조인가 아니면 채무자회생법 제335조인가에 관하여 논란이 있어왔다. 우리나라에서의 학설과 판례[대판 2001다13624(2002. 8. 27)]는 대체로 채무자회생법이 아니라 민법 제674조가 적용된다고 해석하였다. 그리고 대상판결은 도급인에 대한 회생절차와 파산절차에서 쌍방 미이행 쌍무계약의 법률관계는 동일하게 취급하는 것이 타당하다는 고려 하에, 회생절차에 대하여 민법 제674조 제1항을 유추적용함으로써 동조의 적용범위를 확대하고 있다.

그 결과 관리인뿐만 아니라 상대방인 수급인도 회생절차개시 당시 이행이 완료되지 않은 도급계약을 해제할 수 있는 권리를 갖게 되며, 이는 수급인 보호에 보다 충실한 면이 있다. 대상판결이 제시하는 논거, 채무자의 법률관계를 합리적으로 조정·처리해야 한다는 것은 사법상 일반의 법원칙에 다름 아니며, 채무자회생법 제121조와 제337조의 동일성이 민법 규정의 유추적용을 뒷받침하는 직접적인 논거가 될 수 있는지에 관하여는 의문이 남는다. 그럼에도 쌍방 미이행 쌍무계약에 관하여 민법과 채무자회생법에서 그 요건과 법률효과를 상이하게 규정하고 있는 현 법률상황을 감안할 때, 대상판결의 해석론은 법 적용의 균형과 구체적 타당성이라는 측면에서 불가피한 면이 있다.

나. 수급인의 보수청구권

도급계약이 해제된 경우 해제라는 용어에도 불구하고 그 효력은 장래에 대하여, 미완성 부분에 대하여 실효한다는 의미이다(대법원 1986. 9. 9. 선고 85다카1751 판결; 대법원 1997. 2. 25. 선고 96다43454 판결 등 다수). 도급계약의 특성을 고려하여 해제에 따른 소급효를 제한하는 해석이다. 그 때까지 일의 완성된 부분은 도급인에게 귀속되고, 수급인은 일의 완성된 부분에 대한 보수 및 보수에 포함되지 않은 비용을 청구할 수 있다. 민법 제674조 제1항 2문에서는 도급인의 파산으로 미이행 상태인 도급계약이 해제된 때 도급인에 대해 보수청구권

을 갖는 수급인은 파산재단의 배당에 가입할 수 있다고 규정한다.

수급인이 갖는 보수청구권의 법적 성격이 파산채권인지 재단채권인지 문제될 수 있다. 이에 대해서는 (i) 도급계약 해제시 소급효가 제한되어 그 때까지 완성된 일의 부분에 대하여는 원상회복의 법리가 적용되지 않으므로 채무자회생법 제337조 제2항을 적용할 수 없고 수급인의 보수청구권은 파산채권에 해당한다는 견해, (ii) 채무자회생법 제337조 제2항은 원상회복이 제한되는 도급계약의 특수성까지 고려한 조문이 아니므로 그 의미를 보다 유연하게 해석할 필요가 있는데, 쌍방 미이행 쌍무계약 해제시 상대방의 권리를 재단채권으로 취급하는 동조의 취지 및 완성된 일의 부분이 파산재단에 귀속되어 전체 채권자의 이익에 기여하는 것과의 형평상 수급인의 채권도 재단채권으로 취급함이 타당하다는 견해가 있다[회생절차에 관한 논의로 오민석, "건설회사의 회생절차에 관한 소고", 「도산관계소송」, 한국사법행정학회(2009), 91~92면; 임치용, "건설회사에 대하여 회생절차가 개시된 경우의 법률관계", 「파산법연구4」, 박영사(2015), 40~41면 참조]. 대상판결은 위 (i)의 입장과 같이, 원상회복은 허용되지 않으며, 수급인의 보수청구권은 그 주요한 발생원인이 회생절차개시 전에 이미 갖추어져 회생채권이라고 판단하였다.

채무자회생법 제121조 제2항과 제337조 제2항은 그 문언상 일의 완성된 부분에 대해 해제의 효과가 미치지 않는 도급계약에 관하여 그대로 적용하기 어려운 것이 사실이다. 그럼에도 도급계약의 해제시까지 일의 완성된 부분에 대한 수급인의 보수청구권을 파산채권 또는 회생채권으로 취급함이 과연 타당한가라는 의문이 생기는 이유는 소급효가 제한되는 도급계약 해제의 특수성 및 도산절차 내에서 도급계약이 그대로 존속하는 경우 수급인이 갖는 권리내용과 비교할 때 양자가 균형 있게 취급되어야 한다는 고려 때문일 것이다.

위 (ii)에서 지적한 바와 같이, 채무자회생법 제121조 제2항과 제337조 제2항이 도급계약 해제의 특수성까지 고려하여 입법된 조문이라고 볼 수는 없지만, 이는 입법적으로 해결할 문제이고 현행법의 해석상으로는 부득이하다고 본다. 따라서 민법 제674조 제1항에 기해 미이행 상태인 도급계약이 해제되는 경우, 해제의 소

급효와 그에 기한 원상회복을 전제로 하는 채무자회생법 제337조 제2항 또는 제121조 제2항을 적용할 수 없다고 봄이 타당할 것이다.

4. 여론

가. 손해배상청구의 제한

민법 제674조 제2항에 따르면 파산관재인 또는 수급인이 도급계약을 해제한 경우 각 당사자는 상대방에 대하여 손해배상을 청구할 수 없다. 대상판결의 취지에 비추어볼 때, 회생절차에 대해 민법 제674조 제2항의 유추적용도 인정될 여지가 있다. 그러나 일률적으로 손해배상청구를 할 수 없도록 제한하는 것, 특히 파산관재인이 도급인의 파산을 이유로 도급계약을 해제한 경우 수급인의 손해배상청구를 제한하는 것은 부당하다. 본래 채무자회생법 제121조 제1항에 기해 인정되던 수급인의 손해배상청구권이 민법 규정의 유추적용이라는 해석론에 따라 제한되는 결과 역시 합리적이지 않다.

나. 다른 계약 유형의 경우

대상판결에서 문제된 도급계약 이외에 다른 계약 유형의 경우에도 계약당사자에 대해 회생절차가 개시된 때 채무자회생법을 적용하지 않고 파산절차에 관한 민법 규정의 유추적용을 인정할 것인가. 이는 본질적으로 민법과 채무자회생법에서 쌍방 미이행 쌍무계약의 법률관계를 달리 규율하고 있기 때문에 발생하는 문제이다. 개별적인 유추적용에 의해 당사자의 파산에 관한 민법 규정의 적용범위를 확대하는 것은 바람직하지 않다고 생각한다. 대상판결의 결론과 그 논거에 대한 당부 판단을 넘어, 궁극적으로는 쌍방 미이행 쌍무계약에 관한 현재의 법률상황을 입법적으로 해결할 필요가 있다.

[25] 회생절차에서의 쌍방미이행 쌍무계약의 해제

이민호(서울회생법원 판사)　　대법원 2017. 4. 26. 선고 2015다6517, 6524, 6531 판결

[사안의 개요]

A회사는 B와 영업양도계약을 체결하였는데, A회사의 주주인 C가 위 영업양도에 대하여 반대의사를 표시한 후 상법 제374조의2에 따른 주식매수청구권을 행사하였다. 그에 따라 A와 C 사이에 매매대금을 24억 원으로 하되, 그중 4억 원의 지급을 위 영업양도계약에 따른 양도대금채권의 양도로 갈음하는 내용의 주식매매계약(이하 '이 사건 계약'이라 한다)이 체결되었고, B에 대한 채권양도통지가 마쳐졌다. C는 이 사건 계약에 따른 주권 교부의무의 이행이나 그 이행제공을 위해 아무런 조치를 취한 바가 없다. 잔여 매매대금이 미지급된 상태에서 A가 회생절차 개시결정을 받자, A의 관리인 D는 회생법원의 허가를 받아 채무자회생법 제119조에 의하여 이 사건 계약을 해제하였고, B는 채권자불확지를 이유로 위 4억 원을 공탁하였다. C는 D를 상대로 주위적으로 공탁금출급청구권확인, 예비적으로 4억 원의 손해배상청구권 확인을 구하였고, D는 C를 상대로 공탁금출급청구권확인을 구하였다. 제1심 계속 중 A에 대하여 회생계획 인가결정이 있었으나, 원심 계속 중 회생절차가 폐지되고 파산이 선고되어 파산관재인 E가 D로부터 소송을 수계하였다. 원심은 이 사건 계약이 적법하게 해제되었다는 이유로 E의 청구를 인용하고, C의 청구 중 공탁금출급청구권 확인청구는 기각하였으며, C의 청구 중 손해배상청구는 파산채권의 절차외 행사에 해당한다는 이유로 각하하였다. C가 상고하였다. 상고기각.

[판결요지]

제119조 제1항은 관리인과 상대방 사이에 형평을 유지하기 위한 취지에서 만들어진 쌍무계약의 통칙이므로, 적용을 제외하는 취지의 규정이 없는 이상 상법 제374조의2에 규정된 주식매매계약에도 적용된다. 제119조 제1항의 '그 이행을 완료하지 아니한 때'에는 채무의 일부를 이행하지 아니한 것도 포함되고 이행을 완료하지 아니한 이유는 묻지 아니하는 것이다. 회생절차

가 폐지되기 전에 관리인이 제119조 제1항에 따라 계약을 해제하였다면 그 후 파산절차로 이행되었다고 하더라도 해제의 효력에는 아무런 영향이 없다.

[해설]

1. 서설

도산절차를 원활하고 신속하게 진행하기 위해서는 채무자에 대한 이해관계인의 법률관계를 합리적으로 조정할 필요가 있으므로 법은 여러 특별한 법원칙들을 채택하고 있는바, 그중 하나가 제119조에 규정된 쌍방미이행 쌍무계약에 대한 관리인의 해제권이다. 일반적으로 계약은 당사자가 채무불이행 상태에 있지 않은 한 상대방의 의사에 반하여 해제할 수 없는 것이나 제119조는 이러한 일반 법리와 달리 회생절차 개시만을 원인으로 특유한 해제권을 규정하고 있다.[1]

2. 쌍방미이행 쌍무계약의 해제
가. 의의

법은 채무자가 회생절차 개시 전에 체결한 계약 중 쌍방미이행 상태에 있는 쌍무계약에 대하여는 관리인에게 그 계약의 해제 또는 이행을 선택할 수 있는 권한을 부여하고 있는바, 이는 다수 당사자의 이해관계가 결부된 공동의 집행절차라는 회생절차의 특수성을 고려하여 특별히 인정된 법정해제권으로서[2] 관리인에게 선택권을 부여함으로써 회생절차의 원활한 진행을 도모함과 아울러 상대방 보호를 위한 일련의 규정을 통해 양 당사자 사이에 형평을 유지하고자 하는 데 그 취지가 있다.[3] 회생절차 뿐만 아니라 파산절차에서도 쌍방미이

---

1) 비교법적으로 일본, 미국, 영국, 독일 등 다양한 국가에서 도산절차 계속 중 채무자 측에 쌍방미이행 계약에서 벗어날 수 있는 권리를 부여하고 있으나, 그 이론적 구성과 구체적인 운영방식에 있어서는 차이가 있다(김영주, 도산절차상 미이행 쌍무계약에 관한 연구, 서울대학교 박사학위 논문, 2013, 9~57면).

2) 헌법재판소 2016. 9. 29. 선고 2015헌바28 결정.

행 쌍무계약의 해제권은 인정된다(제335조).

나. 요건

(1) 회생절차 개시 당시 유효하게 성립된 쌍무계약

'쌍무계약'은 쌍방 당사자가 상호 대등한 대가관계에 있는 채무를 부담하는 계약으로서 본래적으로 쌍방의 채무 사이에 성립·이행·존속상 법률적·경제적으로 견련성을 갖고 있어서 서로 담보로서 기능하는 것을 가리킨다.[4] 제119조가 적용대상을 '쌍무계약'으로만 규정하고 있을 뿐 계약의 종류, 성격, 체결경위 등을 제한하지 않고 있고, 법이 임대차계약(제124조 제4항), 단체협약(제119조 제4항) 등의 경우 제119조에 의한 해제를 제한하는 명문의 규정을 두고 있는 점 등을 종합하면, 제119조는 특별한 규정이 없는 한 쌍무계약 일반에 대해 적용된다고 봄이 타당하다.

(2) 쌍방미이행

제119조는 '쌍방미이행'에 대하여 '이행을 완료하지 아니한 때'라고만 규정하고 있을 뿐 미이행의 정도, 내용, 사유 등을 별도로 규율하고 있지 아니하므로, 채무의 일부는 이행되고 일부가 미이행인 경우, 미이행에 채무자의 귀책사유가 있는 경우라도 쌍방미이행에 해당한다. 다만 미이행된 부분이 극히 경미하거나 단순히 부수적인 채무가 미이행된 경우에는 쌍무계약의 대가관계가 유지되고 있다고 보기 어려우므로 해제권을 행사할 수 없다.[5]

(3) 법원의 허가

제119조가 법원의 허가를 요건으로 규정하고 있지는 않으나 실무상 거의 모든 사건에서 제61조 제1항 제4호에 따라 쌍방미이행 쌍무계약의 해제시 미리 법원의 허가를 받도록 결정하고 있고, 제61조 제3항은 관리인이 법원의 허가를 받지 아니한 채 허가대상행위를 한 경우 원칙적으로 무효로 규정하고 있으므로, 법원의 허가 또한 쌍방미이행 쌍무계약의 해제 요건 중 하나로 볼 수 있다.[6][7]

(4) 회생계획안 심리를 위한 관계인집회 종료 전

제119조 제1항 단서에 따라 해제권의 행사는 회생계획안의 심리를 위한 관계인집회가 끝나기 전까지(또는 서면결의에 부치는 결정이 있기 전까지) 하여야 한다. 해제권이 행사되면 상대방은 회생채권자로서 손해배상청구권을 행사할 수 있는데, 심리를 위한 관계인집회 종료 후 해제권을 행사하게 되면 회생채권의 추후 보완신고를 할 수 없게 되어(제152조 제3항) 상대방의 손해배상청구권은 결국 실권될 수밖에 없으므로, 상대방 보호를 위해 해제권 행사의 시기가 제한되는 것이다.[8]

다. 효과

관리인이 계약의 해제를 선택한 경우 상대방은 회생채권자로서 손해배상청구권을 행사할 수 있고(제121조 제1항), 채무자가 받은 반대급부가 현존하는 경우에는 그 반환을, 현존하지 아니하는 때에는 그 가액 상환에 대하여 공익채권자로서의 권리를 갖는다(제121조 제2항). 반면에 관리인이 계약의 이행을 선택한 경우 상대방이 채무자에 대하여 가지는 채권은 공익채권이 된다(제179조 제1항 제7호).

3. 사안에 대한 검토

이 사건 계약에 따라 A는 주식매매대금 지급의무를, C는 주권 교부의무를 부담하는바, 이는 서로 대등한 대가관계에 있는 채무에 해당하므로 이 사건 주식매매계약은 쌍무계약에 해당한다. 비록 A의 귀책사유로 주식매매대금 일부가 지급되지 않았으나, 미이행의 정도나 귀책사유 유무는 쌍방미이행의 인정에 영향이 없다. 법원의 허가와 시기적 요건도 모두 충족한 이상 A의 관리인 D는 제119조에 따라 이 사건 계약을 적법하게 해제할 수 있다.

한편 제119조에 따른 해제권 행사 이후 A에 대해 파산이 선고되었으나, 제288조 제4항이 회생절차가 폐지되는 경우에도 그동안 법률의 규정에 의하여 생긴 효력에 영향을 미치지 아니한다고 규정한 이상 해제의 효력에는 아무런 영향이 없다.

---

3) 대법원 2000. 4. 11. 선고 99다60559 판결.

4) 대법원 2007. 9. 7. 선고 2005다28884 판결.

5) 대법원 2013. 9. 26. 선고 2013다16305 판결.

6) 서울고등법원 2010. 9. 7. 선고 2009나95211 판결은 회생회사 관리인의 제119조에 의한 해제 주장에 대하여 해제권 행사에 대한 회생법원의 허가가 없는 이상 해제는 무효라고 판단하였다.

7) 반면 파산절차에서는 파산관재인이 쌍방미이행 쌍무계약의 이행을 청구하는 경우 법원의 허가를 받아야 하나(제492조 제9호), 해제권의 행사시 허가를 받을 필요가 없다.

8) 서울회생법원 실무연구회 회생사건실무(상) 제5판, 168면.

이 사건 계약이 해제된 이상 C는 원상회복으로 매매대금 지급에 갈음하여 양수받은 채권을 반환할 의무가 있고, 계약의 해제로 인한 손해배상청구권에 대하여는 회생채권자(소송 계속 중 파산이 선고되었으므로 그때부터는 파산채권자)로서 권리를 행사할 수밖에 없다.

4. 결론

대상판결은 제119조가 쌍무계약 전반에 적용되는 통칙적 규정임을 명확히 확인하고, 그 취지와 적용요건을 구체적으로 제시했다는 점에서 그 의미가 있다. 대상판결의 판시는 법 문언에 충실한 해석으로서 타당하다.

[26] 도산절차에서의 미이행 쌍무계약의 요건인 견련성의 의미

배현태(김·장 법률사무소 변호사)　　　　대법원 2007. 3. 29. 선고 2005다35851 판결

[사안의 개요]

1. 사실관계의 개요

A(원고)는 알루미늄새시 시공업체로서 알루미늄새시 제조회사인 B(피고)[1]로부터 알루미늄새시를 공급받는 대리점계약을 체결하였다. 이후 B는 C재개발조합으로부터 아파트 신축공사 중 새시 설치공사를 도급받았고, A를 시공업체로 선정하여 공사하도급계약을 체결하였다. 위 공사하도급계약에 따르면, B가 C조합으로부터 공사대금을 수금하게 되면 ① 대리점계약에 따라 A에게 공급한 물품대금과 ② B가 A의 하청업자들에게 지급한 시공비 등의 비용(A의 하청업자들에 대한 시공비 등을 A가 아닌 B가 직접 지급하기로 약정함)을 공제한 나머지 금액을 A에게 지급하기로 하였다. 그런데 C조합으로부터의 공사대금 수금 실적이 저조하여 공사에 차질을 빚게 되자, A와 B는 A의 하청업자들에 대한 미지급 대금과 향후 시공비 등을 A가 지급하고 향후 B가 수금할 공사대금을 A의 B에 대한 물품대금채무에 변제충당하기로 약정하였다('이 사건 약정'). 이후 B는 1998. 10. 16.까지의 공사대금 수금액으로 A의 물품대금채무에 변제충당하였으나, 그 이후의 공사대금 추가 수금액에 관해서는 상계처리 하지 않은 채 B가 회사정리절차를 신청하였고, 이에 이 사건 분쟁이 발생하였다.

2. 원심의 판단

원심은 A와 B 사이의 '이 사건 약정'이, A가 하청업체들에게 시공비 등을 대위변제할 의무와 B가 공사대금 수금액 중 A의 대위변제액 상당 금원을 A의 물품대금채무에 변제충당할 의무가 서로 대가관계에 있는 쌍무계약이고, 이 쌍무계약이 회사정리법 제103조 제1항 소정의 쌍무계약임을 전제로 판단하였다. 이에 원심은, 관리인에 의하여 해제 또는 해지되지 않은 이상 A가 보

유하는 B에 대한 구상금채권은 회사정리법 제208조 제7호 소정의 공익채권으로 되었으며, 결국 B가 A에 대하여 이 사건 약정에 따라 상계처리된 나머지 구상금채무를 이행할 의무가 있다고 판단하였다. (파기환송)

[판결요지]

구 회사정리법 제103조 제1항 소정의 쌍무계약이라 함은, 쌍방 당사자가 상호 대등한 대가관계에 있는 채무를 부담하는 계약으로서, 본래적으로 쌍방의 채무 사이에 성립·이행·존속상 법률적·경제적으로 견련성을 가지고 있어서 서로 담보로서 기능하는 것을 가리키고, 이와 같은 법률적·경제적 견련관계가 없는데도 당사자 사이의 특약으로 쌍방의 채무를 상환 이행하기로 한 경우는 여기서 말하는 쌍무계약이라 할 수 없다.

[해설]

1. 문제의 소재

미이행 쌍무계약과 관련한 회사정리법 제103조 및 제208조의 규정은 채무자회생법에도 그대로 도입되었다(제119조, 제179조, 제335조, 제473조 등). 그런데 회사정리법은 물론 채무자회생법에도 미이행 쌍무계약에 대한 정의는 없고, 그 포섭 범위는 판례와 학설에 맡겨져 있어 실무적으로는 혼선의 여지가 있어왔다. 그런데, 미이행 쌍무계약 제도는 그 이행이 선택되거나 선택 간주될 경우 상대방의 채권을 공익채권으로 보게 되므로 이해관계인들에게 상당한 영향을 미칠 수 있다. 따라서 대상판결의 사안과 같이 도산절차의 채무자와 상대방이 특약으로서 본래 견련관계가 없는 채무에 대가관계를 설정하여 경제적으로 견련관계를 가지도록 한 경우에까지 미이행 쌍무계약의 법리를 적용할 수 있는지 여부가 문제될 수 있다.

2. 대상판결의 논거

대상판결은 회사정리법 제103조 소정의 쌍무계약

---

1) B는 1998. 12. 16. 회사정리절차가 개시되어, 1999. 7. 23. 그 정리계획안이 인가되었고, 그 후 2003. 1. 24. 회사정리절차가 종결되었다.

은 본래부터 쌍방의 채무 사이에 성립·이행·존속상 법률적·경제적으로 견련성을 가지고 있는 것이어야 한다고 판시하고 있다. 따라서 A와 B 사이의 대리점계약에 따른 물품공급의무와 물품대금 지급의무, 또는 A와 B 사이의 공사하도급계약에 따른 새시공사의무와 공사대금 지급의무는 각각 서로 대등한 대가관계에 있어 본래적으로 법률적·경제적 견련성을 가지고 있다고 할 수는 있으나, A의 시공비 등 대위변제에 따른 B의 구상금 지급의무와 위 대리점계약에 기한 A의 물품대금 지급의무는 성질상 서로 대가적이거나 본래적으로 상환으로 이행되어야 할 성질의 채무라고 할 수 없다고 밝히고 있다. 결국 대상판결은, A와 B가 이 사건 약정을 통하여 위 구상금채권과 물품대금채권을 상계처리하기로 합의하였다 하더라도 그러한 약정을 회사정리법 제103조 소정의 쌍무계약이라고 보기는 어렵다고 판단한 것이다.[2]

3. 검토

판례에 따르면, 미이행 쌍무계약은 쌍방 당사자가 상호 대등한 대가관계에 있는 채무를 부담하는 계약으로서, 쌍방의 채무 사이에는 성립·이행·존속상 법률적·경제적으로 견련성을 갖고 있어서 서로 담보로서 기능하는 것을 가리키는 것으로 규정하고 있다.[3] 이에 따르면, 미이행 쌍무계약에 해당하기 위해서는 먼저 해당 계약은 도산절차개시 당시 유효하게 성립하여 존재하는 쌍무계약으로서 채무자와 상대방이 모두 그 의무의 이행을 완료하지 않은 상태이어야 하며, 이행을 완료하지 않은 채무는 계약의 주된 채무여야 하고 단순히 부수적인 채무에 불과한 경우는 이에 해당하지 않는다. 이 때 주된 급부의무인지 아니면 부수의무인지의 구별은 민법상의 해석론에 따른다.[4]

민법상 쌍무계약의 법률관계에서 쌍방의 채무는 법률적·경제적으로 대가적 견련성을 가지고 서로 담보하는 관계에 있어 민법은 동시이행의 항변권을 부여하여 양자 사이에 공평을 기하고 있다. 바꾸어 말하면 쌍무계약의 기본원리는 각 당사자가 상대방으로부터 일정한 급부를 받기 때문에 자기도 그 대가로서 일정한 급부를 한다는 것이다. 그리고 이러한 쌍무성으로부터 쌍무계약에 있어서 각 채무가 그 발생, 이행 및 존속에 있어서 견련성을 가지게 되는 것이다.[5] 쌍무계약의 당사자 중 일방에 대하여 도산절차가 개시된다 하더라도 위와 같은 법률관계를 존중하여 쌍방을 공평하게 보호하는 한편, 도산절차의 원활하고 신속한 처리와 다른 이해관계인들의 이익을 보호하기 위하여 마련된 것이 미이행 쌍무계약 제도인 것이다.

일반적으로 미이행 쌍무계약은 민법상의 개념과 마찬가지로 각 당사자가 서로 대가적인 의미를 가지는 채무를 부담하는 계약으로 해석되고 있다. 다만 모든 유상계약이라고 하여 모두 미이행 쌍무계약은 아니고 계약 당사자들의 지는 채무의 대가적 견련성에 따라 미이행 쌍무계약인지 여부가 결정된다. 여기서 대가관계라 함은 쌍방의 채무가 법률적·경제적으로 상호 관련성을 가지고 서로 담보시키고 있었던 것을 말한다. 따라서 양자의 채무가 쌍무계약에 기하여 발생하였다는 것만으로는 부족하고, 상호 대등한 대가관계에 있는 채무이어야 하며, 계약상의 채무와 관련이 있다 하더라도 막연한 협력의무에 불과한 것은 이에 해당하지 않는다.[6]

한편, 도산절차에서의 미이행 쌍무계약 제도는 민법이 규정하는 본래적 쌍무계약에만 적용되므로 계약의 성질상 대가성을 가지고 있지 아니함에도 불구하고 당사자 사이에 특정 채무를 대가관계에 서는 것으로 합의한 경우에는 적용되지 아니한다.[7] 미이행 쌍무계약 제

---

2) 정성태, "구 회사정리법 제103조 제1항에 정한 '쌍무계약'의 의미 및 법률적·경제적 견련관계가 없는 쌍방의 채무에 대하여 상환 이행하기로 하는 당사자 사이의 특약이 있는 경우 쌍무계약에 해당하는지 여부(소극)", 대법원판례해설 68호(2007. 12.), 288~298면.

3) 대법원 2002. 5. 28. 선고 2001다68068 판결; 박재완, "도산법 분야의 최신 판례와 실무례, 인권과 정의 383호, 대한변호사협회, 27면; 이은재, "한국과 미국의 회생절차에서의 미이행계약에 대한 비교", 사법 35호, 사법발전재단(2016), 268면.

4) 김영주, "미이행 쌍무계약에 대한 민법과 채무자회생법의 규율: 해석론 및 입법론에 대한 비판적 검토를 중심으로", 민사법학 70호, 한국사법행정학회(2015), 488면.

5) 정영수, "도산절차상 미이행쌍무계약에 관한 연구", 민사소송 : 한국민사소송법학회지 vol. 13-2, 한국사법행정학회(2009), 278~279면.

6) 대법원 1994. 1. 11. 선고 92다56865 판결.

7) 대법원 2007. 9. 7. 선고 2005다28884 판결; 임치용, "회사정리절차와 쌍무계약", 사법논집 36집, 대법원 법원행정처(2003), 298면.

도는 일정한 쌍무계약의 상대방의 채권을 공익채권으로 격상시켜 인정함으로써 이해당사자 간의 권리의 우선순위를 정하는 강행규정이므로 그 적용범위는 엄격하게 해석하여야 하고, 계약 당사자의 의사에 따라 적용범위를 달리하는 것은 도산절차의 명확하고 통일적인 진행을 도모하고자 하는 입법취지에 어긋날 뿐만 아니라 다른 이해관계인들과의 형평의 관점에서 보아도 부적절하기 때문이다.[8]

결국 쌍무계약 여부를 판단함에 있어서는 계약의 성질·내용 등의 객관적 기준에 의하되, 양 당사자의 공평의 견지에서 대가관계에 있는지, 서로 담보시하고 있는지 및 상대방과 다른 이해관계인과의 공평의 견지를 종합적으로 고려하여 미이행 쌍무계약에 해당하는지를 결정하여야 한다.

대상판결은 우리나라 도산절차가 마련한 미이행 쌍무계약의 제도적 의의와 도산절차에서의 이해관계인 보호라는 가치를 다시 한번 곱씹어 보게 하는 판례이다.

4. 여론 — 참고 판례
가. 대법원 1994. 1. 11. 선고 92다56865 판결 (공유수면매립허가의 양도와 공사협조약정)

회사와 상대방의 채무는 쌍무계약상 상호 대등한 대가관계에 있는 채무를 의미한다 할 것이고 계약상의 채무와 관련이 있다 하여도 신청인이 주장하는 막연한 협력의무는 특정조차 되지 아니하여 가사 미이행의 경우에도 이를 소구할 수 있는 것도 아니어서 이러한 부수적인 채무는 이에 해당하지 아니한다고 본 사례.

나. 대법원 2000. 4. 11. 선고 99다60559 판결 (공동도급현장 경리약정)

정리회사 등 건설사들이 공동수급업체를 구성하고 원고가 먼저 공사자금을 조달·집행한 후 회원사에 분담금을 청구하기로 하는 경리약정을 체결한 사안에서, 경리약정에 따라 원고가 공사자금을 지출할 의무와 회원사인 정리회사가 분담금을 상환할 의무가 서로 대가

적 의미를 갖는 채무라고 보기 어려워 해당 경리약정을 회사정리법 제103조 소정의 쌍무계약이라고 볼 수 없다고 본 사례.

다. 대법원 2002. 5. 28. 선고 2001다68068 판결 (아파트 공급계약)

아파트 수분양자가 중도금과 잔금 납부를 지연할 때에는 소정의 가산금을 납부하고, 반면 분양자가 입주예정기일에 입주를 시키지 못할 때에는 소정의 지체상금을 지급하기로 하는 내용으로 체결된 아파트 분양계약은 회사정리법 제103조 소정의 쌍무계약에 해당한다고 본 사례.

라. 일본 도쿄고등재판소 1981. 5. 14. 선고 昭和 55(ネ)2599 판결

"회사갱생법 제103조에서 말하는 쌍무계약에서 계약의 쌍방 당사자가 부담하는 대가적 의의를 갖는 채무라고 함은 민법이 규정하는 본래적 의의의 쌍방의 채무를 말하고, 전기와 같이 소유권의 이전 내지 소유권이전등기(등록)절차의 이행과 구상채권의 이행을 대가관계에 서는 것으로서 상환급부하기로 하는 합의를 하였어도, 이러한 합의를 가지고 동조에서 말하는 쌍무계약이라고 할 수는 없다. 항소인이 주장하는 바와 같이 항소인이 갱생회사에 대하여 가지는 본건 구상채권을 회사갱생법 제103조의 쌍무계약 관계에 있는 채권으로 포함시키고, 위 구상채권을 갱생회사에 대한 채권 중 최우위에 있는 공익채권(회사갱생법 제208조 제7호)으로 취급하는 것은, 갱생회사에 대한 채권자 간의 형평을 현저히 잃게 되어, 결과적으로도 부당하다고 하지 않을 수 없다."

---

8) 박병대, "파산절차가 계약관계에 미치는 영향", 파산법의 제문제(상) 재판자료 82집, 법원도서관(1999), 438면; 이민호, "회생절차에서의 쌍방미이행 쌍무계약의 해제, 재판과 판례 제27집, 대구판례연구회(2016), 193면.

[27] [1] 쌍방미이행 쌍무계약의 이행선택과 기성공사 대금청구권
[2] 공익채권을 정리채권으로 신고한 경우의 취급

박정호(법원행정처 사법등기국장)　　　　대법원 2004. 8. 20. 선고 2004다3512, 3529 판결

[사안의 개요]

수급인 X가 공사를 수행하던 중, 도급인 Y에 대하여 회사정리절차가 1998. 7. 6. 개시되었다. X가 1998. 8. 8. 미지급 기성공사대금에 대하여 정리채권으로 신고하였고 그 후 정리계획안에 따라 미지급 공사대금 일부를 지급받았다. 한편 X는 1998. 8. 24. 구 회사정리법 제103조 제2항 전문에 따라 Y의 관리인에 대하여 도급계약의 해지 또는 이행 여부에 대한 확답을 최고하였다. Y의 관리인이 X의 최고에 대하여 30일 내에 확답하지 아니하여, 구 회사정리법 제103조 제2항 후문에 따라 해지권을 포기하고 채무의 이행을 선택한 것으로 간주되었다. Y는 2003. 6. 19. 회사정리절차 종결결정을 받았다.

원심은 X의 기성공사 대금청구권에 대하여 구 회사정리법 제208조 제7호에 의한 공익채권이라고 판단하였다. Y가 상고하였다. 상고기각.

[판결요지]

[1] 기성공사부분에 대한 대금을 지급하지 못한 상태에서 도급인인 회사에 대하여 회사정리절차가 개시되고, 상대방이 정리회사의 관리인에 대하여 회사정리법 제103조 제2항에 따라 계약의 해제나 해지 또는 그 이행의 여부를 확답할 것을 최고했는데 그 관리인이 그 최고를 받은 후 30일 내에 확답을 하지 아니하여 해제권 또는 해지권을 포기하고 채무의 이행을 선택한 것으로 간주될 때에는 상대방의 기성공사부분에 대한 대금청구권은 같은 법 제208조 제7호에서 규정한 '법 제103조 제1항의 규정에 의하여 관리인이 채무의 이행을 하는 경우에 상대방이 가진 청구권'에 해당하게 되어 공익채권으로 된다.

[2] 회사정리법 제145조에 의하면, 확정된 정리채권과 정리담보권에 관하여는 정리채권자표와 정리담보권자표의 기재는 정리채권자, 정리담보권자와 주주의 전원에 대하여 확정판결과 동일한 효력이 있다고 규정하고 있는바, 여기서 확정판결과 동일한 효력이라 함은 기판력이 아닌 확인적 효력을 가지고 정리절차 내부에 있어 불가쟁의 효력이 있다는 의미에 지나지 않는 것이므로, 공익채권을 단순히 정리채권으로 신고하여 정리채권자표 등에 기재된다고 하더라도 공익채권의 성질이 정리채권으로 변경된다고 볼 수는 없고, 또한 공익채권자가 자신의 채권이 공익채권인지 정리채권인지 여부에 대하여 정확한 판단이 어려운 경우에 정리채권으로 신고를 하지 아니하였다가 나중에 공익채권으로 인정받지 못하게 되면 그 권리를 잃게 될 것을 우려하여 일단 정리채권으로 신고할 수도 있을 것인바, 이와 같이 공익채권자가 자신의 채권을 정리채권으로 신고한 것만 가지고 바로 공익채권자가 자신의 채권을 정리채권으로 취급하는 것에 대하여 명시적으로 동의를 하였다거나 공익채권자의 지위를 포기한 것으로 볼 수는 없다.

[해설]

1. 문제의 소재

공사도급계약의 수급인이 공사 중 일부만을 완성한 상태에서, 도급인에 대하여 회사정리절차가 개시되는 경우가 종종 있다.

첫째 쟁점은, 일부만 완성된 공사부분, 즉 기성공사부분의 대금청구권을 공익채권으로 취급할 것인가, 아니면 정리채권으로 취급할 것인가이다.

둘째 쟁점은, 기성공사 대금청구권의 성질을 공익채권으로 보더라도, 수급인이 이를 정리채권으로 신고하고 정리채권으로 정리채권자표에 기재된 경우, 채권의 성질이 정리채권으로 변경되는지, 아니면 공익채권의 성질을 여전히 유지하는지에 있다.

2. 대상판결의 논거

첫째 쟁점에 관하여, 대상판결은 쌍방미이행 쌍무계약의 이행선택에 따라 기성공사 대금청구권이 공익채권으로 취급된다고 판단하였다.

쌍방미이행 쌍무계약의 이행선택이 가능하기 위해서는, 쌍무계약의 양쪽 채무 모두가 미이행 상태여야 한다.[1]

대상판결의 논거는, 수급인의 공사이행채무가 원칙적으로 불가분이므로, 쌍방미이행 쌍무계약의 법리 적용을 위해 수급인의 공사이행채무가 미이행 상태에 있는지를 판단함에 있어서도, 전체 공사를 기준으로 하여야지, 기성부분만을 구별하여 이를 기준으로 할 수는 없다는 것이다. 기성공사 대금청구권이 이미 발생하였다거나, 기성고에 따라 대금을 지급받기로 하는 약정이 존재한다고 하더라도, 전체 공사를 기준으로 아직 이행이 완료되지 않았다면 미이행 상태로 보아야 한다는 것이다.

대상판결이 언급한 대법원 2003. 2. 11. 선고 2002다65691 판결도 이번 사례와 유사한 경우로서 같은 논리이다.

둘째 쟁점에 관하여, 대상판결은 정리채권으로 신고되거나 정리채권자표에 기재되더라도, 그 성질은 여전히 공익채권으로 유지된다고 판단하였다.

기존 대법원 2003. 5. 30. 선고 2003다18685 판결의 논거를 인용하였는데, 즉 회사정리법에서 정리채권자표 기재의 효력을 확정판결과 동일하다고 인정하고 있지만, 그 효력은 확인적 효력에 불과하거나 회사정리절차 내의 불가쟁력에 불과하므로, 정리채권자표에 기재된 사정만으로 공익채권의 성질이 정리채권으로 변경되지는 않는다는 것이다.

또한 회사정리절차 실무상의 사정도 논거로 들었다. 즉, 공익채권자로서는 자신의 채권이 공익채권인지, 정리채권인지 불분명한 상태에서, 신고누락에 따른 실권을 방지하기 위하여 정리채권으로도 예비적으로 신고하는 경우가 있으므로, 이러한 실무를 고려하면 정리채권 신고만으로는 공익채권자의 지위를 포기하거나 정리채권으로 취급되는 것에 동의한 것으로 보기에 부족하다는 것이다.

3. 첫째 쟁점에 대한 검토

대상판결의 논거 및 결론은 타당하다.[2] 이에 몇 가지

논리를 보충하고자 한다.

첫째, 사건마다 구체적, 개별적 판단이 필요하다.

대상판결의 주된 논리는 수급인 공사이행채무의 불가분성이다.[3] 그런데 대상판결에서도 표현하였듯이, "원칙적"으로 불가분적인 것이고, 구체적, 개별적 사건마다 불가분성은 달리 판단될 수 있다. 경우에 따라서는 불가분성이 부정되고, 최초 계약내용이나 그 이후 변경계약의 내용에 따라 기성부분만을 구별하여 이행완료 여부를 판단할 수 있는 사건도 생길 수 있다.

이 사건에서 전체 공사의 불가분성이 인정된 이유는, 기성부분에 대하여 따로 떼어내 이행완료를 인정할 수 없기 때문이다. 기성부분에 대하여 ① 도급인의 대금지급의무, ② 수급인의 공사이행의무, 즉 ①, ②의 양 채무 모두 미이행 상태였다.

다시 말해, 도급인은 아직 대금을 지급하지 않은 상태였다. 또한 수급인은 기성에 한정하여 완성하기만 하였을 뿐, 아직은 기성을 도급인에게 인도하거나 또는 기성의 처분권한을 도급인에게 종국적으로 귀속시키지 못했다.[4]

도급인의 입장에서, 자신이 수급인에게 기성에 상응하는 대금을 지급하기로 약정하였다고 하더라도, 이러한 약정은 대금지급의 방법 및 시기를 정한 것에 불과한 것이 보통이다. 도급인이 기성대금 지급을 약정하였다는 사정만으로, '수급인이 공사이행채무를 완료하였음'을 도급인이 인정한 것이라고 단정할 수는 없다.

쌍무계약의 특성을 고려하면, 도급인의 입장에서 기성공사만의 이행완료를 분리하여 인정할 수 있는 경우는, 기성공사만으로도 별도의 완성물이 되어 이를 인도받거나 그 처분권한을 이전받는 것이 법률적, 경제적 의미를 가지는 때일 것인데, 이러한 경우가 통상적으로 많지는 않을 것이다.

대상판결이 언급한 원심이나 대법원 2003. 2. 11. 선고 2002다65691 판결의 이유에는, 중간공정을 완료할

---

[1] 대법원 1998. 6. 26. 선고 98다3603 판결(미이행 상태에는 일부 미이행도 포함되고 미이행의 이유는 불문).

[2] 최종길, 대법원판례해설 52호(2005. 6.), 193~206면.

[3] 대법원 1995. 8. 22. 선고 95다1521 판결(일방의 여러 의무가 포괄하여 상대방의 여러 의무와 대가관계에 있는 경우, 쌍방의 여러 의무 사이에 동시이행관계를 긍정).

[4] 대법원 2001. 10. 9. 선고 2001다24174, 24181 판결(건물이 완공되어 인도된 경우, 쌍방미이행 쌍무계약에 관한 구 파산법 제50조의 적용을 부정).

때마다 기성고를 확정하고 대금을 지급하기로 약정하였다면 분리 이행완료로 평가가능하다는 취지의 부분이 있다. 중간공정 완료와 기성고 확정의 사정 외에 중간공정의 인도 또는 처분권한 이전의 논리까지 이르러야 할 경우가 많을 것이다.

둘째, 기성공사 대금청구권을 공익채권으로 취급하지 않고 정리채권으로 취급하더라도, 기성부분이 회사정리에 필요한 경우에는 구 회사정리법 제112조에 따라 법원의 허가를 얻어 변제되는 경우가 실무상으로는 많을 것이다.

경우에 따라서는 기성부분이 아직은 도급인의 재산에 속하지 않을 것이므로, 수급인이 구 회사정리법 제62조에 따라 환취권을 행사하여 도급인을 압박할 수도 있을 것이다. 또한 경우에 따라 수급인이 기성부분에 대하여 유치권을 행사하여 정리담보권으로 취급해달라고 주장할 수도 있을 것이다.

결국 공익채권으로 취급받든지, 다른 채권으로 취급받든지, 기성부분이 회사정리에 필요한 경우라면, 실무에서 기성공사 대금청구권의 변제 액수나 시기는 큰 차이가 없을 수 있다.

4. 둘째 쟁점에 대한 검토

대상판결의 논거 및 결론은 타당하다.[5] 이 부분에 대하여도 몇 가지 논리를 보충하고자 한다.

첫째, 공익채권의 특성이 강조될 필요가 있다.

구 회사정리법 제209조에 따라 공익채권은 정리절차에 의하지 아니하고 수시로 변제되고, 정리채권과 정리담보권에 우선하여 변제된다.

또한 정리채권자표, 정리담보권자표 기재 효력의 인적 범위는 구 회사정리법 제145조에 따라 정리채권자, 정리담보권자, 주주 전원에 한정된다. 그 효력의 인적 범위 안에 공익채권자는 없다.

정리채권자표 등을 기초로 권리변경된 정리계획의 효력이 미치는 인적 범위도 구 회사정리법 제240, 242, 245조에 따라 회사, 정리채권자, 정리담보권자, 주주 전원 등까지이고, 공익채권자는 포함되지 않는다.

따라서 공익채권의 특성이나 정리채권자표 기재 효력의 인적 범위를 고려하면, 공익채권이 정리채권자표에 기재된 사정만으로 공익채권의 성질을 잃고 정리채권으로 변경된다고 볼 수는 없다.

참고로, 공익채권자가 정리계획과 별도로 변제기 유예에 대하여 합의하고, 다만 이를 정리계획에 형식상 포함시켜 기재하는 경우가 있다. 공익채권의 변제기 유예의 효력은 합의에 의한 것이지, 정리계획의 효력에 의한 것은 아니다.[6] 실무상 이러한 경우 합의서가 정리계획에 별첨된다.

둘째, 공익채권자가 포기 또는 동의한 것으로 인정할 수 있는지는 의사표시 해석의 문제이다.

회사정리절차 내의 절차적 행위인 정리채권 신고에 대하여, 거기에 부여되는 절차적 효과를 넘어서, 공익채권 포기, 정리채권 취급으로의 동의 효과까지 인정하려면, 동일한 채권을 공익채권으로 행사하면서 동시에 정리채권으로 신고할 수는 없다는, 즉 공익채권의 행사와 정리채권의 신고는 양립불가능하다는 점까지 전제되어야 한다. 보통의 경우, 공익채권자의 의사표시는 양립가능한 것으로 해석될 것이다.

---

5) 유사사례로 대법원 2007. 11. 30. 선고 2005다52900 판결.

6) 참고사례로 대법원 1991. 3. 12. 선고 90누2833 판결.

[28] 쌍방미이행 계약 해제에 따른 상계와 동시이행항변

김성용(성균관대학교 법학전문대학원 교수)　　　　　**대법원 1998. 6. 26. 선고 98다3603 판결**

[사안의 개요]

피고 회사와 A사 사이에서 피고는 소정의 플랜트를 제작하여 A사가 지정하는 장소에 설치하고, A사는 그 대금을 지급하기로 하는 내용의 본건 계약이 체결되었다. 그에 따라 피고는 플랜트를 제작하였으나 A사가 장소를 지정하지 아니하여 설치를 못하였고, A사는 대금 중 일부를 지급하였으나 나머지는 지급하지 아니한 상태에서, A사에 대한 정리절차가 개시되어 원고가 관리인으로 선임되었다. 원고는 A사에 대한 채권신고기간 만료 후에 본건 계약을 해제하며 그에 따른 원상회복으로 기지급 대금의 반환을 구하는 본건 소를 제기하였다. 피고는 본건 계약이 불이행된 데 따른 손해배상으로 A사가 위 대금에서 플랜트를 고철로 처분하여 회수한 금액을 공제한 금액 상당을 지급할 의무가 있으므로, 이를 자동채권으로 하여 상계한다는 취지의 상계항변과 이 금액을 지급받을 때까지 기지급 대금의 반환을 거절한다는 취지의 동시이행항변을 제출하였다. 대법원은 아래 판결요지 1항의 이유로 원고의 본건 계약 해제가 유효하다고 인정한 후에, 2항의 이유로 상계항변을 배척하고, "정리채권은 정리절차에서 인가된 정리계획안에 따라 그 권리를 행사할 수 있을 뿐"이라는 이유로 동시이행항변을 배척한 원심 판단이 옳다고 하였다. (상고기각)

[판결요지]

1. 회사정리법 제103조 제1항은 쌍무계약에 관하여 회사와 그 상대방이 모두 정리절차 개시 당시에 아직 그 이행을 완료하지 아니한 때에는 관리인은 계약을 해제 또는 해지할 수 있다고 규정하고 있는데, 이 규정 중 '이행을 완료하지 아니한 때'에는 채무의 일부 미이행도 포함되고, 그 이행을 완료하지 아니한 이유는 묻지 아니한다.

2. 회사정리법 제104조 제1항은 제103조 제1항에 의하여 계약이 해제된 때에는 상대방은 손해배상에 관

하여 정리채권자로서 그 권리를 행사할 수 있다고, 제162조 제1항은 정리채권자가 정리절차 개시 당시 회사에 대하여 채무를 부담하는 경우에 채권과 채무의 쌍방이 정리채권의 신고기간 만료 전에 상계할 수 있게 되었을 때에는 그 기간 내에 한하여 정리절차에 의하지 아니하고 상계할 수 있다고 각 규정하고 있지만, 상대방이 신고기간 내에 손해배상채권에 관하여 정리채권 신고를 한 바 없다면 위 채권이 있음을 내세워 상계 주장 등을 할 수는 없다.

[해설]

1. 쌍방미이행 계약의 해제와 미이행의 이유

채무자회생법은 채무자의 관리인 또는 파산관재인(이하 "관리인등")이 이른바 쌍방미이행 계약, 즉 채무자와 상대방 모두가 도산절차 개시 당시에 아직 이행을 완료하지 아니한 계약을 해제 또는 해지할 수 있다고 규정한다(제119조 제1항, 제335조 제1항). 이처럼 도산한 채무자측이, 도산을 이유로 자신의 계약상 채무를 불이행하는 것을 넘어, 상대방의 채무불이행이 없음에도 계약을 해제하는 것까지를 허용하는 규정은 입법론적으로 정당화되기 어렵다고 할 것이지만,[1] 이 규정의 해석론상 미이행의 이유와 관련한 제한을 설정할 근거란 없음이 명백하다. 대상판결의 사안에서 채무자인 A사에 대한 정리절차 개시 당시에 상대방인 피고가 본건 계약상 채무의 이행을 완료하지 못한 데에는 아무런 귀책사유도 없으며 오히려 설치장소를 지정하여주지 아니한 A사에게 귀책사유가 있을 따름이지만, 따라서 민법상으로는 A사가 본건 계약을 해제할 아무런 근거도 없지만, 그럼에도 불구하고 구 회사정리법 규정에 따라 관리인인 원고가 이를 해제할 수 있다고 대상판결이 판단한 것은 정당하다고 볼 수밖에 없다.[2]

---

1) 이에 관하여는 우선, 김성용, "도산절차에서의 쌍무계약의 처리와 관련한 두 가지 의문", 비교사법 36호(2007), 51~60면 참조.

2. 계약 해제에 따른 쌍방 채권의 상계

일반적으로 계약이 해제되면 계약상 채무의 전부 또는 일부를 이행한 당사자는 상대방에 대하여 원상회복을 청구할 수 있으며, 한편으로 일방 당사자의 채무불이행으로 인하여 손해를 입은 상대방은 그 배상을 청구할 수 있는데, 채무자회생법에 따라 관리인등이 계약을 해제한 경우라 하여 이러한 계약 해제의 효과 측면에서 달라지는 것은 없다. 이는 채무자회생법이 상대방의 원상회복청구권과 손해배상청구권의 취급에 관한 규정(제121조, 제337조)을 두고 있는 점만에 비추어보더라도 명백하다. 요컨대 상대방은 관리인등의 해제권 행사에 의하여 자신의 의사와는 무관하게 계약이 해제되는 상황에 처하게 될 수는 있지만, 스스로 계약을 해제하였을 경우보다 불리한 상황에 처하게 되는 것은 아니다.

이처럼 계약이 해제된 경우에 상대방은 채무자측에 대한 원상회복청구권 및 손해배상청구권과 채무자측의 자신에 대한 원상회복청구권을 (전자와 후자가 같은 종류의 채권인 한에 있어서는) 원칙적으로 상계할 수 있다고 보아야 한다. 이에 대하여는, 상대방은 채무자에 대한 도산절차 개시 후에 관리인등의 계약 해제에 의하여 원상회복의무를 부담하게 된 것인데, 채무자회생법상 회생채권자 또는 파산채권자(이하 "도산채권자")가 도산절차 개시 후에 채무자에 대하여 채무를 부담하게 된 때에는 상계하지 못한다(제145조 제1호, 제422조 제1호)는 등의 이유로, 상대방이 회생채권 또는 파산채권인 손해배상청구권과 원상회복의무를 상계하는 것은 허용되지 아니한다고 보는 견해도 있는 듯하다. 이 견해에 따르면, 대상판결의 사안과 같은 경우에 설령 상대방이 채권신고기간 내에 상계를 하였더라도 이는 무효이므로, 상대방이 회생채권자로서나마 손해배상채권에 관한 분배를 받으려면 기지급 대금을 전부 반환하여야 한다는 결과로 된다. 그러나 이러한 결과는 직관적으로만 보더라도 현저히 균형을 잃은 것일 터이다.[3] 민법상 동시이행관계에 있는 양 채무의 상계는 그 발생 시기와 관련한 제한을 받지 아니하고 허용된다고 할 것인데,[4] 도산절차에서라 하여 그와 다른 이치가 적용되어야 할 까닭은 없다. 대상판결의 판시도, 반드시 명백한 것은 아닌 듯하나, 그러한 상계가 허용됨을 전제하고 있다고 볼 것이다.[5]

3. 상계와 채권 신고

대상판결은 "상대방이 신고기간 내에 손해배상채권에 관하여 정리채권 신고를 한 바 없다"는 점을 상계항변을 배척하는 근거로 제시하고 있으나, 이는 의문이다.[6] 채무자회생법상 회생채권자는 채권신고기간 만료 전에 상계할 수 있지만, 이를 위하여 우선 회생채권 신고를 하여야 하는 것은 아니라는 점은 제144조 제1항의 "회생절차에 의하지 아니하고 상계할 수 있다"는 문언에 비추어 명백하며, 이는 구 회사정리법하에서도 마찬가지이다. 한편으로 기간 만료 전에 채권 신고를 하였다고 하여 그 후에 상계를 할 수 있는 것도 물론 아니다.

대상판결의 사안에서는 원고가 채권신고기간 만료 후에 본건 계약을 해제함으로써 피고가 그 전에 손해배상청구권을 정리채권으로 신고하거나 이를 자동채권으로 하여 상계를 하지 못하였다. 물론 피고가 재빨리 원고에게 본건 계약의 이행 또는 해제에 관한 확답을 최고하였더라면 그러한 결과를 피할 수 있었던 것으로는 보

---

2) 대상판결의 사안에서는 상대방인 피고의 상계가 인정되지 아니하였지만, 뒤에서 살피는 바와 같이 일반적으로는 그러한 상계가 인정된다고 본다면, 기실 관리인등에 의한 계약 해제를 허용한다고 하여 상대방에게 특별히 불리할 것도 없다. 그러나 상대방의 채권이 채무자의 채권과 같은 종류가 아니어서 상계할 수 없는 경우에는 사정이 다를 수 있다. 그러한 대표적인 사례로는, 대법원 2017. 4. 26. 선고 2015다6517, 6524, 6531 판결 참조.

3) 물론 이 견해를 취하는 입장에서는 이처럼 일방적으로 상대방에게는 불리하고 도산한 채무자측에는 유리한 결과야말로, 적어도 채무자의 "회생"을 목적으로 하는 회생절차에서는, 바람직한 것이라고 생각하는지도 모른다. 그러나, 회생절차의 목적에 관한 일종의 오해는 별론으로 하고, 이러한 상계의 금지가 항상 채무자측에 유리하기만 한 것은 아니리라는 점은, 대상판결의 사안과는 반대로, 상대방의 손해배상청구권보다 채무자측의 원상회복청구권의 가치가 큰 경우를 생각하여 보면 쉽게 드러난다(채무자회생법 제145조 각호에 따른 상계 금지는 회생채권자에게만 적용되는 것이 아니므로, 그러한 경우에는 관리인이 상계하면 된다고 볼 수 있을 것도 아니다).

4) 대법원 1993. 9. 28. 선고 92다55794 판결 등 참조.

5) 임치용, "도산절차에서 조건부채권에 관한 상계", 파산법연구 5(2020), 358면 참조.

6) 임치용, "회사정리절차에서 상계와 채권의 신고 요부", 파산법연구 4(2015), 1~10면 참조.

이지만,[7] 일반적으로 그러한 결과가 바람직하다고 보기는 어려울 것이다. 이에, 구 회사정리법과는 달리, 채무자회생법 제153조 제1항은 "신고기간이 경과한 후에 생긴 회생채권…에 관하여는 그 권리가 발생한 후 1월 이내에 신고하여야 한다"라는 규정을 두고 있다. 나아가, 동조 제2항에 의하여 준용되는 제152조 제3항 제1호에 따르면 이 경우에도 회생계획안 심리를 위한 관계인집회가 끝난 후에는 신고하지 못한다고 해석될 듯하나, 판례는 "회생채권자가 회생법원이 정한 신고기간 내에 회생채권을 신고하는 등으로 회생절차에 참가할 것을 기대할 수 없는 사유가 있는 경우에는 위 제152조 제3항에도 불구하고 회생채권의 신고를 보완하는 것이 허용되어야 한다"는 입장을 취하고 있다.[8] 따라서 채무자회생법하에서는 대상판결의 사안과 같은 경우에 상대방이 손해배상청구권을 회생채권으로 신고할 수 있을 것이다. 다만 이 경우에 상대방이 상계를 하는 것까지가 허용되는지는 명백하지 아니하다.

4. 계약 해제에 따른 쌍방 채무의 동시이행

민법상 인정되는 동시이행항변은 일방 당사자에 대한 도산절차가 개시된 경우에도 인정되어야 한다. 일방이 무자력 상태에 빠진 경우에 그에 따른 위험, 즉 자신의 채권은 그로 인하여 만족을 얻을 수 없게 되었음에도 자신의 채무는 여전히 계약대로 이행하여야 하는 위험을 상대방이 회피할 수 있게 하려는 데 동시이행항변을 인정하는 취지가 있다는 점에 비추어볼 때, 이는 당연한 것이다. 도산절차 개시라는, 일방의 무자력위험이 가장 극적으로 드러나는 사건이 있었음에도, 오히려 바로 그 경우에 상대방이 동시이행항변을 할 수 없게 된다는 것은 법체계의 자기모순일 터이다. 대상판결은 민법상 인

정되어야 할 피고의 동시이행항변을 배척한 원심 판단을 아무런 이유 설시도 없이(심지어는 통례와 달리 원심의 설시를 일단 그대로 기술하지도 아니하고) 그저 옳다고만 언급하고 있는데, 이는 납득하기 어렵다. 요컨대, 대상판결의 사안에서 피고는 본래 손해배상청구권과 원상회복의무를 대등액에서 상계한 후에 그 잔액의 청구권을 정리채권자로서 행사할 수 있었을 것인데, 설령 그러한 상계가 기술적 이유로 불가능하게 되었다 하더라도, 정리채권자로서 손해배상청구권에 관한 분배를 받지 아니함에도 원상회복의무는 이행하여야 하는 상황에 놓이게 된다고 볼 수는 결코 없는 것이다.

이처럼 채무자에 대한 도산절차가 개시된다고 하여 동시이행항변권이 부착된 채권을 보유하고 있던 채권자가 이를 박탈당하고 도산채권자로서만 채권을 행사할 수 있게 되는 것은 아니지만, 반대로 동시이행관계에 있는 반대채무를 이행하지 아니하고 도산채권자로서 분배를 받을 수 있는 것도 아님은 물론이다. 이는 민사집행절차에서 채권자의 반대의무 이행이 집행개시요건인 것에 비견될 수 있을 것이다. 따라서, 대상판결의 사안에서 피고가 기간 내에 정리채권을 신고하였더라도, 원상회복의무를 (상계 등의 방식으로) 이행하지 아니하고 A사의 정리계획에 따른 분배를 받을 수는 없었을 것이다.[9]

---

7) 이와 관련하여 대상판결은 "이 사건의 경우에는 피고가 이와 같은 최임권을 행사하지 아니한 탓으로 정리채권 신고기간 내에 피고 주장의 정리회사에 대한 손해배상채권에 관한 권리신고를 하지 못하게 되어 정리채권자로서 권리를 행사하거나 상계 주장 등을 할 수 없게 된 것이므로, 정리회사의 관리인인 원고의 계약 해제로 피고만이 원상회복의무를 부담하게 되는 결과가 되었다고 하더라도, 원고의 이 사건 청구가 권리남용이며 신의칙에 반한다고 단정할 수는 없다"고 하였다.

8) 대법원 2018. 7. 24. 선고 2015다56789 판결 참조. 이 판결은 대상판결과 같이 관리인의 계약 해제가 늦게 있었던 사안에 대한 것이다.

9) (채무자의 책임재산 일반으로부터 만족을 얻을 청구권을 확정한다는 의미에서의) 도산절차의 청산적 성격을 고려하면, 동시이행항변권이 부착된 채권에의 분배 여부를 계속하여 미확정인 상태로 둘 수는 없다. 따라서 일정 시점까지, 예컨대 회생절차에서라면 회생계획안 심리를 위한 관계인집회 기일까지, 채권자가 동시이행항변을 하는 경우에는 그 채권은 확정적으로 분배의 대상에서 제외되는 것으로 처리할 필요가 있을 것이다. 한편으로 채무자측에서 자신의 채무를 (상계 등의 방식으로) 이행하고 반대채무의 이행을 구하는 것이 오히려 유리한 경우도 있는데, 그 경우에 그러한 선택을 하는 것은 물론 허용될 것이다.

[29] 회사정리법 제103조 제1항[1])의 '쌍무계약' 및 '그 이행을 완료하지 아니한 때'의 의미

김선경(법무법인 율촌 변호사)

대법원 2003. 5. 16. 선고 2000다54659 판결

[사안의 개요]

소외 A는 1997. 4. 9. 소외 甲 및 소외 乙과 사이에, 甲이 발행할 액면 금 5,000원인 보통주식 1,050,000주(이하 '이 사건 주식'이라 한다)를 인수하기로 약정(이하 '이 사건 주식인수계약'이라 한다)하는 한편, 乙 및 소외 丙과 사이에 주식옵션계약을 체결하고 乙 및 丙은 위 주식옵션계약에서 정한 바에 따라 A에게 이 사건 주식에 대하여 풋옵션(put option)을 부여하기로 약정하였다.

위 주식옵션계약에 의하면, 풋옵션은 2000. 4. 10. 자동 행사되는 것으로 간주하되, 甲, 乙 또는 丙에 대하여 해산, 파산, 회사정리 등 절차가 개시될 경우 A가 보유한 풋옵션은 특별한 의사표시 없이 위의 사실이 가장 먼저 발생한 날의 전날에 행사된 것으로 간주되고, 이와 같이 풋옵션이 행사될 경우 乙과 丙은 연대하여 이 사건 주식을 매입하여야 할 의무가 있으며 그 매입가격은 2000. 4. 10.에 행사되는 경우 미화 19,910,000$이고, 그 전에 풋옵션이 행사되는 경우 위 금액에서 기간에 따라 일정한 비율의 금원을 공제한 금액으로 하기로 하였다.

그 후 A는 1997. 4. 9. C에게 이 사건 주식에 대하여 질권을 설정하고 이 사건 주식옵션계약상의 모든 권리를 양도하고 그 양도사실을 甲, 乙 및 丙에게 통지하였고, C는 1997. 4. 11. 원고와의 신탁계약에 따라 이 사건 주식에 관한 모든 권리를 원고에게 양도하고 그 양도사실을 甲, 乙 및 丙 등에게 통지하였다.

그런데 乙은 1997. 9. 11. 서울지방법원에 회사정리절차 개시신청을 하여 1997. 12. 30. 회사정리절차 개시결정을 받았고, 丙은 1998. 9. 11. 서울지방법원으로부터 회사정리절차 개시결정을 받았다. 이에 원고는 1998. 1. 15. 乙과 丙에 대하여 위 주식옵션계약에서 정한 풋옵션의 자동행사사실과 그에 따른 매매목적물의 인도일을 1998. 2. 4.로 정하였음을 통지하였다.

원고는 위 풋옵션의 행사에 따른 23,171,524,261

원의 주식 매매대금을 丙에 대한 회사정리절차에서 정리채권으로 신고하였으나 丙의 관리인 피고는 채권 전액을 부인하였다. 원고가 피고를 상대로 정리채권확정의 소를 제기하자, 피고는 이 사건 주식인수계약이 쌍방 미이행의 쌍무계약임을 전제로, 제1심 계속중인 1999. 2. 25. 원고에 대하여 준비서면의 송달로써 위 계약을 해제한다는 의사표시를 하고, 2000. 7. 6. 위 해제권행사에 대한 정리법원의 허가를 받았다.

제1심 및 원심은 이 사건 주식인수계약이 관리인에 의하여 적법하게 해제되었다고 보아서 원고의 청구를 기각하였다. 상고기각.

[판결요지]

회사정리법 제103조 제1항이 규정하는 '쌍무계약'이라 함은 쌍방 당사자가 상호 대등한 대가관계에 있는 채무를 부담하는 계약을 가리키고, '그 이행을 완료하지 아니한 때'에는 채무의 일부를 이행하지 아니한 것도 포함되고 그 이행을 완료하지 아니한 이유는 묻지 아니한다.

따라서 이 사건 주식옵션계약에 기한 풋옵션은 乙에 대한 회사정리절차가 개시되기 전날인 1997. 12. 29.에 행사된 것으로 간주되어 A의 권리를 전전 양수받은 원고와 乙 및 丙 사이에 이 사건 주식에 관한 매매계약이 성립되었다. 그리고 이 주식매매계약은 일방당사자인 원고가 이 사건 주식을 인도할 채무를 지고 상대방인 乙과 丙은 그 대가로 주식대금을 지급할 채무를 지는 계약으로써 쌍무계약임이 분명하고, 원고는 2000. 5. 15.에 이르러야 비로소 이 사건 주식의 주권을 변제공탁하였다고 주장하였으므로 丙에 대한 회사정리절차가 개시된 1998. 9. 11. 당시까지 쌍방이 위 주식매매계약 상의 채무 이행을 완료하지 아니하였음이 명백하므로 위 주식매매계약은 회사정리법 제103조 제1항의 규정에 따른 해제의 대상이 된다.

정리회사의 관리인이 회사정리법 제103조 제1항의

규정에 따라 쌍방 미이행의 쌍무계약을 해제함에 있어서는 성질상 민법 제547조의 제한을 받지 아니한다.

회사정리법 제103조 제2항이 규정하는 상대방의 관리인에 대한 쌍무계약의 해제나 해지 또는 그 이행 여부에 관한 확답의 최고는 그 대상인 계약을 특정하여 명시적으로 하여야 한다.

회사정리법 제103조 제1항의 규정에 따라 관리인이 쌍방 미이행의 쌍무계약에 관하여 그 계약을 해제 또는 해지하거나 회사채무를 이행하고 상대방의 채무이행을 청구할 수 있는 선택권은 같은 조 제2항의 규정에 의한 상대방의 최고가 없는 한 그 행사의 시기에 제한이 있는 것은 아니라고 할 것이므로 정리절차 개시 후 상당기간 경과된 뒤에 관리인이 해제권을 행사하였다거나 부인권의 행사와 선택적으로 행사되었다는 등의 사정만으로는 그 해제권의 행사가 실기한 공격방어방법에 해당하거나 신의칙에 반하는 것으로서 권리남용에 해당한다고 할 수 없다.

[해설]

1. 문제의 소재

이 사안에서는 회사정리법 제103조 제1항 소정의 '쌍무계약' 및 '그 이행을 완료하지 아니한 때'의 의미, 회사정리법 제103조 제1항에 따른 해제권 행사가 민법 제547조의 제한을 받는지 여부, 회사정리법 제103조 제2항 소정의 최고의 방법, 회사정리법 제103조 제1항 소정의 해제권 또는 채무이행청구권의 행사기간 및 해제권이 정리절차 개시 후 상당기간 경과된 뒤에 행사되었다거나 부인권과 선택적으로 행사되었다는 등의 사정으로 해제권의 행사가 제한되는지 여부 등 쌍방미이행 쌍무계약을 둘러싼 다양한 도산법 쟁점에 대한 판단이 있었다.

2. 대상판결의 논거

대상판결은 회사정리법 제103조 제1항이 규정하는 '쌍무계약'이라 함은 쌍방 당사자가 상호 대등한 대가관계에 있는 채무를 부담하는 계약을 가리킨다고 보았고, 이 때 '그 이행을 완료하지 아니한 때'에는 채무의 일부를 이행하지 아니한 것도 포함되고 그 이행을 완료하지 아니한 이유는 묻지 아니하는 것이라고 할 것이라

고 판단하였다.

또한 대상판결은 "당사자 일방 또는 쌍방이 수인인 경우에 계약의 해지나 해제는 그 전원으로부터 전원에 대하여 하여야 한다"는 민법 제547조 제1항의 규정이 실제상의 편의를 고려한 임의규정의 성질을 가지고 있으므로, 회사정리법에서 관리인의 쌍방미이행 쌍무계약의 해지나 해제에는 적용되지 않는다고 보았다.

3. 검토

회사정리법이 적용되던 당시 회사에 대하여 정리절차가 개시되었을 때 정리회사가 일방 당사자인 쌍무계약은, 정리절차개시당시에 쌍방 당사자가 이미 각 채무를 완전히 이행하였다면 각 채무는 소멸하므로 양 당사자의 법적 지위는 정리절차개시로 인하여 영향이 없었다. 그러나 정리회사는 그 채무이행을 완료하였지만, 상대방이 미이행한 경우라면 관리인이 회사재산에 대한 관리업무의 일환으로 상대방에 대하여 본래 계약상의 채무이행을 구하면 되었고, 상대방은 그 채무이행을 완료하였다. 정리회사가 미이행한 경우라면 상대방의 정리회사에 대한 채권은 정리채권 또는 정리담보권으로서 정리계획에 의하여 처리되었다.[2]

문제는 정리절차개시당시에 정리회사와 그 상대방 모두가 채무이행을 완료하지 아니한 경우의 처리이다. 이 경우 관리인은 정리회사의 갱생을 위하여 회사에게 유리한 쌍무계약은 존속되기를 원하고 회사에게 불리한 쌍무계약은 종료되기를 원할 것이다. 그런데, 본래 쌍무계약에 기한 쌍방채무는 서로 대가관계에 있고 상호간에 담보시하여 동시이행의 항변권을 통하여 당사자 사이의 공평을 기하고 있는데, 정리회사가 상대방에 대하여 채무를 완전하게 이행할 것을 강제하면서 대가관계에 있는 상대방의 채권은 정리채권으로 취급하여 불이익을 감수하도록 하는 것은 형평에 반하기 때문에 정리절차의 원활한 진행과 정리회사의 갱생 목적을 달성하는 것도 중요하지만 상대방의 이익도 충분히 보호할 필요가 있다. 그래서 회사정리법은 쌍방미이행 쌍무계약을 처리함에 있어 위 두 가지 요청을 조화시키기 위한 일반 규정으로 제103조를 두고 있다.[3][4]

---

[2] 임채홍·백창훈, 회사정리법(상), 사법행정학회(2002), 350면.

제103조의 쌍무계약은 쌍방 당사자가 상호 대등한 관계에 있는 채무를 부담하는 계약으로서, 쌍방의 채무 사이에는 성립·이행·존속상 법률적·경제적으로 견련성을 가지고 있어서 서로 담보로서 기능하는 것을 가리키는 것이라고 보아야 한다.[5] 쌍무계약은 이행상의 견련관계에서 동시이행의 항변권이 발생하게 되고, 양당사자의 공평, 채권채무관계의 신속한 처리, 양당사자의 채권에 대한 실질적 담보기능을 이유로 일방당사자의 동시이행의 항변권을 인정하게 되는데, 이러한 미이행 쌍무계약의 일방 당사자에게 인정되는 동시이행의 항변권을 도산절차에 반영하기 위한 것이 제103조의 규정이다.[6]

쌍무계약에 기한 채권채무관계라고 하더라도 당사자 사이에 대가적인 관계가 없는 경우라면 제103조에서 정한 대가관계에 서는 채무라고 할 수 없다. 쌍무계약에서 당사자가 부담하는 채무는 서로 대가적인 의미를 갖는 것이어야 하고 단순히 부수적인 채무에 불과한 경우에는 그 불이행이 있다고 하더라도 제103조에서 정한 미이행이라고 할 수 없다. 실제 대법원은 공유수면 매립허가의 양도와 공사협조약정이 있었던 사안에서 회사와 상대방의 채무는 쌍무계약상 상호 대등한 대가관계에 있는 채무를 의미한다 할 것이고, 계약상의 채무와 관련이 있다 하여도 막연한 협력의무는 특정조차 되지 아니하여 미이행의 경우에도 이를 소구할 수 있는 것도 아니어서 이러한 부수적인 채무는 해당하지 않는다고 판단한 바 있다.[7]

쌍방미이행의 계약인 이상 그 미이행의 정도는 문제로 되지 아니하고 전부 불이행뿐만 아니라 일부 불이행도 포함된다. 또한 채무불이행인 이상 그 태양을 불문하므로 일방 당사자는 이미 이행의 제공을 하고 다른 당사자만이 이행지체에 빠진 경우라도 현실적으로 양 당사자가 채무의 이행을 완료하지 아니한 이상 포함되고, 이행불능, 불완전이행 등도 모두 포함된다. 그리고 미이행한 사유를 불문하므로 귀책사유가 있는 경우뿐만 아

니라, 기한 미도래나 동시이행의 항변권에 기한 경우와 같이 채무자에게 정당한 사유가 있는 경우에도 쌍방이 모두 이행을 완료하지 아니한 이상 이에 해당한다.

판례 역시 같은 취지로 "쌍방미이행 쌍무계약에서 당사자 일방인 회사에 대하여 정리절차가 개시된 경우, 관리인에게 계약을 해제할 것인가 또는 상대방 채무의 이행을 청구할 것인가의 선택권을 부여함으로써 정리절차의 원활한 진행을 도모함과 아울러, 관리인이 상대방의 채무이행을 선택한 경우 이에 상응한 회사의 채무도 이행하도록 함으로써 양 당사자 사이에 형평을 유지하고자 한 것"이라고 판시하였다.[8]

대상판결은 회사정리법 제103조 제1항 소정의 '쌍무계약' 및 '그 이행을 완료하지 아니한 때'의 의미를 확인한 것 외에도 관리인의 해제권의 행사방법, 상대방의 최고권 행사방법 등에 있어 주목할 판시를 하였다.

민법 제547조에 의하면 해제권의 행사는 수인에 대하여 또는 수인에 의하여 이루어져야 하는데, 원고는 계약의 당사자인 乙 및 丙 중에서 丙의 관리인만에 의한 해제권 행사는 부적법하다고 주장하였다. 그러나 대상판결은 정리회사의 관리인이 회사정리법 제103조 제1항의 규정에 따라 쌍방미이행 쌍무계약을 해제함에 있어서는 성질상 민법 제547조의 제한을 받지 않는다고 판시하였다. 민법 제547조 제1항의 규정이 실제상의 편의를 고려한 임의규정의 성질을 가지고 있음을 고려한 것으로 보인다.

또한 대상판결에서 대법원은 회사정리법 제103조 제2항이 규정하는 상대방의 관리인에 대한 쌍무계약의 해제나 해지 또는 그 이행 여부에 관한 확답의 최고는 그 대상인 계약을 특정하여 명시적으로 하여야 하는 것인데, 상대방이 풋옵션의 실행통지를 한 것이나 주식매수대금에 관한 채권을 정리채권으로 신고한 것, 그리고 정리회사를 상대로 정리채권확정의 소를 제기한 것만으로는 위 조항에서 규정하는 확답의 최고를 한 것에 해당하지 않는다고 판시하였다.

나아가 대상판결에서 대법원은 회사정리법 제103조 제1항의 규정에 따라 관리인이 쌍방 미이행의 쌍무계약

3) 임채홍·백창훈, 전게서, 351면.
4) 임치용, 회사정리절차와 쌍무계약, 사법논집 36집, 295면.
5) 대법원 2002. 5. 28. 선고 2001다68068 판결.
6) 임치용, 전게 논문, 297면.
7) 대법원 1994. 1. 11. 선고 92다56865 판결.

8) 제103조 제1항에 관한 판례로 대법원 2000. 4. 11. 선고 99다60559 판결, 대법원 1998. 6. 26. 선고 98다3603 판결 참조.

에 관하여 그 계약을 해제 또는 해지하거나 회사채무를
이행하고 상대방의 채무이행을 청구할 수 있는 선택권
의 행사 기간과 관련하여 같은 조 제2항의 규정에 의한
상대방의 최고가 없는 한 그 행사의 시기에 제한이 있는
것은 아니라고 판단하였다(이 사건에서 원고가 1998. 1.
15. 풋옵션행사를 통지하였는데, 피고는 1년 이상 지난 1999.
2. 25. 해제의사표시를 하였다). 회사정리법상 달리 행사
기간에 제한을 두지 않았기 때문이다. 다만 현행 채무자
회생법 제119조 제1항 후문은 "다만, 관리인은 회생계
획안 심리를 위한 관계인집회가 끝난 후 또는 제240조
의 규정에 의한 서면결의에 부치는 결정이 있은 후에는
계약을 해제 또는 해지할 수 없다."고 규정하고 있어 관
리인의 선택권 행사에 시기적인 제한이 생겼다.

이와 같이 대상판결은 당시까지 논의되던 회사정리
법 제103조에서의 '쌍무계약'의 의미와 '그 이행을 완
료하지 아니한 때'의 의미, 기타 쌍방미이행 쌍무계약
을 둘러싼 관리인의 선택권 행사의 방법과 시기, 상대방
의 최고권 행사의 방법 등에 관한 다양한 논의를 정리하
고 법리를 선언한 것으로 평가할 수 있다.

[30] 사해행위취소에 따른 가액배상청구권의 공익채권 해당 여부

문혜영(법무법인 세종 변호사)　　　　　　대법원 2019. 4. 11 선고 2018다203715 판결

[사안의 개요]

피고 B는 원고 A로부터 대출을 받은 후, 그 소유의 부동산을 피고 C에게 매도하였다. 이후 피고 C에 대하여 채무자회생법에 따른 회생절차가 개시되었고, 이후 원고 A는 피고 C의 관리인 등에 대하여 사해행위 취소 및 원상회복의 소를 제기하였다. 이에 대하여 제1심(서울중앙지방법원 2016. 2. 4. 선고 2013가합553069)에서는 원물반환의 판결이, 원심(서울고등법원 2017. 12. 5. 선고 2016나2014957)에서는 가액배상의 판결이 내려졌다. 피고 C는 원고의 가액배상청구권은 회생채권으로서 회생절차에서 신고되거나 회생채권자 목록에 기재되지 아니하였으므로 면책된다는 항변을 하였으나 원심은 가액배상청구권이 공익채권에 해당한다고 보아 이를 배척하였다. 이에 피고 C가 상고하였다. (피고 C의 상고에 대하여) 상고기각.

[판결요지]

사해행위의 수익자 또는 전득자("수익자 등")에 대하여 회생절차가 개시되고, 취소채권자에 대한 원상회복으로서 가액배상을 하여야 하는 경우, 수익자 등은 취소채권자에 대하여 법률상 원인 없이 이익을 얻는 것이 되어 이를 부당이득으로 반환할 의무가 있고 이는 사해행위의 취소를 명하는 판결이 확정된 때에 비로소 성립하므로, 설령 사해행위 자체는 수익자 등에 대한 회생절차개시 이전에 있었더라도, 그 가액배상청구권은 부당이득으로 인하여 회생절차개시 이후 채무자에 대하여 생긴 청구권으로서 공익채권에 해당한다.

[해설]

1. 문제의 소재

채무자의 행위가 사해행위에 해당하는 경우, 그 채권자는 취소채권자로서 법원에 사해행위의 취소 및 원상회복을 청구할 수 있고, 이 때 그 소의 상대방은 채무자가 아니라 원상회복의 주체인 수익자 등이다.[1] 이 때 수익자 등에 대하여 채무자회생법에 따른 회생절차가 개시된 경우에 취소채권자가 해당 수익자 등에 대하여 가지는 가액배상청구권이 회생절차에서 회생채권에 해당하는지 공익채권에 해당하는지 여부가 문제된다.

2. 대상판결의 논거

대상판결은 별다른 논증 없이 결론만을 제시하고 있지만, 가액배상청구권도 특별한 사정이 없는 한, 원물반환청구권에 상응하는 지위, 즉 환취권의 행사와 유사한 지위로서의 공익채권으로 인정하는 것이 채권자취소제도의 취지나 공평의 관념에 부합하여 타당하다고 본 원심의 의견을 언급하며 이에 따라 결론을 내린 것으로 보인다. 다만 대상판결은 원심의 판단은 결론에서는 타당하지만 채무자회생법 제179조 제1항 제2호, 제5호, 제15호 소정의 공익채권에 해당한다고 본 것은 잘못이라고 지적하면서, 가액배상청구권은 '부당이득으로 인하여 회생절차개시 이후 채무자에 대하여 생긴 청구권'으로서 채무자회생법 제179조 제1항 제6호의 공익채권에 해당한다고 판단하였다.

3. 검토
가. 수익자의 관리인에 대한 소제기의 적법성

우선, 취소채권자가 회생절차가 개시된 수익자의 관리인에 대하여 직접 사해행위 취소의 소를 제기할 수 있는지 여부의 검토가 필요하다.[2]

채무자회생법상 사해행위를 한 채무자에 대하여 회생절차가 개시되는 경우에는 회생채권자의 지위를 가지는 자가 이미 제기한 사해행위 취소의 소는 그 즉시

---

[1] 대법원 2014. 12. 11. 선고 2011다49783 판결.
[2] 대상판결은 원고가 회생절차개시결정(의정부지방법원 2013회합23)이 내려진 피고 C의 관리인에 대하여 제기한 소송에 대한 것으로, 해당 회생절차는 폐지되었는데, 이후 피고 C의 회생절차개시결정(의정부지방법원 2015회합1001)이 다시 내려지고, 변경된 관리인이 소송수계를 하여 진행된 사안이다.

중단된 후 관리인이 이를 수계하여야 하고(채무자회생법 제113조), 아직 소를 제기하지 않은 경우에는 회생채권자는 사해행위 취소의 소를 개별적으로 제기할 수 없고, 채무자의 관리인이 부인권을 행사하여야 한다.[3]

그런데 사해행위 취소의 소에서 회생절차가 개시된 당사자가 채무자가 아닌 수익자 등인 경우에는, 취소채권자가 회생절차가 개시된 수익자 등에 대하여 회생채권자의 지위를 가지는 것은 아니므로 채무자회생법 제113조가 적용되지 않으며, 취소채권자는 수익자 등에 대한 관리인에 대하여 사해행위 취소의 소를 직접 제기할 수 있다.[4]

대상판결은 취소채권자는 수익자 등의 관리인을 상대로 사해행위의 취소 및 그에 따른 원물반환을 구하는 소를 제기할 수 있다고 언급할 뿐, 가액배상을 구하는 경우에도 수익자 등의 관리인을 상대로 소를 제기할 수 있는지 여부를 명시적으로 판단하고 있지는 않다. 그러나, 위와 같은 법리에 따른다면 가액배상청구의 경우에도 관리인에 대하여 직접 소를 제기할 수 있다고 보아야 할 것이므로, 대상판결이 소가 적법하다는 것을 전제로 판단을 하고 있는 것은 결론에 있어서는 타당하다.

나. 가액배상청구권의 회생절차에서의 취급

취소채권자가 사해행위의 취소를 하고 원상회복을 하는 것의 법적 성격에 대해서 판례는 상대적무효설의 입장을 취하고 있다.[5] 따라서, 사해행위 취소가 확정되

는 경우에는 취소채권자와 소의 상대방인 수익자 등 사이에서만 상대적으로 취소의 효력이 발생하는데, 취소된 법률행위는 처음부터 무효인 것으로 보므로, 만약 그 취소대상 행위가 물권행위인 경우에는 물권변동이 일어나지 않았다고 보고 해당 등기를 말소하여야 한다.

이러한 법리에 비추어볼 때, 회생채권이 개시된 수익자 등에 대하여 원상회복청구를 하는 경우에는, 사해행위인 물권행위에 따른 물권변동은 취소채권자에 대하여는 일어나지 않은 것으로 보아야 하므로, 해당 자산은 취소채권자와의 관계에서는 수익자 등의 소유자산이 아니라 채무자의 소유자산으로 보아야 한다.[6]

대법원 또한 수익자 등에 대하여 회생절차가 개시된 사안에서, 취소채권자가 사해행위의 취소와 함께 회생채무자로부터 사해행위의 목적인 재산 그 자체의 반환을 청구하는 것은 환취권의 행사에 해당하여 회생절차 개시의 영향을 받지 아니한다고 판단하였는데,[7] 타당한 것으로 생각된다.

그렇다면 원상회복청구권이 아닌 가액배상청구권을 행사하는 경우에는 어떻게 취급하여야 하는가. 취소된 사해행위는 취소채권자와 수익자 등 사이에 상대적으로 무효가 되는 것으로 본다면, 취소채권자의 가액배상청구권은 무효인 법률행위를 원인으로 하여 이익을 취득한 수익자 등으로부터 그 이익을 반환받는 것으로서, 부당이득에 해당한다고 보는 것이 타당할 것으로 생각되고, 이러한 측면에서 대상판결이 가액배상청구권을 부당이득반환청구권으로 본 것은 타당하다.

문제는 이러한 부당이득반환청구권을 회생절차개시 이후에 생긴 청구권으로 볼 수 있는지 여부이다. 이에

---

3) 대법원은 채무자에 대하여 파산절차가 개시된 사안에서, 파산선고 후에는 파산관재인이 총 채권자에 대한 평등변제를 목적으로 하는 부인권을 행사하여야 하고, 파산채권자가 채권자취소의 소를 제기할 수 없다고 판단하였다(대법원 2018. 6. 15. 선고 2017다265129 판결).

4) 대법원은 원상회복을 청구하는 경우에는 해당 재산은 취소채권자와의 관계에서 수익자 등 소유의 재산이 아니어서 환취권에 해당하고, 회생절차개시는 환취권에 영향을 미치지 아니하기 때문에 관리인에 대하여 원상회복을 청구할 수 있다고 하면서, 채무자회생법 제113조가 적용되지 않기 때문에 관리인에 대하여 직접 소를 제기할 수 있다고 판단한 원심(서울고등법원 2014. 5. 1. 선고 2013나57520 판결)은 결론은 타당하나 그 이유는 적절치 않다고 지적하고 있다(대법원 2014. 9. 4. 선고 2014다36771 판결). 그런데, 대상판결에 의하면 가액배상청구는 공익채권에 관한 소송으로서 환취권의 경우와는 달리 수익자 등 소유의 재산에 관한 소송이 아니라고 할 수는 없을 것이므로, 채무자회생법 제113조가 적용되지 않기 때문에 관리인에 대하여 채무자회생법 제78조에 따라 직접 소를 제기할 수 있다고 보는 것이 타당할 것이다.

5) 대법원 2009. 6. 11. 선고 2008다7109 판결 등.

6) 이와 같은 견지에서, 원상회복청구권은 물권적 효력을 가지는 것이고, 사해행위로 이전된 재산은 취소채권자를 비롯한 채무자의 채권자들만의 책임재산이라고 보는 견해가 있는데 타당한 것으로 생각된다. 이동진, "채권자취소권의 법적 성질과 그 구성", 저스티스 제174호, 한국법학원, 2019, 54~56면.

7) 대법원 2014. 9. 4. 선고 2014다36771 판결. 이에 대하여 취소채권자의 원상회복청구권은 소유권이 아니고, 사해행위에서 채무자의 일반채권자를 수익자의 일반채권자보다 보호할 이유가 없다는 이유로 원상회복청구권을 환취권이 아닌 회생채권으로 보아야 한다는 반대 견해가 있다. 최준규, "사해행위의 수익자에 대하여 도산절차가 개시된 경우의 법률관계", 서울대학교 법학 제61권 제2호, 2020, 98~99면.

대해서는 부당이득반환청구권 자체가 사해행위 취소의 소가 확정된 때에 비로소 발생하는 것이라고 하더라도, 그 원인된 법률행위가 회생절차 개시 전에 있었다면, 회생절차 개시 이후에 발생한 청구권으로 볼 수 없다는 비판이 있다.[8] 그러나, 1) 비록 취소대상 법률행위 자체는 회생절차개시 이전에 이루어졌더라도, 취소의 소가 확정되기 전까지는 해당 행위는 무효가 되지 않아 가액배상청구권이 발생하지 않는 점, 2) 사해행위 취소로 인한 무효는 취소채권자에 대한 관계에서만 상대적으로 무효가 되는 것이고, 채무자에 대한 관계에서 무효가 되는 것은 아니므로 채무자와 수익자 등간의 법률관계가 가액배상청구권의 직접적 원인이라고 보기 어려운 점 등을 고려할 때, 취소채권자의 가액배상청구권은 사해행위 취소의 확정시에 소의 상대방인 수익자 등에 대해서만 비로소 발생하는 것이라고 보는 것이 타당할 것으로 생각된다.

따라서, 회생절차 개시 후에 확정된 가액배상청구권은 채무자회생법 제179조 제1항 제6호의 공익채권에 해당할 것으로 판단되고, 대상판결의 판단은 타당하다고 생각된다.

4. 여론

대상판결은 사해행위 취소로 인한 원상회복청구권이 회생절차에서 환취권에 해당한다는 확립된 판례에 이어, 가액배상의 경우에도 이에 준하는 지위를 인정하여 공익채권에 해당한다고 판단한 것으로서 큰 의미가 있다. 대상판결의 원심에서도 지적하는 바와 같이 원상회복의 방법으로서 원물반환의무와 가액배상의무는 절대적으로 구분되는 것은 아니므로, 가액배상청구권에도 원물반환청구권에 인정되는 환취권에 상응하는 지위인 공익채권의 지위를 인정하는 것이 타당한 것으로 생각된다.

다만 대상판결과 같이 가액배상청구권이 회생절차 개시 후에 확정되었기 때문에 공익채권에 해당한다는 논리에 의하면, 만약 가액배상청구권이 해당 수익자 등에 대한 회생절차가 개시되기 전에 확정된 경우에는 공익채권이 아니라 회생채권에 해당하게 될 것인데, 수익자 등에 대한 회생절차 개시가 취소채권자의 채권자취

소권 확정 전에 이루어지는지, 그 후에 이루어지는지에 따라 법적 취급이 크게 달라진다는 문제가 발생한다. 사해행위로 인하여 취득한 수익자 등의 자산은 취소채권자에 대한 관계에서는 무효로서, 수익자 등이 보유할 법적 근거가 없다는 점에서는 두 가지 경우 모두 실질은 같은데, 회생절차 개시시점이 언제인가라는 취소채권자가 통제할 수 없는 우연의 상황에 따라 그 취급이 달라지는 것은 공평의 관점에서 볼 때 바람직하지 않은 것으로 보인다. 하지만, 현행법 해석상으로는 위와 같은 결론을 내릴 수밖에 없는 한계점이 있다.

결국, 이를 해결하기 위해서는 입법적 해결 방법밖에 없을 것인데, 사해행위 취소에 따른 가액배상청구권을 채무자회생법상 인정되는 공익채권 중 하나로 규정하는 방안을 그 중 하나로 고려해볼 수 있을 것으로 생각된다. 이에 대해서는, 가액배상청구권에 대하여 일반적으로는 우선권이 인정되지 않는데, 회생절차에서만 예외적으로 우선권을 인정할 근거가 없다는 비판이 있을 수 있다. 하지만, 회생절차는 특수한 절차이므로 반드시 일반적인 경우와 통일적으로 규정할 필요는 없다는 점, 회생절차에서 공익채권과 회생채권의 차이는 공평의 관점에 비추어볼 때 너무 크다는 점 등을 고려한다면 이와 같이 예외적으로 우선권을 인정하는 방안도 충분히 검토할 만한 것으로 생각된다.

---

8) 이동진(주 6), 72면; 최준규(주 7), 104면.

[31] 과징금 청구권이 회생채권이 되기 위한 요건

백종현(법무법인 태평양 변호사)　　　　　　　**대법원 2018. 6. 12. 선고 2016두59102 판결**

[사안의 개요]

원고는 골판지 원지를 제조 · 판매하는 사업을 영위하는 자이다. 광주지방법원은 원고에 대하여 2009. 7. 16. 회생절차개시결정을 하고, 2010. 7. 21. 회생계획인가결정을 하였으며, 2011. 7. 20. 회생절차종결결정을 하였다.

원고 등 12개사는 2007. 5.경부터 2011. 7.경까지 이면지 · 골심지 표준가격 인상에 관한 합의를 하고 이를 실행하였고, 원고 등 7개사는 2007. 4.경부터 2011. 7.경까지 표면지 표준가격 인상에 관한 합의를 하고 이를 실행하였다.

피고(공정거래위원회)는 2016. 4. 25. 원고가 위와 같이 표준가격을 합의한 행위가 독점규제 및 공정거래에 관한 법률(이하 '공정거래법') 제19조 제1항 제1호에서 정하는 부당한 공동행위에 해당한다는 이유로 원고에 대하여 시정명령 및 과징금납부명령을 하였다. 피고는 과징금 산정시 위반행위의 기간을 2007. 6. 4.부터 2012. 3. 21.까지로 보았다.

원고는 회생절차개시결정 전에 이루어진 공동행위 부분(2007. 6. 4.부터 2009. 7. 15.까지)에 대한 피고의 과징금청구권은 피고가 회생채권으로 신고하지 아니하였으므로 소멸하였음에도 피고가 과징금납부명령을 한 것은 위법하여 취소되어야 한다고 주장하면서 공정거래법 제55조에 따라 서울고등법원에 과징금납부명령 취소 소송을 제기하였다. 서울고등법원은 과징금납부명령을 취소한다고 판결하였다. 피고가 상고하였다. 상고기각.

[판결요지]

채무자에 대한 회생절차개시 전에 과징금 부과의 대상인 행정상의 의무위반행위 자체가 성립하고 있으면, 그 부과처분이 회생절차개시 후에 있는 경우라도 그 과징금 청구권은 회생채권이 된다. 공정거래법 제19조 제1항 제1호의 부당한 공동행위는 가격 결정 등에 대한

당사자들의 합의가 존재하기만 하면 성립한다. 나아가 다수 이해관계인의 법률관계를 조절하는 회생절차의 특성상 회생채권은 공익채권들과는 객관적이고 명확한 기준에 의하여 구분되어야 한다. 따라서 특정한 담합가담자의 회생절차개시 전후로 사업자들이 수회에 걸쳐 가격 결정 등에 관한 합의를 하였다면, 설령 회생절차가 개시된 사업자 외의 다른 담합가담자들에 대하여는 그 수회의 합의를 전체적으로 1개의 부당한 공동행위로 평가하는 데 아무런 지장이 없다고 하더라도, 회생절차가 개시된 그 담합가담자가 회생절차개시 이전에 한 합의에 대한 과징금 청구권은 회생채권이 된다고 봄이 타당하다.

또한 회생채권인 과징금 청구권을 회생채권으로 신고하지 아니한 채 회생계획인가결정이 된 경우에는, 채무자회생법 제251조 본문에 따라 면책의 효력이 생겨, 피고는 더 이상 그에 대한 부과권을 행사할 수 없다. 따라서 피고가 회생계획인가결정 후에 그에 대하여 한 부과처분은 부과권이 소멸된 뒤에 한 것이어서 위법하다.

[해설]

1. 문제의 소재

회생절차개시 전과 후에 걸쳐 가격 인상에 관한 수회의 합의가 이루어진 경우 회생절차개시결정 전의 가격 합의 부분에 관한 과징금 청구권이 회생채권에 해당하는지가 쟁점이 되었다.

2. 대상판결의 논거

대상판결은, 부당한 공동행위는 가격 결정 등에 대한 당사자들의 합의가 존재하기만 하면 성립하고, 다수 이해관계인의 법률관계를 조절하는 회생절차의 특성상 회생채권은 공익채권들과는 객관적이고 명확한 기준에 의하여 구분되어야 한다는 점을 근거로 들었다.

원심판결인 서울고등법원 2016. 10. 20. 선고 2016누47705 판결은 채무자회생법에 의하면 채무자에 대

하여 회생절차개시 전의 원인으로 생긴 모든 재산상의 청구권을 회생채권에 포함시키므로 그 변제기 또는 이행기가 회생절차개시 후에 도래하는 재산상의 청구권(채무자회생법 제134 내지 136조, 제138조 참조)뿐만 아니라 계속적 거래관계에 기한 채권도 회생절차개시 전에 이미 발생한 부분은 회생채권에 해당하는데(채무자회생법 제122조 참조), 공정거래법 제19조 제1항 제1호에서 규정하는 부당한 공동행위는 사업자들이 계약·협정·결의 등의 방법으로 부당하게 경쟁을 제한하기 위하여 가격을 결정·유지 또는 변경하는 행위를 할 것을 합의함으로써 성립하고, 이에 관하여 부과되는 과징금에 관하여 공정거래법 제22조는 과징금의 수액을 위반 기간 동안 부당한 공동행위로 인하여 발생하는 매출액에 비례하여 부과할 수 있도록 하였으므로, 회생절차개시결정 이전에 부당한 공동행위에 관한 합의가 있었다면 부당한 공동행위가 성립하므로 그로 인한 매출액 부분에 관한 과징금 청구권은 채무자회생법 제118조 제1호의 '채무자에 대하여 회생절차개시 전의 원인으로 생긴 재산상의 청구권'에 해당하고, 회생절차개시결정 이후에도 그 합의에 기한 부당한 공동행위의 실행이 중단되지 않고 계속 유지되어 전체적으로 하나의 부당한 공동행위에 해당한다고 하더라도 이를 달리 볼 것은 아니라고 판단하였다.

3. 검토

가. 과징금 청구권의 성격

'채무자에 대하여 회생절차개시 전의 원인으로 생긴 재산상의 청구권'은 회생채권이다(채무자회생법 제118조 제1호).

대법원은 채무자에 대한 회생절차개시 전에 과징금 부과의 대상인 행정상의 의무위반행위 자체가 성립하고 있으면, 그 부과처분이 회생절차개시 후에 있는 경우라도 그 과징금 청구권은 회생채권이 된다는 입장이다(대법원 2016. 1. 28. 선고 2015두54193 판결, 대법원 2013. 6. 27. 선고 2013두5159 판결).

나. 회생절차개시 전과 후에 걸쳐 가격 인상에 관한 수회의 합의가 이루어진 경우

(1) 하나의 부당한 공동행위

대법원은 사업자들이 부당한 공동행위의 기본적 원칙에 관한 합의를 하고 이를 실행하는 과정에서 수차례의 합의를 계속하여 온 경우는 물론, 그러한 기본적 원칙에 관한 합의 없이 장기간에 걸쳐 수회 합의를 한 경우 그 수회의 합의가 단일한 의사에 기하여 동일한 목적을 수행하기 위한 것으로서 단절됨이 없이 계속 실행되어 왔다면 그 합의의 구체적인 내용 등이 일부 변경되었다 하더라도 그와 같은 일련의 합의는 특별한 사정이 없는 한 이를 전체적으로 하나의 부당한 공동행위로 보아야 한다는 입장이다(대법원 2016. 12. 27. 선고 2016두43282 판결, 대법원 2008. 8. 25. 선고 2007두3756 판결 등).

(2) 회생절차개시 전의 개별 합의 부분에 관한 과징금 청구권의 성격

단일한 의사에 기하여 동일한 목적을 수행하기 위한 것으로서 단절됨이 없이 계속 실행되어 온 일련의 합의를 하나의 부당한 공동행위로 보는 대법원의 입장에 의하면 최종 합의 시점을 의무위반행위 성립일로 보아야 하므로, 그 최종 합의 시점이 회생절차개시 이후라면 과징금 청구권 전체가 회생채권에 해당하지 않는다는 견해가 있을 수 있다.[1]

반면 일련의 합의를 하나의 부당한 공동행위로 보더라도 개별 합의 시점에 의무위반행위가 성립하므로, 회생절차개시 전의 개별 합의 부분에 관한 과징금 청구권은 회생채권에 해당한다는 견해가 있을 수 있다. 대상판결은 이러한 견해를 취한 것으로 볼 수 있다.

이에 대하여 ① 회생절차개시 전후에 일련의 합의가 있는 경우 각각의 개별 합의는 공정거래법상 과징금 부과 요건을 충족시키고 있고, ② 개별 합의에 대하여 해당 위반기간에 대응하는 매출액을 기준으로 과징금 액수를 산정하는 것이 가능하며, ③ 회생절차개시로 인하여 채무자의 업무 수행과 재산의 관리 및 처분을 하는 권한이 관리인에게 전속하기 때문에 회생절차개시 전의 의무위반행위는 채무자의 행위이고 회생절차개시 후의 의무위반행위는 관리인의 행위라고 할 수 있어 하나의 공동행위로 평가할 수 있을지도 의문이고, ④ 다수 이해관계인의 법률관계를 조절하는 회생절차의 특성상

---

1) 대상판결 사안 원심에서 피고는 회생절차개시 후에 공동행위가 '종료'되었다고 주장하였는데, 이는 부당한 공동행위가 종료한 날을 합의가 있었던 날이 아니라 그 합의에 기한 실행행위가 종료한 날로 보는 대법원 판결에 근거한 것이었다(대법원 2006. 3. 24. 선고 2004두11275 판결 등).

회생채권과 공익채권은 객관적이고 명확한 기준에 의하여 구분되어야 하는데(대법원 2012. 3. 22. 선고 2010두27523 전원합의체 판결 참조), 수회의 합의를 한 개의 부당한 공동행위로 평가할 수 있는지, 아니면 수 개의 별도의 부당한 공동행위로 평가하여야 하는지는 명확하지 않고 사후적·규범적으로 판단하게 되므로, 이에 따라 회생채권인지 여부가 달라진다고 보는 것은 회생제도의 취지에 부합한다고 보기 어렵다는 점 등을 근거로 대상판결을 지지한다는 견해가 존재하고,[2] 필자도 이에 찬성한다.

4. 여론

가. 관련 판례

대법원 2018. 6. 15. 선고 2016두65688 판결은 "사업자들이 거래제한 합의를 하고 이에 가담한 특정 사업자가 거래제한 합의에 따라 개별 입찰에 관한 담합을 한 후에 그 사업자에 대하여 회생절차가 개시되었다면, 그 사업자가 회생절차개시 이전에 가담한 개별 입찰담합 부분에 대한 과징금 청구권은 회생채권이 된다고 보아야 한다. 설령 회생절차가 개시된 이후에도 그 사업자 이외의 다른 사업자들이 여전히 개별 입찰에 관한 입찰담합을 계속하고 있었다고 하더라도 달리 볼 것은 아니다."라고 판단하여, '회생절차개시결정만으로 채무자가 부당한 공동행위에서 이탈하였다고 볼 수 없고, 부당한 공동행위의 종기가 회생절차개시결정일 이후이므로 부당한 공동행위에 대한 과징금 청구권이 회생절차개시 후에 발생한 채권에 해당한다'고 판단한 원심을 파기·환송하였다.

나. 관련 사례

과징금 청구권은 회생채권에 해당하고, 채무자회생법 제140조 제1항에서 열거하고 있는 '면책되지 않는 청구권'에 해당하지 않으므로(대법원 2018. 6. 15. 선고 2016두65688 판결), 회생절차를 통하여 과징금 청구권에 관한 감면을 받을 수 있다. 즉 회생계획에서 감면 그 밖의 권리에 영향을 미치는 내용을 정함으로써 감면받는 효과를 얻을 수 있다.

이에 감당하기 어려운 과징금 부과처분을 받게 된 채무자가 사업의 계속에 현저한 지장을 초래하지 아니하고는 변제기에 있는 채무를 모두 변제할 수 없게 되었다는 이유로 회생절차개시신청을 하고, 회생절차에서 과징금 청구권을 상당 부분 면제하는 내용의 회생계획안이 작성·제출되어 공정거래위원회가 그 회생계획안에 동의함으로써 회생계획안이 가결되고, 인가결정까지 내려진 사례가 있다.

---

2) 이진만, 2018년 분야별 중요판례분석 20. 도산법, 법률신문 4707호, 법률신문사(2019); 백숙종, "2017년 하반기 및 2018년 상반기 도산법 관련 대법원 판례 소개", 도산법연구 제9권 제2호, 사단법인 도산법연구회(2016).

[32] 회생담보권의 목적의 가액을 산정하는 기준

김성용(성균관대학교 법학전문대학원 교수)　　　　　대법원 2017. 9. 7. 선고 2016다277682 판결

[사안의 개요]

A사가 경기도로부터 본건 토지를 공급받으며 체결한 매매계약에서는 A사가 이를 소정의 기간 내에 전매하는 경우에는 경기도가 매매대금을 반환하고 재매수할 수 있다고 규정하였으며, 이러한 경기도의 권리를 보전하기 위한 가등기가 본건 토지에 경료되었다. A사는 본건 토지 위에 본건 건물을 신축하였고, 원고 은행은 본건 토지 및 건물(이하 "본건 부동산")을 담보로 A사에게 대출을 하였다. A사에 대한 회생절차가 개시되자, 원고가 대출채권을 회생담보권으로 신고하였으나 관리인이 이의하여, 조사확정재판을 거쳐 본건 소송에 이르렀다. A사는 회생계획에 따라 분할되었는데, 본건 부동산은 임대건물 소유 및 임대를 주된 영업으로 하는 존속회사인 A사가 그대로 소유하되, 원고에 대한 채무를 비롯한 기존 채무는 신설회사인 피고가 부담하게 되었으며, 회생절차가 종료됨에 따라 피고가 본건 소송을 수계하였다. 피고는 회생담보권의 담보물에 처분시 취득자에게 승계되는 부담이 설정되어 있다면 이를 반영하여 가액을 산정하여야 하며, 본건 부동산의 경우에 이는 취득원가라고 주장하였다. 그러나 대법원은 아래 판결요지의 일반론을 설시하며, A사가 본건 부동산을 계속 보유하여 기업활동을 함을 전제로, 회생절차 개시 당시 시가라 볼 수 있는 그 무렵 기준 감정평가액으로 가액을 산정한 원심판단에 잘못이 없다고 하였다. (상고기각)

[판결요지]

채무자회생법 제90조에 의한 재산가액의 평가에 있어서 그 평가의 객관적 기준은 회사의 유지·회생 즉 기업의 계속을 전제로 평가한 가액이어야 하고 회사의 해산과 청산 즉 기업의 해체, 처분을 전제로 한 개개 재산의 처분가액을 기준으로 할 것이 아니다. 이때 그 가액의 평가방법은 수익환원법 등 수익성의 원리에 기초한 평가방식이 표준적인 방식이라고 할 수 있으나, 재산의 종류와 특성에 따라 원가법 등 비용성의 원리에 기초한 평가방식이나 거래사례비교법 등 시장성의 원리에 기초한 평가방식이라도 기업의 계속성을 감안한 객관적 가액을 표현할 수 있는 것이면 족하다. 이는 채무자회생법 제141조 제4항에 따라 회생담보권의 목적의 가액을 산정함에 있어서도 마찬가지이다.

[해설]

1. 재산의 평가와 그 기준들

어느 재산이 지니는 가치는 이를 지배하는 자에 따라 다를 수 있다. 이는 재산의 매매와 같이 지배권을 이전하는 거래가 빈번하게 일어나곤 한다는 사실로부터도 알 수 있다. 재산의 가치가 항상 누구에게나 같다면, 그에 관한 당사자의 무지나 착오가 전제되지 아니하는 한, 그러한 거래는 일어나지 아니할 것이다. 이러한 가치의 차이는, 재산의 특정한 지배자만이 전유하는 비금전적(non-pecuniary) 가치를 논외로 하면, 그 재산과 결합하는 다른 재산이나 노무 등(이하 "재산등")이 상이하다는 데서 비롯한다. 예컨대 A가 지배하는 재산등의 집합 P_A의 일부를 구성하는 재산 a를 그로부터 분리하면 P_A의 가치가 100만큼 감소하는 데 반하여, a를 B가 지배하는 재산등의 집합 P_B에 결합하면 P_B의 가치가 200만큼 증가할 수 있는 것이다. 이로부터 A와 B 사이에서는 a의 소유권을 양도하는 매매와 같은 거래를 맺을 유인이 발생하며, 이 때 양도의 대가로 B가 A에게 지급할 금액은 100부터 200까지 사이에서 협상력 등의 여러 사정에 따라 결정될 것이다.

이러한 매매계약이 이행됨에 따라 B가 지배하게 된 a는 이제 일응 200의 가치를 지닐 것인데,[1] B의 입장에

---

[1] 물론 사태가 그리 단순한 것만은 아니다. 예컨대 재산 b와 c만으로 구성되었던 P_B에 a가 결합함에 따라 그 가치가 200에서 400으로 증가되었다 하자. 그런데 이로부터 b 또는 c가 분리되면, P_B의 가치가 다시 200만큼 감소할 수도 있다. 그렇다고 하여 a, b 및 c가 각 200의 가치를 지닌다고 하면, 그 합이 P_B의 가치를 초과하는 기이한 결과로 된다. 이는 재산등의 집합이 일체로서 지니는 가치를 개별 재산등에 할당하기가 늘

서는 이것이 바로 대상판결에서 "기업의 계속을 전제로 평가한 가액" 혹은 "기업의 계속성을 감안한 객관적 가액"이라 언급되고, 흔히 계속기업가치라고도 불리며,[2] 재무회계에서 사용가치(value in use)라고 정의된 것일 터이다.[3] 그렇지만 이 가치가 반드시 B가 a로부터 실현할 수 있는 가치의 최대치인 것은 아니다. 예컨대 a와 결합할 수 있는 다른 유일한 재산등의 집합으로 C가 지배하는 P_C가 있는데, a를 P_C에 결합하는 경우에는 P_C의 가치가 300만큼 증가한다면([사례 1]), B는 a를 C에게 처분하는 것이 바람직하다. 그로써 B는 최대 300의 가치를 실현할 수 있을 것인데, 이것이 재무회계에서 공정가치(fair value)라고 정의된 것일 터이다.[4]

물론 이와는 반대로 사용가치가 공정가치를 상회하는 경우도 상정할 수 있다. 예컨대 a를 P_C에 결합하는 경우에 P_C의 가치가 150만큼만 증가한다면([사례 2]), B가 a를 처분함으로써 실현할 수 있을 공정가치는 150을 넘을 수 없을 것이다. 한편으로 사용가치와 공정가치가 동일한 경우도 있다. 예컨대 a를 P_C에 결합하는 경우에 P_C의 가치도 200만큼 증가한다면([사례 3]), a의 사용가치와 공정가치는 200으로 동일할 수 있을 것이다. 위에서 어느 재산이 지니는 가치는 이를 지배하는 자에 따라 다를 수 있다고 했지만, 그것이 항상 다르다는 뜻은 전혀 아니다. 어느 재산이 다른 재산등과 결합하여 달리 가치를 창출하는 바가 없다면, 이를 지배하는 자가 달라진다 하여 그 가치가 달라지지는 아니할 것인데, 그러한 경우가 오히려 흔할 수도 있다.

공정가치와 구분하여야 할 개념으로 흔히 청산가치라 불리는 것이 있다. 이는 어느 재산의 지배자가 이를

반드시 처분하여야만 하는 경우에 그에 의하여 실현할 수 있을 가치를 말하는데, 대상판결에서의 "기업의 해체, 처분을 전제로 한 개개 재산의 처분가액"이 이를 가리키는 것일 터이다.[5] 여기에서 강제매각(forced sale)이라는 사정은 청산가치를 공정가치보다 낮추는 요소로 작용한다. 예컨대 B가 a를 반드시 처분하여야 한다면, 위의 모든 사례에서 공히, 그에 의하여 실현할 수 있을 가치는 100을 겨우 넘는 수준에서 그칠 것이다. a를 P_A에 결합하기 위하여 A가 지출할 가치는 100을 넘을 수 없으므로, C의 입장에서는 그보다 조금만 높은 가치를 지급하는 것으로도 a를 취득하기에 충분할 터이기 때문이다.[6]

한편으로 재무회계에서 현행원가(current cost)라 정의된 것도 재산을 평가하는 기준이 될 수 있다. 이는 어느 재산과 동등한 재산을 취득하려면 소요될 비용 상당을 말하는데,[7] 정의상 사용가치와 공정가치 중에서 높은 것보다 높을 수는 없지만, 청산가치보다 낮을 수도 없다. 예컨대 B의 입장에서 a의 현행원가는 [사례 1]에서는 300보다, [사례 2]나 [사례 3]에서는 200보다 높지는 아니하지만, 모든 사례에서 100보다 낮지도 아니할 것이다.

2. 회생담보권자에의 분배의 상한

민사법상 담보물권자는 채무자가 피담보채무를 임의로 변제하지 아니하는 경우에 담보권의 목적인 재산을 담보권실행경매 등의 방법으로 처분하여 그 대금으로부터 우선변제를 받을 수 있는데, 이 때의 처분대금은 바로 그 재산의 청산가치일 것이다. 요컨대 회생담보권자가 회생절차 밖에서 어느 재산에 관한 담보권을 실행

용이하지는 아니하다는 점을 드러내는 것이다.

2) 대상판결에서 참조판례로 언급한 대법원 1991. 5. 28.자 90마954 결정에서는 "계속기업가치"라는 표현을 사용하고 있다. 그러나 이 표현은 본래 기업과 같은 재산등의 집합을 대상으로 하며, 특정한 재산등에 귀속시킬 수 없는 잉여의 존재를 흔히 상정하는 것이라는 점에서, 개별 재산에 이를 사용하는 것이 그리 적절하다고는 보기 어렵다.

3) International Accounting Standards Board (IASB), "Conceptual Framework for Financial Reporting" (2018), para. 6.17; 한국회계기준원 회계기준위원회, "재무보고를 위한 개념체계"(2019), 문단 6.17 참조.

4) IASB(주 3), para. 6.12; 한국회계기준원 회계기준위원회(주 3), 문단 6.12 참조.

5) 주 2의 대법원 결정에서는 이를 명시적으로 "청산가치"라 부르고 있다. 다만 "현금화"라는 의미에서의 청산(liquidation)이 반드시 개별 재산 단위로만 이루어지는 것은 아니듯이, 이 표현도 항상 그러한 의미로만 사용되고 있는 것은 아니다.

6) 물론 A가 P_A에 결합하려는 것이 아니라 C에게 다시 처분하려는 목적으로 a를 취득하고자 할 수도 있는데, 그 경우에는 a의 청산가치가 더 올라갈 것이다. 그렇지만 C에의 전매가 실현되지 아니할 위험만을 고려하더라도, 그것이 a의 공정가치에까지 이를 수는 여전히 없을 것이다. 한편으로 A와 C가 통모함으로써 a의 청산가치를 더 낮출 수도 있다.

7) IASB(주 3), para. 6.21; 한국회계기준원 회계기준위원회(주 3), 문단 6.21 참조.

함으로써 만족을 얻을 수 있는 채권액은 일응 그 재산의 청산가치를 상한으로 한다고 볼 수 있다. 그러나 이로부터 회생절차에서 회생담보권자가 분배를 받을 수 있는 상한도 바로 그러한 청산가치라는 결론이 도출될 수 있는 것은 아니다. 이는 그처럼 담보권이 실행되어 버릴 경우에 채무자의 책임재산으로부터 상실되는 가치가 더 크다는 점이 고려되어야 하기 때문이다. 예컨대 채권자 L이 B에 대한 300의 대여금채권을 피담보채권으로 하여 설정받은 a에 관한 담보권을 실행하여 버린다면, B의 책임재산의 가치는 [사례 1]에서는 최대 300만큼, [사례 2]나 [사례 3]에서는 200만큼 상실될 것인데, 이는 청산가치인 100 남짓의 처분대금보다 크다. 요컨대 B에 대한 회생절차가 개시되어 L의 담보권 실행이 허용되지 아니함으로써 B에 대한 청구권자 일반이 얻게 되는 이익은 L이 입게 되는 손실을 상회하는데, 이러한 차익이 L을 제외한 다른 청구권자들에게만 분배되어야 한다고 볼 근거란 뚜렷하지 아니한 것이다.

기실 회생절차에서 담보권 실행이 금지되지 아니하더라도 L과 B의 관리인은 L이 담보권을 실행하지 아니한다는 합의에 자발적으로 이를 여지가 있는데, 이는 그에 의하여 위의 차익이 보전되는 공통의 효익이 발생하기 때문이다. 이 경우에 이를 L과 B에 대한 다른 청구권자들 사이에서 어떻게 분배할지는 그러한 합의의 내용을 이룰 것이다. 그렇다면 회생절차에서 이를 어떻게 분배할지도 마찬가지로 이해관계인들 사이의 합의로 결정되도록 할 수도 있을 듯하다. 그리고 이를 위하여는 L의 회생담보권액을, 그에게 분배될 수 있는 가치의 상한이라 할, a의 사용가치와 공정가치 중에서 높은 것으로, 예컨대 [사례 1]에서는 300으로, [사례 2]나 [사례 3]에서는 200으로 일단 확정한 연후에, 이 회생담보권을 어떻게 변경할 것인지, 즉 L에게 구체적으로 언제 얼마를 변제할 것인지는 관계인집회라는 합의 기제에 의하여 그 내용이 정하여지는 B의 회생계획에 규정되도록 하면 좋을 것이다.

3. 대상판결의 이해

채무자회생법 제141조 제4항의 "담보권의 목적의 가액"은 계속기업가치를 기준으로 산정하여야 한다는 일반론을 설시한 대상판결은 위에서 살핀 바와 유사한 입장을 취한 것으로 이해될 수 있을 듯하다. 담보권의 목적인 재산의 계속기업가치 상당을 회생담보권액으로 일단 인정하는 한편으로, 회생계획 인가의 요건인 청산가치 보장 원칙에 따라 위 재산의 청산가치에 상당하는 금액은 반드시 회생담보권자에게 우선 분배하되, 나머지 차액 중에서 얼마까지를 추가로 분배할지는 회생계획의 규정에 따르도록 하였다고 볼 수 있는 것이다. 그러나 다음 두 사항에 관하여는 추가적인 논의가 필요할 것이다.

우선, 회생담보권자에게 분배될 수 있는 가치의 상한이라 할, 담보권이 실행되어 버릴 경우에 채무자의 책임재산으로부터 상실되는 가치의 최대치가 항상 그 목적인 재산의 계속기업가치와 같은 것은 아니다. 예컨대 [사례 1]에서는 a의 계속기업가치인 200이 아니라 그보다 큰 공정가치인 최대 300이 상실되는 것이다. 그렇지만 대상판결의 일반론에 따르면 이러한 경우에도 L의 회생담보권액으로는 300이 아니라 200만 인정될 수 있을 따름일 듯하다. 그런데 이러한 일반론을 설시하는 한편으로, 대상판결은 본건 부동산의 시가를 그 가액으로 산정한 원심판단에 잘못이 없다고도 판시하고 있다. 여기서의 "시가"란 곧 공정가치를 의미할 터이며, 따라서 계속기업가치와는 구분되는 개념인 만큼, 이러한 판시가 위의 일반론에 부합하는 것인지는 일단 분명치 아니하다. 다만 대상판결의 사안에서 본건 부동산으로부터의 수익은 임대에 의하여 창출되고 있는데, 그렇다면 [사례 3]에서와 같이 이를 누가 지배하느냐에 따라 그 가치가 달라지는 아니한다고, 즉 결과적으로 계속기업가치와 시가가 같다고 볼 수는 있을 것이다. 나아가, 보다 일반적으로, 대상판결에서의 계속기업가치란 항상 사용가치만을 뜻하는 것이 아니라, 사용가치보다 공정가치가 더 클 경우에는 후자를 가리키는 것이라고 선해할 여지도 물론 있을 것이다.

다음으로, 회생계획안이 관계인집회에서 항상 모든 조의 동의로 가결되는 것은 아니며, 그에 동의하지 아니한 조가 있더라도 법원은 권리보호조항을 정하고 인가할 수 있다. 그 경우에 회생담보권자에게 적용되는 권리보호조항과 관련하여 채무자회생법 제244조 제1항 제2호는 "회생담보권자에 관하여는 그 권리의 목적인 재산을 … 법원이 정하는 공정한 거래가격 이상의 가액으

로 매각하고 그 매각대금에서 매각비용을 공제한 잔금
으로 변제하거나 분배하거나 공탁하는 방법"을, 제3호
는 "법원이 정하는 그 권리의 공정한 거래가액을 권리
자에게 지급하는 방법"을 규정하고 있는데, 여기서의
"공정한 거래가격" 또는 "공정한 거래가액"을 법원이
정함에 있어 담보권의 목적인 재산을 평가하는 기준이
문제로 된다. 문언상으로만 보자면 이는 공정가치를 의
미하는 듯한데,[8] 반드시 분명한 것은 아니다.[9] 다만 이
렇게 되면, 회생담보권자조가 동의하지 아니하는 한,
회생절차에서 담보권 실행을 허용하지 아니함에 따라
보전되는 차익의 거의 전부가 회생담보권자에게 귀속
될 터인데, 이러한 결과가 합당한지는 의문일 수 있다.

8) 판례는 회생담보권자에게 "담보목적물의 청산가치 상당액"
   만을 분배하는 내용의 권리보호조항이 허용된다는 입장을 취
   하고 있는 듯하나(대법원 2008. 6. 17.자 2005그147 결정 참
   조), 이는 일단 문리해석상 허용되는 범위를 벗어난 것이다.
9) 미국 도산법상으로는 회생담보권자조(class of secured
   claims)가 동의하지 아니한 경우에 강제인가(cramdown)
   를 하려면 회생계획상 적어도 담보권의 가치에 상당하는 금
   액이 분배되어야 한다(11 U.S.C. § 1129(b)(2)(A) 참조).
   이와 관련하여, 미국 연방대법원은 제13장(Chapter 13) 사
   건에서 담보물이 채무자에게 유보되는 경우에 그 평가 기준
   은 대체가치(replacement value)라는 취지로 판시한 바 있
   는데(*Associates Commercial Corp. v. Rash*, 520 U.S. 953
   (1997) 참조), 여기서의 "대체가치"란 현행원가를 뜻할 것
   이다.

[33] 이미 완공하여 인도한 건물의 하자가 수급인에 대한 회생절차개시 후 현실화된 경우의 법률관계

이진웅(서울남부지방법원 부장판사)　　　　대법원 2015. 4. 23. 선고 2011다109388 판결

[사안의 개요]

원고는 피고가 시공한 아파트의 입주자 등에 대하여 대한주택보증이 하자보수보증 채무를 이행한 경우에 발생하는 피고의 대한주택보증에 대한 구상채무를 연대보증하였다. 대한주택보증은 피고에 대한 회생절차 개시 이후에 발생한 아파트 하자에 대하여 아파트 입주자대표회의에 하자보수보증금을 지급하였고, 피고의 대한주택보증에 대한 구상금채무를 연대보증한 원고는 대한주택보증에 연대보증채무를 이행하였다. 원고는 대한주택보증에 대위변제한 금원에 관한 원고의 피고에 대한 구상금 채권이 채무자회생법에서 정한 '회생채권'이 아니라 '공익채권' 또는 '개시 후 기타채권'에 해당한다고 주장하면서 피고를 상대로 구상금 지급을 구하였다. 1심은 원고 패소(서울동부지법 2010가합5449). 항소기각(서울고등법원 2011나5488). 상고기각.

[판결요지]

건축공사의 도급계약에서 이미 공사가 완성되었다면 특별한 사정이 있는 경우를 제외하고는 이제 더 이상 공사도급계약을 해제할 수는 없고, 회생절차개시 전에 이미 건물을 완공하여 인도하는 등으로 건축공사 도급계약을 해제할 수 없게 되었다면 수급인은 회생절차개시 전에 도급계약에 관하여 이행을 완료한 것으로 보아야 하는바, 이러한 경우 수급인에 대한 회생절차개시 후에 완성된 목적물의 하자로 인한 손해가 현실적으로 발생하였더라도, 특별한 사정이 없는 한 하자보수에 갈음하는 손해배상청구권의 주요한 발생원인은 회생절차개시 전에 갖추어져 있다고 봄이 타당하므로, 도급인의 하자보수에 갈음하는 손해배상청구권은 회생채권에 해당한다.

[해설]

1. 문제의 소재

도급계약에서 완성된 건물의 하자와 관련한 분쟁이 자주 발생한다. 이 사건은 수급인이 건물을 완공하여 도급인에게 인도하는 등으로 도급계약에 관한 이행을 완료했는데, 그 후 수급인에 대한 회생절차가 개시되고, 회생절차개시 후에야 비로소 건물의 하자로 인한 손해가 현실적으로 발생한 경우, 도급인의 하자보수에 갈음하는 손해배상청구권이 회생채권에 해당하는지 여부가 문제된 경우이다.

2. 대상판결의 논거

대상판결은 수급인이 공사를 완공하여 인도하는 등으로 건축공사 도급계약을 더 이상 해제할 수 없게 되었다면, 수급인은 회생절차개시 전에 도급계약의 이행을 완료한 것으로 보아야 하고, 이러한 경우 특별한 사정이 없는 한 하자보수에 갈음하는 손해배상청구권의 주요한 발생원인이 회생절차개시 전에 갖추어져 있다고 봄이 타당하다는 이유로, 도급인의 하자보수에 갈음하는 손해배상청구권을 회생채권에 해당한다고 판단하였다.

3. 검토

가. 회생채권 일반

채무자회생법은 '채무자에 대하여 회생절차개시 전의 원인으로 생긴 재산상의 청구권'(제118조 제1호)과 회생절차개시 후에 생기는 재산상의 청구권 중 법이 개별적으로 정한 것[1]을 회생채권으로 규정하고 있다. 그 중 실무상 주로 다뤄지는 채무자회생법 제118조 제1호가 정한 회생채권이 갖춰야 할 요건은 ① 채무자에 대한 채권적 청구권, ② 재산상의 청구권, ③ 회생절차개시 전의 원인으로 생긴 청구권, ④ 강제할 수 있는 청구권, ⑤ 채무자의 재산상에 물적담보를 가지지 않는 청구권이어야 한다는 것이다.[2] 이중 실무에서 자주 쟁점이 되

---

1) 채무자회생법 제108조 제3항 제3호 및 제4호, 제118조 제2호 내지 제4호, 제121조 제1항, 제123조 제1항, 제124조 제2항, 제125조 제2항.
2) 서울회생법원 재판실무연구회, 회생사건실무(상) 제5판,

는 것은 '회생절차개시 전의 원인으로 생긴 청구권'이어야 한다는 요건인데, 이에 관한 일반적인 견해는, ① 채권 발생의 원인이 회생절차개시 전의 원인에 기한 것인 한 그 내용이 구체적으로 확정되지 아니하였거나 변제기가 회생절차 개시 후에 도래하더라도 상관없고,[3] ② 회생절차개시 당시 이미 청구권이 발생하고 있는 것까지 요구하는 것이 아니고 청구권의 주요한 발생원인이 회생절차개시 전에 있으면 충분하다는 것이다.

나. 하자보수에 갈음한 손해배상청구권 관련

건축물의 하자가 회생절차개시 전에 현실적으로 발생한 경우 도급인의 수급인에 대한 하자보수에 갈음하는 손해배상청구권이 회생채권에 해당한다는 판례[4]는 대상판결 이전에 이미 있었고, 이러한 결론은 위 회생채권 일반의 개념에 비추어 보면 쉽게 이해된다. 문제는 완성된 건축물이 수급인에 대한 회생절차개시 전에 도급인에게 이미 인도되었는데, 수급인에 대한 회생절차개시 후에야 비로소 건축물의 하자가 현실적으로 발생한 경우, 도급인의 하자보수에 갈음한 손해배상청구권의 법적성질을 어떻게 볼 것인가이다. 이에 관해서는 회생채권설과 공익채권설의 대립을 생각해 볼 수 있다.[5] 먼저 회생채권설은 회생절차개시 당시 하자가 현실적으로 발생하지 않았더라도, 수급인이 회생절차개시 전에 체결된 도급계약에 따라 건축물을 완공 또는 인도하였다면, 건축물에 발생한 하자 역시 회생절차개시 전에 있었던 공사에 관한 것으로서 회생절차개시 전의 원인으로 생긴 것이므로 도급인의 하자보수청구권은 '회생채권'으로 봐야한다는 견해이다. 공익채권설은 회생절

차개시 후에 하자가 현실화되었다면 그때부터 하자보수청구권이 발생한다고 해석해야 하고, 회생절차개시 후에 채무자회사가 신용유지를 위해 하자보수에 응하고 있다는 현실을 고려하여, 도급인의 하자보수청구권을 채무자회생법 제179조 제1항 제2호 또는 제5호[6]의 '공익채권'으로 봐야 한다는 견해이다.

이에 대해 대상판결은 회생채권설의 입장을 취했는데, 이 부분 대상판결의 핵심은 '회생절차개시 전의 원인으로 생긴 청구권'의 요건과 관련하여 '청구권의 주요한 발생원인이 회생절차개시 전에 갖추어져 있는 경우'에도 이러한 요건을 충족한다는 것을 전제한 후,[7] 수급인의 하자담보책임에 따른 도급인의 손해배상청구권의 주요한 발생원인이 건축물의 완성 시에 있다고 본 점이라 할 것이다. 한편, 대법원 2000. 3. 10. 선고 99다55632 판결 등은 "하자보수에 갈음한 손해배상청구권은 하자가 발생하여 보수가 필요하게 된 시점에서 성립된다."고 판시한 바 있으나, 이는 하자보수에 갈음한 손해배상청구권의 '구체적인 발생시점'에 관한 판시로 이해함이 타당하고, 회생채권 여부 판단에 필요한 '주요한 발생원인의 존재시점'과는 논점을 달리 하므로, 이러한 판례와 대상판결이 논리적으로 모순된다고 보기는 어렵다.

다. 여럿이 전부의무를 부담하는 경우 전부의무자의 구상권 관련

한편, 대상판결이 채무자의 연대보증인이 회생절차

---

3) 대법원 2014. 5. 16. 선고 2012다114851 판결 등 참조.

4) 구 회사정리법이 적용된 사건으로는 대법원 2000. 3. 10. 선고 99다55632 판결, 채무자회생법이 적용된 사건으로는 대법원 2014. 9. 4. 선고 2013다29448 판결 참조.

5) 김희중, 건축공사 도급계약의 수급인이 회생절차개시 전에 이미 건물을 완공하여 인도하는 등으로 도급계약에 관하여 이행을 완료하였는데, 수급인에 대한 회생절차개시 후에 완성된 목적물의 하자로 인한 손해가 현실적으로 발생한 경우, 도급인의 하자보수에 갈음하는 손해배상청구권이 회생채권에 해당하는지 여부 및 수급인이 위 도급계약에 따른 의무를 제대로 이행하지 못함으로 말미암아 확대손해가 발생한 경우, 도급인의 채무불이행으로 인한 손해배상청구권이 회생채권에 해당하는지 여부, 대법원판례해설 제103호(2015년 상), 394면.

6) 제179조(공익채권이 되는 청구권) ① 다음 각호의 어느 하나에 해당하는 청구권은 공익채권으로 한다.
   2. 회생절차개시 후의 채무자의 업무 및 재산의 관리와 처분에 관한 비용청구권
   5. 채무자의 업무 및 재산에 관하여 관리인이 회생절차개시 후에 한 자금의 차입 그 밖의 행위로 인하여 생긴 청구권

7) 이와 유사한 취지로 파산절차에 관하여 대법원은 "채무자회생법 제423조는 '채무자에 대하여 파산선고 전의 원인으로 생긴 재산상의 청구권은 파산채권으로 한다.'고 규정하고 있다. 이때 '파산선고 전의 원인으로 생긴 청구권'은 파산선고 당시 이미 청구권의 내용이 구체적으로 확정되거나 변제기가 도래하였을 것까지 요하는 것은 아니고, 적어도 청구권의 주요한 발생원인이 파산선고 전에 갖추어져 있으면 족한데, 청구권 발생에 대한 단순한 기대권에 불과하다면 파산채권에 해당하지 아니한다."라고 판시한 바 있다(대법원 2012. 11. 29. 선고 2011다84335 판결 참조).

419~423면.

개시 후에 주채권자인 회생채권자에게 연대보증채무를 이행함으로써 취득하게 되는 구상권과 관련하여 판시한 사항을 주목할 필요가 있다. 대상판결은 "회생채권에는 채무자회생법 제138조 제2항이 규정하는 장래의 청구권도 포함되는데, 채무자의 연대보증인이 회생절차개시 후에 주채권자인 회생채권자에게 변제 등으로 연대보증채무를 이행함으로써 구상권을 취득한 경우, 연대보증계약이 채무자에 대한 회생절차개시 전에 체결되었다면 구상권 발생의 주요한 원인인 연대보증관계는 회생절차개시 전에 갖추어져 있는 것이므로, 연대보증계약 등에 근거한 구상권은 장래의 청구권으로서 회생채권에 해당한다."고 판시하였다. 대상판결이 연대보증인의 구상권을 회생채권으로 판단한 핵심적인 이유 역시 구상권 발생의 주요한 원인인 연대보증관계가 회생절차개시 전에 갖춰져 있다고 보았기 때문이다.[8][9]

4. 여론

대상판결 이후에 선고된 대법원 판결로, 수급인이 도급계약에 따른 의무를 제대로 이행하지 못하여 도급인의 신체 또는 재산에 확대손해가 발생한 사례를 다룬 판례를 알아 두면 유용할 것이다. 이 사건에서 아파트 신축 도급인인 원고는 수급인인 피고에 대한 회생절차개시 후에 아파트 입주자대표회의와의 아파트 하자에 관한 손해배상청구 소송과 관련한 소송비용을 지출한 후 피고를 상대로 소송비용 지출 등의 손해를 배상받기 위해 채무불이행으로 인한 손해배상을 청구했다. 수급인의 채무불이행으로 인한 도급인의 손해배상청구권이 회생채권에 해당하는지 여부에 관하여, 대법원 2015.

6. 24. 선고 2014다220484 판결은 "수급인의 하자담보책임을 넘어서 수급인이 도급계약에 따른 의무를 제대로 이행하지 못함으로 말미암아 도급인의 신체 또는 재산에 확대손해가 발생하여 수급인이 도급인에게 그 손해를 배상할 의무가 있다고 하더라도, 특별한 사정이 없는 한 도급인의 위와 같은 채무불이행으로 인한 손해배상청구권 역시 회생절차개시 전에 주요한 발생원인을 갖춘 것으로서 회생채권에 해당한다고 할 것이다." 라고 판시하였다. 이 판결은, 수급인인 피고에 대한 회생절차개시 전에 이미 피고가 건물을 완공하여 인도하는 등으로 도급계약에 관하여 그 이행을 완료하였다면, 그 채무불이행의 원인 행위 역시 회생절차개시 전에 종료된 것이므로 도급인인 원고의 손해배상청구권은 '회생절차개시 전의 원인으로 생긴 재산상 청구권'으로 보아야 한다는 논리에 따른 것이다.[10] 향후 대법원이 도급계약, 연대보증뿐만 아니라 다양한 법률관계에서 '회생절차개시 전의 원인으로 생긴 재산상 청구권'의 해석에 관한 사례를 축적해 나갈 것으로 기대된다.

---

8) 회사정리절차에 관한 대법원 1995. 11. 10. 선고 94다50397 판결은 "정리회사의 연대보증인 등 정리회사에 대하여 장래의 구상권을 가지는 자는 회사정리법 제110조 제1항에 의하여 구상채권 전액에 관하여 정리절차에 참가하여 정리채권자로서의 권리를 행사할 수는 있으므로"라고 판시한 바 있다.

9) 한편 이 사건에서 대법원은 시공보증채무의 이행에 따른 사후구상금 채권이 구 회사정리법(2005. 3. 31. 법률 제7428호 채무자회생법 부칙 제2조로 폐지) 제121조 제1항 제4호에서 규정한 '후순위정리채권'에 해당한다는 취지의 대법원 2006. 8. 25. 선고 2005다16959 판결은 이 사건과 사안이 달라 이 사건에 원용하기에 적절하지 않다고 판시하였다.

10) 김희중(주 5), 401면.

[34] 도산법상 소유권유보부 매매의 매도인의 지위

정소민(한양대학교 법학전문대학원 교수)　　　　대법원 2014. 4. 10. 선고 2013다61190 판결

[사안의 개요]

원고는 2010. 11.경 피고에 대하여 물품을 설치, 납품하고 공사하는 계약을 하고 그 납품 및 공사를 완료하였다. 피고는 물품대금 132,000,000원 중 52,000,000원만 지급하고 나머지는 미지급하였다.

이후 피고는 2011. 6. 23. 회생절차개시결정을 받았고 2012. 3. 12. 인가결정을 받았다.

원고는 이 사건 계약은 소유권유보부매매에 해당하므로 원고가 이 사건 물품의 소유권자라고 주장하며 피고를 상대로 이 사건 물품의 인도를 청구하였다.

제1심과 원심은, 이 사건 소유권유보부 매매는 실질적으로는 잔대금채권을 확보하기 위한 것이므로 매도인인 원고가 보유한 소유권은 담보권의 실질을 가지고 있어서 회생담보권으로 취급함이 상당한데 원고는 회생계획안 인가결정 이후인 2012. 9. 12. 이 사건 소를 제기하였고 회생담보권자인 원고가 회생절차에 의하지 아니하고 별소로 물품의 인도를 구하는 것은 권리보호의 이익이 없어 부적법하다고 하여 소를 각하하였다. 이에 원고가 상고하였다. 상고기각.

[판결요지]

동산의 소유권유보부매매는 동산을 매매하여 인도하면서 대금 완납 시까지 동산의 소유권을 매도인에게 유보하기로 특약한 것을 말하며, 이러한 내용의 계약은 동산의 매도인이 매매대금을 다 수령할 때까지 대금채권에 대한 담보의 효과를 취득·유지하려는 의도에서 비롯된 것이다. 따라서 동산의 소유권유보부매매의 경우에, 매도인이 유보한 소유권은 담보권의 실질을 가지고 있으므로 담보 목적의 양도와 마찬가지로 매수인에 대한 회생절차에서 회생담보권으로 취급함이 타당하고, 매도인은 매매목적물인 동산에 대하여 환취권을 행사할 수 없다.

[해설]

1. 문제의 소재

소유권유보부 매매는 학설이 일치하여 인정하고 있는 매매의 특수한 형태지만 우리 민법에 명문의 규정이 없고, 채무자회생법에도 소유권유보부 매매의 매도인[1]의 지위가 도산절차에서 어떻게 취급되어야 하는지에 관한 명문의 규정이 없어 이에 관한 대법원 판례의 태도가 매우 중요하다.

소유권유보부 매매에 관한 그 간의 대법원 판결을 검토해 보면, 정지조건부 소유권이전설의 입장에서 적어도 매수인에 대한 도산절차의 개시 전에는, 매도인에게 담보권이 아닌 "소유권"이 귀속하고 매매대금이 모두 지급된 때에야 비로소 그 소유권이 매수인에게 이전된다고 판시하여 왔다. 그런데 대상판결은, 매매대금이 모두 지급되기 전에 매수인에 대한 회생절차가 개시된 사안에서 소유권유보부 매매의 매도인이 유보한 소유권은 담보권의 실질을 가지고 있으므로 담보 목적의 양도와 마찬가지로 매수인에 대한 회생절차에서 회생담보권으로 취급함이 타당하고, 매도인은 매매목적물인 동산에 대하여 환취권을 행사할 수 없다고 밝히고 있다. 즉, 대법원 판례는 소유권유보부 매매의 매도인의 지위를 도산절차 개시 전에는 '소유권자'로, 도산절차 개시 후에는 '담보권자'로 취급하고 있는 것이다. 이는 소유권유보부 매매에서 매도인이 실체법상 가지는 소유권이라는 권리가 도산법에서는 일관되게 관철되지 않는다는 것을 의미한다. 따라서 소유권유보부 매매와 관련하여 대법원 판례에 나타난 위와 같은 이론상의 간극이 생긴 이유와 그 결론의 정당성을 검토할 필요가 있다.

2. 대상판결의 논거

대상판결은 동산의 소유권유보부매매는 동산을 매매하여 인도하면서 대금 완납 시까지 동산의 소유권을

---

[1] 다른 언급이 없는 한 이 글에서 '매도인' 또는 '매수인'은 소유권유보부 매매의 매도인 또는 매수인을 뜻한다.

매도인에게 유보하기로 특약한 것을 말하며, 이러한 내용의 계약은 동산의 매도인이 매매대금을 다 수령할 때까지 대금채권에 대한 담보의 효과를 취득·유지하려는 의도에서 비롯된 것이라고 판시한다. 따라서 동산의 소유권유보부매매의 경우에, 매도인이 유보한 소유권은 담보권의 실질을 가지고 있으므로 담보 목적의 양도와 마찬가지로 매수인에 대한 회생절차에서 회생담보권으로 취급함이 타당하고, 매도인은 매매목적물인 동산에 대하여 환취권을 행사할 수 없다고 판단하였다.

3. 검토

먼저 대상판결을 보다 명확하게 이해하기 위하여 소유권유보부매매에서 매도인의 법적 지위에 관한 대법원 판결의 흐름을 살펴보기로 한다. 대상판결 이전에 선고된 소유권유보부 매매에 관한 대법원 판례를 살펴보면 모두 매수인에게 도산절차가 개시되기 이전의 법률관계를 논한 것이다. 이 판결들은 모두 정지조건부 소유권이전설의 입장에서 매매대금이 완납되기 전까지는 매도인이 매매목적물의 소유권을 보유함을 전제로 하고 있다. 매도인은 유보된 목적물의 소유권을 매수인뿐만 아니라 제3자에 대하여도 주장할 수 있고,[2] 이러한 법리는 소유권유보부 매매계약에서 매수인의 목적물의 판매를 예정하고 있고, 그 매매계약에서 소유권유보의 특약을 제3자에 대하여 공시한 바 없으며, 그 매매계약이 종류물을 목적물로 하고 있다 하더라도 다를 바 없다고 하였다.[3]

동일한 맥락에서 대법원은 동산의 소유권유보부 매매에서 매수인이 대금을 모두 지급하기 전에 매매목적물을 다른 사람에게 양도한 사안에서 양수인이 선의취득의 요건을 갖추거나 소유자인 소유권유보부 매매의 매도인이 후에 그 처분을 추인하는 등의 특별한 사정이 없는 한 매수인의 양도는 무권리자의 처분으로서 효력이 없다고 판시하였다.[4]

더 나아가 매매목적물에 대한 강제집행과 관련하여서도 대법원은 매도인은 매수인이 매매대금을 완납하기 전까지 소유권을 보유하게 되므로 매수인이 일반채

권자가 매매목적물을 압류하는 등 강제집행을 하는 경우에 소유권을 주장하여 제3자 이의의 소를 제기할 수 있다고 해석하였다.[5]

한편, 소유권유보부매매의 매수인이 목적물을 제3자에게 처분하여 매수인의 횡령죄 유무가 다투어진 형사사건에서도 대법원은 위 대법원 1999. 9. 7. 선고 99다30534 판결을 인용하면서 소유권유보부 매매의 매도인이 목적물의 소유권을 가진다는 전제 하에 매수인에게 횡령죄를 인정하였다.[6]

이와 같이 매수인에게 도산절차가 개시되기 전까지 대법원 판례는 일관되게 정지조건부 소유권이전설의 입장에서 매도인을 목적물의 소유자로 취급하고 있다. 이 논리가 도산법에서도 관철된다면 매수인이 매매대금을 모두 지급하지 않은 상태에서 회생절차에 들어가게 되면 매도인은 매매목적물에 대한 소유권에 근거하여 환취권을 행사할 수 있다고 해석하는 것이 자연스럽다. 그런데 대상판결에서 대법원은 매도인은 매매목적물인 동산에 대하여 환취권을 행사할 수 없다고 판시하였다. 그 이유는 무엇일까.

도산법은 기본적으로 도산절차에서도 도산 전에 합의된 당사자들의 권리가 대부분 존중되어야 한다는 태도를 취하고 있다.[7] 특히 대출거래 당시 합의된 담보권의 내용은 채무자가 도산절차에 들어가더라도 원칙적으로 담보설정계약서에 기재된 바에 따라 그 효력이 미친다고 해석한다. 그래야만 담보부 대출거래를 활성화시킬 수 있기 때문이다. 그런데 이런 원칙적인 입장은 도산법의 다른 목표들과 상호 작용을 통하여 수정되기도 한다. "실체법상 정지조건부 소유권이전설-도산법상 환취권", "실체법상 담보권설-도산법상 별제권 또

---

2) 대법원 1996. 6. 28. 선고 96다14807 판결 등.
3) 대법원 1999. 9. 7. 선고 99다30534 판결.
4) 대법원 2010. 2. 11. 선고 2009다93671 판결.

5) 대법원 1996. 6. 28. 선고 96다14807 판결.
6) 대법원 2007. 6. 1. 선고 2006도8400 판결.
7) 미국 파산에서는 파산법이나 파산법원칙이 특별히 달리 취급해야 할 사정이 없는 한, 당사자가 가지는 실체법적인 권리는 일반적으로 비도산법(non-bankrupcty law)에 의해서 결정된다는 '버트너 원칙(Butner Doctrine)'이 확립되어 있다. Warren/Bussel/Skeel Jr.,Bankruptcy, 9th ed., Foundation Press, 2012, p.34 참조. 특히 미국에서는 물권은 주법(state laws)에 의하여, 파산은 연방법(federal laws)에 의하여 규율되기 때문에, 연방법인 파산법이 특별히 당사자의 물권을 변형시키지 않는 한 주법에 의해 인정된 물권이 파산절차에서도 인정된다.

는 회생담보권"이라는 도식이 물권법 체계와 조화를 이루어 해석상으로 자연스럽지만 집단적이고 포괄적인 집행절차를 예정한 도산법의 정책적 목표를 고려했을 때 이러한 조합이 절대적인 해석의 방법은 아니기 때문이다. 대법원 판례 역시 정지조건부 소유권이전설을 취하지만 소유권유보부 매매가 실질적으로 담보로서 기능함을 부인하는 것은 아니다. 법 형식적으로 소유권이 매도인에게 귀속되지만 그 실질적인 담보적 기능을 고려하여 일정한 경우 그 소유권의 내용과 효력을 제한하여 해석할 수도 있는 것이다. 유사한 예로, 대법원 1992. 10. 27. 선고 91다42678 판결은 원심이 점유개정에 의하여 동산양도담보가 설정된 경우에 양도담보권자가 구 회사정리법 제123조 소정의 정리담보권자에 준하여 권리를 행사하여야 한다고 하였는데 이를 정당하다고 판시하였다. 이 판결의 원심이 동산양도담보의 이론구성에 관하여 신탁적 양도설[8]을 따르고 있는데도 회사정리절차에서는 정리담보권으로 취급하였다는 점을 주목할 필요가 있다.[9]

즉, 도산절차가 개시되기 전에 당사자가 실체법적으로 가지고 있던 권리를 도산법에서도 존중해야 하는 것이 원칙이지만 공평한 분배, 채무자의 회생 등 효율적인 도산절차를 만들기 위한 정책적인 목표를 위하여 도산법에서 실체법적 권리를 다소 변형시킬 수 있는 것이다. 대법원 판례가 소유권유보부 매매의 매도인이 실체법상 소유권을 보유하고 있다고 판시하면서도 매수인의 회생절차에서 매도인의 유보된 소유권을 회생담보권으로 취급하는 것은 이러한 관점에서 이해할 수 있을 것이다.

그런데 대법원 판례는 매수인의 채권자가 매매목적물에 대해 강제집행을 하는 경우에 매도인이 제3자 이의의 소를 제기할 수 있음을 긍정하고 있다. 도산절차에서는 유보된 소유권을 회생담보권으로 취급하면서도 강제집행절차에서는 매도인에게 소유권자로서 제3자 이의의 소를 제기할 수 있다고 하는 것은 다음과 같은 점을 고려한 결론이라고 판단된다. 즉, 민사집행절차는 개별적인 집행절차이지만 도산절차는 집단적이고 포괄적인 집행절차이다. 실체법상의 권리는 민사집행절차에서는 개별적으로 실현되지만, 도산절차에서는 집단적으로 실현된다.[10] 따라서 도산절차가 개시되어 도산법의 정책적 목표가 적극적으로 반영되기 전까지 개별적인 민사집행절차에서는 여전히 실체법상 소유권 개념을 관철하여 매도인을 소유권자로 취급할 수 있다고 할 것이다.

대상판결은 채무자회생법이 구체적으로 규정하고 있지 않은 도산절차에서 소유권유보부 매매의 매도인의 법적 지위를 명확하게 밝힌 판결로서 그 의미가 크다. 대법원 판례가 기존에 소유권유보부 매매에 관하여 정지조건부 소유권이전설을 취하여 왔음에도, 대상판결은 동산의 소유권유보부 매매의 매도인이 유보한 소유권은 담보권의 실질을 가지고 있으므로 매수인에 대한 회생절차에서 회생담보권으로 보아야 한다고 판시하고 있다. 이는 도산절차에서 소유권유보부 매매의 매도인의 실체법적 권리와 공평한 분배, 채무자의 회생이라는 도산법 고유의 정책적 목표를 형량한 후 매도인의 소유권을 그 실질적인 담보기능에 주목하여 제한적으로 해석한 것이라고 볼 수 있다. 특히 채무자회생법상 담보목적을 위해서 소유권의 양도라는 법 형식을 취하는 양도담보권이 회생절차에서 회생담보권으로 취급된다는 명문규정이 있음을 고려할 때, 유사한 지위에 있는 채권자들 사이의 공평한 취급이라는 관점에서 소유권유보부 매매의 매도인 역시 회생담보권을 가진다고 해석하는 것이 타당하다고 생각한다.

4. 여론: 채무자회생법의 현황과 향후 과제

현재 채무자회생법은 거래계에서 설정되는 다양한 형태의 담보권이 도산절차에서 어떻게 취급될 것인지

---

8) 양도담보의 법적 성질에 관하여 신탁적 소유권이전설과 담보권설이 대립하고 있다. 대법원 판례는 동산, 주식, 채권의 양도담보와 관련하여 신탁적 양도설을 취하고 있다. 대법원 1986. 8. 19. 선고 86다카315 판결; 대법원 1994. 8. 26. 선고 93다44739 판결; 대법원 1995. 7. 28. 선고 93다61338 판결; 대법원 2004. 10. 28. 선고 2003다30463 판결.

9) 김재형, "도산절차에서 담보권자의 지위", 민법론 Ⅲ, 박영사, 2007, 208~209면. 신탁적 양도설을 취한다고 하여 양도담보권자에게 반드시 제3자이의의 소와 환취권을 인정해야 하는 것은 아니며, 담보물권설을 취한다고 하여 반드시 배당요구와 별제권을 인정해야 하는 것은 아니다. 이에 관한 자세한 내용은 김형석, "강제집행·파산절차에서 양도담보권자의 지위", 저스티스, 2009, 68면 이하 참조.

10) 김재형, 전게 논문, 202면.

에 관한 구체적인 규정을 두고 있지 않아 법적 분쟁을
미연에 방지하지 못하고 있다. 그 결과 도산절차상 소유
권유보부 매매의 매도인의 지위, 장래채권에 대한 집합
채권양도담보권의 효력 등에 대해서 법적 분쟁이 발생
하고 매번 대법원 판례를 통해서 이들의 지위가 확정되
는 비효율이 발생하고 있다.[11] 대상판결이 소유권유보
부 매매의 매도인의 도산절차에서의 지위를 명확하게
밝혔다는 점에서 의의가 크지만 이는 대법원의 판결로
이루어질 것이 아니라 채무자회생법에 명문으로 규정
되어야 한다. 도산법의 정책적 목표 중 하나가 '투명하
고 예측가능한 도산법'일 것을 고려할 때, 거래당사자
들은 거래 당시에 자신의 권리가 도산절차에서 어떻게
실현될 수 있는지를 정확히 알고 그 바탕 위에 거래의
성부, 조건들을 결정할 수 있어야 한다. 향후 채무자회
생법의 개정을 통하여 거래당사자들이 자신들의 법적
권리, 거래의 위험 등을 투명하게 예측할 수 있는 법적
환경을 만들어줄 필요가 있을 것이다.

---

11) 대법원은 장래 발생하는 채권이 담보목적으로 양도된 후
채권양도인에 대하여 회생절차가 개시된 사안에서, 회생절차
가 개시된 후 발생하는 채권은 채권양도담보의 목적물에 포
함되지 아니하여 담보권이 효력이 미치지 아니한다고 판시하
였다. 대법원 2013. 3. 28. 선고 2010다63836 판결 참조.

[35] 회생절차 개시 이후 발생하는 채권에 대해 집합채권양도담보권의 효력이 미치는지

임지웅(법무법인 광장 변호사) 대법원 2013. 3. 28. 선고 2010다63836 판결

[사안의 개요]

의사인 피고는 2006. 8. 28. 금융기관인 원고와 사이에 여신한도금액을 2억 원으로 정하여 여신거래약정을 체결하고, 같은 날 원고로부터 1억 1,600만 원을 대출받았다. 피고는 대출 당시 대출금 채권을 담보하기 위하여 피고의 국민건강보험공단에 대한 향후 요양급여비 및 의료급여비 채권(이하 '의료비 채권')을 원고에게 양도하고, 국민건강보험공단에 이를 통지하였다. 피고는 2008. 11. 7. 회생절차개시신청을 하여 같은 해 12. 12. 회생절차개시결정을 받았다. 원고는 2008. 12. 1. 피고의 기한이익상실을 이유로 위 채권양도계약에 따라 양수받은 의료비 채권 중 이미 발생한 17,749,460원을 회수하였고, 이후 회생절차개시 시점까지 의료비 채권은 발생하지 않았다. 원고는 위 회생절차사건과 관련하여 피고에 대한 원고의 회생담보권이 133,733,591원이라는 확정을 구하는 신청을 하였으나, 법원은 원고의 피고에 대한 회생담보권은 존재하지 않는다는 결정을 하였다. 원고는, 피고가 원고에 대한 위 대출금채권의 담보로 의료비 채권을 양도하였는데, 위 채권은 장래에 계속 증감 변동하는 것이므로 일시적으로 0원이 되었다고 하여 원고의 위 대출금채권이 회생담보권이 아니라는 위 결정은 부당하므로 이를 취소하고, 원고의 위 대출금채권을 회생담보권으로 확정하여야 한다고 주장하면서 회생담보권조사확정재판이의의 소를 제기하였다.1심 법원은 원고의 청구를 기각하였고, 2심 법원은 원고의 항소를 기각하였다. 이에 대하여 원고만이 상고하였다.

[판결요지]

장래 발생하는 채권이 담보목적으로 양도된 후 채권양도인에 대하여 회생절차가 개시되었을 경우, 회생절차개시결정으로 채무자의 업무수행과 재산의 관리 및 처분 권한은 모두 관리인에게 전속하게 되는데(채무자회생법 제56조 제1항), 관리인은 채무자나 그의 기관 또는 대표자가 아니고 채무자와 그 채권자 등으로 구성되는 이른바 이해관계인 단체의 관리자로서 일종의 공적 수탁자에 해당한다 할 것이므로(대판 1998. 10. 11. 선고 87다카1559), 회생절차가 개시된 후 발생하는 채권은 채무자가 아닌 관리인의 지위에 기한 행위로 인하여 발생하는 것으로서 채권양도담보의 목적물에 포함되지 아니하고, 이에 따라 그러한 채권에 대해서는 담보권의 효력이 미치지 아니한다.

[해설]

1. 문제의 소재

금융거래에서 장래채권을 포함한 집합채권을 양도담보로 제공하고 자금을 조달하는 실무가 널리 활용되고 있다. 장래채권도 양도가능하고 그 경우 대항요건을 갖추면 제3자에 대하여도 양도를 주장할 수 있다는 점에 대해서는 학설과 판례가 대체로 인정하고 있다. 장래채권의 양도담보 역시 장래채권 양도의 방법에 의하여 설정될 수 있다는 점도 마찬가지다. 그런데 종래 장래채권의 양도담보 설정 후 양도인에 대하여 도산절차가 개시된 경우 도산절차 개시 후 발생한 채권에 대하여 양도담보의 효력이 미치는지에 관하여 논란이 있었고, 대상판결은 이에 관한 첫 선례로서 그 효력을 부정하는 판단을 하였다. 이하에서는 회생절차개시결정이 집합채권양도담보의 담보목적물에 미치는 효력에 관한 국내외 논의를 간략하게 살펴보고, 대상판결이 제시한 논거에 관하여 비판적으로 살펴보기로 한다.

2. 검토

가. 집합채권양도담보권자의 지위

양도담보의 법적 성질에 관하여 어떤 견해를 취하든, 양도담보권자는 양도인의 재산에 대하여 개시된 회생절차에서 환취권자가 아니라 회생담보권자로 취급된다[1](채무자회생법 제141조 제1항). 집합채권양도담보권

---

1) 1998년 회사정리법 개정 전에는 회사정리법이 양도담보에 관하여 아무런 규정을 두지 아니하였는데, 실무는 정리담보

자 역시 마찬가지다. 따라서 집합채권양도담보권자의 개별적인 담보권의 실행은 금지되고 원칙적으로 회생계획에서 정한 바에 따라서만 그 권리를 행사할 수 있다(채무자회생법 제58조 제1항 제2호, 제2항 제2호).

나. 회생절차개시결정이 집합채권양도담보의 담보 목적물에 미치는 효력에 관한 국내외 논의의 개관

(1) 미국

미국의 경우 채무자가 담보권이 설정된 후 취득한 재산(after-acquired property)에 대하여도 담보권을 설정할 수는 있다. 그러나 미국 연방파산법(Bankruptcy Code)은 파산신청 전의 담보권이 파산신청 후의 파산재산이나 그 후 채무자가 취득한 재산에는 효력을 미치지 아니한다고 규정하고 있고,[2] 위 규정에 따르면, 집합채권양도담보에서 도산절차신청 후 발생하는 장래채권에 대하여는 담보권의 효력이 미치지 아니한다고 해석된다.

(2) 독일

독일 도산법 제51조 제1호는 동산이나 채권이 담보목적으로 양도된 후 양도인에 대한 도산절차가 개시된 경우 양수인은 별제권자의 지위를 가지고, 같은 법 제91조 제1항은 도산절차개시 후에는 도산재단에 속하는 목적물에 대한 권리를 유효하게 취득할 수 없다고 규정하고 있다. 장래채권을 담보목적으로 양도된 후 양도인에 대한 도산절차가 개시되면 양수인은 별제권자의 지위를 가지나, 도산절차개시 후 발생하는 장래채권은 도산절차개시 전에 대항요건을 갖추었다고 하더라도 도산재산에 속하게 되고, 양수인은 그에 대하여 별제권을

갖지 않는다.[3]

(3) 일본

일본에서는 회사갱생절차개시 후 관재인의 활동에 의하여 취득하는 채권이 별도의 재산을 구성하는 것이 아니라 일체로서 갱생회사의 재산이 되는 점, 제3자에 대한 대항요건을 갖춘 경우 담보권자가 관재인에 대해서도 개시 후 발생하는 장래채권을 담보목적으로 취득한 것을 주장할 수 있기 때문에 집합채권양도담보의 효력이 회사갱생절차개시 후 발생한 장래채권에 대해서도 미치는 점 등을 이유로 이를 긍정하는 견해[4]가 다수설이고, 이에 대하여 갱생절차개시결정에 따라 갱생회사 재산의 관리처분권이 관재인에게 이전하므로 법적 주체가 다른 점, 회사갱생법은 개시결정 당시 회사재산을 관념적으로 청산하는 것이라는 인식을 배경으로 갱생절차개시를 담보권 실행으로 의제하여 담보목적채권이 '고정화'된다는 점, 집합채권양도담보계약에서 담보권자가 기대하는 것은 담보권 실행시점의 채권 잔고이어서 개시결정 이후 발생하는 장래채권에 담보권의 효력이 미칠 것이라는 합리적 기대가 없다는 점 등을 이유로 이를 부정하는 견해[5]도 있다.

(4) 우리나라에서의 논의

대상판결이 있기 전에는 대법원이 '회생담보권의 평가 기준 시점'과 관련하여 이른바 확정설(근저당권의 피담보채무는 회사정리절차개시 시점을 기준으로 확정된다는 견해, 대법원 2001. 6. 1. 선고 99다66649 판결)을 취하고 있으므로 집합채권양도담보에 있어서도 회생절차개시 이후 발생하는 장래채권은 회생담보권의 목적물이 될 수 없다는 점, 회생절차는 개시 후 발생하는 공익채권, 회생채권, 회생담보권을 구분하면서 그 기준시점을 회생절차개시 시점으로 하고 있어 담보권자 역시 회생절차개시결정 당시 채무자가 갖는 담보목적물만을 자신의

권자의 지위를 인정하였고, 대법원도 담보목적으로 채권을 양수한 자를 정리담보권자로 보았다(대법원 1990. 2. 13. 선고 89다카10385 판결). 이후 회사정리법 제123조의 개정으로 양도담보권이 정리담보권에 해당한다는 것을 명확히 하였고, 현행 채무자회생법도 같은 입장을 취하고 있다(제141조 제1항).

2) 미국 연방파산법 제552조(담보권의 신청 후 효력), USC § 552 – Postpetition effect of security interest

(a) Except as provided in subsection (b) of this section, property acquired by the estate or by the debtor after the commencement of the case is not subject to any lien resulting from any security agreement entered into by the debtor before the commencement of the case.

3) Ganter, Münchener Kommentar zur Insolvenzordnung § 51. 2. Aufl., (2007), 168~169면; 박진수, "회생절차개시 결정과 집합채권양도담보의 효력이 미치는 범위", 민사판례 연구36, 박영사(2014), 591면 각주 56)에서 재인용.

4) 東京地裁會社更生實務研究會, 會社更生の實務(上), 金融財政事情研究會(2005), 264~266면

5) 井上聰, "金融取引から見だ債權讓渡法制のあり方", 金融法務事情 No. 1874(2009), 77~78면; 伊藤眞, "倒産處理手續と擔保權─集合債權讓渡擔保を中心として", NBL No. 872(2008. 1. 1.), 64면.

가치로 파악하여야 한다는 점, 담보권자도 도산절차가 개시된 이후에 취득한 동산에 관하여 담보권이 미치는 것을 기대하지 않을 것이고, 그와 같이 기대하였다고 하더라도 그러한 기대를 보호하는 이익보다 다른 채권자 등 이해관계인을 보호할 이익이 크며, 이와 달리 해석하면 도산절차에서 채무자 또는 파산자의 재산이 형해화되어 다른 채권자 등 이해관계인에게 지나치게 불리한 결과를 초래하는 점 등을 이유로 부정설의 입장에 있는 견해가[6] 있었다.[7]

다. 대상판결 논거에 대한 비판적 검토

(1) 공적 수탁자론에 대한 검토

대상판결은 담보권의 효력이 미치지 않는다는 판시의 근거로 관리인이 채무자와는 별개로 이해관계인 단체의 관리자로서 일종의 공적 수탁자에 해당하므로, 회생절차가 개시된 후 발생하는 채권은 관리인의 지위에 기한 행위로 발생하는 것임을 들고 있다. 그런데 관리인이 선임된 경우 관리인이 채무자와 별개의 법적 주체이고, 채무자가 관리인을 겸하는 경우에도 사안에 따라 서로 다른 법적 지위(채무자로서의 지위 또는 관리인으로서의 지위)가 부여될 수 있음은 당연하다. 결국 대상판결의 논리는 관리인은 채무자의 지위를 승계하지 않는 제3자이므로 관리인의 지위에 기하여 발생한 채권은 이미 양도된 채권과 동일하지 않으며,[8] 따라서 장래채권양도담보의 효력이 회생절차개시 후 채권에 대하여 미치지 않는다는 것이다(이연갑, 189면). 그러나 회생관리인은 원칙적으로 채무자의 지위를 포괄적으로 승계한 것과 유사한 지위에 서고, 회생절차가 개시되더라도 채무자의 업무수행권과 재산의 관리처분권이 관리인에게 이

전될 뿐 권리주체에 변동이 생기는 것은 아니다. 따라서 장래채권을 포함한 집합채권에 관하여 민법 제450조에 정한 바에 따라 제3자에 대한 대항요건을 취득한 이상 회생절차개시결정으로 인하여 채무자가 관리처분권을 상실하고 관리인이 관리 처분권을 갖는다고 하여도 이로써 권리의 귀속주체가 변경되는 것이 아닌 이상 그 권리는 여전히 채무자에게 귀속되므로, 장래채권에 관하여 채무자가 회생개시결정이 있기 전에 한 처분이 여전히 유효하다[9]고[10] 보아야 한다는 점에서 대상판결의 위 논리는 찬성하기 어렵다.

(2) 채무자회생법 제124조 제1항 등에 관한 검토

채무자회생법 제124조 제1항은 '임대인인 채무자에 대하여 회생절차가 개시된 때에는 차임의 선급 또는 차임채권의 처분은 회생절차가 개시된 때의 당기(當期)와 차기(次期)에 관한 것을 제외하고는 회생절차의 관계에서는 그 효력을 주장할 수 없다'고 규정하고 있다[11]. 이를 반대해석하면 장래 발생할 차임채권을 양도한 경우 회생절차가 개시된 때의 차기에 관한 것은 회생절차의 관계에서는 그 효력을 주장할 수 있다는 것이다. 회생절차 개시 후 임차목적물의 사용수익에 필요한 상태를 유지할 의무를 이행하는 것은 관리인이고, 차임은 그러한 의무의 이행에 대한 대가로 지급되는 것이다. 그럼에도 위 규정은 회생절차 개시 후 발생하는 차임채권에 대한 채권양도의 효력을 제한된 범위에서나마 회생절차에 대한 관계에서 주장할 수 있다고 명시적으로 규정하고 있다. 결국 위 규정은 장래 발생할 차임채권을 양도한 경우, 그 양도의 효력이 회생관리인에게 미치는 것을 전제로 하되, 다만 회생절차의 목적을 달성하기 위하여 필요한 범위 내에서 그 효력을 제한하고 있는 것이다.[12][13]

---

6) 오영준, "집합채권양도담보와 도산절차의 개시", 사법논집 제43집, 법원도서관(2006). 369~373면; 김재형, "도산절차에서 담보권자의 지위", 인권과 정의 제356호(2006. 4.), 대한변호사협회. 11~12면.

7) 대상판결 이후 대상판결의 결론에 찬성하는 견해로는 김재형, "동산담보권의 법률관계", 최준규 "장래채권 양도담보의 도산절차상 효력"이 있고, 반대하는 견해로는 박진수 "회생절차개시결정과 집합채권양도담보권의 효력이 미치는 범위", 이연갑 "장래채권 양도담보와 회생담보권의 효력이 미치는 범위" 등이 있다.

8) 이상주, "집합채권양도담보에서의 담보권실행의 효력과 회생절차가 개시된 후 발생하는 채권에 대해서도 담보권의 효력이 미치는지 여부", 대법원판례해설(제95호), 법원도서관(2013). 677면.

9) 김재형(주 6), 18~19면도 대상판결의 결론에는 찬성하는 견해이면서도 '관리인이 한 행위라고 하더라도 그로 인하여 취득한 재산은 채무자에게 귀속하는 것으로 볼 수 있다'는 점을 들어 대상판결의 논거에는 반대하는 입장을 취하고 있다.

10) 박진수(주 3), 596면; 이연갑 "장래채권 양도담보와 회생담보권의 효력이 미치는 범위", 법조 695, 법조협회(2014). 189~190면.

11) 채무자회생법 제340조도 파산절차와 관련하여, '임대인이 파산선고를 받은 때에는 차임의 선급 또는 차임채권의 처분은 파산선고 시의 당기 및 차기에 관한 것을 제외하고는 파산채권자에게 대항할 수 없다'고 하여 유사한 규정을 두고 있다.

이는 담보목적으로 장래의 차임채권을 양도한 경우에
도 마찬가지로 적용된다. 또한, 자산유동화에 관한 법
률 제15조는 '자산보유자가 파산하거나 회생절차가 개
시된 경우에는 유동화자산 중 차임채권에 관해서는 채
무자회생법 제125조 및 제340조의 규정을 적용하지 아
니한다'고 규정하고 있는데, 위 규정은 장래 차임채권
양도의 도산절차상 효력을 제한 없이 인정하려는 것으
로, 장래 차임채권 양도는 도산절차에서 원칙적으로 유
효하다는 전제하에서 입법이 된 것이다.[14] 따라서 대상
판결의 논리는 적어도 임대차계약에 의한 장래 차임채
권의 양도(담보)와 관련해서는 위와 같은 법령의 명시
적 규정에 반하는 것이고,[15] 이와 같이 차임채권에 관하
여는 법령에 명문의 규정을 둠으로써 이해관계의 조정
을 도모하고 있는데, 장래채권 일반에 관하여 채무자회
생법상 명문의 규정도 없이 회생개시결정 이후 이를 담
보목적물에서 일괄적으로 제외시키는 대상판결의 견해
는 동의하기 어렵다.[16]

3. 결론

대상판결은 회생절차개시 후 발생하는 채권이 채무
자의 회생을 위한 자원으로 사용되어야 한다는 정책적
인 고려에 바탕을 둔 것으로 보이고, 이러한 정책적인
필요성은 나름 타당성이 있다고 생각된다. 그러나 대상
판결에서 관리인이 공적 수탁자의 지위에서 한 행위로
인해 발생한 채권임을 들어 기존 채권양도담보의 목적
물에서 제외된다는 논리는 일반적인 장래채권의 처분
에 관한 법리에 배치되고, 장래 차임채권 양도는 도산절
차에서 원칙적으로 유효하다는 전제하에서 만들어진
채무자회생법 제121조 제1항 등 현행 법령의 취지에도
맞지 않는 것으로 적어도 현행 채무자회생법의 해석론
으로는 수긍하기 어렵다. 이는 결국 채무자의 도산 시

담보권자가 보장받을 수 있는 담보권의 내용과 범위라
는 담보권의 본질에 관한 문제로서 이를 제한하기 위해
서는 미국, 독일과 같이 입법을 통해 해결하는 것이 담
보권자와 기타 이해관계인 사이의 균형과 조화를 모색
하기 위하여 바람직한 방안으로 사료된다.

---

12) 이연갑(주 10), 193면; 박진수(주 3), 599~600면.
13) 최준규, "장래채권 양도담보의 도산절차상 효력", 사법 제
32호, 사법발전재단(2015). 275면은 채무자회생법 제124
조 제1항 등이 장래 차임채권 양도의 도산절차상 효력을 원칙
적으로 긍정하는 전제에서 입법된 것인지, 부정하는 전제
하에 입법된 것인지 단정하기 어렵다고 한다.
14) 박진수(주 3), 600면; 최준규(주 13), 275~276면.
15) 이연갑(주 10), 193~194면.
16) 박진수(주 3), 600면.

[36] 공익채권의 요건으로서 조세채권의 '납부기한'의 의미

이수열(법무법인 화우 변호사)   대법원 2012. 3. 22. 선고 2010두27523 전원합의체 판결

[사안의 개요]

원고 회사는 2000. 11. 1. 부도가 발생하여 2001. 5. 11. 파산선고를 받았다가 2007. 1. 9. 회생절차개시결정을, 2008. 3. 5. 회생절차종결결정을 받았다. 원고에게 2000. 5.~10.경까지 재화나 용역을 공급하고 대금을 받지 못한 사업자들이 대손 확정을 이유로 매출세액 상당의 대손세액공제를 받자, 피고 세무서장들은 2001. 10.경부터 2006. 6.경까지 원고의 파산관재인에게 원고가 매입세액에서 차감하여 신고하지 아니한 대손세액 상당의 부가가치세를 부과하는 1차 경정부과처분을 하였다. 원고의 파산관재인은 파산재단으로 이를 납부한 후 공급자의 대손세액공제에 따른 부가가치세 채권이 재단채권이나 파산채권에 해당하지 않으므로 파산자가 아닌 파산관재인에 대한 경정부과처분은 무효라고 주장하면서 2006. 9. 29. 국가를 상대로 위 납부세액의 반환을 구하는 소를 제기하였고, 위 경정부과처분이 무효임을 전제로 원고에게 납부세액 등을 지급하라는 화해권고결정이 확정되자,[1] 국가가 이를 지급한 후 피고들은 2009. 1. 12.부터 2009. 4. 8.까지 다섯 차례에 걸쳐 원고에게 납부기한을 정하여 공급자의 대손세액공제에 따른 부가가치세 채권 중 부과제척기간이 도과하지 아니한 부분을 부과하는 이 사건 부과처분을 하였다.

원고는 피고들을 상대로 이 사건 부가가치세부과처분 취소소송을 제기하여, 이 사건 부가가치세 채권이 회생절차개시 당시 법정납부기한이 도래하여 회생채권임에도 피고들이 회생절차에서 신고하지 아니하여 회생계획인가결정으로 실권되었다고 주장하였고, 피고들은 회생절차개시 당시 지정납부기한이 도래하지 아니하여 위 부가가치세 채권은 공익채권이라고 주장하였다. 1심은 원고의 주장을 받아들여 위 부과처분을 취소하였고, 원심은 피고들의 항소를 기각하였다. 피고들이 상고하였다. 상고기각

[판결요지]

[다수의견] 회생채권과 공익채권은 회생절차에서 인정되는 지위가 달라 어떠한 조세채권이 회생채권과 공익채권 중 어디에 해당하는지는 채권자·주주·지분권자 등 다른 이해관계인에게 미치는 영향이 지대하므로 다수 이해관계인의 법률관계를 조절하는 회생절차의 특성상 회생채권과 공익채권은 객관적이고 명확한 기준에 의하여 구분되어야만 한다. 그럼에도 만일 채무자회생법 제179조 제9호[2]의 납부기한을 법정납부기한

---

1) 구 파산법(2005. 3. 31. 법률 제7428호로 폐지) 제38조는 재단채권을 규정하면서 제2호에서 "국세징수법 또는 국세징수의 예에 의하여 징수할 수 있는 청구권. 단, 파산선고후의 원인으로 인한 청구권은 파산재단에 관하여 생긴 것에 한한다."라고 규정하고 있었고, 판례에 의하면 '파산선고 전의 원인으로 인한 조세채권'에 해당하는지 여부는 파산선고 전에 법률에 정한 과세요건이 충족되어 그 조세채권이 성립되었는가 여부를 기준으로 하여 결정하였다(대법원 2002. 9. 4. 선고 2001두7268 판결 등). 한편 공급자의 대손이 공급을 받은 사업자의 폐업 전에 확정되면 그 공급자의 대손이 확정된 때에 비로소 그 대손세액 상당의 매입세액 차감액에 대한 사업자의 납세의무가 발생하고 그에 상응하는 부가가치세 채권이 성립한다(대법원 2006. 10. 12. 선고 2005다3687 판결). 이에 따라 파산선고 후에 공급자의 대손이 확정되는 경우 공급을 받은 사업자에 대해 대손에 상응하는 부가가치세 채권은 재단채권이나 파산채권에 해당하지 않아 파산재단으로부터 변제를 받을 수 없고 파산채무자가 파산재단에 속하지 않는 재산으로 변제할 기타의 채권에 해당한다[서울회생법원 재판실무연구회, 법인파산실무 제5판, 박영사(2019) 370면]. 이처럼 파산선고 후에 발생한 조세채권으로서 파산채권도 아

니고 재단채권도 아닌 조세채권에 대한 납세의무자는 파산관재인이 아니라 파산채무자이고, 만일 그 조세채권을 파산관재인으로부터 납부 받은 경우에는 법률상 원인을 결여하여 부당이득반환의무가 성립한다(대법원 2017. 11. 29. 선고 2015다216444 판결).

이에 대하여 이 사건과 같은 대손세액공제에 따른 조세채무의 사후 조정의 경우에는, 원래의 납부의무 성립일을 기준으로 재단채권 해당 여부를 판단하는 것이 옳다는 견해로 이진만, "공익채권으로 되는 조세채권의 범위", 안대희 대법관 재임기념 논문집, 사법발전재단(2012), 726면 참조.

2) 2009. 10. 21. 법률 제9804호로 개정되기 전의 것으로, 위

이 아닌 지정납부기한으로 보게 되면 과세관청이 회생절차개시 전에 도래하는 날을 납부기한으로 정하여 납세고지를 한 경우에는 회생채권이 되고, 납세고지를 할 수 있었음에도 이를 하지 않거나 회생절차개시 후에 도래하는 날을 납부기한으로 정하여 납세고지를 한 경우에는 공익채권이 될 터인데, 이처럼 회생절차에서 과세관청의 의사에 따라 공익채권 해당 여부가 좌우되는 결과를 가져오는 해석은 집단적 이해관계의 합리적 조절이라는 회생절차의 취지에 부합하지 않고, 조세채권이 갖는 공공성을 이유로 정당화되기도 어렵다. 따라서 채무자회생법 제179조 제9호가 규정하는 납부기한은 원칙적으로 과세관청의 의사에 따라 결정되는 지정납부기한이 아니라 개별 세법이 객관적이고 명확하게 규정하고 있는 법정납부기한을 의미하는 것으로 보아야 한다.

[반대의견] 채무자회생법 제179조 제9호가 납부기한을 공익채권 여부의 결정 기준으로 삼은 것은 회생절차개시 당시 아직 구체적인 조세채무가 확정되지 아니하여 과세관청이 강제징수할 수 없었던 것을 공익채권으로 규정하고, 회생절차개시 전에 이미 구체적인 조세채무가 확정되어 과세관청이 강제징수할 수 있었음에도 그 절차에 나아가지 않았던 경우를 공익채권에서 제외한 것으로 이해하여야 한다. 채무자회생법 제179조 제9호의 취지를 이처럼 이해하면, 신고납세방식의 조세에 관하여 법정납부기한 내에 신고가 있는 경우와 자동확정방식의 조세의 경우에는 회생절차개시 당시 이미 구체적인 조세채무가 확정되어 있고 법정납부기한도 도래한 이상 별도의 납세고지 없이 강제징수가 가능한 상태에 있으므로 이때 채무자회생법 제179조 제9호가 규정하는 납부기한은 법정납부기한을 뜻하는 것으로 보아야 하지만, 신고납세방식의 조세에 관하여 납세의무자가 법정납부기한 내에 과세표준과 세액을 신고하지 아니하거나 신고내용에 오류 또는 탈루가 있어 과세관청이 결정 또는 경정하여야 하는 경우에는 회생절차개시 당시 법정납부기한의 도래만으로는 구체적인 조세채무가 확정되어 있다고 할 수 없고 강제징수를 하기 위해 별도로 납부기한을 정한 납세고지가 필요하므

로 이때의 납부기한은 지정납부기한을 뜻하는 것으로 보아야 한다. 다만 과세관청의 자의적인 시기 조정 등으로 인하여 공익채권으로 되는 조세채권의 범위가 부당하게 확장되는 것은 불합리하므로 위와 같은 특별한 사정이 있는 경우에는 신의칙 등을 적용하여 과세관청이 당초 지정할 수 있었던 납부기한을 기준으로 공익채권에 해당하는지를 판단하여야 할 것이다.

[해설]

1. 회생절차상 조세채권의 취급

조세채권은 국가와 지방자치단체의 존립을 위한 재정적 기초가 되는 등 공공적 성격이 있어, 일반적으로 다른 채권에 우선하는 보호를 받는다(국세기본법 제35조 제1항 본문 등). 이는 도산절차에서도 어느 정도 타당하여 예컨대 채무자회생법은 파산절차에서 조세채권을 원칙적으로 재단채권으로 취급하도록 하여 다른 파산채권보다 우선하여 변제를 받을 수 있도록 하고 있다. 회생절차에 있어서도 법원이 체납처분의 중지를 명하는 경우에는 징수의 권한을 가진 자의 의견을 들어야 하고(법 제44조 제1항 제5호 후문), 회생계획안에서 3년 이하의 기간 동안 조세 징수의 유예를 정하는 경우에는 징수권자의 의견을 듣고, 그 기간이 3년을 넘거나 감면을 정하는 경우에는 징수권자의 동의를 얻어야 하며(법 제140조 제2, 3항), 일반 회생채권은 채권신고기간 내에 신고를 하여야 하는 반면, 조세채권은 그 종기가 없고 단지 지체 없이 신고하면 된다(법 제156조 제1항).[3]

다만, 회생절차는 채무자의 청산을 목적으로 하는 파산절차와 달리 재정적 파탄에 빠진 채무자의 효율적 재건을 도모하는 제도로서, 조세에 대한 두터운 보호를 관철할 경우 채무자의 회생에 장애가 되어 제도의 목적을 달성할 수 없는 문제가 생긴다. 이에 채무자회생법은 조세채권이라도 일반채권과 동일하게 회생절차 개시 전의 원인으로 생긴 것은 회생채권으로 취급하고(법 제118조 제1호), 회생채권인 조세채권은 회생계획에 의해

개정으로 같은 조 제2항이 신설되어, 현행법상 같은 법 제179조 제1항 제9호이다.

3) 다만 실무상 회생계획안 심리를 위한 관계인집회까지는 일반 회생채권의 광범위한 추후보완 신고를 허용하고 있고, 조세채권도 같은 시기까지는 신고를 해야 하는 것으로 해석하고 있는 결과(대법원 2002. 9. 4. 선고 2001두7268 판결), 채권신고기간 관련하여서는 양자의 차이가 크지 않다고 할 수 있다.

서만 변제를 받을 수 있으며(법 제131조), 회생계획에 반영되지 않으면 회생계획인가결정으로 실권·소멸되도록 하고 있다(법 제251조).

2. 문제의 소재

이처럼 회생절차에서는 조세채권이라도 그 성립 시기에 따라 일반채권과 유사한 취급을 받는다는 점에서 어느 조세채권이 회생채권인지 공익채권인지는 중요한 차이를 갖게 된다. 즉 공익채권인 조세채권은 신고를 할 필요가 없고 회생계획인가결정으로 실권되지 않으며 수시로 변제를 받을 수 있는 것이다.

여기서 어느 조세채권이 '회생절차 개시 전의 원인으로 생긴 것'으로서 회생채권에 해당하는지 여부는 회생절차개시결정 전에 법률에 정한 과세요건이 충족되어 그 조세채권이 성립되었는지 여부를 기준으로 하여 결정한다는 것이 확립된 판례이다.[4] 그런데 채무자회생법 제179조 제1항 제9호('이 사건 규정')는 원천징수·특별징수하는 조세나 간접세의 성격을 가진 조세의 경우 회생절차개시 전에 성립하였더라도 개시 당시 '납부기한'이 도래하지 아니한 경우에는 공익채권으로 규정하여, 그에 해당하는 조세채권을 두텁게 보호하고 있다. 즉 회생절차에서는 파산절차에 비해 조세채권에 대한 보호가 완화되어 조세채권이 회생절차개시결정 전에 성립(법률에 의한 과세요건이 충족)되어 있으면 회생절차 개시 후에 부과처분이 있거나 납부기한이 도래하더라도 그 조세채권은 회생채권이 되는 것이 원칙이지만,[5] 위 규정은 일부 조세에 대하여는 달리 취급하도록 하여 다시 그에 대한 보호를 강화하고 있는 것이다.

세법상 납부기한에는 개별 세법이 미리 정해 둔 법정 납부기한과 과세관청이 납세고지를 하면서 지정하는 지정납부기한이 있다. 납부기한은 조세징수권의 소멸 시효기산일이나 납부불성실가산세 또는 가산금의 기준일이 되거나 조세범죄의 기수시기를 구별하는 기준이 되는데, 개별 세법은 단지 납부기한이라고만 정하고 있

어 구체적인 경우 그것이 어느 납부기한을 의미하는지 해석으로 정해야 한다. 채무자회생법의 위 규정 역시 단지 '납부기한'이라고만 정하고 있을 뿐이어서 그 의미에 관하여 견해가 대립하였다.

3. 검토

채무자회생법 제179조 제1항 제9호가 정한 '납부기한'의 의미에 관하여는, 법정납부기한설과 지정납부기한설, 절충적 지정납부기한설 등이 제기되었다. 법정납부기한설은 회생절차개시 당시 개별 세법이 세목별로 정한 납부기한[6]이 도래하였는지를 기준으로 당해 조세채권의 공익채권 해당 여부를 가리는 견해로 대상판결의 다수의견이 취한 입장이다. 지정납부기한설은 구체적인 세액의 납부를 명하는 납세고지서에 기재되어 징수권의 행사가 가능한 시기를 납부기한으로 본다. 일본 최고재판소는 지정납부기한설의 입장을 취한 것으로 해석되고 있다.[7] 대상판결의 반대의견은 절충적 지정납부기한설의 입장을 취하고 있는데, 이에 의하면 신고납세방식의 조세에서 신고가 있는 경우 및 자동확정방식의 조세에 대하여는 법정납부기한으로 해석하고, 신고납세방식의 조세에서 신고가 없거나 그 내용에 오류 또는 탈루가 있어 과세관청이 결정 또는 경정을 하여야 하는 경우에는 지정납부기한을 의미한다고 한다.

채무자회생법 제179조 제1항 제9호가 정한 조세들은 원천징수·특별징수하는 조세나 간접세라는 특성상 법적인 납세의무자와 실질적인 담세자가 따로 존재한다는 점에서, 회생절차개시결정 전에 성립한 조세채권임에도 특별히 공익채권으로 규정한 것으로 이해하는

---

4) 대상판결, 대법원 2013. 2. 28. 선고 2012두23365 판결 등.

5) 하태흥, 조세채권을 회생채권과 공익채권으로 구분하는 기준인 '납부기한'의 의미, 대법원 판례해설, 법원도서관(2012), 238면; 회사정리절차에 관한 대법원 1994. 3. 25. 선고 93누14417 판결 등 참조.

6) 원천징수하는 법인세, 소득세는 징수일이 속하는 달의 다음달 10일, 부가가치세는 납세의무성립일로부터 25일, 개별소비세, 주세는 판매 또는 출고한 날이 속하는 분기의 다음달 25일, 교통·에너지·환경세는 제조장으로부터 반출한 날이 속하는 다음달 말일 등이다.

7) 임치용, "판례를 통하여 본 회생절차와 조세채권", 도산법연구(2010. 1.), 102면. 最高裁判所 1974. 7. 22. 선고 판결(민집 28권 5호 1008頁)에 의하면, 위 조세들은 예금적 성질이 있어서 환취권과 유사하게 취급하는 것이 상당하지만, 이를 철저히 관철할 경우 회사갱생절차의 이해관계인에게 미치는 영향이 크므로, 법이 정책적으로 이를 조정하기 위해 공익채권이 되는 조세채권의 범위를 제한한 것으로, 회사갱생절차 개시 당시 지정납부기한이 지난 조세채권에 대하여는 환취권적 취급에서 제외하는 취지라고 한다.

것이 일반적이다.[8] 그와 같은 전제에서 다시 그 범위를 제한하는 '납부기한'의 의미에 관한 해석이 대상판결의 쟁점인 것이다.

　법정납부기한설은 기준이 객관적이고 명확하다는 것이 가장 큰 장점이다. 다수 이해관계인이 관여하는 회생절차에서는 무시하기 어려운 법익이다. 반면 세법상 납세의무성립일과 법정납부기한의 차이가 그다지 크지 않아 법이 특별히 납세의무성립일 이후로서 납부기한까지 공익채권의 범위를 넓힌 취지를 설명하기 어렵고, 신고납세방식의 조세에서 납세의무자가 신고를 하지 않거나 신고에 오류 또는 탈루가 있어 과세관청이 이를 알지 못한 경우에도 회생계획의 인가로 조세채권이 실권·소멸하게 되는 불합리가 발생하는 문제가 있다. 지정납부기한설은 위와 같은 문제점을 해결할 수는 있지만, 회생절차의 진행에 있어 과세관청이 지정하는 납부기한이라는 불확정 요인으로 인해 회생절차의 안정성이 저해되는 문제가 있다. 즉 회생채무자가 부담하는 부채의 규모가 유동적인 결과로 되고, 만일 회생계획이 인가된 후 조세가 부과되는 경우, 실무상 채무자의 자금수지에 그다지 여유가 없는 점을 고려하면 조세채권의 규모에 따라서는 회생계획의 수행 자체가 어렵게 될 우려가 있으며, 궁극적으로는 채무자의 효율적인 재건에 장애 요소로 작용하게 된다. 특히 지정납부기한설은 과세관청이 재정적 어려움에 직면한 채무자에 대해 납세고지를 지연하는 등으로 납부기한을 자의적으로 조정할 우려에 대해서는 신의칙을 적용하여 과세관청이 당초 지정할 수 있었던 납부기한을 기준으로 납부기한의 도래 여부를 판단하면 된다고 하지만, '신의칙'과 '당초 지정할 수 있었던 납부기한'과 같은 기준 자체도 역시 불명확하다는 지적이 가능하다.

　세법상 납부기한은 그에 결부된 법률효과가 다양함에도 법은 납부기한의 의미에 관해 구체적으로 규정하지 않고 있고, 이에 따라 어느 납부기한인지를 개별적 해석으로 밝혀야 함은 앞에서 보았고, 이는 이 사건 규정의 납부기한도 마찬가지이다. 위 규정이 정한 조세는 법적인 납세의무자와 실질적인 담세자가 다른 경우로서, 이미 실질적인 담세자를 대상으로 한 조세의 원천징수나 전가가 이루어졌음에도 법적인 납세의무자가 회생절차에 들어갔다는 이유로 다른 조세와 동일한 기준으로 회생채권·공익채권 여부를 판단하는 것은 타당하지 않다. 다만 그와 같은 특성에도 불구하고 실제 징수나 전가가 이루어지지 않았음에도 납세의무가 발생한 경우도 있을 수 있고, 징수한 금전이 회생채무자의 재산과 혼화되어 환취권 자체를 관념할 수 없다는 점에서 환취권에 유사할 정도로 위 조세채권을 보호하는 것도 타당하지 않아 보인다. 그 점에서 일본 최고재판소가 취하는 순수 지정납부기한설은 그대로 받아들이기 어렵다. 우리 법은 위와 같은 조세들 모두를 일률적으로 공익채권으로 할 경우 다수의 이해관계를 규율하는 회생절차의 안정성과 채무자의 효율적 재건에 장애가 된다는 점에 착안하여 회생절차개시 시점과 조세의 납부기한과의 선후를 따져 회생채권·공익채권을 구분하도록 하고 있다. 결국 이 사건 규정은 조세채권의 확보와 채무자의 효율적 재건이라는 상충하는 법익을 조화하기 위한 정책적 고려에 그 입법취지가 있으므로, 위 규정상 납부기한의 의미를 해석함에 있어서도 논리필연적으로 어느 견해가 옳다고 하기 보다는 위와 같은 규정의 취지를 살리는 합목적적 해석이 필요하다고 보인다. 그러한 점에서 대상판결의 다수의견이 집단적 법률관계를 조정하는 회생절차의 보다 안정적이고 효율적인 규율에 방점을 두고 법정납부기한설의 입장에서 공익채권 여부를 판단하도록 한 것은 채무자회생법 규정의 해석에 관한 하나의 지침으로서도 작동할 수 있어 그 의의가 크다고 생각된다.

8) 하태흥, 앞의 글 266면.

[37] 체납처분에 의한 강제환가절차에서 정리채권인 조세채권의 우선권

이의영(서울고등법원 고법판사)

대법원 2012. 7. 12. 선고 2012다23252 판결

[사안의 개요]

A건설회사가 조세채무 약 17억8천만 원이 체납한 상태에서 1999. 3. 26. 회사정리절차 개시결정을 받았고, 1999. 8. 27. 회사정리계획 인가결정을 받았다. 원고는 2007. 12. 24. A에 대한 약 22억 원의 공익채권(국민주택기금 대출금 관련 채권으로서 회사정리계획에서 공익채권으로 인정)을 양수하였다.

한편 정리채권인 조세채권에 대한 변제계획이 정상적으로 이행되지 않자, 관할세무서장은 2008. 12. 11. 국세징수법에 따라 A회사 소유 부동산을 압류한 후 2009. 6. 9. 한국자산관리공사에 공매를 의뢰하였다. A회사에 대한 회사정리절차는 2009. 8. 3. 폐지되었고, 한국자산관리공사는 2010. 1. 및 3.경 위 부동산을 공매 처분한 대금 합계 약 17억8천만 원을 대한민국(피고)에 배분하였다.

원고는 위 공매대금 배분이 당연무효라고 주장하며 배분이의신청, 조세심판청구를 거쳐 피고를 상대로 부당이득금 반환 청구의 소를 제기하였고, 제1심(서울중앙지방법원)은 피고의 정리채권인 조세채권이 원고의 공익채권보다 공매대금에서 우선 변제를 받을 권리가 있다고 보아 원고의 청구를 기각하였다. 원고가 항소하였으나, 서울고등법원(2011나59690)은 항소를 기각하였고, 이에 원고가 상고하였다. 상고기각.

[판결요지]

정리계획이 정한 징수의 유예기간이 지난 후 정리채권인 조세채권에 기하여 이루어진 국세징수법에 의한 압류처분은 구 회사정리법(2005. 3. 31. 법률 제7428호 채무자 회생 및 파산에 관한 법률 부칙 제2조로 폐지, 이하 같다) 제67조 제2항, 제122조 제1항 등에 비추어 보면 적법하고(대법원 1971. 9. 17.자 71그6 결정 참조), 회사정리절차에서 공익채권은 정리채권과 정리담보권에 우선하여 변제한다는 구 회사정리법 제209조 제2항은 정리회사의 일반재산으로부터 변제를 받는 경우에 우선한다는

의미에 지나지 아니하며(대법원 1993. 4. 9. 선고 92다56216 판결 참조), 구 회사정리법 제209조 제2항이 국세기본법 제35조 제1항이나 국세징수법 제81조 제1항에 대한 예외규정에 해당한다고 볼 수 없으므로, 국세의 우선권이 보장되는 체납처분에 의한 강제환가절차에서는 정리채권인 조세채권이라 하더라도 공익채권보다 우선하여 변제를 받을 수 있다.

[해설]

1. 문제의 소재

구 회사정리절차는 재건형 도산절차의 하나로서 원칙적으로 개별 권리자들의 절차 밖 권리 행사가 금지되고 공익채권은 정리채권과 정리담보권에 우선하여 변제받는다. 국가의 조세채권일지라도 정리채권에 해당하는 한 기본적으로 마찬가지이다.[1] 그런데 정리계획에서 정한 조세채권의 징수유예기간이 도과한 후 자력집행력에 기하여 이루어진 강제환가절차인 공매절차에서는 이러한 도산법상의 채권분류 및 공익채권 우선변제 규정이 여전히 의미를 가지는지, 정리채권인 조세채권에 대한 공매대금 배분이 도산법에 반하는 것은 아닌지 등이 문제된다.

2. 대상판결의 논거

대상판결은 피고가 공매대금을 배분받은 것은 적법하다고 보았는데, 위 판결요지에서 보듯이 정리계획에서 정한 조세채권의 징수 유예기간이 도과한 이상 국세징수법에 따른 체납절차 및 그 공매대금 배분은 적법하다는 점, 그리고 구 회사정리법상 공익채권 우선변제 규정은 정리회사의 '일반재산'으로부터 변제를 받는 경우에 적용될 뿐이라는 점 등을 주요 논거로 들었다.

---

[1] 다만, 정리계획에서 2년(현행 회생계획에서는 3년) 초과의 기간 동안의 징수 유예 또는 체납처분에 의한 환가 유예, 조세의 감면 등 조세채권의 권리에 영향을 미치는 내용을 정하는 때에는 징수권자의 동의를 얻어야 한다(구 회사정리법 제122조, 현행 채무자회생법 제140조).

원심은 대상판결과 동일한 선상에서 조금 더 상세한 근거를 제시하고 있다. ① 회사정리법 제209조 제2항은 회사정리절차 내에서 정리계획에 따라 정리회사의 일반재산으로부터 임의변제를 받는 경우에 회사정리계획의 정상적인 수행을 위하여 공익채권을 우선하여 변제한다는 의미이지, 정리절차를 거치지 않고 별도로 진행되는 환가절차에 의한 대금으로부터도 공익채권이 우선변제를 받는다는 의미로 볼 수 없고, ② 국세기본법, 국세징수법 및 회사정리법의 각 입법목적을 감안하면 정리절차와 양립할 수 있는 공매절차에서의 변제의 우선순위는 얼마든지 다를 수 있으며, 회사정리법 제209조 제2항이 국세기본법이나 국세징수법에 대하여 특별법의 지위에 있다고 볼 수도 없다는 것이다.

3. 검토

회사정리법에서 정한 체납처분 불허기간[2]이 도과한 후에는 징수유예기간이 경과하도록 변제되지 않은 조세채권에 기하여 공매절차를 적법하게 개시할 수 있고, 이는 기존 인가된 정리계획에 따른 정리채권 등 변제절차와 별도로 병행적으로 이루어진다.

그리고 국세기본법 제35조에서 주택임대차보호법, 상가임대차보호법, 근로기준법 등에 따른 우선변제권 있는 채권과는 달리 회사정리법상 공익채권 관련해서는 국세우선에 대한 예외 규정을 두고 있지도 않고, 국세징수법 제81조에도 언급이 없다.

따라서 국세기본법 및 국세징수법 해당 규정의 문언만을 본다면, 공매절차에서는 공익채권을 고려하지 않고 조세채권에 우선적으로 배분하는 것이 적법하고, 대한민국의 부당이득 성립을 인정하기 어렵다는 견해는 일응 설득력이 있다. 대상판결도 같은 측면에서 위와 같은 판시를 한 것으로 이해된다.

그러나 몇 가지 측면에서 과연 이러한 결론이 타당한지는 의문이 있다.

---

[2] 정리절차개시결정이 있는 때에는 조세채권에 기한 체납처분은 일정 기간(정리계획인가 또는 정리절차종료까지 또는 1년간) 불허되고 이미 체납처분이 있었더라도 중지된다(구 회사정리법 제67조 제2항. 현행 채무자회생법 제58조 제3항에서는 위 기간을 회생계획인가일, 회생절차 종료일, 또는 개시결정일부터 2년이 되는 날 중에서 먼저 도래하는 기간으로 하였다. 필요한 경우 1년 이내에서 연장될 수 있다).

첫째, A회사에 대한 회사정리절차는 2009. 8. 3. 폐지되었는데, 이처럼 정리절차폐지의 결정이 확정된 때에는 관리인은 채무자의 재산으로 공익채권을 변제하여야 한다(구 회사정리법 제281조).[3] 입법자는 정리절차가 성공적으로 수행된 경우만이 아니라 실패하여 폐지되는 경우에도 공익채권에 대한 우선적인 변제의무를 규정하고 있는 것이다. 도산절차를 통한 회사 재건이 실패하는 경우에도 그 절차비용[4]을 책임지도록 함으로써 궁극적으로 도산절차의 효용과 일반의 이용시도를 높이고자 하는 취지[5]로 보인다. 대상판결 및 원심판결에서는 정리절차폐지 시 공익채권 변제의무에 관한 위 규정과의 관계 등에 대하여 아무런 언급이 없다. 오직 정리계획이 성공적으로 수행된 경우에만 공익채권의 우선권이 의미를 가진다는 전제에 성급하게 도달한 것은 아닐까?

둘째, 대상판결 및 원심판결에서는 마치 공매절차의 대상이 된 A회사의 부동산이 '일반재산'이 아니라 조세채권을 위하여 담보된 재산인 것처럼 언급한 부분은 오해의 염려가 있다. 조세채권도 특정재산에 의해 담보되는 채권이 아니라 기본적으로 채무자의 일반채권에서 채권 만족을 받는 일반채권의 하나이다.[6] 자력집행력

---

[3] 현행 회생절차의 경우에도 마찬가지이다(채무자회생법 제291조). 다만 파산선고를 해야 하는 경우에는 예외로서, 이때 공익채권은 재단채권으로 성질이 변경된다[상세히는, 임치용, "견련파산절차에 관한 연구 ― 회생절차폐지를 중심으로", 사법 46호(2018), 127~130면].

[4] 절차개시 후 재산관리비용 등 대체로 이해관계자들 모두에게 이익이 되는 공익적 성질의 채권이 공익채권으로 열거되어 있다(다만 원천징수 조세 등도 형평의 관념이나 정책적 이유로 공익채권으로 규정).

[5] 독일의 경우에는 조세통칙법(Abgabenordnung, 우리나라의 국세기본법 및 국세징수법에 해당하는 독일 법률)에 조세채권의 자력집행권에 기한 강제집행에 관한 규정들만이 있을 뿐 통상적인 강제집행절차에서 조세채권이 다른 채권보다 우선하여 변제받을 수 있는 우선변제권과 같은 것은 인정되지 않는다[Klaus Tipke / Joachim Lang, Steuerrecht, Otto Schmidt(2005), 918면]. 1994년 도산법을 제정하면서는 구 파산법상 있던 조세채권의 우선권 규정마저 폐지하였는데, 이는 도산절차의 이용을 활성화하기 위한 차원이다[ハンス・プリュッティング(吉野正三郎/安達榮司 譯), ドイツ倒産法の改正, ジュリスト1072號, 有斐閣(1995. 7.), 136면].

[6] 세법에 따라 제공하는 납세담보물이 있는 경우(국세기본법 제29조 내지 제34조 참조)에만 '담보 있는 조세채권'이다.

에 기하여 별도 집행권원을 받지 않고도 강제환가하여 배분을 받을 수 있고, 우선권을 따질 때에 조세의 법정기일과 담보부채권의 설정등기일을 기준으로 살펴볼 뿐이지, 채무자의 특정재산으로 담보되는 채권은 아니다. 반면 대상판결에서 인용한 92다56216 판결[7]은 정리담보권에 기한 임의경매대금에서 공익채권이 우선변제권을 가지느냐의 쟁점으로서, 사안이 전혀 다르다.

셋째, 만일 원고가 채권양수를 받은 후에 그 공익채권을 변제받기 위하여 A회사의 일반재산에 대하여 먼저 강제집행을 하여 낙찰대금을 배당할 경우를 가정해 보자. 아직 절차폐지 전이라면 정리채권자나 정리담보권자는 배당을 받지 못하겠지만 징수유예기간이 도과한 조세채권은 어떠한가? 참가압류나 교부청구를 할 수 있었을 것인데,[8] 이때 정리채권에 불과한 조세채권이 공익채권보다 우선하여 배당받는가? 또 다르게, 만일 절차폐지 무렵에 원고가 피고보다 먼저 강제집행을 하였다면 어떠한가? 이때에도 공익채권의 우선변제권이 부인되어 심지어 일반 정리채권과도 동순위로 취급되는가? 도산절차 진행·종결·폐지의 전체적인 구조와 공익채권 회수방식에 미칠 영향 등에 불구하고 국고(國庫)를 우선할 다른 합리적 이유가 있는지 의문이다.

4. 여론

국세기본법상 조세우선권 제한 경우의 하나인 강제집행·경매 또는 파산절차에 든 비용(국세기본법 제35조 제1항 제2호)은 모든 채권자들을 위하여 지출된 공익비용이라는 이유로 공익비용-우선의 원칙에 따라 최우선적으로 징수[9]하는데, 재건형 도산절차의 공익채권도 마찬가지로 공익비용으로 취급하여 절차효용을 보장할 필요가 있다.

대상판결의 결론에 아쉬움이 있으나, 도산절차와 공매절차의 병존에 따른 문제에 대한 대비 없이 입법이 이루어진 탓도 있어 보인다. 결국 현행법상으로도 회생절차가 폐지된 경우(파산절차로 전환된 경우 제외)에 공익채권의 변제를 확보하기 위한 방안으로서 국세기본법 개정 등 입법적 조치를 통하여 명시적으로 해결하는 방안이 검토될 수 있겠다.

---

7) 위 사건의 원고는 금융기관으로서 정리담보권자 겸 공익채권자의 지위에 있었는데, 회사정리절차 진행 중에 임의경매를 개시하여 그 경매대금으로 공익채권의 원금, 정리담보채권의 원금 및 이자에 충당한 다음에, 채무자 등을 상대로 잔존 공익채권의 지급을 구하였고, 공익채권에 대해서는 시효중단에 관한 회사정리법 제5조가 적용되지 않아서(이에 따라 소 제기일로부터 5년 이전에 발생한 채권에 대해서는 시효항변이 받아들여졌다), 피고는 위 경매대금을 공익채권에 우선 변제충당하지 않은 것이 잘못이라고 다툰 사안이다.

8) 징수유예된 조세에 대하여는 교부청구는 가능해도 참가압류는 할 수 없다(임승순, 조세법, 2018년도판, 박영사, 265면 등).

9) 임승순, 위 책, 247~248면 등.

[38] 제3채무자 불특정 집합채권양도의 유효성 및 법적 성질과 회사정리절차상 소멸된 양도담보권의 법률관계

장원규(한국법제연구원 연구위원)　　　　　　　대법원 2003. 9. 5. 선고 2002다40456 판결

[사안의 개요]

피고 C는 건물 신축을 위해 B와 건축계약을 체결하였고, 신축공사 완료 후 C는 B에게 총 공사대금 중 59억 원을 지급하였다. B는 C에 대한 공사대금채권 중 8억6천만 원을 원고 A에게 양도하고 C에게 통지하였다. 이전부터 A와 B는 어음거래약정 관계에 있었다. 또한 A는 B에 대한 채권을 담보하기 위하여 B가 보유하고 있거나 장래에 보유하게 될 불특정공사대금채권을 포괄적으로 양수하되, B가 지급불능 등의 상태로 기한이익을 상실하면, A가 담보권을 행사할 때에 양도된 채권을 선택하여 채권양도의 효력을 발생시키고, B를 대신하여 제3채무자에게 양도통지를 할 수 있도록 하는 내용의 채권양도약정을 체결하고 있었다. 이에 B는 A에게 제3채무자와 피양도채권란이 공란으로 된 채권양도계약서와 양도통지서 양식을 교부하였다.

이후 B가 회사정리절차 개시를 신청하자, A는 백지 채권양도계약서 용지에 이 사건 공사대금채권 중 15억 원을 특정하여 기재한 후, B를 대신하여 C에게 채권양도의 통지를 하였다. B에 대한 회사정리절차의 개시 결정이 있은 후, A는 채권조사기일에 B와의 어음거래로 인한 대여금채권을 정리채권으로 전액 신고하였으나, 위 양수금채권은 신고하지 않았다. 그리고 나서 B에 대한 회사정리계획 인가 결정이 있었으나, 이 계획상에 위 양수금채권은 포함되지 못하여, A는 양수금채권에 기한 C의 이행을 구하는 소를 제기하였다. 1심법원은 원고의 청구를 기각하였다. 원고가 항소하였으나 항소가 기각되었다. 원고가 상고하였다. 상고기각.

[판결요지]

1. 채무를 담보하기 위하여 체결된 집합채권양도예약은 계약 내용상 채무의 변제를 위한 담보로 양도되는 것을 예정한 것인지, 채무의 변제에 갈음하여 양도되는 것을 예정하고 있는지에 따라 양도담보의 예약 또는 대물변제의 예약의 성질을 가질 수 있다. 그 계약 내용이 명백하지 않은 경우, 특별한 사정이 없는 한 채무변제를 위한 담보로 양도되는 것을 예정하고 있는 양도담보의 예약으로 추정된다.

2. 당시 회사정리법상 회사정리계획인가의 결정이 있는 때, 해당 계획과 회사정리법에 따라 인정된 권리를 제외하고, 채권양도인인 정리회사는 모든 정리채권과 정리담보권에 대한 책임을 면한다. 이때 채권양도담보로 채권양수인에게 양도되었던 채권은 법률의 규정에 의하여 다시 정리회사에게 이전되고, 채권양수인은 채권자로서의 지위를 상실하므로, 민법상 지명채권양도의 대항요건에 관한 규정이 적용되지 않는다.

[해설]

1. 문제의 소재

채무자와 담보권설정자가 동일한 사안에서 그의 현재채권과 제3채무자가 특정되지 않은 장래채권을 일괄하여 담보권자에게 양도한 집합채권양도담보의 유효성과 법적 성질이 무엇인지 쟁점이 된다.

다른 한편, 회사정리절차상 소멸된 채권자 A의 양도담보권으로 인하여 채권자 A에게 양도된 채권이 다시 채권양도인인 채무자 B에게 이전되는 데, 이때 민법상 지명채권양도의 대항요건에 관한 규정이 적용되어 제3채무자인 C에게 채권양수인인 채권자 A의 통지 또는 채권양수인의 동의를 얻은 채권양도인인 채무자 B의 철회 통지 등이 있어야 제3채무자 C는 채권양수인인 채권자 A의 청구를 거부할 수 있는지 문제된다.

2. 대상판결의 논거

대상판결은 채권양도약정의 성질을 명확히 규명하고자 하였다. 원심에서 인정된 사실 관계에 따라, 이 사건의 채권양도약정은 채권자 A가 그의 채무자 B에 대한 대여금채무를 담보하기 위하여 채무자 B가 현재 보유하고 있거나 장래에 보유하게 될 공사대금채권을 일괄하여 채권자 A에게 양도하기로 하는 집합채권양도예

약에 해당한다는 것이다. 이의 구체적인 구성 체계는 채권자 A에게 채권명세서에 기재된 양도양수할 채권을 선택할 수 있는 선택권과 예약을 일방적으로 완결할 수 있는 예약완결권이 부여되어 있고, 또한 이러한 채권자 A의 권리 행사 실효성과 편의를 위하여 채무자 B를 대리해 제3채무자 C에게 채권양도의 사실을 통지할 수 있는 대리권이 부여되어 있다는 점이다.

대상판결은 일정한 채무를 담보하기 위하여 체결된 집합채권양도예약이 당연히 대물변제의 예약이라는 성질을 가진다고 판단하지 않는다. 해당 당사자의 계약내용상 선택권과 예약완결권의 행사로 채권양도의 효력이 발생한다면, 양도된 채권이 다른 채무의 변제를 위한 담보로 양도되는 것을 예정한 것인지, 아니면 다른 채무의 변제에 갈음하여 양도되는 것을 예정하고 있는 것인지에 따라 집합채권양도담보의 예약 또는 대물변제의 예약의 성질을 가진다. 이와 달리 당사자의 계약내용이 명백하지 않은 경우, 대상판결은 일반적인 채권양도와 같은 것으로 보고 특별한 사정이 없는 한 채무변제를 위한 담보로 양도되는 것을 예정하고 있는 집합채권양도담보 예약으로 추정하고 있다.

이어서 대상판결은 채권자 A의 피담보채권인 대여금채권이 정리채권이 됨에 따라 그의 양수금채권도 채무자 B의 재산상에 존재하는 담보권이 된다고 보고 있다. 그러나 채권양수인인 채권자 A가 그의 양수금채권을 채무자 B의 회사정리절차에서 신고하지 않아 정리계획에 포함되지 아니한 채로 정리계획 인가 결정이 선고되었음으로 채권자 A의 양도담보권이 소멸했다고 판단하였다. 그리고 이러한 양도담보권 소멸로 인하여 양도된 채무자 B의 공사대금채권은 다시 채무자 B에게 이전하게 되는데, 대상판결은 이를 법률의 규정에 의한 것으로 보고 민법상 지명채권양도의 규정이 적용되지 않는다고 판단하였다. 따라서 제3채무자 C는 이러한 채권의 이전에 관한 채권양수인인 채권자 A의 통지 또는 채권양수인의 동의를 얻은 채권양도인인 채무자 C의 철회통지 등의 존재 여부와 상관없이 채권자의 지위를 상실한 채권양수인 A의 청구를 거부할 수 있다.

3. 검토

집합채권양도담보의 기본구조는 채무자가 자신의 다수 소구채권을 (집합 및) 포괄적으로 채권자에게 이전하여 이를 담보로 대출을 받는 것이기 때문에 기본적으로 담보를 목적으로 한 채권양도이다. 회사정리절차에서는 채무자의 정리채권과 정리담보권이 정리계획에 포함되어야 한다. 그리고 그 정리계획에 대한 법원의 인가결정이 있어야 정리채권자와 정리담보권자는 권리를 행사할 수 있다.

대상판결은 선례들을 재확인하면서, 이 사건 채권양도 기본계약의 성질을 비중 있게 다루고 있다. 즉, 채무자가 채권자에게 채무변제와 관련하여 다른 채권을 양도하는 것은 특단의 사정이 없는 한 채무변제를 위한 담보 또는 변제의 방법으로 양도되는 것으로 추정되지만, 채무변제에 갈음한 것으로 볼 수 없다고 판단하고 있다.[1] 따라서 채권양도가 있다고 하여 바로 원래의 채권이 소멸한다고 볼 수 없고, 채권자가 양도받은 채권을 변제받아 그 범위 안에서 채무자가 채무를 면하게 되는 것이다. 또한 대상판결은 양도담보의 기본계약을 예약이라고 해석함으로, 담보물이 제3채무자 불특정의 채권이더라도 특정성과 발생개연성의 요건을 완화해 그 유효성을 인정한 것이다.[2]

이와 달리 원고 A는 상고이유에서 채권자가 회사정리 전 채무자로부터 매출채권을 담보로 제공받아 기존 대출금의 만기를 연장해 주기로 하는 약정이 회사정리 전 채무자의 대출채무를 담보하기 위하여 회사정리 전 채무자의 매출채권에 관한 채권양도를 목적으로 한 대물변제의 예약을 체결한 계약으로서 예약형 집합채권양도담보라고 주장하고 있다.[3] 대상판결은 원고가 주장하면서 제시한 판례(위기부인의 대상이 되는 채무자의 행위 시점)를 본 판결(집합채권의 양도예약에 기한 채권양도의 법적 성질)과 쟁점을 달리한다고 하여 적절한 선례로 받아들여지지 않았다. 하지만 대상판결이 채무변제를 위한 담보로 양도되는 것을 예정한 것이라고 하여 예약으로 추정하고 있다는 점에서 서로 유사한 관점을 가지고 있다. 특히 제3채무자에 대한 대항요건을 구비할 수 없

---

1) 대법원 1995. 12. 22. 선고 95다16660 판결; 대법원 1990. 2. 13. 선고 89다카10385 판결 참조.

2) 서울회생법원 재판실무연구회, 회생사건실무(上), 박영사, 2019, 476면.

3) 대법원 2002. 7. 9. 선고 2001다46761 판결 참조.

는 제3채무자 불특정의 장래채권은 양도의 대상이 될 수 없다는 점에서 이러한 채권을 유효하게 양수하기 위하여 채권양도계약을 체결하기로 사전에 일방예약을 체결한 것이다. 그리고 사후에 양수인이 예약완결권을 행사하여 채권양도가 이루어지도록 한 점이다. 이러한 사전양도의 방식으로 채권자는 제3채무자 불특정의 장래채권에 대하여 다른 채권자보다 우선적으로 양도담보권을 취득할 수 있다.

서로 다른 사실관계이지만, 기본적인 판단 대상이 기존 채권을 담보하기 위하여 이루어진 채권양도라는 점에서 계약당사자의 의사와 계약 목적을 중심으로 살펴볼 필요가 있다. 채권양도 목적에 따라 신용을 향유하기 위한 경우, 채권회수를 목적으로 한 경우, 담보를 위한 경우로 분류할 수 있다. 이렇게 일정한 목적으로 제한된 채권양도는 불확정적 처분행위라 볼 수 있다. 대상판결에서 참조한 대법원 1995. 12. 22. 선고 95다16660 판결은 채권회수를 목적으로 한 채권양도에 해당한다.

다른 한편, 실제로 예약과 본계약의 구별이 곤란한 경우가 있다. 예를 들어, 실무적으로 물품매매대금채권 등 계속적 계약관계에 근거하고 장래 발생한 채권의 포괄적 양도계약의 경우, 문언상 본계약의 형식을 취하고 있는 것 같다. 하지만 그 실태를 보면 담보취득의 방법, 양도통지의 방법 등은 예약형과 일치하고 예약이라고 한 문언을 사용하고 있지 않다는 점이다. 그럼에도 불구하고 굳이 예약이라고 하지 않는 것은 법적 효력이 강한 본계약이라고 주장하는 것이 유리하기 때문이다. 따라서 예약인지 본계약인지 계약내용상 명확하지 않은 경우에는 예약을 예외적인 것으로 보아야 한다.[4] 여기서 본계약은 채무불이행 또는 기한이익의 상실과 같은 조건부 본계약에 해당할 것이다.

이와 더불어 회사정리절차 개시 결정이 있은 후(구 회사정리법 제45조의2), 정리채권과 정리담보권의 조사 기일(같은 법 제135조)에 채권자와 담보권자는 채권 및 담보권을 신고하여야 한다(같은 법 제125조, 제126조). 하지만 대상판결에서 원고 A는 B에 대한 대여금채권만을 전액 정리채권으로 신고하여 정리채권으로 확정되었으나, B의 제3채무자에 대한 양수금채권은 신고 되지 않아 정리채권으로 인정받지 못하였다. 적어도 해당 조사기일 안에 양도된 불특정한 채권을 특정하고 신고하여야 담보부 정리채권으로 인정받을 수 있다. 따라서 정리계획인가의 결정으로 정리채무자는 해당 양수금채권과 양도담보권에 대하여 책임을 부담하지 않으며, 양수금채권은 채권양도인(B)에게 양도되고, 양도담보권은 소멸한다. 다만, 양수금채권이 채권양도인에게 양도될 때, 민법 제450조에 따른 지명채권양도의 대항요건을 갖추기 위하여 제3채무자 C에 대한 양도통지나 그의 승낙이 있어야 하는 것은 아니다. 왜냐하면, 민법상 지명채권양도는 기본적으로 약정채권양도를 전제로 하고 있는 반면, 해당 채권은 구(舊)회사정리법상 정리채권으로 인정되지 않고 담보권도 소멸하여서 법률상 당연히 채권양도인이면서 담보권설정자인 B에게 이전되기 때문이다(법정채권양도).[5]

---

4) 같은 취지로 최수정, "집합채권양도담보의 해석을 둘러싼 제문제 ― 대법원 2003. 9. 5. 선고 2002다40456 판결 ―", 민사법학 제26권, 2004, 333면.

5) 채무자회생법에 근거해서도 동일한 논리를 펼치고 있는 사례로 대법원 2015. 5. 28. 선고 2015다203790 판결 참조.

[39] 회사정리절차개시결정 이전에 완성한 공사부분에 대한 수급인의 대금채권의 법적 성격

조준오(법무법인 화우 변호사)　　　　　　　　대법원 2003. 2. 11. 선고 2002다65691 판결

[사안의 개요]1)

채무자 A가 아파트 등의 건축사업을 시행하여 오던 중 1997. 10. 22. 원고와 사이에 위 사업 중 통신 공사 부분을 원고에게 도급하기로 하는 내용의 도급계약(대금지급과 관련하여서는 기성금을 매월 1회 지급하기로 함)을 체결하였다. 채무자 A에 대해 1998. 2. 10. 부도가 발생하였고, 원고는 그때까지 대금 24,630,000원 상당의 공사를 하였는데, 수원지방법원은 같은 해 12. 16. 채무자 A에 대해 회사정리절차개시결정을 하였다. 이후 채무자 A의 관리인들은 원고에게 위 통신 공사의 재개를 요청하였고, 1999. 3. 15. 원고와 사이에 위 도급계약의 공사기간을 연장하는 내용의 변경계약을 체결하였다. 원고는 채무자 A의 변경된 관리인인 피고에 대해 위 24,360,000원의 공사대금 채권이 공익채권에 해당한다고 주장하며 위 금원 등의 지급을 구하는 소송을 제기하였다.

[판결요지]

일반적으로 도급계약에 있어서 수급인이 완성하여야 하는 일은 불가분이므로 그 대금채권이 회사정리절차개시 전의 원인으로 발생한 것과 그러하지 아니한 것으로 분리될 수 없는 것이 원칙이고, 공사대금의 지급방법에 관하여 매월 1회씩 그 기성고에 따라 지급하기로 한 것은 중간공정마다 기성고를 확정하고 그에 대한 공사대금을 지급하기로 한 것과는 다를 뿐 아니라, 도급인인 정리회사의 관리들이 단순히 수급인에 대하여 도급계약에 따른 채무이행의 청구를 한 것을 넘어서서 수급인과 사이에 당초의 도급계약의 내용을 변경하기로 하는 새로운 계약을 체결하기까지 하였다면, 정리개시결정 이전에 완성된 공사 부분에 관한 대금채권이라는 이유로 공익채권이 아니라 일반 정리채권에 불과한 것으로 취급될 수 없다.

------
1) 일부 사실관계는 본 평석의 목적의 범위 내에서 생략한다.

[해설]

1. 문제의 소재

구 회사정리법 제103조 제1항은 "쌍무계약에 관하여 회사와 상대방이 모두 정리절차 개시 당시에 아직 그 이행을 완료하지 아니한 때에는 관리인은 계약을 해제 또는 해지하거나 회사의 채무를 이행하고 상대방의 채무이행을 청구할 수 있다"고 규정하였고, 같은 법 제208조 제7호에서는 '제103조 제1항의 규정에 의하여 관리인이 채무의 이행을 하는 경우에 상대방이 가진 청구권'을 공익채권으로 규정하였다. 현행 채무자회생법에서도 동일한 취지의 내용을 규정하고 있다(제119조 제1항, 제179조 제7호).

전형적인 쌍무계약이라고 할 수 있는 공사도급계약에서 수급인이 해당 도급계약에 따른 공사를 완료하기 이전에 도급인에 대한 회생절차가 개시된 경우, 수급인의 공사의무 및 도급인의 공사대금지급의무는 각각 미이행된 상태에 있으므로, 해당 도급계약은 쌍방미이행 쌍무계약에 해당한다.

이와 같은 쌍방미이행 쌍무계약에 대하여 도급인의 관리인이 이행을 선택한 경우 이행 선택 이후의 수급인의 공사부분에 대한 공사대금채권이 공익채권에 해당함은 이견이 없으나, 회생절차개시 이전에 이루어진 공사부분에 대한 공사대금채권이 공익채권인지, 아니면 회생채권인지 여부가 문제된다. 즉, 대상판결의 사안에서, 관리인은 공사도급계약에 대해 공사기간을 연장하는 내용의 변경계약을 체결함으로써 계약의 이행을 선택하였는바, 이와 같이 이행을 선택한 경우에 있어서 회생절차개시 이전에 이루어진 공사부분에 대한 공사대금채권이 공익채권에 해당하는지 여부가 쟁점이 된다.

2. 대상판결의 논거

대상판결은 도급계약에 있어서 수급인이 완성하여야 하는 일은 불가분이고, 그에 상응하는 대금채권은 회사정리절차개시 전의 원인으로 발행한 것과 그러하지

아니한 것으로 분리될 수 없다는 점을 주요 근거로 하여, 회사정리절차개시결정 이전에 완성한 공사부분에 대한 수급인의 대금채권을 공익채권으로 판단하였다.

3. 검토
가. 회생절차개시결정과 쌍방미이행 쌍무계약

채무자회생법 제119조 제1항 본문은 "쌍무계약에 관하여 채무자와 그 상대방이 모두 회생절차개시 당시에 아직 그 이행을 완료하지 아니한 때에는 관리인은 계약을 해제 또는 해지하거나 채무자의 채무를 이행하고 상대방의 채무이행을 청구할 수 있다."고 규정함으로써 회생절차의 원활한 진행 및 회생회사의 재기 도모를 위하여 관리인에 대해 유리한 방향으로 선택하여 쌍방미이행 쌍무계약을 처리할 수 있는 길어 열어 주고 있다. 이와 같이 계약을 해제·해지할 것인지 아니면 계약의 이행을 청구할 것인지는 기본적으로 관리인이 경영상의 판단에 따라 재량으로 결정할 사항이다(다만, 관리인이 계약 해제·해지를 선택하는 경우 원칙적으로 법원의 허가를 받아야 한다).

관리인이 계약의 해제·해지를 선택하는 경우 상대방은 자신이 한 급부의 반환 내지 그 가액의 상환을 청구할 수 있고, 아울러 손해를 입은 경우에는 그 손해의 배상을 청구할 수 있다. 전자의 급부 반환 내지 가액상환 청구권은 공익채권이고, 후자의 손해배상 청구권은 회생채권이다(채무자회생법 제121조). 한편, 관리인이 계약의 이행을 선택하거나 이행을 선택한 것으로 간주되는 경우에는 상대방의 채권은 공익채권이 된다(채무자회생법 제179조 제7호).[2]

이와 같은 채무자회생법의 규정은 전형적인 쌍무계약이라고 할 수 있는 공사도급계약에 그대로 적용된다. 도급인에 대해서 회생절차가 개시된 경우, 도급인의 관리인은 쌍방미이행 쌍무계약에 대하여 선택권을 갖게 되는 것이고, 관리인이 이행을 선택하거나 이행선택이 간주되는 경우에 있어서 회생절차개시 이전에 이루어진 공사부분에 대한 수급인의 도급인에 대한 공사대금채권의 법적 성격이 문제되는바, 항을 바꾸어 살펴본다.

나. 우리나라에서의 논의

공익채권으로 보는 견해는, 일반적으로 도급계약에 있어서 수급인이 완성하여야 하는 일은 불가분적이라는 점과 관리인이 계약 중 일부만의 이행을 선택하는 것이 허용되지 아니하므로 관리인이 이행을 선택하였다는 것은 계약에 기한 모든 권리의무관계의 이행을 선택하였다는 점을 주요 근거로 하고 있는 것으로 보인다.[3] 이러한 견해는 실무상 수급인의 기성공사대금채권을 공익채권으로 보지 않는다면 수급인의 비협조로 인해 계약의 이행을 선택한 관리인의 의사와 목적이 실현되기 어렵다는 현실적인 이유도 근거로 삼고 있다.[4]

반면, 회생채권으로 보는 견해는, 일정기간마다 기성고를 검사하여 그 기성고에 따른 공사대금을 지급하는 경우에는 각각의 급부가 가분이고 매월의 기성고와 그에 대한 기성공사대금의 지불이 대가관계에 서기 때문에 채무자회생법 제119조의 쌍방미이행 쌍무계약에 관한 규정은 미완성부분의 공사에 관하여만 적용된다고 보아야 한다는 점을 근거로 한다. 이와 같은 회생채권설을 지지하는 입장은 회생절차개시 당시 이미 이행을 완료하고 있는 하수급인과 아직 이행을 완료하지 않은 하수급인 사이의 형평도 고려하여야 하고, 완성된 공사에 관한 대가는 회생채권으로 취급하는 것이 이와 같은 불균형을 해소하는 방법이라는 점을 근거로 들기도 한다.[5] 대상판결이 선고되기 이전의 회사정리실무는 회생채권설에 입각하여 처리를 하였다.[6]

다. 일본에서의 실무와 논의

일본에서의 실무는 기성고 부분에 대하여는 이미 이행이 완료된 것으로 보아 쌍방미이행 쌍무계약에 관한 구 회사갱생법 제103조의 적용을 부정하여 관리인이 이행을 선택한다고 하더라도 기성고에 대한 보수채권

---

[2] 채무자가 이와 같은 공익채권의 이행을 게을리하는 경우 발생하는 상대방의 손해배상청구권 역시 공익채권에 해당한다(대법원 2004. 11. 12. 선고 2002다53865 판결).

[3] 서경환, "회사정리절차가 계약관계에 미치는 영향", 재판자료집(제86집), 법원행정처, 664면; 윤재윤, 건설분쟁관계법(제4판), 박영사(2011), 568면.

[4] 최종길, "도급공사의 기성공사 부분에 대한 대금청구채권이 회사정리법상 공익채권에 해당하는 경우, 판례해설(52), 198면.

[5] 오민석, "건설회사의 회생절차에 관한 소고", 편집대표 고영한·강영호, 도산관계소송, 한국사법행정학회(2009), 97면 이하.

[6] 서울회생법원 재판실무연구회, 회생사건실무(상)(제5판), 박영사(2019), 501면.

은 공익채권이 아니라 갱생채권으로 취급하나, 다수설은 공익채권으로 취급한다고 한다.[7]

라. 따름 판결

대상판결이 선고된 이후 얼마 지나지 않아 대상판결과 동일한 취지의 대법원 판결[대판 2004다3512, 3529(2004. 8. 20.)]이 선고되었는데, 동 판결의 이유를 보면 '이 사건 공사대금의 지급방법에 관하여 쌍방이 매월 1회씩 그 기성고에 따라 지급하기로 약정한 것이라고 보일 뿐, 중간공정(예컨대, 제작, 도장, 운송, 설치기성 등)을 완료할 때마다 완성된 부분의 기성고를 확정하고 그에 대한 공사대금을 지급하기로 한 것으로는 보이지 아니하므로 위 각 도급계약에 기한 원고의 채무는 피고 회사에 대한 회사정리절차 개시 당시에 아직 이행이 완료되지 않았다고 보고 이 사건 미지급 공사대금채권이 회사정리법상의 공익채권에 해당된다고 판단한 것은 정당하다.'는 취지로 설시하고 있다.

마. 현행 실무처리

이와 같은 일련의 판결에 따라, 현재의 실무는 도급인의 관리인이 공사도급계약의 이행을 선택하는 경우 회생절차개시 이전의 기성고에 대한 공사대금채권을 포함한 공사대금채권 전부를 공익채권으로 취급하고 있다.[8]

다만, 건설회사가 도급인인 경우에 있어서 회생절차개시 이전의 기성고에 대한 공사대금채권을 공익채권으로 취급하여 회생절차에 의하지 아니하고 수시로 변제하는 경우 자금운용에 지장을 초래할 수 있고, 또한 회생회사 M&A 측면에 있어서도 공익채권의 과중한 규모는 인수희망자의 인수를 주저하게 만드는 요인이 될 수 있다.

이러한 난점을 해결하기 위해, 관리인이 수급인과 개별적으로 접촉하여 공사대금채권의 감면 내지 유예에 관한 합의를 도출한 후 자금수지에 이를 반영한 회생계획안을 입안하는 경우가 있다.[9]

바. 검토

대상판결에서 회사정리절차개시 전의 공사대금채권을 공익채권으로 본 것의 핵심 근거는 수급인의 공사이행의무 및 그에 상응하는 대금채권의 각 성격이 불가분적인 특성을 갖고 있는 점이라고 이해된다. 대상판결은 당사자들이 공사도급계약에서 매월 1회 기성금을 지급하는 것으로 약정했다고 해서 위 의무와 권리의 불가분적 성격이 가분적인 것으로 변모하는 것으로 보지 않았다. 다만, 위 따름 판결에서 볼 수 있듯이, 법원은 도급계약상의 공사이행의무 및 그에 상응하는 대금채권이 가분적인 것으로 볼 수 있는지 살피고 있다. 대상판결에서도 '공사대금의 지급방법에 관하여 매월 1회씩 그 기성고에 따라 지급하기로 한 것은 중간공정마다 기성고를 확정하고 그에 대한 공사대금을 지급하기로 한 것과는 다를 뿐 아니라'라고 설시하여, 중간공정마다 기성고를 확정하고 그에 대한 공사대금을 지급하기로 약정한 경우는 달리 취급될 수 있음을 간접적이나마 인정하고 있다. 따라서 대상판결의 판시취지가 공사도급계약에서 예외 없이 적용될 수 있다고 보는 것은 무리가 있다. 다시 말해, 회생절차개시 전에 완성된 부분에 대한 공사대금채권이라고 하더라도, 이것이 무조건적으로 공익채권으로 취급될 수는 없으며, 도급계약에서 정한 수급인이 이행하여야 하는 의무가 가분될 수 있는지, 도급계약에서 대금지급에 관하여 어떻게 규정하고 있는지 등을 구체적으로 살펴볼 필요가 있을 것이다. 만일 도급계약에서 수급인이 독립된 가치를 가진 수개의 공정에 관한 공사를 수행하고, 공사대금은 각 공정별로 따로 지급되는 것으로 정한 경우라면, 회생절차개시 이전에 이미 완성된 공정에 관한 공사대금채권은 회생채권으로 취급하는 것이 타당하다고 생각된다. 해당 완성된 공정은 가분적인 것으로 취급할 수 있고, 이에 상응하는 공사대금채권 역시 가분적인 것으로 볼 수 있기 때문이다. 이러하듯 도급계약의 개별적인 내용에 따라서는 회생채권으로 취급될 여지가 있지만,[10] 그렇다고 하더라도 현재의 판례에 따르면 기본적으로는 회생절차개시

7) 임치용, "건설회사에 대하여 회생절차가 개시된 경우의 법률관계", 사법(통권 18호), 사법발전재단(2011. 1.), 69면에서 재인용; 서울회생법원 재판실무연구회, 앞의 책, 501면 참조.
8) 서울회생법원 재판실무연구회, 앞의 책, 502면.
9) 서울회생법원 재판실무연구회, 앞의 책, 502면.

10) 건설회사인 도급인이 수급인과 도급계약을 체결하는 경우, 여러 공정에 관한 단일한 도급계약을 체결하는 경우는 현실적으로 드물다. 도급인은 대개 전문건설업자 등과 공정별로 하도급계약을 체결하기 때문이다.

결정 이전에 완성한 공사부분에 대한 수급인의 대금채권은 공익채권으로 취급된다. 이와 같은 공익채권화 경향에 대해, 수급인의 기성공사대금채권을 회생채권으로 취급하여 관리인이 수급인과의 협상 부담을 덜고 건설회사(도급인)의 회생에 전력을 다할 수 있도록 하고, 수급인은 건설회사의 회생을 통하여 회생절차개시 이후의 시공분에 대한 공사대금채권을 공익채권으로서 확실히 변제받을 수 있도록 하는 것이 모두에게 이득이 되는 해결책이라는 지적도 있다.[11]

통상의 공사도급계약에 있어서 수급인의 공사이행의무 및 그에 상응하는 공사대금채권의 불가분성 측면[12]에 주목하여 본다면, 대상판결은 논리적으로 타당하다고 본다. 그러나 회생절차개시 이전에 이루어진 공사부분에 대한 수급인의 도급인에 대한 공사대금채권을 손쉽게 공익채권으로 취급하는 경우, 전술한 바와 같은 여러 현실적인 문제들에 직면할 수 있고, 이는 도급인은 물론 수급인에게도 도움이 되지 않는 결과로 이어질 수 있다. 물론 관리인이 일단 공익채권으로 인정한 후 수급인과 개별적으로 접촉하여 공익채권에 해당하는 공사대금채권의 감면 내지 유예에 관한 합의를 도출하는 방향으로 업무처리를 할 수도 있겠지만, 여기에는 수급인과의 합의 여하라는 우연적·외부적 사정에 좌우되는 위험이 있다. 이러한 점들을 고려하면, 실무적으로나 나아가서는 법원 판결에서도 수급인의 공사이행의무 및 그에 상응하는 공사대금채권의 가분성을 보다 폭넓게 해석하는 방안을 고려해 볼 필요가 있다고 본다. 예컨대, 공사의 가분성을 유형적·물리적인 측면뿐만 아니라 공정률이나 수량적인 측면에서도 인정하는 방향이다.

---

11) 오민석, 앞의 논문, 99면.
12) 수급인의 공사이행의무의 불가분성은 주로 유형적·물리적인 측면에서 바라본 특성이라고 보인다.

[40] 담보 목적으로 신탁계약상 수익자로 지정된 채권자가 회생담보권자인지 여부

김성용(성균관대학교 법학전문대학원 교수)

대법원 2002. 12. 26. 선고 2002다49484 판결

[사안의 개요]

A사는 부동산신탁사와 분양형 토지(개발)신탁계약을 체결하면서 피고 금융기관에 대한 채무를 담보할 목적으로 피고를 제1순위 수익자로, 자신을 제2순위 수익자로 지정하였다. 그 후 A사에 대한 회사정리절차가 개시되어 원고가 관리인으로 선임되었으며, 피고는 A사에 대한 채권을 정리담보권이 아니라 정리채권으로 신고하였다. A사에 대한 정리계획인가결정이 있은 후 피고가 위 신탁계약에 따라 수익금을 배당받자, 원고는 A사가 피고를 수익자로 지정하여 신탁계약을 체결한 것은 신탁계약에 따라 취득한 수익권을 피고에게 양도담보로 제공한 것과 같은데, 이러한 피고의 양도담보권은 정리계획인가결정에 따라 소멸하였으므로 피고는 배당받은 수익금을 부당이득으로 반환하여야 한다고 주장하며 이 사건 소를 제기하였다. 대법원은 아래 판결요지와 같은 이유로 원고의 주장을 배척하였다. (상고기각)

[판결요지]

정리담보권으로 신고하지 아니하였을 때 회사정리법 제241조에 의하여 소멸되는 정리담보권이 되기 위해서는 그 담보권이 정리절차개시 당시 회사 재산을 대상으로 하는 담보권이어야만 한다 할 것인데, 신탁법상의 신탁을 함에 있어서는 그 위탁자가 당연히 수익권자가 되는 것이 아니고 위탁자와 전혀 별개의 존재인 수익자를 지정하여야만 하는 것이며, 위탁자가 자신을 수익자로 지정하는 경우에도 위탁자와 수익자의 지위는 전혀 별개의 것이라고 보아야 할 것이므로, 특히 담보신탁이 아니라 분양형 토지(개발)신탁의 경우에 신탁계약시에 위탁자인 정리 전 회사가 제3자를 수익자로 지정한 이상, 비록 그 제3자에 대한 채권담보의 목적으로 그렇게 지정하였다 할지라도 그 수익권은 신탁계약에 의하여 원시적으로 그 제3자에게 귀속한다 할 것이지, 위탁자인 정리 전 회사에게 귀속되어야 할 재산권을 그 제3자에게 담보 목적으로 이전하였다고 볼 수는 없는 것이어서, 그 경우 그 수익권은 정리절차개시 당시 회사 재산이라고 볼 수 없다 할 것이고, 따라서 그 제3자가 정리절차에서 그 수익권에 대한 권리를 정리담보권으로 신고하지 아니하였다고 하여 회사정리법 제241조에 의하여 소멸된다고 볼 수는 없다.

[해설]

1. 대상판결의 위치

이른바 담보신탁, 즉 위탁자가 채무를 담보하기 위하여 채권자를 우선수익자로 하여 위탁자 소유의 재산을 수탁자에게 이전하면서 채무불이행 시에는 신탁재산을 처분하여 우선수익자의 채권 변제 등에 충당하고 나머지를 위탁자에게 반환하기로 하는 내용의 신탁이 설정된 후에 위탁자에 대한 회생절차가 개시되면 수익인인 채권자가 회생담보권자로 되는지에 관하여, 대법원 2001. 7. 13. 선고 2001다9267 판결("참조판례")은 "[채무자]의 신탁에 의하여 이 사건 신탁부동산의 소유권은 [수탁자]에게 귀속되었다고 할 것이고, [채권자]가 그 신탁부동산에 대하여 수익권을 가지게 된 원인이 비록 [채무자]의 신탁행위로 말미암은 것이라 하더라도, 그 수익권은 회사정리법 제240조 제2항에서 말하는 '정리회사 이외의 자가 정리채권자 또는 정리담보권자를 위하여 제공한 담보'에 해당하여 정리계획이 여기에 영향을 미칠 수 없다고 할 것이고, 따라서 [채권자]가 정리채권 신고기간 내에 신고를 하지 아니함으로써 정리계획에 변제의 대상으로 규정되지 않았다 하더라도, 이로써 실권되는 권리는 [채권자]가 정리회사인 [채무자]에 대하여 가지는 정리채권 또는 정리담보권에 한하고, [수탁자]에 대하여 가지는 위 신탁부동산에 관한 수익권에는 아무런 영향이 없다"라고 판시한 바 있다. 대상판결은 담보 목적으로 신탁계약상 우선수익자로 지정된 채권자가 회생담보권자로 되지 아니한다는 결론에서는 참조판례와 동일하지만, 그 이유로 신탁에 의하여 신탁재산의 소유권이 제3자인 수탁자에게 귀

속되었다는 점은 언급하지 아니하고, 수익권이 원시적으로 채권자에게 귀속되었다는 점을 들고 있다. 이러한 차이는 대상판결의 사안에서 설정된 개발신탁의 경우에는 전형적인 담보신탁과는 달리 채무불이행이 있더라도 채권자가 신탁재산의 환가를 요구할 수는 없다는 점에 주목한 데 따른 것으로 보인다. 이 경우에 담보로 제공된 것은 신탁재산이 아니라 수익권일 뿐이므로, 신탁재산의 소유권이 수탁자에게 귀속되었다고 하여 담보가 채무자 이외의 자에 의하여 제공된 것으로 볼 수는 없다는 취지의 설명도 그러한 맥락일 것이다.[1]

2. 수익권이 채무자가 제공한 담보인지 여부

신탁재산에 관한 우선수익권은 채무자인 위탁자의 지정에 의하여 원시적으로 채권자에게 귀속되는 것이지 위탁자에게서 채권자에게로 이전되는 것이 아니므로 이에 의하여 담보되는 채권은 회생담보권이 될 수 없다는 취지의 대상판결의 판시에는 찬성할 수 없다. 예컨대 채무자가 그 소유의 토지를 개발하여 분양하는 사업을 수행할 목적으로 이를 현물출자하여 주식회사를 신설하면서 그에 따라 취득한 우선주식을 담보 목적으로 채권자에게 양도한 후에 회생절차가 개시되면 채권자가 회생담보권자로 되리라는 데 별다른 의문의 여지가 없을 터인데, 이 경우와 대상판결의 사안 사이에는 법적 실질에 있어 아무런 의미 있는 차이도 존재하지 아니한다. 다만 신탁의 경우에는 출연자가 출연에 따른 청구권을 일단 취득한 후에 이를 양도하는 것이 아닌 듯한 법적 형식 내지 외관을 취하는 것을 가능하게 하는, 수익자 지정이라는 개념이 인정되고 있다는 점에서 신회사 설립과 다를 뿐이다. 그러나 이러한 형식의 차이가 법적 효과를 결정적으로 달리하는 근거로 작용하도록 함으로써 일종의 규제차익 외에 달리 무슨 사회적 편익을 얻을 수 있는지 의문이다. 한편으로 어느 재산이 채무자가 제공한 담보인지 여부를 판단함에 있어 결정적인 측면은 채무가 변제되면 그것이 채무자에게로 복귀 내지 귀속되는지라 할 것인데, 이 측면에서 보면 대상판결의 사안에서 우선수익권이 채무자가 제공한 담보에 해당함은 명백하다.

이처럼 수익권을 채무자가 제공한 담보로 보더라도, 그에 따른 담보권이 회생담보권을 정의하고 있는 채무자회생법 제141조 제1항에 열거된 양도담보권이나 그 밖의 다른 담보권에는 해당하지 아니한다고 볼 수도 있다. 그러나, 이 조항에서 담보권의 종류를 한정적으로 열거하고 있는 것이 입법론적으로 타당하다고 보기 어렵다는 점은 차치하고, 대법원 2014. 4. 10. 선고 2013다61190 판결은 "동산의 소유권유보부매매의 경우에 매도인이 유보한 소유권은 담보권의 실질을 가지고 있으므로 담보 목적의 양도와 마찬가지로 매수인에 대한 회생절차에서 회생담보권으로 취급함이 타당하"다고 판시함으로써 사실상 위의 열거를 예시적인 데 불과한 것으로 해석하고 있다. 그렇다면, 이러한 판시의 타당성과는 별개로, 수익자로 지정된 채권자를 회생담보권자로 보는 데 이 조항이 새삼스러이 장애가 되지는 아니할 것이다.

3. 신탁재산이 채무자가 제공한 담보인지 여부

신탁재산에 관한 수익권은 신탁재산 자체와는 구분되는 것이다. 따라서 전자가 채무자가 제공한 담보에 해당한다고 하여 후자도 곧 그러한 것은 아니다. 위에서 언급한 바와 같이, 대상판결의 사안에서는 채무불이행이 있더라도 채권자가 신탁재산을 환가할 수도 없다. 다만 채권자는 우선수익권자로서 신탁재산을 개발하여 분양의 방식으로 처분한 대금을 우선적으로 분배받을 수 있는 지위에 있는 만큼, 이 점에서 신탁재산 자체가 담보라고 볼 여지도 있다. 그렇지만 피담보채무가 변제되더라도 신탁재산이 채무자인 위탁자에게로 복귀하지는 아니하는 만큼, 이를 채무자가 제공한 담보라고는 결국 볼 수 없을 것이다. 물론 이러한 이해는 신탁재산이 채무자의 법인격으로부터 일단 분리되었다는 점, 즉 채무자의 책임재산이 아닌 독립된 책임재산을 구성한다는 점을 전제하고 있는 것인데, 대상판결의 사안에서 그러한 전제가 부정될 수는 없을 것이다. 개발신탁의 경우에는 신탁재산을 책임재산으로 한 새로운 거래관계의 창설이 예정되어 있으며, 그에 따른 채권자에게 다른 채권자보다 신탁재산으로부터 우선적으로 만족을 얻을

---

1) 이주현, "신탁법상의 신탁계약을 체결하면서 담보 목적으로 채권자를 수익자로 지정한 경우 그 수익권이 정리계획에 의하여 소멸되는 정리담보권인지 여부", 대법원판례해설 42호 (2003), 597면 참조.

수 있다는 정당한 기대를 부여한다는 점도 예정되어 있다고 보아야 할 것이기 때문이다. 이러한 경우에 신탁재산의 분리독립을 사후적으로 부인함으로써 그에 관한 수익권이 아닌 그 자체가 채무자의 책임재산을 구성한다고 본다면, 신탁재산에의 채권자 입장에서는 그에 대한 우선권을 상실하는 위험에 노출될 것인데, 그렇다고 이러한 위험이 야기할 비효율을 상쇄할 무슨 편익이 발생하는 것도 아니다. 이에 반하여 참조판례의 사안에서와 같이 전형적인 담보신탁이 설정된 경우에는 그와 달리 볼 여지가 충분할 것이다. 여기에서는, 비록 신탁재산이 별개의 법인격에 귀속하는 형식을 취하고는 있으나, 그것이 특정 채권자를 위한 물적 담보로서의 기능을 유지하는 데 필요한 범위를 넘어서는 어떠한 다른 거래의 가능성도 예정되어 있지 아니하다. 요컨대 개발신탁이 동태적 사업이라면, 담보신탁은 정태적 재산일 따름인 것이다. 부연하면, 전자의 경우에는 법인격이라는 경계가 채무자로 하여금 부채과잉(debt overhang) 등과 같은 기존 사업의 유산 내지 제약으로부터 벗어나서 새로운 사업 기회를 추구할 수 있게 하는 작용을 함에 반하여, 후자의 경우에는 유기적 일체로서의 사업을 구성하는 재산이 해체되어 버리는 것을 막지 못하게 하는 부작용만을 낳을 수 있다. 그렇다면 그러한 경우에는 도산절연(bankruptcy remoteness)을 부정하고 신탁재산을 채무자의 법인격 안으로 편입하여 채무자에 대한 회생절차개시의 효력이 미치게 하는 한편으로 채권자에게 신탁재산 자체가 담보물인 회생담보권자의 지위를 인정함으로써, 채권자의 우선적 지위를 보장하면서도 채무자의 사업이 해체 청산되어 계속기업잉여(going-concern surplus)가 소멸할 위험을 억지하는 청산보호(liquidation protection)의 기능이 효과적으로 작동되도록 함이 바람직할 수 있는 것이다.[2] (이는 담보신탁의 경우에는 항상 도산절연이 부정되어야 한다는 뜻은 물론 아니다. 그렇지만 구조화금융(structured finance) 일반에서 진정매매(true sale)와 담보거래(secured transaction)를 구분함에 있어 이른바 특수목적법인(special purpose entity; SPE)이

회사가 아니라 신탁 형태를 취한 경우에는 다른 요소들은 전혀 고려하지 아니하고 맹목적으로 도산절연을 인정하는 입장에는 전혀 타당성이 없다. SPE가 신탁인지 여부는 오히려 하등의 고려 요소가 될 수 없는 것이다.)

4. 신탁의 도산능력

대상판결의 사안에서의 개발신탁과 같이 신탁이 이른바 사업신탁(business trust)에 해당하는 경우, 즉 단지 재산 관리가 아니라 사업 수행을 위하여 기능하는 경우에는 분리독립된 책임재산인 신탁에 독자적인 도산능력을 인정함으로써 그에 대한 파산절차뿐만 아니라 회생절차를 진행하는 것까지가 허용되어야 한다. 그렇지 아니하면 사업신탁이 도산상태에 빠진 경우에 일괄 매각이나 자본재편을 통하여 그 사업을 계속할 수 있게 함으로써 청구권자 일반의 이익을 도모하는 것이 봉쇄되어 비효율적이기 때문이다. 그러나 신탁법과 채무자 회생법 등의 관련 규정에 비추어보면, 현행 법제상으로는 유한책임신탁의 파산능력만이 인정될 뿐이며, 따라서 사업신탁이 유한책임신탁의 형식을 취하지 아니하는 경우에는 그에 대한 회생절차는 물론이고 파산절차를 진행하는 것까지도 허용되지 아니한다고 볼 수밖에는 없을 것이다. 입법적 개선이 요구된다.[3]

---

2) 담보신탁의 도산절연이 부정되어야 한다는 대표적인 견해로는, 윤진수, "담보신탁의 도산절연론 비판", 민법과 도산법(2019), 59~115면 참조. 다만, 이 글에서는 전형적인 담보신탁과 대상판결의 사안에서와 같은 개발신탁을 특별히 구분하여 취급하고 있지는 아니한 것으로 보인다.

3) 미국 도산법은 사업신탁의 도산능력을 명시적으로 인정하고 있다. 11 U.S.C. §§ 109(a), 101(41) & 101(9)(A)(v) 참조.

[41] 가집행선고에 따른 판결금 가지급과 회생절차의 관계

허승진(법무법인 태평양 변호사)　　　　　**대법원 2002. 12. 10. 선고 2002다57102 판결**

[사안의 개요]

피고 공사는 1995. 4. 29. A에게 아파트 건축공사(이하 "이 사건 공사")를 공사대금 8,285,520,000원, 공사기간을 같은 해 5. 20.부터 1997. 3. 21.까지로 정하여 도급하였다.

B는 레미콘을 생산·판매하는 회사로서 1995. 9. 5.경부터 A에게 레미콘을 공급하였으나 그 대금을 제대로 지급받지 못하던 중, A는 1996. 1. 23. 부도에 이르렀고, 부도 당시 A의 B에 대한 레미콘 대금채무는 111,261,777원이 남아 있었다.

위와 같은 레미콘 대금채무 미지급으로 인해 이 사건 공사에 차질이 빚어지게 되자, 피고 공사의 현장소장은 1996년 2월 내지 3월경 B를 비롯한 레미콘 업체들 및 A와 사이에서, B 등은 일단 레미콘 공급을 재개하고, A의 부도 당시 미지급 레미콘대금은 피고 공사가 A에게 지급할 기성 공사대금 중에서 현금으로 지급하고, 향후 A의 레미콘 공급대금 채무에 대하여는 피고 공사가 이를 연대보증한다는 취지의 합의를 하였다.

그 후 B는 A에게 레미콘을 공급하였으나, 117,391,639원의 대금을 지급받지 못하였고, 이에 따라 B는 피고 공사를 상대로 위 레미콘 공급대금에 대한 보증채무(주위적 청구) 또는 현장소장의 불법행위에 대한 사용자책임(예비적 청구)의 이행을 구하는 소송(이하 "이 사건 소송")을 제기하였다.

이 사건 소송의 제2심에서 가집행선고부 원고(B) 승소판결이 내려지자(서울고등법원 1999. 3. 31. 선고 98나26455 판결), 피고 공사는 1999. 4. 29. 당시까지의 판결 원리금 130,086,167원을 B에게 가지급하였다.

한편, B는 2001. 4. 16. 회사정리절차 개시결정을 받았다(같은 날 원고가 관리인으로 선임되었으며, 2001. 11. 22. 정리계획안이 인가되었다. 이하 "이 사건 회사정리절차"). 그런데 피고 공사는 이 사건 회사정리절차에서 위 가지급물 반환채권을 회생채권으로 신고하지 아니하였고, 그 결과 그 정리계획안에 피고 공사의 채권은 반영되지 아니하였다.

그런데 그 후 위 제2심 판결이 파기환송되었다(대법원 2002. 1. 25. 선고 99다25969 판결).

피고 공사는 파기환송후 원심에서 위 가지급물의 반환신청을 하였으나, 원심은 그 신청을 기각하였다(서울고등법원 2002. 8. 23. 선고 2002나10518 판결). 이에 피고 공사가 상고하였다. 상고기각.

[판결요지]

채권 발생의 원인이 정리절차개시 전의 원인에 기한 것인 한, 그 내용이 구체적으로 확정되지 아니하였거나 변제기가 회사정리절차개시 후에 도래한 채권도 정리채권에 해당한다(대법원 2000. 3. 10. 선고 99다55632 판결 참조).

이러한 정리채권에는 조건부채권도 포함되는데, 위 조건은 채권의 발생원인인 법률행위에 붙은 의사표시의 내용인 부관에 한정되지 아니하므로, 가집행선고의 실효를 조건으로 하는 가지급물의 원상회복 및 손해배상 채권(민사소송법 제215조 참조)은 그 채권 발생의 원인인 가지급물의 지급이 정리절차개시 전에 이루어진 것이라면 조건부채권으로서 정리채권에 해당한다.

이 사건 소송에서 가집행선고부 원심판결이 환송판결에 의하여 실효되기는 하였으나, 피고의 원고에 대한 가지급물 반환채권은 정리채권에 해당함에도 불구하고 이 사건 회사정리절차에서 정리채권으로 신고되지 않았으므로, 그 가지급금 반환채권은 실효되었다. 따라서 가지급물 반환신청을 기각한 원심의 판단은 정당하다.

[해설]

1. 가집행과 그 실효의 의의·효과

민사소송법 제213조 제1항은 "재산권의 청구에 관한 판결은 가집행의 선고를 붙이지 아니할 상당한 이유가 없는 한 직권으로 담보를 제공하거나, 제공하지 아니하고 가집행을 할 수 있다는 것을 선고하여야 한다."고 규정하여 판결이 미확정인 상태에서의 가집행을 널리 인정하고 있다. 그리고 위 규정에 따른 가집행선고부 판결에 기한 집행의 효력은 확정적인 것이 아니고 후일 본안판결 또는 가집행선고가 취소·변경될 것을 해제조건으로 하는 것이다(대법원 2011. 8. 25. 선고 2011다25145 판결).

한편, 민사소송법 제215조는 제1항에서 "가집행의 선고는 그 선고 또는 본안판결을 바꾸는 판결의 선고로 바뀌는 한도에서 그 효력을 잃는다."고 규정하면서, 제2항에서 "본안판결을 바꾸는 경우에는 법원은 피고의 신청에 따라 그 판결에서 가집행의 선고에 따라 지급한 물건을 돌려 줄 것과, 가집행으로 말미암은 손해 또는 그 면제를 받기 위하여 입은 손해를 배상할 것을 원고에게 명하여야 한다."고 규정하여 가집행선고부 판결이 상소심에서 취소 또는 변경될 경우 가지급물 반환의 근거를 마련하고 있다.

그리고 위 대법원 2011다25145 판결은 "가집행선고에 기하여 이미 지급받은 것이 있다면 이는 법률상 원인이 없는 것이 되므로 부당이득으로서 이를 반환하여야 한다. 위와 같은 가지급물 반환신청은 가집행에 의하여 집행을 당한 채무자로 하여금 별도의 소를 제기하는 비용, 시간 등을 절약하고 본안의 심리 절차를 이용하여 신청의 심리를 받을 수 있는 간이한 길을 터놓은 제도로서 그 성질은 본안판결의 취소·변경을 조건으로 하는 예비적 반소에 해당한다."고 판시하고 있으므로, 가지급물 반환채권의 법적 성질은 부당이득 반환채권이고, 그 가지급물 반환신청의 성질은 예비적 반소이다.[1]

2. 회생채권의 의의 및 범위

채무자회생법 제118조 제1호는 "채무자에 대하여 회생절차개시 전의 원인으로 생긴 재산상의 청구권"을 회생채권으로 규정하고 있으며, 이는 "회사에 대하여 정리절차개시전의 원인으로 생긴 재산상의 청구권은 이를 정리채권으로 한다."고 규정하고 있는 구 회사정리법 제102조와 동일하다.

여기서 "회생절차개시 전의 원인으로 생긴"의 의미에 대하여 논의가 있을 수 있으나, 채권 발생의 원인이

회생절차개시 전의 원인에 기한 것인 한 그 내용이 구체적으로 확정되지 아니하였거나 변제기가 회생절차개시 후에 도래하더라도 상관없고(대법원 2014. 5. 16. 선고 2012다114851 판결 등 참조), 청구권의 주요한 발생원인이 회생절차개시 전에 갖추어져 있으면 족하다(대법원 2012. 11. 29. 선고 2011다84335 판결 등 참조)는 것이 확립된 대법원판례이며, 이에 대해서는 별다른 이론이 없는 것으로 보인다.[2]

조건부채권 역시 회생절차개시 전의 원인으로 생긴 것이라면 당연히 회생채권이 될 수 있으며, 채무자회생법은 조건부채권이 당연히 회생채권이 될 수 있음을 전제로 하여 조건부채권의 의결권에 관하여 "조건부채권은 회생절차가 개시된 때의 평가금액으로 한다."고 규정하고 있다(채무자회생법 제138조 제1항).

3. 가지급물 반환채권의 성질

가지급물 반환채권은 ① '가집행선고에 기한 가지급'이 있었고, ② '가집행선고부 판결이 상소심에서 취소 또는 변경'된 경우에 발생한다.

가집행선고에 기한 가지급(위 ①) 이후, 가지급금 수령 당사자에 대해 회생절차가 개시되고, 그 이후에 가집행선고부 판결이 상소심에서 취소(위 ②)되는 경우가 있을 수 있는데, 이 경우 위 ①, ②를 모두 (부당이득반환) 채권발생의 원인이라고 본다면, 해당 채권은 회생채권에 해당하지 않게 될 것이고, 위 ①만 '채권발생의 원인'이고 위 ②는 '조건'이라고 본다면 ①이 회생절차개시 이전에 발생한 이상 그 채권은 회생채권에 해당하게 될 것이다.

대상판결은 이에 대하여 직접적으로 언급하고 있지는 않으나, "조건부채권이라 함은 채권의 전부 또는 일부의 성립 또는 소멸이 장래의 불확정한 사실인 조건에

---

1) 박준의, "가집행선고 및 그 실효가 집행절차에 미치는 영향", 사법논집 제58집(2014), 법원도서관, 371~393면.

2) 김희중, "건축공사 도급계약의 수급인이 회생절차개시 전에 이미 건물을 완공하여 인도하는 등으로 도급계약에 관하여 이행을 완료하였는데, 수급인에 대한 회생절차개시 후에 완성된 목적물의 하자로 인한 손해가 현실적으로 발생한 경우, 도급인의 하자보수에 갈음하는 손해배상청구권이 회생채권에 해당하는지 여부 및 수급인이 위 도급계약에 따른 의무를 제대로 이행하지 못함으로 말미암아 확대손해가 발생한 경우, 도급인의 채무불이행으로 인한 손해배상청구권이 회생채권에 해당하는지 여부", 대법원판례해설 제103호(2015년 상), 법원도서관, 380~402면.

의존하는 채권을 말하고, 위 조건은 채권의 발생원인인 법률행위에 붙은 의사표시의 내용인 부관에 한정되지 아니하므로, 가집행선고의 실효를 조건으로 하는 가지급물의 원상회복 및 손해배상 채권(민사소송법 제215조 참조)은 그 채권 발생의 원인인 가지급물의 지급이 정리절차개시 전에 이루어진 것이라면 조건부채권으로서 정리채권에 해당한다."고 판시하고 있으므로, 위 ①은 채권발생의 원인이고, 위 ②는 '조건'에 해당하는 것으로 보고 있다. 그런데 위 대법원 2011다25145 판결이 "가집행선고부 판결에 기한 집행의 효력은 (중략) 본안판결 또는 가집행선고가 취소·변경될 것을 해제조건으로 하는 것"이라고 판시하고 있는 점에 비추어 보면, 위 ②의 '본안판결 또는 가집행선고가 취소 또는 변경'되는 것은 '조건'으로 보는 것이 타당하다고 생각하며, 따라서 ① 가집행선고에 기한 가지급 이후 ② 가집행선고부 판결의 상소심에서 취소 또는 변경 이전에 가지급물 수령 당사자에 대하여 회생절차가 개시되었다면 그 가지급물 반환채권은 회생채권으로 보아야 하며, 따라서 대상판결의 이 부분 판시내용은 타당하다고 생각된다.

4. 예비적 반소 기각 판단의 문제점

위 대법원 2011다25145 판결은 "가지급물 반환신청은 가집행에 의하여 집행을 당한 채무자로 하여금 별도의 소를 제기하는 비용, 시간 등을 절약하고 본안의 심리 절차를 이용하여 신청의 심리를 받을 수 있는 간이한 길을 터놓은 제도로서 그 성질은 본안판결의 취소·변경을 조건으로 하는 예비적 반소에 해당한다."고 판시하고 있고, 가지급물반환신청의 신청취지는 '원고는 피고에게 가지급물 및 이에 대한 지연손해금을 지급하라'는 내용이 될 것이므로, 결국 가지급물 반환신청은 '예비적 반소 방식에 따른 이행청구'라고 할 수 있다.

한편, 채무자회생법 제251조는 "회생계획인가의 결정이 있는 때에는 회생계획이나 이 법의 규정에 의하여 인정된 권리를 제외하고는 채무자는 모든 회생채권과 회생담보권에 관하여 그 책임을 면하며, 주주·지분권자의 권리와 채무자의 재산상에 있던 모든 담보권은 소멸한다."고 판시하고 있고, 이 규정의 의미에 관하여 대법원 2019. 3. 14. 선고 2018다281159 판결은 "여기서 말하는 면책이란 채무 자체는 존속하지만 회사에 대

하여 이행을 강제할 수 없다는 의미이다(대법원 2001. 7. 24. 선고 2001다3122 판결, 대법원 2005. 4. 29. 선고 2003다20299, 20305 판결 참조). 따라서 면책된 회생채권은 통상의 채권이 가지는 소 제기 권능을 상실하게 된다(대법원 2015. 9. 10. 선고 2015다28173 판결 참조)."고 판시하고 있다.

따라서 회생채권의 이행을 구하는 소를 제기할 경우, 그 소는 '소 제기 권능'을 상실한 채권의 이행을 구하는 것으로 권리보호의 이익이 없어 각하되어야 하는데, 대상판결의 원심(서울고등법원 2002. 9. 6. 선고 2002나10518 판결)은 피고 공사의 가지급물 반환신청을 '기각'하였고, 대법원(대상판결)은 "위 가지급금 반환채권은 실효되었다고 판단하였는바, 이를 기록과 앞서 본 법리에 비추어 보면 정당하고, 거기에 상고이유 제2점의 주장과 같은 위법이 없다."고 판시하였을 뿐, '기각'이 아닌 '각하' 판결이 내려졌어야 한다는 취지의 언급은 하지 아니하였다.

대상판결이 위와 같이 가지급물 반환채권은 회생채권이고 그 가지급물 반환신청은 예비적 반소(이행청구)라고 보았다면, 가지급물 반환신청은 '각하'하였어야 하는 것 아닌가 하는 의문이 남는다.

[42] 약속어음 사고신고담보금의 회사정리절차상 취급

장경찬(장경찬 법률사무소 변호사/서울회생법원 파산관재인)　　대법원 1995. 1. 24. 선고 94다40321 판결

[사안의 개요]

B은행은 A가 C은행을 지급장소로 하여 발행한 약속어음 4매의 최종소지인으로 각 지급기일에 지급장소에서 지급제시를 했으나, C은행은 A로부터 피사취를 원인으로 하는 지급정지 의뢰가 있었음을 이유로 B은행에 대해 위 각 약속어음의 지급을 거절하였다. A가 위 지급정지를 의뢰하면서 C은행에 위 각 약속어음금 상당액을 사고신고담보금으로 예탁하면서, 위 사고신고담보금은 정당한 권리자로 판명되는 어음소지인에 대한 어음금의 지급을 담보하기 위하여 어음금 상당액을 예탁하는 것으로서, 어음소지인이 어음금지급청구소송에서 승소하고, 판결확정증명 또는 확정판결과 동일한 효력이 있는 증서 등을 제출하는 경우 C은행이 그 소지인에게 사고신고담보금을 지급하고, 반대의 경우나 당해 어음과 관련하여 이해관계인이 소송계속 중임을 입증하는 서면을 C은행에 제출한 바 없이 지급제시일로부터 6개월이 경과한 경우 등에는 C은행이 어음발행인 A에게 사고신고담보금을 지급하기로 약정하였다.

이에 B은행이 A를 상대로 제기한 어음금 청구 소송 계속 중 A에 대하여 회사정리절차개시 결정이 내려져 B은행이 위 약속어음 등 채권을 정리채권으로 신고하였다. 이에 대하여 A의 관리인이 이의를 제기하였고, B은행이 A의 관리인을 상대로 정리채권확정의 소를 제기한 결과 B은행의 승소 판결이 선고되어 확정되었다. 이에 B은행은 C은행에게 위 판결이 확정되었음을 들어 A가 예치한 위 사고신고담보금의 지급을 요청하였다.

A의 관리인은 C은행에 대하여 사고신고담보금은 일정 조건 하에서 정리채권인 약속어음채권의 지급을 담보하는 것으로서 B은행의 사고신고담보금에 대한 권리는 정리담보권인데, 정리담보권 신고 없이 정리계획 인가 결정이 내려짐으로써 B은행의 사고신고담보금에 대한 권리는 소멸되었고, 또 정리채권자인 B은행이 정리계획에 의하지 않고 직접 사고신고담보금의 보관자인 C은행으로부터 변제받을 수 없다는 등의 이유로 그 금원은 A에게 귀속되었다고 주장하면서 C은행에게 사고신고담보금의 반환을 청구하였다.

1심과 원심은 C은행에 별단예금으로 예치된 사고신고담보금은 그 자체를 A의 재산으로 볼 수 없으므로 정리담보권으로 볼 수 없고, B은행이 C은행으로부터 사고신고담보금을 지급받는 것은 정리절차에 의하지 않고 정리채권인 약속어음 채권을 변제받는 것으로 볼 수 없다는 이유로 A의 관리인의 청구를 기각하였고, 이에 대하여 A의 관리인이 상고하였다. 상고기각.

[판결요지]

1. 사고신고담보금은 어음발행인인 회사가 출연한 재산이라고 하더라도 은행에 예탁된 이상 그 소유권은 은행에게 이전되고, 은행은 후일 동종의 금전을 반환하면 되는 것이므로, 사고신고담보금 자체를 위 회사의 재산이라고는 볼 수 없고, 회사는 다만 은행에 대하여 사고신고담보금 처리에 관한 약정에서 정한 조건이 성취된 때에 한하여 비로소 은행에 대하여 사고신고담보금 반환청구권을 갖는 데 불과할 뿐 아니라, 약속어음소지인의 사고신고담보금에 대한 권리와 회사의 사고신고담보금 반환청구권과는 서로 양립되지 않는 관계에 있으므로, 약속어음소지인의 어음채권이 위 회사가 은행에 대하여 갖는 정지조건부 사고신고담보금 반환청구권에 의하여 담보될 수도 없는 것이므로, 사고신고담보금 처리에 관한 약정에 의하여 어음소지인이 지급은행에 대하여 취득하게 되는 권리가 회사정리법상의 정리담보권이라고 볼 수는 없다.

2. 사고신고담보금에 대한 권리를 정리담보권이 아니라고 보게 되면, 정리채권자인 어음소지인이 정리회사가 아닌 지급은행에 대하여 갖는 사고신고담보금 지급청구권을 행사하여 채권의 만족을 얻는 것을 가지고 정리절차에 의하지 아니하고 정리회사의 재산으로부터 정리채권을 변제받는 것이라고는 할 수 없다.

[해설]

1. 문제의 소재

대상판결은 약속어음의 최종소지인이 발행인이 피사취를 원인으로 하는 지급정지 요청을 하면서 별단예금으로 예치한 사고신고담보금에 대하여 어음의 발행인인 정리회사 또는 그 최종소지인이 각각 어떤 권리를 갖는지가 문제된 사안이다.

어음이나 수표가 분실·도난, 계약불이행, 피사취, 위·변조, 지급정지 가처분 등에 의하여 정상적으로 지급이 되지 않는 경우가 생길 수 있는데, 어음발행인이 위와 같은 사고 신고시 어음지급자금 부족을 은폐하고 거래정지처분을 면탈하기 위한 것이 아님을 보장하고, 정당한 어음권리자로 판명된 자에게 어음금 지급을 담보할 필요가 있다.

사고신고담보금은 어음발행인이 어음의 피사취 등을 이유로 지급은행에 사고신고와 함께 그 어음금의 지급정지를 의뢰하면서 당해 어음금의 지급거절로 인한 부도제재를 면하기 위하여 하는 별도의 예금으로서, 일반의 예금채권과는 달리 사고 신고 내용의 진실성과 어음발행인의 자력을 담보로 하여 부도제재회피를 위한 사고 신고의 남용을 방지함과 아울러 어음소지인의 권리가 확인되는 경우에 당해 어음채권의 지급을 담보하기 위한 것이다.[1]

한편 사고신고담보금은 일정한 조건 아래 어음 등 소지인 또는 발행인에게 지급하게 된다.[2] 발행인의 사고

신고담보금에 대한 권리는 물권적인 것이 아니며 조건부 반환청구권으로 보고 있고, 소지인의 권리 또한 조건부 지급청구권이 되며, 이 두 권리는 양립불가능한 것이 되는데[3], 회사정리절차 개시 전에 어음발행인인 정리회사에 의하여 별단예금으로 예치된 사고신고담보금에 대하여 정리회사와 어음 소지인 중 누가 그 권리를 갖고 있고, 어떤 방식으로 그 권리를 행사하게 되는지가 문제된다.

2. 대상판례의 논거

먼저, 정리회사가 정리절차 개시 전에 예치한 사고신고담보금에 대한 어음 소지인의 권리가 정리회사 소유재산에 대하여 설정된 것으로서 어음소지인의 정리채권인 어음채권을 담보하는 것으로 정리담보권에 해당하는지가 문제되는데, 대상 판결은 예치된 사고신고담

---

[1] 대법원 1992. 10. 27. 선고 92다25540 판결 및 대법원 1994. 4. 15. 선고 93다61000 판결 등 참조.

[2] ① 소지인에게 지급하는 경우
  (ⅰ) 소지인이 어음금지급청구소송에서 승소하고 그 판결확정증명 또는 판결확정과 같은 효력이 있는 것으로 지급은행이 인정하는 증서를 제출한 경우, (ⅱ) 발행인이 제기한 어음채무부존재확인소송에서 소지인이 승소하고 그 판결확정증명 또는 판결확정과 같은 효력이 있는 것으로 지급은행이 인정하는 증서를 제출한 경우, (ⅲ) 어음소지인이 확정된 이행권고결정문 또는 확정된 지급명령문을 제출한 경우(다만, 청구에 관한 이의의 소가 제기되었음을 입증하는 자료가 제출된 경우는 제외), (ⅳ) 발행인이 소지인에 대한 어음금 지급에 동의하고 이를 증명하는 서면(사고취하서)을 제출한 경우(지급정지가처분명령 송달에 의한 경우 제외)
  ② 발행인에게 지급하는 경우
  (ⅰ) 소지인이 제기한 어음금지급청구소송에서 발행인이 승소하고 그 판결확정증명 또는 확정판결과 같은 효력이 있는 것으로 지급은행이 인정하는 증서를 제출한 경우, (ⅱ) 발행인

이 어음채무부존재확인소송에서 승소하고 그 판결확정증명 또는 확정판결과 같은 효력이 있는 것으로 지급은행이 인정하는 증서를 제출한 경우, (ⅲ) 해당 어음 채무로 인해 발행인이 그 상대방을 위하여 별도로 담보공탁하였음을 증명하는 서면을 제출하는 경우 그 공탁금액 해당액(발행인이 지급정치가처분 명령과 관련하여 담보공탁한 경우 제외), (ⅳ) 발행인이 해당어음을 회수하여 제시하는 경우, (ⅴ) 해당어음 이해 관련인이 소송계속(계속) 중임을 증명하는 서면을 지급은행에 제출하지 않았고, 지급제시일로부터 6개월이 경과한 경우. 다만, 소송계속 중임을 증명하는 서면이 지급은행에 제출되었더라도 그 소송이 지급제시일로부터 6개월 이내에 각하(각하) 또는 취하(취하) 되었을 경우는 지급제시일로부터 6개월이 되는 때에 지급하고, 지급제시일로부터 6개월이 경과하여 각하 또는 취하되었을 경우는 그 사실을 발행인이 증명한 때에 지급, (ⅵ) 해당어음이 지급제시기간 내에 제시되지 않은 경우
  ③ 법원의 제권판결을 받은 자에게 지급하는 경우
  (ⅰ) 대상 : 사고신고 또는 지급정지가처분 사유가 분실·도난인 경우
  (ⅱ) 지급시기 : 지급은행이 법원의 판결문을 접수하고 1개월 경과 이후
  (ⅲ) 지급이 불가능한 경우: 신고된 권리를 보류하고 증권의 무효를 선고한 제권판결문을 제출한 경우 제권판결 불복의 소송을 제기하였음을 증명하는 자료를 접수한 경우 지급은행은 위 ⅰ), ⅱ), ⅲ)에서 정한 지급사유가 먼저 발생한 당사자를 정당한 권리자로 간주하고 그 청구에 의하여 사고신고담보금을 지급하거나 반환한다.

[3] 임채웅, "정리전회사가 사고신고담보금을 예탁한 후 회사정리절차가 개시된 경우 어음소지인의 지위에 관한 연구", 상사판례연구 47권 8호(548호)(2006. 8), 한국사법행정학회, 209면.

보금은 예치를 받은 은행 소유의 재산으로 정리회사의 재산으로 볼 수 없고, 정리회사는 단지 이에 대한 조건부 반환청구권을 갖고 있는데, 그 조건부 반환청구권은 정리채권인 소지인의 어음채권을 담보하지도 않으므로 정리담보권으로 볼 수 없다고 판단하였다.

또, 대상판결은 어음소지인이 조건부 사고신고 담보금 지급청구권을 행사하는 것은 어음발행인인 정리회사에 대하여 권리행사를 하는 것이 아니라 제3자인 지급은행에 대하여 직접 사고신고담보금 지급청구권을 행사하여 채권의 만족을 얻는 것이므로, 이는 정리절차에 의하지 아니하고 정리회사의 재산으로부터 정리채권을 변제받는 것이라고는 할 수 없다고 판단하였다.

3. 검토
가. 사고신고담보금이 정리담보권인지

회사정리법상의 정리담보권이란 정리채권 또는 정리절차개시전의 원인에 기하여 생긴 회사 이외의 자에 대한 재산상의 청구권으로서, 회사정리절차개시당시 회사의 재산상에 존재하는 유치권, 질권, 저당권, 전세권 또는 우선특권에 의하여 담보된 범위의 것을 말한다. 한편, 사고신고담보금은 어음발행인이 피사취 등을 이유로 어음금의 지급정지를 의뢰하면서 어음금의 지급거절로 인한 부도제재를 면하기 위하여 하는 별도의 예금으로서, 일반의 예금채권과는 달리 사고신고내용의 진실성과 어음발행인의 자력을 담보로 하여 부도제재 회피를 위한 사고신고의 남용을 방지함과 아울러 어음소지인의 권리가 확인되는 경우에는 당해 어음채권의 지급을 담보하려는 것으로서 경제적으로 담보로서 기능하는 측면이 있다.

한편, 어음발행인이 사고신고를 하면서 사고신고담보금을 별단예금으로 예치하면서 지급은행과 사고신고담보금에 관한 별도의 약정을 체결하게 되는데, 이 약정은 요약자인 어음발행인과 낙약자인 지급은행과 사이에 어음금 상당액의 보관을 위탁하고 수익의 의사표시를 한 어음의 정당한 소지인에게 지급청구권을 취득하게 하는 제3자를 위한 계약으로 보아야 한다.[4] 통상 별

단예금은 은행의 예금 업무 수행에 수반하여 발생하는 일시적인 보관금 등을 일반 예금으로 처리하기 어려운 것을 편의상 처리하는 예금계정을 말하는데, 사고신고담보금 예치계약도 통상적인 별단예금과 다를 바 없으므로 그 법적 성질은 소비임치라고 할 수 있다. 소비임치에서 임치물의 소유권은 수치인인 은행에게 있고, 은행은 이를 소비한 후 임치인의 반환청구가 있으면 같은 액의 금전을 반환하면 되므로, 사고신고담보금은 정리회사의 재산이 아니다. 따라서 어음소지인의 사고신고담보금 지급청구권을 정리담보권이라고 할 수 없고, 같은 취지의 대상판결의 판단은 정당하다고 생각한다.

나. 어음소지인의 사고신고담보금의 지급청구권 직접 행사 가부

어음소지인이 회사정리절차와 관계 없이 사고신고담보금 지급청구권을 행사하여 만족을 얻게 되면, 결과적으로 정리채권자가 정리절차에 의하지 아니하고 정리채권인 어음금채권을 정리회사의 재산으로부터 우선적으로 변제를 받아 회사정리법에 반하는 결과가 되므로 정리채권자의 사고신고담보금에 대한 권리가 회사정리절차개시로 소멸되는지 문제될 수 있다.

그러나 회사정리절차개시 결정은 회사 재산의 처분이나 변제 등에 제한을 가할 뿐, 정리회사가 요약자로서 낙약자인 지급은행과 이미 체결한 담보금에 관한 약정의 효력, 즉 담보금에 대한 당사자의 권리에는 영향이 없다고 보아야 한다. 정리절차 개시 결정으로 어음채권이 정리채권이 되기는 하지만, 그 소지인이 지급은행에 대하여 직접 사고신고담보금의 지급청구권을 행사하는 것은 정리회사의 재산으로부터 정리채권을 변제받는 것이 아니므로 개시 결정이 있어도 어음소지인은 수익의 의사표시를 하면서 본인이 어음의 정당한 권리자임을 밝히면서 지급은행에 대하여 사고신고담보금의 지급을 청구할 수 있다고 보아야 한다.[5] 대상판결의 결론은 정당하다.

---

4) 이진만, "정리채권인 약속어음금채권의 면책과 사고신고담보금", 민사판례연구 25권, 민사판례연구회, 박영사(2003. 2. 15.), 332, 333면.

5) 이진만, 전게논문, 338면.

[43] 추후보완신고에 대한 회생채권 조사절차

김영근(법무법인 세종 변호사)   대법원 2018. 7. 24. 선고 2015다56789 판결

[사안의 개요]

A회사는 2012. 10. 11. 서울중앙지방법원(이하 '회생법원'이라고 한다)으로부터 회생절차개시결정을 받았다.

B회사는 채권 신고기간 내에 A회사와 B회사 사이에 체결되어 있던 주식매매계약(이하 '이 사건 매매계약'이라고 한다)이 회생절차 개시 당시 쌍방미이행 쌍무계약에 해당한다고 판단하여, 가정적으로 회생채권 신고를 하였다. A회사의 관리인은 '쌍방미이행 쌍무계약으로 계약해지예정이므로 부인'이라는 이의 사유로 신고 전액에 대하여 이의를 제기하였다. B회사는 A회사의 관리인으로부터 계약 해제통지를 받으면 새로이 손해배상청구권을 회생채권으로서 신고할 생각으로 위 이의와 관련하여 기한 내에 회생채권조사확정재판을 제기하지 않았다.

B회사는 2013. 2. 1. A회사의 관리인에게 이 사건 매매계약의 이행 여부의 확답을 최고하였고, A회사의 관리인은 회생법원의 허가를 받아, 2013. 2. 19. B회사에게 이 사건 매매계약의 해제를 통보하였고, 통지서는 2013. 2. 20. 15시경 B회사에 도달하였다.

회생법원은 2013. 2. 22.(금) 제1회, 제2회 및 제3회 관계인집회를 동시에 개최하였고, 회생계획안이 가결되자 회생계획인가결정을 하였다.

B회사는 뒤늦게 이 사건 매매계약이 관리인에 의하여 해제되었음을 알고, 회생계획안 심리를 위한 관계인집회가 끝난 후인 2013. 2. 25.(월) 이 사건 매매계약이 해제됨으로 인하여 발생한 손해배상청구권을 회생채권으로 추후보완신고(이하 '이 사건 추완신고'라고 한다)를 하였다.

회생법원은 심문을 거친 후, 추완신고된 채권을 조사하기 위하여 특별조사기일을 개최하기로 결정하고, 2013. 10. 10. 특별조사기일을 개최하였다.

위 특별조사기일 진행 도중, (1) A의 관리인은 이 사건 추완신고의 대상인 회생채권을 부인하는 취지의 시부인표를 제출하고 이를 진술하고, (2) 이어서 B회사가 자신의 채권신고가 지연된 것은 A회사의 관리인으로부터 주식매매계약의 해제 통지를 뒤늦게 받았기 때문이라는 취지의 진술을 하였다. (3) 이에 A회사의 관리인은 B회사의 채권신고가 지연된 것은 B회사의 귀책사유에 의한 것이라는 취지로 진술하였고, (4) 채권자협의회 대표채권자 C은행도 이에 동조하는 취지의 진술을 하였다. (5) B회사가 다시 이에 대하여 채권신고가 지연된 것은 자신의 귀책에 의한 것이 아니라는 취지로 반박하였다. (6) 그러자 채권자 D는 B회사의 회생채권 신고가 지연된 것은 B회사의 귀책사유에 의한 것이고 B회사의 추완신고를 허용하는 것은 채권이 확정된 기존 채권자들의 이익에 반하므로, B회사의 채권신고에 대하여 이의를 제기한다는 취지로 진술하였다.

회생법원은 B회사에게, A회사의 관리인이 이의를 제기하였다는 취지의 이의통지서를 통지하였다.

B회사는 위와 같이 신고채권에 대하여 제기된 이의와 관련하여 A회사의 관리인을 상대로 하여 회생채권조사확정재판을 신청하였고, 회생법원은 이를 인용하였다.

A회사는 서울중앙지방법원(이하 '제1심 법원'이라고 한다)에 회생채권조사확정재판에 대한 이의의 소를 제기하면서 'B회사의 채권신고는 추완신고로서 부적법하고, B회사가 이의자 전원을 상대방으로 하지 않고, A회사의 관리인 1인만을 상대로 조사확정재판을 신청하였으므로 부적법 각하하여야 한다'라고 주장하였다.

제1심 법원은 A회사의 청구를 인용하여, 회생법원의 채권조사확정재판신청 인용결정을 취소하고, B회사의 회생채권 조사확정재판신청을 각하하였으나, 제2심(서울고등법원)은 제1심 판결을 취소하고, 회생채권조사확정재판을 인가하였다. A회사가 상고하였다. (상고기각)

[판결요지]

[1] 채무자회생법 제153조에 따라 신고기간 경과 후에 생긴 회생채권이 신고된 경우, 회생법원은 위 제153

조 제1항과, 제153조 제2항이 준용하고 있는 제152조 제2항, 제3항의 요건을 심사하여 신고의 적법 여부에 따라 각하결정을 하거나 회생채권으로서 조사절차를 거쳐야 한다. 그런데 일단 회생법원이 추완신고가 적법하다고 판단하여 특별조사기일을 열어 추완신고된 채권에 대한 조사절차까지 마친 경우에는, 채무자회생법에서 정한 신고의 추후 보완 요건을 구비하지 않았다는 것을 사유로 하는 이의는 허용되지 않는다고 봄이 타당하다. 이는 채무자회생법 제170조에 따른 채권조사확정재판에서도 마찬가지라고 보아야 하므로, 회생법원이 추완신고가 적법하다고 판단하여 특별조사기일에서 추완신고된 채권에 대한 조사절차까지 마쳤다면, 채권조사확정재판에서도 신고의 추후 보완 요건을 구비하지 않았다는 사유를 주장할 수 없다.

[2] 채무자회생법 제152조 제3항, 제153조 제2항은 회생계획안심리를 위한 관계인집회가 끝난 후 또는 회생계획안을 서면결의에 부친다는 결정이 있은 후에는 제152조 제1항 또는 제153조 제1항에 의한 추완신고도 허용되지 않는다고 규정하고 있다. 그러나 회생채권자가 회생법원이 정한 신고기간 내에 회생채권을 신고하는 등으로 회생절차에 참가할 것을 기대할 수 없는 사유가 있는 경우에는 제152조 제3항에도 불구하고 회생채권의 신고를 보완하는 것이 허용되어야 한다. 그리고 이 경우에도 회생법원이 추완신고가 적법하다고 판단하여 특별조사기일에서 추완신고된 채권에 대한 조사절차까지 마쳤다면, 채권조사확정재판에서 신고의 추후 보완 요건을 구비하지 않았다는 사유를 주장할 수 없다.

[3] 채무자회생법 제170조에 따른 채권조사확정재판에서는 신고의 추후 보완의 요건을 구비하지 않았다는 사유를 주장할 수 없다. 따라서 특별조사기일에서 추완신고의 적법 여부에 관하여 이의의 진술이 있었다고 하더라도 이는 채권조사확정재판을 제기하여야 할 채무자회생법 제170조 제1항에서 정한 '이의'에 해당하지 않는다.

또, 관리인이 아닌 회생채권자 등 이해관계인이 특별조사기일에서 채권조사확정재판을 제기하여야 할 채무자회생법 제170조 제1항에서 정한 '이의'를 하였는지는 특별조사기일에서 한 이의의 진술 내용뿐만 아니라

이에 이르게 된 이유나 경위 및 방식, 관리인이나 다른 이해관계인의 이의 여부 및 이의를 하였다면 그 내용 등 제반 사정을 고려하여, 특별조사기일에서 한 이의가 채권조사확정재판절차에서 응소책임을 부담하면서까지 당해 채권의 확정을 차단하기 위한 의사에서 비롯된 것인지에 따라 결정하여야 한다.

[해설]

1. 문제의 소재

채무자회생법 제152조 제1항 또는 제153조 제1항에 따라 신고기간 후에도 신고를 보완할 수 있다고 하더라도, 회생계획안심리를 위한 관계인집회가 끝난 후 또는 회생계획안을 제240조의 규정에 의한 서면결의에 부친다는 결정이 있은 후에는 신고가 불가능하다(제152조 제3항).

따라서 법 제152조 제1항 또는 제153조 제1항에 따라 채권이 신고된 경우에도 회생계획안심리를 위한 관계인집회 종료 후에는 특별조사기일을 지정하지 아니하고 신고를 각하하고, 각하 결정에 불복하여 회생채권조사확정재판을 신청하는 경우에도 각하 결정을 내리게 된다.

그런데 대법원은 '회생채권의 존재에 관하여 다툼이 있는 경우에 관리인은 그 존재를 부정하는 경우에도 이를 회생채권자목록에 기재할 의무가 있다. 만약 이를 위반하면 그 회생채권은 실권되지 아니하며, 법 제152조 제3항에도 불구하고 추완신고를 할 수 있다'라는 취지로 결정하였고(대법원 2012. 2. 13.자 2011그256 결정), 이에 따라 실무관행이 개선되어 회생채권자에게 절차적 기회를 부여하지 아니하여 재산권의 침해를 초래하는 경우라면 법 제251조에도 불구하고 실권되지 아니하고, 추완신고가 허용되는 것으로 해석되게 되었다.[1]

대상사건에서는 (i) 특별조사기일에 조사를 마쳤음에도 회생채권조사확정재판 단계에서도 추완신고의 적법성을 지적할 수 있는지, (ii) 특별조사기일에 추완신고의 적법성을 지적하는 진술이 제170조 제1항의 이의

---

1) 김형두, "2012년 분야별 중요판례분석 (27) 도산법", 법률신문 2013년 8월 29일. 오병희, "회생절차에서의 추완신고에 따른 후속 절차 검토", 도산법연구 제3권 제2호, 도산법연구회.

에 해당하는지가 문제되었다.

2. 대상판결의 논거

가. 채권조사확정재판에서 신고의 추후 보완 요건 구비 여부를 지적할 수 없다는 점에 관하여

대상판결에서 밝힌 논거는 아래와 같다.

① 채무자회생법상 추완신고의 적법 여부에 대한 법원의 판단에 대해서는 이를 즉시항고 등으로 다툴 수 있다는 명문의 규정이 없다. 이와 함께 추완신고의 적법 여부는 채권신고나 조사의 대상이 아니고, 채권조사절차 또는 조사확정재판절차에 의한 확정의 대상이라고 볼 수도 없다. 이는 관리인 기타 이해관계인이 추완신고의 적법 여부에 대하여 이의를 하였다고 하더라도 마찬가지이다.

② 채권조사확정절차는 적정한 회생계획안 작성을 위한 전제로서 회생채권 등의 실체법적 존부 등을 간이하고 신속하게 확정하는 절차에 불과하고, 채권신고의 요건을 엄격하게 해석하여 이를 구비한 채권만을 권리로 인정하고 이를 구비하지 못한 경우에는 그 채권을 실권시키기 위한 절차가 아니다. 본래 채무자회생법이 신고기간을 둔 것도 관리인 기타 이해관계인에게 조사의 편의를 제공하기 위한 것일 뿐 기간준수 여부를 기준으로 권리를 인정하거나 배제하기 위한 것이 아니다.

③ 오히려, 회생절차에서는 이해관계인이 회생법원의 결정문을 직접 송달받지 못하는 경우가 적지 아니한 반면, 회생채권자 등이 신고를 해태하는 경우 그 채권이 실권되는 등 불이익이 큰 점 등을 고려하여, 회생절차에 중대한 지장을 초래하지 않는 한 실권시키는 것이 가혹하다고 인정되는 경우에는 가급적 그 책임질 수 없는 사유를 넓게 해석하는 것이 필요하다(대법원 1996. 7. 26.자 99마2081 결정 참조).

④ 추완신고의 적법 여부에 대한 회생법원의 판단은 회생절차의 신속성이나 효율성, 채권조사절차에 있어 관리인, 기타 이해관계인의 편의, 실권되는 채권을 보유한 회생채권자 등의 불이익 등을 고려하여 추완신고를 수리할 것이냐 말 것이냐에 관한 절차적 판단에 불과하다. 추완신고가 수리되었다고 하더라도 신고된 채권에 관해서 채권의 존부 및 내용 등에 관하여 다툴 수 있는 기회가 보장되어 있는 이상 위와 같은 절차적 판단에

불복할 수 없게 된다고 하여 이것이 관리인, 기타 이해관계인의 재판청구권을 본질적으로 침해하는 것이라고 볼 수 없다.

나. 특별조사기일에서 이의의 진술이 있었다고 하더라도 이는 채권조사확정재판을 제기하여야 할 법 제170조 제1항에서 정한 '이의'에 해당하지 않는다는 점에 관하여

대상판결에는 명시되어 있지 아니하나 대상판결의 제2심 판결에서는 그 논거를 다음과 같이 밝히고 있다.

① 회생채권자는 책임을 질 수 없는 사유로 인하여 신고기간 안에 채권신고를 하지 못한 때에는 추완신고를 할 수 있고(채무자회생법 제152조 제1항), 이에 대하여 회생법원은 추완신고가 부적법하다고 보아 이를 각하하거나, 특별조사기일을 열어 추완신고 한 채권의 존부와 내용 등에 관하여 회생채권으로서 조사하여야 할 것인바, 회생법원이 추완신고의 각하결정을 하지 아니하고 특별조사기일을 열어 회생채권으로서 조사절차를 거친 이상 이미 회생법원으로서는 추완신고가 적법하다고 판단한 것으로 볼 수 있는 점, ② 회생채권에 대하여 다른 회생채권자 등이 이의를 한 때에는 회생채권자가 이의자를 상대방으로 하여 채권조사확정재판을 신청할 수 있고, 채권조사확정재판에서는 이의채권의 존부 또는 그 내용을 정하여야 할 것인데(채무자회생법 제170조 제3항), 추완신고의 적법여부는 채권의 존부 또는 그 내용에 관한 사항이라고 볼 수 없을 뿐만 아니라, 추완신고의 적법여부에 관하여 이미 회생법원이 적법하다고 판단하여 특별조사기일을 열어 채권조사절차를 거친 이상 추완신고가 부적법하다는 진술을 한 채권자를 상대로 채권조사확정재판을 신청하게 하여 회생법원이 다시 그 적법 여부를 판단하여야 할 필요성도 없다고 보이는 점 등을 종합해 보면, 채권 추완신고에 의한 특별조사기일에서 추완신고의 적법여부에 관하여 이의의 진술이 있었다고 하더라도 이는 채권조사확정재판을 제기하여야 할 채무자회생법 제170조 제1항에서 정한 '이의'에 해당하지 않는다고 봄이 상당하다.[2)]

2) 일본의 최고재판소도 "갱생채권 또는 갱생담보권의 신고가 신고기간 경과 후에 되어, 게다가 회사갱생법 제127조 소정의 요건을 구비하지 못한 경우라 하더라도, 관재인, 갱생채권자, 갱생담보권자 및 주주가 이의를 하지 않아, 조사의 일반기일에 그 조사를 하게 된 이상, 앞에 기재된 기간의 도과를 사

3. 검토

가. 추완신고의 적법 여부의 판단

추완신고의 적법 여부는 채권조사 이전의 단계에서 회생법원에 의해 직권으로 판단되고, 신고각하 또는 수리(특별조사기일 지정)라는 결론으로 귀결된다. 즉, 회생법원은 (ⅰ) 추완신고의 요건이 갖추어지지 않았다고 판단하는 경우에는 신고를 각하하는 결정을 하면 되고, (ⅱ) 반대로 추완신고의 요건이 갖추어진 것으로 판단하는 경우에는 신고된 채권의 실체관계를 검토, 확정하기 위한 특별조사기일을 열어 조사를 진행하면 된다.[3]

나. 종래 대법원 및 하급심의 태도

대법원은 회생법원이 특별조사기일을 열어 채권에 대한 조사를 실시한 이상 조사확정재판 등에서 다시 추완신고의 적법 여부를 다툴 수 없다고 판시하고 있고, 하급심도 이를 그대로 따르고 있다(대법원 1999. 7. 26.자 99마2081 결정, 대법원 1990. 10. 23. 선고 90다카19906 판결, 서울고등법원 1990. 10. 26. 선고 89나17824 판결, 위 고등법원 판결은 그대로 확정되었다.). 이러한 판결은 특별조사기일에서 추완신고의 적법 여부에 대한 의견과 신고된 채권에 대한 이의를 분명하게 구분하는 것으로서, 조사확정재판은 이해관계인의 이의가 있는 경우 이를 해결하기 위한 절차로서 이의를 전제로 하는 것이기 때문에, 조사확정재판에서 다툴 수 없다는 것은 조사 과정에서도 이의의 대상으로 삼을 수 없음을 확인해주고 있는 것이다.

다. 제2회 관계인집회 종료 후의 추후보완신고에 대한 구제 및 절차에 관한 선례로서의 가치

대법원 2016. 11. 25. 선고 2014다82439 판결, 대법원 2012. 2. 13.자 2011그256 결정 등을 통하여 회생계획안 심리를 위한 관계인집회 종료 후의 추후보완신고에 대한 구제가 인정되기 전에는, 실무상 해당 추후보완신고 또는 관련 청구권에 터잡아 제기된 민사소송, 회생채권조사확정재판 중에 법원이 권리를 구제하는 내용의 화해권고결정을 내리고, 관리인이 법원의 허가를 얻어 이를 수용하는 방법, 화해계약을 체결하는 방법 등으로 변칙적으로 해결하기도 하였는데, 대상판결은 추후보완신고에 대한 구제는 물론, 특별조사기일을 개최한 이후의 조사확정재판 절차에서 다룰 사항 등 관하여 명확한 기준을 제시하고 있으므로 선례로서 큰 가치를 갖는다.

라. 대상판결 이후의 실무의 확인

(1) 사안의 개요 및 결정

Y회사는 X회사에 대한 회생절차가 개시되자, 수차례에 걸쳐 관리인에게 X회사와 Y회사 사이에 체결되어 있던 Z계약(이하 'Z계약'이라고 한다)이 쌍방미이행 쌍무계약에 해당하는지 문의(확답 최고)하는 한편, 계약이행을 촉구하였다. 그러나 Y회사는 신고기간 중 명확한 답변을 받지 못하자, Z계약이 쌍방미이행 쌍무계약에 해당하지 않는 것으로 판단될 경우를 대비하여, 실권을 막기 위하여 신고기간 내에 예비적으로 일응의 금액을 추산하여 회생채권 신고(이하 '1차 신고'라고 한다)를 하였다.

X회사의 관리인은 신고기간 만료 후에야, 회생법원의 허가를 얻어 쌍방미이행 쌍무계약에 관한 법리에 따라 Z계약을 해지하였다. 이에 Y회사는 1차 신고에 대한 이의에 대하여 회생채권조사확정재판을 신청하지 않고, 관리인의 해지에 의하여 발생한 실제 손해액을 기준으로 손해배상청구권에 관하여 추후보완신고(이하 '2차 신고'라고 한다)를 하였다.

X회사의 관리인은 특별조사기일(및 제2,3회 관계인집회기일)에 Y회사가 추완신고한 회생채권을 부인하는 취지의 시부인표를 제출하고 이를 진술하였다.[4] 회생법원은 특별조사기일의 조사 결과, X회사의 관리인이 이의를 제기하였다는 취지의 이의통지서를 Y회사에게 통지하였다.

Y회사는 X회사의 관리인을 상대로 하여 회생채권조사확정재판을 신청하였고, 회생법원은 '이 사건 조사확정재판에서 다툼이 되는 위 회생채권에 관하여 회생법원이 특별조사기일에서 조사절차를 마친 이상 조사확

유로 하는 이의는 허용되지 않는다"라고 판시하며, 절차적 이의와 실체적 이의를 구별하고 있는 것으로 보인다(최고재판소 1969. 12. 4. 판결).

[3] 백창훈, 임채홍, 회사정리법(상), 2판, 한국사법행정학회, 596~597면.

4) X회사의 관리인은, Y회사가 이의가 제기된 1차 신고와 관련하여 회생채권조사확정재판을 신청하지 않았으니 실권되었는데, 2차 신고는 1차 신고와 동일한 내용으로서 부적법한 신고라는 취지로 이의하였음.

정재판에서 그와 같은 사유를 들어 다툴 수는 없다' 라고 하면서, 회생채권의 존재를 인정하였다(서울회생법원 2020회확100106, 그대로 확정).

(2) 검토

회생법원의 판단은, 회생법원이 2차 신고를 각하하지 않고 특별조사기일에 조사를 마쳤던 사정을 고려한 것으로서, 채권조사확정재판에서도 신고의 추후 보완 요건을 구비하지 않았다는 사유를 주장할 수 없다고 하는 대상판결의 취지와 일치하고, 실무가 정착되고 있음을 보여준다.

[44] 채권조사기간의 말일 이전에 관리인이 한 수계신청의 적법 여부

신동욱(울산지방법원 판사)　　대법원 2013. 5. 24. 선고 2012다31789 판결

[사안의 개요]

D회사는 버스를 수출하기 위하여 피고에게 해상운송을 의뢰하였고, 원고(보험회사)와 사이에 적하보험계약을 체결하였다. 위 버스가 운송 도중 바다에 유실되는 사고가 발생하자 원고는 D에게 보험금을 지급하였고, 2009. 6. 17. 피고를 상대로 위 보험금의 구상금 청구소송(이하 '이 사건 소송'이라 한다)을 제기하였다. 이후 이 사건 소송이 제1심법원에 계속 중이던 2009. 7. 23. 피고에 대하여 회생절차가 개시되어 피고의 대표이사가 관리인으로 선임되었다. 위 회생절차에서 원고는 채권신고기간 내에 위 구상금 채권을 회생채권으로 신고하였고, 이에 대하여 관리인은 채권조사기간 내에 이의를 하였다.

한편 위 회생절차에서 채권조사기간의 말일이 2009. 10. 16.로 정하여졌음에도, 관리인만이 2009. 8. 26. 이 사건 소송절차의 수계신청을 하였을 뿐이고, 위 채권조사기간의 말일부터 1개월 이내에는 원고를 포함한 어느 누구도 수계신청을 하지 않았다.

제1심은 원고가 수계신청을 하지 않은 채 제척기간이 도과하였다는 이유로 소를 각하하였다. 원심은 관리인의 수계신청을 적법하다고 보아 원고의 청구를 인용하였다. 이에 피고가 상고하였다. 파기자판.

[판결요지]

채무자회생법 제172조의 소송절차 수계는 회생채권 확정의 일환으로 진행되는 것으로서 조사기간의 말일까지 이루어지는 관리인 등의 회생채권에 대한 이의를 기다려, 회생채권자가 그 권리의 확정을 위하여 이의자 전원을 상대방으로 하여 신청하여야 하고, 소송수계에서 상대방이 되는 관리인은 회생채권에 대한 이의자로서의 지위에서 당사자가 되는 것이므로, 당사자는 이의채권이 되지 아니한 상태에서 미리 소송수계신청을 할 수는 없다고 할 것이어서, 조사기간의 말일 이전에 소송수계신청을 하더라도 이는 부적법하다.

[해설]

1. 문제의 소재

채무자회생법은 원칙적으로 회생채권 또는 회생담보권의 존부와 내용의 확정을 채권조사확정재판에 의하도록 하면서도(제170조), 예외적으로 회생절차개시 당시 관리인 등이 이의한 회생채권 또는 회생담보권에 관하여 소송이 계속하는 경우 회생채권자 또는 회생담보권자가 그 권리의 확정을 구하고자 하는 때에는 이의자 전원을 그 상대방으로 하여 소송절차를 수계하여야 하는 것으로 정하고 있다(제172조 제1항). 이는 회생절차 개시 당시에 이미 이의채권에 관한 소송이 계속 중인 경우 이의채권을 보유한 권리자로 하여금 다시 소송을 제기하도록 하는 것은 비용과 시간의 측면에서 비경제적이고 종래 소송의 무시하는 것이 되어 불합리하기 때문이다.[1]

위와 같은 수계는 조사기간의 말일부터 1개월 이내에 하여야 하는데(제172조 제2항, 제170조 제2항), 대법원은 종래 수계신청의 종기(終期)를 정한 위 규정을 근거로 '1개월의 기간이 경과한 후에 수계신청을 한 경우에는 그에 따른 채권확정의 소가 부적법하게 된다'는 취지로 일관되게 판시하여 왔다.[2] 반면 대상판결은 조사기간의 말일 이전에 한 수계신청이 적법한지, 즉 수계신청의 시기(始期)가 조사기간의 말일로 제한되는지에 관하여 처음으로 판단하였다.[3]

---

1) 서울회생법원 재판실무연구회, "회생사건실무" 상권, 제5판, 박영사(2019), 607면.
2) 대법원 2008. 2. 15. 선고 2006다9545 판결; 대법원 2000. 2. 11. 선고 99다52312 판결; 대법원 1989. 4. 11. 선고 89다카4113 판결.
3) 대상판결에서는 대법원 2000. 2. 11. 선고 99다52312 판결을 참조판례로 인용하고 있는데, 이는 구 회사정리법 시절 채무자에 대한 회사정리절차개시결정 이전에 보전관리인이 선임되자 원고가 보전관리인을 상대방으로 하여 수계신청을 하였으나 그 이후에 채권조사기일에서 이의한 관리인을 상대방으로 하여 수계신청을 하지는 않았던 사안에 관한 것으로, 결과적으로 적법한 상대방이 수계신청을 하였던 이 사건과는

한편 채무자회생법 제172조 제1항은 '회생채권자 또는 회생담보권자'가 소송절차를 수계하여야 한다고만 규정하고 있는데, 대상판결의 사안에서는 회생채권자가 아닌 관리인만이 수계신청을 하였다는 점에서도 그 적법 여부가 문제되었다.

2. 대상판결의 논거

대상판결의 원심판결은 소송수계절차의 기능 및 취지, 제172조 제1항, 제2항, 제170조 제2항의 구체적 내용 등에 비추어 볼 때 위 규정은 회생채권자 또는 회생담보권자가 수계신청을 할 경우에 그 소송의 상대방과 수계신청의 종기를 정한 것으로 보이고, 위 규정을 관리인의 수계신청을 허용하지 않는 규정으로 보거나 수계신청의 시기를 정한 규정으로 볼 것은 아니라고 판시하였다(서울중앙지방법원 2012. 1. 11. 선고 2011나16508 판결).

그러나 대상판결은 조사기간의 말일 이전에 한 수계신청이 부적법하다는 취지로 판시하면서 원심판결을 파기하였는데, 그 근거규정으로 수계신청의 기간을 정한 제172조 제2항, 제170조 제2항이 아니라, 제172조 제1항을 들고 있는 것으로 보인다. 위 규정이 회생채권확정의 소의 상대방을 '이의자'로 정하고 있고, 확정의 대상을 '이의채권'으로 정하고 있는데, 관리인 등의 이의가 있어야 비로소 관리인 등이 '이의자'로 되고 신고된 채권이 '이의채권'으로 되므로, 그러한 이의가 있기 전에는 당사자가 미리 수계신청을 할 수 없다는 것이다.

다만 위와 같이 대상판결은 수계신청이 조사기간의 말일 이전에 이루어진 점만으로 이미 부적법하다고 판단하였기 때문에, 관리인이 수계신청을 한 것이 적법한지에 관하여는 더 나아가 판단하지 않았다.

3. 검토
가. 수계신청의 시기 제한에 관하여

대상판결에 대하여는 '조사기간의 말일 현재 이미 관리인에 의한 수계신청이 있었음에도 그로부터 1개월 이내에 그를 상대방으로 하여 별도의 수계신청을 하는 비효율적인 절차를 밟을 것을 채권자에게 요구함으로써 판시가 성취하거나 보호하려는 이익 혹은 방지하려는 불이익이 무엇인지 불분명하다'는 비판적 견해가 있다.[4]

그러나 조사기간의 말일 이전에 미리 수계신청을 하지 못하도록 한 취지는 '회생절차 내 권리관계'와 '회생채권에 관한 소송결과' 사이에 모순이 생기는 것을 방지하고(서울고등법원 2017. 10. 20. 선고 2017나2023934 판결), 조사기간의 말일까지 이루어지는 관리인, 채무자, 목록에 기재되거나 신고된 회생채권자·회생담보권자·주주·지분권자 등의 회생채권에 대한 이의를 기다려, 회생채권자가 그 권리의 확정을 위하여 이의자 전원을 그 소송의 상대방으로 하여 회생채권확정을 위한 소송절차를 수계하도록 함으로써, 여러 당사자가 얽힌 회생채권의 확정재판을 하나의 절차에서 일거에 진행하기 위한 것으로[서울고등법원 2018. 12. 6 선고 2018나2013804, 2018나2013811(병합) 판결], 그 정당성을 인정할 수 있다.

또한 대상판결이 판시하고 있는 것처럼 제172조 제1항이 회생채권확정의 소의 상대방과 확정의 대상을 각각 '이의자'와 '이의채권'으로 명시하고 있으므로, 회생채권자로서는 관리인 등의 이의를 기다려 수계신청을 하여야 하는 것으로 해석함이 법 문언에도 부합한다.[5]

나. 수계신청권자의 제한에 관하여

회생채권자 또는 회생담보권자가 아닌 관리인 등의 이의자가 조사기간의 말일부터 1개월 내에 수계신청을

사안을 달리 한다[김성용, "2013년 도산법 중요판례", 인권과 정의 제440호, 대한변호사협회(2014), 261면].

[4] 김성용, 전게서, 261면.

[5] 다만 하급심판결례 중에는 원칙적으로 조사기간의 말일 이전에 한 수계신청은 부적법하다고 하면서도, 예외적으로 위와 같은 하자가 사후에 치유되었다고 한 것이 있다. 위 서울고등법원 2017나2023934 판결(확정)은 ① 원고가 조사기간의 말일 이전에 관리인인 피고를 상대로 수계신청을 하였고, 이후 피고만이 원고의 회생채권에 대하여 이의하였으며, 조사기간의 말일 이후 수계신청 기간에 소송이 전혀 진행되지 않았으므로, 사후적으로 원고가 이의자 전원을 상대방으로 하여 수계신청을 한 것으로 평가되고, 피고에 대한 회생절차와 소송 사이에 모순이 생기지 않은 점, ② 피고가 회생절차개시신청 시 원고의 채권에 대하여 이의할 예정임을 밝혔으므로, 원고로서는 피고가 이의하더라도 '다시 수계신청을 할 필요가 없다'고 생각하였을 수 있고, 이러한 신뢰를 일정한 범위에서 보호할 필요가 있는 점, ③ 피고는 수계신청 이후 약 1년 2개월이 경과한 이후에서야 비로소 원고의 수계신청의 적법 여부를 다투었으므로 이를 묵시적으로 추인한 것으로 볼 수 있는 점을 근거로 하자의 치유를 인정하였다.

한 경우의 효력에 관하여 견해의 대립이 있다.[6]

이에 관하여 다수의 견해는 "소송절차의 수계신청은 상대방도 할 수 있다."라고 정한 민사소송법 제241조가 채무자회생법 제33조에 의하여 준용되어 회생채권자 등에게 제척기간 준수의 효과가 부여된다고 보고 있다.[7] 대법원은 구 회사정리법 시절 수계의무를 관리인이 아닌 이의채권을 보유한 권리자에게 부담시키는 것이 헌법에 위배되는 것은 아니라고 판시하였고(대법원 2008. 2. 15. 선고 2006다9545 판결), 그 권리자 이외에 관리인도 수계신청을 할 수 있음을 전제로 판시하기도 하였다(대법원 2015. 7. 9. 선고 2013다69866 판결; 대법원 1997. 8. 22. 선고 97다17155 판결).

그러나 ① 이의채권을 보유한 권리자에게는 실권의 불이익을 방지하기 위해 소송절차를 수계함으로써 이의채권의 확정을 구할 이익이 있는 반면 관리인에게는 그러한 이익이 없고, ② 권리자가 수계신청을 하지 않고 있음에도 관리인이 그 기간의 경과를 기다리지 않고 소송절차를 수계할 수 있다고 하면, 이는 관리인이 당해 이의채권으로 하여금 회생채권으로 확정될 수 있도록 조력하는 것이 되어 공적 수탁자로서의 관리인 지위에 부합하지 않을 뿐만 아니라, 선관주의의무를 부담하는 다른 이해관계인에 대한 배임적 행위를 인정하는 것이 되므로, 그와 같은 해석은 허용될 수 없다.[8] ③ 무엇보다도 회생절차에 관하여 채무자회생법에 규정이 없는 때에 한하여 민사소송법이 준용될 수 있을 뿐인데(채무자회생법 제33조), 채무자회생법 제172조 제1항은 '회생채권자 또는 회생담보권자'만이 소송을 수계하여야 함을 명시하고 있으므로 민사소송법 제241조가 여기에 준용될 수는 없다. 이는 회생절차개시결정이 있는 때에 회생채권 또는 회생담보권과 관계없는 소송절차를 '관

리인 또는 상대방'이 수계할 수 있도록 한 채무자회생법 제59조 제2항, 회생절차가 종료한 때에 '채무자' 외에 '상대방'도 소송절차를 수계할 수 있는 것으로 정한 같은 조 제5항의 규정 형식과 비교하여 보더라도 분명하다.

---

6) 서울회생법원, 전게서, 609면.

7) 임채홍, 백창훈, 회사정리법 상권, 제2판, 한국사법행정학회 (2002), 636면.; 이현승, "이의 있는 정리채권에 관하여 회사정리절차개시결정 당시 소송이 계속 중인 경우, 정리채권 확정을 위한 소송수계의 절차 및 수계신청 기간 경과 후의 수계신청에 의한 정리채권 확정의 소의 적부", 대법원 판례해설 29호, 법원도서관(1997), 218면.

8) 위 ①, ②의 점 등을 근거로 서울고등법원 2019. 6. 26. 선고 2018나2059855 판결(확정)은 이의채권을 보유한 권리자가 아닌 관리인 등의 이의자가 제172조에 의한 수계신청을 할 수 없다고 하였다.

[45] 관리인이 채권자목록에 누락한 회생채권의 구제방안

전원열(서울대학교 법학전문대학원 교수)　　　　대법원 2012. 2. 13.자 2011그256 결정

[사안의 개요]

B회사가 회생절차개시신청을 하던 때에 이미 A가 B에 대하여 약 4억원의 손해배상채권을 주장하며 그 이행을 구하는 소송이 계속 중이었다. 회생절차개시결정이 내려진 후에 그 공고가 행해진 것 외에는, A에게는 개시결정 또는 회생채권신고기간이 기재된 기타의 서면이 송달되지 않았고, 그 밖에도 회생절차에 관한 개별적인 통지가 A에게 이루어진 바 없다. B의 관리인으로 선임된 종전 대표이사는 위 채권을 기재하지 아니한 회생채권자목록을 제출하였고, A는 회생계획안 심리를 위한 관계인집회의 종료시까지 위 채권을 회생채권으로 신고하지 않았고 회생계획인가결정이 내려졌다. A는 그 후 위 손해배상채권을 회생채권으로 신고하였으나, 원심법원은 그 채권신고가 부적법하다고 하여 각하하였다. 이 각하결정에 대해 A가 특별항고를 하였다.

[결정요지]

① 회생채권자로 하여금 회생절차에 관하여 알지 못하여 자신의 채권을 신고하지 못함으로써 회생계획 인가에 따른 실권의 불이익을 받는 것을 방지하기 위한 채무자회생법 제147조 소정의 회생채권자 목록 제도의 취지에 비추어 볼 때, 관리인이 회생절차에 관하여 주장되는 어떠한 회생채권의 존재를 인정하지 아니하는 경우에도 회생채권의 부존재가 객관적으로 명백한 경우가 아닌 한, 관리인은 이를 회생채권자 목록에 기재하여야 한다. ② 회생채권자가 회생절차에 관하여 알지 못하여 회생계획안 심리를 위한 관계인집회가 끝날 때까지 채권신고를 하지 못하고, 관리인이 회생채권의 존재 또는 그러한 회생채권이 주장되는 사실을 알고 있거나 이를 쉽게 알 수 있었음에도 회생채권자 목록에 기재하지 아니한 경우에는, 회생계획의 인가결정이 있더라도 회생채권이 실권되지 않는다. 이때 회생채권자가 회생채권의 신고를 보완할 수 있으며, 그 보완신고는 회생절차에 관하여 알게 된 날로부터 1개월 이내에 하여야 한다.

[해설]

1. 회생절차상 채권의 조사·확정절차의 특징 및 채권신고기간 경과 후의 절차

회생절차상 채권의 조사·확정절차를 보면, ① 관리인에 의한 채권자목록의 작성·제출(제147조 제1항), ② 채권자에 의한 채권신고(제148조 제1항), ③ 채권조사, ④ 이의, ⑤ 조사확정재판, ⑥ 조사확정재판에 대한 이의의 소의 단계를 거치게 되어 있다. 위 ①의 목록 제도 및 ⑤의 조사확정재판 제도를 둔 점이 구 회사정리법과의 가장 큰 차이점이다.

관리인에게 채권자목록을 작성·제출하게 한 이유는, 회생절차개시를 알지 못하여 자신의 채권을 신고하지 못함으로써 채권자가 회생계획인가에 따른 실권의 불이익을 받는 것을 방지하기 위한 것이며, 실무상 대부분의 회생절차에서 관리인(내지 회생채무자) 측은 이미 채권자의 대부분을 이미 파악하고 있다는 점, 절차진행상 필요한 통지·연락을 굳이 채권자의 채권신고가 마감된 후에 할 필요가 없다는 점 등을 고려한 것이다.

법원사무관등은 목록제출기간과 신고기간이 경과하고 나면 회생채권자표·회생담보권자표와 주주·지분권자표를 작성하여야 하며(제158조), 회생관리인과 법원은 조사기간 동안 관련 서류를 법원에 비치하여야 한다(제160조). 그 조사기간 동안 관리인, 채무자, 목록에 기재되거나 신고된 회생채권자·회생담보권자·주주·지분권자는 조사기간 안에 목록에 기재되거나 신고된 회생채권 및 회생담보권에 관하여 서면으로 법원에 이의를 제출할 수 있다(제161조 제1항).

회생채권자 또는 회생담보권자는 그 책임을 질 수 없는 사유로 인하여 신고기간 안에 신고를 하지 못한 때에는 그 사유가 끝난 후 1월 이내에 그 신고를 보완할 수 있다(제152조 제1항). 그러나 회생계획안심리를 위한 관계인집회가 이미 끝났거나 회생계획안을 제240조의 규정에 의한 서면결의에 부친다는 결정이 이미 내려진 후에는, 그런 신고를 할 수 없다(제152조 제3항). 이 신고의

기간은 불변기간이다(제152조 제2항). 또한 신고기간이 경과한 후에 생긴 회생채권과 회생담보권에 관하여는 그 권리가 발생한 후 1월 이내에 신고하여야 하는데, 이 경우에도 위와 같은 신고의 제한이 적용된다(제153조).

위와 같이 신고기간 후에 회생채권 등의 신고가 있는 경우에는, 법원은 그 회생채권자 또는 회생담보권자가 부담하는 비용으로, 신고된 회생채권 및 회생담보권을 조사하기 위한 특별조사기일을 정하여야 한다(제162조). 채무자는 특별조사기일에 출석하여 의견을 진술하여야 한다(제164조 제1항). 목록에 기재되거나 신고된 회생채권자등 또는 그 대리인은 특별조사기일에 출석하여 다른 회생채권 또는 회생담보권에 관하여 이의를 할 수 있다(제164조 제2항).

조사기간 안에 또는 특별조사기일에 회생채권 또는 회생담보권에 관하여 이의가 있는 때에는, 그 회생채권·회생담보권은 확정되지 아니하고, 법원은 이를 그 권리자에게 통지하여야 한다(제169조). 회생채권·회생담보권에 관하여 관리인·회생채권자·회생담보권자·주주·지분권자가 그런 이의를 한 때에는 그 회생채권 또는 회생담보권("이의채권")을 보유한 권리자는, 그 권리의 확정을 위하여 이의자 전원을 상대방으로 하여 법원에 채권조사확정의 재판("채권조사확정재판")을 신청할 수 있다(제170조).

2. 문제의 소재

위와 같이 법 제152조 제3항은, 회생계획안심리를 위한 관계인집회가 이미 끝났거나 회생계획안을 서면결의에 부친다는 결정이 이미 내려진 후에는 채권신고를 할 수 없다고 명시하고 있다. 그런데 채권의 존재 여부가 다투어지고 있는 경우에는, 과연 관리인이 그 채권을 목록에 올려야 하는지의 문제가 있다. 또한 관리인이 만약 어느 채권자를 채권자목록에 올리지 않았고, 그 결과 채권자가 회생절차개시결정 등 회생절차의 진행에 관한 통지를 받은 바 없는 경우에도,[1] 회생계획안심리

를 위한 관계인집회가 끝난 후에는 채권신고를 할 수 없고 실권되는 것인지의 문제가 있다.

본 사안에서는, 관리인이 A의 채권을 목록에 올리지 않은 후에, 채권자 A가 채권신고기간을 도과했을 뿐만 아니라, 회생계획안 심리를 위한 관계인집회도 종료하였고, 그 후에 비로소 A가 채권을 신고하였다.

먼저 위와 같이 다투어지는 채권도 관리인이 목록에 기재해야 하는지를 검토한 후에, A의 뒤늦은 채권신고의 적법성을 검토한다.

3. 다투는 채권의 목록기재 여부

회생채권자 목록에는 회생채권자의 성명과 주소, 회생채권의 내용과 원인, 의결권의 액수, 일반의 우선권 있는 채권이 있는 때에는 그 뜻을 기재하므로(제147조 제2항), 이는 개별통지의 기초가 될 수 있고, 회생채권자의 절차참여를 유도하며, 회생채권자표 작성의 기초가 된다.

이와 같이 채무자회생법이 채권의 조사확정절차에 있어서 목록제출 제도를 만들어 넣었지만, 구 회사정리법에 없던 목록제출이 채무자회생법에서 비로소 들어간 점 및 다른 입법례에서도 목록제출은 일반적이지 않다는 점 등을 보면, 회생절차상 채권조사확정에 있어서 목록작성보다는 채권신고가 더 핵심적인 절차라고 보아야 할 것이며, 관리인의 회생채권자 등의 목록 기재 의무는 회생채권자의 절차참여기회를 보장하기 위한 것이라고 말할 수 있다.[2] 또한 앞에서 언급했듯이, 회생절차상의 채권자들에 대한 통지를 실무상 이 목록을 가지고 하는 것도 아니다.

그래서 대상결정 전의 법원실무는 "관리인이 목록에 기재한 회생채권자 등은 그 기재 내용대로 확정될 수 있는 것이므로 … 권리의 존부가 명확하지 아니하거나 권

1) 실무상 채권자목록에 기재된 자와 송달대상 채권자는 대체로 일치하지만, 제147조 제1항이 정한 채권자목록이 송달용 리스트로서 작성되는 것은 아니다. 실무상 송달은 ― 개시결정 후에 제147조 제1항에 따라 작성되는 채권자목록에 의해서가 아니라 ― 회생절차개시신청시에 제출하는 '송달용 채권자리스트'에 따라 행한다. 윤덕주, "절차보장이 이루어지지 않은 회생채권의 면책 여부 및 법적 지위", 서울地方辯護士會 판례연구 31집 2권, 317면 참조.

2) 김희중, "관리인이 회생채권의 존재 또는 그러한 회생채권이 주장되는 사실을 알고 있거나 이를 쉽게 알 수 있었음에도 회생채권자 목록에 회생채권을 기재하지 아니하였는데, 회생채권자가 회생채권의 신고를 통해 권리보호조치를 취할 수 있었는데도 이를 하지 아니함으로써 회생채권이 실권된 경우, 관리인의 불법행위책임이 성립하는지 여부", 대법원판례해설 제101호(2015), 413면.

리의 귀속에 다툼이 있거나 권리의 내용이나 채권액 등이 분명하지 아니하다면, 이를 함부로 회생채권자 등의 목록에 기재하여서는 아니 될 것이다."라고 설명하고 있었다.[3]

그러나 대상결정은 "회생채권자로 하여금 회생절차에 관하여 알지 못하여 자신의 채권을 신고하지 못함으로써 회생계획 인가에 따른 실권의 불이익을 받는 것을 방지하기 위한 채무자회생법 제147조 소정의 회생채권자 목록 제도의 취지에 비추어 볼 때" 관리인에게는 불인정 채권에 대해서도 회생채권자목록에 기재해야 한다고 판시했다. 회생채권자목록 작성 전에 이미 절차개시 단계부터 채권자들에 대한 통지가 행해지고 있고, 따라서 채권자목록이 채권자들에 대한 통지의 근거로서 반드시 기능하지 않는다는 점을 대법원이 이 결정을 내릴 때 명확히 인식하였는지는 의문이지만, 하여튼 대상결정으로써 불인정 채권 내지 불명확 채권에 대해서도 모두 채권자목록에 기재하고 다만 비고란에 사정을 기입하는 식으로 실무가 변경되었다.[4]

일단 채권자목록에 기재한 후에, 그 다음의 채권조사절차에서는 관리인이 선제적으로 이의를 하고, 채권조사확정재판 등 그 다음의 절차가 진행되도록 해야 한다.

4. 실권 여부

본 대법원 결정은, 회생채권의 주장사실을 알고 있거나 쉽게 알 수 있었던 관리인이 회생채권목록에 이를 기재하지 않은 탓에, 회생계획안 심리를 위한 관계인집회가 끝날 때까지도 그 회생채권자가 채권신고를 하지 않은 경우에, 회생채권자에게 보완신고를 부정하는 것은 "회생채권자로 하여금 회생절차에 참가하여 자신의 권리의 실권 여부에 관하여 대응할 수 있는 최소한의 절차적 기회를 박탈하는 것으로서 헌법상의 적법절차 원리 및 과잉금지 원칙에 반하여 재산권을 침해하는 것"이라고 판시하였다. 법 제152조 제3항의 명문규정이 이 경

우에는 적용되지 않는다는 것이다. 즉 회생채권자가 회생법원이 정한 신고기간 내에 회생채권을 신고하는 등으로 회생절차에 참가할 것을 기대할 수 없는 사유가 있는 경우에는 제152조 제3항에도 불구하고 회생채권의 신고를 보완하는 것이 허용되어야 한다.

이러한 대법원의 입장은 미국 법원의 입장과 같다. 미국 도산법에 의하면, 회생계획(Ch.11의 변제계획)이 인가되면 시인되지 않은 채권에 대해서도 면책의 효력이 미치지만(§1141), 회생절차 관련 통지를 받지 못한 채권자에게는 그 면책의 효력이 미치지 않는다는 판례가 확립되어 있다.[5] 다만 채권자가 파산절차의 개시를 알았거나 알 수 있었던 경우에는 그러하지 아니하다.

이와 같이 누락된 회생채권자에게 추완신고를 허용하는 것은, 절차보장 차원에서 불가피한 면이 있다. 그러나 대상결정이, "관리인이 그 회생채권의 존재 또는 그러한 회생채권이 주장되는 사실을 알고 있거나 이를 쉽게 알 수 있었음"에도 불구하고 채권목록 미기재가 있는 경우를 적용대상으로 삼고 있는 점에는 표현상의 문제가 있다고 볼 수도 있다. 가령 DIP 관리인이 아니라 제3자 관리인인 경우에는 ― 회생채무자는 그러한 회생채권이 주장되는 점을 알고 있거나 이를 쉽게 알 수 있었을지라도 ― 관리인은 그렇지 않을 수 있는데, 그 경우에는 마치 본 결정의 판시가 적용되지 않는다고 볼 수도 있는 것이다.[6] 아마도 위 판시는, 반드시 '관리인'이 아니라 '채무자 측'을 가리키는 것으로 받아들여야 할 것이다.

이와 같이 채권자가 회생절차에 참가할 것을 기대할 수 없는 사유가 있어서 회생채권 신고를 보완하는 것을 허용할 경우에, 그 신고기한은 언제까지인가? 이는 책임질 수 없는 사유로 회생채권신고를 할 수 없었던 채권자를 보호하기 위한 것이므로 신고 기한은 법 제152조 제1항을 유추하여 그 사유가 끝난 후 1개월 이내에 하여야 한다는 것이 판례이다(대법원 2016. 11. 25. 선고 2014다82439 판결).[7]

---

3) 서울중앙지방법원 파산부 실무연구회, 회생사건실무(상) (2006), 383면.

4) 그리하여 서울중앙지방법원 파산부 실무연구회, 회생사건실무(상) 제4판 (2014), 483면은 대상결정을 인용하면서 "관리인은 … 어떠한 회생채권의 존재를 인정하지 아니하는 경우에도 … 이를 회생채권자 목록에 기재하여야 할 의무가 있다."라고 설명한다.

5) Reliable Electric Co., Inc., Plaintiff-appellant, v. Olson Construction Company, Defendant-appellee, 726 F.2d 620 (10th Cir. 1984) 참조.

6) 김성용, "2012년 도산법 중요 판례", 인권과 정의 제432호 (2013), 228면.

7) 이 판결의 해설로서, 임혜진, "신고기간 내에 회생채권 신고

5. 여론(餘論)

앞에서 보았듯이, 관리인의 목록미작성을 이유로 위 판시가 내려졌다고 해도, 목록제출 제도는 채권신고를 보장하기 위한 보조적 절차이고, 채권신고가 더 핵심적인 절차이다. 목록에서 누락되었더라도 채권자가 회생절차의 진행을 알았거나 쉽게 알 수 있었다면, 채권자로서는 채권신고를 해야 하는 것이지, 채권신고를 하지 않은 채로 있다가 나중에 회생채권이 실권했다고 해서, 그 채권자가 관리인을 상대로 불법행위책임을 물을 수는 없다(대법원 2014. 9. 4. 선고 2013다29448 판결).[8]

본 대법원 결정에 따라서, 회생채권자가 기간 내에 채권신고를 할 것을 기대할 수 없는 사유가 있는 경우에는 회생채권의 신고를 보완할 수 있어야 하는데, 만약 이에 기하여 회생법원이 추완신고가 적법하다고 판단하여 특별조사기일에서 추완신고된 채권에 대한 조사절차까지 마쳤다면, 채권조사확정재판에서 신고의 추후 보완 요건을 구비하지 않았다는 사유를 주장할 수 없다(대법원 2019. 7. 24. 선고 2015다56789 판결).[9]

실무상 부각되고 있는 것 같지는 않지만, 대상결정의 판시에 따를 때, 회생계획인가결정 후에 회생채권의 추후보완신고가 들어오는 경우에 후속절차를 어떻게 해야 하는지는 문제이다. 특별조사기일을 거친 후에, 그 채권에 대한 변제를 하려면 회생계획의 변경절차를 거쳐야 할 터이다.

를 기대할 수 없었던 채권의 보호: 대법원 2016. 11. 25. 선고 2014다82439 판결", 법과 정의 그리고 사람: 박병대 대법관 재임기념 문집(2017), 990면.

8) 판례백선 34번의 해설 및 김희중, 위 평석을 참조.

9) 판례백선 5번의 해설을 참조.

[46] 도산채권의 확정절차에서 소송물과 주장 및 증명책임

심태규(서울동부지방법원 부장판사)   대법원 2012. 11. 15. 선고 2011다67897 판결

[사안의 개요]

원고 파산채무자 A종합금융의 파산관재인(이하, "A종금")은 채무자 주식회사 B건설("B건설")에 대한 회생절차(창원지방법원 2009회합9호)에서, 회생담보권 26,000,000,000원과 회생채권 4,065,798,113원을 신고하였다. B건설의 관리인인 피고는 회생담보권 중 24,609,933,387원과 회생채권 중 4,060,973,453원에 대하여 회생절차개시 전에 있었던 채무조정약정에 따라 채무를 감면받아 부존재한다는 이유로 이의하였다.

A종금은, 채무조정약정이 회생절차개시신청을 원인으로 하는 약정해제권의 행사에 의하여 해제되었음을 이유로 하여, 창원지방법원 2009회확110호로 채권조사확정재판을 신청하였는데, 창원지방법원은 A종금의 B건설에 대한 회생담보권과 회생채권은 존재하지 아니함을 확정한다는 취지의 채권조사확정결정을 하였다.

A종금은 창원지방법원에 채권조사확정재판에 대한 이의의 소를 제기하면서, 채권조사확정재판을 취소하고 A종금의 B건설에 대한 회생담보권은 24,609,933,387원, 회생채권은 4,060,973,453원임을 각 확정하는 판결을 구하였다.

제1심법원은 도산해제조항이 무효이고 채무조정약정이 해제되지 않았다고 판단하여 채권조사확정재판을 인가하는 판결을 선고하였다. A종금의 항소에 의한 항소심에서 제2심법원은, 도산해제조항이 유효하고 채무조정약정이 해제되었다고 판단하여, 제1심판결을 취소하고, A종금의 채무자 B건설에 대한 회생담보권은 24,609,933,387원임과 회생채권은 4,060,973,453원임을 각 확정한다는 판결을 선고하였는데, 그 금액에 관하여는 특별한 사정이 없는 한 피고가 부인하는 회생담보권과 회생채권이 인정된다고만 판시하였다. 피고가 상고하였다. 파기환송.

[판결요지]

채무자회생법에서 정한 채권조사확정재판이나 그에 대한 이의의 소의 소송물은 관리인 등이 회생채권 또는 회생담보권으로 시인한 금액을 초과하는 채권의 존재 여부라고 할 것이고(대법원 2012. 6. 28. 선고 2011다17038, 17045 판결 등 참조), 한편 채무자회생법 제141조 제1항 본문은 "회생채권이나 회생절차개시 전의 원인으로 생긴 채무자 외의 자에 대한 재산상의 청구권으로서 회생절차개시 당시 채무자의 재산상에 존재하는 유치권·질권·저당권·양도담보권·가등기담보권·「동산·채권 등의 담보에 관한 법률」에 따른 담보권·전세권 또는 우선특권으로 담보된 범위의 것은 회생담보권으로 한다."고 규정하고 있고, 같은 조 제4항은 "회생담보권자는 그 채권액 중 담보권의 목적의 가액(선순위의 담보권이 있는 때에는 그 담보권으로 담보된 채권액을 담보권의 목적의 가액으로부터 공제한 금액을 말한다)을 초과하는 부분에 관하여는 회생채권자로서 회생절차에 참가할 수 있다."고 규정하고 있으므로, 회생채권조사확정재판에 대한 이의의 소에서 '원고가 주장하는 회생담보권 채권액이 담보목적물의 가액에서 선순위 담보권의 채권액을 공제한 금액을 초과하지 않는다는 사실'은 회생담보권 발생의 요건사실 중 하나로서 원고가 이를 주장·증명하여야 한다.

[해설]

1. 대상판결의 요지

대상판결의 원심까지는 주로 채무조정약정에 대한 해제권 행사의 효력에 관하여만 당사자 사이에 다투어졌고, 이에 대한 원심의 판단에 대하여는 대상판결도 수긍하였다.

그런데 위 쟁점에만 집중한 탓인지, 원심은 회생담보권자가 행사할 수 있는 채권액인 담보권의 목적의 가액(선순위의 담보권이 있는 때에는 그 담보권으로 담보된 채권액을 담보권의 목적의 가액으로부터 공제한 금액)에 대하여는 아무런 판단을 하지 않았다.

대상판결은, 이를 지적하면서, 회생담보권의 요건사

실에 대한 주장 및 증명책임이 원고에게 있는 이상 이를 심리하지 않고 회생담보권 및 회생채권을 인정하여서는 아니 된다고 판시하여 원심판결을 파기하였다.

2. 대상판결의 논거와 문제의 소재
가. 대상판결의 논거

대상판결은 회생담보권의 조사확정재판에 대한 이의의 소에서 회생담보권 발생의 요건사실과 그 주장·증명책임에 관하여 판시하였다.

그 논거로, 채권조사확정재판이나 그에 대한 이의의 소의 소송물이 회생채권 또는 회생담보권으로 시인한 금액을 초과하는 채권의 존재 여부라는 점과「채무자 회생 및 파산에 관한 법률」(이하 "채무자회생법"이라 약칭한다)이 정하는 회생담보권의 성립요건(제141조 제1항)과 그 가액의 범위(제141조 제4항)에 관한 조항으로부터 회생담보권의 채권액은 담보목적물의 가액에서 선순위 담보권의 채권액을 공제한 금액을 초과하지 않아야 한다는 사실은 회생담보권자가 주장하여야 한다는 점 등을 들고 있다.

나. 문제의 소재

채무자회생법은, 회생절차 내에서 신고된 회생채권 또는 회생담보권 등에 대하여 이의가 있는 경우 그 이의 있는 회생채권 또는 회생담보권(이하 "이의채권"이라 약칭한다)을 간이하고 신속하게 확정하기 위하여 조사확정재판절차를 신설하였다.[1]

조사확정재판에 대하여 불복하는 경우에는 조사확정재판에 대한 이의의 소를 제기하여야 하고, 그 소송의 결과에 따라 이의채권이 확정된다. 이는 채무자회생법이 이의채권에 관한 확정방법으로 마련하고 있는 세 가지 절차 중 하나이다.[2]

---

[1] 주석 채무자회생법(Ⅰ), 한국사법행정학회(2021), 25; 주석 채무자회생법(Ⅴ), 한국사법행정학회(2021), 165; 서울회생법원 재판실무연구회, 회생사건실무(상), 박영사(2019), 595.
[2] 세 가지 절차는 회생절차와 파산절차에서는 다음과 같다. 먼저 이의채권을 가진 자가 이의채권에 대하여 집행력 있는 집행권원 또는 종국판결이 있는 경우에는 이의자가 이의채권자를 상대방으로 하여 채무자가 이의채권 등을 다툴 수 있는 방법으로 다투어야 한다.
위의 경우가 아닌 경우로서, 회생절차개시 당시에 이의채권에 대하여 소송이 계속중이면, 이의채권자가 이의자 전원을

대상판결이 그 논거로 채권조사확정재판과 이의의 소의 소송물을 언급하고, 다시 회생담보권의 성립과 범위에 관한 규정을 들고 있으므로, 이의의 소에서 회생담보권의 주장 및 증명책임이 누구에게 있는지를 알아보기 위하여, 먼저 조사확정재판과 그 이의의 소의 성질과 소송물을 살펴보고, 회생담보권의 성립요건과 범위에 관하여 검토하고, 마지막으로 대상판결의 의미를 평가해보고자 한다.

3. 조사확정재판과 이의의 소의 성질과 소송물
가. 조사확정재판제도의 성질

조사확정재판은 간이·신속하게 이의채권을 확정시키는 제도로서, 그 절차는 비송적인 성격이 농후하다. 이의채권자와 이의자 중에서 이의자에 대하여만 필요적 심문을 규정하고(제170조 제4항), 변론은 물론 쌍방의 심문조차 필요적으로 규정하고 있지 않은 점, 당해 회생사건을 담당하는 재판부가 결정하도록 예정되어 있어서 회생사건에서의 채권신고서 및 그 첨부자료를 활용하고, 이의자만을 심문하여 이의내용을 확인한 후 곧바로 조사확정재판을 결정할 수 있게 하는 등, 다수의 이해관계인의 이해관계가 얽혀 있고 신속한 채권확정이 필요한 도산절차의 특성을 고려하여 이의채권을 비송적인 절차에 의하여 1차적으로 판단하게 하려는 것이다.

나. 이의의 소의 성질과 소송물

이의채권자 및 이의자의 재판받을 권리를 보장하기 위하여 채무자회생법은 조사확정재판 중 불복이 있는 부분에 대하여 그 변경을 구하는 이의의 소를 신설하였다.

이의의 소는 통상적인 민사소송절차에 의한다. 다만 채무자회생법 제171조 제6항은 회생계속법원은 그 소가 부적법하여 각하하는 경우를 제외하고는 채권조사확정재판을 인가하거나 변경하는 판결을 하여야 한다

상대방으로 하여 소송을 수계하여야 한다.
다시 위의 두 경우가 아닌 경우로서, 이의가 있으면, 이의채권자가 이의자 전원을 상대방으로 하여 조사확정재판을 신청하여야 한다.
위의 두 경우에는 조사확정재판이 아닌 통상의 민사소송절차에서 이의채권이 확정되므로, 조사확정재판이 문제되지 않는다. 마지막 경우에서만 조사확정재판 및 그에 대한 이의의 소가 문제된다.

고 규정하고 있다.

이의의 소의 원고가 이의채권자이거나 이의자이거나 가리지 않고 채권조사확정재판 중 불복하는 부분의 변경을 구하게 된다. 이의채권자는 이의채권이 부존재한다고 하는 부분에 대하여, 이의자는 이의채권이 존재한다고 하는 부분에 대하여 조사확정재판에 대한 이의의 소를 제기하게 되고, 법원은 그 청구가 이유 있는 경우에는 채권조사확정재판을 변경하게 되고, 반대로 그 청구가 이유 없는 경우에는 채권조사확정재판을 인가하게 된다. 조사확정재판의 승패에 따라 누가 원피고가 되어 조사확정재판의 변경을 구할 것인지가 달라진다.

이의의 소에 대하여, 형성소송설과 확인소송설의 대립이 있다. 형성소송설은 조사확정재판의 인가 또는 변경을 구하는 형성의 소라고 하고, 그 소송물은 조사확정재판의 결과에 대하여 그 요건에 흠결이 있다는 취지의 이의권을 소송물로 하여 조사확정재판을 변경하는 판결을 구하는 형성의 소라고 한다.[3]

확인소송설은 이의채권의 확정을 구하는 소송으로서, 이의채권의 존재 및 내용이 소송물이라고 한다.[4]

다. 소송물에 관한 대법원 판결

대법원 2012. 6. 28. 선고 2011다17038, 2011다17045(병합) 판결은 채무자회생법에서 정한 "채권조사확정재판이나 그에 대한 이의의 소의 소송물은 관리인 등이 회생채권 또는 회생담보권으로 시인한 금액을 초과하는 채권의 존재 여부라고 할 것"이라고 판시하였다.

라. 소송물과 주장 및 증명책임

형성의 소라고 보면서 소송물을 이의채권의 존부와

내용이라고 보는 것은 어색하다. 이의의 소의 판결로 채권자가 기존에 가진 도산채권의 존부와 내용이 확정되는 것이므로, 비록 그 형식이 조사확정재판의 취소 및 변경을 구하고 명하는 것이더라도 법률관계를 소에 의하여 새로 형성하는 것이라고 보는 것은 적절하지 않다고 생각된다.

또한 형성의 소라면, 이의권의 존재에 대하여 이의권이 있다고 주장하는 원고가 이를 주장 및 증명하여야 하는데, 그러한 해석은 부당하다. 이의자가 원고가 되는 경우에 명확해지는데, 이의권의 요건인 조사확정재판에서의 흠결을 이의자인 원고가 주장 및 증명하여야 하게 되고, 권리자가 아닌 상대방이 권리의 부존재를 주장 및 증명하여야 하는 것이 되어서 부당하다.

확인의 소라고 보아야 이의채권의 존재와 내용에 대한 주장 및 증명책임을 실체법과 소송법의 일반원칙에 맞게 주장하고 증명하도록 해석할 수 있게 된다.

조사확정재판에서 이의채권이 존재한다는 결정을 받았다고 하여 그에 대한 이의의 소에서 이의자가 이의채권의 부존재를 주장 및 증명하여야 한다고 볼 수도 없다. 조사확정재판으로는 보장할 수 없는 헌법상 재판받을 권리를 보장하기 위하여 이의의 소라는 민사소송을 통하도록 하면서 권리의 주장 및 증명책임을 다시 조사확정재판에 따라 부담시키도록 하는 것은 부당한 해석이라고 생각된다.

위와 같은 취지에서, 대상판결이 이의의 소에서 소송물을 이의채권의 존부와 내용이라고 보아 이의채권자에게 그 존재와 내용의 주장 및 증명책임을 부담시키는 것은 위와 같은 이유에서 타당하다.

마. 회생담보권의 주장 및 증명책임

담보권의 목적의 가액은 회생절차개시를 기준으로 평가하는데, 통상적으로 조사보고서에 그 평가액이 기재되어 있다. 이를 기준으로 회생담보권자가 그 순위에 따라서 담보권의 목적의 가액에서 선순위 담보권의 채권액을 공제한 나머지 금액을 계산하고 그 나머지 금액이 회생담보권자의 피담보채권을 초과하면 그 피담보채권액을, 초과하지 않으면 그 나머지 금액을 회생담보권으로 주장하고 증명하게 될 것이다.

---

3) 伊藤眞 外, 條解破産法(第2版), 弘文堂(2014), 890면. 일본에서는 다수설이다. 최희준, "회생채권조사확정재판에 대한 이의의 소에서 회생담보권에 관한 주장·증명책임의 소재", 대법원판례해설 제93호, 법원도서관(2013)은 회생담보권조사확정재판에 대한 이의의 소의 소송물은 관리인 등이 회생채권 또는 회생담보권으로 시인한 금액을 초과하는 채권의 존재여부로서 회생채권조사확정재판과 동일하다고 하면서 한편으로는 채권조사확정재판에 대한 이의의 소는 형성의 소라고 하나 의문이다.

4) 심태규, "채권조사확정재판에 대한 이의의 소에 관한 실무상 문제점", 사법논집 제66집, 법원도서관(2018), 430~432면. 北澤純一, 破産債權査定異議の訴えに關する覚書(上), 判例タイムズ 1289號(2009).

4. 대상판결의 의의

대상판결은 채무자회생법에서 신설한 조사확정재판 및 이의의 소에 대하여 그 소송물이 이의채권의 존재 여부라는 점과 회생담보권의 주장 및 증명책임이 회생담보권자에게 있다는 취지를 명확하게 판시하였다는 의의를 가진다.

[47] 개시결정 당시 소송계속 중인 회생채권에 대한 채권확정절차

전성준(서울서부지방법원 판사)　　　　　　　　　대법원 1997. 8. 22. 선고 97다17155 판결

[사안의 개요]

① 채권자인 원고는 채무자 회사를 피고로 하여 손해배상소송을 제기하였는데, 제1심 계속 중 채무자 회사에 대한 회사정리절차 개시결정이 있었다. ② 원고는 이 사건 소의 소송물이었던 손해배상채권을 정리채권으로 신고하였고, 채무자 회사의 관리인은 위 회사정리절차 조사기일에서 위 신고채권에 대하여 이의를 제기하였다. ③ 원고는 조사기일부터 1개월 이내에 이의자인 관리인을 상대로 이 사건 소송의 소송수계절차를 밟지 않았고, 1개월이 경과한 이후에 이 사건 소를 정리채권확정의 소로 변경하는 신청을 하였고, 피고 소송대리인이 피고 표시를 정리회사의 관리인으로 변경하는 당사자표시정정신청을 하였다. ④ 원심은 이 사건 소에 관하여 정리채권 조사기일부터 1개월 이내에 적법한 소송수계신청이 없었다는 이유로 이 사건 정리채권확정의 소를 부적법한 것으로 각하하였다(서울지방법원 1997. 4. 3. 선고 96나56022 판결). ⑤ 상고인은 제1심에서 피고 표시를 채무자 회사에서 보전관리인으로 피고 경정신청을 하였는바 이를 소송수계신청으로 보아야 하고, 채무자 회사의 재산 관리 처분권 등이 회사정리절차 개시에 따라 관리인에게 이전한다고 하여도 사실상 동일 법인격을 유지하므로, 별도의 수계절차가 없다고 하더라도 이 사건 소송은 정리회사에 대하여 효력이 있다는 이유로 상고하였다. 상고기각.

[판결요지]

회사정리절차가 개시된 때에는 회사정리절차 개시 전의 원인으로 생긴 재산상의 청구권에 해당하는 정리채권에 관한 소송절차는 중단되고, 다만 정리절차개시결정 당시 정리채권에 관하여 소송이 계속중인 경우에 회사정리사건의 관할법원에 정리채권의 신고를 하였으나 조사기일에서 이해관계인의 이의가 있어 정리채권자가 권리의 확정을 청구하고자 할 때에는 종전의 소송이 계속중인 법원에 신고된 정리채권에 관한 이의자를

상대로 하여 소송을 수계하여야 하며, 수계신청은 상대방도 할 수 있으나 어느 경우이든 권리의 조사가 있은 날로부터 1개월 내에 하여야 하고, 그 기간 경과 후에 수계신청을 한 경우에는 그에 따른 정리채권 확정의 소는 부적법하게 된다.

[해설]

1. 들어가며

채무자회생법 제172조 제1항은 회생절차개시 당시 이의채권에 관하여 소송이 계속하는 경우 회생채권자가 이의자 전원을 그 소송의 상대방으로 하여 소송절차를 수계하여야 한다고 규정하고 있다(구 회사정리법 149조 제1항에 동일한 규정이 존재하였다. 한편 이하에서는 채무자회생법을 기준으로 설명하기로 하되, 구 회사정리법상 판례는 문구 그대로 소개하기로 한다).

이는 이의채권에 관하여 새로운 소를 제기함에 따른 당사자 쌍방의 비용과 시간의 낭비를 방지함과 동시에 소송절차의 번잡을 피할 수 있도록 한 것이다.[1]

다만 실무상 위 규정의 적용과 관련하여 수계기간 경과 후 수계신청이 있는 경우 본안소송에서 어떤 처리를 해야하는지에 관하여 다툼이 있어왔고, 대상판결은 이에 관한 최초의 판례라는 점에서 의의가 있다. 이하에서는 대상판결을 기초로 채무자회생법 제172조에 따른 수계절차를 개괄적으로 살피고 이에 관한 대상판결의 법률적 의의를 함께 살펴보기로 한다.

2. 이의채권에 관한 소송수계신청 절차
가. 수계의 대상이 되는 소송

회생절차개시결정 당시 소송이 계속되어 있는 이의채권을 소송물로 하는 소송으로, 이행소송뿐만 아니라 확인소송도 포함한다. 여기서 '소송이 계속하는 경우'는 소장 부본이 상대방에게 송달되었는지 여부를 기준으로 판단하여 할 것이다.[2]

---

1) 대법원 1991. 12. 24. 선고 91다22698, 91다22704 판결.

나. 수계의 기간 제한

수계의 신청은 이의가 있는 채권에 관한 조사기간의 말일 또는 특별조사기일부터 1월 이내에 하여야 한다(법 제172조 제1항, 제170조 제2항). 따라서 조사기간의 말일 또는 특별조사기일 이전에 한 수계신청은 부적법하다.[3]

다. 당사자

① 수계신청권자는 이의채권을 보유한 회생채권자 또는 회생담보권자이며, 그 상대방은 채권조사기일 등에서 이의를 제기한 전원이다. 복수의 이의자가 있는 경우 고유필수적 공동소송에 해당하므로, 이의자 중 일부를 상대방으로 한 수계신청은 부적법하다.[4]

② 한편 대상판결은 회생채권자 등이 아닌 '상대방'도 수계신청을 할 수 있다고 판시하였다.[5]

라. 수계절차

소송이 계속된 법원에 서면으로 수계신청을 하여야 한다. 다만 법원은 소송수계신청이 있었는지 여부에 관하여 그 신청서면의 표제 등 형식을 기준으로 할 것이 아니라 실질을 기준으로 판단하여야 한다.[6] 대법원은 회사재산보전처분이 내려지자 상대방을 보전관리인으로 하여 한 소송수계신청은 이에 해당하지 않는다고 보았다(대법원 99다52312 판결).

마. 수계 후의 소송

수계 후 회생채권자 등은 회생채권의 확정을 구하는 취지로 청구취지를 변경하여야 하고, 수계 이후 회생채권자 등이 청구취지변경을 하지 않는 경우, 법원은 원고에게 회생채권의 확정을 구하는 것으로 청구취지를

변경할 의사가 있는지를 석명하여야 한다.[7] 한편 수계후 소송에서 당사자는 종전 소송상태를 승계하므로 종전 소송수행의 결과를 전제로 하여 소송행위를 하여야 한다.

3. 기간경과 후에 수계신청을 한 경우의 소송상 처리
가. 견해의 대립

기간경과 후에 회생채권자 등의 수계신청이 있는 경우의 처리에 관하여 ① 수계신청 자체를 각하하여야 한다는 견해, ② 회생채권에 관한 소송이 결국 승계인이 없는 것으로 되어 1개월의 기간도과에 의하여 소송이 당연히 종료된다고 보아 소송종료선언을 하여야 한다는 견해, ③ 소송을 수계하게 한 후 채권확정의 소를 각하하여야 한다는 견해 등이 대립하여 왔다.

나. 판결의 태도

이 사건 대상 판결은 '기간 경과 후에 수계신청을 한 경우에는 그에 따른 정리채권 확정의 소는 부적법하게 된다'라고 판시하여 소송을 수계하게 한 후 채권확정의 소를 각하하여야 한다는 견해를 취한 것으로 보인다.

다. 검토

법 제172조에서 정한 기간경과 후에 수계신청을 한 효과는 당해 회생채권자 등의 회생절차 참가자격이 부정되는 것에 그치고 그 실체상 권리가 소멸되는 것은 아니라고 할 것이므로, 결국 수계기간이 도과한 후 수계신청이 있었다면, 이는 이미 출소기간을 경과한 후에 권리확정의 소가 제기된 경우 준하여 수계를 인정한 후 소를 각하하여야 할 것이므로, 대상 판결의 태도는 타당하다(한편 수계신청 기간을 출소기간과 동일하게 취급하는 회사정리법 제149조가 합헌이라는 판시로는 헌법재판소 1996. 8. 29. 선고 95헌가15 결정 참조).

4. 대상판결의 적용범위에 대한 검토
가. 대상판결에 대한 비판적 견해

대상판결에 관하여, 회생절차에서 회생계획안이 인가되기 전에 단순히 수계기간을 도과하였다고 하여 중단되어 있던 소송 자체가 부적법하게 된다고 볼 수 없으므로, 대상판결은 회생계획안 인가 전의 회생절차가 폐지 등으로 종결된 경우에 있어서 적법한 결론에 이를 수

---

2) 심태규, "채권조사확정재판에 대한 이의의 소에 관한 실무상 문제점", 사법논집 제66집, 법원도서관(2018) 참조. 이에 대하여 소장부본 송달지연이라는 우연한 사정에 따라 수계 여부를 결정할 수 없다는 점 등을 이유로 소제기시로 보아야 한다는 반대견해가 있다.

3) 대법원 2016. 12. 27. 선고 2016다35123 판결.

4) 條解 民事再生法(제3판), 567면 참조.

5) 같은 취지의 판결로 대법원 2020. 12. 10. 선고 2016다254467, 254474 판결 참조(위 판례는 파산채권확정의 소와 관련하여 채무자회생법 제464조상의 수계신청을 그 상대방도 할 수 있다고 판시하였음). 다만 상대방만이 수계기간 내에 수계신청을 하였다고 하여 이를 채무자회생법상 수계신청으로 보아 기간준수의 효과마저 부여된다고 볼 수 있을지는 의문이다.

6) 대법원 2014. 11. 27. 선고 2011다113226 판결.

7) 대법원 2015. 7. 9. 선고 2013다69866 판결.

없다는 비판적 견해가 있어 왔다.[8] 즉, 인가결정 전에 회생절차가 폐지된 경우 회생절차에 참가 부정의 효력을 받았던 채권자도 채무자에 대한 채권행사가 가능하다는 점에서, 수계기간이 도과하였다는 이유만으로 소를 각하하는 것이 타당한지에 대한 문제제기이다.

나. 검토

대법원은 대상판결 이후 "신고하지 아니한 정리채권에 대한 정리채권확정의 소의 상고심 계류 중 정리계획인가결정 없이 정리절차가 폐지된 경우, 정리채권의 신고 여부는 소송요건으로서 직권조사사항이므로 상고심에서도 그 하자의 치유를 인정하여야 하고, 이와 같은 계속중인 정리채권확정의 소를 통상의 소송으로 변경할 수 있다"고 판시하였다.[9]

위와 같은 판시 내용에 비추어 보면, 대법원은 회생채권확정의 소의 소송요건 등을 판단함에 있어서 채무자 회생절차의 정리계획인가결정 여부에 따라 결론을 달리하고 있다고 봄이 상당하고, 이러한 점에 비추어 보면 대법원이 채무자에 대한 회생절차가 인가 없이 폐지되는 경우에 대해서도 대상판결과 같은 결론을 취한 것으로는 보기 어렵다. 결국 대상판결은 채무자의 회생절차에서 회생계획안에 대한 인가결정이 있는 경우에 한정하여 적용해야 한다고 보아야 할 것이다.[10]

다. 소결

따라서 수계기간 경과 후 수계신청이 있는 경우 법원은 채무자에 대한 회생계획 인가결정 여부를 기다려 그 결정이 확정된 경우 수계 후 채권확정의소를 각하하고, 인가결정 없이 회생절차가 폐지된 경우 수계신청을 각하하고, 중단된 소송을 진행함이 타당하다고 할 것이다.

5. 나가며

대상판결은 수계기간이 경과된 후에 수계신청이 있는 경우 소송을 수계하게 한 후 정리채권확정의 소를 부적법한 것으로 보아야 한다고 판시한 최초의 판례로 그 의의가 있다. 다만 대상판결의 적용범위와 관련하여 '채무자의 회생절차에 대한 회생계획인가결정이 있어서, 계속중이던 소송절차에서 종국적 판단이 필요한 경우'에 한하여 대상판결과 같이 채권확정의 소를 각하함이 타당하다고 할 것이다.

---

8) 위 견해는 수계기간 경과 후 수계신청이 있는 경우 수계신청 자체를 각하하고 원래의 소송은 중단된 채로 두었다가 회생계획안이 인가되기 전에 회생절차가 폐지되면 채무자가 소송을 수계하도록 하고, 회생계획안이 인가되면 권리가 확정적으로 소멸한 것으로 보아 관리인으로 소송수계 후 청구기각 판결을 해야 한다고 주장한다. 임채홍·백창훈, 회사정리법(상), 한국사법행정학회(2002), 638면 참조.

9) 대법원 1998. 8. 21. 선고 98다20202 판결.

10) 대상판결의 채무자인 주식회사 한양에 대하여는 1996. 11. 27. 서울민사지방법원 93파2245호 인가결정이 있었고, 대상판결 이후 같은 결론에 이른 대법원 판례들도 채무자의 인가결정을 전제로 한 것이었다[대법원 2006다9545 판결(주식회사 화인썬트로닉스 2003회3로 인가), 대법원 99다52312 판결(주식회사 건영 96파6432로 인가)].

[48] 회생절차 종결 후 회생채권자표에 대한 청구이의 소의 관할법원

김형두(법원행정처 차장)　　　　　　　대법원 2019. 10. 17. 선고 2019다238305 판결

[사안의 개요]

X회사는 2012. 6. 19. 서울중앙지방법원에 회생신청을 하여, 2012. 12. 31. 회생개시결정을 받았고, 2013. 3. 27. 회생계획안이 인가되었으며, 2016. 4. 7. 회생절차가 종결되었다.

인가된 회생계획에 따르면 X회사는 회생절차에서 확정된 Y의 채권 14,516,274원 중 4,790,370원을 2015년부터 2022년까지 분할하여 변제하도록 되어 있다.

X회사가 회생계획에 따른 변제를 하지 않자, Y는 회생절차 종결 이후인 2017. 7. 3. 집행력 있는 회생채권자표 정본에 기하여 수원지방법원 성남지원에 'X회사의 성남시에 대한 공사대금채권 4,790,370원'에 대한 채권압류 및 추심명령을 받았고, 위 명령 정본은 그 무렵 성남시에 송달되었다.

X회사는 위 강제집행이 다른 채권자들과 형평에 어긋난다고 주장하면서 Y를 상대로 수원지방법원 성남지원에 청구이의의 소를 제기하였다.

제1심(성남지원)은 X회사의 청구를 기각하였고, 제2심(수원지방법원)은 X회사의 항소를 기각하였다. X회사가 상고하였다. 대법원은 관할위반을 이유로 사건을 서울회생법원으로 직권 파기이송하였다.

[판결요지]

채무자가 판결에 따라 확정된 청구에 관하여 이의하려면 제1심 판결법원에 청구에 관한 이의의 소를 제기하여야 하지만(민사집행법 제44조 제1항), 회생채권자표에 대한 청구이의의 소는 회생계속법원의 관할에 전속한다(채무자회생법 제255조 제3항). 여기에서 회생계속법원이란 회생사건이 계속되어 있는 회생법원을 말하는데(채무자회생법 제60조 제1항), 회생절차가 종결되거나 폐지된 후에는 회생절차가 계속되었던 회생법원을 가리킨다.

그 이유는 다음과 같다. 채무자회생법 제255조 제3항에서 회생채권자표에 대한 청구이의의 소 등을 회생계속법원의 전속관할로 규정한 이유는 회생채권자표의 효력과 관련이 있는 사건을 회생채권자표를 작성하였던 회생계속법원에 집중시켜 관련 사건의 신속하고 적정한 진행을 도모하고자 하는 데 있다. 또한 이 규정은 회생절차의 폐지에 따라 강제집행을 하는 경우에 준용되는데(채무자회생법 제292조 제2항, 제3항), '회생계속법원'의 의미를 회생절차가 계속되었던 법원으로 해석하지 않으면, 회생절차가 폐지된 경우 청구이의의 소를 존재하지 않는 법원의 관할에 전속시키는 문제가 발생한다. 회생절차가 종결된 경우에는 위와 같은 준용 규정이 없으나, 회생절차가 폐지된 경우와 마찬가지로 보아야 한다. 따라서 회생채권자표에 대한 청구이의의 소가 계속 중인 법원이 회생계속법원이 아니라면 법원은 관할법원인 회생계속법원에 사건을 이송하여야 한다.

[해설]

1. 문제의 소재

채무자회생법은 회생에 관한 각종 사건에 관한 관할을 회생사건이나 파산사건이 계속되었던 법원의 전속관할로 하는 규정을 두고 있다. 예컨대, 채무자회생법 제255조 제3항은 회생채권자표와 회생담보권자표에 의한 강제집행에 관한 집행문 부여의 소(민사집행법 제33조), 청구이의의 소(같은 법 제44조), 집행문 부여에 대한 이의의 소(같은 법 제45조)의 관할을 회생계속법원의 전속관할로 규정하고 있다.

한편, 서울중앙지방법원 파산부가 폐지되고 도산사건을 전문적으로 처리하는 전문법원인 서울회생법원이 2017. 3. 1. 개원하였으므로, 종전에 서울중앙지방법원 파산부에서 처리한 사건이 파기환송되는 경우에 그 환송사건을 어느 법원에서 처리하여야 하는지가 문제가 된다.

이하에서는 관할위반이 문제되었던 주요 사례들을 살펴보기로 한다.

2. 관할위반이 문제된 주요 사례

가. 회생채권자표에 대한 청구이의의 소(대상판결)

채무자회생법 제255조 제3항은 회생채권자표에 대한 청구이의의 소는 회생계속법원의 관할에 전속한다고 규정하고 있다. 이 규정은 회생절차의 폐지에 따라 강제집행을 하는 경우에 준용되는데(채무자회생법 제292조 제2항, 제3항), 이 경우에는 '회생계속법원'의 의미를 회생절차가 계속되었던 법원으로 해석하여야 한다. 그렇지 않으면, 회생절차가 폐지된 경우 청구이의의 소를 존재하지 않는 법원의 관할에 전속시키는 문제가 발생한다.

회생절차가 종결된 경우에 관하여는 위와 같은 준용규정이 없으나, 이때에도 회생절차가 폐지된 경우와 마찬가지로 보아야 할 것이다. 그것이 대상판결의 취지이다.

대상사건에서 회생채권자표에 대한 청구이의의 소의 전속관할법원은 이론적으로만 보면 회생계속법원이었던 서울중앙지방법원이 되어야 한다. 그런데 2017. 3. 1. 서울회생법원이 새로 설치되면서 서울중앙지방법원 파산부가 폐지되었기 때문에 만약에 이 사건을 서울중앙지방법원에서 담당하게 된다면 서울회생법원을 설치하여 전문성을 높이려는 취지에 반하게 된다. 그래서 대법원은 이 사건을 서울회생지방법원으로 이송하였다. 이는 회생절차에 부수된 관련 사건을 회생법원에 집중시켜 절차의 신속·정확한 집행을 도모하기 위한 취지이다.[1]

나. 개인회생채권자표에 대한 청구이의의 소[2]

(1) 사안의 개요

A의 신청에 따라 2014. 5. 12. 서울중앙지방법원에서 A에 대하여 개인회생절차개시결정이 내려지고 2015. 1. 27. 변제계획이 인가되었다가 같은 해 6. 2. 개인회생절차가 폐지되었다. A는 B에 대한 채권의 내용을 1억 원으로 기재한 개인회생채권자목록을 제출하였다가 74,621,540원으로 채권액을 수정하였다. B는 A에 대한 채권이 11억 원이라는 이유로 개인회생채권자

목록 중 자신의 개인회생채권의 내용에 관하여 A를 상대방으로 하여 개인회생채권조사확정재판을 신청하였다. 위 재판절차에서 2014. 10. 21. B의 A에 대한 개인회생채권은 74,621,540원의 일반개인회생채권임을 확정하는 내용의 결정이 내려졌고, 이에 대하여 이의의 소가 제기되지 아니하여 위 결정이 확정되었으며, 그와 같은 내용이 개인회생채권자표에 기재되었다. A에 대한 개인회생절차폐지결정이 확정된 후 B가 위 개인회생채권자표에 기초하여 A의 C회사에 대한 급여채권에 대하여 채권압류 및 추심명령을 발령받았다. 그러자 A는 B의 개인회생채권 확정 전의 사유인 청구권의 불성립 등을 주장하면서 서울중앙지방법원에 위 개인회생채권자표에 대하여 청구이의의 소를 제기하였다.

제1심은 A의 청구를 인용하였으나, 제2심(서울중앙지방법원 항소부)은 A의 청구를 기각하였다. 제2심은 개인회생채권이 확정된 후 채무자가 그 채권이 기재된 개인회생채권자표에 대하여 청구이의의 소를 제기하는 경우 그 이의사유는 개인회생채권이 확정된 뒤에 생긴 사유로 제한됨을 전제로, A가 주장하는 사유들은 B의 개인회생채권 확정 이후에 발생한 사유가 아님이 그 주장 자체로 명백하므로 청구이의 사유가 될 수 없다고 판단하였다.

(2) 대법원 판결의 요지

대법원은 제2심을 파기하였다. 파기이유는 다음과 같다. B의 개인회생채권의 존부 및 내용을 정한 개인회생채권조사확정재판에 대하여 이의의 소가 제기되지 않아 그 재판이 확정판결과 같은 효력을 갖게 되었고 개인회생채권자표에도 그 결과가 기재되었다. 그러나 이는 기판력이 아니라 확인적 효력을 가지고 개인회생절차 내부에서 불가쟁의 효력이 있는 것에 불과하다. 따라서 A는 위 채권자표에 대하여 제기한 이 사건 청구이의의 소에서 B의 개인회생채권 확정 이후에 발생한 사유뿐만 아니라 그 확정 전에 발생한 청구권의 불성립이나 소멸 등의 사유도 청구이의 이유로 주장할 수 있다.

대법원은 제2심 판결을 취소하고 사건을 서울회생법원으로 이송하였다. 개인회생채권자표에 대한 청구이의사건에 대한 전속관할을 가진 서울회생법원이 새로 설치되었다는 이유에서다.

---

1) 김유성, "회생절차가 종결되거나 폐지된 후 회생채권자표에 대한 청구이의의 소를 제기하여야 하는 관할법원", 대법원판례해설(제121호, 2019년 하), 327면.
2) 대법원 2017. 6. 19. 선고 2017다204131 판결.

다. 파산선고 후에 파산채권자가 제기한 채권자취소소송을 파산관재인이 수계한 후 부인권 소송으로 변경한 경우의 관할법원[3]

(1) 사안의 개요

F는 ① 2014. 2. 25. W1에게 이 사건 부동산에 관하여 '2014. 2. 24. 매매예약' 또는 '2014. 2. 12. 매매예약'을 원인으로 한 소유권이전청구권가등기(이하 '이 사건 가등기'라 한다)를, ② 2014. 6. 30. W2에게 이 사건 부동산에 관하여 '2014. 6. 24. 매매'를 원인으로 한 소유권이전등기(이하 '이 사건 소유권이전등기'라 한다)를 경료하였다.

F는 2015. 7. 6. 광주지방법원에서 파산선고를 받았고, S가 F의 파산관재인으로 선임되었다.

Z(농협중앙회)는 파산채권자이다. Z는 파산선고 후인 2015. 9. 30. F와 W1, W2와 사이에 체결된 위 각 매매예약·매매계약이 사해행위에 해당한다고 주장하면서 광주지방법원 해남지원에 W1, W2를 상대로 위 각 매매예약·매매계약의 취소와 이 사건 가등기·소유권이전등기의 말소를 구하는 소를 제기하였다.

F의 파산관재인인 S는 제1심 계속중인 2016. 5. 19. 소송수계신청을 하였고, 같은 날 채무자회생법 제391조 제1호에서 정한 부인권을 행사하는 내용으로 청구취지 및 청구원인을 교환적으로 변경하였다.

제1심은 파산관재인 S의 청구를 인용하였다. 그러나 제2심은 위 부인의 소를 각하하였다. 이유는 다음과 같다. 채무자회생법 제391조, 제396조에 따르면 채무자가 파산선고를 받은 후에는 파산선고 전에 채무자가 한 사해행위는 파산관재인에 의한 부인권 행사의 대상이 될 뿐이고, 파산채권자가 이에 대한 채권자취소의 소를 제기할 수는 없다. 따라서 파산채권자 Z가 F와 W1, W2 사이에 체결된 위 각 매매예약·매매계약이 사해행위라고 주장하면서 F에 대한 파산선고 후에 제기한 취소소송은 부적법하다.

(2) 대법원 판결의 요지

대법원은 제2심을 파기하였다. 그 이유는 다음과 같다. Z가 제기한 채권자취소의 소는 채무자인 F에 대한 파산선고 후에 제기한 것이므로 부적법하다. 그러나 F의 파산관재인 S가 제1심에서 위 소송을 적법하게 수계

한 다음 부인의 소로 청구를 변경하는 방법으로 부인권을 행사하였다. 이로써 종전 청구의 소송계속이 소멸하고 부인의 소가 심판의 대상이 되었다.

부인의 소는 파산계속법원의 전속관할에 속한다. 따라서 제2심으로서는 부인의 소에 관하여 본안판단을 한 제1심 판결을 취소하고 사건을 관할법원인 파산계속법원(광주지방법원)에 이송하였어야 한다. 그러므로 제2심 판결을 파기하고, 이 사건을 관할법원인 광주지방법원에 이송하기로 한다.

라. 채권자취소소송의 항소심 중 파산선고가 된 경우에 부인권 소송의 관할법원[4]

(1) 사안의 개요

K(농협중앙회)는 M회사의 농협은행 대출금채무를 보증하는 신용보증약정을 체결하였다. M회사의 대표이사 D는 M회사의 K에 대한 구상금채무를 연대보증하였다. M회사가 대출금을 갚지 못하자 K는 농협은행에 이를 대신 변제하였다.

D는 여동생 E와 함께 이 사건 건물을 1/2 지분씩 공동소유하면서 건물 지분에 관하여 근저당권자 부산은행, 채무자 D, E로 하여 근저당권을 설정하였고, G에게 위 건물을 임대하였다.

D는 2015. 3. 11. 여동생 E의 남편인 H에게 자신의 건물 지분을 매도하는 계약을 체결하고 H 앞으로 지분이전등기를 마쳐주었다. H는 매매계약 후에 위 근저당채무 잔액을 모두 변제하고 근저당권설정등기를 말소하였다.

K(원고)는 D가 H(피고)에게 이 사건 건물 지분을 매도한 것이 채권자를 해하는 행위에 해당한다는 이유로 매매계약을 취소하고 원상회복의 방법으로 가액배상을 구하는 사해행위 취소소송을 부산지방법원 동부지원에 제기하였다. 제1심은 K의 청구를 대부분 인용하였다. H가 항소하였다.

제2심(부산지방법원) 계속 중 D는 대구지방법원에서 파산선고를 받았고 P가 D의 파산관재인이 되었다. P는 K의 소송을 수계하고, 청구취지를 부인권행사에 따른 원상회복청구로 교환적으로 변경하였다.

제2심에서 P는 파산절차상 부인권의 행사는 파산법원에 전속관할권이 있으므로 사건을 파산법원인 대구

---

3) 대법원 2018. 6. 15. 선고 2017다265129 판결.

4) 대법원 2017. 5. 30. 선고 2017다205073 판결.

지방법원으로 이송하여야 한다고 관할위반 주장을 하였다. 제2심은 부인권의 행사는 파산법원에 전속관할권이 있고 대구지방법원이 이 사건의 파산법원이지만, 심급관할은 제1심법원의 존재에 따라 그에 대응하여 결정되는 전속관할이어서 이 사건 소송의 항소심은 부산지방법원의 관할이고 지방법원 합의부가 지방법원 단독사건의 판결에 대한 항소사건을 제2심으로 심판하는 도중에 이를 다른 지방법원 파산부 또는 항소부에 이송할 아무런 근거가 없다는 이유로 P의 주장을 받아들이지 아니하였다. 제2심은 본안판단으로 나아가서 채권자를 해하지 아니한다는 이유로 제1심 판결을 파기하고 P의 청구를 기각하였다. P가 상고하였다.

(2) 대법원 판결의 요지

대법원은 P의 관할위반 주장에 대하여 다음과 같이 판시하면서 이송주장을 받아들이지 아니하였다.

부인권은 파산관재인이 부인의 소, 부인의 청구 또는 항변의 방법으로 행사하는데, 부인의 소와 부인의 청구 사건은 파산계속법원의 관할에 전속한다[채무자회생법 제396조 제1항, 제3항(2016. 12. 27. 법률 제14472호로 개정되기 전에는 '파산계속법원'이 아닌 '파산법원'이었다)]. 파산채권자가 제기한 채권자취소소송이 파산선고 당시 법원에 계속되어 있는 경우 그 소송절차는 중단되고 파산관재인 또는 상대방이 이를 수계할 수 있다(제406조 제1항, 제2항, 제347조 제1항). 이에 따라 파산관재인이 파산채권자가 제기한 채권자취소소송을 수계하여 청구변경의 방법으로 부인권을 행사하는 경우에, 채권자취소소송이 계속 중인 법원이 파산계속법원이 아니라면 그 법원은 관할법원인 파산계속법원으로 사건을 이송하여야 한다.

그러나 채무자회생법의 위 관할 규정의 문언과 취지, 채권자취소소송과 부인소송의 관계, 소송의 진행정도에 따라 기대가능한 절차상의 편익 등을 종합해 보면, 파산채권자가 제기한 채권자취소소송이 항소심에 계속된 후에는 파산관재인이 소송을 수계하여 부인권을 행사하더라도 채무자회생법 제396조 제3항이 적용되지 않고 그 항소심법원이 소송을 심리·판단할 권한을 계속 가진다고 보는 것이 타당하다. 그 상세한 이유는 다음과 같다. ① 채무자회생법에서 부인의 소 등을 파산계속법원의 전속관할로 규정한 이유는 부인권 행사와 관련이 있는 사건을 파산계속법원에 집중시켜 파산절차의 신속하고 적정한 진행을 도모하고자 하는 데 있다. 여기에서 '파산계속법원'은 파산사건이 계속되어 있는 '회생법원' 또는 '지방법원'을 말한다(제353조 제4항 참조). ② 파산관재인은 채권자취소소송을 수계함으로써 파산채권자의 소송상 지위를 승계한다. 채권자취소소송과 부인소송은 채권자에게 손해를 입힐 수 있는 행위를 취소 또는 부인함으로써 채무자의 책임재산을 보전한다는 점에서 그 본질과 기능이 유사하고, 동일한 민사소송절차에 따라 심리·판단된다. ③ 분쟁의 적정한 해결과 전체적인 소송경제의 측면에서 소송을 파산계속법원에 이송함으로써 얻을 수 있는 절차상의 편익은 소송의 진행정도에 따라 달라진다.

다만, 대법원은 본안판단에서 D가 건물 지분을 매도한 행위는 파산채권자를 해하는 행위에 해당한다고 판단하여 제2심을 파기하고 사건을 부산지방법원으로 환송하였다.

[49] 회생계획 인가요건으로서 공정·형평의 원칙

박재완(한양대학교 법학전문대학원 교수)　　　　대법원 1998. 8. 28.자 98그11 결정

[사안의 개요]

1. 정리계획안의 내용

(1) 1심법원은 1996. 2. 6. 건설업체인 채무자에 대하여 회사정리절차를 개시하였다. 정리채권 등의 신고기간 만료일은 1996. 3. 9.이었고, 채무자의 관리인(이하 채무자와 그 관리인을 가리지 않고 '채무자'라고만 한다)이 제출한 정리계획안은 1997. 12. 23. 정리담보권자조에서 80.23%, 정리채권자조에서 76.08%의 동의를 얻어 가결되었고, 1심법원은 1997. 12. 23. 이를 인가하였다 (이하 이를 '이 사건 정리계획'이라고 한다).

(2) 이 사건 정리계획은 정리담보권자의 권리변경에 관하여 다음과 같이 정하고 있었다. ① 원금은 개시결정일부터 2007년까지 거치한 다음 2008년부터 2017년까지 10년간 균등 분할변제한다. ② 개시결정일부터 변제기일까지 연 7%의 개시후 이자를 지급하되, 비업무용 자산인 청주공장과 관련된 한국산업은행의 정리담보권에 대한 이율은 연 10%로 한다. ③ 담보권은 권리변경된 채권을 피담보채권으로 하는 담보권으로 존속한다. 사업용 부지에 대하여는 그 지상에 아파트 등을 건축하여 사용검사를 받을 때에 담보권을 해지하고, 그 분양수입금에서 우선하여 해당 담보권자의 정리담보권을 상환하되, 상환을 받은 금융기관 정리담보권자는 정리회사에게 추가자금을 대출한다. ④ 채무자가 금융기관 정리담보권자의 담보목적물을 처분한 경우 그 대금은 관련 정리담보권에 원금, 이자 순으로 변제충당 한다. 다만, 위 청주공장을 5년 이내에 매각하기로 하고, 그 대금의, 관련 정리담보권자인 한국산업은행의 정리담보권에 대한 변제충당은 역순으로 한다.

(3) 한편, 채무자는 정리채권 등의 신고기간 만료 이후부터 이 사건 정리계획안에 대한 인가가 이루어지기 전에, 법원의 허가를 받아,[1] 일부 금융기관에 대한 정리담보권을 변제하였다. 이와 같은 정리담보권 변제가 이루어진 가장 주된 사유는 채무자가 정리담보권자들에

---

1) 밑줄은 필자가 추가하였다. 이하 같다.

게 담보로 제공하였던 공사대금채권이 정리담보권자들의 계좌로 입금되자, 채무자와 정리담보권자들 사이에 채무자가 위 입금액 상당의 정리담보권을 변제하면, 정리담보권자들이 85% 정도의 금액을 신규로 대출하기로 하는 내용의 약정이 이루어졌기 때문이다. 이 사건 정리계획안에는 위와 같이 변제된 정리담보권은 소멸된 것으로 취급되고, 잔액은 다른 정리담보권과 같은 내용으로 권리변경 되는 것으로 되어 있다.

2. 인가결정, 즉시항고 및 특별항고

1심법원의 인가결정에 대하여 특별항고인이 이 사건 정리계획은 정리담보권자 상호 간의 형평성이 결여되어 있다는 등의 이유를 들어 항고하였으나 원심법원은 1998. 2. 9. 항고를 기각하였다. 특별항고인이 같은 이유 등으로 특별항고를 하였다. (파기환송)

[결정요지]

[1] 정리계획의 인가를 하기 위하여는 정리계획이 회사정리법 제233조 제1항 제2호 전단이 규정하는 공정·형평성을 구비하고 있어야 하는바, 여기서 말하는 공정·형평성이란 구체적으로는 정리계획에 같은 법 제228조 제1항이 정하는 권리의 순위를 고려하여 이종(異種)의 권리자들 사이에는 계획의 조건에 공정·형평한 차등을 두어야 하고, 같은 법 제229조가 정하는 바에 따라 동종의 권리자들 사이에는 조건을 평등하게 하여야 한다는 것을 의미한다.

[2] 비업무용 부동산에 대하여 담보권을 가지고 있는 정리담보권자인 한국산업은행에게 다른 정리담보권자보다 높은 발생이자 및 피담보 부동산의 조기매각을 통한 우선변제, 그리고 예외적인 변제충당 순서를 인정한 정리계획안은 정리담보권자들 사이의 평등의 원칙에 어긋난다.

[3] 회사정리법 제112조는 정리채권에 관하여는 정리절차에 의하지 아니하고는 변제하지 못한다고 규정

하고 있고 그 조문은 같은 법 제123조 제2항에 의하여 정리담보권에 대하여도 준용되고 있는바, 정리절차에 있어서 정리채권과 정리담보권의 변제는 정리계획에 의한 자본구성 변경과 불가분의 관계에 있으므로 종전의 채권·채무관계는 일단 동결할 필요가 있고, 만약 변제를 금지하지 아니하면 회사의 적극재산이 감소되어 기업의 유지를 도모할 수 없고, 일부 정리채권자나 정리담보권자에게만 정리계획에 의하지 아니하고 우선 변제하는 것은 정리채권자나 정리담보권자들 사이의 공평을 해할 염려가 있으므로, 정리회사가 정리채권 신고기간 만료 이후 정리계획인가가 이루어지기 전에 정리계획에 의하지 아니하고 일부 금융기관에 대한 정리담보권을 상환한 경우, 위와 같은 일부 정리담보권자에 대한 우선변제가 법에 의하여 허용될 수 있는 것이라는 등의 특별한 사정이 없는 한 정리회사의 위와 같은 조치는 이미 정리담보권자들 사이의 공정·형평을 파괴하고 있는 것이어서 그것만으로도 위 정리계획은 공정·형평한 것이라고 보기 어렵다.

[해설]

1. 관련 조문

이 사건에 적용된 조문들 중 정리계획의 인가요건에 관한 회사정리법 제233조(그중에서 특히 제1항 제2호)는 채무자회생법 중 회생절차에서의 회생계획 인가요건에 관한 제243조와 실질적으로 동일하고, 정리계획안 작성의 기본원칙에 관한 회사정리법 제228조 제1항(공정하고 형평한 차등)과 제229조(평등의 원칙)는 회생계획안 작성의 기본원칙에 관한 채무자회생법 제217조 제1항과 제218조와 실질적으로 동일하다. 아래에서는 부득이한 경우를 제외하고는 채무자회생법의 조문과 용어를 이용하여 서술한다[다만, 정리계획(안)과 회생계획(안)은 모두 '변제계획(안)'이라고 한다].

2. 변제계획 인가요건으로서 공정·형평의 원칙

채무자회생법 제243조 제1항 제2호 전단은 "변제계획이 공정하고 형평에 맞을 것"을 변제계획 인가요건으로 규정하고 있다.

위 조항이 요구하는 공정·형평이 무엇을 의미하는지에 관하여 대상결정은 판결요지 [1]과 같이 회생계획안

작성의 기본원칙인 제217조 제1항의 공정하고 형평한 차등과 제218조의 평등의 원칙을 모두 그 내용으로 하는 것으로 보았다. 이는 통설이고,[2] 일관된 판례의 입장이다.[3] 반면 제217조 제1항이나 제218조를 위반하는 경우는, 인가요건 중 계획이 법률의 규정에 합치될 것을 요구하는 제243조 제1항 제1호 위반으로 처리하여야 하고, 제243조 제1항 제2호 전단의 공정·형평은 위 제1호 위반으로 처리할 수 없는 경우에 권리자보호를 위한 안전장치로 기능하는 개념이라고 보는 견해도 있다.[4] 경청할 만한 견해이지만 일응 통설과 판례의 입장을 지지한다. 통설과 판례는 제217조 제1항과 제218조가 중요하기 때문에 채무자회생법이 제243조 제1항에, 제1호와 별도로 제2호 전단을 둔 것이라고 본다.[5]

제217조 제1항의 공정·형평한 차등의 의미에 관하여는 절대우선설과 상대우선설이 대립하고 있는데, 전자는 우선순위가 다른 각 권리자가 있는 경우 선순위의 권리자가 완전하게 만족을 받지 못하는 한 후순위의 권리자에게 만족을 줄 수 없다는 견해이고, 후자는 선순위의 권리자에게 주는 만족이 후순위의 권리자에게 주는 만족보다 상대적으로 크면 공정·형평한 차등은 지켜진다고 보는 견해이다. 상대우선설이 우리나라의 통설,[6][7] 판례의 입장이다.[8]

2) 집필대표 임채홍·백창훈, 회사정리법(제2판) (하), 한국사법행정학회(2002)[이하 '임채홍·백창훈(하)'라고 한다], 316~317면; 전대규, 채무자회생법(제5판), 법문사(2021)(이하 '전대규'라고 한다), 760면;서울회생법원 재판실무연구회, 회생사건실무(제5판) (하), 박영사(2019)[이하 '회생사건실무(하)'라고 한다], 67~68면; 편집대표 권순일, 주석 채무자회생법(Ⅲ), 한국사법행정학회(2021)[이하 '주석 채무자회생법(Ⅲ)'이라고 한다], 458면(박찬우 집필부분).
3) 대법원 2015. 12. 29.자 2014마1157 결정; 대법원 2016. 5. 25.자 2014마1427 결정.
4) 오수근, 회사정리법에서 평등·공정·형평의 개념, 민사판례연구 XXII, 박영사(2000), 380면 이하(이하 '오수근'이라고 한다), 396, 398면.
5) 임채홍·백창훈 (하), 316면; 주석 채무자회생법(Ⅲ), 458면(박찬우 집필부분).
6) 주석 채무자회생법 (Ⅲ), 252~253면(최영은 집필부분), 서울회생법원 재판실무연구회, 회생사건실무(제5판) (상), 박영사(2019)[이하 '회생사건실무(상)'이라고 한다], 666~667면.
7) 입법론적인 비판으로는 김주학, 기업도산법(제2판), 법문사(2012), 447면(전대규, 663면 각주 42번에서 재인용).

절대우선설과 상대우선설의 가장 큰 대립점은 무담보채권인 회생채권자와 기존 주주 사이에서 발생한다. 즉, 주식회사인 채무자가 채무초과 상태에 있는 경우, 절대우선설에 따르면 회생채권자에 대하여 권리감면 등 권리변경을 하면서도 기존 주주의 주식을 모두 소각하지 않으면 공정·형평의 원칙에 반하게 된다. 반면 상대우선설에 따르면 위 경우 기존 주주의 권리변경의 정도가 회생채권자의 권리변경보다 불리하기만 하면 기존 주식을 모두 소각하지 않아도 공정·형평의 원칙이 충족된다.9)10)11)

대상결정의 핵심적 판시는 평등의 원칙과 관련된 것인바, 다음 항에서 본다.

3. 평등의 원칙
가. 평등의 원칙의 의미

대상결정은 "[제218조]의 '평등'이라 함은 형식적 의미의 평등이 아니라 공정·형평의 관념에 반하지 아니하는 실질적인 평등을 가리키는 것이므로, [변제]계획에 있어서 모든 권리를 반드시 같은 법 [제217조] 제1항 제1호 내지 [제5호]가 규정하는 [5]종류의 권리로 나누어 각 종류의 권리를 획일적으로 평등하게 취급하여야만 하는 것은 아니고, [5]종류의 권리 내부에 있어서도 [회생]채권이나 [회생]담보권의 성질의 차이 등을 고려하여 이를 더 세분하여 차등을 두더라도 형평의 관념에 반하지 아니하는 경우에는 그와 같이 할 수 있는 것이지만 같은 성질의 [회생]채권이나 [회생]담보권에 대하여 형평의 관념에 반하지 아니한다고 볼 수 있는 합리적인 이유 없이 권리에 대한 감면의 비율이나 변제기

를 달리하는 것과 같은 차별은 허용되지 아니한다"고 하였다.12) 일반론으로서 위 판시의 법리에 대하여 별다른 이견이 없다.

우리나라의 실무에서는 변제계획안의 결의를 위하여 대개 회생담보권자조, 회생채권자조 및 주주조만 편성하므로13) 평등의 원칙은 주로 같은 조 내에서의 차등을 두고 검토된다. 미국과 같이 조편성을 세분화하여 같은 조 내에서의 차등은 허용하지 말고, 평등의 원칙은 조편성의 적정성을 두고 검토하는 접근방법이 이상적이라는 취지의 견해도 있다.14)

나. 결정요지 〔2〕 관련

결정요지 [2]가 들고 있는 제반사정들을 감안하면 이 사건 변제계획안이 평등의 원칙을 위반하였다는 점에 대하여는 별다른 이견이 제시되지 않는다.15)

금융기관 회생담보권을, 담보목적물이 절차 진행 중에 매각될 예정인지 여부에 따라 달리 취급할 수 있는지 여부16)와 관련하여 엄격한 입장을 취하는 견해도 있지만,17)18) 우리나라의 실무는 완화된 입장을 취하고 있다.19)

다. 결정요지 〔3〕 관련
(1) 대상결정과 99그35 결정

대상결정이 결정요지 [3]에서 평등의 원칙 위반이 인정된다고 한 결론은 지지한다. 다만, 관련 조문이 변

---

8) 대법원 2004. 12. 10.자 2002그121 결정.
9) 회생사건실무(상), 667면. 이와 관련하여 실무에서 주로 이용되는 상대적 지분비율법과 그 문제점 등에 관하여는 회생사건실무(상), 668~670면 참조.
10) 미국의 공정·형평의 원칙과 절대우선설의 내용 및 입법의 변천 등에 대하여는 오수근, 385~390면; 회생사건실무(상), 666~667면 각주 42 참조. 이에 따르면 현재 미국에서는 강제인가의 경우에만 공정·형평의 원칙이 요구되고, 이 공정·형평의 원칙의 구체적 내용이 절대우선설이다.
11) 공정·형평한 차등의 원칙은 조 단위로 인정되는 권리로서, 개별채권자·주주는 그가 속한 조가 우선순위를 양보하여 결의한 경우 이 원칙 위반을 주장할 수 없다는 견해로는 전대규, 661면.
12) 대상결정의 해당부분을 그대로 인용하되, 조문과 용어들을 채무자회생법에 맞게 수정 또는 생략하였고, 이러한 수정 또는 생략한 부분에 [ ] 표시를 하였다.
13) 회생사건실무(하), 22면.
14) 오수근, 391~392면.
15) 오수근, 401~402면; 임치용, 파산법연구, 박영사(2004)(이하 '임치용'이라고 한다), 420~422면.
16) 이는 다시 매각시에 매각대금을 관련 부동산에 관련된 회생담보권에만 변제충당할 수 있는지 여부의 문제로 연결된다.
17) 특별한 사정이 없는 한 다른 회생담보권자에게도 안분하여 변제충당하여야 한다는 견해이다. 野崎幸雄, "更生計畫における權利の取り扱いをめぐる諸問題, 新実務民事訴訟講座 13, 日本評論社(1981), 233면(임치용, 421면 각주 125번에서 재인용); 注解 会社更生法, 靑林書院(1986), 834면.
18) 임치용, 422면은 매각시 매각대금을 관련 회생담보권의 변제에 충당하되, 잔액은 열후화시키는 등의 조치를 취하는 것이 바람직하다고 하여 절충적인 입장이다.
19) 회생사건실무(상), 722~727면.

경되고, 관련 대법원의 결정도 나왔으므로 대상결정 중 이 부분의 정확한 의미에 대하여는 신중한 접근이 필요하다고 생각된다.

관련 조문들은 법원의 허가에 의한 우선변제[20]에 관련된 것인바, 현행 채무자회생법 제131조 본문은 "회생채권에 관하여는 회생절차가 개시된 후에는 이 법에 특별한 규정이 있는 경우를 제외하고는 회생계획에 규정된 바에 따르지 아니하고는 변제하거나 변제받는 등 이를 소멸하게 하는 행위(면제를 제외한다)를 하지 못한다"고 규정하고,[21] 제141조 제2항은 위 규정을 회생담보권에 준용하고 있다. 이에 대한 예외로는 ■ 위 제131조 본문이 명시하고 있는 면제, ❷ 위 제131조 단서가 명시하고 있는 ① 관리인이 법원의 허가를 받아서 변제하는 경우와 ② 제140조 제2항의 청구권 중 일정한 요건을 갖춘 것에 대한 변제, ❸ 회생채권자, 회생담보권자의 상계 등이 있다.[22] 위 ❷의 ①에 관하여 현행 제132조는 ① 중소기업인 협력업체가 연쇄도산할 우려가 있는 때(제1항) 및 ② 우선변제가 채무자의 회생을 위하여 필요한 때(제2항) 법원이 우선변제를 허가할 수 있다고 규정하고 있다.

대상결정의 1심결정과 원심결정 당시 회사정리법에는 위 ❷의 ①에 관하여는 ①에 해당하는 조항[23]만 있었다. 그런데, 이후 위 ②에 해당하는 조항이 회사정리법에 신설되었는바,[24][25] 대법원 2000. 1. 5.자 99그35 결

정은 "[대상결정은] 법이 개정되어 [위 조항이] 마련되기 전에 채무의 변제와 [변제]계획의 인가가 이루어진 사건에 관한 것이어서 적용할 법률이 달라졌을 뿐만 아니라 이 사건과는 사안을 달리하는 것이므로 이 사건에서 원용하기에 적절하지 아니하다."고 하고 나아가 "법원의 변제허가에 의하여 [변제]계획인가 전에 변제된 채권은 그 변제된 한도에서 절대적으로 소멸하는 것이[고,] 법에 의하면 그 변제 내역을 [변제]계획에 명시하도록 하고 있을 뿐이므로 [변제]계획에서 별도의 변제조건을 설정하지 아니하였다고 하여 위법하다고 할 수 없다."고 판시하였다.

(2) 변제계획의 방식과 평등의 원칙

대상결정과 99그35 결정의 사안에서 변제계획상 우선변제된 부분은 소멸된 것으로 취급되어 우선변제를 받은 채권자의 잔액과 우선변제를 받지 않은 채권자의 채권(전액)이 모두 같은 조건에 의하여 권리변경의 대상이 되었는데(이하, 이러한 방식을 'A 방식'이라고 한다), 만약 변제계획상 우선변제된 부분이 위와 같이 처리되지 않고, 우선변제를 받은 채권자의 애초의 채권(우선변제된 부분 + 잔액)과 우선변제를 받지 않은 채권자의 채권을 같은 조건에 의하여 권리변경을 한 다음, 우선변제 받은 부분은 변제계획에 의하여 지급받을 금액에서 공제하는 방식으로 처리되었다면(이하, 이러한 방식을 'B 방식'이라고 한다), 평등의 원칙 위반이 있다고 하기는 어려울 것이다.[26]

변제계획의 방식에 중점을 두고 보면, 대상결정은 A 방식의 변제계획이 평등의 원칙에 반한다고 대법원이 판단한 사례이고, 99그35 결정은 A 방식의 변제계획이 평등의 원칙에 반하지 않는다고 대법원이 판단한 사례라고 할 수 있다.

B 방식이 A 방식에 비하여 평등의 원칙에 친화적이지만,[27] 두 결정을, 특히 99그35 결정을 고려하면 대법

---

20) 사전변제 혹은 계획외 변제라고도 하는데, 계획외 변제가 가장 적절한 용어라고 생각되나, 이 글에서는 대상결정이 사용한 용어인 '우선변제'를 쓴다.

21) 회사정리법 제112조 본문은 "정리채권에 관하여는 정리절차에 의하지 아니하고 변제하거나 변제받거나 기타 이를 소멸하게 할 행위(면제를 제외한다)를 하지 못한다"고 규정하고 있었는데, 채무자회생법은 표현을 바꾸어 그 의미를 보다 분명하게 하였다.

22) 편집대표 권순일, 주석 채무자회생법(Ⅱ), 한국사법행정학회(2021)[이하 '주석 채무자회생법(Ⅱ)'라고 한다], 502면(서정원 집필부분).

23) 회사정리법 제112조의2 제1항. 이는 1981. 3. 5. 법개정 때 신설된 조문으로서 그에 대응하는 현행 채무자회생법 제132조 제1항에 비하여는 요건이 엄격했다.

24) 회사정리법 제112조의2 제2항. 이는 1998. 2. 24. 법개정 때 신설되어 같은 날 시행된 조문으로서, 그에 대응하는 현행 채무자회생법 제132조 제2항에 비하여 요건이 엄격했다.

25) 정확하게는 상고심 진행 중에 신설되었다.

26) 변제계획이 A 방식과 B 방식의 중간의 어느 지점에 위치하는 방식을 취할 수도 있고, 이 경우는 그 정도에 따라서 판단이 다를 것이다.

27) 三ヶ月章, 條解 會社更生法 (中), 弘文堂(1999), 391면은 변제계획에서 잔액에 대한 변제율을 정할 때 우선변제가 고려되는 것은 당연하다고 하면서, A 채권에 대하여 40%를 우선변제한 이후, 변제계획에서 같은 종류의 다른 채권에 대하여 50%를 변제하는 경우, A 채권에 대하여는 원래 채권액의

원은 우선변제가 있는 경우 변제계획이 B 방식을 취하여야만 평등의 원칙에 부합하는 것은 아니라는 입장에 있다고 할 것이다.

(3) 우선변제에 대한 법원의 허가와 평등의 원칙

대상결정은 우선변제에 대한 법원의 허가가 있었던 경우에도 법원은 변제계획 인가시에 우선변제로 인한 평등의 원칙이 준수된 것인지 여부를 변제계획의 내용(특히 앞서 본 작성방식), 우선변제된 채권의 성격, 액수 등 비롯한 제반사정에 비추어 검토하여야 한다는 취지라고 보는 것이 상당하다. 한편, 99그35 결정을 우선변제에 대한 법원의 허가가 있었다면 평등의 원칙 위반은 언제나 문제되지 않는다는 취지로 읽는 것은 타당하지 않다고 생각된다. 우선변제의 요건 충족 여부와 변제계획의 평등의 원칙 준수 여부는 상호 밀접한 관련이 있기는 하지만, 우선변제와 변제계획인가 사이에 시간적 간격이 있고, 그에 따른 정보의 차이도 있는 점을 고려할 때 위와 같이 이해함으로써, 법원이 우선변제에 대한 허가를 신속하게 처리하도록 할 수 있다. 채무자회생법 제218조 제1항이 평등의 원칙의 예외사유로 '법원의 허가에 의한 우선변제가 있었던 경우'를 규정하지 않고 있는 것도 위와 같은 이해를 뒷받침한다고 생각된다.

위와 같은 검토 과정에서 법원은 우선변제의 허용성에 대하여도 판단할 수 있을 것이다. 대상결정은 이 사건 사안에서, 비록 법원의 허가가 있었지만, 우선변제가 허용될 수 없는 것이라고 본 것인데, 이 사건 사안에서 우선변제된 회생담보권은 그 성격이 금융기관 채권인 점, 액수도 합계 600억 원 정도의 다액인 점, 100억 원이 넘는 금액을 우선변제 받은 회생담보권자도 3개

10%만 변제하여도 (이는 B 방식이다) 평등의 원칙에 반하지 않는다고 한다. 밑줄 친 부분을 보면, 위 견해는 반드시 B 방식을 취하여야 한다는 입장은 아닌 것으로 판단된다.
한편, 위 견해는 나아가, 법원의 허가에 의하여 우선변제된 부분은 변제계획에서 지급할 부분을 미리 지급한 것은 아니기 때문에 우선변제를 받은 채권자가, 같은 종류의 다른 채권자들이 변제계획에 의하여 변제받은 비율보다 더 높은 비율의 변제를 결과적으로 받게 된 경우에도 차액을 반환하여야 하는 것은 아니고, 이 경우 변제계획에서 우선변제 받은 채권자의 잔액을 전부 면제하는 것으로 하여도 평등의 원칙에 반하지 않는다고 한다. 伊藤眞, 会社更生法·特別淸算法, 有斐閣(2020)(이하 '伊藤眞, 会社更生法·特別淸算法'이라고 한다). 192면(여기에서는 이러한 점을 '공익채권화'라고 표현하고 있다).

회사나 되는 점 등을 생각하면 이러한 판단은 타당한 것으로 생각된다.[28] 한편, 99그35 결정은 그 사안에서 법조문의 신설뿐만 아니라 그 채권의 성격과 액수를 감안할 때 우선변제가 허용될 수 있다고 판단한 것으로 보는 것이 상당하다. 즉, 99그35 결정의 사안에서 우선변제된 채권[29]은 대부분이 실질적으로 상거래채권이거나 상거래채권에 준하는 것임이 결정문 자체에서 명시되어 있고, 액수도 대상결정에 비하여 소액이었던 것으로 추측되므로,[30] 이러한 판단 역시 타당한 것으로 생각된다.

다만, 사후적으로 변제계획 인가시에 우선변제의 허용성 유무를 판단하는 것은, 사전적으로 우선변제를 허가할 때와 달리, 궁극적으로 변제계획이 평등의 원칙에 부합하는지 여부를 판단하는 과정의 일환이므로, 우선변제의 허용성 유무만에 의하여 바로 평등의 원칙 준수 여부가 결정되는 것은 아니라고 할 것이다. 대상결정은 당시에 우선변제에 관한 명시적 법규정이 없다는 점 때문에, 99그35 결정은 대상결정의 존재 때문에, 둘 다 조금 강한 표현을 사용한 것으로 생각된다.

변제계획의 인가시에 법원이 우선변제의 허용성이 없다고 판단하여도, 관리인이 법원의 허가를 받아 행한 우선변제를 무효라고 보기는 어려울 것이다. 만약 우선변제가 무효라고 보는 경우에는, 변제계획상 우선변제로 소멸된 것으로 처리된 부분의 채권은 실제로는 여전히 존재하고, 그 부분 채권에 대하여는 잔액에 관한 변제계획의 내용이 그대로 적용되므로,[31] 즉, A 방식으로

---

28) 채무자회생법 제132조 제2항이 1998. 2. 24. 신설되었고 당시부터 일본과 달리 '소액'이라는 제한이 없었고, 신설 당시의 요건인 '회생에 현저한 지장을 초래할 염려'가 지금 현재는 '회생을 위하여 필요하다고 인정하는 때'로 완화된 점을 고려하여도 마찬가지로 생각된다.

29) 99그35 결정문상 이들 채권은 명목상으로는 정리담보권, 금융기관 정리채권, 상거래채권으로 분류되었다.

30) 99그35 결정은 물론 그 원심결정에도 액수는 명시되어 있지 않으나, 대법원의 '사안을 달리하는 것'이라는 표현은, 대상결정과 비교할 때, 채권이 소액이라는 점도 반영된 표현이라고 생각된다. 두 사건의 채무자(회사)의 규모의 차이도 반영되었을 것이다. 두 결정 모두 우선변제가 허용될 수 있는지 여부에 관하여 선 굵게 접근한 것으로 보이고, 대규모 회사에 대한 회생절차들에 관하여는 이러한 접근방식이 불가피한 측면이 있다.

31) 대법원 2008. 6. 26. 선고 2006다77197 판결(회사정리

작성된 변제계획도 실질적으로는 B 방식으로 작성된 것으로 취급되므로 오히려 평등의 원칙에 부합하게 된다고 볼 수도 있다.[32]

(4) 우선변제의 근거

일본의 회사갱생법에는 법원이 우선변제를 허가할 수 있는 근거조항으로 앞에서 본 **2**의 **1**의 ①과 ②에 대응하는 조항 외에 '소액채권을 변제하는 것에 의하여 절차를 원활하게 진행할 수 있는 경우'를 요건으로 하는 조항(이하 이를 ③이라고 한다)도 있다.[33] 위 ③의 경우 일정한 액수 이하의 채권들을 일률적으로 변제함으로써 채권자의 수를 줄여 통지 등으로 인하여 발생하는 비용과 절차의 번잡을 줄이는 것을 목적으로 하고, 채권의 발생원인이나 성격을 묻지 않는다.[34] ①, ②의 경우 채권의 전부 또는 일부 변제가 가능하지만,[35] ③의 경우는 일부 변제는 불가능하고, 채권자의 수를 줄이는 것을 목적으로 하기 때문에 어떤 채권자가 수개의 채권을 가지고 있는 경우에는 그 채권들을 모두 합산한 액이 소액이어야 한다.[36] 다만, 법원은 이러한 소액을 초과하는 채권을 가진 채권자가 잔액을 포기하는 조건으로 ③의 우선변제를 받는 것을 허가하는 것도 가능하다.[37] 우리나라에는 ③에 대응하는 조항이 없지만, 수많은 이해관계인이 관련되는 반면 절차의 신속한 진행이 요구되는 도

산절차의 특수성이나, 우선변제와 평등의 원칙이 상호 밀접한 관련이 있는데 채무자회생법에도 평등의 원칙의 예외로서 채권이 소액인 경우가 명기되어 있는 점에 비추어 보면 우리나라에서도 ③의 우선변제가 가능하다고 생각된다. 우리나라의 실무도 실제로는 ③의 우선변제를 실시하고 있는 것으로 추측된다.[38] 다만, 초창기에 ①의 근거조항만 있었던 데다가 여전히 ③의 근거조항은 없는 상황에서, ③의 근거조항도 있었던 일본의 영향을 받아 실무가 형성되었기 때문인지 이러한 우선변제가 ①의 일환으로 관념되고 있는 것으로 보인다.

우리나라에서는 '소액'을 ①에서 요구하고, ②에서 요구하지 않는다. 반면 일본에서는 ①에서 요구하지 않고,[39] ②, ③에서 요구하는데, 같은 표현이 사용되고 있지만, 제도적 취지가 다르므로 ②에서의 '소액'이 ③에서 '소액'보다 클 수 있다고 보는 것이 일반적이다.[40] 또한 일본에서는 ③의 경우 소액은 모든 채권자에 대하여 획일적으로 결정되어야 한다고 보는 것이 통설이고,[41] 제도의 취지에 비추어 볼 때 타당하다고 생각된다. 일본에서는 ②와 관련하여, 우리나라와 달리, '소액'이라는 명문의 요건이 있음에도 불구하고 상당한 고액의[42] 상거래채권에 대한 우선변제가 허가되는 경우가 생기고 있다. 이러한 우선변제를 정당화할 수 있는 근거와 관련하여 쌍방미이행 쌍무계약에서 관리인의

절차에서 [] 확정된 권리가 [] 관리인의 잘못 등으로 정리계획의 권리변경 및 변제대상에서 아예 누락되거나 혹은 이미 소멸한 것으로 잘못 기재되어 권리변경 및 변제대상에서 제외되기에 이른 경우에는 특별한 사정이 없는 한 당해 정리채권자·정리담보권자의 정리채권·정리담보권에 대하여는 [] 가장 유사한 정리채권·정리담보권에 대한 정리계획의 권리변경 및 변제방법이 적용될 수 있다).

32) 다만, 관리인의 우선변제된 채권액 상당의 부당이득반환청구, 위 대법원 2008. 6. 26. 선고 2006다77197 판결의 취지에 따른 변제계획의 경정 등의 절차가 뒤따르게 될 것이다.

33) 회사갱생법 제47조 제5항 앞부분.

34) 伊藤眞, 會社更生法·特別清算法, 195면.

35) 우리나라의 경우 근거조항에 일부 변제가 가능함이 명시되어 있고, 일본의 회사갱생법의 경우 ①의 경우만 일부 변제가 가능함이 명시되어 있으나, 해석상 ②의 경우도 일부 변제가 가능하다고 본다(伊藤眞, 會社更生法·特別清算法, 196면).

36) 또한 채권자의 수는 조별로 판단되므로, 어떤 채권자가 회생담보권과 회생채권을 모두 갖고 있는 경우에는 조별로 소액의 요건을 판단한다. 조해 회사갱생법(중), 394면; 주해 회사갱생법, 391면.

37) 조해 회사갱생법, 396면; 주해 회사갱생법, 391면.

38) 회생사건실무(상), 452면 각주 95번의 내용 참조. 한편 우리나라의 실무상 변제계획에서 상거래채권자의 채권총액이 일정한 금액 이하인 경우 '소액상거래채권'이라고 분류하는 것이 일반적이고, 이에 대한 우대조치로서 변제계획에서 채권 전액을 변제하기도 한다[회생사건실무(상), 160면]. 금융기관채권이 소액채권인 경우는 드물다는 점을 생각하면 위 '소액상거래채권'은 실질적으로는 ③의 '소액채권'이라고 봐도 무방할 것이다.

39) 소액이라면 오히려 적용대상에서 배제된다는 견해로는 伊藤眞, 會社更生法·特別清算法, 193면.

40) 西岡清一郎 外 2人(編), 会社更生の実務(上), 東京地裁会社更生実務研究会(2005)(이하 '会社更生の実務(上)'이라고 한다), 178~179면.

41) 조해 회사갱생법(중), 395면. 특히 ②의 경우 채권의 종류나 성격 및 상황에 따라 다른 취급이 가능하다는 점에 대하여는 会社更生の実務(上), 179~181면.

42) 수억 엔 또는 그 이상을 의미한다. 伊藤眞, 須藤英章, 新倒産法制10年を検証する事業再生実務の深化と課題, 金融財政事情研究会(2013)(이하 '伊藤眞, 須藤英章'라고 한다), 8면.

이행선택이 이루어진 것과 유사하다고 볼 수 있다고 하면서도 우선변제가 허가된 금액보다 소액인 금융기관채권 등이 있는 경우에는 평등의 원칙에 위반될 소지가 있다는 견해가 있다.[43]

(5) 특별이익공여금지 관련

대상결정과 99그35 결정의 사안에서 만약 법원의 허가가 없었다면 인가요건 중 "[변제]계획에 대한 결의를 성실·공정한 방법으로 하였을 것"을 위반한 점도 아울러 문제 되었을 것이다. 위 인가요건 위반을 이유로 변제계획을 불인가하기 위하여는 위반행위와 가결 사이에 인가관계가 인정되어야 한다.[44] 이 점은 채무자회생법 제219조의 특별이익공여금지와도 관련이 있는데, 위 조항의 주체에 관리인이 포함되는지 여부에 대하여는 이를 긍정하는 견해가 일반적이다.[45][46] 우선변제의 허가가 있는 경우에도 위 조항의 적용이 반드시 배제된다고 볼 필요는 없다고 생각되지만, 회생절차에서 변제계획안 가결을 위한 채무자와 채권자들 사이의 협상이 불가결한 것임을 고려하면, 위 조항의 요건 특히 주관적 요건을 충족시키는 것은 쉽지 않을 것이고, 쉬워서도 곤란하다.

(6) 여론

대상결정에 의하여 사건이 원심으로 환송된 이후 채무자가 우선변제를 받은 회생담보권자들이 신규대출을 함으로써 생긴 공익채권(우선변제받은 금액의 85%)의 변제조건을 다른 회생담보권과 같이 변경하는 내용의[47] 변경계획안을 제출하고, 1심법원이 인가하였는바,[48]

파기환송심법원은, 채무자의 갱생을 위한 운영자금 확보를 위하여 위 우선변제가 필요하였던 점, 우선변제에 법원의 허가가 있었고, 사후적이지만 근거조항 ②가 신설된 점, 대상결정 이후에 위 공익채권들의 변제조건이 변경된 점 등을 종합하여 이 사건 변제계획이 평등의 원칙에 위반되었다고 할 수 없다고 하였다.[49] 결국 우선변제를 받은 회생담보권자들은 15%는 전액 변제받은 셈이어서 B 방식으로 처리된 것은 아니다. 파기환송심법원은 금융기관채권에 대하여도 운영자금마련의 필요성에 근거하여 ②의 우선변제가 허가될 수 있다고 판단하였는바, 담보물이 채권인 경우 변제에 의하여 즉시 현금화되는 특수성이 있는데, 담보물인 채권의 채무자가 잘못된 법률적 판단에 따라 담보권자에게 변제했다는 우연하고도 위법한 사정에 기초를 둔 우선변제의 허용성이 인정된다고 본 판단에는 의문이 있다. 따라서 변경계획안에서는 차별적 취급의 정도가 많이 완화되긴 하였지만, 변경계획안이 평등의 원칙에 반하지 않는다고 본 위 결론도 의문이 있다. ①과 달리 문언상으로는 ②에서 상거래채권이 반드시 배제된다고 단정할 수는 없지만, ②도 기본적으로 상거래채권을 전제로 하고 있고, 상거래채권과 금융채권의 구분은 가급적 유지하는 것이 바람직할 것이다. 채무자가 담보권자인 금융기관이 보관하고 있는 현금을 신속하게 반환받을 수 있는 방안이나, 평등의 원칙을 훼손하지 않으면서도 DIP 파이낸싱을 촉진할 수 있는 실무적, 입법적 방안을 모색하는 것이 필요하다고 생각된다.

---

43) 伊藤眞, 須藤英章, 29~30면.

44) 회생사건실무(하), 70면.

45) 채무자회생법 제219조의 '채무자'에 관리인이 포함된다는 견해로는 회사갱생법, 842면, 조해 회사갱생법 (하), 581면이 있고, 관리인이 공적수탁자로서의 임무를 간과하고, 채무자의 압박을 못 이겨 또는 종전 대표자의 마인드를 가지고 사익추구의 일환으로 본조가 정한 행위를 한다면 이는 위 조항의 '채무자가 제3자의 명의로 한 행위'에 해당한다는 견해로는 주석 채무자회생법(Ⅲ), 274면(최영은 집필부분)이 있다.

46) 채무자회생법 제219조는 당연한 내용을 규정한 것으로서 삭제하여야 한다는 견해로는 전대규, 669면.

47) 한국산업은행의 개시후이자는 다른 정리담보권에 대한 개시후이자와 같이 변경하는 내용도 포함되었다.

48) 심리 및 결의를 위한 관계인집회가 열려 변경계획안이 가결되었는바, 변경계획안의 영향을 받는 한국산업은행 등 정리담보권자들 이외의 채권자들이 참가하였는지는 명확하지

않다.

49) 파기환송심의 결정에 대하여 다시 특별항고가 제기되었는지 여부는 확인할 수 없었다.

[50] 회생절차의 M&A에서 기존 주주의 지위

차승환(대전지방법원 부장판사)   대법원 2008. 5. 9.자 2007그127 결정

[사안의 개요]

정리회사 충남방적(이하 '충남방적'이라 한다)은 수권주식 총수 4,000만 주, 발행주식수 460만 주인 유가증권시장 상장법인으로서, 확정된 정리계획에 제3자에 의한 인수·합병 추진 조항[1] 및 추상적·일반적인 신주발행 조항[2]을 두었다.

충남방적은 당초 정리계획에서 예상한 것보다 훨씬 고가에 공장을 매각하여 자산이 부채를 초과하고 보유자금만으로도 정리채권·담보권을 전액 변제할 수 있었지만, 인가 전부터 지속된 매출감소와 영업적자, 주요 자회사의 자금부족 등으로 인해 경영정상화에는 어려움을 겪었다.

관리인은 추가 자금조달을 위해 제3자 인수·합병을 추진하였고, 정리법원은 인수자인 B사에 대한 제3자 배정방식의 신주발행을 허가하였다. 이에 따라 충남방적에 신주인수대금 988억 원이 유입되었고, B사에 액면금액 5,000원인 보통주를 주당 12,350원으로 하여 800만 주가 발행되었으며, 그 결과 A사를 비롯한 기존 주주의 지분이 희석되었다.

이에 정리계획 인가 후 공개매수 등을 통해 주식 지분 50% 이상을 확보하였던 A사는 법원에 기업매각절차중단 가처분을 구하였다가 기각되자(대전지방법원 2007. 4. 13.자 2007카합327 결정, 대전고등법원 2007. 6. 19.자 2007라91 결정), 정리법원의 제3자 배정방식 신주발행 허가결정의 취소를 구하는 특별항고를 제기하였다. 특별항고 기각.

[결정요지]

정리회사의 관리인이 정관에 규정된 수권자본금 한도 내에서 정리법원의 허가하에 향후 제3자 배정방식의 신주발행을 계획하고 있는 정리계획 조항에 따라 신규 자금을 유치할 목적으로 정리법원의 허가를 받아 신주를 발행하는 경우에는 정리회사의 기존 주주들이 정리계획에 의하여 감수하기로 예정한 불이익이 구체적으로 현실화되는 것에 불과하므로 특별한 사정이 없는 한 제3자 배정방식의 신주발행을 위하여 정리계획 변경절차를 거칠 필요가 없다.

[해설]

1. 문제의 소재

회생회사[3]에 대한 M&A 과정에서 제기되는 쟁점 중 하나는 기존 주주에게 어느 정도의 지위와 권리를 인정할 수 있는가이다. 이는 M&A 시점에 회사의 자산이 부채를 초과하여 기존 주주에게 잔여재산에 대한 권리가 인정된다고 볼만한 경우에 특히 문제된다.

대상결정에서는 원 정리계획에 M&A 추진 조항과 추상적·일반적인 신주발행 조항을 둔 정리회사의 관리인이 정리계획 변경절차 없이 M&A를 위해 제3자 배정방식으로 신주를 발행하는 것이 허용될 수 있는지 여부가 쟁점이 되었다.

2. 대상결정의 논거

대상결정은 관계인집회의 결의 등을 통해 확정된 정리계획에서 경영정상화를 위한 M&A를 위해 관리인이

---

1) '자구계획' 부분에서 "정리회사는 회사의 조기정상화와 채권자의 이익보전 및 종업원의 고용안전을 위하여 채권자협의회와 충분한 협의를 통하여 정리회사의 제3자 인수를 적극 추진할 계획입니다."라고 규정하고, '정리회사를 인수할 자' 부분에서 "관리인은 정리회사의 조기정상화를 위하여 제3자 인수를 추진하여야 하며 그 추진상황을 정기적으로 법원에 보고하여야 한다."라고 규정하였다.

2) '신주의 발행' 부분에서 "1. 회사는 이 정리계획안 인가일 이후부터 정리절차가 종료될 때까지 법원의 허가를 받아 수차에 걸쳐 신주를 분할하여 발행할 수 있다. 2. 신주를 인수할 자, 배정방법, 발행가액 및 납입기일 등은 법원의 허가를 받아 관리인이 이를 정한다."라고 규정하였다.

3) 이하에서는 원칙적으로 회생절차를 중심으로 회생회사, 회생계획이란 용어를 사용하고, 구 회사정리법 당시 판례를 인용하는 등 필요한 경우에만 정리절차, 정리회사, 정리계획이란 용어를 사용한다.

정관에 규정된 수권자본금 한도 내에서 정리법원의 허가를 얻어 제3자 배정방식의 신주발행을 계획하는 조항을 두고 있는 이상 이는 정리계획의 효력을 받는 기존 주주들이 감수해야 할 성질의 것이고, 관리인이 위와 같은 정리계획에 따라 신규자금을 유치할 목적으로 수권자본금 범위 내에서 정리법원의 허가를 받아 제3자 배정방식의 신주를 발행한 경우 기존 주주들이 정리계획에 의해 감수하기로 예정한 불이익이 구체적으로 현실화되는 것에 불과하다고 판시하였다.

그리고 대상결정은 제3자 배정방식의 신주발행으로 기존 주주의 지분 가치가 희석되어 M&A 시점의 청산가치보다 적은 가치가 기존 주주들에게 귀속되는 결과가 발생하더라도, 특별한 사정이 없는 한 관리인은 신주발행 당시의 장부상 청산가치에 의한 제한을 받지 않고 통상적인 방법에 따라 신주발행가액을 정할 수 있다고 보았다.

3. 검토

가. 회생절차가 개시되면 주주는 상법상 주주의 권리가 금지·제한되는(제55조, 제56조) 대신 회생계획안에 대하여 의결권을 행사할 수 있고(제146조 제2항), 다만 개시 당시 회사가 부채초과 상태인 때에는 의결권도 행사할 수 없다(제146조 제3항 본문). 그런데 M&A 시점에 회사의 자산이 부채를 초과하는 상태라면 기존 주주에게도 일정 한도 내에서 회사에 대한 지배권이 인정될 여지가 있는지 문제될 수 있다.

대법원은 기존 주주의 지위에 관하여, 회생회사의 자산이 부채를 초과하는 경우 법이 원칙적으로 주주의 의결권을 보장하고 있지만(제146조 제2항, 제3항 단서), 회생절차상 의결권을 인정한다고 하여 그것이 회생절차에 의하지 아니하고 회사에 대한 주주의 자익권이나 공익권을 전면적으로 인정하는 취지는 아니라고 판시하였다(대법원 2005. 6. 15.자 2004그84 결정). 결국 판례에 의하면 회생회사의 M&A 추진 권한은 관리인에게 있고, 기존 주주가 가지는 상법상 권리는 회생절차 진행에 방해가 되지 않는 범위 내에서만 행사될 수 있는 것이다.[4]

이에 대하여는 주주에게 잔여재산에 대한 배타적인 권리가 있으므로 M&A 추진 여부는 주주가 정할 문제라는 비판이 있다.[5][6]

나. 그렇다면 원 회생계획에서 정한 회생채권·담보권의 전액 변제가 가능한 회생회사의 M&A와 관련하여 기존 주주의 의결권은 어느 정도 보장되어야 하는가. 달리 말하면, 위와 같은 회사에 대하여 M&A를 추진하려면 관계인집회의 결의를 통한 회생계획 변경절차를 반드시 거쳐야 하는지 여부가 문제된다.[7]

1) 먼저 원 회생계획에 제3자의 인수·합병 추진 조항이 없는 경우에 관하여 본다. 국제상사 사건(대법원 2005. 6. 15.자 2004그84 결정)에서 대법원은, 원 정리계획에서 추상적·일반적 신주발행 조항 및 부동산 매각을 통한 변제 계획만을 정하고 제3자에 의한 인수·합병을 고려하지 않았음에도, 제3자 인수·합병을 위하여 정관변경을 통해 수권자본금을 증가시키고 제3자 배정방식의 신주발행을 하는 것은 전체적인 정리계획의 기본적 구도가 변경되는 결과를 초래하므로, 위와 같은 정관변경 및 신주발행을 하려면 정리계획 변경절차에 의하여야 하고, 나아가 위와 같은 내용은 기존 주주에게 불리한 영향을 미칠 경우에 해당하여 관계인집회의 결의까지 거쳐야 한다고 판시하였다.

2) 다음으로 원 회생계획에 제3자의 인수·합병 추진 조항이 있는 경우에 관하여 본다. 종래 법원 실무는 회생회사의 조기 정상화를 위한 방안으로 M&A를 적극 추진하여 대부분의 회생계획에 M&A 추진 조항 및 추상적·일반적인 신주발행 조항을 두도록 하였고, 회생계획에 위와 같은 조항이 기재되어 있다면 관리인이 회

---

[4] 권순일, "정리회사의 재무구조 변경과 주주의 지위", 상사판례연구 Ⅶ권, 박영사(2007), 409~410면.

[5] 오수근, "정리계획 수행과 주주의 권리", 상사판례연구(20집 3권), 한국상사판례학회(2007. 9.), 656, 681~682면.

[6] 국제상사 사건(대법원 2005. 6. 15.자 2004그84 결정)의 항고심은 정리회사라도 주식회사의 본질상 회사의 소유는 여전히 주주에게 있고 정리절차가 종결되면 회사는 주주에게 복귀되는 것이므로, 관리인은 정리절차의 원활한 수행을 위해 기존 주주에게 신주인수권을 우선 부여하는 등 적극적으로 주주의 협조를 이끌어낼 필요가 있다고 보았다(부산고등법원 2004. 6. 4.자 2003라37 결정).

[7] 경우에 따라서는 회생채권자·담보권자가 회생계획 변경으로 권리에 영향을 받지 않는 자(제282조 제2항 단서)에 해당하여 의결권이 배제되는 상황이 발생할 수 있고, 이때는 주주의 조만 의결권을 행사하게 된다.

생계획 변경절차를 거치지 않고도 수권자본금 한도 내에서 제3자 배정방식의 신주발행을 하는 것이 가능하다고 보았다.[8] 이에 대한 근거로는 관계인집회의 결의 등을 통해 확정된 회생계획에서 이를 예정한 이상 기존 주주가 감수해야 할 불이익이 현실화되는 것에 불과하다는 견해,[9] 회생계획을 통해 향후 회사의 지배구조를 확정하여 둔 것으로 해석할 수 있다는 견해[10] 등이 제시되었다. 이러한 법원 실무의 태도는 추상적·일반적인 신주발행 조항이 있는 경우까지 신주발행에 관한 구체적인 사항이 기재되지 않았다는 이유로 일일이 관계인집회를 거쳐야 한다면, 회사의 경영이 정상화되어 자산이 부채를 초과하는 경우에는 사실상 기존 주주들의 반대로 제3자 배정방식의 신주발행에 의한 M&A가 불가능하고, 이 경우 채권자들의 희생 등을 통해 정상화된 회생회사에 관하여 추가적인 재무구조 개선 기회가 상실된 채 실제로는 회생에 별다른 역할을 하지 않은 기존 주주에게 그 경영권을 넘겨주는 결과를 초래하여 부당하다는 데 기인한다.[11]

대상결정은 정관이 정한 수권자본금 한도 내에서 신주발행이 이루어진다면 특별한 사정이 없는 한 회생계획 변경절차를 거칠 필요가 없다고 판시함으로써 종래 실무를 지지하였다고 평가할 수 있다.

다. 이에 대하여는 ① M&A 추진 여부는 조기 종결 후 주주가 정할 문제라는 견해,[12] ② 회생계획 수행에 지장을 초래할 사정이 없음에도 M&A를 추진하는 것은 단지 인수자에 의한 지배구조의 변동만을 초래하여 부당하다는 견해,[13] ③ 관리인이나 법원이 오로지 재무구조 개선이나 지배주주의 형성만을 위해 M&A를 추진하는 것은 정당성의 근거를 찾기 어렵다는 견해,[14] ④ 회생계

확안 작성 과정에서 수권자본금의 한도나 M&A 추진에 대한 특별한 고려 없이 임의로 관련 조항이 기재되는 경우가 많기 때문에 기존 주주가 지분 희석을 용인하였다고 추정할 수 없으므로, 회생계획을 변경하여 관계인집회의 결의를 받고 만약 주주 조(組)에서 부결되면 권리보호조항을 정하고 강제인가를 하는 방안이 타당하다는 견해,[15] ⑤ 위와 같은 실무 운용이 바람직하지는 않지만 회생채권자·담보권자가 일시 변제를 받을 수 있고 회생회사도 재무구조 개선의 기회를 얻을 수 있다는 점에서 긍정할 수 있다는 견해[16] 등이 제시되고 있다.

4. 여론

가. 대상결정의 쟁점들은 종래 이해관계인들의 회생절차 참여가 저조하고 법원이 조기 종결을 소극적으로 운영한 데 근본적인 이유가 있다. 현행 법원 실무는 '패스트트랙' 회생절차에 의하여 이해관계인들의 능동적인 절차 참여를 유도하고, 적극적인 조기 종결 실시를 통해 효율적인 회생절차를 도모하고 있다.[17]

나. 현재 회생법원은 대부분의 사건에서 관리인 불선임에 의해 회생회사의 대표자를 관리인으로 보고(제74조 제4항), 회생계획 인가 후 주주총회에서 주주가 대표자의 선임을 통해 관리인을 선택할 수 있는 기회를 제공함으로써, 인가 후에는 주주가 회생회사에 대한 지배권을 실질적으로 행사할 수 있도록 하고 있다.

다. 한편 동양그룹 사건에서 ㈜동양은 회생계획 인가 후 출자전환된 개인채권자들이 주주의 86% 가량을 차지하고 어느 주주도 5% 이상의 지분을 보유하지 못하게 된 상태에서 관계사 주식 등 비업무용 재산의 매각으로 회생채권·담보권 전액을 변제하고도 5,000억원에 이르는 현금성 자산을 보유하게 되었다. 이에 따라 회생회사의 안정적인 지배구조 확보를 위하여 제3자 배정방식 신주발행 등을 통한 M&A를 추진할지 여

8) 서울지방법원, "회사정리실무", 서울지방법원(2000), 328~330면; 서울회생법원 실무연구회, 회생사건실무(상), 박영사(2019), 776, 824면.

9) 김용덕, "통합도산법", 법문사(2006), 318면 각주 184)

10) 박형준, "법정관리기업 인수·합병(M&A)의 실무와 전망", 사법논집(44집), 법원도서관(2007), 617~618면.

11) 서울지방법원, "회사정리실무", 서울지방법원(2000), 330면.

12) 오수근, "정리계획 수행과 주주의 권리", 상사판례연구(20집 3권), 한국상사판례학회(2007. 9.), 681~683면.

13) 홍성준, "회사정리·회생절차와 M&A", BFL(제20호), 서울대학교 금융법센터(2006. 11.), 85~86면.

14) 심활섭, "도산관계소송", 한국사법행정학회(2009), 299~301면.

15) 서정걸, "회생회사 M&A 절차에서 주주의 지위", 사법(4호), 사법연구지원재단(2008. 6.), 195~201면.

16) 박재완, "도산법 분야의 최신 판례와 실무례", 인권과 정의(383호), 대한변호사협회(2008. 7.), 44면.

17) 정준영, "기업회생절차의 새로운 패러다임", 사법(18호), 사법발전재단(2011), 32~33면.

부가 쟁점이 되었다. 회생법원은 법원 주도하에 대주주 확보를 위한 인수·합병을 하는 대신 회생절차 종결 이후 시장에서의 자율적인 지분 확보 경쟁을 통해 회사 지배구조가 형성되도록 유도하기로 하고, 대신 이사 추가선임에 의한 이사회 장악 시도의 봉쇄 방안 등 적대적 M&A에 대한 대응 조치를 취한 후 ㈜동양에 대하여 종결결정을 하였다.[18]

---

18) 이재희, "기업집단 도산사건의 효율적 처리방안", 사법논집(제63집), 법원도서관(2017), 216~220면.

[51] 회생계획 인가요건으로서 청산가치보장의 원칙과 평등의 원칙

정준영(서울고등법원 부장판사) 　　　대법원 2008. 6. 17.자 2005그147 결정

[사안의 개요]

정리담보권자 A의 담보목적물의 청산가치가 정리담보권 원리금을 상회하는데도 청산가치가 정리담보권 원리금에 미치지 못하는 다른 정리담보권자들에 대한 권리변경방법과 동일하게 원금의 22%를 출자전환하는 정리계획변경계획이 정리담보권자조에서 가결되고 정리법원이 이를 인가하자 A가 즉시항고하였다. 항고심이 A의 정리담보권 원금 전액을 현금변제하는 내용의 권리보호조항을 두고 정리계획변경계획을 변경인가하자 정리회사의 관리인은 이 변경인가결정은 A를 다른 정리담보권자보다 우대하는 것이므로 '평등의 원칙'에 위반된다는 이유로 특별항고하였고, A는 정리담보권 원금에 대하여만 권리보호조항을 정하고 이자에 대하여는 권리보호조항을 정하지 아니한 것은 '청산가치보장의 원칙'에 위반한 것이라는 이유로 특별항고하였다. A 부분 파기환송(A의 특별항고 인용).

[결정요지]

담보목적물의 청산가치가 정리담보권 원리금을 상회하는데도 정리담보권 일부를 출자전환하는 내용의 회사정리계획은 당해 정리담보권자가 동의한다거나 정리회사의 주식이 현금과 실질적으로 동등한 가치를 지니고 있고 유동성 및 안정성 등의 측면에서도 현금에 준할 정도의 성질을 갖고 있다는 등의 특별한 사정이 없는 한 정리담보권의 실질적 가치를 훼손하는 것이므로 허용될 수 없다(청산가치보장의 원칙).

정리담보권자라고 하더라도 청산가치는 담보목적물의 종류, 담보권의 순위 등에 따라서 달라질 수밖에 없으므로 담보목적물의 청산가치가 정리담보권액을 상회하는 정리담보권자에게는 정리담보권액 전부를 변제하고, 그렇지 못한 정리담보권자에게는 정리담보권액의 일부를 감면하는 등의 내용을 정하였다고 하여 그 정리계획안이 평등의 원칙을 위반하였다고 볼 수 없다(평등의 원칙).

[해설]

1. 문제의 소재

본 사안은 회사정리법상 회사정리계획 인가요건인 청산가치보장의 원칙과 평등의 원칙이 문제된 사안으로서 대상판례는 채무자회생법에 따른 회생계획의 인가요건에 관해서도 적용 가능하다.

이 사건 회사정리계획 변경계획은 2004. 6. 18. 정리담보권자조(동의율 81.2%)와 정리채권자조(동의율 78.6%) 모두에서 가결되고 인가되었는데, 그 변경계획에 의하면 이 사건 담보목적물인 '마산공장 부지'의 예상 매각대금 1,700억 원 중 200억원은 구조조정비용으로 사용하고, 나머지 1,500억 원 중 53억 원은 '마산공장 부지'에 대한 담보권이 없는 기타 담보권자[1]와 정리채권자[2]에 대한 변제금으로 공제한 다음, 나머지 1,447억 원을 마산공장 부지의 정리담보권자들에 대한 배분재원으로 하여 정리담보권 원금의 22%를 출자전환한 나머지 금액에 배분하며, 미변제 잔여원금은 6차년도부터 10차년도까지 균등분할 변제하고, 유예이자는 전액 출자전환하고 기발생이자는 전액 면제하도록 하였다.

이 변경계획인가결정에 대하여 마산공장 부지 정리담보권자들 중 A가 즉시항고하였는데, 그 후 마산공장 부지는 2004. 8. 31. 예상 매각대금보다 훨씬 높은 2,850억 원에 매각되었다.

항고심은 변경계획상 구조조정비용으로 사용할 200억 원을 제외한 1,500억 원으로 마산공장 부지 정리담보권 원리금을 완제할 수 있는데도 채권원금 중 22%를

---

1) 기타 담보권자의 권리변경방법 : 원금의 22%를 출자전환하고, 나머지 원금의 10%는 마산공장 부지 매각자금으로 변제하며, 잔여원금은 6차년도부터 10차년도까지 균등분할 변제. 유예이자는 전액 출자전환하고, 기발생이자는 전액 면제.

2) 금융기관 정리채권자의 권리변경방법 : 원금의 50%를 출자전환하고, 나머지 원금의 6%를 마산공장 부지 매각자금으로 변제하며, 잔여원금은 7차년도부터 10차년도까지 균등분할 변제. 유예이자는 전액 출자전환하고, 기발생이자는 전액 면제.

출자전환하도록 한 것은 마산공장 부지 담보권자의 담보권의 본질을 침해한 것이라고 판단하고, 원금에 대한 출자전환 대신 전액 현금으로 변제하도록 하는 권리보호조항을 두어 변경인가하였다. 다만 유예이자 및 기발생이자에 대해서는 권리보호조항을 정하지 않았다.

이러한 항고심의 변경인가결정에 대하여 마산공장 부지 정리담보권자 A와 정리회사 관리인이 각각 특별항고하였는데 논점은 다음과 같다. 첫째, 담보목적물의 매각대금으로 당해 담보목적물에 대한 정리담보권자의 정리담보권 원리금을 완제할 수 있는데도 일부 채권액에 대한 출자전환을 하는 것은 청산가치보장의 원칙에 위반되는지. 둘째, 청산가치가 다른 담보목적물에 대한 정리담보권자들 사이에서 권리변경방법을 달리 정하여도 평등의 원칙에 위반되지 않는지.

2. 대상판례의 논거

첫째 논점에 대하여 대법원은 담보목적물 매각대금이 정리담보권의 원리금을 상회할 경우 청산가치보장의 원칙상 당해 정리담보권자의 동의가 없는 한 채권 원리금 전액을 현금변제해야 청산가치 보장의 원칙이 충족된다는 입장을 취했다. 둘째 논점에 관하여 대법원은 평등의 원칙은 같은 성질의 권리를 가진 자 간에는 평등한 변제조건을 정해야 한다는 원칙이므로 비록 같은 정리담보권자조에 속하였다고 해도 담보목적물의 청산가치가 다른 정리담보권자에 대하여 다른 내용의 변제조건을 정하였다고 하여 그 정리계획안이 평등의 원칙을 위반하였다고 볼 수 없다는 입장을 취했다.

3. 검토

청산가치보장의 원칙은 권리자에게 청산가치 이상을 분배하여야 한다는 원칙이다. 회사정리법상 청산가치보장의 원칙은 부동의한 조를 위한 권리보호조항을 두고 강제인가할 때 적용되는 것인데(회사정리법 제234조 제1항),[3] 대상판례에서는 청산가치에 미달하는 분배를 하는 정리계획은 정리담보권자의 재산권의 본질적인 부분을 훼손하는 것이라고 보고 청산가치보장의 원칙을 정리계획 인가요건으로 보았다. 채무자회생법에서는 이러한 판례입장을 수용하여 청산가치보장의 원

3) 대법원 2005. 11. 14.자 2004그31 결정 참조.

칙을 회생계획 인가요건의 하나로 정하고 있다(채무자회생법 제243조 제1항 제4호). 다만 이러한 청산가치보장의 원칙은 정리계획안에 동의한 권리자에 대하여는 적용이 없다(채무자회생법 제243조 제1항 제4호 단서 참조).

미국의 경우 담보목적물의 종류나 담보권의 순위에 따라 담보권자조가 따로 편성되고 각각 결의를 한다.[4] 그런데 우리나라의 법실무는 편의상 담보목적물이 다르고 담보권순위가 다른데도 정리담보권자 전체를 1개의 정리담보권자조에 편성하여 결의를 하도록 하고 있다. 이에 따라 정리담보권자조에서는 가결되었지만 청산가치보장의 원칙이 지켜지지 않은 개별 정리담보권자가 있을 수 있는데 이들을 정리계획 인가요건으로서의 청산가치보장의 원칙으로 보호하는 것이다. 결국 우리나라에서는 같은 정리담보권자 조에 속하였다고 하더라도 개별 정리담보권자 별로 청산가치를 산정하고 그에 따라 변제방법을 달리 정하는 실무가 형성되었다.[5]

이 사안의 경우 변경계획안은 정리담보권자조에서 가결되었지만 마산공장 부지 정리담보권자들 중 A가 청산가치보장의 원칙 위반을 이유로 변경계획안에 반대하였으므로 마산공장 부지 정리담보권자들에 대하여 청산가치보장의 원칙이 지켜졌는지가 문제된다. 마산공장 부지의 매각대금으로 당해 정리담보권 원리금 전액의 현금변제가 가능한데도 당해 정리담보권자의 동의없이 채권원금의 22%를 출자전환하도록 한 것은 정리회사의 주식이 현금과 동등한 가치가 인정되는 등 특별한 사정이 없는 한 권리순위에서 최상위에 있던 담보권자의 지위를 가장 열등한 권리순위에 있는 주주의 지위로 전락시키는 것이어서 그 권리를 부당하게 침해받게 된 결과가 되어 결국 청산가치보장 원칙이 지켜지지 않은 것이다. 만일 마산공장 부지 매각대금으로 당해 담

4) 이러한 이유로 미국의 회생절차 실무에서는 회생담보권은 1권리 1조로 편성하고, 예외적으로 동일 담보목적물에 대한 동순위의 담보권자가 복수인 경우에 이들을 하나의 조에 편성한다고 한다. 윤남근, "회생계획안의 인가", 저스티스 131호, 한국법학원(2012. 8.), 11면 참조.

5) 같은 종류의 권리 내부에서도 정리채권이나 정리담보권의 성질의 차이 등을 고려하여 형평의 관념에 반하지 아니하는 경우에는 이를 더 세분하여 차등을 둘 수 있다(대법원 1998. 8. 28.자 98그11 결정; 채무자회생법 시행 후의 대법원 2016. 5. 25.자 2014마1427 결정).

보목적물에 대한 정리담보권 원리금을 전액 변제할 수 없었다면, 잔여채권에 대한 출자전환을 하는 것은 가능했을 것이다.

다음으로 정리계획의 조건은 같은 성질의 권리를 가진 자 간에는 평등하여야 한다는 평등의 원칙(회사정리법 제229조, 채무자회생법 제218조)에 대해서 보기로 한다. 같은 정리담보권자조에 속한 정리담보권자에 대해서는 평등의 원칙이 적용되어야 할까? 담보목적물과 담보권순위에 따라 각각 별도의 정리담보권자조를 편성하는 미국의 법실무에서는 같은 정리담보권자조에 속한 정리담보권자에게 평등의 원칙이 적용된다. 그러나 담보목적물이나 담보권순위가 다른 담보권자를 모두 1개의 정리담보권조에 속하도록 조편성을 하고 있는 우리나라의 법실무에서는 전혀 타당하지 않다. 같은 정리담보권자조에 속한 정리담보권자라도 담보목적물이나 담보권순위가 다르다면 같은 성질의 권리를 가진 자라고 볼 수 없으므로 변제조건이 동일하지 않다고 하여 평등의 원칙에 위반된다고 볼 수 없다.

이 사안에서는 담보목적물의 청산가치가 채권원리금을 상회하는 정리담보권자(마산공장 부지에 대한 정리담보권자)와 담보목적물의 청산가치가 채권액에 미치지 못하는 정리담보권자가 있는데 모두 1개의 정리담보권자조에 편성되었다. 당초 변경계획안은 모든 정리담보권자에 대하여 원금의 22%를 출자전환하는 것으로 권리변경방법을 정하였으나 항고심은 마산공장 부지 정리담보권자에 대해서는 청산가치보장을 위해 출자전환 부분을 현금변제로 변경하는 권리보호조항을 두고 변경인가를 하였다. 이와 같이 담보목적물이나 담보권순위 등 권리의 성질이 다른 이상 그 변제조건이 동일하지 않더라도 평등의 원칙 위반이 아니다.

4. 여론

부동의한 조가 있는 경우에는 법원은 권리보호조항을 정하고 정리계획을 변경인가하는 이른바 강제인가를 할 수 있다(회사정리법 제234조 제1항, 채무자회생법 제244조 제1항). 그런데 판례는 모든 조가 동의하였지만 정리계획 인가요건이 충족되지 못한 채권자가 있는 경우 정리계획에 대하여 대다수의 이해관계인이 동의하였을 뿐만 아니라 이미 그 계획이 수행되고 있고 사회·

경제적으로 미치는 영향이 작지 않다면 회사정리법 제234조 제1항을 준용하여 권리보호조항을 두고 변경인가할 수 있다고 하였다.[6] 모든 조가 동의한 이 사안의 항고심도 회사정리법 제234조 제1항을 준용하여 마산공장 부지 정리담보권자를 위한 권리보호조항을 두고 변경인가하였고, 대법원은 이러한 항고심의 조치를 정당하다고 수긍하였다.

이러한 판례의 태도는 담보목적물이나 담보권순위가 다른데도 모든 정리담보권자를 1개의 정리담보권자조에 속하도록 조편성을 하는 우리나라의 법실무를 고려할 때 타당하다. 정리담보권자조에서 가결되더라도 청산가치가 보장되지 않는 정리담보권자가 정리계획안에 동의하지 아니한 경우 그 정리계획안은 청산가치 보장의 원칙이라는 인가요건을 충족시키지 못한 것이다. 이 경우 불인가 대신 그 권리자를 위한 권리보호조항을 두고 변경인가하는 것은 그 권리자를 위한 별도의 조가 편성되고 그 조가 부동의한 경우 권리보호조항을 두고 변경인가하는 것과 실질적으로 차이가 없다. 이 사안에서 마산공장 부지 정리담보권자들을 위한 별도의 조를 편성하였고 그 조가 부동의하였다고 가정한다면 항고심이 마산공장 부지 정리담보권자들을 위한 권리보호조항을 두고 변경인가한 조치가 정당함을 쉽게 알 수 있다.

---

6) 대법원 2000. 1. 5.자 99그35 결정.

[52] 회생계획 변경의 사유 및 강제인가시 재량의 범위 및 판단기준

김유성(대법원 재판연구관(부장판사))　　　　　　　　**대법원 2008. 1. 24.자 2007그18 결정**

[사안의 개요]

2000. 3. 정리계획이 인가된 정리회사 A는 정리계획인가 후 2006년까지 정리계획을 초과달성한 자산초과 회사이다. 특별항고인은 정리채권자의 채권을 매수하는 등의 방법으로 정리회사 주식 약 45%를 인수하였고, 거래소에서 주식을 추가로 매집하는 등의 방법으로 정리회사에 대한 약 51%의 지분을 보유한 A의 대주주이다.

정리회사의 관리인은 인가후 M&A를 추진하였고, B가 A회사를 인수하는 본계약을 체결하였다. 관리인은 인가후 M&A가 성공함에 따라 변경계획안을 제출하였다. 위 변경안은 정리담보권과 정리채권 등을 조기변제하고, 유상증자 결과 특별항고인의 지분율 약 51%를 약 13%로 낮추는 것을 내용으로 하고 있다. 위 계획안은 주주 조의 반대로 부결되었다.

정리법원은 기존 주주들에게 주당 5,000원에 보유주식을 유상소각신청할 수 있는 '권리보호조항'을 설정하고 부결된 변경계획안을 강제인가하였고, 기존 지배주주는 강제인가결정에 대하여 즉시항고를 하였다. 원심법원이 즉시항고를 기각하자 대법원에 특별항고를 제기하였다. 특별항고기각.

[결정요지]

구 회사정리법(2005. 3. 31. 법률 제7428호 채무자회생법 부칙 제2조로 폐지, 이하 '구 회사정리법')의 회사정리절차에서 인가된 정리계획을 변경할 부득이한 사유나 필요가 있는지 여부는, 정리법원이 정리계획과 대비하여 정리회사의 재무구조와 영업상황, 자금수지 상황, 정리채무의 원활한 변제가능성 등을 검토하고, 정리회사의 자금조달과 신규투자의 필요성 및 국내외 경제사정의 현황과 전망 등을 고려함과 아울러 정리계획변경으로 인하여 영향을 받는 이해관계인의 의사 및 불이익의 정도 등을 종합·참작하여 정리회사의 유지·재건으로 인한 사회·경제적 이익과 이해관계인에 미치는 불이익의 정도 등을 비교형량한 후 판단하는 것이다.

구 회사정리법 제233조 제1항, 제2항, 제234조 제1항, 제270조 제2항의 취지에 비추어 볼 때, 구체적 사안에서 정리법원이 부결된 변경계획안을 권리보호조항을 두고 인가할 것인지 여부는 정리법원이 정리회사의 재무구조, 영업상황 및 기업가치 등 제반 사정을 종합하여 재량에 따라 판단할 사항이고, 나아가 정리법원이 구체적인 권리보호조항을 정함에 있어서는 합리적인 절차와 방법에 따라 정리회사의 기업가치를 평가한 자료를 취사선택한 후 이를 토대로 부동의한 조의 권리자에게 실질적 가치를 부여하면 충분하다.

[해설]

1. 문제의 소재

가. 현행 회생절차 종결요건(제283조 제1항)은 구 회사정리법 때(제271조 제1항)보다 완화되었고, 서울회생법원은 위와 같이 완화된 입법취지에 따라 '회생절차의 조기종결'을 시행하고 있다(서울회생법원 실무준칙 제251호). 그에 따라 회생계획을 수행하다가 인가후 M&A를 진행하는 사건은 회생계획이 애초에 인가후 M&A를 예정하고 있거나, 준비연도부터 회생계획을 수행하지 못하여 회생절차를 종결할 수 없는 예외적인 경우에 한하여 진행되고 있는 것으로 보인다.

나. 회생계획인가의 결정이 있은 후 부득이한 사유로 회생계획에 정한 사항을 변경할 필요가 생긴 때에는 회생계획을 변경할 수 있다(채무자회생법 제282조 제1항). 인가후 M&A 진행은 회생계획 변경을 수반하므로, M&A 진행을 위해서는 회생계획 변경 요건인 회생계획을 변경할 부득이한 사유가 존재하여야 하는데, 이 사건에서도 인가후 M&A 진행과 관련하여 회생계획을 변경할 부득이한 사유가 존재하는지 여부가 문제되었다.

다. 강제인가

강제인가는 법원의 재량임을 채무자회생법은 명시하고 있다(법 제244조 제1항). 판례는 법원이 강제인가를 하지 않은 것에 대하여 불복할 수 없다는 태도를 취하고 있고, 회생법원이 강제인가를 한 경우에 재량의 일탈 여부를 검토한다. 회생법원의 강제인가결정에 대한 재량의 범위와 판단기준이 문제되고, 특히 변경회생계획 강제인가의 경우에 최초 회생계획에 대한 강제인가기준과 비교하여 그 기준이 달라져야 하는지 여부가 문제된다.

2. 검토
가. 회생계획을 변경할 사유

회생계획은 조사위원의 조사, 관계인집회의 결의 등을 거쳐 법원의 인가결정을 받아 채권자 및 주주 등 이해관계인의 권리를 변경한 것이다(법 제252조 제1항). 따라서 인가 후에는 회생계획을 수행하고, 회생절차를 종결하며, 수행할 수 없다면 폐지할 뿐(법 제288조 제1항), 채무자의 회생을 위하여 이해관계인의 권리를 다시 변경하는 것을 원칙이라고 볼 수 없다.[1] 회생계획의 변경은 인가결정이 있은 후 "부득이한 사유"로 회생계획에 정한 사항을 "변경할 필요"가 생긴 때에 허용된다(법 제282조 제1항).

우선, 판례는 회생계획이 예상에 크게 못 미치고 자산 처분시 대규모의 처분손실이 발생한 채무자의 인가 후 M&A 진행과 관련하여 회생계획을 변경할 '부득이한 사유'에는 경제사정의 급변, 영업수익의 감소 및 매매실적의 부진 등도 포함되고, 정리계획을 '변경할 필요'는 정리계획의 전부 또는 일부를 수행하기 불가능하거나 현저히 곤란하고 계획을 변경하면 그러한 상황을 회피할 수 있는 경우를 말한다고 판시하면서, 인가후 M&A 절차를 진행하여 회생계획을 변경할 부득이한 사유가 있고 변경의 필요가 있다고 인정하였다[대결 2004그74(대법원 2007. 11. 29.)].

서울회생법원도 경제상황의 급격한 변화(해운업계의 불황 및 조선업계의 장기 침체) 등과 같은 외부적인 사정변경 외에도 매출이 원 회생계획 대비 부진한 경우 등도 부득이한 사유에 해당한다고 보았다.[2]

이 사건의 경우에 회생계획을 변경할 부득이한 사유가 있었는지, 회생계획을 변경할 필요가 있었는지 문제된다. 만일 이 사건 채무자의 영업이익이 회생계획을 초과 달성하였고, 보유부동산 일부를 매각하면, 잔존 회생채권 및 회생담보권 모두를 변제할 수 있는 상태였다면, 위 2004그74 결정의 법리에 의할 때 회생계획을 변경할 부득이한 사정 내지 변경할 필요성은 존재하지 않는 것으로 보인다. 부동산의 매각만으로도 회생계획의 수행가능성은 존재하기 때문이다.

M&A를 지금 진행하여 추가 자금조달 및 영업상황을 개선하지 않으면, 향후 회생계획을 수행하지 못할 가능성이 존재한다는 사정도 이익형량의 측면에서 주주 등 이해관계인의 희생을 정당화할 수 있는 사유가 되기 어려운 것으로 보인다. M&A를 통한 자금조달 및 영업상황의 개선은 당초 회생계획에서 예정한 것이 아닐 뿐 아니라 이것이 기존 주주의 지배권의 희석을 전제로 하는 것이라면, 위와 같은 판단은 당해 회생절차를 종결한 후, 주주총회를 통한 정관변경 및 제3자 배정에 대한 이사회 결의를 통하여 결정됨이 타당하다. 나아가 경영권 방어는 제3자배정의 요건인 경영상 목적에 해당하지 않는데[대판 2008다50776(2009. 1. 30.)], 지배주주와 관리인의 갈등이 인가후 M&A의 원인이라면, 더욱 회생계획 변경은 허가하지 않음이 타당하다. 대상결정도 회생법원의 회생계획 변경이 적절한 것인지 의문이 있다고 판단하였다.

나. 강제인가시 재량의 범위 및 판단기준

법원의 재량권의 행사는 합리적인 근거를 바탕으로 하여야 하고, 재량이 범위를 일탈하였다면 위법하다. 강제인가의 재량성과 관련하여 ㉮ 폐지결정(강제인가하지 아니함)의 재량권 일탈, ㉯ 강제인가결정의 재량권 일탈이 문제될 수 있을 것으로 보인다.

대상결정은 강제인가 여부를 회생법원이 ① 채무자의 재무구조, ②영업상황 및 기업가치 등 제반 사정을 종합하여 재량에 따라 판단할 사항이라고 결정하였다. 위와 같은 기준은 현재에도 유의미하다. 현재의 실무례는 과거에 비해 상대적으로 강제인가에 적극적인 것으로 보이는데, 서울회생법원은 강제인가를 하기 곤란한 사유로 ① 수행가능성이 낮은 경우, ② 현가변제율과 청산배당율의 차이가 근소한 경우, ③ 부동의된 조의 동의

---

1) 서울회생법원 재판실무연구회, 회생사건실무(하) 제5판, 박영사(2019)(이하 '회생사건실무(하)'라고 한다), 168면; 노영보, 도산법강의, 박영사(2018), 560면.
2) 회생사건실무(하), 172면.

율이 낮은 경우, ④ 반대채권자의 의사가 합리적인 경우, ⑤ 고용관계 내지 사회·경제적 파급효과가 낮은 경우 등을 들고 있다.[3]

㉮ 폐지결정의 재량권 일탈과 관련하여, 판례는 강제인가 여부는 법원의 재량에 속하는 사항으로, 강제인가하지 아니하였음을 이유로 항고할 수 없다고 판시하였다(대법원 2014. 3. 18.자 2013마2488 결정).[4] 회생계획이 관계인집회에서 부결된 경우에도 강제인가를 받을 수 있다는 등의 정당한 기대권이 채무자에게 부여되어 있다고 볼 수 없다는 점에서 판례의 결론은 원칙적으로 타당한 것으로 보이나, 강제인가를 하지 않음으로 인하여 발생하는 계속기업잉여(going-concern surplus)가 상대적으로 명확하고, 반대채권자의 비동의사유가 비합리적이고, 강제인가결정을 통해 달성할 수 있는 사회·경제적 파급효과가 명백하다는 등의 특단의 사정들이 있음에도 회생법원이 이를 도외시하고 회생절차를 폐지한 경우에는, 위 폐지결정에 법원의 합리적 재량을 일탈한 위법이 있다고 볼 수 있다고 생각된다.

㉯ 관계인집회에 회부된 회생계획은 원칙적으로 회생법원이 청산가치 보장 및 수행가능성을 심사한 것이다. 그런데, 법원이 정하는 권리의 공정한 거래가액(법 제244조 제1항 제3호)을 청산가치로 해석하는 한,[5] 적법한 회생계획에 대한 강제인가결정이 위법할 여지는 존재하지 않을 것으로 생각된다. 나아가 변경회생계획안이라 하여 강제인가를 자제하여야 논리적 근거를 찾기 어렵고, 서울회생법원의 실무례도 다르지 않은 것으로 보인다.[6]

3. 여론

판례는 구 회사정리법상 정리계획인가결정 등에 대하여는 즉시항고를 제기할 수 있고, 위 항고심의 결정에 대하여는 재항고가 허용되지 아니하고, 특별항고만이

허용되는 것이라고 해석하였다(대법원 1989. 12. 23.자 89마879 결정, 1987. 12. 29.자 87마277 결정, 서울지방법원, 회사정리실무, 449면) 그러나 현행 채무자회생법 하에서 회생계획 인가 여부의 결정에 대한 즉시항고에 대한 불복은 민사소송법 제442조의 재항고에 의한다(대법원 2016. 7. 1.자 2015재마94 결정).

대상결정은 특별항고심으로서 회생법원의 회생계획 변경결정 및 강제인가결정이 헌법상 비례의 원칙이나 평등의 원칙을 위반하지 않았다고 판단하였고, 정당한 것으로 보인다. 그러나 대상결정도 해당 사건의 회생계획 변경이 적절한 것인지 의문을 제기하였고, 현행 채무자회생법 하에서는 타당성을 인정받기 어려울 것으로 보인다.

---

3) 회생사건실무(하), 85면.

4) 회생사건실무(하), 85면; 정문경, 회생계획의 강제인가 기준에 관한 연구, 이화여자대학교 대학원 석사학위논문(2010), 31면.

5) 회생사건실무(하), 89면. 이에 대한 비판론으로 김장훈, 도산법의 몇가지 현안과 최근 동향, 저스티스(2015. 2.), 465면.

6) 회생사건실무(하), 81~82, 99면.

[53] 권리보호조항의 취지와 청산가치 보장/공정·형평의 원칙의 의미

김성용(성균관대학교 법학전문대학원 교수)

대법원 2004. 12. 10.자 2002그121 결정

[사안의 개요]

정리회사인 A사의 관리인이 제출한 정리계획변경계획안이 관계인집회에서 정리채권자조의 동의를 얻지 못하여 부결되었으나, 법원은 변경계획안 조항을 그대로 권리보호조항으로 정하고 인가하였다. 인가된 변경계획에 따르면, 보증채권인 정리채권의 경우에는 원금의 4%를 현금 변제하고 나머지를 전부 면제하며, 이전 정리계획에 따라 10주가 4.5주로 병합되었던 주식의 경우에는 다시 20주를 1주로 병합하면서 출자전환에 의한 신주발행을 함으로써 기존 주주의 지분비율이 9.07% 정도로 저감되었다. 한편으로 A사의 관리인은 변경계획안 제출 전에 창원공장과 구로공장의 영업을 양도하였는데, 그 양도대금이 청산대차대조표상의 개별 자산의 가액을 기준으로 산정한 청산가치를 상회하였다. 특별항고인은 변경계획상 보증채권자에 대한 변제금액이 위 양도대금으로 청산가치를 산정하면 배당되었을 금액을 하회한다는 점과 주주에 비하여 선순위자인 보증채권자의 권리 감축이 과도하다는 점 등을 주장하였다. 대법원은 아래 결정요지 1항을 설시하며 그에 따라 청산가치를 산정하면 정리채권자에게 배당할 금액이 없다는 이유로 전자의 주장을, 2항을 설시하며 장차 인수·합병에 의한 정리절차 진행으로 신주발행에 의하여 주주의 지분 비율이 추가로 저하될 것이 예정되어 있고, 보증채권은 주채무자의 미변제 확정 여부 및 그 시기와 상관없이 변제금액을 정하였는데 주채무자로부터 변제받거나 만족을 얻을 가능성이 있다는 사정 등을 참작하면 보증채권자의 권리 감축이 주주보다 과도하다고 보이지 아니한다는 이유로 후자의 주장을 각 배척하였다. (특별항고기각)

[결정요지]

1. 정리계획안에 부동의한 조가 있는 경우에 법원이 정할 수 있는 정리채권자에 대한 권리보호조항은 정리회사가 계속기업으로서 존속함을 전제로 한 정리계획안에 정리채권자조가 부동의한 경우에도 최소한 청산을 전제로 하였을 때 정리채권자조가 배당받을 수 있는 금액 상당을 변제받을 수 있도록 배려하는 한편, 그 요건이 충족된 경우에는 법원이 여러 사정을 참작하여 정리채권자조의 부동의에도 불구하고 정리계획안을 인가할 수 있도록 한 데에 그 취지가 있는 것이다. 따라서 여기서 회사재산의 평가는 기업재산을 해체·청산함이 없이 이를 기초로 하여 기업활동을 계속할 경우의 가치(이하 "계속기업가치"라 한다)에 의할 것이 아니라 원칙적으로 도산기업이 파산적 청산을 통하여 해체·소멸되는 경우에 기업을 구성하는 개별 재산을 분리하여 처분할 때의 가액을 합산한 금액(이하 "청산가치"라 한다)에 의하여야 한다.

2. 회사정리법 제228조 제1항은 "정리계획에서는 정리담보권, 정리채권, 주주의 권리의 순위를 고려하여 계획의 조건에 공정·형평한 차등을 두어야 한다."고 규정하고 있는바, 이 공정·형평의 원칙은 선순위 권리자에 대하여 수익과 청산시의 재산분배에 관하여 우선권을 보장하거나 후순위 권리자를 선순위 권리자보다 우대하지 않아야 됨을 의미한다고 할 것이어서, 예컨대 정리채권자의 권리를 감축하면서 주주의 권리를 감축하지 않는 것은 허용되지 아니한다. 다만, 주식과 채권은 그 성질이 상이하여 단순히 정리채권의 감축 비율과 주식 수의 감소 비율만을 비교하여 일률적으로 우열을 판단할 수는 없고, 자본의 감소와 그 비율, 신주발행에 의한 실질적인 지분의 저감 비율, 정리계획안 자체에서 장래 출자전환이나 인수·합병을 위한 신주발행을 예정하고 있는 경우에는 그 예상되는 지분 비율, 그에 따라 정리계획에 의하여 정리회사가 보유하게 될 순자산 중 기존주주의 지분에 따른 금액의 규모, 변제될 정리채권의 금액과 비율, 보증채권의 경우 주채무자가 그 전부 또는 일부를 변제하였거나 변제할 개연성이 있다면 그 규모 등을 두루 참작하여야 한다.

[해설]

1. 권리보호조항의 취지

회생절차의 존재이유는 파산절차에서 채무자 기업을 청산하는 것보다 회생절차에서 그 자본구조를 재편하는 것이 그에 대한 채권자를 비롯한 청구권자 일반에게 이로울 수 있다는 데 있다. 회생절차 진행은 기업이 장래에 창출할 것으로 기대되는 현금흐름이 이를 지금 시장에서 청산하면 취득할 수 있을 대가보다 현재가치 기준으로 크다고 인정되는 경우에 정당화될 수 있는 것이다. 따라서 회생계획에 따른 권리변경이라는 형태로 이루어지는 자본재편 과정에서는, 파산절차가 진행되었더라면 위의 대가를 재원으로 하여 배당되었을 금액 상당의 가치를 개별 청구권자에게 일단 분배하는 것을 전제로, 위의 현금흐름에서 이를 공제한 차익 내지 잉여를 청구권자들 사이에서 어떻게 분배할 것인가를 결정하게 된다. 이는 원칙적으로 관계인집회에서 회생계획안을 조별로 결의하는 방식에 따른 청구권자들 사이의 합의에 의할 것이지만, 그에 이르지 못하는 경우도 흔히 있다. 이에 그러한 경우에 적용할 분배 기준을 사전에 마련하여 둘 필요가 있는데, 그 기준이 바로 회생계획안에 부동의한 조가 있음에도 법원이 이를 인가하는 경우에 정하여야 할 권리보호조항인 것이다.

이러한 권리보호조항의 취지에 비추어볼 때, 구 회사정리법상의 정리채권자에 대한 권리보호조항은 정리회사의 "청산을 전제로 하였을 때 정리채권자조가 배당받을 수 있는 금액 상당을 변제받을 수 있도록 배려하는" 것이라는 대상결정의 판시는 실로 터무니없는 것이다. 그러한 배려는 회생계획 인가의 요건인 청산가치 보장에 의하여 이미 전제되고 있으며, 권리보호조항이란 이를 넘어서는 잉여를 분배할 기준인 것임에도, 정작 그에 관하여는 아무런 언급도 없기 때문이다.[1] 이에 따르면,

회생계획 인가의 다른 요건들이 충족되는 한, 그러한 잉여를 아무런 기준 없이 자의적으로 분배하여도 무방하다는 결론에 이르게 되는데, 이는 불공평할 뿐만 아니라 불필요한 불확실성을 발생시킨다는 점에서 사전적으로도 비효율적인 것이다.[2]

2. 보장되어야 할 청산가치

기업을 청산하는 방식에는 이를 계속기업으로 매각하는 것과 개별 자산으로 해체하여 매각하는 것이 있으며, 이 가운데 어느 것을 선택할지는 원칙적으로 어느 경우에 보다 많은 대가를 취득할 수 있을지에 따라 결정될 것이다(유기적으로 결합된 부분은 일체로서 매각하는 한편으로, 이른바 비업무용 자산과 같은 것은 개별적으로 매각하는 등으로 양자를 병행하는 것도 물론 가능하다). 이는 청산이 도산절차 밖에서 이루어지는 경우뿐만 아니라, 도산절차 안에서 이루어지는 경우에도 마찬가지이다. 예컨대 (대가를 현금으로 한) 영업양도는 파산절차에서는 물론이고, 회생절차에서도 회생계획의 규정에 의하거나 법원의 허가를 받아 가능한 것이다(채무자회생법 제492조 제3호, 제193조 제2항 제1호, 제62조 제1항 참조).

대상결정은 도산한 채무자 기업의 파산적 청산이란 "해체·청산"만을 뜻한다는 전제하에서 그 청산가치란 "기업을 구성하는 개별 재산을 분리하여 처분할 때의 가액을 합산한 금액"을 말한다는 취지로 판시하였으나, 그러한 전제부터가 성립할 수 없는 것이다. 물론 "청산가치"라는 용어를 그처럼 정의할 수는 있을 것이지만,

---

1) 대법원 2008. 6. 17.자 2005그147 결정은 "회사정리절차에서 … 개별 정리채권자·정리담보권자에 대하여 … 그 권리의 실질적 가치를 부여하여야 한다. 여기서 권리의 실질적 가치를 부여한다고 함은 가결된 정리계획안에 반대하는 정리채권자·정리담보권자 혹은 부결된 정리계획안에 부동의한 조의 권리자에게 최소한 정리회사를 청산하였을 경우 분배받을 수 있는 가치(청산가치) 이상을 분배하여야 한다는 것을 의미하므로, 정리계획안이 법정 다수의 동의에 의하여 가결되었다는 이유로 일부 정리채권자·정리담보권자의 반대에도 불구하고 정리법원이 청산가치에 미달하는 분배를 하는 내용

의 정리계획을 인가하거나, 혹은 정리계획안에 부동의한 조의 반대에도 불구하고 정리법원이 부동의한 조의 권리자에게 청산가치에 미달하는 분배를 하는 내용의 권리보호조항을 정하고 부결된 정리계획을 인가하는 것은 개별 정리채권자·정리담보권자가 회사정리절차에서 보장받아야 할 재산권의 본질적인 부분을 훼손하는 것이다."라고 판시함으로써, 아예 청산가치 보장과 권리보호조항이 동일한 것이라고 선언하는 단계에까지 이르렀다. 이러한 판례의 태도에 대한 같은 취지의 비판으로, 오수근, "청산가치 보장의 원칙", 민사판례연구 [XXIX] (2007), 437~439면 참조.

2) 널리 알려진 바와 같이, 미국 도산법에서는 그러한 분배의 기준으로 이른바 절대우선 원칙(absolute priority rule)을 제시하고 있다(11 U.S.C. § 1129(b)(2)(B)(ii) 참조). 이 기준의 당부에 관하여는 물론 견해가 나뉘나, 그렇다고 하여 아무런 기준도 수립하지 아니하는 것이 정당화될 여지란 없을 것이다.

그러한 의미에서의 청산가치를 분배하는 것만으로는 청산가치 보장이나 (대상결정이 판시하는 바에 따른) 권리보호조항으로 충분하다고 볼 수 없다.[3] 즉 그러한 청산가치보다 계속기업 매각에 따른 대가가 클 경우에 청구권자 일반에 대한 최소한의 분배의 대상으로 되어야 할 가치는 후자인 것이다.[4]

3. 공정·형평의 원칙의 의미

채무자회생법 제217조 제1항은 회생계획의 조건에 "공정하고 형평에 맞는 차등"을 둘 것을 요구하고 있는데, 대상결정에 따르면 이는 "후순위 권리자를 선순위 권리자보다 우대하지 않아야 됨을 의미한다". 실무에서는 이른바 상대우선 원칙이라 하여, 이를 선순위 권리자의 권리가 감축된 정도보다 후순위 권리자의 그것이 작지 아니하여야 한다는 의미로 이해하고 있다. 그러나 이러한 기준에 따라 이 원칙이 채권자와 지분권자 사이에서 준수되었는지를 제대로 판단할 방법이란 없다. 잔여청구권인 지분권의 경우에는 채권의 권면액에 상응하는 개념이 존재할 수 없으므로, 양자를 동일한 평면에서 비교하는 것이 근본적으로 불가능하기 때문이다.

대법원 2005. 1. 5.자 99그35 결정은 "[A]의 정리채권이 비록 보증채권이라고 하더라도 … 일반 주주들에 비하여 순위가 앞서는 것은 분명하므로, … 적어도 정리회사의 일반 주주들보다 불리한 대우를 받아서는 안 된다고 할 것인데, 일반 주주들의 경우는 그들이 보유하고 있는 주식의 10주가 1주로 병합되어 계산상 권리가 10분의 1로 축소됨에 비하여 [A]의 정리채권은 전부 면제되는 것이어서 후순위자인 일반 주주보다도 불리한 대우를 받게 되었으므로 공정·형평한 차등의 관념에 어긋나게 되었다"고 판시한 바 있으나, 이러한 주식병합에 의하여는 "계산상"으로조차 (주식 수가 아닌) 주주의 권리가 축소되지 아니하는 것이다.

대상결정은 "주식과 채권은 그 성질이 상이하여 단순히 정리채권의 감축 비율과 주식 수의 감소 비율만을 비교하여 일률적으로 우열을 판단할 수는 없"다고 언급

---

3) 같은 취지의 비판으로, 오수근(주 1), 428~431면 참조.

4) 다만, 주 2에서 언급한 바와 같은 맥락에서, 청산가치 보장과 관련하여 이를 개별 청구권자에게 분배하는 기준이 절대우선 원칙이어야 하는지에 관하여도 견해가 나뉠 수 있다.

함으로써 이러한 오류로부터는 탈피하였지만, 그렇다고 다른 척도를 명확하게 제시할 수는 없었다. 흔히 언급되는 "실질적인 지분의 저감 비율"은 그러한 척도로 기능할 수 없다.[5] 대상결정의 사안에서, 출자전환에 의한 신주발행으로 기존 주주의 지분 비율이 저감되었다는 것이, 적어도 자익권(cashflow rights) 측면에서, 주주의 권리가 그 비율로 감축되었음을 뜻한다고는 볼 수 없다. 같은 맥락에서, "정리계획안 자체에서 장래 출자전환이나 인수·합병을 위한 신주발행을 예정하고 있는 경우에는 그 예상되는 지분 비율"을 왜 참작하여야 하는지에 관한 의문은 차치하더라도, 그러한 신주발행이 위법한 저가발행이 아닌 다음에야 그에 의하여 주주의 권리가 감축될 리는 없는 것이다.[6] 또한 "그에 따라 정

---

5) 이는 간단한 사례를 통하여 쉽게 파악될 수 있다. 채무자 회사가 100의 채무를 부담하고 있는데, 그 계속기업가치가 80부터 100까지 사이에서 정규분포하는 것으로 드러났다고 하자(논의의 편의상, 당사자들은 위험중립적이며 무위험이자율은 0이라 하자). 그에 따른 자본재편 방안으로 채권액만을 80으로 감축하는 것과 채권액을 50으로 감축하면서 지분의 3/5을 채권자에게 주는 것 중에서 채권자에게 유리한 것은 전자이다(전자의 기대값은 80임에 반하여, 후자의 그것은 74에 불과하다). 그런데 전자의 경우에는 채권액은 20% 감축되지만 기존 주주의 지분은 전혀 감축되지 아니하는 반면에, 후자의 경우에는 채권액의 감축 비율은 50%를 넘지 아니하지만 지분의 그것은 60%에 이른다. 따라서 채권액과 지분의 감축 비율을 단순 비교하는 방식으로 상대우선 원칙의 충족 여부를 판단하면, 오히려 후자만이 허용된다는 기이한 결과에 이르게 된다.

6) 대법원 2008. 5. 9.자 2007그127 결정은 "제3자 배정방식의 신주발행으로 인하여 기존 주주들의 지분권이 희석화됨으로써 만일 정리계획에서 계획한 제3자 배정방식의 신주발행이 이루어지지 아니한 상태에서 정리회사가 청산될 경우 기존 주주가 분배받을 수 있는 청산가치보다 더 적은 가치가 기존 주주들에게 귀속되는 결과가 발생하게 되었다 하더라도, 정리회사가 청산을 선택하지 아니하고 사업을 계속하기로 하는 내용의 정리계획이 확정된 이상, 정리회사의 관리인은 신주의 발행가액을 정함에 있어서 신주발행 당시의 장부상의 청산가치에 의한 제한을 받지 아니하고 통상적인 방법에 따라 신주발행가액을 정할 수 있다고 할 것이므로 정리법원의 허가를 받아 발행한 신주의 발행가액이 현저하게 불공정하다는 등의 특별한 사정이 없는 한 그와 같은 정리계획에 의한 신주발행에 어떠한 위법이 있다고 볼 수도 없다"라고 판시한 바 있다. 그러나 구주의 청산가치조차를 하회하는 신주의 발행가액은 그 자체로 "현저하게 불공정"여 "통상적인 방법에 따라" 정한 것이라고는 도저히 볼 수 없으며, 그처럼 명백히 위법한 신주발행이 회생절차에서라 하여 허용되어야 할 이유

리계획에 의하여 정리회사가 보유하게 될 순자산 중 기존주주의 지분에 따른 금액의 규모"로 권리가 감축된 정도를 파악하려면 감축 이전의 기준이 되는 금액이 있어야 할 것인데, 그것이 대체 무엇인지를 알 수 없다(예컨대 기존 주주가 납입한 금액을 그러한 기준으로 삼을 수는 없다. 그리하면, 일단 모든 주주의 1주당 납입금액이 동일할 수 없는 만큼, 주주별로 권리 감축의 정도가 다를 수 있다는 기이한 결과를 낳기 때문이다). 결국 대상결정은 이런 여러 사정을 "두루 참작"할 것을 요구하고 있으나, 이는 판례와 실무가 이해하는 의미에서의 상대우선 원칙이란 일관되게 적용될 수 있는 기준이 아니라는 고백일 따름일 것이다.[7]

란 전혀 없다.

7) 주 2 및 주 4에서 언급한 분배 기준과 관련하여, 절대우선 원칙에 따를 경우 분배를 받을 수 없을 후순위 청구권자가 외가격 상태의 콜옵션 보유자와 유사한 지위에 있다는 점을 근거로, 그러한 옵션의 가치에 상응하는 분배가, 현금, 증권 또는 신주인수권(warrant)과 같은 옵션 등의 형태로, 그에게 이루어져야 한다는 견해가 미국에서 다시 대두하고 있는데(예컨대, American Bankruptcy Institute Commission to Study the Reform of Chapter 11, Final Report and Recommendations (2014), 207~224면 참조), 이러한 견해에 따르는 것을 상대우선 원칙(relative priority rule)으로 이해하려는 입장도 있다(Douglas G. Baird, "Priority Matters: Absolute Priority, Relative Priority, and the Costs of Bankruptcy", University of Pennsylvania Law Review 165(4): 785 (2017) 참조). 그 타당성은 별론으로 하고, 이러한 입장은 적어도 우리 판례와 실무가 노정하고 있는 결함으로부터는 자유롭다고 할 수 있다.

[54] 정리계획(회생계획) 인가의 요건

김장훈(김·장 법률사무소 변호사)　　　　　대법원 2000. 1. 5.자 99그35 결정

[사안의 개요]

채무자의 정리계획안은 1998. 12. 28. 관계인집회에서 가결되고 같은 날 정리법원에 의하여 인가되었는데, 특별항고인 A, B, C와 관련된 정리계획 조항은 다음과 같다.[1]

① 수신기능이 없고 여신업무만을 하는 팩토링 회사인 특별항고인 A를 금융기관으로 분류하여 그 정리채권을 금융기관 정리채권으로 분류하고, 정리채권자들의 권리변경에 관하여 '금융기관 정리채권'에 대하여는 원리금의 일부에 대하여 면제, 출자전환을 하고 나머지 일부에 대하여 7년간 균등분할 변제하도록 정하면서, '상거래 정리채권' 중 중소기업 및 개인 채권의 경우 주채무 원금을 제1차년도의 11월 30일까지 전액 변제, 대기업 채권의 경우 주채무 원금을 2년간 균등분할 변제

② 파산선고를 받아 파산관재인이 선임되어 있는 특별항고인 B의 정리채권에 대하여도 다른 정상적인 금융기관의 정리채권과 동일한 조건으로 변제

③ 특별항고인 B의 정리담보권은 청산가치가 28억원이나, 정리계획상 22.6억 원을 현금으로 변제[2]

④ 특별항고인 C는 채무자가 보증한 D에 대한 보증채권을 가지고 있는데, 상거래채권의 변제방법과 달리 보증채권으로서 전부 면제. 한편 일반 주주들의 경우 보유 주식 10주가 1주로 병합

이에 대하여 정리채권자 또는 정리담보권자인 A, B, C가 정리계획인가결정에 불복하여 즉시항고였으나, 원심인 서울고등법원[3]은 1999. 5. 10. 즉시항고를 기각하였고, 이에 A, B, C는 항고심의 결정이 구 회사정리법상의 공정·형평의 원칙, 평등의 원칙 등[4]에 위배된다는 이유로 특별항고를 제기하였다. 일부 파기환송(특별항고인 C 부분).

[결정요지]

회사정리법 제233조 제1항 제2호 전단이 규정하는 공정·형평성이란 구체적으로는 정리계획에 같은 법 제228조 제1항이 정하는 권리의 순위를 고려하여 이종(異種)의 권리자들 사이에는 계획의 조건에 공정·형평한 차등을 두어야 하고, 같은 법 제229조가 정하는 바에 따라 동종(同種)의 권리자들 사이에는 조건을 평등하게 하여야 한다는 것을 의미하는 것으로, 여기서의 평등은 형식적 의미의 평등이 아니라 공정·형평의 관념에 반하지 아니하는 실질적인 평등을 가리키는 것이므로, 정리계획에 있어서 모든 권리를 반드시 같은 법 제228조 제1항 제1호 내지 제6호가 규정하는 6종류의 권리로 나누어 각 종류의 권리를 획일적으로 평등하게 취급하여야만 하는 것은 아니고, 6종류의 권리 내부에 있어서도 정리채권이나 정리담보권의 성질의 차이 등 합리적인 이유를 고려하여 이를 더 세분하여 차등을 두더라도 공정·형평의 관념에 반하지 아니하는 경우에는 합리적인 범위 내에서 차등을 둘 수 있는 것이며, 다만 같은 성질의 정리채권이나 정리담보권에 대하여 합리적인 이유 없이 권리에 대한 감면의 비율이나 변제기를 달리하는 것과 같은 차별은 허용되지 아니한다.

이른바 팩토링 금융회사의 정리채권을 금융기관 정리채권으로 분류하여 상거래 정리채권과 차등을 둔 정리계획인가가 헌법상 평등의 원칙이나 회사정리법 제228조, 제229조, 제233조 제1항 제2호를 위반하였다고 볼 수 없다.

금융기관이 파산선고를 받아 파산절차가 진행중이라는 것만으로는 차등을 둘 합리적인 이유가 될 수 없는

---

1) 판시 쟁점들 중 정리계획인가의 요건과 관련된 쟁점만 발췌하여 검토하기로 한다.
2) 김형두, 대법원판례해설, 2006년 상반기(통권 제60호)(2006), 545면에서 재인용.
3) 서울고등법원 1999. 5. 10.자 99라23 결정.
4) 구 회사정리법에는 채무자회생법 제243조 제1항 제4호의

'청산가치 보장의 원칙'이 도입되지 아니하였으나, 특별항고인들은 청산가치 보장의 원칙 위반의 취지도 특별항고의 이유로 주장하였다.

것이므로 다른 정상적인 금융기관과 동일한 조건에서 정리채권을 변제받도록 한 정리계획이 평등의 원칙에 반한다거나 파산의 특수성 또는 그 목적에 위배된다고 할 수 없다.

일반적으로 보증채무의 경우에는 변제책임을 지는 주채무자가 따로 있을 뿐만 아니라 반드시 보증에 상응하는 대가를 얻는 것도 아니라는 점에서 정리채권이 보증채권인 경우에는 주채권인 경우에 비하여 일정한 차등을 두더라도 공정·형평이나 평등의 원칙에 어긋난다고 볼 수는 없다.

후순위인 일반 주주의 권리는 10분의 1로 축소시키고, 주채권인 상거래 정리채권은 2차년도까지 전액 변제하기로 하며, 보증채권 아닌 정리채권은 금융기관 정리채권과 상거래 정리채권 사이에 차등을 두면서도 보증채권인 상거래 정리채권을 보증채권인 금융기관 정리채권과 함께 전액 면제시킨 정리계획은 공정·형평의 관념 및 평등의 원칙에 위반된다.

정리계획에 부분적인 위법이 있다고 하여 곧바로 정리계획인가결정을 취소할 것이 아니라, 다른 이해관계인들과의 관계 등을 참작하여 권리보호조항을 정하고 정리계획을 인가하는 것으로 제1심결정을 변경·인가하는 것이 바람직하다.

[해설]

1. 문제의 소재

대상결정은 여러 쟁점에 대해서 판단하고 있는데, 그 중에서도 가장 중점적으로 판단하고 있는 쟁점은 구 회사정리법 제233조 제1항 제2호의 "계획이 공정, 형평하고" 부분 및 제228조 제1항의 "공정, 형평한 차등"의 의미, 제229조의 "평등"의 의미이다. 공정·형평의 원칙과 평등의 원칙에 대한 가장 간명한 구분은, 전자는 정리계획상 다른 권리자 사이에서, 후자는 같은 권리자 사이의 취급 또는 변제방법에 관한 것이라고 생각하면 될 터인데, 권리의 동질 여부가 명확히 준별되지 아니하고 수렴하는 영역이 있으므로 엄격한 준별보다는 두 원칙을 민사법적 권리 우선순위에 대한 도산법적 관점에서의 변경과 그 한계에 관한 원칙으로 이해하면 될 것이다. 다음으로 대상결정은 당시 회사정리법에는 명문화되지 않은 '청산가치 보장의 원칙'과 관련된 특별항고

인의 주장에 대하여 독단적인 견해에 불과하다는 이유로 이를 받아들이지 않았다.

2. 대상결정의 논거

대법원은 구 회사정리법상 정리계획에 대한 공정·형평의 원칙, 평등의 원칙의 의미에 대하여 대상결정을 비롯하여 여러 판결, 결정례들을 통하여 다음과 같은 일관된 태도를 취하고 있다. "제233조 제1항에서 정리계획 인가의 요건을 규정하고 있는 것은 회사정리절차에 있어서 우선순위가 다른 채권자들끼리의 결의에 의하여 권리변경이 이루어지므로 정리계획의 내용이 각 이해관계인 사이에 공정·형평하게 이루어질 수 있도록 함과 동시에 정리제도의 목적인 기업의 정리·재건을 달성할 수 있도록 하는 데 그 취지가 있다. 또한 제233조 제1항 제2호 전단이 규정하는 공정·형평성이란 구체적으로는 정리계획에 제228조 제1항이 정하는 권리의 순위를 고려하여 이종의 권리자들 사이에는 계획의 조건에 공정·형평한 차등을 두어야 하고 제229조가 정하는 바에 따라 동종의 권리자들 사이에는 조건을 평등하게 하여야 한다는 것을 의미한다. 그리고 제229조 소정의 평등이라 함은 형식적 의미의 평등이 아니라 공정·형평의 관념에 반하지 아니하는 실질적인 평등의 가리키는 것이므로, 정리계획에 있어서 모든 권리를 반드시 제228조 제1항 제1호 내지 제6호가 규정하는 6종류의 권리로 나누어 각 종류의 권리를 획일적으로 평등하게 취급하여야만 하는 것은 아니고, 6종류의 권리 내부에 있어서도 정리채권이나 정리담보권의 성질의 차이 등을 고려하여 이를 더 세분하여 차등을 두더라도 형평의 관념에 반하지 아니하는 경우에는 그와 같이 할 수 있는 것이지만 같은 성질의 권리에 대하여 합리적인 이유 없이 권리에 대한 감면의 비율이나 변제기를 달리하는 것과 같은 차별은 허용되지 아니한다."[5] 청산가치 보장의 원칙과 관련한 대상결정 부분의 이유는 명문의 규정이 없는 당시 법령의 해석상으로는 특별항고인의 독자적인 견해에 불과하다는 단순명료한 판단에 따른 것으로

5) 대법원 1999. 11. 24.자 99그66 결정; 대법원 1998. 8. 28.자 98그11 결정; 대법원 1989. 7. 25.자 88마266 결정 등. 이러한 대법원의 일관된 입장은 채무자회생법이 시행된 이후의 대법원 2018. 5. 18.자 2016마5352 결정 등에서도 그대로 유지되고 있다.

보인다.

3. 검토

구 회사정리법 시절은 물론 현행법 하에서의 법원의 다수 실무례를 보면, 채무자에 대한 주채권과 보증채권에 대한 변제방법을 구별하여 전자를 우대하고 후자를 열후화하는 계획안이 법률에 적합하다고 보아 인가되는 예는 매우 흔하다. 주채권에 대하여는 원금에 대하여 10년 균등분할상환하면서 보증채권에 대해서는 주채권자로부터 우선 변제받도록 하고 나머지 금액에 대해서 거치기간 후 잔여기간 분할상환을 받는 변제방식에 대해서 공정·형평의 원칙에 반한다고는 보지 않는다.

담보권자와 일반채권자 또는 일반채권자와 주주 사이의 차등의 정도나 방식에 대해서는 전통적으로 절대우선설과 상대우선설의 대립이 있었다. 절대우선설은 사법상 우선하는 권리자가 다른 여러 권리자가 있는 경우 앞선 권리자가 열후한 권리자에 앞서 완전한 보상을 받도록 하여야 한다는 데 반하여, 상대우선설에 의하면 권리의 우열이 사법상의 그것과 비교하여 대등하고 각 권리자에 대하여 종전의 상대적인 우선성이 유지되면 충분하다는 견해이다. 미국에서의 전통적인 논의와는 달리 우리나라의 주류적인 견해는 상대우선설을 따르고 있고,[6] 절대 다수의 실무례도이 같은 입장이며, 대상결정을 비롯한 다수의 대법원 결정례들 역시 상대우선설에 입각하여 판시하고 있다. 상대우선설의 구체적인 구현 방법으로 실무의 주류는 이른바 '상대적 지분비율법'을 적용하여 기존 주주에 대하여 권리감축률을 기존 주주의 주식지분비율로 보고 이것이 가장 낮은 회생채권자의 현가변제율 보다 낮게 정해지면 공정·형평의 원칙이 지켜졌다고 보는 방법을 따르고 있다.[7] 이러한 실무적인 비교방법이 간명하고 예측가능성을 준다는 장점은 있겠으나, 구체적인 사안들에 따라서는 잔여재산분배이 그 본질인 주주의 권리와 채권을 단면적으로 비교한다는 점에서 근본적인 의문을 불러일으킬 수밖에 없고, 실무상 드물지 않게 찾아볼 수 있는 출자전환주식이 발생하지 않는 명목상 회생채권변제율 100%

계획안에서는 원칙을 일관하여 적용하기 어렵다는 난점이 있다.[8] 다만, 계획안 중에서 가장 후순위 권리자인 일반 주주의 권리는 10분의 1로 축소시켜 존속하도록 하면서도 보증채권인 특별항고인의 상거래 정리채권을 보증채권인 금융기관 정리채권과 같이 면제하도록 한 부분은 절대우선설은 물론 상대우선설에도 부합하지 아니함이 명확하므로, 실무상의 상대적 지분비율법의 당부를 논할 필요 없이 부당하다. 따라서 대상결정이 위법하여 파기되어야 한다고 본 이 부분 판단은 타당하다. 또한 계획안 중 보증채무를 주채무와 차등한 부분과 관련하여, 일반적으로 보증채무의 경우 변제책임을 지는 주채무자가 따로 있을 뿐만 아니라 보증에 상응하는 대가가 당연히 예정되어 있는 것도 아니라는 점에서 주채권이나 보증채권은 모두 동일한 순위의 정리채권이고 의결권에서는 달리 취급되지 않더라도 그 성질이 다르다고 보아 합리적 범위 내에서 차등을 두는 것을 인정한 대상결정의 판단은 타당해 보인다.

나아가 파산자인 특별항고인 B의 경우 그 파산채권자들과의 관계상 신속히 청산을 해야 하는 사정이 있다는 이유만으로 정리계획에서 일반채권자와 다른 취급을 하지 않은 것을 공정·형평에 반한다고 보지 아니한 대상결정의 판단 부분 역시 부당해 보이지 아니한다.

청산가치 보장의 원칙[9]과 관련하여, 미국은 연방파산법 제1129조 제1항 제1호에서 이를 명문으로 인정하고 있는 데 반하여, 당시 회사정리법의 문리해석상 받아들이기 어렵다고 보아 대상결정에서는 특별항고를 받아들이지 아니하였으나, 2006. 4. 1. 시행된 현행법 제243조 제1항 제4호가 이를 명문으로 규정하였으므로, 현재로서는 논의의 실익이 적어 보인다. 현행법 시행 이후의 대법원 결정례들이 청산가치보장의 원칙을 명문으로 규정한 채무자회생법 규정을 인가의 적법성에 대한 판단기준으로 고려하고 있는 점은 두말할 나위가 없

---

6) 임채홍·백창훈, 회사정리법(하)(제2판), 184면
7) 서울회생법원 재판실무연구회, 회생사건실무(상)(제5판), 669면.

8) 대법원은 이 경우 주주의 권리감축률을 기존주주의 주식지분비율이 아닌 주식병합비율로 보고 회생채권자의 권리저감률과 비교하여도 위법하지 아니하다고 보았으나(대법원 2014. 10. 31.자 2014마1145 결정), 비교기준 자체가 일관되지 못하다는 점에서 동의하기 어렵다.
9) 정리담보권자나 정리채권자가 정리계획에 의하여 변제받을 금액이 적어도 정리회사가 곧바로 청산되는 경우보다 많아야 한다는 원칙을 말한다.

는데, 대법원은 대상결정이 고지된 이후에 결정된 몇몇
사례에서 청산가치 보장의 원칙을 채택하면서도 대상
결정을 명시적으로 변경하지는 아니하였다.[10] 이는 특
별항고인 B가 명시적으로 '청산가치보장의 원칙 위반
을' 항고사유로 삼지 않은 점과 대상결정의 문언 자체
에서도 청산가치 보장 원칙을 언급하지 않은 점, 대상결
정은 청산가치 침해의 정도나 권리의 절대적 액수가 크
지 않은 점, 그리고 무엇보다도 입법적으로 문제가 완전
히 해결된 점에서 굳이 판시 변경을 할 사안이 되지 않
는다고 보는 것도 무리는 아닐 것이다.

　마지막으로 대상결정은 정리계획에 부분적인 위법
이 있다고 하더라도 다른 이해관계인들과의 관계 등을
참작하여 권리보호조항을 정하고 정리계획을 인가하는
것으로 제1심결정을 변경·인가하는 것이 바람직하다
고 보았다. 정리법원의 인가결정 전부를 파기하여 환송
할 경우 그 혼란이 매우 크다는 점에서 가급적 수행가능
성을 해치지 않는 범위 내에서 권리보호조항을 두고 인
가하는 것으로 제1심 결정을 변경하도록 한 판단[11]은
채무자의 재건이라는 회사정리법의 취지에 부합하는
합당한 판단이라고 생각된다.

---

10) 대법원 2004. 12. 10.자 2002그121 결정; 대법원 2005.
　11. 14.자 2004그31 결정.
11) 대법원 2006. 5. 12.자 2002그62 결정도 같은 취지로 판단
　한 바 있다.

[55] 특수관계인의 채권 등의 권리변경과 공정·형평의 원칙

홍석표(법무법인 광장 변호사)　　　　　　　　　대법원 1999. 11. 24.자 99그66 결정

[사안의 개요]

정리절차를 진행한 극동건설의 정리계획안에서 부실경영주주들의 주식을 전부 무상소각하고, 정리채권 및 정리절차개시신청 후 취득하거나 취득할 구상금채권을 전액 면제하기로 하였는데, 특별항고인은 법원의 정리계획인가결정이 회사정리법 제233조에 위반하여 공정, 형평, 평등의 원칙에 위배된다면서 정리계획인가결정을 취소해달라는 취지로 항고하였다. 항고기각(서울고등법원 1999. 7. 15.자 99라4 결정). 특별항고 기각.

[결정요지]

회사정리법 제233조 제1항에서 말하는 공정·형평성이란 구체적으로는 정리계획에 같은 법 제228조 제1항이 정하는 권리의 순위를 고려하여 이종의 권리자들 사이에는 계획의 조건에 공정·형평한 차등을 두어야 하고, 같은 법 제229조가 정하는 바에 따라 동종의 권리자들 사이에는 조건을 평등하게 하여야 한다는 것을 의미하고, 같은 법 제229조에서 말하는 평등은 형식적 의미의 평등이 아니라 공정·형평의 관념에 반하지 않는 실질적 평등을 가리키는 것이다.

정리회사 부실경영주주의 정리채권 및 정리절차개시신청 후 취득하거나 취득할 구상금채권을 전액 면제하기로 조건을 정한 정리계획인가가 회사정리법 제229조 소정의 평등의 원칙에 위배되거나 사유재산권의 본질적 한계를 넘는 것이 아니다.

[해설]

1. 문제의 소재

회사정리법은 제7장에서 "정리계획의 조항"에 관하여 정하고 있었는데, 제229조는 평등의 원칙을 규정하고, 제228조는 권리의 순위를 고려하여 정리계획의 조건에 공정, 형평한 차등을 두도록 하였다. 그런데 회사부실에 책임이 있는 부실경영주주들의 정리회사에 대한 정리채권 및 정리절차개시신청 후 취득하거나 취득

할 구상금채권을 어떻게 할 것인지, 또한 부실경영주주들이 보유한 주식을 전부 무상소각하는 것이 법률에 위반되는지 여부가 문제된 사안이다.

2. 대상결정의 논거

대상결정은 "이 사안의 부실경영주주의 중대한 책임있는 행위로 인하여 회사의 이해관계인이 손해를 입었으므로 정리절차에서 해당 주주의 주식 전부를 소각하는 불이익을 받게 하는 것은 불가피하다고 할 것이고, 또한 정리절차가 지배주주의 경영배제를 통하여 제3자 인수를 촉진함으로써 회사의 정리, 재건을 도모하게 한다.", "정리회사의 경영에 상당한 영향력을 행사하였고 결국 자신의 잘못으로 회사를 채무 초과의 상태에 이르게 한 부실경영주주인 특별항고인의 정리채권 및 정리절차개시신청 후 취득하거나 취득할 구상금채권을 전액 면제하기로 조건을 정하였다고 하여 평등의 원칙에 위배된다거나 헌법상 사유재산권 제한의 본질적 한계를 넘는다고 볼 것은 아니다."라고 판시하였다. 이는 극동건설의 대표이사였다가 사임하고도 이후 이사 및 회장으로서 회사 내부 인사에 실질적으로 관여하고 주요 사업추진 및 결정에도 참여하는 등 회사의 경영에 영향력을 행사하여 결국 회사가 자금압박 및 수익성 악화, 채권회수 지연 등을 겪으면서 정리절차개시의 원인이 된 특별항고인이 보유한 주식을 전부 무상소각하고, 정리채권 및 구상금채권을 전부 면제하기로 한 것이 회사정리법 제229조 평등의 원칙에 반하지 않고, 제233조에서 정한 요건에 부합하며 헌법에도 반하지 않는다고 판단한 것이다.

3. 검토

회사정리법 제221조(자본의 감소) 제4항에서 "회사의 이사나 이에 준하는 자 또는 지배인의 중대한 책임이 있는 행위로 인하여 정리절차개시의 원인이 발생한 경우에는 그 행위에 상당한 영향력을 행사한 주주 및 그

친족 기타 대법원 규칙이 정하는 특수관계에 있는 주주가 가진 주식 3분의 2 이상을 소각하는 방법으로 자본을 감소할 것을 정하여야 한다."라고 규정하고, 대법원 송무예규인 회사정리사건처리요령(1999. 7. 9. 송무예규 제731호) 제5조는 이를 구체화하여 "법 제221조 제4항 소정의 지배주주 등의 주식 2/3 이상을 무상소각하기 위하여는, 법률상 이사가 아닌 지배주주가 이사 등을 배후에서 지휘하여 회사의 주요 업무에 대한 지시를 하거나 영향력을 행사하는 등으로 실제적으로 회사업무에 관여하고 이사 등이 위와 같은 지배주주의 사실상의 지시나 영향 하에 회사재산의 유용·은닉행위, 정관이나 법령에 위반한 행위, 임무해태행위를 하여 회사에 중대한 손해를 발생시킨 사실이 법원의 판결, 수사기관의 수사결과, 조사위원 또는 관리인의 조사결과에 의하여 객관적으로 명백히 입증되어야 한다."라고 규정하고 있었다. 정리채권자와 주주의 지위에 관하여 회사정리법 제228조 제1항에 의하면 주주는 정리채권자보다 열후한 것으로 되어 있어 정리채권자의 이익이 침해되는데도 주주에 대해서 아무런 권리감축이 되지 않는 계획안은 공정·형평에 반한다고 할 수 있다. 과거에는 자본감소는 물론 신주발행도 하지 않는 정리계획이 상당수였다고 비판[1]을 받았는데, 이후 구 주식을 100% 무상소각하는 실무가 정착되었고, 1998. 2. 24. 개정된 회사정리법 제221조 제3항이 "정리절차 개시 당시의 자본의 감소는 회사의 부채의 총액이 자산의 총액을 초과하는 경우에는 회사발행주식의 1/2이상을 소각하는 방법으로 자본을 감소할 것을 정하여야 한다."라고 규정하게 되었다.

이 사안은 회사의 정리절차개시의 원인을 발생시킨 주주가 가진 권리를 어떻게 취급할 것인지에 대한 것으로서, 그 주주가 보유한 주식을 무상소각하고 정리채권 역시 전부 면제한 대법원 판결 결론의 타당성을 인정할 수 있다고 할 것이다. 그리고 이 대법원 판례 판시사항 중 구상금 채권을 전액 면제할 수 있다는 부분은 그동안의 하급심 실무를 확인한 것이고, 그 내용이 채무자회생법 제218조로 입법[2]되었다. 그러나 위와 같은 대

법원 판례 결론의 근거인 회사정리법 제221조 제4항은 "타인에게 손해를 끼친 행위에 대해서 이미 법제도 속에 여러 가지 손해배상제도가 존재하므로 기존의 손해배상제도에 추가하여 지배주주의 회사에 손해를 끼치는 행위를 사전적으로 억제하는 효과가 없으며, 그 주주의 특수관계인의 주식까지 소각한다는 것은 자신의 잘못이 아닌 것을 이유로 불이익을 받는 것으로서 재산권의 본질적인 내용을 침해하고, 과잉금지원칙에도 위반되어 헌법에 위반된다."는 비판[3]을 피할 수 없다고 본다.

4. 여론

회생절차에 책임이 있는 주주에 대한 자본감소에 관하여는 구 회사정리법 이후 채무자회생법 제205조 제4항에서 회사정리법 제221조 제4항과 같은 취지로 규정하고 있으며, 채무자와 특수관계에 있는 자의 채무자에 대한 채권을 다른 회생채권에 비하여 불이익하게 취급할 수 있다는 내용을 채무자회생법 제218조 제2항에서 규정하게 되었다. 구 회사정리법에서는 채무자와 특수관계에 있는 자의 채무자에 대한 채권을 다른 채권자에 비하여 불이익하게 취급할 수 있다는 명시적인 근거 규정을 두고 있지는 않고 있었고 하급심 실무로 정착되었던 것이 입법된 것이다.

그런데 채무자와 특수관계에 있다는 이유만으로 그 특수관계자가 채무자에 대하여 가지는 채권이 일반 회생채권자에 비하여 열후하게 취급되는 것이 과연 타당한 것인지 비판적으로 살펴볼 필요가 있다. 채무자회생법 제217조 및 제218조의 입법취지에 비추어 차등을 두어도 형평을 해하지 아니한다고 인정될 수 있는 특수관계인 채무에 해당하기 위해서는 ① 회생채권자와 채무자가 주식 소유 등에 의하여 일정한 결합관계를 가진 것으로 인정되고, ② 회생채권자가 그러한 결합관계를 이용하여 임원 등의 임명에 관여하는 등 사실상 영향력을 행사하였거나, ③ 다른 기업보다 유리한 조건으로 채무자와 거래를 하였거나, ④ 위법 또는 부당한 거래를 하는 등의 방법으로 채무자의 부실에 기여한 경우에 해

1) 임치용, "정리계획안의 공정·형평·수행가능성에 관한 연구", 파산법연구 제1권, 448면.
2) 임치용, "정리계획안의 공정·형평·수행가능성에 관한 연
구", 파산법연구 제1권, 414면.
3) 오수근, "특수관계인에 대한 법규정의 위헌성", 상법연구의 향기(정희철 교수정년 20주년 기념). 411면 이하.

당한다고 보여져야 할 것이나, 현재의 회생사건 실무에서는 채무자와 특수관계인에 해당한다면 위와 같은 구체적인 사정을 살피지 아니하고 그 특수관계인이 보유한 주식 및 채권에 대해서는 일반 회생채권자들에 비하여 불이익하게 취급하는 것이 대다수이다.

이러한 실무에 관하여 이는 형평의 원칙에 근거한 것으로서 형평의 원칙이 청산가치보장의 원칙에 우선적으로 적용되어야 한다면서 도산절차의 이념인 형평의 견지에서 특수관계인의 채권에 대한 청산가치보장의 원칙이 문제되지 않는다는 견해[4]가 있다. 그러나 필자는 '공정·형평의 원칙'과 '청산가치보장원칙'을 병렬적으로 규정하고 있고, 어느 원칙이 다른 원칙을 배제할 수 있다고 볼 근거가 없기 때문에 특수관계인 채권을 불이익하게 하더라도 최소한 청산가치보장원칙을 준수하여야 한다는 견해에 찬성한다.

---

[4] 이제정, "도산절차에서 형평에 기한 채권의 열후화 법리", 법조 58권 1호(2009), 35면.

[56] 회생계획인가로 인한 회생채권 등의 권리변경과 실권

박재완(한양대학교 법학전문대학원 교수)　　　　대법원 2003. 3. 14. 선고 2002다20964 판결

[사안의 개요]

1. 주식회사 해태유통의 정리절차

(1) 서울지방법원은 2000. 4. 14. 주식회사 해태유통(이하, 주식회사 해태유통과 그 관리인을 구분하지 않고 '해태유통'이라고만 한다)에 대하여 정리절차를 개시하였다. 해태상사 주식회사(이하 해태상사 주식회사와 그 관리인 및 파산관재인을 구분하지 않고 '해태상사'라고만 한다)는 정리채권으로 2,701,347,729원을 신고하였고, 그 중 2,678,281,084원이 시인되었다.

(2) 서울지방법원은 2000. 10. 20. 해태유통의 정리계획에 대한 인가결정을 내려 그 무렵 위 결정이 확정되었는데, 위 정리계획에는 해태상사의 위 정리채권은 그 중 20%에 해당하는 535,656,217원에 관하여는 출자전환하여 해태유통이 새로 발행하는 주식의 효력발생일에 당해 채권액이 변제되는 것으로 갈음하고, 나머지 80%에 해당하는 2,142,624,867원에 관하여는 전액면제 되는 것으로 규정되어 있었다.

2. 해태상사의 정리절차 및 파산절차

(1) 서울지방법원은 2000. 5. 23. 해태상사에 대하여 정리절차를 개시하였다. 해태유통은 2000. 6. 16. 정리채권으로 3,640,983,595원(원금 2,759,231,770원 + 이자 881,751,825원)을 신고하였고, 그 전액이 정리채권으로 시인되었다.

(2) 해태상사는 2000. 12. 15. 서울지방법원으로부터 정리절차 폐지결정을 받은 후 파산선고를 받았다. 이에 해태유통은 2001. 1. 12. 파산채권으로 3,812,282,751원(원금 2,759,231,770원 + 이자 1,053,050,981원)을 신고하였는데, 해태상사는 그 중 원금 365,929,391원과 이자 전액에 대하여는 시인하고, 나머지 원금 2,393,302,379원(2,759,231,770원 - 365,929,391원)에 대하여는, 해태유통의 정리절차에서 시인된 자신의 채권과 상계되어 소멸하였다는 이유로 이의를 제기하였다.

3. 파산채권확정소송

(1) 해태유통은 해태상사를 상대로, 해태상사의 채권은 해태상사가 파산선고를 받기 이전에 해태유통의 정리절차에서 면제되거나 출자전환 됨으로써 모두 소멸하였으므로, 상계의 자동채권이 될 수 없다고 주장하면서 파산채권확정의 소를 제기하였다.

(2) 1심법원은 해태상사의 채권 중 출자전환 된 20%는 이미 소멸하였으나, 나머지 80% 즉, 정리계획상 면제된 부분은 "회사정리법 241조는 정리계획의 인가가 있는 때에는 계획의 규정 또는 본법의 규정에 의하여 인정된 권리를 제외하고 회사는 모든 정리채권과 정리담보권에 관하여 그 책임을 면한다고 규정하고 있는데, 여기서 말하는 면책이라 함은 채무가 절대적으로 소멸하는 것이 아니라, 채무 자체는 존속하지만 회사에 대하여 이행을 강제할 수 없다는 의미라고 봄이 상당하"므로 이 부분 해태상사의 채권은 여전히 존속하고, 따라서 해태상사는 이를 자동채권으로 상계할 수 있다고 판단하여 해태유통의 청구를 일부인용 하였다.

(3) 해태유통이 항소하였으나, 원심법원은 1심법원과 같은 이유로 항소를 기각하였다.

(4) 해태유통이 상고하였다. 파기환송

[판결요지]

회사정리법 제242조 제1항은 정리계획인가의 결정이 있은 때에는 정리채권자, 정리담보권자와 주주의 권리는 계획의 규정에 따라 변경된다고 규정하고 있는데, 이는 정리계획 인가결정에 의하여 정리채권자 등의 권리가 그 정리계획의 내용대로 실체적으로 변경되는 효력이 있음을 규정한 것이고 단지 채무와 구별되는 책임만의 변경을 뜻하는 것은 아니라고 할 것이며, 이 점에서 정리절차를 통하여 회사에 대한 권리자들에게 그동안 절차참여의 기회를 보장하였음에도 절차에 참여하지 아니한 권리자는 보호할 가치가 없다는 점과 뒤늦게 권리를 주장하고 나서는 권리자로 인하여 정리계획의

수행이 불가능하게 된다는 점을 감안하여 마련된 같은 법 제241조의 면책과는 그 성질을 달리하는 것이므로 정리계획의 인가결정이 있으면 정리채권자 등의 권리는 정리계획의 조항에 따라 채무의 전부 또는 일부의 면제효과가 생기고 기한유예의 정함이 있으면 그에 따라 채무의 기한이 연장되며 정리채권이나 정리담보권을 출자전환하는 경우에는 그 권리는 인가결정시 또는 정리계획에서 정하는 시점에서 소멸한다.

[해설]

1. 관련 조문

이 사건에 원심이 적용한 회사정리법 제241조는 채무자회생법 제251조에 해당하고, 대법원이 적용한 회사정리법 제242조 제1항은 채무자회생법 제252조 제1항에 해당한다. 위 두 채무자회생법 조문들은 회생절차에 관련된 것이다. 채무자회생법의 회생절차는 회사정리법의 회사정리절차를 계승한 것이고, 위 조문들의 내용 및 그 해석론에 실질적으로 변화가 없으므로 채무자회생법의 조문과 용어를 이용하여 서술한다.

채무자회생법 제251조는 "책임을 면한다"고 규정하고, 제252조 제1항은 "권리는 변경된다"라고 규정하여 서로 다른 문언을 사용하고 있다. 한편, 파산절차에서 개인채무자에 대한 면책결정이 확정된 경우에 대한 제566조는 "책임이 면제된다"고 규정하고, 개인회생절차에서 채무자가 변제계획에 따른 변제를 완료하고 면책결정을 받은 경우에 대한 제625조 제2항은 "책임이 면제된다"고 규정하여, 이들은 제251조와 실질적으로 같은 문언을 사용하고 있다.

이러한 조문들의 효과에 대하여는 채무(채권) 자체가 소멸한다는 채무소멸설과 채무 자체는 존속하지만 책임이 소멸한다는 책임소멸설이 대립하고 있다.

2. 대상판결의 내용

원심판결은 해태상사의 채권 중 회생계획에 의하여 출자전환된 20%에 대하여는 채무자회생법 제252조 제1항이 적용되고, 회생계획에 의하여 면제된 나머지 80%에 대하여는 제251조가 적용된다고 보고, 나아가 제251조의 효과에 관하여 책임소멸설을 취하였다.

이에 반하여 대상판결은 원심법원의 제251조의 효과에 대한 해석이 틀린 것은 아니라고 하면서도, 해태상사의 채권 중 출자전환된 20%뿐만 아니라 면제된 80%에 대하여도 제252조 제1항이 적용되어야 한다고 하고, 나아가 제252조 제1항의 효과에 관하여 채무소멸설을 취하였다.

3. 제251조와 제252조 제1항의 적용대상

대상판결의 판시 중 이 사건에 제251조가 아닌 제252조 제1항이 적용된다고 한 부분은 타당하다고 생각된다.

우선 해태상사의 채권 중 회생계획에서 면제된 부분에 채무자회생법 제251조가 아닌 제252조 제1항이 적용된다는 점에 대하여는 이견을 찾기 어렵다. 즉, 제252조 제1항의 권리변경에는 권리의 전부 또는 일부 면제가 포함되는 것으로 보고, 이 사건과 같이 채권자가 채권신고를 하고 그에 대하여 회생계획이 권리변경조항을 둔 경우에는, 면제가 정해진 부분을 포함하여, 제252조 제1항이 적용된다고 보는 점에 대하여 이견을 찾기 어렵다.[1] 한편, 제251조는 채권자가 채권신고를 하지 않은 경우를 주된 적용대상으로 한다는 점에 대하여도 이견을 찾기 어렵다.[2]

또한 채무자회생법 제251조의 의의는 그 효과의 여하를 논하기 이전에 근본적으로 절차에 참가하지 않은 즉, 채권신고를 하지 않은 채권자를 절차에 참가한 채권자와 마찬가지로 취급할 것인지(비실권주의) 아니면, 채무소멸, 책임소멸 여부를 불문하고 소위 실권시킬 것인지(실권주의)에 있으므로,[3] 대상판결의 이 부분 판시는

---

1) 서울회생법원 재판실무연구회, 회생사건실무(제5판)(하), 박영사(2019)(이하 '회생사건실무(하)'라고 한다), 113면; 전대규, 채무자회생법(제5판), 법문사(2021)(이하 '전대규'라고 한다), 788~789면; 편집대표 권순일, 주석 채무자회생법(Ⅲ), 한국사법행정학회(2021)(이하 '주석 채무자회생법(Ⅲ)'이라고 한다), 579~580면(권창한 집필).

2) 회생사건실무(하), 109~111면; 전대규, 784면, 주석 채무자회생법(Ⅲ), 569~570면; 이무룡, "주채무자의 도산과 보증인의 주채무 소멸시효 항변 ― 일본에서의 논의를 중심으로", 사법 제53호, 사법발전재단(2020년 가을), 353면 이하(이하 '이무룡'이라고 한다), 388면.

3) 三ヶ月章 等, 條解 會社更生法(下), 弘文堂(1998), 720~721면; 園尾隆司, 小林秀之 編集, 条解 民事再生法(第3版), 弘文堂(2013. 이하 '条解 民事再生法'이라고 한다), 940~941면(三木浩一 집필).

타당하다.

갱생형 절차 중 강한 갱생형 절차인 회생절차에 관하여는 실권주의와 비실권주의가 크게 문제되지 않으나, 약한 갱생형 절차에 관하여는 입법과정에서 논의되기도 한다. 즉, 일본의 경우 과거 화의법은 비실권주의를 채택하고 있었으나, 화의법을 폐지하고 새로 만든 민사재생절차를 만들 때 이 점이 논의되어 결국 원칙적으로 실권주의를 채택하게 되었다.[4] 참고로 우리나라의 경우, 화의법은 비실권주의를 채택하고 있었으나, 화의법이 폐지된 후 그 흐름을 잇는 개인회생절차의 경우 채권자의 절차참가 여부를 채무자가 채권자목록에 기재함으로써 선택하게 되어 있고, 채권자목록에 기재되지 않은 채권자는 실권을 면하는 정도가 아니라 아예 절차의 제약을 받지 않게 되어 있다.[5]

4. 제252조 제1항과 제251조의 효과

가. 제252조 제1항의 효과

대상판결의 판시 중 제252조 1항의 "권리는 변경된다"의 의미에 관하여 채무소멸설을 취한 부분도 타당하다고 생각된다. 학설의 경우 우리나라에서는 이견을 찾기 어렵고, 일본에서는 통설이다.[6] 대상판결을 비롯한 대법원 판례도 일관되어 있다.[7]

나. 제251조의 효과

대상판결의 판시 중 제251조의 효과에 관하여 책임소멸설을 취한 부분에 대하여는 반대한다.

회생절차에 관한 제251조의 효과에 관하여 책임소

멸설, 채무소멸설 및 종국적으로 책임이 소멸하지만 회생절차가 진행하고 있는 동안에는 채권 자체가 소멸한 것으로 취급된다는 견해[8]가 대립하고 있다.[9] 대상판결을 비롯한 대법원 판례는 책임소멸설을 취하고 있다.[10] 파산절차에 관한 제566조에 관하여도 책임소멸설, 채무소멸설 및 주체소멸설 등 학설이 대립하고 있는데,[11] 대법원 판례는 책임소멸설을 취하고 있다.[12]

법조문 자체 내에서 찾을 수 있는 책임소멸설의 근거로서 가장 근본적인 것은 "책임을 면한다"라는 문언 그 자체일 것이다.[13] 특히 회생절차에 관한 제252조 제2항에서 "권리가 변경된다"는 다른 문언이 쓰이고 있는 점과 대비를 이룬다. 하지만, 채권신고를 하여 절차에 참가한 채권자에 대하여 채무 자체가 소멸되는 것으로 보면서 채권신고도 하지 않은 채권자에 대하여 책임만이 소멸되는 것으로 보는 것은 불균형적이라고 볼 수도 있다.[14]

또한 면책 등의 효력이 보증인 등에게 영향을 미치지 않는다는 조항들(회생절차에 관한 제250조 제2항, 파산절차에 관한 제567조, 개인회생절차에 관한 제625조 제3항)도 책임소멸설을 뒷받침하는 근거로 제시된다.[15] 이 근거

---

4) 条解 民事再生法, 940~941면(三木浩一 집필).

5) 절차의 제약을 받지 않는다는 것은 절차의 진행 중에도 개별적으로 강제집행 등을 할 수 있다는 것을 의미하는데, 일반적으로 도산절차에서 채권자의 개별적 권리행사금지는 채권자들의 도산절차참가 여부와는 무관하게 채권이 도산채권인 사실 자체에서 발생하는 도산절차의 효력이다. 박재완, "개인회생채권조사확정절차의 개선방안에 대한 연구", 법조 제68권 제5호(2019. 10), 214면 이하, 223~224면; 伊藤眞, 破産法·民事再生法(第四版), 有斐閣(2014)(이하 '伊藤眞, 破産法·民事再生法(第四版)'이라고 한다), 652, 1008면 참조.

6) 이 점에 관한 우리나라와 일본의 학설의 현황에 대하여는 이무룡, 392면 참조.

7) 대법원 2003. 8. 22. 선고 2001다64073 판결; 대법원 2005. 7. 28. 선고 2005다17518 판결; 대법원 2017. 10. 26. 선고 2015다224469 판결 등.

8) 이 견해는, 제251조는 채무자의 회생을 위한 수단이므로, 아래 ❶, ❷와 관련하여 회생절차가 종료된 이후에 채무자가 면책된 채권을 변제하였는데, 이를 부당이득이라고 보거나 무상부인의 대상이라고 보는 것은 부당하므로 채무소멸설이 이와 달리 보는 한 타당하지 않고, 한편, 회생절차가 진행 중에 관리인이 착오로 면책된 채권을 변제한 경우 부당이득반환이 인정되어야 하는데, 책임소멸설이 이를 부정한다면 타당하지 않다고 비판한다. 条解 會社更生法(下) 736면; 条解 民事再生法, 943면 참조.

9) 이 점에 관한 우리나라와 일본의 학설의 현황에 대하여는 이무룡, 388~390면; 회생사건실무(하), 111면; 주석 채무자회생법(Ⅲ), 567~568면(권창환 집필) 등 참조.

10) 대법원 2001. 7. 24. 선고 2001다3122 판결; 대법원 2017. 10. 26. 선고 2015다224469 판결; 대법원 2019. 3. 14. 선고 2018다281159 판결.

11) 이 점에 관한 우리나라와 일본의 학설의 현황에 대하여는 김정만, "파산면책의 효력", 사법논집 제30집, 법원도서관(1999), 192면 이하(이하 '김정만'이라고 한다), 204면; 이무룡, 360~361면 참조.

12) 대법원 2015. 9. 10. 선고 2015다28173 판결.

13) 김정만, 205~207면.

14) 김성용, 도산법, 한국사법행정학회(2012), 331~332면.

15) 斎藤秀夫, 麻上正信, 林屋札二 編, 注解 破産法(第三版) 下卷, 靑林書院(1999), 822면.

는 특히 "책임을 면한다"는 조항만 있는 파산절차나 개인회생절차의 경우 더 호소력이 있다. 그러나 채무소멸설에 입장에서는 위 제567조 등은 부종성의 예외를 법으로 인정한 것이라고 보면 되므로, 위 조항이 채무소멸설을 취하는 데에 결정적인 장애가 된다고 보기는 어렵다.[16] "권리는 변경된다"는 조항과 "책임을 면한다"는 조항이 모두 있는 회생절차의 경우 제250조 제2항은 회생계획은 보증인 등에게 영향을 미치지 않는다고 규정하고 있다. 위 조항은 권리변경의 경우를 그 문언상 적용대상으로 하고 있는바,[17] 책임소멸설을 취하는 견해도 회생절차의 권리변경의 경우에는 채무소멸을 인정하므로, 위 제250조 제2항은, 권리변경에 적용되는 부분과 관련하여서는, 법이 부종성의 예외를 법으로 인정하고 있는 한 예가 된다.

책임소멸설과 채무소멸설의 견해 대립의 실익은 두 견해가 ■1 채무자가 면책된 채권을 변제한 경우 부당이득반환청구를 할 수 있는지, ■2 면책된 채권에 대한 변제가 무상부인의 대상이 될 수 있는지, ■3 채무재승인약정 즉, 채무자가 면책된 채권을 변제하겠다고 약정한 경우, 이러한 약정은 유효한 것인지, ■4 주채무에 대한 소멸시효가 완성되었다는 보증인의 항변에 주채무의 면책이 어떤 영향을 미치는지[18][19] 등 여러 논점에서 다른

결론을 내리거나 접근방법을 달리한다는 점에 있다. 책임소멸설에 입각하면 ■1 면책된 채무의 변제는 비채변제가 아니므로 채무자의 부당이득반환청구권은 불가능하고, ■3의 채무재승인약정은 유효하다고 보는 입장에서 출발하게 된다. 반면, 미국에서 발생하였던 채무재승인약정의 남용[20]을 배경으로 하여 ■1과 ■3에서 다른 결론을 내리거나 접근방법을 달리하기 위하여 제기된 것이 채무소멸설이다.[21]

조문의 문언이나 입법연혁[22]에 비추어 볼 때 책임소멸설도 충분히 경청할만하지만, 면책제도가 추구하는 채무자의 경제적 재생을 실효성 있게 확보하기 위하여 채무소멸설을 취하는 것이 상당하다고 여겨진다.[23][24]

---

16) 伊藤眞, 破産法·民事再生法(第四版), 788면.
17) 실권으로 인한 면책의 경우도 그 적용대상이 되는지가 문제되는바, 이를 긍정하는 것이 통설이고, 판례도 같다(대법원 2001. 6. 12. 선고 99다1949 판결, 대법원 2003. 5. 30. 선고 2003다18685 판결).
18) 이무룡은 ■4를 다룬 것으로 그 전제로서 ■1, ■2, ■3을 다루고 있고, 이외에도 법인채무자에 대한 파산절차가 종료한 경우도 다루고 있다.
19) 이무룡, 393~394면에 소개되어 있는 도쿄고등재판소 2017년(平成 29) 6월 22일 판결은 시사점이 크다고 생각된다. 위 판결은 민사재생절차에서 재생채권의 일부를 면제하고 나머지 채권을 분할상환하는 내용의 재생계획이 인가된 경우 채무자의 분할상환을 면제된 부분을 포함한 채무 전체의 승인으로서 보증채무에 대하여도 면제, 비면제 부분을 가리지 않고 시효중단효가 인정된다고 판단하면서 그 근거로 이와 달리 해석하면 재생계획이 보증인에게 영향을 미치는 것과 마찬가지의 결과가 된다는 점을 제시하였다. 주의할 점은 일본의 민사재생절차에서 재생계획이 인가되면 권리변경이 발생하는데, 이는 우리나라의 회생절차에서 회생계획이 인가된 경우와 같다는 점이다. 우리나라의 개인회생절차에서는 개인회생계획이 인가되어도 권리변경은 발생하지 않고,

개인회생계획이 모두 수행된 이후 채무자가 면책을 받게 된다.
20) 이에 관하여는 박재완, "채무재승인", 법학논총 제32집 제4호, 한양대학교 법학연구소(2015. 12), 377면 이하, 381~384면 참조.
21) 임치용, 파산법연구, 박영사(2004)(이하 '임치용'이라고 한다), 45면; 전병서, 도산법(제3판), 문우사(2016), 411면; 伊藤眞, 破産免責の再構成, 判例タイムズ No. 429(1981. 2. 15) 8면 이하, 16~17면; 山本和彦, 倒産法概説(第二版), 弘文堂(2013), 551면; 山内八朗, 破産免責に関する判例法理(下), 判例タイムズ No. 804(1993. 3. 1), 16면 이하, 18~19면. 특히 伊藤眞 교수는 일찍이 1980년대 초에 위 논문을 발표하였는바, 그는 채무재승인약정의 무효화를 제안하는 미국 연방도산법위원회(The Commission on the Bankruptcy Laws of the United States)의 1973년 보고서에 공감을 표하면서 책임소멸설을 취하는 한 채권자들이 추가신용제공을 미끼로 채무재승인을 요구하게 되어 채무자의 경제적 갱생이라는 정책목표를 달성하는 것이 어렵게 되고, 채무자의 도의적 책임을 강조하는 것은 추상적으로는 옳게 보이지만 채권자와 채무자의 역학관계 등을 고려하면 채무자를 다시 빚의 수렁으로 빠지게 하는 결과만 낳을 뿐이며, 일본법의 해석으로서 반드시 통설인 책임소멸설을 취할 이유는 없다고 하였다.
22) 이무룡, 368면; 김정만, 205~207면.
23) 필자는 파산절차에 관한 온주 채무자 회생 및 파산에 관한 법률 제566조(2015. 7. 15.)에서 책임소멸설을 일응 지지하여 두었으나, 견해를 변경한다.
24) ■1, ■3의 경우 책임소멸설에서도 위와 다른 결론을 도출할 수 있고, 채무소멸설에서도 역시 마찬가지라는 점에 근거하여 이 부분에 관한 책임소멸설과 채무소멸설의 대립은 실익이 없는 한편, 나아가 ■4에서 면책된 주채무에 관하여도 소멸시효가 진행된다고 보는 것이 타당한데, 이를 뒷받침하기 위하여 책임소멸설을 지지하는 견해가 있다(이무룡, 365~366면). 물론 위 밑줄 친 부분의 지적은 타당하고(山本和彦, "民事手続

미국의 경우 책임소멸설을 취하고 있지만, 면책 이전은 물론 이후[25])에 얻은 판결을 모두 무효로 하는 한편, 면책 이후에 소제기 등의 일체의 추심행위를 금지하고, 이러한 금지에 위반되는 행위는 법정모독으로 처벌함으로써[26]) 면책의 실효성을 확보하고 있는 점도 감안하여야 할 것이다.[27])

다. 책임소멸설과 자연채무설

책임소멸설을 취하는 입장은 대개 책임의 소멸로 채무가 자연채무가 된다고 하여 책임소멸설은 자연채무설이라고 불리기도 하지만, 자연채무의 개념 내지 내용 자체가 확정되어 있지 않다는 이유로 책임소멸설을 자연채무설이라고 부르는 데에 반대하는 견해도 있다.[28])

5. 여론

대상판결은 또한 "회사정리법 제162조 제1항에서는 정리채권자 또는 정리담보권자가 정리절차개시 당시 회사에 대하여 채무를 부담하는 경우에 채권과 채무의 쌍방이 정리채권과 정리담보권의 신고기간 만료 전에 상계할 수 있게 되었을 때에는 정리채권자 또는 정리담보권자는 그 기간 내에 한하여 정리절차에 의하지 아니하고 상계할 수 있다고 규정하고 있고, 이 때 '그 기간'이라고 함은 정리채권 등의 신고기간을 뜻한다"고 하였는바, 타당하다고 생각되고, 이 법리는 지금의 회생절차에서도 그대로 적용될 수 있다.

法判例硏究", 法学 54巻 1号, 東北大学(1990), 194면 이하, 195~197면), 실제 그와 같은 입장을 취하는 견해들도 있지만, 책임소멸설과 채무소멸설 중 어느 것을 선택하느냐에 따라 출발점이 되는 원칙과 추가적인 법리와 사정이 필요한 예외가 뒤바뀌므로 위 견해의 접근방법에는 의문이 있다. 또한 책임소멸설과 채무소멸설의 대립은 기본적으로 채무자의 면책을 둘러싼 견해의 대립이므로 **4**보다는 **1**, **3**이 더 직접적인 관련을 가지는 상황들이므로 이들을 더 중요한 위치에 두는 것이 상당하다.

25) 해당 조문인 11 USC 524(a)(1)이 "any judgment at any time obtained"라고 하고 있어 판결은 얻은 시기가 면책 이전인지 이후인지를 불문하는 것이 명백하다. Alan N. Resnick, Henry J. Sommer, Collier Bankruptcy Manual 4th Edition LexisNexis, 2012, Volume 2(이하 'CBM 4th Vol 2'라고 한다), 524-4.

26) 11 USC 524(a)(2). 면책 이후 소를 제기하면 당사자는 물론 소송대리인까지 법정모독으로 처벌된다. CBM 4th Vol 2, 524-6.

27) 임치용, 47면.

28) 條解 會社更生法(下), 737면.

[57] 회생계획상 공익채권 감면조항의 효력

김형두(법원행정처 차장)　　　　　　　　대법원 2016. 2. 18. 선고 2014다31806 판결

[사안의 개요]

A회사는 2010. 4. 23. B회사와 빌딩건축공사에 관한 설계용역계약(이하 '이 사건 계약'이라 한다)을 체결하고 설계용역을 제공하였다. B회사는 2011. 8. 10. 회생절차가 개시되었다. 이 사건 계약에 기한 설계용역에는 기본설계용역과 실시설계용역이 포함되었고, 용역 및 건축공사의 진행단계에 따라 각 용역의 착수금, 중도금, 잔금을 지급하기로 하였다. A회사는 B회사의 회생절차 개시 전에 기본설계 입찰도서와 공사용 실시설계도서의 납품을 완료하였으나, B회사로부터 이에 대한 용역대금을 지급받지 못하였고, 회생절차 개시 당시 사용승인 서류제출, 건축물관리대장 도서의 납품 등의 용역이 남아 있었다.

위 회생절차의 회생계획은 B회사를 일부 분할하여 C회사 및 D회사를 신설하는 내용이 포함되어 있었다. 위 회생계획에서는 A회사에 대한 B, C, D회사들의 연대책임을 면제하고 B, C, D회사들의 채무액을 감면시키는 내용을 포함하고 있었다(회생담보권은 분할회사의 이전 대상 자산에 설정된 담보권 인정금액에 따라 각 분할회사별로 이전되었고, 회생채권은 사업관련성 및 채권의 성격을 구체적으로 고려하여 회생계획에서 채무가 귀속되는 회사를 정하였으며, 미확정채권은 추후 확정시 각 회사별로 사전에 정해진 비율로 분할되는 것으로 정하였다). 위 내용에 대하여 A회사의 동의는 없었다. 위 회생계획은 2011. 12. 9. 인가되었다.

A회사는 B, C, D회사들은 연대하여 A회사에게 미지급 용역대금 전부를 지급하라는 소를 제기하였다. A회사는 이 사건 계약은 채무자회생법 제119조의 쌍방미이행 쌍무계약인데, B회사의 관리인이 이 사건 계약에 대하여 이행을 선택하였으므로, (B회사의 회생절차 개시 전에 발생한 용역대금을 포함한) 이 사건 계약에 기한 용역대금 전부가 공익채권이고, 위 회생계획의 연대책임 면제조항은 공익채권자인 A회사에 대하여는 효력이 없다고 주장하였다.

제1, 2심은 이 사건 계약에 따른 용역업무 중 A회사의 사용승인도서 작성의무와 건축물관리대장 도서납품 의무 등이 쌍무계약상 대등한 대가관계에 있는 채무로서 주된 의무에 해당한다고 판단하였다. 또한 이 사건 계약에 기한 용역대금채권이 공정별로 가분적이라는 취지의 B, C, D회사들의 주장을 배척하였다. 다만 이 사건 계약 중 기본설계용역계약과 실시설계용역계약은 별도의 계약으로서 서로 분리할 수 있는 가분계약이라고 판단하였다. 제1, 2심은 A회사의 청구를 상당 부분 인용하였고, 쌍방이 상고하였다. 상고기각.

[판결요지]

[1] 회생계획에서 공익채권에 관하여 채권의 감면 등 공익채권자의 권리에 영향을 미치는 규정을 정할 수는 없고, 설령 회생계획에서 그와 같은 규정을 두었더라도 공익채권자가 동의하지 않는 한 권리변경의 효력은 공익채권자에게 미치지 아니한다.

[2] 상법은 분할 또는 분할합병으로 설립되는 회사 또는 존속하는 회사(이하 '승계회사'라 한다)는 분할 전의 회사채무에 관하여, 분할되는 회사와 연대하여 변제할 책임이 있고(제530조의9 제1항), 다만 주주총회의 특별결의로써 승계회사가 분할되는 회사의 채무 중에서 출자한 재산에 관한 채무만을 부담할 것을 정할 수 있으며, 이 경우 상법 제527조의5 등의 규정에 따른 채권자보호절차를 거치도록 정하고 있다. 그런데 채무자회생법 제272조 제1항, 제4항은 회생계획에 의하여 주식회사인 채무자가 분할되는 경우 채권자보호절차 없이도 분할되는 회사와 승계회사가 분할 전의 회사 채무에 관하여 연대책임을 지지 않도록 정할 수 있다고 규정하고 있다. 채무자회생법에서 특례규정을 둔 것은 회생절차에서 채권자는 회사분할을 내용으로 하는 회생계획안에 대한 관계인집회에서의 결의절차를 통하여 회사분할이 채권자에게 유리 또는 불리한 결과를 가져올 것인지를 판단할 수 있고, 법원도 인가요건에 대한 심리를

통하여 채권자에 대한 적절한 보호를 심사하게 되므로 별도의 상법상 채권자보호절차는 불필요하다는 사정을 고려하였기 때문이다. 이러한 취지와 회생계획에서 공익채권자의 권리에 영향을 미치는 규정을 정할 수는 없는 점 등을 종합하면, 회생채권자와 달리 회생계획안에 관한 결의절차에 참여할 수 없는 공익채권자에 대하여는 위 특례규정이 적용되지 않는다.

[해설]

1. 문제의 소재

공익채권은 회생채권이나 회생담보권과는 달리 회생절차에 의하지 아니하고 수시로 변제하고, 회생채권과 회생담보권에 우선하여 변제하는 채권이다.

회생계획에서는 공익채권에 관한 기한의 유예나 감면 등 권리변경의 내용을 규정할 수 없고, 이러한 내용을 규정하더라도 공익채권자의 동의가 없는 한 인가결정으로 공익채권자를 구속할 수 없다는 것이 그동안 확립된 판례의 태도였다.[1] 대상판결은 그와 같은 판례의 태도를 다시 확인한 것이다.

2. 검토

가. 회생계획상 공익채권에 관한 기재

일반적인 회생계획은 채무자가 수립한 자금수급계획에 따라 수행 가능한 범위 내의 회생담보권·회생채권·주주의 권리변경 및 변제방법 등을 기재하고, 회생계획기간 동안 위 회생계획을 수행하는 내용을 기재한다. 위 회생계획에는 공익채권의 변제에 관한 조항을 정하여야 한다(채무자회생법 제193조 제1항 제2호). 구체적으로 공익채권에 관하여는 회생계획에 이미 변제한 것을 명시하고, 장래 변제할 것에 관하여 정하여야 한다(제199조).

통상적인 회생계획에는 "제O장 공익채권의 변제방법" 항목에, "회생계획안 작성일 현재 미지급 공익채권 및 이후 발생하는 공익채권은 이 회생절차의 종료 시까지 영업수익금과 기타의 재원으로 법원의 허가를 얻어 수시로 변제한다."고 기재하고, 별지 혹은 본문에 회생계획안 작성 현재 미지급 공익채권의 현황을 기재하고

있다.[2] 공익채권의 변제를 자금수지계획에 반영함에 있어서는 원칙적으로 준비연도 또는 제1차 연도에 전액 변제하는 것으로 작성하여야 하나, 공익채권의 규모가 큰 경우에는 상당한 기간 분할하는 것으로 기재하고 있다.

나. 회생계획상 공익채권 조항의 효력

구 회사정리법상 공익채권은 정리절차에 의하지 아니하고 수시로 변제하도록 되어 있고(구 회사정리법 제209조), 정리계획에서 공익채권에 관하여 장래에 변제할 금액에 관한 합리적인 규정을 정하여야 한다(구 회사정리법 제211조, 제216조)고 하더라도 그 변제기의 유예 또는 채권의 감면 등 공익채권자의 권리에 영향을 미치는 규정을 정할 수는 없는 것이며, 설령 정리계획에서 그와 같은 규정을 두었다고 하더라도 그 공익채권자가 이에 대하여 동의하지 않는 한 그 권리변경의 효력은 공익채권자에게 미치지 않는다(대법원 2010. 1. 28. 선고 2009다40349 판결).

공익채권자는 회생계획에 관하여 법률상 이해관계를 가지지 아니하므로, 정리계획 인가결정에 대하여 즉시항고를 할 수도 없다(대법원 2006. 1. 20.자 2005그60 결정). 즉, 구 회사정리법 제237조 제1항, 제11조, 제270조 제3항에 의하면, 정리계획변경계획 인가결정에 대하여는 그 재판에 이해관계를 가진 자만이 즉시항고를 할 수 있다고 할 것인데, 여기에서 '이해관계'라 함은 '법률상 이해관계'를 의미하는 것이므로, 결국 정리계획변경계획 인가결정에 대하여 즉시항고를 할 수 있는 자는 그 정리계획변경계획의 효력을 받는 지위에 있는 자로서 정리계획의 효력발생에 따라 자기의 이익이 침해되는 자라고 할 것이다. 공익채권자는 거기에 해당하지 않는다.

인가된 회생계획은 공익채권자에게 아무런 효력이 없으므로 공익채권자는 회생채무자에 대하여 언제든 자기 채권의 전부 변제를 청구할 수 있다.

다. 회사분할을 내용으로 하는 회생계획

채무자회생법 제272조는 회생계획에서 회생회사를 분할하거나 분할합병할 수 있다고 규정하고 있다.

상법 제530조의9 제1항은 분할회사, 단순분할신설

---

1) 대법원 2006. 1. 20.자 2005그60 결정; 대법원 2010. 1. 28. 선고 2009다40349 판결.

2) 김유성, "회생절차에서 공익채권자의 취급에 관한 소고", 재판과 판례 제25집(2016. 12.), 대구판례연구회, 335면.

회사, 분할승계회사 또는 분할합병신설회사는 분할 또는 분할합병 전의 분할회사 채무에 관하여 연대하여 변제할 책임이 있다고 규정하고 있다. 따라서 회사가 분할되면 원칙적으로 승계회사는 분할회사의 채권자에 대하여 연대채무를 진다. 그런데 상법에 의하면 분할회사는 주주총회 특별결의와 채권자보호절차를 거쳐 이러한 연대책임을 배제할 수 있다(상법 제530조의9 제2, 4항). 연대책임을 배제하면 회사의 분할에 의하여 승계회사의 재무상태에 따라 채권자가 분할합병 전보다 불리해지는 수가 있다. 그래서 채권자에게는 이의권이 인정된다(상법 제530조의9 제4항, 제530조의11 제2항, 제527조의5, 제439조 제3항).

그러나 회생절차에서는 이해관계인의 결의에 의한 가결 및 법원의 인가를 받은 회생계획에 기하여 회사분할이 실행되는 것이기 때문에 채무자회생법 제272조 제4항은 위와 같은 상법상의 채권자보호절차에 관한 규정들을 준용하지 않는 것으로 규정하고 있다. 즉, 채권자는 회사분할을 내용으로 하는 회생계획안에 대한 관계인집회에서의 결의절차를 통하여 회사분할이 채권자에게 유리 또는 불리한 결과를 가져올 것인지를 판단할 수 있고, 법원 역시 인가요건에 대한 심리를 통하여 채권자에 대한 적절한 보호를 심사하게 되므로 별도의 상법상의 채권보호절차를 거치지 않아도 되는 것으로 규정한 것이다.[3]

라. 회사분할을 내용으로 하는 회생계획에서의 공익채권자의 지위

종래 실무상 회사분할을 내용으로 하는 회생계획에서 공익채권도 그 채권발생의 관련성, 성격 등을 고려하여 분할하는 내용을 기재하는 경우가 많았다. 회생계획에서 공익채권의 부담주체를 명확하게 정리할 필요가 있고, 회생계획에서 그 부담주체를 정하는 것이 공익채권자의 권리를 침해하는 것이라고 보지 않았던 것이다.[4]

그러나 대상판결은 공익채권자의 동의 없이 분할회사들의 공익채권에 대한 연대채무를 면제하고 이를 분할하여 분담하는 것을 내용으로 하는 회생계획 조항은 공익채권자에 대하여 무효임을 분명히 하였다.

공익채권자는 회생계획에 관하여 법률상 이해관계를 가지지 아니하므로 회생계획의 인부결정에 관하여 적법한 항고권자가 될 수 없는 점(대법원 2006. 3. 29.자 2005그57 결정), 공익채권은 회생채권과 회생담보권에 우선하여 변제하고, '회생절차에 의하지 아니하고' 변제하는 점(채무자회생법 제180조 제1, 2항) 등을 고려하면, 회생계획에서 분할회사들의 공익채권 연대책임을 배제할 수는 없다고 봄이 타당하다.

3. 결론

공익채권자의 동의 없이 그 권리를 회생계획으로 변경할 수 없음은 채무자회생법의 관련규정 등에 비추어 명백하다. 대상판결은 이를 분명히 한 점에 의의가 있다.

---

3) 서울중앙지방법원 파산부 실무연구회, 회생사건실무(상) 제5판, 박영사(2019), 794면.
4) 김유성, 전게논문, 342면.

[58] 제3자배정 신주인수방식 인가전 M&A와 체육시설법 제27조의 관계

최효종(법무법인 대륙아주 변호사)　　　　　　**대법원 2016. 5. 25.자 2014마1427 결정**

[사안의 개요]

회생절차가 진행 중인 A골프장(회원제)의 회원들은 제3자배정 신주인수방식의 인가전 M&A를 규정한 회생계획에서 입회보증금의 17%만 현금변제 받게 되자, 체육시설의 설치·이용에 관한 법률(이하 '체육시설법'이라 한다) 제27조¹⁾의 취지는 어떠한 방식의 골프장 경영권 이전 시에도 회원의 권리를 보호하여야 한다는 취지인바, 이러한 취지는 회생절차에서 제3자배정 신주인수방식의 인가전 M&A에서도 적용되어야 하므로 회생계획 인가결정을 취소하거나 최소한 체육시설법 취지를 반영하여 입회보증금 반환채권의 전액변제 등 회원들에 대한 적절한 권리보호조항을 설정하여 달라는 취지로, 항고심의 항고기각결정(서울고등법원 2014. 7. 30.자 2013라1505 결정)에 대하여 재항고를 제기하였다. 재항고 기각.

[결정요지]

체육시설업자에 대한 회생절차에서 채무자인 체육시설업자가 발행하는 신주 등을 인수할 제3자를 선정하고 제3자가 지급하는 신주 등의 인수대금으로 채무를 변제하는 내용의 회생계획은 채무자가 체육시설업자의 지위를 그대로 유지하고 체육시설업자의 주주만이 변경되는 것을 정하고 있으므로, 체육시설법 제27조 제1

---

1) 제27조(체육시설업 등의 승계) ① 체육시설업자가 사망하거나 그 영업을 양도한 때 또는 법인인 체육시설업자가 합병한 때에는 그 상속인, 영업을 양수한 자 또는 합병 후 존속하는 법인이나 합병에 따라 설립되는 법인은 그 체육시설업의 등록 또는 신고에 따른 권리·의무를 승계한다.
② 다음 각 호의 어느 하나에 해당하는 절차에 따라 문화체육관광부령으로 정하는 체육시설업의 시설 기준에 따른 필수시설을 인수한 자에게는 제1항을 준용한다.
　1.「민사집행법」에 따른 경매
　2.「채무자 회생 및 파산에 관한 법률」에 의한 환가
　3.「국세징수법」·「관세법」또는「지방세징수법」에 따른 압류 재산의 매각
　4. 그 밖에 제1호부터 제3호까지의 규정에 준하는 절차

항의 '영업양도에 따라 영업을 양수한 자'나 체육시설법 제27조 제2항의 '그 밖에 체육시설법 제27조 제2항 제1호부터 제3호까지의 규정에 준하는 절차에 따라 체육시설업의 시설 기준에 따른 필수시설을 인수한 자'가 있을 수 없고, 이러한 경우 회생계획에 입회금 반환채권이나 시설이용권 등 회원이 가지는 회생채권을 변경하는 사항을 정하였다고 하여 회생계획이 체육시설법 제27조에 반한다고 볼 수 없다.

[해설]

1. 문제의 소재

체육시설법 제27조는 회원제 골프장 부지에 대한 처분 또는 집행이 있더라도 그 부지를 체육시설인 골프장으로 계속 사용하는 한 골프장 회원들의 권리가 인수인 등에게 그대로 승계된다는 취지이며, 이는 회원들을 매우 강력하게 보호하는 강행규정이다.²⁾ 그런데 회원제 골프장의 회생사건에서 제3자배정 신주인수방식의 회생계획 인가전 M&A를 진행할 경우에도 체육시설법 제27조가 적용되어 인수인에 대해 회원들의 권리가 승계되거나, 아니면 적어도 입회금반환채무 전액을 변제하는 내용의 회생계획이 작성돼야 하는지 여부가 이 사건의 쟁점이다.

2. 대상판결의 논거

대상판결은 체육시설법 제27조의 입법목적 및 영업양도의 외연 확장에도 불구하고 회생절차에서 제3자 배정 신주인수 방식의 인가전 M&A가 위 영업양도 또는 체육시설법 제27조 제2항 제1호부터 제3호까지의 규정에 준하는 절차에 해당한다고 볼 수는 없다고 판시하였다. 이는 이 사건 회생계획이 회원들의 입회금 반환채권 등을 일부 현금변제, 출자전환 등의 방식으로 권리변경을 한 후, 투자자가 납입하는 신주 및 전환사채 인수

---

2) 나청, "회원제골프장 회생사건의 실무상 쟁점정리", 도산법연구 제8권 제2호, 도산법연구회(2018), 175면.

대금을 변제재원으로 하여 권리변경된 회생채권 등을 일시에 변제하고, 투자자가 채무자 회사의 주식 및 전환사채를 인수하는 것을 내용으로 하는바, 여기에는 채무자 회사로부터 체육시설업을 양수하거나 체육시설업의 시설 기준에 따른 필수시설을 인수하여 회원들에 대한 권리·의무를 승계하는 제3자가 존재하지 않으므로, 회생계획에 의하여 권리변경된 회원들의 입회금 반환채권의 변제자금 조달을 위하여 제3자 배정 신주발행 등을 예정한 회생계획이 체육시설법 제27조에 반하지 않는다고 판단한 것이다.

3. 검토

골프장 부대시설 이용권 등 비금전채권과 입회금반환청구권이라는 금전채권이 결합된 예탁금제 골프회원권[3]은 종래부터 판례상 회생채권으로 인정되었다(대법원 1989. 4. 11. 선고 89다카4113 판결 등). 그런데 우리나라의 예탁금제 골프회원권은 체육시설법 제27조에 따라 골프장 구조조정 절차에서 사실상 담보권에 준하는 막강한 지위가 보장되어 있는바,[4] 이 규정의 취지는 영업주체의 변동에도 불구하고 체육시설업자와 이용관계를 맺은 다수 회원들의 이익을 보호하는 데 있는 것이라고 설명된다(대법원 2015. 12. 23. 선고 2013다85417 판결).

다만 1990년대 일본의 골프장 대량 도산사태 발생 이후 2003년 신설(제2항)된 이 규정은 외국에 유례를 찾기 힘들며, 저당권, 압류, 가압류 등과의 시기의 선후를 막론하고 그 어떤 집행이나 환가처분에도 제거되지 않고 영구히 그 부지를 따라가는 막강한 힘을 부여한 결과[5] 민사법체계와 부정합을 일으키며, 다른 채권자들, 특히 담보채권자들의 이익을 심각하게 침해하고 골프장 사업의 구조조정을 어렵게 하는 사회경제적 부작용이 있으므로 최대한 신중하게 해석되어야 한다는 견해

가 있었다.[6] 그런데 위 규정이 회생절차에서 제3자배정 신주인수방식의 인가전 M&A에도 적용될 수 있는지의 여부에 대한 최초의 판단이 A골프장 회생계획(수원지법 2012회합24)에 대한 대상판결이다.

회원의 입회보증금반환청구권은 체육시설법에 따라 시간적인 면이나 실질적인 면에서 담보권보다 우월한 지위에 있고, 이는 회생절차 내에서도 존중되어야 하므로 회생담보권에 준해 취급되어야 한다는 견해가 있으나, 통설적 견해는 제141조 제1항의 문언해석상 이를 회생담보권으로 보는 것은 어렵고 단지 일반 회생채권으로 취급하면 무방하다는 것이다.[7] 대법원은 대상판결에서 통설적 견해를 충실히 따랐으며, 제3자배정 신주인수방식의 인가전 M&A에서는 인수인인 제3자가 존재하지 않으므로 체육시설법이 적용되는 경우가 아니라고 판시한 것 역시 법문에 충실한 해석이다.

다만 회원들은 체육시설법에 따라 임대차에 있어서 임차인의 제3자에 대한 대항력과 유사한 권리를 갖추었다고 볼 수 있을 것인데, 통상 대항력을 갖춘 임대차 또는 체육시설법 제27조와 유사한 취지의 규정인 관광진흥법 제8조에 의해 골프장 회원과 유사한 권리보호를 받는 콘도미니엄 회원들에 대하여는, 제3자 재분양(재임대)/재계약 등의 방법으로 사실상 전액 변제를 담보하는 회생계획이 짜여진다.[8] 다만 A골프장은 대중제 골프장 전환을 전제로 회생계획안이 작성되었으므로 회원권 재분양이나 재계약은 사실상 불가능하였는바, 회생채권자조에서 회원들을 제외하고도 관계인집회 가결요건인 의결권 2/3가 확보되어 회원들에 대한 현금변제 17%라는 대폭 권리변경을 내용으로 하는 회생계획안의 인가가 가능하였다. 그러나 A골프장 이후 최근 다른 회생 골프장들의 회생계획에서는 위와 같은 임대차/콘도 등 회생계획 사례의 취지를 살리고, 회생절차의 화해적 성격[9]을 고려하여 회원권 소멸[10] 및 대중제

---

3) 예탁금제 골프회원권의 자세한 내용은 대법원 2015. 1. 29. 선고 2013다100750 판결의 판시내용 참고.

4) 박용석, "회원제 골프장의 회생절차에 있어서 회원의 권리", 도산법연구 제6권 제3호, 도산법연구회(2016), 89면.

5) 이러한 점에 관해 체육시설법 제27조의 위헌성이 다투어진 바 있는바, 헌법재판소는 양수인 재산권의 본질을 침해하지 않는다고 하여 합헌으로 판시하였다(헌법재판소 2010. 7. 29. 선고 2009헌바197 결정).

6) 천경훈, "골프장 부지의 양도와 회원권 승계", 민사재판의 제문제 제22권, 한국사법행정학회(2013), 227~228면.

7) 김장훈·홍정호, "골프장 회생절차의 실무상 쟁점". BFL 81호, 서울대학교 금융법센터(2017), 55면.

8) 서울회생법원 재판실무연구회, 회생사건실무 상권, 제5판, 박영사(2019), 743~747면.

9) 헌법재판소 1992. 6. 26.자 91헌가89(병합) 결정.

10) 역시 회생절차 도중 회원제에서 대중제로 전환한 골프장인

전환에도 불구하고 회생계획에 기존 회원들에 대한 일정 금액의 할인쿠폰 지급 등 타협적 방안을 마련하는 것이 보통이다.[11]

결론적으로 체육시설법 제27조의 입법론적 정당성에는 논란의 여지가 있으나, 제3자배정 신주인수방식의 인가전 M&A는 (다른 M&A절차와 마찬가지로) 회생계획이 인가가 되어야 비로소 그 효력이 발생하는 것이고, 인가를 위해서는 대체로 회원들의 동의가 전제되어야 한다는 점에서 대상판결의 결론이 체육시설법 제27조의 규정취지에 반한다고 보기는 어려울 것이다.[12]

4. 여론

대상판결은, 신탁채권자의 대여금채권은 채무자 회사의 재산으로부터 우선변제를 받을 수 있는 권리가 아니고, 회원들도 체육시설법에 따라 인수인의 재산에서 변제받을 수 있을 뿐 채무자 재산에서 우선변제 받을 수 있지 않으므로, 담보신탁채권자와 회원채권자를 같은 회생채권자 조로 분류한 것이 회생법원의 재량범위를 일탈하지 않아 위법하지 않다고 판단하였다.

또한 대상판결은, 신탁재산인 골프장시설 등은 대내외적으로 채무자 회사 소유의 재산이 아니라 담보신탁계약의 수탁자 소유의 재산이므로,[13] 신탁채권자가 위탁자인 채무자 회사에 대한 신탁 관련 대여금 채권으로

채무자 회사의 재산으로부터 다른 일반 채권자에 우선하여 변제받을 권리가 있다고 볼 수 없고, 따라서 신탁채권자의 채권과 회원이 가지는 회생채권은 원칙적으로는 동일한 종류의 권리로서 같은 순위로 취급되어야 하지만, 골프장 영업을 전제로 한 회생계획의 수행을 위해서는 신탁채권자로부터 신탁계약상의 권리포기에 대한 동의 등을 받는 것이 필요하다는 점 등의 사정을 고려해 보면, 변제율의 차등을 둘 만한 합리적인 이유가 있고 그 차등의 정도가 공정·형평의 관념에 반하여 평등의 원칙에 위배된다고 보기 어렵다고 판시하였다.

한편 대상사건에서는 회원들에 대한 현금변제비율을 당초 30%에서 17%로 변경한 회생계획안 수정안이 관계인집회 당일 제출되었는데, 대상판결은 회생채권자에게 불리한 영향을 미치는 회생계획안의 수정안 제출시 관계인집회를 연기하여 이해관계인에게 내용검토 및 결의기회를 보장해주어야 하는데, 그러한 절차를 거치지 않아 회생절차가 법률의 규정에 위반된 경우에 해당한다고 판시한 점도 주목할 만하다[다만 대상판결은 위 회생계획 수정안에 대하여 회생채권자 대다수의 동의로 가결 요건을 충족하는 등 결석자들이 위 수정안에 대하여 동의하지 않는다고 하여 결과가 달라지지 않았을 것으로 보이는 점 등을 감안하여 재량인가(제243조 제2항)를 하였다].

㈜레이크힐스순천 사건(서울회생법원 2018회합100038)에서는 회생계획안에 "입회보증금반환채권은 본 회생계획안 인가일부터 체육시설법의 적용을 받지 아니하는 일반채권으로 전환되며, 입회보증금반환채권자에 수반한 채무자의 골프장 시설에 대한 회원으로서의 이용권은 소멸합니다"라는 내용을 명기하였다(서울회생법원 재판실무연구회, 전게서, 748면).

11) 최효종·김소연, "2010년대 골프장 회생절차에 대한 실증연구", 법조 732호, 법조협회(2018), 474면.
12) 김기홍, "골프장 회원의 법적 지위에 관한 연구", 서울대학교 법학석사 학위논문(2019), 126면.
13) 그런데 대법원 2018. 10. 18. 선고 2016다220143 전원합의체 판결은, 담보신탁이 양도담보와 유사하고 담보신탁의 도산격리효과는 체육시설법 제27조의 입법목적을 달성하기 위해 제한될 수 있다는 이유로, 담보신탁된 골프장 시설의 신탁공매절차에서 인수인에게 입회보증금반환의무 승계를 긍정하였다. 이는 대상판결과 모순된다고 보기는 어렵지만 이해에 주의를 요한다. 이에 대한 자세한 논의는 최준규, "담보신탁을 근거로 한 체육필수시설의 매매와 매수인의 권리·의무 승계", 사법 48호, 사법발전재단(2019), 388면 이하 참조.

[59] 회사정리절차상 채권의 출자전환과 보증인의 책임범위

박용석(법무법인 세종 변호사)　　　　대법원 2003. 1. 10. 선고 2002다12703, 12710 판결

[사안의 개요]

정리회사 A는 피고의 지급보증 아래 1996. 10. 21. 사채발행총액은 66억 5,000만원(사채원금 50억원, 사채이자 16억 5,000만원), 사채이율은 연 11%, 사채원금 상환기일은 1999. 10. 21.로 하는 회사채를 발행하였다.

원고는 이에 앞서 1996. 10. 15. 피고와 사이에 위 회사채 발행으로 인하여 A가 피고에게 부담하는 채무에 대하여 연대보증하기로 하는 약정(이하 '이 사건 보증계약'이라 한다)을 체결하였다.

위 회사채에 대하여, 제1회 내지 제4회의 이자는 A가, 제5회 내지 제12회의 이자는 원고가 지급하고, 원금 50억원에 대해서는 원고가 5억원, 피고가 45억원을 대지급하였다.

원고는 1999. 10. 21. 피고와 사이에 위 대지급금 45억 원에 연 10.5%의 비율에 의한 이자를 가산하여 1년 동안 나누어 상환하되 위 대지급금의 각 분할 상환기일을 지급기일로 하는 액면 합계 45억 원의 약속어음 5장을 발행하여 주기로 약정하고 위 약속어음을 발행하였다.

A는 1998. 5. 7. 수원지방법원에 회사정리절차개시신청을 하고, 1998. 9. 22. 위 법원으로부터 회사정리절차개시 결정을 받았다.

피고는 1998. 10.경 정리채권으로 57억 4,800만원(회사채 원금 50억원 + 제8회부터 제12회까지의 회사채 이자 6억 8,750만원 + 장래의 대지급수수료 28,437,500원 + 보증료 32,062,500원)을 신고하였다.

수원지방법원은 1999. 7. 30. 피고의 신고된 정리채권에 대하여 원금의 30%는 출자전환한다는 내용의 정리계획을 인가결정하였다.

A는 위 출자전환의 효력발생일인 1999. 11. 1. 피고에게 대지급 원금 45억원의 30%인 13억 5,000만원에 대하여 주당 8,000원의 조건으로 출자전환하여 A의 주식 168,750주를 배정하고 피고를 주주명부에 등재하였는데, 보통주 시세는 1999. 11. 1.의 종가가 5,100원이었다.

피고는 원고로부터 발행받은 약속어음 중 액면 합계 16억원을 제외한 나머지 약속어음금 및 2000. 8. 20.까지의 약정이자에 대하여는 원고로부터 지급기일에 각 변제받았다.

원고는 피고의 정리채권 13억 5,000만원이 출자전환으로 변제되었다는 이유로, 2000. 10. 5. 피고를 피공탁자로 하여 채무원금 2억 5,000만원(원고의 피고에 대한 채무 잔액 16억원 - 출자전환 변제금 13억 5,000만원)과 이에 대한 2000. 8. 21.부터 2000. 10. 5.까지의 이자 3,308,219원의 합계액 253,308,219원을 변제공탁하였다.

원고의 본소 주장: 피고의 A에 대한 정리채권 중 금 13억 5,000만원이 1999. 11. 1. 출자전환되었는데, 출자전환의 법적 성질은 '정리채권 자체의 현물출자'라고 할 것이어서, A의 주식을 배정받은 피고는 정리채권자로서 그 부분에 대하여 종국적인 만족을 얻게 되어 정리채권자의 지위를 상실하게 되고, 그 범위에서 정리회사의 채무 소멸로 원고 회사의 보증책임도 소멸되었다. 따라서 원고의 피고에 대한 보증채무 잔액 16억원은 위와 같은 출자전환으로 인하여 13억 5,000만원이 소멸하였고, 그 나머지 2억 5,000만원 및 이에 대한 이자를 변제공탁하였으므로, 원고와 피고 사이에 1996. 10. 15. 체결된 회사채에 대한 지급보증계약에 의한 원고의 보증채무는 존재하지 아니한다.

피고의 반소 주장: 회사정리법 제240조 제2항에 의하여 정리계획은 정리채권자가 회사의 보증인에 대하여 가진 권리에 영향을 미치지 않고, 출자전환의 경우 출자전환에 의하여 발행된 신주의 실질적 가치는 그 권면액에 미달되는 경우가 많으므로 정리채권이 출자전환되어 신주를 배정받았다고 하여도 정리채권자는 신주의 권면액 상당을 변제받은 것으로 볼 수 없으며, 출자전환된 신주는 정리채권자와 보증인 등 정리회사 이외의 자와의 사이에서는 담보적 기능을 수행하는 것으로 보아

야 하는바, 이 사건 정리계획에 의한 출자전환으로 피고가 그 부분에 대하여 절대적인 만족을 얻은 것으로는 볼 수 없고, 또한 위 정리계획의 효력은 피고 회사와 정리회사 사이에서만 효력이 있는 것일 뿐 정리절차 개시 전에 연대보증을 한 원고의 보증책임에는 아무런 영향을 미치지 않으므로 원고는 출자전환과 무관하게 피고에게 아직 변제하지 아니한 보증채무금 16억원을 지급할 의무가 있다.

원심은 원고의 보증채무가 757,448,125원 및 그 중 739,375,000원에 대한 이자 상당액을 초과하는 부분에 대하여는 존재하지 아니함을 확인하고, 원고는 피고에게 위 금원 상당액을 지급하라는 취지의 판결을 선고하였다. 이에 쌍방이 상고하였다.

대법원은 원고의 상고를 일부 받아들여 파기자판하였다(이자상당액 18,073,125원을 제외한 보증채무금 739,375,000원 및 이에 대한 지연손해금에 관하여만 원고의 책임 인정).

[판결요지]

회사정리법 제240조 제2항은 정리계획은 정리채권자 또는 정리담보권자가 회사의 보증인 기타 회사와 함께 채무를 부담하는 자에 대하여 가진 권리와 회사 이외의 자가 정리채권자 또는 정리담보권자를 위하여 제공한 담보에 영향을 미치지 아니한다고 규정하고 있지만, 정리계획에서 출자전환으로 정리채권의 변제에 갈음하기로 한 경우에는 신주발행의 효력발생일 당시를 기준으로 하여 정리채권자가 인수한 신주의 시가를 평가하여 그 평가액에 상당하는 채권액이 변제된 것으로 보아야 하고, 이러한 경우 주채무자인 정리회사의 채무를 보증한 보증인들로서는 정리채권자에 대하여 위 변제된 금액의 공제를 주장할 수 있다 할 것이다(대법원 1997. 4. 8. 선고 96다6943 판결, 2002. 1. 11. 선고 2001다64035 판결 참조).

[해설]

1. 회사정리법상 출자전환 관련 규정

회사정리법 제52조 제1항에 의하면 정리절차 중에는 정리절차에 의하지 아니하고는 신주를 발행할 수 없다고 규정하고 있는데 이는 정리계획에 의하여만 신주

를 발행할 수 있다고 해석되고 있다.[1]

회사정리법 제222조 제1항은 회사가 정리채권자, 정리담보권자 또는 주주에 대하여 출자전환을 하는 경우 새로운 납입이나 현물출자가 없으므로 현물출자에 관한 사항은 기재함이 없이 정리계획에 ① 신주의 종류와 수, ② 신주의 배정에 관한 사항, ③ 신주의 발행으로 인하여 증가할 자본과 준비금의 액에 관한 사항을 정하면 되고, 정리계획에서 정한 시기에 출자전환의 효력이 발생하여 정리채권자는 주주가 된다고 규정하고 있다.[2]

회사정리법 제255조는 제222조 제2항(새로 납입 또는 현물출자를 하게 하고 신주를 발행하는 경우)의 경우에는 현물출자 및 신주발행에 관한 일련의 상법규정의 적용을 배제하고 있는데, 제222조 제1항에 따라 출자전환에 의한 신주발행의 경우에는 상법규정의 적용을 배제한다는 명시적인 규정이 없다. 이에 관하여 제222조 제1항은 납입이나 현물출자를 수반하지 아니하므로 이에 관한 상법 규정이 당연히 배제된다고 해석할 수도 있겠지만 제222조 제1항에 의한 출자전환은 회사정리법상의 특수한 제도이므로 반드시 현물출자의 상법이론을 차용하지 아니하여도 된다고 해석함이 타당하다.

2. 회사정리법상 보증인의 책임 ─ 민법상 보증채무의 부종성 원칙에 대한 예외

민법상 "보증채무의 부종성의 원칙"에 의하면 보증채무는 주채무의 이행을 담보하는 수단으로 되어 있기 때문에 주채무자의 채무가 감면되거나 그 내용에 변경이 생기면 그에 따라 보증인도 그 한도에서 책임을 면하거나 보증채무의 내용도 변경되고(민법 제430조), 보증인은 주채무자의 항변으로 채권자에게 대항할 수 있는 권리를 가진다(민법 제433조 제1항).

하지만 회사정리법 제240조 제2항은 "정리계획은 정리채권자 또는 정리담보권자가 회사의 보증인 기타 회사와 함께 채무를 부담하는 자에 대하여 가진 권리와

---

1) 채무자회생법 제55조도 동일한 규정을 두고 있다.
2) 주권의 교부와 관련하여, 정리회사는 새로이 주주가 된 정리채권자에 대하여 주권의 교부를 청구할 뜻과 주주가 된 후 3년 내에 이를 청구하지 아니한 때에는 그 권리를 잃는다는 뜻을 공고(상대방을 알고 있는 경우에는 통지)하여야 하며, 위 기간내에 주권의 교부를 청구하지 아니한 주주는 권리를 잃는 것으로 규정되어 있다(회사정리법 제262조).

회사 이외의 자가 정리채권자 또는 정리담보권자를 위하여 제공한 담보에 영향을 미치지 아니한다"고 규정하여 민법상의 보증채무의 부종성의 원칙에 대한 예외를 규정하고 있다.

회사정리법 제240조 제2항에 관하여 대법원 판례는 정리계획에 따라 회사의 채무가 면책되거나 변경되더라도 보증인이나 물상보증인의 의무는 면책되거나 변경되지 아니한다는 취지를 규정한 것이며, 회사정리법 제241조의 규정에 따라 채권자의 권리가 실권된 경우에도 실권된 채권의 권리자의 보증인이나 물상보증인에 대한 권리에는 영향을 미치지 아니한다고 판시하고 있다.[3] 이와 같이 정리계획이 보증인이나 물상보증인에 대하여 미치지 아니하는 이유에 관하여 판례는 정리계획에 의한 면책의 효력은 정리회사에 대한 관계에서만 상대적으로 발생하는 것에 불과하고 정리회사가 아닌 제3자에 대한 관계에서까지 채권이 절대적으로 소멸하는 것이 아니기 때문이라고 설명하고 있다.[4]

회사정리법 제240조 제2항이 평등권의 원칙, 재산권 보장원칙 등 헌법에 위반하는지의 여부에 관하여 헌법재판소는 정리계획에 의한 면책의 효력을 보증인에 대하여 미치게 하는 경우 정리채권자에게 회사의 정리재건에 필요한 범위를 넘어서서 희생을 강요하게 되고, 회사의 보증인에게 충분한 변제자력이 있는 경우에는 정리채권자가 정리계획안에 동의하지 아니하여 정리절차를 폐지시키고자 함으로써 정리계획의 성립조차 위태롭게 되고, 민법상 부종성의 원칙은 채권자에 의한 임의의 채무감면 등 권리변경이 전제되어야 하는데 정리계획은 다수결의 원칙이 적용되므로 동의의 의사표시를 하지 아니한 채권자에 대하여도 적용되므로 그 취급을 달리해야 할 근거가 있다는 등의 이유로 회사정리법 제240조 제2항은 헌법에 위반되지 아니한다고 판시한 바 있다.[5]

다만, 주채무자가 정리계획에 따라 변제한 때에는 정리채권이 절대적으로 소멸하므로 주채무자가 정리계획에 따라 지급한 금액에 대하여 보증인이 공제를 주장하는 것은 허용된다.[6]

3. 출자전환과 보증책임과의 관계
가. 학설
(1) 전액소멸설

전액소멸설은, 채권의 출자전환은 현물출자의 한 방법이고, 채권자는 출자전환으로 인하여 주식을 취득함으로써 채권의 만족을 얻음과 동시에 채권자의 지위를 상실한다고 보아야 하므로, 출자전환의 효력발생시에 채권액 전부에 대하여 채권자는 보증채무의 이행을 구할 수 없다는 견해이다.[7] 이 견해는 정리회사와 보증인의 입장을 보호하고 보증채무의 부종성이라는 민법원칙을 최대한 존중하기 위한 것으로 판단된다.

그러나 출자전환이 사실상 채무감면의 목적을 달성하되 조세혜택 등 부수적인 효과를 목적으로 행하여지는 현실에 비추어 볼 때 정리채권이 면제되는 경우에 정리채권자가 보증인에 대하여 권리행사를 할 수 있음에 반하여 면제와 거의 동일한 출자전환의 경우에 보증인에 대하여 권리행사를 할 수 없다고 해석하는 것은 형평성에 반한다는 비판을 면할 수 없다. 또한 이 견해에 의하면 출자전환된 정리채권자는 보증인에게 권리행사를 할 수 없으므로 정리채권자는 출자전환이 포함된 정리계획에 반대하게 되어 정리회사의 회생에 지장을 초래하게 되는 문제점이 있다.

(2) 전액불소멸설

전액불소멸설은, 출자전환으로 채권자는 당연히 만족을 받는 것으로 되지는 않으며, 주식의 양도, 주식배당의 수령 등에 의하여 현실로 금전적 만족을 얻은 때에 그 한도 내에서 보증인의 채무가 소멸하는 것으로 해석하여야 한다는 견해이다.[8]

전액불소멸설은 출자전환을 채권이 주식으로 형태만 달리한 것으로 보고 "변제"에 의한 만족을 받은 때에 해당한다고 할 수 없다고 해석한다.

그러나 신주를 처분하여 실제 얻은 이익을 기준으로 하는 경우 채권자의 처분시기에 따라 보증채무의 범위가 달라지게 된다. 또한 채권자가 아직 신주를 처분하지 아니한 경우라면 보증인은 공제를 주장할 수 없게 되고, 추후 채권자의 신주 처분 후에 부당이득 등 별도의 소송

---

3) 대법원 2003. 5. 3. 선고 2003다18685 판결.
4) 대법원 1997. 4. 8. 선고 96다6943 판결.
5) 헌법재판소 1992. 6. 26. 선고 91헌가8, 9 결정.

6) 대법원 1997. 4. 8. 선고 96다6943 판결 참조.
7) 서울지방법원, 회사정리실무(2002), 454면.
8) 兼子一, 条解会社更生法(下), 弘文堂(1998), 717면.

이 이어질 가능성도 있어 법적 불안정이 초래되는 문제점이 있다.

전액불소멸설은 전액소멸설과 마찬가지로 출자전환은 실질적으로 현물출자에 해당함을 전제로 한다는 점이 흥미롭다. 다만, 전액소멸설은 현물출자로 정리채권이 혼동으로 모두 소멸하는 점에 초점을 두고, 전액불소멸설은 출자전환을 대물변제가 아닌 현물출자로 보아 출자전환으로 변제의 효과가 발생하지 아니한다는 점에 주안점을 두는 점에서 차이가 난다고 할 수 있다. 회사정리법 제240조 제2항은 정리채권의 소멸 내지 면제의 경우에도 보증인이 보증채무를 부담하되 주채무자가 변제한 부분에 한하여 보증인이 보증채무를 부담하지 아니한다고 해석되고 있다. 이러한 일반적인 해석에 의할 경우 현물출자의 결과 혼동에 의하여 정리채권이 소멸한다고 하여 보증인의 보증채무도 같이 소멸한다고 볼 수 없으므로 전액불소멸설이 이론상 논리적 일관성이 유지된다고 할 수 있다.

(3) 일부소멸설

일부소멸설은, 종전의 권리에 대신하여 새로운 권리가 부여된 경우로서 현실적으로 채권의 만족을 얻었다고 해석되는 경우 및 대물변제를 정한 정리계획의 효력이 발생한 경우에는 다른 전부의무자에 대한 관계에서도 현실적으로 이익을 한도에서 채권이 소멸한다고 해석하며, 신주의 배정을 받은 경우에는 그 신주의 시가평가액에 의하여 채권소멸액을 산정하여야 한다는 견해이다.[9]

이러한 견해는 정리회사가 상장회사일 경우에는 신주의 시가가 있지만 비상장회사일 경우에는 시가가 없거나 있다고 할지라도 비정상적인 거래조건 하에 이루어지는 것이므로 객관적인 시가라고 할 수 없으며, 따라서 정리채권자와 보증인간의 이해조정에도 충분히 기여하지 못한다는 지적이 있다.[10]

나. 국내 판례

대상판결 이전의 하급심 판결들은 초기에는 전액 불소멸설을 취한 것들이 있었으나[11] 이후 전액소멸설을

취한 것도 보인다.[12] 대법원은 일부소멸설을 취하고 있다. 대상판결은 채무자회생법이 시행되기 이전에 회사정리법에 관한 판결이지만 대상판결의 취지는 채무자회생법하에서도 동일하게 유지되고 있다.[13]

4. 사견

전액소멸설이나 전액불소멸설은 회사정리법 제222조 제1항에 의한 출자전환이 현물출자임을 전제로 하지만 회사정리법 제254조는 검사인의 검사를 배제하는 규정을 두고 있지 아니한 점, 정리채권이 혼동으로 소멸하므로 보증인이 면책된다는 전액소멸설의 해석은 회사정리절차 중에 면제되거나 실권되는 경우에 보증인이 원래의 주채무에 대하여 보증의무를 부담한다는 일반적인 해석과 균형이 맞지 않는다는 점, 전액불소멸설은 출자전환으로 인하여 정리채권의 변제에 갈음한다는 정리계획의 일반적인 문구와 배치된다는 점에서 부당하다.

이러한 점에서 출자전환을 현물출자로 보지 아니하고, 출자전환시의 주식의 시가를 정리계획에 의한 지급으로 보아 보증인이 이에 대한 공제를 주장할 수 있다는 회사정리절차상의 특수한 제도라고 봄이 타당하다고 생각된다.

이러한 견해의 장점은 다음과 같다.

첫째, 회사정리법 제240조 제2항의 해석과 관련하여 정리계획에 의한 주채무자의 지급시에만 보증인이 그 공제를 주장할 수 있다는 기존의 판결과 일관성을 유지할 수 있다.

둘째, 출자전환된 주식으로 정리채권의 변제에 갈음하고자 하는 정리계획의 의도와 일치한다.

셋째, 회사정리법 제254조가 검사인의 검사에 관한 상법 규정을 배제하지 아니함에도 검사인의 검사를 밟지 아니하는 이유를 설명할 수 있다.

이러한 견해에 의하면 출자전환 뿐만 아니라 정리계획에 의하여 정리채권의 변제에 갈음하여 전환사채를

---

9) 山内八郎, 会社更生計画の諸問題, 一粒社(1979), 265~267면.

10) 신필종, "정리채권의 출자전환과 보증채무의 소멸", 민사재판의 제문제 제11권(2002), 320~328면.

11) 창원지방법원 2001. 3. 30. 선고 99가합5383 판결; 부산고등법원 2002. 3. 13. 선고 2001나4941 판결; 서울지방법원 2001. 1. 12. 선고 98가합98767 판결.

12) 서울고등법원 2001. 8. 23. 선고 2001나9443 판결.

13) 대법원 2015. 4. 9. 선고 2014다54168 판결; 대법원 2017. 9. 21. 선고 2014다25054 판결.

발행하는 경우에도 보증인은 전환사채의 발행시의 시가의 공제를 주장할 수 있다고 해석함이 타당하다.

이러한 해석은 정리계획에 의한 출자전환을 주채무자에 의한 지급과 유사하게 본다는 점에서 출자전환을 대물변제로 보는 대물변제설에 가깝지만 당사자간의 대물합의가 없다는 점에서 정리계획의 효과에 의하여 인정되는 특수한 대물변제라고 설명함이 타당하다고 생각된다.

[60] 체납처분 유예를 내용으로 한 회생계획의 인가와 중가산금의 발생

이주헌(법무법인 율촌 변호사)   대법원 2009. 1. 30.자 2007마1584 결정

[사안의 개요]

법인에 대한 회생 사건을 담당한 법원이 조세채무에 대한 체납처분을 유예하면서, 조세채무의 "본세 및 회생계획안 인가결정 전일까지 발생한 가산금 등"을 분할변제하기로 하는 내용의 회생계획을 인가하자, 대한민국이 이를 "본세 및 변제일까지 발생한 가산금 등"으로 변경하여 달라는 취지로 항고하였다. 항고기각(서울고등법원 2007. 11. 16.자 2007라1221 결정). 재항고 기각.

[결정요지]

구 국세징수법(2007. 12. 31. 법률 제8832호로 개정되기 전의 것, 이하 같다) 제19조 제4항이 납세자가 납세의 고지 또는 독촉을 받은 후에 '국세 또는 체납액의 납부기한 전에' 채무자회생법 제140조의 규정에 의한 징수의 유예가 있는 때의 징수유예의 효력만을 규정하고 있더라도, 위 규정에 의하여서만 인가된 회생계획에서 정한 징수유예의 효력이 발생하는 것은 아니므로, 회생계획에서는 체납액의 납부기한이 도과된 경우에도 징수유예를 정할 수 있고 회생계획의 인가에 따라 채무자가 부담할 조세 등 청구권의 수액과 기한이 정해진다고 보아야 할 것이며, 따라서 회생계획에서 위 규정과 달리 체납액의 납부기한이 경과된 후에 징수유예를 정하였다고 하여 그러한 회생계획에 대한 인가결정이 구 국세징수법을 위반하여 위법하다거나 무효라고 볼 것은 아니다.

[해설]

1. 문제의 소재

구 국세징수법 제19조 제1항은 "세무서장은 고지된 국세의 납부기한이 도래하기 전에 제17조[1]에 따라 국세 등의 징수를 유예한 경우에는 그 징수유예기간이 지날 때까지 제21조 제1항에 따른 가산금을 징수하지 아니한다"고 규정하고 있고, 같은 조 제2항은 "세무서장

---

1) 이는 세무서장의 징수유예에 대한 규정이다.

이 고지된 국세의 납부기한이 지난 후 제17조에 따라 체납액의 징수를 유예한 경우에는 제21조 제2항에 따른 가산금[2]을 징수할 때 그 징수유예기간은 가산금 계산기간에 산입하지 아니한다"고 규정하고 있다. 같은 조 제4항은 "납세자가 납세의 고지 또는 독촉을 받은 후에 채무자회생법 제140조에 따른 징수의 유예를 받았을 때에는 가산금 징수에 있어 제1항 및 제2항을 적용한다"고 규정하고 있다.

따라서 채무자회생법 제140조의 절차에 따라 회생계획에서 징수의 유예를 정한 때에는 가산금 등이 발생하지 않게 된다. 문제는 채무자가 회생절차에 들어올 때에는 이미 독촉장에서 정한 납부기한까지 도과한 경우가 많을 텐데 이때 징수권자가 체납처분의 1단계로서의 압류를 개시하지 않고 이를 유예하는 것은 그 개념상 이미 징수유예가 아니라 국세징수법 제85조의2가 정하는 체납처분의 유예에 해당한다는 점이다. 즉 채무자회생법 제140조는 징수의 유예와 체납처분에 의한 재산환가의 유예를 병렬적으로 규정하고 있는데, 위 조문을 인용하는 국세징수법 제19조는 "징수의 유예"를 받은 경우 가산금이 발생하지 않는다는 점을 규정하고 있을 뿐 "체납처분에 의한 재산환가의 유예"를 받은 경우에 대하여는 아무런 규정을 두지 않고 있다. 국세징수법 제85조의2를 포함하여 체납처분의 중지·유예를 규정한 국세징수법 제3장 제12절에서 위 제19조와 같은 가산금의 면제 내지 불발생에 관하여 아무런 규정을 두지 않고 있는 이상 독촉장에서 정한 납부기한이 도과한 이후에는 위 채무자회생법 제140조와 무관하게 가산금이 발생한다고 보아야 하는 것이 아닌가 하는 의문이 들게 된다.

2. 대상판결의 논거

이에 관하여 대상판결은 회생계획에서 징수유예의

---

2) 이는 중가산금을 의미한다. 구 국세징수법상 "중가산금"이란 용어는 사용되지 않고, 이는 모두 "가산금"에 포함된다.

규정을 둔 이상 징수유예에 관한 법 규정과 무관하게 중 가산금이 발생하지 않는다고 판시하였다. 그 근거로는, 채무자회생법 제140조 제2항, 제3항의 취지는 채무자 가 회생절차개시의 신청을 할 때에는 이미 조세 등 청구 권의 납부기한이 도과된 경우가 많고, 회생계획의 인가 까지 절차적으로 상당한 기간이 필요하여 체납액의 납 부기한이 도과하기 전에 징수유예를 정한 회생계획의 인가를 받기 어려운 점과 체납액의 납부기한이 도과된 후에는 회생계획에서 징수유예를 정할 수 없게 하면 회 생계획이 수행되는 동안에도 조세 등 청구권에 대하여 중가산금이 계속 부과되어 채무자의 회생이 사실상 어 렵게 되는 점 등을 고려하여, 조세 등 청구권의 경우에 이미 발생한 본세와 가산금 등의 감면은 징수의 권한을 가진 자의 동의 없이 할 수 없게 하는 대신에, 3년을 초 과하지 않는 범위 내에서 징수를 유예하는 내용을 회생 계획에서 정할 경우에는 징수의 권한을 가진 자의 의견 을 들으면 족하도록 함으로써 채무자 또는 그 사업의 효 율적인 회생을 도모함과 아울러 채권자·주주·지분권 자 등 이해관계인의 법률관계를 합리적으로 조정하려 는 것인 점, 채무자회생법 제140조 제2항, 제3항에서 규정하는 조세 등 청구권도 같은 법 제251조에서 규정 하는 권리변경의 대상이 되는 회생채권에 속하므로 채 무자가 회생계획인가 후 이러한 조세 등 청구권에 대하 여 변제하여야 할 채무의 범위는 다른 일반 회생채권과 마찬가지로 인가된 회생계획의 내용에 따라 정해지게 되므로, 회생계획에서 조세 등 청구권에 대하여 징수유 예의 규정을 둔 이상, 징수가 유예된 체납액 등에 대하 여는 회생계획에서 정한 바에 따라 중가산금이 부과될 수 없는 것이며, 별도로 징수유예에 관한 구 국세징수법 의 규정이나 세무서장 등의 징수유예에 따라 그 효력이 발생하는 것은 아니라고 할 것인 점, 2008. 12. 26. 법 률 제9265호로 개정된 국세징수법이 제19조 제4항을 '납세자가 납세의 고지 또는 독촉을 받은 후에 채무자 회생법 제140조의 규정에 의한 징수의 유예가 있는 때' 로 개정하여 국세 체납액의 납부기한이 지난 후의 징수 유예에 대하여도 회생계획에서 정하면 효력이 있는 것 으로 규정하고 있는 것은 바로 이러한 법리를 명확히 한 것으로 볼 수 있는 점 등을 들었다.

3. 검토

이에 관하여는 국세징수법 제19조의 변천과정과 관 련하여 논의를 전개할 필요가 있다.

우선, 구 회사정리법 제122조는 채무자회생법 제 140조와 유사하게 조세채권의 징수유예 또는 재산환가 유예를 규정하고 있었는데, 1983. 12. 19. 개정되기 전 의 국세징수법은 현재의 제19조 제4항과 같이 이 경우 가산금이 발생하지 않는다는 규정을 두고 있지 않았다. 판례는 정리회사가 정리채권인 조세채권에 대한 납세 의 고지를 받고 징수유예를 받음이 없이 고지된 세액을 납부기한 내에 납부하지 않은 경우에는 가산금의 징수 를 면할 수 없다고 보았다.[3] 나아가 구 회사정리법 제 122조 소정의 징수유예로 가산금의 발생이 저지되는가 에 관하여 판례는, 구 회사정리법 제122조 소정의 징수 유예에 당연히 납부기한연장의 효력이 있다고 보기는 어렵다고 보아 이를 부정하였다.[4] 구 회사정리법 제 122조에 의하여 회생계획에 징수유예 내지 재산환가의 유예를 규정하더라도 이는 징수유예 내지 재산환가의 유예의 효력만 인정될 뿐 가산금까지 발생하지 않는다 고 해석하긴 어렵다고 할 것이다.[5]

이후 국세징수법 제19조는 1983. 12. 19. 전문개정 되면서 납세자가 납세의 고지 또는 독촉을 받은 후에 국 세 또는 체납액의 납부기한 전에 회사정리법 제122조 의 규정에 의한 징수의 유예가 있는 때에는 가산금이 발 생하지 않는다는 내용의 제4항을 신설하였다. 그런데 위 "국세 또는 체납액의 납부기한 전에"라는 법 문언 때 문에 체납액의 납부기한 후, 즉 독촉장에서 정한 납부기 한이 도과한 이후에 회생계획에서 징수의 유예를 정한 경우 가산금이 발생하는 것인지에 관하여 이를 긍정하 는 견해[6]와 부정하는 견해[7]가 대립하였고, 본 판례는

3) 대법원 1982. 5. 11. 선고 82누56 판결.
4) 대법원 1991. 3. 12. 선고 90누2833 판결.
5) 이주헌, "도산절차상 가산금의 지위", 사법(46호), 사법발 전재단, 2018, 76면.
6) 조춘연, "조세측면에서 본 회사정리와 구조조정", 한국세정 신문사(2000), 411면; 주진암, "도산절차에서 가산금·중가 산금의 지위", 법조(통권625호), 법조협회, 2008, 133~138 면. 독촉장에서 정한 납부기한이 도과하면 이미 징수절차 단 계가 아니라 체납처분단계로 넘어간 것인데 징수절차가 종료 되고 체납처분절차가 진행 중인 상황에서 체납처분을 유예하 는 것이 아니라 이미 종료된 징수절차를 유예한다는 개념은

이를 부정하는 견해를 취한 것이다. 그러나 법문이「"국세 또는 체납액의 납부기한 전에"… 징수의 유예가 있은 때에 가산금 징수에 있어서 제1항 및 제2항의 규정을 적용한다」고 규정하고 있었는데, 이는 누가 보아도 요건은 위 "국세 또는 체납액의 납부기한 전에"… 징수의 유예가 있은 때로 완결되는 것이고, 제1항 및 제2항의 규정을 적용하는 것은 다만 위 각 조항들의 효과, 즉 가산금을 징수하지 않거나(제1항), 가산금 계산기간에 산입하지 않는다(제2항)는 점만을 가져온다는 것으로 해석함이 타당하므로, 당시 법 문언에 의하면 회생계획 인가결정 당시 이미 독촉에서 정한 납부기한이 도과한 경우에는 제19조 제4항이 적용되지 않아 가산금이 발생하는 것으로 보았어야 한다.[8]

다시 국세징수법 제19조 제4항은 2008. 12. 26. 개정되면서 "국세 또는 체납액의 납부기한 전에"라는 문구가 삭제되었는데, 그 이후에는 체납액의 납부기한 후 징수유예된 경우라도 여전히 가산금이 발생한다는 견해는 특별히 제기되지 않은 것으로 보인다.[9] 법문상

"독촉을 받은 후에 … 징수의 유예가 있는 때"라는 것이 이미 형용의 모순인 상황에서라면 이번에는 입법자의 의사나 조문의 취지를 참조하여 가장 합리적인 해석방법을 찾는 것이 타당한데, 독촉을 받은 후에 회생계획인가결정이 있는 경우를 위 조문의 요건에서 배제한다면 실제 사례의 대부분이 그 적용범위에서 제외될 것이므로, 그 도입취지를 살리기 위하여서는 이러한 경우도 국세징수법 제19조 제4항에 따라 가산금이 발생하지 않는다고 해석함이 옳다.[10]

4. 여론

2018. 12. 31. 국세징수법 및 국세기본법이 개정되면서, 가산금에 관한 국세징수법 제21조가 삭제되고, 국세기본법 제47조의4 제1항 제1호에 종전 가산금이 "납부지연가산세"라는 이름으로 추가되었다. 국세징수법 제19조 역시 종전 "가산금"을 "납부지연가산세"로 변경하였다. 이는 비슷한 제도를 중첩적으로 운영하여 발생하는 납세자의 혼란을 완화하고 금전적 부담을 경감하기 위하여 납부고지 전에 적용되는 국세기본법에 따른 납부불성실가산세와 납부고지 후에 적용되는 국세징수법의 가산금을 일원화하기 위하여 취해진 조치로서, 회생절차와 관련하여 실질적으로 변경된 내용은 없으므로 마찬가지로 납부지연가산세가 발생하지 않는다고 보면 된다.[11] 다만 입법론으로는 아예 국세징수법 제19조 제4항에, 징수의 유예를 받은 경우 뿐 아니라 체납처분에 의한 재산의 환가의 유예를 받은 경우도 포함하도록 개정하는 것이 바람직할 것으로 보인다.[12]

성립되기 어려우므로 그 이후에 절차를 유예하는 것은 징수유예가 아니라 체납처분유예에 불과한 점, 국세징수법 제19조 제2항의 "고지된 국세의 납부기한이 지난 후"라고 함은 납세고지서에 의한 납부기한이 경과한 후만을 의미할 뿐 독촉장에 정한 납부기한이 경과한 후를 포함하는 것은 아니라는 점, 독촉장에서 정한 납부기한이 도과한 후에는 채무자회생법 제140조 제3항에 따라 징수권자의 동의가 있어야 중가산금을 감면할 수 있다고 해석함이 간명한 점 등을 그 근거로 든다. 따라서 독촉장에서 정한 납부기한 후에는 징수유예 자체가 가능하지 않고, 다만 채무자회생법 제140조 제3항에 따라 징수권자의 동의가 있는 경우 가산금을 감면할 수 있을 뿐이라고 한다.

7) 최완주, "정리절차와 조세", 재판자료(제86집), 법원도서관(2000), 547면; 안경봉, 회사정리(회생) 절차와 조세, 조세법연구(13-2)(2007), 21면; 이상우, "회사정리절차상 조세채권에 관한 연구", 중앙대학교 대학원 석사학위논문(2003), 96~98면. 국세징수법 제19조 제4항이 세무서장이 납부기한 경과 후에 징수유예를 한 경우 징수유예기간은 가산금 계산기간에 산입하지 아니한다는 국세징수법 제19조 제2항을 적용한다고 규정하고 있으므로 징수유예를 정한 회생계획이 납부기한 이후에 인가된 경우에도 유예된 기간에 대하여는 가산금을 징수할 수 없다는 점을 근거로 든다.

8) 이주헌, 위 글, 78면.

9) 서울회생법원 재판실무연구회, 회생사건실무(상)(제5판), 박영사, 2019, 750~752면은 가산금이 발생하지 않는 것으로 입법적으로 해결되었다고 한다. 현재 실무도 이와 같이 징수유예기간 동안 가산금 등이 발생하지 않는다는 전제에 서

있다.

10) 이주헌, 위 글, 79면.

11) 이주헌, "국세법령상 가산금 제도의 개편과 도산절차에의 영향", 법률신문(2020. 7. 27.자).

12) 이주헌, 위 글, 79면.

[61] 관리인의 잘못으로 정리계획에서 누락된 정리채권자의 구제방법

오세용(사법연수원 교수)　　　　　　대법원 2008. 6. 26. 선고 2006다77197 판결

[사안의 개요]

정리회사 N의 정리계획안이 인가되어 정리계획 수행 중 N의 관리인은 정리채권인 원고에 대하여 미수금채권을 가지고 있다는 이유로 이를 자동채권으로 하여 위 정리계획에서 인정된 원고의 정리채권과 상계한 후 이 사건 정리계획 변경계획에 원고의 정리채권이 소멸되었다는 기재를 하였다. 그 후 위 변경계획이 인가되고 나서 정리회사 N에 대한 회사정리절차가 종결되었다.

이에 원고는 정리회사 N의 관리인을 상대로 상계가 무효임을 주장하면서 정리채권 이행의 소를 제기하였다(회사정리절차가 종결됨에 따라 정리회사 N이 수계인이 되었다).

제1심은 '변경계획이 인가되면 정리회사는 인가의 결정이 있은 때로부터 변경된 정리계획에 의하여 인정된 권리를 제외한 모든 정리채권에 관하여 그 책임을 면하게 되고 변경계획 인가결정이 확정되면 더 이상 이를 다툴 수도 없다'는 피고의 본안전항변을 받아들여 원고의 청구를 각하하였고, 이에 원고가 항소를 제기하였다.

항소심은 위 변경계획은 원 정리계획에서 인정한 원고의 정리채권에 대한 변제계획을 변경한 것이 아니라, 원고의 정리채권이 이미 소멸하였음을 이유로 기재자체가 누락된 채 그에 대하여는 어떠한 변경도 가하고 있지 않을 뿐 아니라 피고(정리회사 N)의 관리인이 상계에 의해 소멸하였다고 하여 누락한 부분에 착오 등 잘못이 있어 원고의 정리채권이 변경계획 인가 당시에도 여전히 존재하였다고 원고가 주장하는 것은 변경계획의 권리변경 내용 자체를 다투는 것도 아니라는 이유로 피고의 본안전항변을 배척하였고, 원고의 정리채권이 관리인의 잘못으로 상계처리되어 정리계획 변경계획에 포함되지 못하였지만 변경계획에 따른 권리변경의 대상에 포함된 것과 마찬가지로 감액된 금액에 한하여 피고(정리회사 N)가 변제책임을 부담한다고 보는 것이 타당하다고 보아 원고의 청구를 일부 인용하였다. 이에 쌍방이 상고를 제기하였다.

상고심은 피고의 상고이유를 모두 배척하면서 피고의 상고를 기각하였고, 원고의 상고를 받아들여 "원고의 정리채권에 대하여는, '정리채권 관계회사 채권'을 가진 정리채권자들에 대한 총 후순위배분액을 가지고 그 정리채권자들과 함께 각 채권액에 비례하여 안분변제를 하도록 할 것이 아니라, '정리채권 관계회사 채권'에 적용된 동일한 변제비율을 적용하여 피고가 변제할 금액을 산정함이 타당하다."는 취지로 판시하면서 원고패소부분 중 정리채권금액 산정부분을 파기환송하였다.

[판결요지]

[1] 정리채권·정리담보권 조사절차 등을 통하여 확정된 권리가 정리회사 관리인의 잘못 등으로 정리계획(정리계획 변경계획 포함)의 권리변경 및 변제대상에서 누락되거나 제외된 경우, 구 회사정리법 제241조 또는 제242조 제2항에 따라 회사가 면책된 것으로 보거나 확정된 권리가 회생계획에 따라 변경된 것으로 볼 수 없다.

[2] 정리채권·정리담보권 조사절차 등을 통하여 확정된 권리가 정리회사 관리인의 잘못 등으로 정리계획(정리계획 변경계획 포함)의 권리변경 및 변제대상에서 누락되거나 제외된 경우, 위 권리를 보유한 정리채권자·정리담보권자로서는 회사정리절차가 종결된 때에는 종결 후의 회사를 상대로 정리채권의 지급을 구하는 이행의 소를 제기하는 등으로 그 권리를 구제받을 수 있다.

[3] 이 경우 특별한 사정이 없는 한 당해 정리채권자·정리담보권자의 정리채권·정리담보권에 대하여는 그 권리의 성질 및 내용에 비추어 가장 유사한 정리채권·정리담보권에 대한 정리계획의 권리변경 및 변제방법이 적용될 수 있고, 이와 같은 법리는 그 성질에 반하지 않는 한 정리계획 변경계획에 관하여도 적용될 수 있다.

[해설]

1. 문제의 소재

정리채권·정리담보권 조사절차 등을 통하여 확정된 권리가 정리회사 관리인의 잘못 등으로 정리계획의 권리변경 및 변제대상에서 누락되거나 제외된 경우로는 회사정리절차에서 확정된 정리채권·정리담보권임에도 관리인이 정리계획의 권리변경이나 변제대상에서 이를 누락한 경우, 대상사건과 같이 인가된 정리계획에서 정리채권으로 확정된 권리에 대하여 정리계획 수행 중에 관리인이 해당 권리자를 상대로 상계하였음을 전제로 정리계획 변경계획에서 소멸 기재하였으나 나중에 위 상계가 효력이 없는 것으로 밝혀진 경우 등이 있을 수 있다.

구 회사정리법 제241조(채무자회생법 제251조)에서는 인가된 정리계획에 의해 인정된 권리를 제외하고는 채무자는 모든 정리채권·정리담보권에 대하여 그 책임을 면한다고 규정하고 있고, 같은 법 제242조 제1항(채무자회생법 제252조 제1항)에서는 정리계획이 인가되면 정리채권·정리담보권은 그 계획이 정한 바에 따라 변경된다고 규정하고 있다. 그런데 위와 같이 관리인의 잘못 등으로 누락 내지 제외된 정리채권 등은 인가된 정리계획에 기재가 없는 권리이므로 이를 위 조항에 따라 실권된다고 볼 것인지 여부가 문제된다.

문언상으로 보면, 위와 같은 권리는 실권된다고 해석할 수도 있겠지만, 이는 부당한 결과를 초래하게 될 뿐 아니라 그 기재에 의해 정리채권의 존부 및 범위가 확정되는 것이 아닌 점 등을 고려하여 대상판결은 회사정리절차에서 확정된 정리채권 등이 관리인의 잘못 등으로 누락되거나 소멸된 것으로 잘못 기재되더라도 실권조항이나 권리변경조항이 적용되지 않는다고 명시적으로 확인해 준 것이다. 따라서 위와 같은 권리는 관리인의 잘못 등으로 정리계획에 누락되거나 소멸 기재된 사정이 있다고 해서 실권되지 않는다.

2. 권리구제방법

위와 같이, 위 권리가 실권되지 않고 존재하는 것으로 인정하는 경우에 그 권리자는 어떻게 구제받을 수 있을지가 문제된다. 이러한 구제방법으로는 ① 정리계획 인가결정에 대한 불복, ② 정리채권자표 내지 정리계획의 경정이나 무효확인, ③ 정리채권 이행의 소 제기 등을 상정해 볼 수 있다.

'정리계획 인가결정에 대한 불복'은 자신의 정리채권을 누락하거나 소멸한 것으로 취급한 정리계획이 인가된 경우 그 인가결정에 대한 불복하는 것이다. 원래 미신고 정리채권자 등은 인가결정에 대해 불복할 수 없으나(구 회사정리법 제237조), 위와 같이 관리인의 잘못으로 누락된 경우에는 이로 인해 정리계획에 대한 결의에도 참여하지 못하였을 것이므로 위 권리자는 인가결정에 대하여 항고할 수 있다고 봄이 상당하다.[1] 다만, 상계 후 잔존정리채권 금액에 관하여 다툼이 있다는 것은 권리변경의 내용 자체가 아니라 권리변경의 대상에 해당하는 것이어서 위 인가결정에 대한 불복사유로 삼을 수 없다는 것이 대법원의 입장이다(대법원 2007. 11. 29.자 2004그74 결정).

다음으로, 확정된 정리채권 등은 정리채권자표에 기재되는데, 여기에 누락이 되어 있다면 이를 시정하여야 하므로, 명백한 오류인 경우에는 정리채권자표의 경정을 통해, 그렇지 않은 경우에는 무효확인의 판결을 받아 이를 바로 잡을 수 있다(대법원 1991. 12. 10. 선고 91다4096 판결). 그리고 정리채권자표에 기재되었음에도 착오로 정리계획에 반영되지 않은 권리의 경우에는 아직 회사정리절차가 진행 중이라면 정리계획의 경정 등을 통해 누락된 권리 관련 구체적인 권리변경 내용 등을 추가 기재할 수 있을 것이다.

반면, 회사정리절차가 이미 종결된 상태라면, 더 이상 정리계획의 경정 등을 할 수 없으므로, 종결 후의 회사를 상대로 이행의 소를 제기하는 방법으로 해결하여야 한다. 이는 정리채권 등의 이행을 구하는 소가 될 것이다.

대상사건과 같이 정리계획이 아니라 변경계획에서 권리가 누락 내지 소멸 기재된 사안에서도 위와 같은 법리가 적용되는 것이 그 성질에 반한다고 보기 어려우므로, 변경계획이라고 해서 달리 볼 것은 아니다(대법원 2007. 11. 29.자 2004그74 결정).

---

1) 서울회생법원 재판실무연구회, 회생사건실무(하) 제5판, 128~129면.

3. 구체적인 권리변경 및 변제방법

위와 같은 경우 누락된 정리채권의 구체적 권리변경은 정리계획에 기재된 그와 동종의 권리의 권리변경 및 변제방법에 의하면 될 것이다. 그런데 정리계획에 동종의 권리에 관한 권리변경 방법이나 변제방법이 없거나 그 내용이 명확하지 않은 경우라면 어떻게 처리하여야 할지가 문제된다.

이때에는 그 권리의 성질 및 내용에 비추어 가장 유사한 정리채권·정리담보권에 대한 정리계획의 권리변경 및 변제방법이 적용된다고 볼 것이다. 또한 정리계획의 기재 취지가 명확하지 아니한 경우에는 법률행위 해석의 방법에 따라 그 취지를 밝혀야 한다. 즉, 문언의 내용에 의해 그 객관적 의미를 해석하는 것이 원칙이지만, 문언에 의해 그 객관적인 의미가 명확히 드러나지 않는 경우에는 그 법률행위가 이루어진 동기 및 경위, 그 법률행위를 통해 달성하려는 목적과 진정한 의사, 거래의 관행 등을 종합적으로 고려하여 합리적으로 해석하여야 한다.

대상사건에서 항소심은 이 사건 정리계획 변경계획은 기업인수합병의 인수대금을 변제재원으로 하여 그 한도 내에서 일부 채권을 우선적으로 변제하고 나머지 잔액을 정리채권자들에게 후순위로 배분하기로 한 것이므로, 후순위 배분 대상에 포함될 수 있는 원고의 정리채권에 대하여는, '정리채권 관계회사 채권'을 가진 정리채권자들에 대한 총 후순위배분액을 가지고 그 정리채권자들과 함께 각 채권액에 비례하여 안분변제를 받아야 한다고 판단하였는데, 상고심은 위와 같은 해석이 위법하다고 보았다.

상고심은, ① 이 사건 정리계획 변경계획은 정리채권자의 확정채권액과 변제비율을 명시하고 있고, 그에 기초하여 산정된 권리변경(면제)액과 현금변제액도 수차 명시하고 있어 기존의 정리채권자들은 그와 같은 기재를 신뢰하고 변경계획에 동의하였을 것이므로 그 변제비율을 단순한 예시라고 단정할 수 없는 점, ② 그런데 원고와 같이 변경계획 수립 당시 예상하지 못한 정리채권자가 있음이 밝혀졌다고 하여 선순위배분 후의 잔여 변제재원을 새로이 밝혀진 정리채권자와 기존 정리채권자들의 채권액 비율대로 안분하여 변제받을 금액을 산정한다면, 그 변제비율이 하향하게 되므로 기존 정리

채권자들의 신뢰에 반할 뿐만 아니라, 이 사건 정리계획 변경계획에 의하여 이미 변제를 받은 정리채권자들의 경우에는 위와 같이 산정한 안분 변제액을 초과한 부분을 부당이득으로 반환할 의무가 있다는 결론이 되어 부당한 점, ③ 만일 기존의 정리채권자들은 당초의 정리계획 변경계획에 명시된 변제비율에 따라 변제를 받고, 거기서 누락된 원고는 더 낮은 변제금액을 지급받으면 된다고 보게 되면, 정리계획의 조건은 같은 성질의 권리를 가진 자간에서는 평등하여야 한다고 규정한 구 회사정리법 제229조에 위반되고, 정리회사의 관리인의 잘못 등으로 정리계획 변경계획에서 누락된 정리채권자를 합리적 이유 없이 불이익한 취급을 하는 것이어서 형평의 원칙에 반하는 점, ④ 이 사건 정리계획 변경계획이 기업인수합병의 인수대금을 변제재원으로 하여 그 한도 내에서 정리채권자·정리담보권자에게 변제를 하는 구도임을 감안한다 하더라도, 정리회사의 관리인은 자신의 정리채권이 유효하게 존재하고 있음을 줄곧 다투어 왔던 원고에 대하여 소송 결과에 따라 정리채권의 변제 여부를 결정할 수 있도록 변제 유보조항을 이 사건 정리계획 변경계획 내에 규정할 수 있었고, 실제 일부 정리채권자들에 대하여는 그와 같은 규정을 마련하고 승소확정시 다른 정리채권자들과 동일한 변제조건하에 변제를 받도록 규정하였음에도 불구하고, 원고에 대하여는 아무런 변제유보 조항도 마련하지 아니한 채 일방적으로 권리변경 및 변제대상에서 제외시키는 변경계획을 수립한 것이므로 그에 따른 불이익은 정리회사측이 감수하는 것이 형평의 이념에 부합하는 점 등 여러 사정을 종합하여 볼 때, 원고가 이 사건 정리계획 변제계획에 따라 변제를 받아야 할 정리채권 부분에 대하여는 '정리채권 관계회사 채권'에 적용된 동일한 변제비율을 적용하여 피고가 변제할 금액을 산정함이 타당하다고 판시하였다.

특히, 대상사건에서 정리회사 N의 관리인은 자신의 정리채권이 유효하게 존재하고 있다고 계속하여 다투어 온 원고에 대해 소송결과에 따라 정리채권의 변제 여부를 결정할 수 있도록 변제유보조항을 변경계획 내에 둘 수 있었음에도 원고에 대하여 이를 마련해두지 않았으므로 그에 따른 불이익은 정리회사 측이 감수하는 것이 형평의 이념에 부합한다고 본 것이다.

4. 회생절차에의 적용 여부

대상사건은 구 회사정리법이 적용되는 회사정리절차에 관한 것인데, 위와 같은 법리가 적용되어야 할 목적이나 필요성이 회사정리절차나 회생절차나 마찬가지라고 할 것이어서 위 법리는 현행 회생절차에서도 그대로 적용될 수 있다고 봄이 상당하다.

따라서 회생채권·회생담보권 조사절차 등을 통하여 확정된 권리가 관리인의 잘못 등으로 회생계획의 권리변경 및 변제대상에서 누락되거나 제외된 경우, 채무자회생법 제251조 또는 제252조 제1항이 적용되지 않는다. 이러한 권리의 구제방법으로는 회생계획인가결정에 대한 불복, 회생채권자표 내지 회생계획인가결정의 경정 또는 무효확인, 회생채권 이행의 소 등을 들 수 있다.

즉, 채권신고를 하고 조사결과 확정되어 회생채권자표에도 기재가 되었음에도 불구하고 착오로 회생계획에 반영되지 않은 권리가 있는 경우 그것이 기록상 명백한 때에는 판결경정에 준해서 신고를 한 자가 회생계획인가결정의 경정을 구할 수 있다고 볼 것이고, 회생절차가 종결되었다면 그 회생채권 이행의 소를 제기할 수 있을 것이다.[2]

---

2) 서울회생법원 재판실무연구회, 회생사건실무(하) 제5판, 111, 260면.

[62] 정리절차와 보증채무에 대한 소멸시효의 재진행

임치용(김·장 법률사무소 변호사)　　　　　　대법원 2007. 5. 31. 선고 2007다11231 판결

[사안의 개요]

나라종금은 1992. 10. 15. 피고의 연대보증하에 대한유화(주채무자)와 사이에, 어음거래 한도액 199억 원, 변제기 1993. 10. 14.로 된 어음거래약정계약을 체결하였고, 그 후 대한유화에 대하여 회사정리절차가 개시되어 1995. 3. 20. 나라종금에 대한 어음채무에 관하여 변제기를 1년 거치 10년 분할 상환으로 연기하고 이율을 연 19%에서 연 8.75%로 감경하는 내용의 정리계획 인가결정이 확정되었고, 1998. 7. 30. 정리절차의 종결결정이 확정되었다. 대한유화는 정리계획이 정한 바에 따라 2005. 7. 10.까지 분할상환에 의하여 주채무의 원금 및 감액된 이자를 모두 상환하였다. 원고가 보증인인 피고를 상대로 연 19%의 비율에 의한 지연손해금을 청구하자, 피고가 이 사건 보증채무는 정리계획 인가결정의 확정일인 1995. 3. 20. 또는 정리절차 종결결정의 확정일인 1998. 7. 30.부터 주채무와는 별도로 소멸시효가 진행되어 그 때부터 5년이 경과함으로써 소멸시효가 완성되었다고 주장하였다. 그 근거는 아래와 같다. 즉 정리계획에 의해 주채무의 변제기 유예 또는 이율 감경이 있더라도 보증채무는 그와는 관계없이 전액을 즉시 지급할 의무가 있고, 소멸시효는 채권을 행사할 수 있을 때부터 가산하여야 하는 것이므로, 이 사건과 같은 경우 보증채무의 소멸시효는 주채무와는 별도로 정리계획인가결정이 확정된 날로부터 기산하여야 한다.

원심은, 다음 근거로 피고의 항소를 기각하였다.

1. 주채무자에 대한 회사정리절차 참가로 인한 시효중단의 효력은 정리절차 참가라는 권리행사가 계속되는 한 보증채무에 대하여도 그대로 유지되고, 정리절차 종결결정이 내려진 때부터 중단되어 있던 보증채무의 소멸시효가 다시 진행을 개시한다.

2. 이 사건과 같이 정리계획에서 주채무의 변제기가 연장된 경우에는 민법 제440조에 따라 보증채무의 소멸시효도 중단되었다가 주채무의 변제기가 도래한 때로부터 진행한다. 가정적 판단으로 가사 보증채무의 소

멸시효가 정리절차 종결결정이 확정된 때로부터 따로 진행된다고 하더라도, 이 사건과 같이 주채무자가 정기적으로 채무를 일부씩 변제함으로써 주채무에 대한 소멸시효가 중단된 경우에는 그 중단의 효과가 보증채무에도 미친다. 이에 피고가 상고하였다. 상고기각.

[판결요지]

1. 정리계획에 의하여 주채무의 전부 또는 일부가 면제되거나 이율이 경감된 경우 그 면제 또는 경감된 부분의 주채무는 정리계획의 인가결정이 확정된 때에 소멸하게 됨에 따라 그 시점에서 채권자의 정리절차에서의 권리행사가 종료되어 그 부분에 대응하는 보증채무의 소멸시효는 위 인가결정 확정시부터 다시 진행한다(대법원 1995. 5. 26. 선고 94다13893 판결; 대법원 1995. 11. 21. 선고 94다55941 판결 등 참조).

정리계획에 의해서도 주채무가 잔존하고 있는 경우에는 정리절차 참가에 의한 시효중단의 효력이 그대로 유지되어 그 정리절차의 폐지결정 또는 종결결정이 확정되어 정리절차에 있어서의 권리행사가 종료되면 그 시점부터 중단되어 있던 보증채무의 소멸시효가 다시 진행된다(대법원 1988. 2. 23. 선고 87다카2055 판결; 대법원 1994. 1. 14. 선고 93다47431 판결; 대법원 1998. 11. 10. 선고 98다42141 판결 등 참조).

2. 원심이 정리계획에서 주채무의 변제기가 연장된 이 사건의 경우에는 민법 제440조에 따라 보증채무의 소멸시효도 중단되었다가 주채무의 변제기가 도래한 때로부터 진행한다고 판시하고 있는바, 이러한 해석은 잘못된 것이다. 왜냐하면 회사정리법 제240조 제2항에 의해 정리채권자는 정리계획과 관계없이 보증인에 대하여는 언제든지 본래의 채권을 청구하고 집행을 할 수 있으므로 정리계획에 의하여 정리채권의 수액이나 변제기가 변경되었다 하더라도 보증인의 보증책임에 대하여는 아무런 효력을 미치지 아니하기 때문이다. 그런데 이 사건에 있어서는 채권자의 정리절차 참가 및 정리

절차 종결결정 이후의 주채무자의 변제 등으로 인하여 생긴 주채무에 대한 시효중단의 효과는 모두 보증채무에 대하여도 효력이 있어, 분할상환에 의해 이 사건 주채무의 원본채무가 완제될 때까지 그에 상응하는 피고의 보증채무도 시효소멸함이 없이 존속하고 있었으므로 원심의 가정적 판단은 옳다(상고기각).

[해설]

1. 회사정리절차의 참가와 시효중단

주채무자에 대하여 회사정리절차가 개시되어 채권자가 채권신고를 통하여 정리절차에 참가하면 구 회사정리법 제5조(채무자회생법 제32조와 같다. 이하 '법'이라 한다)에 의하여 시효중단의 효력이 있다. 정리계획인가에 의하여 확정된 권리는 민법 제165조가 적용되어 그 소멸시효기간이 10년으로 연장된다(민법 제165조 제1항, 제2항). 그러나 정리계획에 의하여 정리채권의 전부 또는 일부가 감면된 경우에 감경 또는 면제된 부분에 관한 권리는 '정리계획에 의하여 인정된 권리'라고 할 수 없으므로 그 소멸시효기간은 민법 제165조에 의하여 10년으로 연장될 수 없다.[1]

보증인에 대하여는 회사정리법 제240조 제2항(법 제250조 제2항)에 관계 없이 민법 제440조에 의하여 시효중단의 효력이 있다. 민법 제440조는 보증채무의 부종성에서 비롯된 당연한 규정이 아니라 채권자의 보호를 위하여 보증채무만이 따로 시효소멸하는 결과를 방지하기 위한 정책적 규정이므로 회사정리법 제240조 제2항이 있다 하여 주채무와 보증채무와 간에 민법 제440조의 적용이 배제되는 것은 아니다. 문제는 이처럼 중단된 보증채무에 대한 소멸시효가 언제 재진행하는 것인가에 있다. 이하에서는 정리계획에 주채무의 변제기가 정리절차 종결 후로 연장된 경우에 한하여 논의한다. 따

라서 인가 전 폐지에 관한 논의는 생략한다. 파산절차와 관련하여 면책된 주채무에 대하여 파산절차 참가로 인한 소멸시효 중단의 효력이 보증채무에 대하여도 미치는가에 대하여는 논란이 있다. 이는 면책된 채무가 소멸한다는 채무소멸설과 채무는 존속하고 책임만 소멸한다는 채무채무설과 관련이 있다.[2]

2. 주채무 면제형과 변제기 연장형의 계획안

① **주채무의 전부 또는 일부가 면제된 경우**: 면제된 주채무에 대한 보증채무에 대하여는 정리계획의 인가결정의 확정에 의하여 주채무가 면제되어 더 이상 권리행사를 할 수 없게 되므로 그 때부터 보증채무의 소멸시효가 다시 진행한다. 주채무인 회생채권이 소멸시효기간 경과 전에 법 제251조에 의하여 실권되었다면 더 이상 주채무의 소멸시효 진행이나 중단이 문제될 여지가 없으므로, 보증인은 보증채무 자체의 소멸시효 완성만을 주장할 수 있을 뿐 주채무의 소멸시효 완성을 원용할 수 없다는 판례도 같은 맥락이다.[3] 대법원은 주채무를 면제하거나(대법원 94다13893 판결) 지연손해금에 대한 연체이율을 감경하는(대법원 94다55941 판결) 내용의 정리계획안이 확정된 사안에서 보증채무에 대한 소멸시효는 인가결정확정시부터 다시 진행한다고 판시하였다. 이 점에 대하여는 일본의 최고재판소의 판결[4]도 마찬가지이며 학설도 다툼이 없다.[5] 필자도 이 부분 설시에는 찬동한다.

② **주채무를 면제하지 아니하고 변제기를 연장한 후 분할하여 변제하기로 한 경우**: 정리절차 폐지 또는 종결결정 확정시에 보증채무에 대한 소멸시효가 재진행한다.

최초의 선례인 대법원 87다카2055 판결의 사안은

---

1) 대법원 2017. 8. 30.자 2017마600 결정. "회사정리법 제245조 제1항에 의하면, 정리계획인가의 결정이 확정된 때 정리채권 또는 정리담보권에 기하여 정리계획의 규정에 의하여 인정된 권리에 관하여는, 그 정리채권자표 또는 정리담보권자표의 기재가 회사, 신회사, 정리채권자, 정리담보권자, 회사의 주주와 정리를 위하여 채무를 부담하거나 또는 담보를 제공하는 자에 대하여 확정판결과 동일한 효력이 있으므로, '정리계획의 규정에 의하여 인정된 권리'에 대하여는 민법 제165조가 적용되어 그 소멸시효기간이 10년으로 연장된다(민법 제165조 제1항, 제2항)."

2) 이무룡, "주채무자의 도산과 보증인의 주채무 소멸시효 항변–일본에서의 논의를 중심으로," 사법 53, 사법발전재단 (2020), 353~417면.

3) 대법원 2016. 11. 9. 선고 2015다218785 판결.

4) 日本 最高裁判所 1978. 11. 20. 판결.

5) 강영호, "회사정리절차에 있어서 주채무에 관하여 채무를 면제하는 내용의 정리계획인가의 결정이 있는 경우에 시효중단되어 있던 보증채무의 소멸시효 재진행시기", 대법원판례해설 통권 23호(1995), 329면; 일본의 논의는 松久三四彦, "會社更生手續と時效", 判例タイムズ 제866호(1995), 29면 이하.

정리계획안에서 원금은 1981년부터 1990년까지 분할 변제하고, 이자는 1990년 이후부터 변제하기로 하였으나 1982. 8. 16. 정리절차폐지결정을 하고 원고가 보증인에 대하여 1986. 5. 22. 원리금의 청구를 한 것이다. 원심은 중단된 소멸시효는 정리절차폐지결정시가 아니라 인가된 정리계획에 따라 유예된 주채무의 변제기 도래시로 보아 원리금 전부에 대하여 시효기간이 경과하지 아니하였다고 판시하였다. 그러나 대법원은 정리절차폐지결정 확정시에 보증채무에 대한 소멸시효가 재진행한다고 판시하여 원심판결을 파기하였다.

대상판결은 사실관계가 ②의 유형 즉 주채무의 변제기 분할 연장형에 해당하므로 역시 대법원 87다카2055 판결의 법리에 따라 정리절차 종결결정 확정시에 보증채무의 소멸시효가 재진행한다는 점을 확인하였다. 더 나아가 원심이 정리계획에서 변제기가 연장된 경우에는 민법 제440조에 따라 보증채무의 소멸시효도 중단되었다가 주채무의 변제기가 도래한 때로부터 진행한다고 판시한 점을 꼬집어 이 점이 잘못되었다고 설시하였다. 그 근거로 회사정리법 제240조 제2항을 들고 있다. 대법원의 견해는 일본의 소수설을 따른 것이다.[6] 화의사건에 관한 대법원 2008. 8. 26.자 2007마354 결정도 대상판결과 같은 이유로 화의조건상의 채무 변제기의 유예에 관계 없이 보증인에 대한 소멸시효는 화의인가결정이 확정된 때로부터 진행한다고 판시하였다.

3. 필자의 소견 ── 원심의 판결 이유에 찬동하고 대법원의 판결 이유에 반대.

첫째, 보증채무의 부종성 배제와 소멸시효의 중단은 무관하다.

대법원이 들고 있는 회사정리법 제240조 제2항은 정리채권자는 정리계획과 관계 없이 보증인에 대하여는 언제든지 본래의 채권을 청구하고 집행을 할 수 있으므로 정리계획에 의하여 정리채권의 수액이나 변제기가 변경되었다 하더라도 보증인의 보증책임에 대하여는 아무런 효력을 미치지 아니한다는 법리를 선언한 것이다. "제240조 제2항이 회사정리계획의 효력범위에 관하여 보증채무의 부종성을 배제하고 있다 하더라도 민법 제440조의 규정을 배제하는 것은 아니한다"라는 점은 판례도 인정하고 있다.[7]

과거 하급심판결은 정리절차개시결정의 효력은 보증인에게 미치지 아니하고 따라서 채권자는 즉시 보증인에 대하여 개별적인 권리행사를 할 수 있다는 점을 들어 보증인에 대하여 시효중단을 시키려면 민법이 정하는 바에 따라 보증인에 대하여 청구 등의 권리행사를 하여야 한다고 한 것이 있다.[8] 그러나 이 판결은 잘못된 것이다. 회사정리절차에의 참가는 회사정리법 제5조에 의하여 시효중단의 효력이 있는 것인바, 정리절차참가로 인정되는 시효중단의 효력은 민법 제440조에 의하여 정리회사의 채무를 주채무로 하는 보증채무에도 미치는 것이고, 그 효력은 참가라는 권리행사가 계속되는 한 그대로 유지된다. 따라서 회사정리법 제240조 제2항을 근거로 보증채무에 대한 소멸시효를 논하는 것은 보증채무의 부종성 완화와 민법 제440조의 법리를 구분하지 못한 것이다.[9]

대법원이 회사정리법 제240조 제2항을 근거로 삼는다면 애초부터 민법 제440조를 거론할 필요 없이 하급심판결의 논리대로 보증인에 대한 권리를 행사할 수 있는 것이므로 소멸시효의 재진행을 논의할 필요도 없는 것이다. 즉 채권자의 회사정리절차신청이나 절차 참가(회사정리법 제5조)에 의하여 주채권자에 대한 시효가 중단되더라도 보증인에 대하여는 정리회사에 대한 변제금지 가처분, 개시결정과 무관하게 보증인에 대하여 권리를 행사할 수 있으므로 보증인에 대한 소멸시효는 중단될 수 없을 것이다.

둘째, 대상 판결의 논리는 민법 제440조의 입법취지

---

6) 長谷部茂吉, "更生手續と時效の中斷", 金融商事判例增刊号 (No 554), 30면; 鵜澤晋, "更生計劃による主債務變更と保證債務の時效中斷", 金融法務事情 689호, 177면. 근거로는 보증채무에 대하여는 언제든지 권리행사가 가능하고, 정리계획에 의하여 채무액이나 변제기가 달라지므로 시효에 관한 보증채무는 정리계획인가에 의하여 부종성을 탈피하게 되는 것을 든다. 그러나 이 학설은 민법 제440조를 무시한 해석론으로 비판받고 있다. 玉城 勳, "更生手續參加により中斷した時效の進行開始時期", 新倒産判例百選 別冊ジュリスト (1990), 159면.

7) 대법원 1998. 11. 10. 선고 98다42141 판결(공 1998, 2848); 대법원 1994. 1. 14. 선고 93다47431 판결(공 1994, 719).

8) 서울민사지방법원 1986. 11. 12. 선고 86가합2589 판결.

9) 동지, 김재형, "회사정리절차가 보증채무의 소멸시효에 미치는 영향", 상사판례연구(1), 박영사(1996), 721면.

에 반한다.

민법 제440조는 소멸시효의 중단을 당사자 및 승계인에게만 규정한 민법 제169조의 예외규정으로서 그 정책적 취지는 주채무자에 대한 소멸시효의 중단효력이 보증인에도 미치고 그렇게 함으로써 주채무와 보증채무의 소멸시효 기산을 동일하게 함으로써 보증인을 세운 목적을 관철하기 위하여 채권자를 보호하려는 것이다. 즉 민법 제440조는 보증채무의 부종성에 기인한 당연한 법리를 선언한 것이라기보다 채권자보호 내지 채권담보의 확보를 위하여 마련한 특별조항이다.[10]

이 사건처럼 정리계획 소정의 변제기가 정리절차종결 후에 도래하는 경우에는 정리계획의 수행과 회사정리법의 규정에 의하여 생긴 효력에 아무런 영향을 미치지 아니하므로 정리계획에 의하여 정해진 변제기부터 주채무의 소멸시효가 진행함은 견해의 다툼이 없다. 따라서 민법 제440조가 회사정리절차에도 적용된다면 주채무와 보증채무 역시 정리계획에서 정하여진 변제기가 도래하여야 그때부터 소멸시효가 재진행한다고 해석함이 옳다. 만일 대상 판결을 따르면 주채무는 정리계획에 의하여 연기된 변제기부터 소멸시효가 진행하지만 보증채무는 정리절차 종결결정이 확정된 때로부터 소멸시효가 기산된다. 이는 보증채무만이 따로 시효소멸하는 결과를 방치하게 되는 것으로 대상판결이 적확하게 지적하는 민법 제440조의 입법취지에 명백히 어긋난다.[11]

4. 주채무 면제형과 변제기 유예형 구분의 의의

그동안 학설이 주채무 면제형과 변제기 유예형을 구별하지 않고 논의하였으나 대법원이 유형을 나눈 점과 전자의 경우에는 정리계획 인가결정 확정시에 보증채무의 소멸시효가 재진행한다는 점을 재확인한 데에는 필자도 찬동한다. 그러나 변제기 유예형에 관하여 주채무와 보증채무의 소멸시효 재진행시기를 달리 취급하여 주채무에 대하여는 정리계획에서 정한 정리절차 종

결결정 후에 도래하는 변제기에 소멸시효가 진행하지만 보증채무에 대하여는 정리절차종결결정 확정시에 소멸시효가 진행한다고 판시한 것에 반대한다.[12] 일본의 통설 역시 인가 후에 정리절차가 폐지된 때에는 정리계획에 정하여진 변제기와 폐지결정시 중 늦은 시점부터 보증인에 대한 소멸시효가 진행한다는 입장이다.[13]

다만 일본의 회생갱생법이 임의적 파산선고를 규정한 것과 달리 회사정리법 제23조(법 제6조 제1항)에 의하면 계획인가후 회생절차가 폐지되는 경우에는 법원이 직권으로 파산을 선고하여야 하고 파산법 제16조(법 제425조)에 의하면 기한부채권이라도 파산선고시에 변제기에 이른 것으로 취급하기 때문에 주채무와 보증채무 모두 정리계획에서 정하여진 변제기가 아니라 파산선고시부터 소멸시효가 재진행한다.[14]

5. 결론

대상판결의 논리는 민법 제440조와 회사정리법 제240조 제2항(법 제250조 제2항)의 입법취지를 오해한 데에서 비롯된 것이다. 앞으로 대상판결이 선례로 삼은 대법원 87다카2055 판결과 그를 따르는 판결들이 폐기되기를 바란다.

6. 餘論

채권자와 주채무자 사이의 확정판결에 의하여 주채무가 확정되어 그 소멸시효기간이 10년으로 연장된 경우 채권자와 보증인 사이에 있어서 보증채무의 소멸시효도 함께 연장되는지 아니면 여전히 종전의 소멸시효기간에 따르는지에 관하여는 견해의 대립이 있다.

대법원 판례는 채권자와 연대보증인 사이에 있어서 연대보증채무의 소멸시효기간은 여전히 종전의 소멸시효기간에 따른다는 입장이다.[15] 그러나 위 2건의 대법

---

10) 대법원 2006. 8. 24. 선고 2004다26287 판결(공 2006, 1593).

11) 민법 제440조가 적용되는 한 정리절차참가로 인한 소멸시효의 중단이 재진행하는 시기도 주채무와 보증채무를 일치시키는 것이 일본의 통설이다. 玉城 勳, 앞의 글, 159면 참조.

12) 박재완, "주채무자에 대한 회생절차와 보증채무의 소멸시효," 선진상사법률연구, 2009. 10. 통권 제48호, 123면은 판례를 지지하는 입장이다. 그 근거로 보증채무의 소멸시효의 재진행시기는 보증채무자가 관련된 문제이므로 채무자회생법 제250조 제2항을 근거로 들고 있다. 그러나 필자는 보증채무에 대한 소멸시효의 중단의 문제는 회사정리법 제240조 제2항과 무관하다는 입장이다.

13) 宮脇行彦, 注解會社更生法, 靑林書院(1986), 886면.

14) 兼子一·三ヶ月章 條解會社更生法(上) 弘文堂(1998), 164면.

원 판결의 원심은 모두 연대보증채무의 소멸시효기간
도 10년으로 연장된다고 보았다.

　일본의 최고재판소 판례는 일본 민법 457조 제1항
(한국 민법 제440조와 같다)이 주채무에 대한 시효 중단의
효력이 미치도록 하는 취지가 주채무 소멸시효 완성 전
에 이와 별도로 보증채무가 별도로 시효소멸되는 것을
막기 위한 것으로서 주채무의 이행을 담보하기 위한 목
적이므로 주채무의 단기소멸시효가 10년으로 연장되
면 보증채무도 10년으로 연장된다고 해석함이 상당하
다는 입장이다.[16]

　생각건대, 원래 소멸시효는 원칙적으로 권리를 행사
할 수 있는 때로부터 진행하는 것이므로(민법 제166조 제
1항), 주채무에 대하여 회생절차가 개시된 경우에는 법
제250조 제2항에 의하여 보증채무에 대하여는 보증채
무 전액에 대하여 권리를 행사할 수 있으므로 보증채무
의 소멸시효는 보증채무의 이행기부터 소멸시효가 진
행하는 것이 맞다. 그러나 민법 제440조의 특칙의 취지
가 보증인을 둔 채권자의 보호에 있다면 그에 맞추어 회
생절차의 참가로 인하여 주채무의 소멸시효가 중단된
경우 뿐 아니라 회생계획안 인가결정에 의하여 소멸시
효가 연장된 경우에도 보증채무에 대하여 동일하게 취
급하는 것이 타당하다. 이러한 이유로 필자는 대법원 판
례에 반대하고 하급심 및 일본 최고재판소 판결에 찬성
한다.[17]

---

15) 대법원 2006. 8. 24. 선고 2004다26287, 26294 판결
　(공 2006, 1593); 대법원 1986. 11. 25. 선고 86다카1569
　판결. 후자의 판결은 그 이유를 다음과 같이 설시하고 있다.
　민법 제165조 제1항이 "판결에 의하여 확정된 채권은 단기의
　소멸시효에 해당한 것이라도 그 소멸시효는 10년으로 한다."
　고 정한 것은 단기소멸시효가 적용되는 채권이라도 판결에
　의하여 채권의 존재가 확정되면 그 성립이나 소멸에 관한 증
　거자료의 일실 등으로 인한 다툼의 여지가 없어지고, 법률관
　계를 조속히 확정할 필요성도 소멸하며, 채권자로 하여금 단
　기소멸시효 중단을 위해 여러 차례 중단절차를 밟도록 하는
　것은 바람직하지 않기 때문이다. 그런데 보증채무가 주채무
　에 부종한다 할지라도 원래 보증채무는 주채무와는 별개의
　독립된 채무이어서 채권자와 주채무자 사이에서 주채무가 판
　결에 의하여 확정되었다고 하더라도 이로 인하여 보증채무
　자체의 성립 및 소멸에 관한 분쟁까지 당연히 해결되어 보증
　채무의 존재가 명확하게 되는 것은 아니므로, 채권자가 보증
　채무에 대하여 뒤늦게 권리행사에 나선 경우 보증채무 자체
　의 성립과 소멸에 관한 분쟁에 대하여 단기소멸시효를 적용
　하여야 할 필요성은 여전히 남는다.

16) 日本 最高裁判所 昭和 43년 10월 17일 판결(判例時報 540
　号 34頁).

17) 동지, 양창수, "주채무자에 대한 판결의 확정과 보증채무
　의 소멸시효기간", 민법연구 제2권(1991), 158면; 이공현,
　"확정판결에 의한 주채무의 소멸시효기간의 연장과 보증채
　무의 시효기간", 민사판례연구 Ⅹ, 박영사(1989), 37면; 민
　법주해(Ⅹ), 박영사(2005), 312면 이하(박병대 집필부분).
　반대로 대법원 판례에 찬동하는 견해로는 박인호, "주채무자
　에 대한 판결 등이 확정된 경우 보증채무의 소멸시효기간",
　대법원판례 해설 통권 제6호(1987), 34면 이하; 민법주해
　(Ⅲ), 박영사(1992), 459면(윤진수 집필부분).

[63] 부실금융기관에 대한 파산신청시 파산원인의 판단기준

이수연(법무법인 율촌 변호사)   대법원 2007. 11. 15.자 2007마887 결정

[사안의 개요]

신청인인 금융위원회[1]는 부실상호저축은행(이하 "채무자")에 대해 금융산업의 구조개선에 관한 법률(이하 "금융산업구조개선법")에 따라, (i) 종합검사(경영실태평가), (ii) 적기시정조치(경영개선요구), (iii) 부실금융기관 결정 및 경영개선명령(영업정지, 임원 직무집행정지 및 관리인 선임) 등의 조치 이후 채무자에 대한 재산실사 결과, 채무자가 채무초과 상태로서 자체 정상화가 곤란하다고 평가하고 채무자에 대한 파산신청을 하였다. 이에 대해 채무자의 대주주는 금융위원회의 파산신청이 파산절차의 남용에 해당하여 부당하다고 다투었다. 1심 파산선고 결정(부산지방법원 2006. 6. 27.자 2006하합1 결정), 항고 기각(부산고등법원 2007. 7. 2.자 2006라163 결정), 재항고 기각되었다.

[결정요지]

[1] 구 파산법 제117조가 합명회사 및 합자회사를 제외한 법인에 대하여는 채무초과를 별개의 독립된 파산원인으로 규정하고 있으므로, 채무초과 상태에 있는 법인에 대하여 파산선고를 하기 위해서 그 법인이 채무초과 상태 이외에 구 파산법 제116조 제1항이 규정하는 보통파산원인인 지급불능 상태에 이르렀을 것까지 요하는 것은 아니다. 또한, 법인이 채무초과 상태에 있는지 여부는 법인이 실제 부담하는 채무의 총액과 실제 가치로 평가한 자산의 총액을 기준으로 판단하는 것이지 대차대조표 등 재무제표에 기재된 부채 및 자산의 총액을 기준으로 판단할 것은 아닌바, 법인의 회계처리기준 등에 관하여 규율하는 개별 법령에서 법인이 당해 사업연도에서 순손실이 발생하였더라도 자기자본이 감소한 것으로 처리하지 않고 다음 회계연도에서 자기자본이 감소한 것으로 처리하도록 규정하고 있다는 등의 사정은 그 법인이 실제 부담하는 채무의 총액이나 실제 가치

로 평가한 자산의 총액에 아무런 영향을 미칠 수 없는 이상, 법인이 채무초과 상태에 있는지 여부를 판단하는 데 고려하여야 할 사유가 될 수 없다.

[2] 채무초과 상태에 있는 주식회사의 계속기업가치가 청산가치보다 높다는 등 주식회사에게 회생가능성이 있다는 사정은 구 회사정리법상의 회사정리절차 개시요건 등에 해당함은 별론으로 하고, 그러한 사정이 파산원인이 존재하는 주식회사에 대하여 파산선고를 하는 데 장애사유가 된다고 할 수 없다.

[해설]

1. 문제의 소재

보통파산원인인 지급불능 외에 법인의 파산원인으로 채무초과가 규정되어 있어, 채무초과의 판단기준 및 채무초과를 이유로 한 법인 파산신청시 보통파산원인 또는 회생가능성을 고려할 필요가 있는지가 문제된 사례이다.

2. 대상결정의 논거

대상결정은 법인에 대하여는 채무초과를 별개의 독립된 파산원인으로 규정하고 있으므로, 보통파산원인인 지급불능 상태에 이르렀을 것까지 요하는 것은 아니라고 판단하였다. 여기서 채무초과 상태에 있는지 여부는 법인이 실제 부담하는 채무의 총액과 실제 가치로 평가한 자산의 총액을 기준으로 판단하는 것이지 대차대조표 등 재무제표에 기재된 부채 및 자산의 총액을 기준으로 판단할 것은 아니라는 기준을 제시하였다. 나아가, 채무초과 상태의 주식회사에 회생가능성이 있다는 사정이 파산선고의 장애사유가 된다고 할 수 없다고 판단하였다.

3. 검토

가. 법인의 파산원인

구 파산법은 보통파산원인으로 '채무자가 지급을 할

---

1) 대상결정 당시의 명칭은 '금융감독위원회'였으나, 현행 명칭인 '금융위원회'로 표기한다.

수 없을 때'를 규정하면서, 법인의 경우에는 '그 부채의 총액이 자산의 총액을 초과하는 경우에도' 파산선고를 할 수 있다고 규정하였다(구 파산법 제116조, 제117조). 즉, 법인의 경우에는 지급불능뿐만 아니라 채무초과도 파산원인이 된다. 현행 채무자회생법도 마찬가지이다.[2] 단, 합명회사 및 합자회사의 존립 중인 경우는 적용 제외된다. 존립 중인 인적 회사의 경우 모든 사원(합명회사의 경우) 또는 무한책임사원(합자회사의 경우) 전원이 회사채권자에 대한 연대책임을 지므로 채무초과 상태가 되었다고 하더라도 파산원인으로 할 필요가 없기 때문이다.[3]

여기서, 보통파산원인인 '지급불능'이란 채무자가 변제능력이 부족하여 변제기가 도래한 즉시 변제하여야 할 채무를 일반적, 계속적으로 변제할 수 없는 객관적 상태를 말한다.[4] 따라서, 재산이 부족하다고 하더라도 신용이나 노력 내지 기능에 의하여 지급수단을 조달할 수 있으면 변제능력의 결핍은 아니고, 반대로 채무를 초과하는 재산이 있더라도 용이하게 환가할 수 없기 때문에 지급수단을 조달할 수 없으면 변제능력의 결핍으로 볼 수 있다.[5]

다음으로, 법인의 파산원인인 '채무초과'는 부채의 총액이 자산의 총액을 초과하는 상태를 말한다. 그런데 법인이 채무초과 상태인지를 판단함에 있어 법인의 재무상태표를 기준으로 할지, 아니면 실제 자산부채 평가 결과에 의할지가 문제된다.

나. 법인파산원인인 '채무초과'의 판단기준

이에 대해 대법원은 대상결정에서 법인이 채무초과 상태에 있는지 여부는 법인이 실제 부담하는 채무의 총액과 실제 가치로 평가한 자산의 총액을 기준으로 판단하는 것이지 대차대조표 등 재무제표에 기재된 부채 및 자산의 총액을 기준으로 판단할 것은 아니라고 판시하여 파산원인인 채무초과의 판단기준을 제시하였다. 위 기준에 따라, 법인의 회계처리기준 등에 관하여 규율하는 개별 법령에서 법인이 당해 사업연도에서 순손실이

발생하였더라도 자기자본이 감소한 것으로 처리하지 않고 다음 회계연도에서 자기자본이 감소한 것으로 처리하도록 규정하고 있다는 등의 사정은 그 법인이 실제 부담하는 채무의 총액이나 실제 가치로 평가한 자산의 총액에 아무런 영향을 미칠 수 없다고 보았다.

물론 단순히 소극재산이 적극재산을 초과하는 채무초과가 있다고 하여 지급불능이 되지는 않으나, 법인의 파산원인은 단순한 채무초과로 충분하며 지급불능이 요구되지 않는다. 이는 법인의 자력은 재산의 총화에 그치는 것이 보통이고 채무초과 상태인 법인을 존속시키는 것은 제3자에게 손해를 미칠 염려가 있기 때문이다. 법인의 채무는 법인의 재산만으로 책임을 지고 법인을 구성하는 개인은 책임을 지지 않기 때문이라고 설명되기도 한다.[6]

다. 계속기업가치와의 관계

법인이 채무초과인지를 판단하기 위한 자산평가에 있어 계속기업가치를 기준으로 해야 한다는 견해도 있으나, 파산신청의 대상인 기업이 계속적인 기업 활동을 예정하고 있는지 여부에 따라 계속기업가치 또는 청산가치를 평가의 기준으로 하게 된다(실무상 대부분의 경우 파산신청 기업이 이미 기업 활동이 종료되었거나 상당한 기간 안에 종료를 예정하고 있기 때문에 일반적으로 기업의 청산가치가 해당 기업의 자산평가액이 된다).[7]

한편, 파산신청된 채무자 회사의 계속기업가치가 청산가치보다 높은 경우에는 기업의 회생가능성이 있으므로 파산선고를 유보해야 하는 것 아닌지 의문이 제기될 수 있다. 이 사건 재항고인 역시 위와 같은 주장을 하였으나, 대상결정은 채무초과 상태에 있는 주식회사의 계속기업가치가 청산가치보다 높다는 등 주식회사에게 회생가능성이 있다는 사정은 구 회사정리법상의 회사정리절차개시요건[8] 등에 해당함은 별론으로 하고, 그러한 사정이 파산원인이 존재하는 주식회사에 대하여

---

2) 채무자회생법 제305조, 제306조.
3) 서울회생법원 재판실무연구회, 법인파산실무(제5판), 박영사(2019), 38면.
4) 대법원 2009. 3. 2.자 2008마1651 결정.
5) 대법원 2005. 11. 10. 선고 2003다271 판결.

6) 한국사법행정학회, 주석민법(제5판), 920~921면.
7) 서울회생법원 재판실무연구회, 법인파산실무(제5판), 박영사(2019), 39면.
8) 구 회사정리법 제38조는 정리절차개시신청의 기각사유 중 하나로 '회사를 청산할 때의 가치가 회사의 사업을 계속할 때의 가치보다 큰 것이 명백한 경우'를 규정하고 있었다. 채무자회생법에서는 회생절차개시신청의 기각사유에서 삭제되었다.

파산선고를 하는 데 장애사유가 된다고 할 수 없다고 판단하였다.

라. 금융산업구조개선법에 따른 파산신청

채무자회생법상 채권자, 채무자 및 채무자에 준하는 자(이사, 청산인 등)에게 파산신청권이 있으나, 금융산업구조개선법에 따라 금융위원회도 일정한 범위의 금융기관에 대하여 파산신청을 할 수 있다.[9]

금융위원회가 부실금융기관에 대해 파산신청을 한 경우 해당 금융기관은 이를 행정소송법상 취소소송으로 다툴 수 있을지가 문제된다. 이에 대해 대법원은 위 파산신청은 법원에 대한 재판상 청구로서 국민의 권리의무에 영향을 미치는 것이 아니며 해당 파산신청의 적법 여부는 파산법원이 관할하는 파산절차 내에서 다투어야 할 것이므로, 금융위원회의 파산신청이 행정소송법상 취소소송의 대상이 되는 행정처분은 아니라고 보았다.[10][11]

대상결정 역시 금융위원회의 부실상호저축은행에 대한 파산신청에 대해 파산절차 내에서 그 적법성이 다투어진 사안이다. 해당 상호저축은행의 대주주들은 금융위원회의 상호저축은행에 대한 경영개선명령, 경영관리개시결정 등 처분이 법원의 판결에 의하여 위법하다고 하여 취소되었으므로 위 처분을 토대로 한 이후의 결과에 기초하여 파산신청을 한 것은 부당하다고 다투었다. 그러나 법원은 금융위원회의 경영개선명령 등 처분의 일부가 법원의 판결에 의하여 사전통지나 의결제출의 절차를 거치지 아니하였다는 등의 절차위배를 이유로 취소된 사실은 인정되나, 위 각 행정처분이 있기 전에 채무자는 이미 채무초과로서 파산원인이 존재했다고 보았다. 나아가, 채무자의 채무초과 상태의 정도, 채무자 등이 제출한 경영개선계획서의 내용 및 실현가능성, 채무자에 대한 계약이전절차를 추진할 경우의 비용이 채무자에 대하여 청산·파산을 진행할 경우의 비용을 상회하는 점 등 여러 사정을 종합하여 파산신청이 파산절차의 남용에 해당된다고 볼 수 없다고 판단하였다.

3. 여론

1997년 IMF사태로 인하여 우리나라 금융산업은 큰 타격을 입었으며 상당수 금융기관들이 도산 위기에 직면하였다. 대상결정은 금융위원회의 상호저축은행에 대한 파산신청 사건이었는데, 1997년 말부터 2003년 6월까지의 기간 중 저축은행 전체 1,666개 중 571개(34.3%)가 인가취소, 해산, 파산, 영업정지 내지 합병되었다고 한다. 이와 관련하여, 금융산업구조개선법은 IMF라는 금융위기 상황에서 신속하고도 강력한 금융구조조정을 추진하기 위하여 금융행정당국 주도형의 부실금융기관 처리규정을 두고 있으나, 금융행정당국 주도형은 관련 이해관계인의 공평한 대우 및 절차권 보장 측면에서 약점을 지니고 있다는 점이 지적되기도 한다.[12]

대상결정의 원심에서 항고인 역시 금융행정당국 주도형의 절차 진행 및 종국적인 파산신청에 대해 파산절차의 남용이라고 다투었으나 받아들여지지 않았다. 법인의 파산원인인 채무초과 상태가 인정되었기 때문이다. 법인인 채무자에게 채무초과의 파산원인이 있으면 파산 이외의 방법으로 회생할 가능성이 있는지 여부에 대하여 판단하지 않은 것은 정당하다고 본 대상결정은 법인의 파산원인을 구분하여 법정화하고 있는 도산법 해석상 타당한 논리적 귀결로 보인다.

---

9) 금융산업구조개선법 제16조 제1항. 금융위원회가 파산신청을 할 수 있는 금융기관의 범위에 관해서는 금융산업구조개선법 제2조 제1호.

10) 대법원 2006. 7. 28. 선고 2004두13219 판결.

11) 반면, 해당 판결에서 대법원은 부실금융기관에 대한 파산결정이 확정되고 이미 파산절차가 상당부분 진행되고 있다 하더라도 파산종결이 될 때까지는 그 가능성이 매우 적기는 하지만 동의폐지나 강제화의 등의 방법으로 당해 부실금융기관이 영업활동을 재개할 가능성이 여전히 남아 있으므로, 금융감독위원회의 위 부실금융기관에 대한 영업인가의 취소처분에 대한 취소를 구할 소의 이익은 있다고 보았다.

12) 조정래, 박진표, "금융산업의구조개선에관한법률의 개선방안(부실금융기관의 처리규정의 문제점에 관한 고찰)", BFL 제7호(2004. 9.).

[64] 법인의 파산신청과 권리남용

김영근(법무법인 세종 변호사)　　　　　　　　대법원 2017. 12. 5.자 2017마5687 결정

[사안의 개요]

채무자 A조합(토지구획정리사업조합)은 1998. 5. 토지구획정리사업 계획이 결정되어 같은 해 울산광역시로부터 조합설립 및 사업시행 인가를 득하여 1998. 8. 14. 법인이 성립되었고, B회사를 시공사로 정하여 사업(이하 '이 사업'이라 한다)을 추진하였다.

B회사는 2006. 12. 27. 공정률 74.791%인 상태에서 공사를 중단하고 지급불능 상태에 이르렀으며, 2008. 4. 파산을 선고 받음에 따라 이 사업에 관한 공사가 중단되었다. 이에 따라 향후 추가공사비용의 조달 없이는 공사의 완공이 사실상 불가능한 상태에 놓이게 되었다.

채권자 X, Y 등(이하 '채권자 X등'이라 한다)은 2007년부터 A조합에게 부과된 농지보전부담금 등의 일부를 대납하였는데, 이를 반환받지 못하자 A조합을 상대로 자신들이 대납한 부담금에 대한 부당이득 반환을 구하는 소를 제기하여 승소하였다. 위 소송에서 채권자 X등이 채무자에 대해 가진 것으로 인정된 부당이득 원금 합계는 388,409,630원이다.

A조합의 부채는 농지부담금, 공사비 등 합계 7,980,058,963원, 자산은 전세보증금 36,000,000원, 사무실 집기류 6,605,327원, B회사에 대한 파산채권 60,500,000,000원과 재단채권 3,909,763,335원 등 합계 64,452,368,662원이다. 그런데 B회사가 보유한 재산만으로는 파산채권에 비해 우선권이 있는 재단채권의 변제에도 부족하므로 B회사에 대한 파산채권은 실제로 변제받기 어려운 상황이었다.

채권자 X등은 자신들의 채권을 회수하기 위하여 B회사의 파산관재인을 상대로 추심금 소송 등 여러 소송을 진행하였으나 패소하자, 2014. 12. 12. 울산지방법원(이하 '파산법원'이라 한다)에 A조합에 대한 파산신청을 하였다.

파산법원은 2017. 1. 18. 채권자 X등의 파산신청을 기각하면서, A조합에 대하여 파산원인이 있다고 하면서도 채권자 X등의 파산신청은 채권회수를 위한 압박의 수단으로 파산신청을 이용한 것에 불과하므로 파산절차의 남용에 해당한다고 판단하였다.

이에 채권자 X등은 항고를 하였으나 부산고등법원은 이를 기각하였다. 채권자 X등이 대법원에 재항고하였다. (인용, 파기환송)[1]

[결정요지]

파산절차는 기본적으로 채무자 재산의 환가와 배당을 통하여 채권자의 권리를 공평하게 실현하는 것을 목적으로 하는 절차이다. 채무자에게 파산원인이 있는 경우에 채권자는 파산절차를 통하여 자신의 권리를 실현하는 것이 원칙이다. 이에 따라 채무자회생법(이하 '법'이라 한다)은 제294조 제1항 에서 채권자 또는 채무자가 파산신청을 할 수 있다고 정하고, 제305조 부터 제307조 까지 파산원인을 정하고 있다. 파산신청을 채무자에게만 맡겨 둔다면 파산원인이 있는데도 채무자가 파산을 신청하지 않아 파산절차에 따른 채권자의 잠재적 이익이 상실될 수 있다. 그리하여 채권자 스스로 적당한 시점에서 파산절차를 개시할 수 있도록 채권자도 파산신청을 할 수 있다는 명시적 규정을 둔 것이다. 그러나 파산절차의 남용은 파산신청 기각사유이다(법 제309조 제2항). 파산절차의 남용은 권리남용금지 원칙의 일종으로서, 파산신청이 '파산절차의 남용'에 해당하는지는 파산절차로 말미암아 채권자와 채무자를 비롯한 이해관계인에게 생기는 이익과 불이익 등 여러 사정을 종합적으로 고려하여 판단하여야 한다. 가령 채권자가 파산절차를 통하여 배당받을 가능성이 전혀 없거나 배당액이 극히 미미할 것이 예상되는 상황에서 부당한 이익을 얻기 위하여 채무자에 대한 위협의 수단으로 파산신청을 하는 경우에는 채권자가 파산절차를 남용한 것에 해당한다. 이처럼 파산절차에 따른 정당한 이익이 없는

---

[1] 참고로 파기환송 후, 2019. 1. 30. 파산이 선고되었다(울산지방법원 2018하합503 사건).

데도 파산신청을 하는 것은 파산제도의 목적이나 기능을 벗어난 것으로 파산절차를 남용한 것이다. 이때 채권자에게 파산절차에 따른 정당한 이익이 있는지를 판단하는 데에는 파산신청을 한 채권자가 보유하고 있는 채권의 성질과 액수, 전체 채권자들 중에서 파산신청을 한 채권자가 차지하는 비중, 채무자의 재산상황 등을 고려하되, 채무자에 대하여 파산절차가 개시되면 파산관재인에 의한 부인권 행사, 채무자의 이사 등에 대한 책임추궁 등을 통하여 파산재단이 증가할 수 있다는 사정도 감안하여야 한다. 이와 함께 채권자가 파산신청을 통해 궁극적으로 달성하고자 하는 목적 역시 중요한 고려 요소가 될 수 있다.

[해설]

1. 문제의 소재

채무자회생법 제294조 제1항은 채무자 뿐 아니라 채권자도 파산신청을 할 수 있도록 하고 있는데 법인의 대표자가 사망하거나 유고가 있는 경우의 대처법으로서 활용되기도 하지만, 채권자 본인이 채권 회수라는 기본 목적 하에, 여러 목적을 갖고 파산법상 효과를 노리고 진행하는 경우가 대부분이다.

한편 법 제309조 제2항은, 법원은 채무자에게 파산원인이 존재하는 경우에도 파산신청이 파산절차의 남용에 해당한다고 인정되는 때에는 심문을 거쳐 파산신청을 기각할 수 있고 규정하고 있다.

어느 채권자가 법인인 채무자에 대하여 파산을 신청하는 경우, 채무자측에서는 신청인(채권자)측이 바라는 바를 파악하여 협의 및 조치 후 파산신청을 취하하도록 하거나 스스로 회생을 신청하여 파산절차의 진행을 저지하는 경우도 있으나, 미처 위와 같은 대처를 하기 전에 파산이 선고되어 버리면 사업의 계속, 유지에 심각한 지장이 되므로 초기 대응으로서, 파산신청이 파산절차의 남용에 해당한다고 주장하는 경우를 실무에서 흔히 볼 수 있다.

대상사건에서는 (i) 법 제294조 제1항에서 채권자가 파산신청을 할 수 있도록 정한 취지, (ii) 파산신청이 '파산절차의 남용'에 해당하는지 판단하는 방법, (iii) 채권자가 파산절차에 따른 정당한 이익이 없는데도 파산신청을 하는 것이 파산절차의 남용에 해당하는지 여

부 및 (iv) 채권자에게 파산절차에 따른 정당한 이익이 있는지 판단할 때 고려하여야 할 사항이 문제되었다.

2. 대상판례에서 설시한 파산절차 남용의 판단기준

대상판례에서는 파산절차의 남용은 권리남용금지원칙의 일종으로서, 파산신청이 '파산절차의 남용'에 해당하는지는 파산절차로 말미암아 채권자와 채무자를 비롯한 이해관계인에게 생기는 이익과 불이익 등 여러 사정을 종합적으로 고려하여 판단하여야 한다고 하면서, 아래를 예시하고 있다.[2]

① 파산절차에 따른 정당한 이익이 있는 경우로서, 배당을 받을 가능성이 있는지

② 파산절차가 개시되면 파산관재인에 의한 부인권 행사, 채무자의 이사 등에 대한 책임추궁 등을 통하여 파산재단이 증가할 여지가 있는지

③ 채권자가 파산신청을 통해 궁극적으로 달성하고자 하는 목적이 무엇인지(가령 채권자가 파산절차를 통하여 배당받을 가능성이 전혀 없거나 배당액이 극히 미미할 것이 예상되는 상황에서 부당한 이익을 얻기 위하여 채무자에 대한 위협의 수단으로 파산신청을 하는 경우)

3. 검토
가. 채권자의 파산신청의 목적

채권자의 파산 신청이 일반적이지 않은 것은 신청을 한다고 하여도 채권 회수의 관점에서 우선권을 갖는 것이 아니고, 세무상 효과는 꼭 파산이 아니어도 얻을 수 있는 경우가 있으며, 무엇보다도 예납금, 변호사보수 등 현실적인 부담이 있기 때문이므로, 단순히 채권 회수가 아닌 진정한 의도, 목적이 있기 마련이다.

실무에서 채권자가 파산신청을 하는 목적은 기본적으로 (i) 채권 회수에 있으나, 나아가 (ii) 채무자의 업무집행 및 관리처분권 박탈, (iii) 파산선고를 통한 사업의 폐지 및 인허가의 실효, (iv) 주무관청에 대한 기본재산의 처분허가 신청, (v) 파산관재인에 의한 부인권 행사, (vi) 파산관재인에 의한 기존 경영자에 대한 손해배상

---

2) 보다 상세한 연구로서는, 이무룡, "법인파산절차 남용에 관한 연구 ─ 판례의 동향, 일본의 연구와 판례, 권리남용금지원칙에 기초하여 ─, 저스티스 통권 제176호, 한국법학원 (2020. 2.), 237~304면 참조

청구, (vii) 파산관재인에 의한 쌍방 미이행 쌍무계약의 해제를 통한 권리관계 해소, (viii) 파산관재인에 의한 재산의 포괄적 처분(자산 매각) 시도, (ix) 회생채권 변제 사유 충족을 위한 주채무자의 무자력의 요건 확인[3] 등이 관찰된다. 일본에서는 사업양도, 파산관재인에 의한 재산조사, 손금처리 등의 목적으로 진행된 사례도 있다고 한다.[4]

나. 검토

실무에서는 채무자에 대하여 파산이 선고되더라도 배당을 받을 가능성이 없거나 미미하여 채권 회수라는 목적이 달성되기 어려운 상황, 또는 회생절차를 통하여도 목적을 달성할 수 있는 경우, 즉 (ii), (v), (vi), (vii), (viii) 등을 목적으로 하는 경우에는, 채권자가 파산절차를 이용하고자 하는 이유, 즉 채권자가 궁극적으로 달성하고자 하는 의도가 명확하고 타당하지 않으면 늘상 '파산신청이 파산절차의 남용에 해당한다'라는 쟁점이 등장하고 있다. 물론 경영권 분쟁, 기타 소송이 진행되고 있고 구 경영진인 채권자가 파산을 신청하는 경우에도 그러하다.

이와는 반대로 채권자는 채권 회수를 위하여 최후의 수단으로서, 정당한 목적에서 파산을 신청하였으나 채무자가 재산에 대한 강제집행을 피하고 경영권을 잃지 않기 위하여 관할 법원까지 바꾸어 가며 회생 신청을 반복하는 경우도 많이 있고, 채권자측에서 법 제42조 제2호, 제3호를 이유로 기각을 구하는 사례도 적지 않다.

대상판례가 법 제309조 제2항이 권리남용금지 원칙의 일종이라고 설시하여 해석과 응용에 큰 방향을 제시하였을 뿐 아니라, 파산절차 남용의 판단기준을 설시하면서 채권자의 파산 신청을 다시 심리하도록 파기환송을 하여 실무에서 실제로 해당 조항이 기능을 하도록 한 데에 큰 의의가 있다.

---

3) 주채무자의 회생계획안에 "원금 및 개시 전 이자에 관하여는 우선 주채무자로부터 변제받거나 주채무자로부터 제공받은 담보물건을 처분하여 변제받도록 합니다"라고 규정되어 있어, 주채무자의 채무이행 또는 무자력이 확인되어야 비로소 보증채무자(회생회사)에 대한 청구가 가능한 경우에도 채권자에 의한 파산 신청이 활용되고 있다.

4) 노무라 쯔요시 편저, 실전 포럼 파산실무 ― 수속선택부터 신청·관재까지 ―, 청림서원(2017), 293~299면 참조.

[65] 파산선고 후 제기된 채권자취소소송과 파산관재인의 소송수계

박재완(한양대학교 법학전문대학원 교수)　　대법원 2018. 6. 15. 선고 2017다265129 판결

[사안의 개요]

1. D는 2015. 7. 6. 파산선고를 받았고, T가 파산관재인으로 선임되었다.

2. 파산채권자 C는 파산선고 후인 2015. 9. 30. B를 상대로 D와 B 사이에 2014년경 체결된 매매예약 등이 사해행위라고 주장하면서 위 매매예약 등의 취소와 그에 기한 가등기 등의 말소를 구하는 채권자취소소송을 제기하였다. T는 제1심 계속 중 수계신청을 하면서 부인권행사를 내용으로 하는 청구취지 및 청구원인변경신청서를 제출하였다. T의 수계신청을 적법하다고 본 제1심법원은 2017. 2. 9. C의 소송수계인인 T의 청구를 인용하였고, B가 항소하였다.

3. 항소심법원은 2017. 9. 1. 직권으로 소의 적법 여부를 판단하여, 파산선고 이후에는 파산채권자가 채권자취소소송을 제기할 수 없으므로 위 "매매계약 등이 사해행위라는 주장을 내용으로 하여 제기된 이 사건 소는 부적법하다"는 이유로 제1심판결을 취소하고 소를 각하하였다.

4. T가 상고하였다. 파기이송.

[판결요지]

파산채권자가 파산선고 후에 제기한 채권자취소소송이 부적법하더라도 파산관재인은 이러한 소송을 수계할 수 있다.

[해설]

1. 쟁점 등

파산채권자가 파산선고 이전에 제기한 채권자취소소송이 파산선고 당시 계속되어 있는 때에는 파산선고로 인하여 중단되고(채무자회생법 제406조 제1항. 이하 채무자회생법을 '법'이라 한다), 이 경우 파산재단에 속하는 재산에 관한 소송을 파산관재인 또는 상대방이 수계할 수 있다는 법 제347조 제1항이 준용된다(법 제406조 제2항).

이 사건의 기본쟁점은 위 규정들(이하 '이 사건 규정들'이라고 한다)이 정하고 있는 경우가 아닌, 파산선고 이후에 파산채권자가 제기한 채권자취소소송을 파산관재인이 수계할 수 있는지 여부이다.

2. 대상판결이 제시한 근거

대상판결은 선례인 대법원 2013. 6. 27.자 2013마4020 결정을 따라, 파산채권자가 파산선고 이후에 제기한 채권자취소소송을 파산관재인이 수계할 수 있다고 하면서 다음과 같은 근거를 제시하였다.

① 이 사건 규정들은 파산채권자의 채권자취소권이라는 개별적인 권리행사를 파산관재인의 부인권 행사라는 파산재단 증식의 형태로 흡수시킴으로써 파산절차에서의 통일적인 처리를 도모하기 위한 것이다. 이러한 필요성은 파산선고 이후에 채권자취소의 소가 제기된 경우에도 마찬가지이다.

② 법 제396조 제1항은 "부인권은 소, 부인의 청구 또는 항변의 방법으로 파산관재인이 행사한다."라고 정하고 있다. 위 '소'는 파산관재인이 기존의 소송을 수계하여 부인의 소로 변경하는 방법으로 부인권을 행사하는 것도 포함한다.

③ 채권자취소소송은 파산선고를 받은 채무자를 당사자로 하는 것은 아니므로 채무자에 대한 파산선고가 있더라도 당사자에게 당연승계사유가 발생하는 것은 아니다. 따라서 당연승계에 관한 민사소송법 규정이 이 사건에 그대로 적용된다고 보기 어렵다.

④ 파산채권자가 파산선고 후에 제기한 채권자취소소송이 부적법하더라도 파산관재인은 이러한 소송을 수계한 다음 청구변경의 방법으로 부인권을 행사할 수 있다고 보아야 한다.

3. 검토

가. 당연승계가 아니라는 점과 관련하여

대상판결이 제시한 근거들 중 가장 중요한 근거는 당

연승계에 관한 ③이다. ③이 타당하지 않으면 나머지 근거들은 대상판결의 결론을 뒷받침하기에 부족하거나, 무관하다.

결론을 미리 적자면 이 사건 규정들은 당연승계에 관한 규정들이고, 파산선고 후에 제기된 채권자취소소송을 파산관재인이 수계할 수 있다고 한 대상판결은 결국 명문의 근거 없이 임의적 당사자변경을 인정한 것으로서 부당하다.

대상판결이 파산관재인이 수계할 수 있다고 한 것은, 종류를 불문하고, 그 전제로서 당사자변경을 허용한 것이라는 점에 대하여는 이견이 없을 것이다.

당사자변경은 '소송계속 중'에 발생한 '당사자적격[1]의 이전(승계)'에 수반하는 소송승계와 그렇지 않은 임의적 당사자변경으로 나눌 수 있는바, 소송승계는 당사자적격의 이전이 있을 때 별다른 조치 없이 당사자가 변경되는 당연승계와 당사자적격의 이전을 원인으로 일정한 절차를 밟아야 비로소 당사자가 변경되는 특정승계로 나뉜다. 민사소송법은 소송승계는 허용하지만,[2] 임의적 당사자변경의 허부에 관한 명문의 규정을 두고 있지 않은데, 학설의 경우 이를 허용하는 것이 통설적 견해이지만, 판례는 허용하지 않는다.[3]

대상판결은, 이 사건 규정들은 당연승계에 관한 규정이 아니라고 보았는바, 이는 채권자취소소송 제기 이전에 파산선고가 있었던 이 사건 사안에서 수계, 근본적으로 당사자변경을 허용하기 위하여 이 사건 규정들이 요건으로 명기하고 있는 채권자취소소송 계속 중에 파산선고가 있는 경우에도 당연승계가 발생하지 않는다고 본 것이다. 이는 타당하지 않는바, 그 이유는 아래와 같다.

우선, 이 사건 규정들이 당연승계에 관한 것이 아니라는 것은 결국 특정승계 아니면 임의적 당사자변경에 관한 것이라는 셈이 된다. 이 사건 규정들은 그 형식이나 내용에 비추어 특정승계에 관한 것이라고 보기 어렵고, 이 사건 사안은 당사자적격의 이전이 '소송계속 중' 발생한 경우가 아니기 때문에 요건이 충족되지도 않는다.

그러면 임의적 당사자변경이 남는데, 판례는 명문의 규정이 있는 경우에만 이를 허용하고,[4] 타당하다.[5]

대상판결은 이 사건 규정들이 당연승계에 관한 규정이 아니라는 근거로 채권자취소소송은 파산선고를 받은 채무자를 당사자로 하는 것은 아니라는 점을 들었다. 당연승계와 임의적 당사자변경의 근본적 차이점은 당사자적격 이전의 유무이므로, 대상판결은 파산선고로 인하여, 기존소송 중 채무자가 당사자인 소송에서는 당사자적격의 승계가 발생하지만, 채권자취소소송과 같이 채무자가 당사자가 아닌 소송에서는 당사자적격의 승계가 발생하지 않는다고 본 것이 된다. 즉, 대상판결은 이 사건 규정들이 요건으로 명기하고 있는 채권자취소소송 계속 중에 파산선고가 내려진 경우에도 파산채권자와 파산관재인 사이에 당사자적격의 이전이 없다고 보는 것이다.

이와 관련하여 채권자취소소송 계속 중 파산선고가 있을 때 파산채권자로부터 파산관재인으로의 당사자적격의 이전이 없다는 견해가 있고[6] 대상판결은 이를 채택하였다.[7] 반면, 이 사건 규정들은 당사자적격의 이전을 전제로 한 것이라고 보는 견해가 있고,[8] 당연승계라

---

1) 소송물인 권리나 의무 자체뿐만 아니라 본안적격, 관리처분권, 소송수행권 등을 모두 포괄한 것이다.

2) 특정승계의 경우 명문의 규정이 있고, 당연승계의 경우 민사소송법에 명문의 규정은 없지만, 소송절차의 중단이나 수계에 관한 규정은 이를 전제한 것이라고 보는 것이 통설(이시윤, 신민사소송법(12판), 박영사(2018)(이하 '이시윤'이라고 한다), 833면; 김홍엽, 민사소송법(9판), 박영사(2020)(이하 '김홍엽'이라고 한다), 1151면; 박재완, 민사소송법강의(3판 중쇄), 박영사(2020)(이하 '박재완'이라고 한다), 631면), 판례이다.

3) 이시윤, 825~826면; 김홍엽, 1142~1143, 1150면; 박재완, 29, 639~640면.

4) 대법원 1994. 10. 11. 선고 94다19792 판결 등.

5) 김홍엽, 1143면 참조.

6) 정준영, 파산절차가 계속 중인 민사소송에 미치는 영향 — 판결절차와 집행절차를 포함하여 —, 파산법의 제문제(하)(재판자료 83집), 법원도서관(1999)(이하 '정준영'이라고 한다), 139면 각주 15번.

7) 심영진, 채무자에 대한 파산선고 후 파산채권자가 채권자취소의 소를 제기한 경우, 파산관재인이 소송수계 후 부인의 소로 변경할 수 있는지 여부, 대법원판례해설 115호, 법원도서관(2018)(이하 '심영진'이라고 한다), 131면.

8) 編集代表 新堂幸司 외 2인, 注釈民事訴訟法 (4), 有斐閣(1997), 528, 585면; 伊藤眞, 民事訴訟法(第4版補訂版), 有斐閣(2014), 251면 각주 48; 伊藤眞, 破産法·民事再生法(第4版), 有斐閣(2018), 441~442면; 島岡大雄 외 3인 編, 倒産と訴訟, 商事法務(2017), 11면.

고 명기하는 견해도 있다.[9] 생각건대, 이 사건 규정에 의한 당사자적격의 이전은 통상적인 것과 달리 정책적인 차원에서 법이 인정하는 의제적인 것이기는 하지만,[10] 그렇다고 하여 당사자적격의 이전 자체를 부정하는 것은, 또 이를 전제로 이 사건 사안에서 당사자변경을 인정하는 것은, 이사건 규정들의 문언 자체에도 반하고, 당사자변경에 관하여 절차법의 일반법인 민사소송법이 예정하고 있는 틀에도 반하므로 후자의 견해가 타당하다.

채권자취소소송 계속 중 이루어진 개인회생절차개시로 인한 소송중단을 간과한 판결의 효력을 소송계속 중 당사자의 사망으로 인한 소송중단을 간과한 판결의 효력과 같다고 본 대법원 2013. 6. 13. 선고 2012다33976 판결도 당연승계를 전제로 한 것이라고 할 수 있다.

당사자적격의 승계를 부정하는 견해는 파산관재인에게 수계거절권이 인정되는지 라는 쟁점을 해결하기 위한 전제로 그와 같은 논지를 전개하였으나, 다른 근거에서[11] 수계거절권을 도출하거나 수계 후 소송상태를 인수하는 범위를 조절함으로써 해결하는 것이 타당하다.[12]

이 사건 사안의 당사자적격의 이전이 포괄적인 것이 아니라는 점도 당연승계를 부정할 근거가 되기 부족하다. 일반적으로 당연승계는 실체법적인 포괄승계를 원인으로 한다고 소개되지만, 이 같은 소개는 사망 등이 그 대표적 사유라는 것에 불과하고, 실제 당연승계사유에는 포괄승계가 아닌 것도 포함된다.[13][14]

판례는 명문의 규정으로 임의적 당사자변경을 허용하는 경우에도 허용범위를 엄격하게 제한하므로,[15] 가사 이 사건 규정들을 임의적 당사자변경에 관한 것으로 보더라도, 대상판결과 같은 확장해석은 타당하지 않다.

나. 부적법한 소의 수계, 소송중단과 수계의 관계

대상판결이 제시한 근거 중 ①, ②는 ③이 타당하지 않으면 대상판결의 결론을 뒷받침하기에 부족하다. 특히 법 제396조 제1항은 부인권행사방법에 관한 것이지 당사자변경, 특히 임의적 당사자변경을 허용하는 조문은 아니다.

④의 경우 이를 둘러싼 견해의 대립이 있으므로 간략히 다루어보기로 한다. 파산선고 이후에 비로소 채권자가 제기한 채권자취소소송은 부적법하다.[16] 대상판결은 채권자취소소송이 부적법하여도 수계가 가능하다고 하였는데, 부적법한 소송이라도 항상 수계가 불가능한 것은 아니라고 하면서 대상판결의 입장을 지지하는 견해[17]와 부적법한 소송은 원칙적으로 수계할 수 없다는 견해[18]가 대립한다. 그런데, 소송의 적법 여부는 수계의 가부와는 원칙적으로 무관하다. 그럼에도 불구하고 이 사건 사안에서 수계가 인정되지 않는데, 그 이유는 소의 적법 여부와는 무관하게 소송계속 중 당사자적격을 이전받은 자가 아닌 파산관재인은 당연승계인이 아니므로, 그에게 수계신청권한 내지 적격이 없기 때문이다.

나아가 소송중단이 없는 수계가 가능한지 여부에 관하여도 견해 대립이 있는데,[19] 대상판결은 비록 명시하고 있지 않으나 가능하다는 입장을 전제로 하고 있다.

---

9) 齋藤秀夫 외 2인 編, 注解 破産法(第3版) 上券, 靑林書院 (1998), 556면.

10) 編集代表 竹下守夫, 大コンメンタル 破産法, 靑林書院 (2007. 11), 187면.

11) 당사자적격 이전의 정책적 성격, '수계할 수 있다'고 하고 있는 조문의 문언, 이전되는 당사자적격 자체의 특수성, 개별 채권자들의 채권자취소권과 부인권의 관계 등.

12) 임의적 당사자변경의 성질에 대하여는 복합행위설이 통설인 점을 고려하면, 이 사건 규정들과 관련하여 당사자적격의 이전을 부정하게 되면 파산관재인은 기존 소송상태를 인수하는 근거를 제시하는 것이, 불가능한 것은 아니나, 어렵게 된다.

13) 오정후, "소송계속 중 선정당사자가 자격을 잃은 사건에서 나타난 몇 가지 민사소송법적 문제", 민사소송 12권 1호, 한국민사소송법학회(2008. 5.), 59면 이하, 73면; 박재완,

14) 일반적으로 당연승계사유로 소개되는 일정한 자격에 기하여 당사자가 된 자가 자격을 상실하거나 사망한 경우와 선정당사자 전원이 사망하거나 자격을 상실한 경우는 포괄승계로 보기 어렵다.

15) 대법원 1991. 8. 27. 선고 91다19654 판결 등.

16) 대법원 2010. 9. 9. 선고 2010다37141 판결.

17) 심영진, 133~135면.

18) 전원열, "파산선고 후 제기된 사해행위취소의 소를 파산관재인이 수계할 수 있는지 여부", 법조 제68권 제4호, 법조협회(2019. 8), 701면 이하, 718~719면. 다만, 이 견해는 소송계속이 이미 발생한 경우, 기존 소송의 부적법 여부가 명백하지 않은 경우는 예외라고 한다.

19) 가능하다는 견해로는 심영진, 135~136면, 불가능하다는 견해로는 전원열, 716~718면.

631면.

가능하다는 견해는 소송대리인이 있어서 소송중단이 없는 경우에도 수계가 가능하다는 대법원 1972. 10. 31. 선고 72다1271, 72다1272 판결을 근거로 소송중단과 수계가 반드시 불가분의 관계에 있는 것은 아니라고 하면서, 이 점을 대상판결을 지지하는 근거 중의 하나로 들고 있다. 위 판례에서 가능하다고 본 수계는 실무상 흔히 행해지는 것으로서 일본에서는 '수계유사적 처리'라는 제목으로 논의되는데,[20] 그 법적 성격은 모호하지만, 이와 같은 수계를 소송중단과 무관한 것으로 보기는 어렵고,[21] 이를 근거로 임의적 당사자변경을 인정하기는 부족하다. 따라서, 소송중단과 수계가 반드시 불가분의 관계에 있는 것은 아니라는 점만으로는 대상판결의 정당성을 지지하기에는 부족하다.

4. 마치면서

이상과 같이 대상판결은 별다른 근거 없이 임의적 당사자변경을 인정한 점에서 그 타당성에 의문이 있다.

사족이지만, 대법원이 굳이 수계를 인정하려면 상고이유 제2점[22]을 신의칙 위반에 관한 주장으로 선해할 수 있는지를 검토해보는 것이 좋지 않았을까 하는 생각이 든다.[23]

---

20) 編集代表 新堂幸司 외 2인, 注釈民事訴訟法 (4), 有斐閣 (1997), 578~581면; 秋山幹男 외 4인 著, コメンタール民事訴訟法(第2版) Ⅱ, 日本評論社(2007), 552~555면. 일본에서는 새로운 당사자의 위임장 제출이 중시된다. 민사소송규칙 제61조가 참조한 일본의 민사소송규칙 제52조는 이 수계유사적 처리를 명문화한 것이다.

21) 굳이 그 법적성격을 제시하여 보면, 소송대리인이 있어서 사망으로 소송이 중단되지 않은 경우에도 이후 결국 판결정본이 송달된 시점 등에 소송이 중단되는 점을 고려할 때, 수계유사적 처리에 따른 수계신청은, 사망으로 발생한 당연승계와 추후 발생할 소송중단을 전제로 하여, 이미 발생한 당연승계로 인한 당사자표시정정신청과 추후 발생할 소송중단에 대한 조건/기한부 수계신청이 결합된 것으로 볼 수 있을 것이다.

22) 심영진 126~127면 참조. 상고이유 제2점을 소송절차에 관한 이의권의 포기·상실에 관한 주장으로 보고 정당하다고 보는 견해도 있으나(심영진, 139~140면), 이 사건에서 근본적 문제는 당사자변경인바, 이와 관련된 규정들을 이의권의 포기·상실의 대상이 되는 임의규정이라고 보기는 어려울 것이다.

23) 일본의 최고재판소 소화 41. 7. 14. 판결 참조(상고심 단계에서 비로소 상고인이 자신이 1심에서 신청한 수계가 부적법하다고 주장한 사안). 실제 신의칙위반 주장이 받아들여질지 여부는 분명하지 않다.

[66] 가압류채권자가 본안에 관한 승소판결 확정 후 공탁된 배당금을 지급 받기 전에 채무자에 대하여 파산선고가 있는 경우 배당금의 귀속

최준규(서울대학교 법학전문대학원 부교수)   대법원 2018. 7. 24. 선고 2016다227014 판결

[사안의 개요]

파산채무자 S소유의 부동산에 관하여, 2011. 6. 14. 피고의 가압류등기가 마쳐진 후 2011. 8. 10. 근저당권자인 주식회사 신한은행의 신청에 따라 담보권실행을 위한 경매절차가 개시되었다. 위 경매절차에서 2012. 4. 12. 위 부동산이 매각되고, 2012. 5. 25. 배당이 실시되어 가압류권자인 피고에게는 24,272,517원이 배당되었는데, 집행법원은 2012. 6. 5. 민사집행법 제160조 제1항에 따라 피고에 대한 위 배당액을 공탁하였다. 피고는 파산채무자 S를 상대로 구상금 지급을 구하는 소를 제기하였고, 2013. 8. 17.경 피고 전부승소 판결이 확정되었다.

파산채무자 S는 2014. 6. 17. 서울중앙지방법원에 파산신청을 하였고, 위 법원은 2014. 8. 27. 11:00 S에 대하여 파산을 선고하면서 원고를 파산관재인으로 선임하였다.

피고는 2014. 10. 22. 위 공탁금과 이에 대한 이자를 포함하여 합계 24,279,832원을 출급하였다.

파산관재인인 원고는 피고를 상대로, 피고가 확정판결을 얻은 가압류채권자의 지위에서 출급한 공탁금이 파산채무자 S의 파산재단에 속하는 재산이라는 이유로 부당이득 반환청구의 소를 제기하였다. 원심은 부동산에 대한 경매의 경우 배당표에 기하여 채권자들에게 배당액을 지급함으로써 경매 절차가 종료되는 것이고, 아직 배당표에 기하여 채권자들에게 배당액이 지급된 바 없다면, 지급되지 않고 남아 있는 배당액은 파산재단에 속하는 재산으로 그에 대한 강제집행·가압류 또는 가처분은 효력을 잃게 되고, 가압류채권자에게 배당된 공탁금 또한 가압류채권자가 출급하여 이를 수령한 바 없다면 그 공탁금은 파산재단에 속하는 재산으로 그에 대한 강제집행·가압류 또는 가처분은 역시 효력을 잃게 된다고 보아, 원고청구를 인용하였다(서울중앙지방법원 2016. 5. 18. 선고 2016나6926 판결). 이에 피고가 상고하였다. 파기환송.

[판결요지]

1. 채무자가 파산선고 당시에 가진 모든 재산은 파산재단에 속하고(채무자회생법 제382조 제1항, 이하 채무자회생법을 '법'이라 한다), 채무자에 대하여 파산선고 전의 원인으로 생긴 재산상의 청구권인 파산채권에 기하여 파산재단에 속하는 재산에 대하여 행하여진 강제집행·가압류 또는 가처분은 파산재단에 대하여는 그 효력을 잃는다(법 제423조, 제348조 제1항).

2. 부동산에 대한 경매절차에서 배당법원은 배당을 실시할 때에 가압류채권자의 채권에 대하여는 그에 대한 배당액을 공탁하여야 하고, 그 후 그 채권에 관하여 채권자 승소의 본안판결이 확정됨에 따라 공탁의 사유가 소멸한 때에는 가압류채권자에게 공탁금을 지급하여야 한다(민사집행법 제160조 제1항 제2호, 제161조 제1항). 따라서 특별한 사정이 없는 한 본안의 확정판결에서 지급을 명한 가압류채권자의 채권은 위와 같이 공탁된 배당액으로 충당되는 범위에서 본안판결의 확정 시에 소멸한다.

3. 이러한 법리는 위와 같은 본안판결 확정 이후에 채무자에 대하여 파산이 선고되었다 하더라도 마찬가지로 적용되므로, 본안판결 확정 시에 이미 발생한 채권소멸의 효력은 법 제348조 제1항에도 불구하고 그대로 유지된다.

4. 이 경우 가압류채권자가 공탁된 배당금을 채무자의 파산선고 후에 수령하더라도 이는 본안판결 확정 시에 이미 가압류채권의 소멸에 충당된 공탁금에 관하여 단지 수령만이 본안판결 확정 이후의 별도의 시점에 이루어지는 것에 지나지 않는다. 따라서 가압류채권자가 위와 같이 수령한 공탁금은 파산관재인과의 관계에서 민법상의 부당이득에 해당하지 않는다.

[해설]

1. 문제의 소재

파산절차는 전체집행 절차의 일종으로서 파산재단

이 배당가능재산이다. 채무자의 재산이 파산재단에 포함되면, 이 재산은 파산법 법리에 따라 파산채권자들에게 평등 분배된다(채권자평등주의).

파산절차 개시 전에 시작된 채무자에 대한 개별집행절차가 아직 종료되지 않은 채, ― 즉 채권자들에 대한 배당변제가 완료되지 않은 채 ― 파산절차가 개시되었다면, 개별집행의 목적물인 채무자의 책임재산 또는 그 대상(代償; ex. 책임재산의 환가금)은 파산재단에 속한다. 해당 책임재산 등이 파산재단에 속한다면, 종전에 진행되던 개별집행의 법리가 아니라 파산법 법리에 따라 해당 책임재산이 파산채권자들에게 분배되어야 한다.

대상판결에서는 채무자에 대한 개별집행절차에서 가압류채권자를 위해 배당금이 공탁된 후 가압류채권자의 본안에서의 승소확정판결이 있었는데, 가압류채권자가 아직 위 승소확정판결에 따라 공탁된 배당금을 출급하여 수령하지 않은 상태에서 채무자에 대한 파산절차가 개시되었다. 이처럼 가압류채권자가 본안에서 승소확정판결을 받은 후 아직 공탁된 배당금을 수령하지 않은 경우에도 개별집행절차가 종료한 것인지, 즉 해당 가압류채권자에 대한 배당변제가 완료된 것인지가 대상판결의 쟁점이다.

2. 대상판결의 논거

대상판결은 우선 민사집행법 제160조 제1항 제2호, 제161조 제1항을 근거로 본안의 확정판결에서 지급을 명한 가압류채권자의 채권은 특별한 사정이 없는 한 공탁된 배당액으로 충당되는 범위에서 본안판결의 확정 시에 소멸한다고 보았다. 즉 가압류채권자가 본안에서 승소확정판결을 받으면 그 즉시 가압류채권자의 채권이 변제로 소멸하고, 이후 이루어지는 현실적인 공탁금 출급절차는 가압류채권자의 채권소멸과 관련이 없다. 이 법리(이하 '전제법리')는 이미 대법원 2014. 9. 4. 선고 2012다65874 판결에서 선언하였던 것이다.

대상판결은 위 법리가 가압류채권자의 승소확정판결 이후 채무자에 대하여 파산절차가 개시된 경우에도 그대로 적용된다고 보았다. 따라서 공탁금이 아직 출급되지 않은 채 존재하더라도 이는 가압류채권자의 것이지, 채무자의 책임재산에 포함되지 않으므로 파산재단에 속할 수 없다.

3. 검토

전제법리가 타당하다면, 가압류채권자의 승소확정판결 이후 가압류채권자가 아직 공탁금을 출급하지 않은 상황에서 채무자에 대하여 파산절차가 개시되었다고 해서 전제법리를 적용하지 않을 이유가 없다. 따라서 대상판결의 타당성은 결국 전제법리의 타당성 여부로 귀착된다.

대상판결이나 대법원 2014. 9. 4. 선고 2012다65874 판결은 모두 특별한 사정이 없는 한 본안판결 확정 시에 가압류채권자의 채권이 소멸한다고 하면서 그 근거로 민사집행법 제160조 제1항 제2호, 제161조 제1항을 들고 있다. 그런데 위 조항들은 집행법원이 공탁을 할 수 있는 사유를 언급하고, 공탁사유가 소멸하면 집행법원이 공탁금을 지급하거나 공탁금에 대한 배당을 실시해야 한다고 규정하고 있을 뿐이다. 즉 위 법률조항의 문언을 근거로 전제법리가 자동적으로 도출된다고 보긴 어렵다.

그런데 승소판결확정 후 가압류채권자가 공탁금을 현실적으로 수령한 때 비로소 채권이 소멸한다고 보면, 가압류채권자는 언제든지 공탁금을 즉시 출급할 수 있음에도 불구하고 임의로 출급시기를 늦춤으로써 채권 소멸시점까지의 이자나 지연손해금을 취득할 수 있게 되어 부당하다.[1] 또한 승소판결확정 전에는 가압류채권자가 공탁금을 수령할 수 없으므로, 채권의 소멸시점을 승소판결확정 전으로 소급시킬 수도 없다. 따라서 가압류채권자와 채무자 사이의 이해관계를 균형있게 형량한다는 점에서 전제법리는 충분히 타당성이 있다.

전제법리에 따라 판결확정 시점에서 이미 가압류채권자의 채권이 소멸하였다면 그로써 개별집행절차는 종료하고, 공탁된 배당금은 더 이상 채무자의 책임재산이 아니며, 가압류채권자의 책임재산이 된다. 따라서 이후 채무자에 대하여 파산절차가 개시되었더라도 해당 공탁금은 파산재단에 포함되지 않는다.[2] 이 경우 가압류채권자의 공탁금출급청구권은 ― 자기 명의 계좌

---

1) 조중래, "가압류채권자의 채권에 대하여 배당액이 공탁된 경우, 본안의 확정판결 등에서 지급을 명한 가압류채권자의 채권이 소멸하는 범위와 시기", 대법원판례해설 제101호(2015), 156면.
2) 대상판결에 찬성하는 견해로는 이진만, "2018년 분야별 중요판례분석 20. 도산법", 법률신문 4707호(2019), 12~13면; 박진수, "2018년 분야별 중요판례분석 6. 민사집행법", 법률신문 4677호(2019), 12~13면.

에 입금된 금원의 인출청구권처럼 — 자기 책임재산에 속하는 공탁금을 환급받을 수 있는 권리에 불과하다. 만약 이러한 상황에서 파산관재인이 해당 공탁금을 출급하였다면, 오히려 파산관재인이 가압류채권자에 대하여 부당이득반환의무를 부담한다.[3]

대상판결의 원심은 전제법리를 긍정하면서도, 가압류채권자가 본안판결 등이 확정되었음에도 공탁금을 출급하지 않고 있는 동안 채무자에 대한 파산선고가 있는 등의 특별한 사정이 있는 경우에는 그 공탁금출급청구권은 파산재단에 속하는 재산이 되어 그에 대한 강제집행·가압류 또는 가처분은 효력을 잃게 되므로, 가압류채권자의 채권은 본안판결 등이 확정되었다 하더라도 소멸의 효력이 발생하지 않는다고 보았다. 그러나 그와 같이 볼 합리적 이유가 없다.

4. 여론

가. 편파변제로 인한 부인권 행사 가능 여부

전제법리에 따라 판결확정 시점에서 가압류채권자의 채권이 소멸한다면, 파산관재인이 이러한 배당변제를 편파변제를 이유로 부인할 수 있는지 문제된다.

집행행위를 통한 채무소멸에 대해서도 부인권 행사가 가능하고(법 제395조), 집행법원에 의한 배당변제는 '본지변제'로 파악함이 타당하다고 사료된다.[4] 편파행위인 본지변제는 채무자가 지급정지 또는 파산신청이 있은 후에 이루어진 경우로서 수익자가 그 행위 당시 지급정지 또는 파산신청이 있은 것을 알고 있은 때에 가능하다(법 제391조 제2호). 사안의 경우 지급정지 시점은 판결문상 드러나지 않는다. 다만 가압류채권자의 승소판결 확정이 파산신청 10개월 전에 있었으므로, 편파변제를 이유로 부인권을 행사하기는 쉽지 않을 것으로 보인다.

나. 물상보증인 소유 부동산에 대하여 경매절차가 개시되어 환가가 이루어졌으나 아직 배당이 이루어지지 않은 상태에서 물상보증인에 대하여 회생절차가 개시된 경우

이 경우 채권자/저당권자에 대한 배당변제가 완료되지 않았으므로, 물상보증인에 대한 경매절차는 아직 종료되지 않았다. 따라서 개별집행의 목적물인 부동산의 환가대금은 여전히 물상보증인의 책임재산에 속한다. 경매절차 상 매수인이 부동산 소유권을 취득하면 저당권자의 저당권은 소멸하지만(소제주의), 저당권자가 갖고 있었던 우선변제권은 매각된 부동산의 대상(代償)인 환가대금에 대하여 존속한다. 따라서 이러한 저당권자는 법 제141조에 따른 회생담보권자이다.[5]

다. 입법론(도산절차개시 전에 진행 중이던 개별집행절차의 존중)

입법론으로는 도산절차개시 전에 진행 중이던 개별집행절차(가령 도산절차개시 전에 매각이 완료되어 배당절차만 남은 경우)를 존중해서, 해당 책임재산(환가대금)은 우선 개별집행절차에 따라 배당하고, 그 후 잉여금이 있는 경우에만 이를 도산재단에서 귀속시키는 방법도 고려해 볼 수 있다(스위스 채권추심 및 파산에 관한 연방법 제199조 제2항 참조).[6] 평시에도 채권자평등주의를 취하고 있는 우리법에서는 개별집행절차도 일종의 소(小)파산절차에 해당하고, 위 절차에서 배당요구를 하지 않아 배당받을 자격이 없던 일반채권자가 돌연 파산채권자로서 해당 책임재산에 관하여 평등배당을 받는 것은 부당하다고 볼 여지도 있기 때문이다. 이러한 입법론은 소파산절차에서의 평등배당은 이후 도산절차에서 편파변제로 인한 부인권 행사대상도 되지 않는 것을 전제로 한다.

---

3) 대법원 2018. 7. 26. 선고 2017다234019 판결.
4) 최준규, "채권자취소권의 경제적 분석", 저스티스177호, (2020), 113~114면.
5) 대법원 2018. 11. 29. 선고 2017다286577 판결.
6) 최준규, 전게논문, 97면.

[67] 파산채권자 제기 채권자취소소송을 관재인이 수계 후 부인권 행사시 제척기간 판단 기준시

전원열(서울대학교 법학전문대학원 교수)　　　　대법원 2016. 7. 29. 선고 2015다33656 판결

[사안의 개요]

(1) A(저축은행)가 2006. 6. 26. B회사에게 약 16억 원을 대여한 후 B회사에 대하여 회생절차가 개시되었다가 2009. 7. 17. 그 절차가 폐지되었다. 그 후 2010. 7. 23.에 B회사는 거래처이던 Y회사에게 몇 가지 종전 채권들을 취합하여 "2010. 8. 6.까지 약 26억 원을 지급하겠다"는 내용의 지불각서를 작성해 주고, 뒤이어 강제집행을 승낙하는 내용의 공정증서를 작성해 주었다. 그러자 A는, B회사의 Y회사에 대한 지불각서 및 공정증서 작성이─Y로 하여금 기존 채권을 사실상 우선 변제 받게 할 목적으로 이루어진─사해행위라고 하여 2010. 1. 11. Y회사를 상대로 채권자취소소송을 제기하였다.

(2) 이 소송의 제1심에서는 위 지불각서의 근거가 된 Y회사의 종전 채권들이 실체를 가지는 것인지 여부가 주로 다투어졌고, 제1심은 지불각서상의 채권액수 중 큰 부분을 불인정하여 그 작성행위 일부를 취소하고 그만큼의 가액배상을 명하였다(2011. 5. 24. 판결선고). 그러나 제2심은, Y회사의 종전 채권들이 존재한다고 판단한 다음, 이 사건 지불각서 및 공정증서는 ─ 우선변제를 받게 할 목적이었다기보다는 ─ 여럿으로 나뉜 채권액을 합하는 의미로 작성되었다고 판단하고, A의 청구를 모두 기각하였다. 이에 A가 2012. 2. 10.자로 상고하였다.

(3) 제1차 대법원 판결(2014. 6. 26. 선고 2012다27735 판결)은, 원심이 단 1회의 변론기일만 진행하고 변론을 종결한 다음, A의 변론재개신청을 받아들이지 않은 채로 화해 시도 및 조정기일 진행만을 하고 판결을 선고한 점을 지적한 후(심리미진), 변론을 재개하여 위 채무변제계약(지불각서 및 공정증서 작성)이 사해행위에 해당하는지를 판단하라고 하면서 사건을 파기·환송하였다.

(4) 한편 A가 위와 같이 상고를 하고 소송이 대법원에 계속 중이던 2012. 7. 31.에 B회사는 파산을 선고받았고 X가 파산관재인으로 선임되었다. X는 제1차 상고심 소송계속 중에는 별다른 조치를 하지 않고 있다가(이 상태로 약 2년이 경과함) 위와 같이 제1차 대법원의 파기환송 판결이 선고되고 서울고등법원에 사건이 계속되게 된 후(이하 '환송후 원심') 2014. 10. 1.에 이르러 A의 위 사해행위취소소송을 수계한 다음, 2014. 11. 11.에 이를 '부인의 소'로 청구변경하였다.

(5) 환송후 원심의 변론절차에서(위 파기환송 대법원 판결 후에 사건기록이 서울고등법원에 접수된 날짜는 2014. 7. 8.이고, 첫 변론기일이 2014. 10. 16.로 지정되었으나 기일변경이 있었고 실제 첫 변론기일은 2014. 11. 20.) Y회사는, 이 사건 부인의 소가 채무자회생법 제405조의 제척기간("파산선고로부터 2년")이 경과된 후에 제기되어 부적법하다고 다투었다. 이에 대하여 X는, 이 사건의 경우에는 위 제척기간이 적용되어서는 안 된다고 주장하였다. 환송후 원심은(2015. 4. 30. 판결), "그러한 경우 위 제척기간의 적용을 배제하는 명문 규정이 없고, 사해행위취소소송과 부인의 소는 그 행사의 주체나 범위, 방법 등이 달라 사해행위취소소송을 부인의 소와 같이 볼 수도 없으며, 사해행위취소소송이 계속 중이라 하더라도 파산관재인이 부인권을 행사하는 데 문제가 있었던 것도 아니"라고 하면서, X의 부인의 소의 기간준수 여부는 그 청구취지변경신청서가 제출된 2014. 11. 11.을 기준으로 판단하여야 하고, 이때는 이미 2년의 제척기간이 도과한 후이므로 소를 각하한다고 판결하였다. X가 상고하였다. 파기환송.[1]

---

[1] 대법원은, "X는 이 사건 채권자취소소송을 수계한 후, 이 사건 채권자취소소송과 동일한 취지로 청구를 변경"하여 부인의 소로 바꾸었고, "그렇다면 X가 이 사건 채권자취소소송을 수계한 후 이를 승계한 한도에서 부인권 행사를 한 것이므로, X의 부인권 행사는 중단 전 채권자취소소송이 법원에 처음 계속된 때를 기준으로 할 때 그 제척기간을 준수하였다고 봄이 타당하다"고 판시하고, 원심 판결(환송후 원심판결)을 파기환송하였다.

[판결요지]

(1) 채무자회생법은 파산채권자가 제기한 채권자취소소송이 파산채무자에 대한 파산선고 당시 법원에 계속되어 있는 때에 그 소송절차가 중단된다고 규정하고 있는데, 이는 채권자취소소송이 파산선고를 받은 파산채무자를 당사자로 하는 것은 아니지만 그 소송결과가 파산재단의 증감에 직접적인 영향을 미칠 수 있을 뿐만 아니라, 파산채권자는 파산절차에 의하지 아니하고는 개별적인 권리행사가 금지되는 점(채무자회생법 제424조 참조) 등을 고려하여, 파산채권자가 파산채무자에 대한 파산선고 이후에는 채권자취소권을 행사할 수 없도록 하기 위한 것이다.

(2) 그 대신 채무자회생법은 파산관재인이 파산채무자에 대한 파산선고 이후 파산채권자가 제기한 채권자취소소송을 수계할 수 있다고 규정하여, 파산채권자의 채권자취소권이라는 개별적인 권리행사를 파산채권자 전체의 공동의 이익을 위하여 직무를 행하는 파산관재인의 부인권 행사라는 파산재단의 증식의 형태로 흡수시킴으로써, 파산채무자의 재산을 공정하게 환가·배당하는 것을 목적으로 하는 파산절차에서의 통일적인 처리를 꾀하고 있다. 이는 부인권이 파산채무자가 파산채권자를 해함을 알고 한 행위를 부인하고 파산채무자로부터 일탈된 재산의 원상회복을 구할 수 있는 권리라는 점에서 채권자취소권과 동일한 목적을 가지고 있기 때문이다.

(3) 위와 같이 파산채권자가 제기한 채권자취소소송의 중단 및 파산관재인의 소송수계를 규정한 채무자회생법의 규정취지 등에 비추어 보면, 파산채권자가 파산채무자에 대한 파산선고 이전에 적법하게 제기한 채권자취소소송을 파산관재인이 수계하면, 파산채권자가 제기한 채권자취소소송의 소송상 효과는 파산관재인에게 그대로 승계되므로, 파산관재인이 채권자취소소송을 수계한 후 이를 승계한 한도에서 청구변경의 방법으로 부인권 행사를 한 경우, 특별한 사정이 없는 한, 그 제척기간의 준수 여부는 중단 전 채권자취소소송이 법원에 처음 계속된 때를 기준으로 판단하여야 한다.

[해설]

1. 문제의 소재

민법상의 채권자취소권과 채무자회생법상의 부인권은 양자 모두, 채권자를 해할 수 있는 행위를 취소시켜서 책임재산을 확충하려는 제도이다. 이처럼 양 제도에 유사성이 있다고 해서, 부인권의 제척기간의 준수 여부를 — 원심처럼 부인의 소 제기일 내지 부인의 소로의 청구취지변경일을 기준으로 판단하는 것이 아니라 — 대상판결의 결론처럼 채권자취소소송 제기일을 기준으로 판단할 수 있는 것인가?

2. 사해행위와 편파행위

부인권 행사대상행위를 크게 2분하면 '사해행위'(狹義)와 '편파행위'가 있다. 협의의 '사해행위'(재산감소행위)란 — 무상양도·염가매각 등이 이에 해당하는데 — 채무자의 일반재산을 절대적으로 감소시키는 행위이며, 일반채권자(도산채권자)를 직접 해하는 행위이다.

편파행위는 — 일부 채권자에게의 변제·담보제공 등이 이에 해당하는데 — 출연액과 동액의 채무의 소멸을 가져오므로, 회계상 내지 명목숫자상으로는 책임재산에 변동을 초래하지 않는다. 하지만, 모든 채권자를 만족시킬 수 없는 재산상황에서 일부 채권자에게만 변제를 하는 것은, 한편으로는 실제가치가 감소한 채권에 대해 액면 그대로의 변제를 한다고 하는 의미에서 재산감소를 초래하고, 다른 한편으로는 변제수령자 외의 다른 채권자는 평등변제에 의하여 취득할 수 있었던 부분을 상실하게 되므로, 결과적으로 이들을 해하는 행위가 된다.[2] 외국에서도 이와 같은 큰 구별이 일반적으로 행해진다.[3]

채권자취소권은 "채권자를 해하는" 채무자의 행위를 취소하는 제도이므로(민법 제406조) 원래는 협의의 사해행위가 취소대상의 중심에 있다고 관념되지만, 현실적으로 협의의 사해행위는 흔하지 않고, 앞에서 보았듯이 편파행위도 간접적으로 채권자를 해하는 것이어서, 통설·판례는 편파행위 중의 일부도 채권자취소권

---

2) 편파행위 개념을 협의의 사해행위와 구별하고 있는 대법원 2005. 11. 10. 선고 2003다271 판결을 참조.

3) 외국에서의 양 개념의 구별에 관하여는 전원열, "부인권과 제척기간" 법조(2016. 12.), 495면 참조.

의 행사대상으로 보고 있다. 가령 판례는, 채무자가 채무초과 상태에서 일부의 특정 채권자와 통모하여 다른 채권자를 해할 의사를 가지고 한 변제는 민법상의 채권자취소권의 대상이 된다고 하며, 또한 채무자가 채무초과 상태에서 유일한 재산인 부동산을 특정 채권자에게 대물변제로 제공하는 것은 그 부동산 평가의 적정성과 무관하게 사해행위가 된다고 한다.[4] 반면에 부인권은 애초부터 편파행위를 전면적으로 부인대상으로 삼는다. 그 이유는 부인권이 작동하는 도산상황에서는 채권자간 평등이 아주 중요해지기 때문이다. 그리고 도산절차가 종료하면, 잔존 채무가 면책받거나 소멸하여, 채권자들에게는 채무자의 재산에 대한 집행가능성이 없어지기 때문이다.[5]

위와 같은 대상행위에서의 차이 외에도, 부인권과 채권자취소권 사이에는 행사주체, 전득자의 선의·악의 요건, 관할, 행사기간 등에서 차이가 있다.

3. 채권자취소권과 부인권 사이의 수계

위 차이점에도 불구하고 양 제도는 본질적 공통성이 있으므로, 법은 사해행위취소의 소가 제기된 채무자가 파산절차에 들어가는 경우에는 그 취소소송을 파산관재인이 수계할 수 있다고 정하고 있다. 파산선고로써 기존의 채권자취소소송이 중단되며(제406조 제1항), 파산관재인 또는 상대방이 그 소송을 수계할 수 있다(제406조 제2항, 제347조). 이 "수계할 수 있다"의 의미에 관하여는 ① 문언 그대로 재량이어서 수계의무가 없을 뿐만 아니라 상대방이 수계신청을 하면 거절할 수 있으며, 파산관재인이 별도로 부인권소송을 제기할 수 있다는 견해와,[6] ② 조문표현과 달리 사실상 수계의무가 있는 것으로 해석해야 하고 별도 부인권소송을 제기할 수는 없다는 견해[7]로 나뉜다.

위 ①의 견해는 종전 채권자취소소송을 어떻게 처리할지에 관하여 다시 ㉠ 파산관재인이 별도 부인권소송을 제기하면, 원래의 채권자취소소송은 중단된 채로 있다가 만약 파산절차가 폐지되거나 파산선고가 취소되면 복귀하여 계속된다는 견해와, ㉡ 소송중단상태로 두게 되면 수익자가 법적으로 불안정해지므로 채권자취소소송은 각하하여야 한다는 견해[8]로 나뉠 수 있다.

위 ②의 견해는, 수계제도를 둔 취지가, 소송이 중단되면 수계권자가 소송을 수계하도록 하는 것이 소송절차상 경제적이라는 점, 두 개의 소송절차에서 상이한 판결의 가능성이 있다는 점, 그리고 상대방에게 수계신청권이 인정되는 것은 관리인에게 수계를 거절할 수 없다는 취지라고 보아야 한다는 점에 있다고 주장한다.[9] 그러나 기존의 채권자취소소송의 진행 내용에 파산관재인이 구속되어서는 아니될 것이며, 무엇보다도 "할 수 있다"라는 조문 자체가 파산관재인에게 재량을 주는 것이라는 점을 고려한다면, 굳이 문언에 반하여 별도 부인권소송의 제기가능성을 배제할 필요는 없다고 생각된다.[10]

파산관재인이 위와 같은 수계절차를 밟고 나면, 그는 청구취지변경신청서를 제출하여, 종전의 사해행위취소의 청구취지를 부인의 소의 청구취지로 변경해야 한다. 그리고 이와 같이 청구취지변경신청서를 제출하면, 소 제기에 따른 시효중단 등 법률상 기간을 지켰는지를 판단하는 시점은 그 서면을 법원에 제출한 때로 봄이 원칙이다(민소법 제265조). 청구취지변경에 관해서는 민소법상의 일반적인 청구취지변경절차가 그대로 적용된다

---

4) 가령 대법원 1996. 10. 29. 선고 96다23207 판결 등.

5) 이 점에 관하여 전원열, 전게논문, 497면 및 지창구, "채권자취소권이라는 틀을 통하여 본 부인권", 저스티스 제135호(2013. 4), 88면 참조.

6) 서울중앙지방법원 2008. 11. 26. 선고 2008가합69775 판결(미항소로 확정됨)의 견해이다. 兼子一/竹下守夫, 條解民事訴訟法, 弘文堂, 1986, 742면; 加藤和夫, 繫屬中の訴訟の中斷·受繼, 櫻井孝一 編, 演習 破産法(第5版), 法學書院, 2010, 91면 등도 동지.

7) 임치용, "회생절차 중요 판례 해설", 민사재판의 제문제 제

24권 (2016). 231면.

8) 서울중앙지방법원 위 2008가합69775 판결의 견해. 이 견해에 의할 때, 만약 파산절차가 폐지되거나 파산선고가 취소되면, 부인권소송이 중단되고 파산채권자는 다시 그 절차를 수계하여 채권자취소소송으로 청구취지변경신청을 해야 할 것이다. 민소법 제240조 참조.

9) 임치용, 전게논문, 231면.

10) 게다가 예외적인 경우이지만 채권자취소권의 범위가 부인권의 범위보다 넓은 경우가 있을 수 있어서(가령, 전득자에 대한 부인의 소의 경우), 이런 경우에는 채권자취소소송을 별도로 유지해야 할 경우도 있을 수 있으므로, 더욱 그러하다. 竹下守夫/山本和彦, 大コメンタール破産法 靑林書院, 2009, 623면. 그리고 위의 兼子一/竹下守夫 및 加藤和夫의 견해도 참조.

(민소법 제262조). 청구취지변경의 요건으로는 일반적으로, 1) 청구의 기초에 변경이 없을 것, 2) 소송절차를 현저히 지연시키지 않을 것, 3) "사실심에 계속 중"이고 변론종결 전일 것 등이 요구된다.

4. 대상판결 사안에서의 현실적 곤란과 대상판결의 논리의 문제점

대상판결의 사안에서는 파산관재인이 실제로 소송수계 및 청구취지변경신청을 함에 있어서 어려움이 있었던 것으로 보인다. A가 제1차 상고를 한 날짜는 2012. 2. 10.이고, 이때부터 사건은 대법원에 계속되었다. 그 후 2012. 7. 31.에 B회사가 파산선고를 받았고 X가 파산관재인이 되었다(즉 부인권의 제척기간 만료일은 파산선고일로부터 2년 후인 2014. 7. 31.이다). 그런데 상고심에서는 청구취지변경을 할 수 없다(민소법 제262조 제1항). 대법원이 제1차 파기환송 판결을 선고한 날짜는 2014. 6. 26.이고, 대법원 판결 후에 사건기록이 서울고등법원에 접수된 날짜는 2014. 7. 8.이므로 소송법상 청구취지변경이 가능한 날짜는 2014. 7. 8.~7. 31.로 짧았다. 그러나 파산관재인이 따로 적극적으로, 그리고 자주 위 채권자취소소송을 챙겨보지 않는 한, 위 대법원 판결이 선고된다는 사실, 그리고 당해 사건이 서울고등법원에 계속되는 날짜를 사전에 파악하기는 쉽지 않다.[11] 왜냐하면, 대법원의 채권자취소소송 판결문은 그 소송의 원고인 A에게 송달될 뿐이며, 더구나 사건기록의 고등법원에로의 송부는 애당초 당사자에게 통보되는 사항이 아니기 때문이다.

이와 같이 대상판결 사안에서 파산관재인으로서 제척기간 내에 청구취지변경절차를 밟는 것이 현실적으로 곤란하였다는 점은 인정되지만, 그렇다고 해서 대상판결이 판시한 것처럼 "(부인권 행사의) 제척기간의 준수 여부는 중단 전 채권자취소소송이 법원에 처음 계속된 때를 기준으로 판단하여야 한다."고 판시할 수는 없다고 생각된다.

채권자취소권의 목적이 부인권의 그것과 유사하기

는 하지만, 후자에서는 채권자평등이 더 중시되므로 약간의 차이가 있다. 또한 대상판결이 들고 있는 논거, 즉 부인권이 "파산채무자의 재산을 공정하게 환가·배당하는 것을 목적으로 하는 파산절차에서의 통일적인 처리를 꾀하고 있다"는 이유만으로, 부인권 제척기간 준수 여부를 채권자취소소송의 제기일을 기준으로 판단해도 된다고는 보이지 않는다. 부인권의 제척기간은 채무자회생법 제405조에서 명시적으로 정하고 있으며, 양 제도의 목적, 행사주체, 대상, 관할, 행사가능기간 등이 모두 다른 이상, "부인권의 행사"가 곧바로 그 수년 전의 "채권자취소권의 행사"와 곧바로 동일시(同一視)될 수는 없기 때문이다.

대상판결은, 아마도 본건에서 부인권행사를 하지 못한 점을 파산관재인의 책임으로 돌리기에는 어렵다는 가치판단 하에, 파산관재인 측을 구제하기 위하여 이와 같은 판결을 선고한 것으로 보인다. 그러나 구체적 타당성은 항상 법적 안정성과의 상호 긴장관계 하에서만 자신의 영역을 가질 수 있다. 대상판결은 구체적 타당성을 충족시키기 위하여 법적 안정성을 파괴하였다. 대상판결의 논리에 의하면, (현실적으로 일어나기는 어렵겠지만) 가령 파산선고 후 기존의 채권자취소소송의 존재를 곧 알게 된 파산관재인이 부인의 소로의 청구취지변경을 게을리하다가 파산선고 후 9년 쯤 경과한 다음에 그 변경신청서를 제출하더라도, 부인권 제척기간 준수 여부를 채권자취소소송의 제기일을 기준으로 판단해야 하는 것이고, 위 9년 경과 후의 부인권 행사는 제척기간을 준수한 것이 되고 만다.

본건에서는 구체적 타당성을 약간 희생하더라도, 부인권의 제척기간 준수 여부를 채권자취소소송의 소제기 시점으로 판단한다는 판시는 피하였어야 한다. 만약 구체적 타당성을 본건에서 굳이 관철하여, 제척기간이 도과하지 않은 것으로 결론짓고 싶었다면 "제척기간의 정지" 개념을 도입했어야 한다. 제척기간에 대해 시효정지를 준용하는 조문은 없지만, 학설은 그 정지를 지지하며, 외국의 제척기간 정지 제도에 비추어 보면 그러하다.[12]

---

11) 파산관재인이 위 대법원 판결 선고 전에 이미 본건 채권자취소소송의 존재는 인식한 것으로 보인다. 원심판결 중 "더욱이 을 제33호증(파산관재인보고서)의 기재에 의하면, 원고는 적어도 2012. 11.경에는 이 사건 사해행위취소소송이 계속 중임을 알고 있었다"라는 기재 참조.

12) 이 점에 관하여 상세한 설명은, 전원열, 전게논문, 509~523면 참조.

5. 소결

본건에서 부인의 소를 사해행위취소소송과 별도로 제기할 수 있다고 본다면(위 3.의 ①견해) 그렇게 해야 함을 전제로 제척기간 도과를 인정하였어야 할 터이고, 대상판결과 같은 거친 논리로 원고를 구제할 일이 아니라고 생각된다. 그러나 만약 부인의 소를 별도로 제기할 수 없다고 본다면(위 3.의 ② 견해), 사해행위취소소송이 대법원에 계속 중이어서 청구취지변경신청을 할 수 없다는 법률상의 장애를 고려하여 제척기간의 정지를 인정해 줄 일이지, 대상판결처럼 판단할 일은 아니라고 본다. 부인의 소와 채권자취소소송을 동일체로 보는 대상판결의 논리전개는 지나치게 거칠다.

[68] 재단채권에 기한 강제집행이 파산선고로 그 효력을 잃는지 여부

장정언(인천지방법원 파산관재인(변호사))　　　　대법원 2008. 6. 27.자 2006마260 결정

[사안의 개요]

채권자는 채무자를 상대로 임금채권에 기해 지급명령을 받은 후 이를 집행채권으로 하여 콘도회원권 압류 및 특별환가명령을 신청했다. 1심 법원은 콘도회원권 압류명령을 내렸다. 그 후 채권자의 신청에 의해 위 콘도회원권에 대한 환가 절차가 진행되던 중 채무자에 대하여 파산이 선고되었다. 파산관재인은 1심 법원에 위 압류명령에 대한 집행취소신청을 했고, 1심 법원은 집행취소결정을 하였다. 이에 대해 채권자가 항고하였으나, 원심 법원은 1심 법원이 재단채권인 임금채권에 기한 이 사건 강제집행에 대하여 파산법 제61조 제1항을 적용하여 이 사건 집행취소결정을 한 것은 법령 적용에 있어 잘못이 있다고 할 것이나, 체납처분을 마친 조세채권 이외에 재단채권에 기해 파산선고 전에 행한 강제집행은 파산채권에 관한 강제집행의 경우와 마찬가지로 그 효력을 잃는다고 보는 것이 타당하다는 이유로 1심 결정을 유지하였다. 이에 채권자가 재항고 하였다.

[결정요지]

임금채권 등 재단채권에 기하여 파산선고 전에 강제집행이 이루어진 경우에도, 그 강제집행은 파산선고로 인하여 그 효력을 잃는다.

[해설]

1. 문제의 소재

채무자회생법 제348조 제1항은 "파산채권에 기하여 파산재단에 속하는 재산에 대하여 행하여진 강제집행·가압류 또는 가처분은 파산재단에 대하여는 그 효력을 잃는다"고 규정하고 있다. 법조문상 "파산채권"에 대해서만 규정하고 있어 "재단채권"에 기해 파산선고 전에 한 강제집행·가압류 또는 가처분의 효력도 파산선고로 인해 상실되는지가 문제된다.

위 대법원 결정은 구 파산법 제61조 제1항에 관한 것이나 구 파산법과 현 채무자회생법의 내용이 동일하므로 같은 논의가 적용된다.

가. 재단채권 중 조세채권에 관한 규정

재단채권 중 조세채권에 관하여는 채무자회생법 제349조 제1항에서 "파산선고 전에 파산재단에 속하는 재산에 대하여 「국세징수법」 또는 「지방세징수법」에 의하여 징수할 수 있는 청구권(국세징수의 예에 의하여 징수할 수 있는 청구권으로서 그 징수우선순위가 일반 파산채권보다 우선하는 것을 포함한다)에 기한 체납처분을 한때에는 파산선고는 그 처분의 속행을 방해하지 아니한다."고 규정하고 있다.

재단채권 중 체납처분을 완료한 조세채권에 관한 위 제349조의 규정을 제외하고는 재단채권에 기하여 파산선고 전에 이루어진 강제집행 등의 효력에 관하여는 채무자회생법에 아무런 규정이 없다.

나. 일본의 신파산법 규정

일본에서는 이 문제를 법률의 개정을 통해 해결하였다. 즉, 2004. 6. 2. 공포된 신파산법에서, 재단채권에 기하여 강제집행절차가 속행 중 파산선고가 된 경우, 원칙적으로 그 강제집행은 효력을 상실한다는 규정을 두었다. 이와 같이 명확한 법 규정을 두고 있지 않은 우리나라에서 재단채권에 기한 강제집행이 파산선고 후에도 효력을 유지하여 그 절차를 속행한다고 볼 것인지, 아니면 효력을 상실한다고 볼 것인지 문제된다.[1]

2. 대상판결의 논거

대상판결은 파산관재인의 파산재단에 관한 관리처분권이 개별집행에 의해 제약을 받는 것을 방지함으로써 파산절차의 원만한 진행을 확보함과 동시에 재단채권 간의 우선순위에 따른 변제 및 동순위 재단채권 간의 평등한 변제를 확보할 필요성이 있는 점, 강제집행의 속행을 허용한다고 하더라도 재단채권에 대한 배당액에

---

1) 전현정, "임금채권 등 재단채권에 기한 강제집행이 파산선고로 그 효력을 잃는지 여부", 대법원판례해설(제77집), 법원도서관(2008년 하반기), 595면 이하, 600면.

관하여는 재단채권자가 직접 수령하지 못하고 파산관재인이 수령하여 이를 재단채권자들에 대한 변제자원 등으로 사용하게 되므로 재단채권자로서는 단지 강제집행의 대상이 된 파산재산의 신속한 처분을 도모한다는 측면 외에는 강제집행을 유지할 실익이 없을 뿐 아니라, 파산관재인이 강제경매절차에 의한 파산재산의 처분을 선택하지 아니하는 한 강제집행절차에 의한 파산재산의 처분은 매매 등의 통상적인 환가 방법에 비하여 그 환가액의 측면에서 일반적으로 파산재단이나 재단채권자에게 모두 불리한 결과를 낳게 되므로, 강제집행을 불허하고 다른 파산재산과 마찬가지로 파산관재인이 환가하도록 함이 상당하다고 인정되는 점 등을 논거로 제시하고 있다.

3. 검토

채무자회생법상 재단채권에 기해 파산선고 전에 개시된 강제집행이 파산선고로 인해 효력을 상실한다는 규정이 없으므로 그 절차가 그대로 속행된다고 볼 수도 있고, 파산채권과 동일하게 효력을 상실한다고 볼 여지도 있다. 채무자회생법상 입법상의 공백으로 인해 제기되는 문제인데, 입법상 보완이 있기 전까지 이를 어떻게 해석할지가 문제된다. 이를 검토하기 전에 먼저 재단채권에 기해 파산선고 후에 새로운 강제집행이 허용되는지 여부에 대해 살펴본다.

가. 재단채권에 기해 파산선고 후에 새로운 강제집행을 하는 것이 허용되는지 여부

재단채권에 기해 파산선고 후에 새로운 강제집행을 하는 것이 허용되는지 여부에 대해서는 이미 대법원 2007. 7. 12.자 2006마1277 결정은 파산선고 후 재단채권에 기해 새로운 강제집행을 하는 것은 구 파산법상 원칙적으로 허용되지 않는다고 판단했다.

그 근거로서 파산절차는 파산자에 대한 포괄적인 강제집행절차로서 이와 별도의 강제집행절차는 원칙적으로 필요하지 않다고 할 것이며, 구 파산법도 이러한 취지에서 파산선고로 인하여 파산자가 파산선고시에 가지고 있던 일체의 재산은 파산재단을 구성하고(파산법 제6조), 파산재단에 속하는 재산에 대한 파산자의 관리·처분권능이 박탈되어 파산관재인에게 전속하며(파산법 제7조), 파산채권자는 파산선고에 의하여 개별적

권리행사가 금지되어 파산절차에 참가하여서만 만족을 얻을 수 있고(파산법 제14조, 제15조), 이미 개시되어 있는 강제집행·보전처분은 실효된다고(파산법 제61조) 규정하고 있으므로, 결국 파산법에 강제집행을 허용하는 특별한 규정이 있다거나 파산법의 해석상 강제집행을 허용하여야 할 특별한 사정이 있다고 인정되지 아니하는 한 파산재단에 속하는 재산에 대한 별도의 강제집행은 허용되지 않는다고 할 것이며, 이는 재단채권에 기한 강제집행에 있어서도 마찬가지라고 볼 것이다.는 점을 들었다.

나. 재단채권에 기해 개시된 강제집행이 파산선고로 인해 효력을 상실하는지 여부

재단채권에 기해 개시된 강제집행이 파산선고로 인해 효력을 상실하는지 여부에 대해서는 두 가지 견해가 있다.

(1) 속행설

재단채권에 기하여 개시된 강제집행절차는 파산선고 후에도 속행된다는 견해이다. 그 근거로 다음을 들고 있다. 「재단채권자의 입장에서 파산선고에도 불구하고 강제집행 또는 체납처분의 방법으로 재단채권을 실현할 수 있다는 파산법상 규정은 없다. 다만 재단채권의 하나인 조세채권(파산법 제38조 제2호)에 관하여는 체납처분이 파산선고 당시 진행 중인 경우에는 파산선고는 그 처분의 속행을 방해하지 아니한다(파산법 제62조)는 규정이 있다. 또, 세무서장은 체납처분에 의한 압류를 한 재산이 징수할 금액에 부족하거나 부족하다고 인정되는 때에는 재단채권으로서 파산관재인에 대하여 그 부족액에 대하여 교부청구하도록 하고 있다(국세징수법 제56조, 같은 법 시행령 제62조 제1호). 이러한 파산법 및 국세징수법령의 법조문 형식으로 보아 이는 곧 파산선고 후에는 새로운 체납처분에 기한 압류를 할 수 없다는 것을 전제로 하여, 파산선고 전에 행하여진 체납처분에 한하여는 이를 실효시키지 아니하고 속행할 수 있다고 규정한 것으로 볼 수 있다. 그렇다면 파산법이 재단채권의 하나인 조세채권 만을 특별히 열등하게 취급하여 파산선고 후의 새로운 체납처분은 허용하지 아니하고, 나머지 재단채권에 대하여는 파산선고 전후에 관계없이 강제집행을 허용하고 있다고 볼 수는 없다. 따라서 구 파산법 제62조는 조세채권과 마찬가지로 파산선고 이

전부터 그에 기한 강제집행이 이론적으로 가능한 파산법 제38조 제7호에 기한 강제집행의 경우에도 준용되어야 할 것」이며 「이로써 기본적으로 재단채권에 기한 집행을 허용하지 아니하는 소극설의 입장에 서되, 파산선고 이전부터 집행에 착수한 재단채권자의 권리보호를 꾀하는 두 가지 이익을 조정할 수 있다」고 한다.2)

(2) 효력상실설

재단채권에 기해 파산선고 전 개시된 강제집행도 파산선고로 인해 효력을 상실한다는 견해이다.

회사정리절차는 기업의 존속과 재건을 목표로 하고 있으므로 기업의 활동에 필요한 자금조달에 기하여 발생하는 공익채권에 기하여 강제집행을 허용하더라도 무방하다. 다만 강제집행의 대상 목적물이 재건에 긴요한 경우라면 법원이 강제집행을 중지시킬 수 있다. 그러나 파산절차는 청산절차로서 채권자 간의 공평한 배당이 강조되므로 집행의 선후에 의하여 재단채권자 간의 불평등이 초래되어서는 아니되므로 대부분의 재단이 재단채권도 완전히 변제하지 못하고 이시폐지하는 경우가 많은 파산실무 아래에서는 재단채권에 기한 강제집행을 허용할 수 없으며, 재단채권에 기한 본압류가 금지된다고 보는 이상 가압류도 금지되므로 파산채권에 기한 가압류와 마찬가지로 파산선고 전에 이루어진 가압류는 실효되거나 파산선고 후에는 가압류신청을 허용할 수 없다고 본다.3)

구 파산법은 총채권자의 공평한 만족을 실현하기 위하여 파산관재인에게 파산재단의 관리·처분의 권리를 전속시키고 있는데, 너무 많은 채권이 파산절차 외에서 환가될 경우, 파산관재인의 원활한 절차 진행에 방해가 될 수도 있으므로 파산선고 전 재단채권에 기하여 개시된 강제집행을 실효시킬 필요성이 있고,4) 조세채권처럼 그 절차가 속행된다는 특별한 규정이 없는 한 파산선고 전의 강제집행은 파산선고로 인해 그 효력을 잃는다고 본다.5)

대법원은 본건 결정에서 효력상실설을 지지하는 입장을 밝혔다. 회생이 어려운 채무자의 재산을 공정하게 환가·배당하는 것을 목적으로 하는(채무자회생법 제1조) 파산절차의 특성을 고려할 때 타당한 것으로 생각된다.

4. 여론

파산선고로 인해 강제집행이 효력을 잃는다고 보면 파산관재인은 기존의 집행처분을 무시하고 파산재단에 속하는 재산을 법원의 허가를 받아 자유로이 관리·처분할 수 있다. 다만 실무상 집행처분의 외관을 없애기 위해 집행기관에 대하여 파산선고 결정 등본을 취소원인 서면으로 소명하여 강제집행·보전처분의 집행취소 신청을 하고 있다.6)

---

2) 정준영, "파산절차가 계속 중인 민사소송에 미치는 영향", 구 파산법의 제문제(하), 재판자료(83), 127면 이하, 212면.
3) 임치용, "재단채권에 기한 이행소송과 강제집행은 가능한가", 파산법연구2, 박영사(2006), 247면, 248면.
4) 전현정, "임금채권 등 재단채권에 기한 강제집행이 파산선고로 그 효력을 잃는지 여부", 대법원판례해설(제77집), 법원도서관(2008년 하반기), 595면 이하, 616면.

5) 전현정, "임금채권 등 재단채권에 기한 강제집행이 파산선고로 그 효력을 잃는지 여부", 대법원판례해설(제77집), 법원도서관(2008년 하반기), 595면 이하, 619면.
6) 서울회생법원 재판실무연구회, 법인파산실무 제5판(2019), 박영사, 93면.

[69] 통정허위표시에 있어 파산관재인의 제3자성과 선의 여부 판단기준

김소연(법무법인 세종 변호사)   대법원 2006. 11. 10. 선고 2004다10299 판결

[사안의 개요]

해동신용금고의 대주주 갑은 구 상호신용금고법상의 출자자 및 대주주에 대한 대출제한규정 때문에 대출을 받기 어렵게 되자, 형식적으로 을 회사에게 대출명의를 빌려줄 것을 부탁하여 을은 이를 승낙하였고, 그리하여 을의 명의로 해동신용금고와의 대출계약이 체결되고 대출금은 을을 거쳐 갑이 수령하여 사용함. 그 후 해동신용금고는 법원으로부터 파산선고를 받았고, 을은 해동신용금고의 파산관재인으로 선임된 예금보험공사를 상대로 채무부존재확인의 소를 제기함.

제1심(서울지방법원 2002. 12. 6. 선고 2002가합26417 판결)은 위 대출약정이 통정허위표시로서 무효이기는 하나 선의의 제3자에 해당하는 파산관재인에게 대항하지 못한다는 피고의 항변을 받아들여 원고 청구를 기각. 항소심은 파산관재인이 제3자이기는 하나 악의라고 보아 원고 청구를 인용. 상고심(대상 판결)은 파산관재인이 선의의 제3자라고 보아 원심 파기.

[판결요지]

[1] 파산관재인이 민법 제108조 제2항의 경우 등에 있어 제3자에 해당하는 것은 파산관재인은 파산채권자 전체의 공동의 이익을 위하여 선량한 관리자의 주의로써 그 직무를 행하여야 하는 지위에 있기 때문이므로, 그 선의·악의도 파산관재인 개인의 선의·악의를 기준으로 할 수는 없고 총파산채권자를 기준으로 하여 파산채권자 모두가 악의로 되지 않는 한 파산관재인은 선의의 제3자라고 할 수밖에 없다.

[2] 파산관재인이 파산선고 전에 개인적인 사유로 파산자가 체결한 대출계약이 통정허위표시에 의한 것임을 알게 되었다고 하더라도 그러한 사정만을 가지고 파산선고시 파산관재인이 악의자에 해당한다고 할 수 없다고 한 사례.

[해설]

1. 파산관재인의 제3자로서의 지위 여부

가. 서론

파산선고와 동시에 파산채무자의 총재산은 파산재단을 구성하고, 파산채무자는 파산재단에 대한 관리처분권을 잃고 파산관재인이 전권을 행사한다. 또한 파산관재인은 파산채무자, 파산채권자 등 다수의 이해관계인의 이해를 조정하면서 직무를 수행해야 하는바 선관주의의무, 중립의무 및 충실의무 등을 부담한다고 해석된다. 이러한 파산관재인은 파산채무자의 포괄승계인의 지위를 가지는 한편 제3자로서의 지위도 갖는 것으로 평가될 수 있어, 민법상 선의의 제3자 보호규정의 적용이 문제되는 사안에서 제3자에 해당하는지 여부가 다투어져왔다.

나. 판례의 태도

통정허위표시에 있어서 파산관재인이 제3자의 지위에 있는지 여부에 관하여 하급심 법원 간에 견해가 엇갈리다가(대구지방법원 2003. 2. 12. 선고 2002나15298 판결 등은 제3자성을 부정하였으나, 대구고등법원 2002. 7. 19. 선고 2001나8807 판결 등은 긍정하였다), 대법원이 처음 판시한 것이 대법원 2003. 6. 24. 선고 2002다48214 판결로 위 판결은 파산관재인의 제3자성을 인정하였다. 이후 이러한 판결이 쭉 유지되어 왔으며(대법원 2005. 5. 12. 선고 2004다68366 판결 등), 대상판결은 그러한 법원의 태도를 재확인한 것이라고 할 수 있다. 대상판결 이후 파산관재인의 제3자성에 대하여 여전히 학설은 대립하는 것으로 보이고,[1] 서울고등법원에서는 제3자성을

---

1) 제3자성을 긍정하는 견해(문방진, 파산관재인의 법적지위와 제3자성, 재판실무연구 2004., 2005. 1.; 윤근수, 파산관재인과 통정허위표시의 제3자, 판례연구 16편, 2005. 2.; 양창수, 2003년 민사판례 관견, 민법연구 제8권, 2005. 9.)와 부정하는 견해(성재영, 파산관재인의 제3자성에 대한 소고, 익산법학 21호, 2004. 1.; 이동형, 통정허위표시를 한 파산관재인이 민법 제108조 제2항의 제3자인지 여부, 법조 통권 573호, 2004. 6.; 윤진수, 이용훈 대법원의 민법판례, 정의로운 사법, 사법발전재단, 2011. 12., 18 내지 21면)로 나뉜다.

부정하는 판결을 선고하기도 하였으나(서울고등법원 2006. 8. 11. 선고 2005나64530 판결), 대법원은 대상판결과 같은 취지의 판결을 계속 유지하고 있다(대법원 2010. 4. 29. 선고 2009다96083 판결, 대법원 2013. 4. 26. 선고 2013다1952 판결 등).

다. 대상판결의 의의 및 해석

파산관재인이 파산재단에 관한 관리처분권을 갖는 등 파산채무자의 포괄승계인의 지위를 갖고 있는 측면이 있기는 하나, 위 관리처분권 부여의 목적이 파산채권자 전체의 공동의 이익을 위한 것이라는 점, 파산관재인은 파산채무자나 채권자로부터 독립하여 이해관계를 조정하고 파산절차상의 권한을 행사한다는 점 등을 고려하여 결국 대법원은 파산관재인의 제3자의 지위를 인정한 것으로 해석된다.

2. 파산관재인의 선의 여부에 대한 판단기준

가. 서론

통정허위표시에 있어서 파산관재인의 제3자 지위를 일응 긍정한다고 하더라도, 민법 제108조 제2항에서 보호하는 것은 '선의'의 제3자이기 때문에 파산관재인의 선의를 어떻게 판단할 것인지가 문제된다.

나. 견해의 대립

선의의 제3자 여부 판단 문제에 있어서 일본의 판례[2]는 파산관재인을 기준으로 판단하는 것으로 알려져 있는 반면, 일본의 통설적 견해는 총 파산채권자를 기준으로 판단해야 한다는 것이다.[3] 국내에서는 총 파산채권자를 기준으로 판단하는 것을 긍정하는 견해와 부정하는 견해가 나뉘어 있었는데, 법원은 대상판결을 통하여 총 파산채권자를 기준으로 판단하는 것을 긍정하는 결론을 도출하였다.

다. 판례의 태도

대상판결은 위 쟁점에 대하여 명시적인 판단을 내렸다는 점에 의의가 있는데, 파산관재인 개인이 아닌 총 파산채권자를 기준으로 하여 선의 여부를 판단해야 한다고 하였다. 즉, 파산채권자 가운데 1인이라도 선의자가 있는 경우 파산관재인은 선의를 주장할 수 있고, 파산채권자 전원이 악의인 경우에만 파산관재인의 악의가 인정된다고 한 것이다. 이러한 판례의 태도에 따르면 파산관재인이 선의의 제3자로 인정되기 용이하고, 파산채무자와 거래한 상대방은 통정허위표시의 무효를 주장하지 못할 가능성이 현저히 높아진다.

라. 해석

앞서 1항의 쟁점에 관하여 파산관재인이 파산채권자 전체의 이익을 대표하는 지위에 있다는 측면에서 제3자로서의 지위를 인정한 취지를 감안할 때, 본 2항의 쟁점에 있어서도 선의 여부를 실질적인 이익의 귀속자인 파산채권자들을 기준으로 판단하는 것이 일관성이 있다고 볼 수 있다. 다만 이러한 기준에 의할 때 현실적으로 파산선고 당시 총파산채권자가 누구인지 확정하기 어려울 뿐만 아니라 파산채권자의 선의 여부를 일일이 판단하는 것은 파산절차의 신속성과 안정성을 해치는 측면이 있음을 우려하지 않을 수 없다. 민법 제108조 제2항의 요건사실에 대한 입증책임은 파산관재인이 부담하겠지만, 현실적으로 통정허위표시의 해당 법률관계에 관계하지 않은 일반 파산채권자들이 악의일 가능성은 매우 낮기에 실무상 거의 선의가 인정될 것으로 보이고(사실상 제3자가 선의인지 여부를 묻지 않겠다는 것과 마찬가지여서 신뢰보호라는 기본 이념과는 동떨어진 것이라는 비판도 있다[4]), 대상판결에서도 결국 민법 제108조 제2항이 적용되어 상대방은 통정허위표시를 하였음에도 불구하고 채무를 그대로 이행해야 했다.

---

2) 破産管財人と民法94条2項の第三者(最高裁一小法廷昭和37年12月13日), 판례타임즈 140호, 1963. 3., 124 내지 126면.

3) 伊藤眞, 破産法·民事再生法 第3版, 有斐閣, 2014. 327면; 山本和彦·中西正·笠井正俊·沖野眞己·水元宏典 共著, 倒産法 槪說 第2版, 弘文堂, 2013. 365면.

4) 윤진수, "이용훈 대법원의 민법판례", 정의로운 사법, 사법발전재단, 2011. 12., 20면.

[70] 파산절차에서의 상계금지사유 해당 여부

박태준(법무법인 태평양 변호사)　　　　대법원 2003. 12. 26. 선고 2003다35918 판결

[사안의 개요]

① 기아그룹의 계열회사인 ㈜기산(이하 "A"라 함)은 1998. 4. 15. 회사정리절차가 개시된 같은 계열회사인 아시아자동차공업㈜(이하 "B"라함)에 대하여 4,810,637,040원의 정리채권을 가지고 있었으나, 정리회사 B의 관리인은 이의를 제기하였다.

② A는 본건 정리채권확정의 소를 제기한 후, 1998. 10. 21. 파산선고를 받았는데, B는 A에 대하여 4,455,354,920원의 파산채권을 가지고 있었다.

③ 정리회사 기아자동차㈜(이하 "C"라 함)는 A에 대하여 230,714,457,380원의 파산채권을 가지고 있었는데, 1999. 6. 30. B를 흡수합병하였다. C는 2000. 2. 16. 회사정리절차종결 결정을 받고, 기아자동차㈜가 본건 정리채권확정의 소의 피고가 되었다.

④ 원심(서울고등법원)은 A가 B에 대하여 4,810,637,040원의 채권을 가지고 있다는 사실을 인정한 다음, B가 A에 대하여 가지고 있던 파산채권 4,455,354,920원과 C가 A에 대하여 가지고 있던 파산채권 230,714,457,380원을 합한 총 235,169,812,300원(= 4,455,354,920원 + 230,714,457,380원)을 자동채권으로 하고, A의 B에 대한 위 채권을 수동채권으로 하여 대등액에서 상계한다는 피고의 상계항변을 인정하여 원고(A의 파산관재인)의 청구를 기각하였다.

⑤ 파기자판. 대법원은 C가 A에 대하여 가지고 있던 파산채권에 대하여까지 피고의 상계항변을 인용한 것은 위법하다고 판시하였다.

[판결요지]

구 파산법 제95조 제1호(채무자회생법 제422조 제1호, 이하 채무자회생법을 "법"이라 함)는 '파산채권자가 파산선고 후에 파산재단에 대하여 채무를 부담한 때'를 상계금지사유로 규정하고 있는바, 위 규정은 파산채권자가 파산선고 후에 부담한 채무를 파산채권과 상계하도록 허용한다면, 그 파산채권자에게 그 금액에 대하여 다른 파산채권자들에 우선하여 변제받는 것을 용인하는 것이 되어 결과적으로 파산채권자 사이의 공평을 해치게 되므로 이를 방지하기 위한 것에 그 목적이 있다 할 것이므로, 위 규정 소정의 '파산선고 후에 파산재단에 대하여 채무를 부담한 때'라 함은 그 채무 자체가 파산선고 후에 발생한 경우만을 의미하는 것이 아니라, 파산선고 전에 발생한 제3자의 파산재단에 대한 채무를 파산선고 후에 파산채권자가 인수하는 경우도 포함되고, 그 인수는 포괄승계로 인한 것이라도 관계없다.

[해설]

1. 파산절차에서의 상계금지규정의 취지

가. 파산절차는 회생이 어려운 채무자의 재산을 공정하게 환가·배당하는 것이다(법 제1조). 따라서 채무자에 대하여 파산이 선고되면 파산채권은 파산절차에 의하지 아니하고는 행사할 수 없다(법 제424조). 다만, 파산채권자가 파산선고 당시 채무자에 대하여 채무를 부담하는 때에는 파산절차에 의하지 아니하고 상계할 수 있다(법 제416조). 이는 파산채권자와 채무자 상호 간에 상대방에 대한 채권·채무를 가지고 있는 경우에는 상계함으로써 상쇄할 수 있다는 당사자의 기대를 보호하고자 하는 것이다(대법원 2017. 3. 15. 선고 2015다252501 판결).

나. 그러나 파산선고 후 또는 위기시기에 악의로 채권·채무의 대립관계를 창설하는 경우에는 채권자가 상계에 관하여 정당한 이익을 가진다고 할 수 없고, 파산채권자 사이의 공평을 해치게 된다. 법 제422조는 파산절차에서의 상계권 행사가 파산채권자 사이의 공평을 해치게 되는 것을 방지하기 위한 목적에서 파산채권자의 상계권을 제한하고 있다. 파산채권자의 편파적인 만족 방지를 그 취지로 한다는 점에서는 편파행위에 대한 부인(법 제391조)과 그 취지가 공통된다고 할 수 있다.[1]

---

[1] 伊藤眞 등, 條解破産法(初版), 弘文堂(2013), 520면.

다. 이러한 상계의 금지규정은 강행규정이므로 이에 위반하여 한 상계는 무효이다.[2] 또한 상계의 금지규정에 반하는 상계를 유효하다고 하는 취지의 파산채권자와 파산관재인 사이의 합의도 무효이다(대법원 2017. 11. 9. 선고 2016다223456 판결).

2. 구 파산법 제95조 제1호와 대상판결의 쟁점

가. 구 파산법 제95조 제1호(법 제422조 제1호)는 '파산채권자가 파산선고 후에 파산재단에 대하여 채무를 부담한 때'를 상계금지사유로 규정하고 있다. 대상판결은 위 규정의 취지에 대하여 파산채권자가 파산선고 후에 부담한 채무를 파산채권과 상계하도록 허용한다면 결과적으로 파산채권자 사이의 공평을 해치게 되므로 이를 방지하기 위한 것에 그 목적이 있다고 설명하고 있다.

따라서 파산채권자가 파산선고 후에 파산재단에 속하는 물건을 구입하여 부담한 매매대금채무(대법원 2012. 11. 29. 선고 2011다30963 판결 참조), 파산재단에 속하는 재산을 임차한 경우의 파산선고 후 차임채무, 파산선고 후 파산재단에 대하여 부담하게 된 부당이득반환채무 등은 모두 파산재단에 대하여 현실로 이행되어야 그 의미가 있는 것이고, 이들 채무와 파산채권을 대등액에서 상계하는 것은 허용되지 않는다.[3]

나. 그런데 대상판결의 사안은 C가 A에 대하여 230,714,457,380원의 파산채권을 갖고 있는 파산채권자인데, A에 대한 파산선고 후에 C가 B를 흡수합병함으로써 C가 A에 대하여 채무를 부담하게 된 경우, 피고가 C의 A에 대한 채권을 자동채권으로 A의 C의 채권을 상계할 수 있느냐가 쟁점이다. 즉, 상계금지사유인 구 파산법 제95조 제1호 소정의 '파산선고 후에 파산재단에 대하여 채무를 부담한 때'에 합병으로 인한 포괄승계의 경우가 포함되는지가 쟁점이다.

이에 대하여 대상판결은 앞서 본 [판결요지]의 기재와 같이 채무 자체가 파산선고 후에 발생한 경우만이 아

니라, 파산선고 전에 발생한 제3자의 파산재단에 대한 채무를 파산선고 후에 파산채권자가 인수하는 경우도 포함되고, 그 인수는 포괄승계로 인한 것이라도 관계없다고 판시하였다.

위와 같이 판시한 법리에 따라 대법원은 피고가 상계권을 행사한 B의 A에 대한 채무 4,810,637,040원 중 B가 가지고 있던 파산채권 4,455,354,920원에 상응하는 금액에 대하여는 A에 대한 파산선고 당시 이미 상계적상에 도달하여 있었으므로 그 부분에 대한 상계는 유효하다 할 것이지만, 그 상계금액을 넘는 355,282,120원(4,810,637,040원 - 4,455,354,920원)의 채무는 결국 파산채권자인 C가 A에 대한 파산선고 후에 B를 흡수합병함으로써 부담하게 된 채무에 해당하므로 그 채무를 C 자신의 파산채권과 상계하는 것은 허용되지 아니한다고 하였다.

3. 대상판결의 의의(상계권 제한의 기준 제시)

가. 대상판결은 파산절차의 지도원리인 파산채권자 사이의 공평의 원칙을 해치게 되는지가 상계권 제한의 기준이 된다는 점을 명확히 제시하였다는데 그 의의가 있다. 그런데 파산절차에서 상계권 행사를 인정하는 것은 상계의 담보적 작용에 대한 채권자의 기대를 보호하고자 하는 것이므로 결국 상계권 제한의 기준은 '파산선고 당시 파산채권자가 정당한 상계기대를 가지고 있는지 여부'가 될 것이다.

어느 정도의 상계기대를 가지고 있어야 상계가 허용되는지 여부가 문제되는데, 대상판결은 채무부담의 원인 또는 원인 발생의 시기를 막론하고 당해 파산채권자가 채무를 현실적으로 부담하게 된 시기가 파산선고 후이면 파산선고 당시 파산채권자와 채무자 사이에 정당한 상계기대가 있었다고 할 수 없고 파산선고 후에 채무를 부담하는 때에 해당한다고 보아 상계가 금지되는 것으로 설시하고 있다.

이러한 판례의 태도는 타당하다고 할 것이다. 파산절차에서의 상계권 행사는 파산절차의 공평의 원칙에 대한 예외에 해당하므로 파산선고 당시를 기준으로 파산채권자가 정당한 상계기대를 가지고 있는지 여부에 따라 상계 제한 해당 여부를 판단해야 할 것이고, 채무부담의 원인 또는 원인 발생의 시기까지 고려하여 상계의

---

2) 전대규, 채무자회생법(제2판), 법문사(2018), 794면: 伊藤 眞 등, 條解 破産法(初版), 弘文堂(2013), 520면.

3) 서울회생법원 재판실무연구회, 법인파산실무(제5판), 박영사(2019), 576면; 伊藤眞, 破産法(제4版補訂版), 有斐閣(2006), 352면.

인정범위를 넓히는 것은 파산절차의 구속을 받는 채권자들에게 상당한 불공평을 가져올 우려가 있다.

　나. 대상판결에서 설시한 상계금지에 관한 법리에 따라 대법원은 파산선고 전에 발생한 제3자의 파산채권자에 대한 채권을 파산선고 후에 파산관재인이 양수함에 따라 파산채권자가 파산재단에 대하여 채무를 부담하는 경우에도 채무자회생법 제422조 제1호에서 정한 상계금지사유인 '파산채권자가 파산선고 후에 파산재단에 대하여 채무를 부담한 때'에 해당한다고 판시하였다(대법원 2014. 11. 27. 선고 2012다80231 판결).

　한편 이와 달리 정지조건부채무를 내용으로 하는 계약이 파산선고 전에 성립되어 있는 경우에는 무조건의 채무보다는 정도가 낮을지라도 파산선고 당시 상계기대가 있다고 보아, 파산선고 후 조건이 성취되어 그 결과 파산선고 후에 채무를 부담하게 되더라도 법 제417조 후문에 의하여 상계가 허용된다는 것과 구분해야 할 것이다(대법원 2002. 11. 26. 선고 2001다833 판결 참조).

[71] 역무제공 등과 동시교환적으로 이루어진 채무소멸행위의 유해성 판단

심영진(서울고등법원 고법판사)　　　　　대법원 2018. 10. 25. 선고 2017다287648, 287655 판결

[사안의 개요]

A 주식회사가 지급불능 상태에서 변호사인 B 등과 부가가치세 경정거부처분에 대한 심판청구 및 행정소송에 대한 사무처리를 위임하는 계약을 체결하면서, 착수금 없이 성공보수금만 지급하되 A 회사가 B 등에게 환급세액 수령업무를 위임하고 B 등은 A 회사를 대리하여 환급액 전액을 입금받은 후 보수를 정산한 나머지 금액을 A 회사로 송금하며 A 회사가 B 등에게 국세환급금양도요구서를 따로 작성하여 교부하기로 약정하였다. 이에 따라 A 회사는 국세환급금양도요구서를 B 등에게 작성·교부하였고, B 등은 A를 대리하여 경정거부처분에 대한 조세심판청구를 하였으나 기각되자, 경정거부처분의 취소를 구하는 행정소송을 제기하여 승소확정판결을 받았다. 위 승소판결을 전후하여 A 회사와 B 사이에 부가가치세 환급금채권 중 성공보수금 상당액에 관한 채권양도계약서가 작성되고 채권양도통지가 이루어졌다. A 회사의 채권자인 C는 위 채권양도가 사해행위에 해당한다고 주장하면서 B를 상대로 사해행위 취소소송을 제기하였는데, 1심 계속 중 A 회사에 대하여 파산이 선고되자, A 회사의 파산관재인이 소송수계 후 청구변경의 방법으로 부인권을 행사하였다.

제1심은 A 회사와 B 등 사이의 채권양도계약이 위 채권양도계약서가 작성되고 채권양도통지가 된 시점에 성립되었음을 전제로 하여, 위 채권양도는 특정채권자인 B 등에게만 채권을 양도함으로써 파산절차에서 채권자평등의 원칙을 회피하는 편파행위에 해당하고, 당시 A 회사는 이를 인식하고 있었던 것으로 보이나, 위 행위가 사회적으로 필요하고 불가피하였다고 인정되어 일반 파산채권자가 파산재단의 감소나 불공평을 감수하여야 한다고 볼 수 있는 경우에 해당한다는 이유로 B에 대한 청구를 기각하였다. 파산관재인이 항소하였으나, 서울고등법원은 같은 이유로 항소를 기각하자, 파산관재인이 상고하였다.

대법원은 부인의 대상이 되는 행위는 채권양도계약서가 작성된 시점이 아니라 국세환급금양도요구서가 작성, 교부된 시점에 있었던 것으로 보아야 하고, 파산채권자를 해하는 행위인지 여부도 위 시점을 기준으로 판단하여야 하며, 위 채권양도는 B의 역무제공과 실질적으로 동시교환적으로 행하여진 것으로서, 그러한 역무제공과 채권양도금액 사이에 합리적인 균형이 인정되어 파산채권자를 해하는 행위로 볼 수 없으므로, 사회적 상당성이 인정되는지 여부와 관계없이 부인권을 행사할 수 없다고 판단하였다.

[판결요지]

[1] 채무자가 지급불능 상태에서 특정 채권자에 대한 변제 등 채무소멸에 관한 행위를 하였다고 하더라도, 이것이 새로운 물품공급이나 역무제공 등과 동시에 교환적으로 행하여졌고, 채무자가 받은 급부의 가액과 당해 행위에 의하여 소멸한 채무액 사이에 합리적인 균형을 인정할 수 있다면 특별한 사정이 없는 한 이러한 채무소멸행위는 파산채권자를 해하는 행위로 볼 수 없어 채무자 회생 및 파산에 관한 법률 제391조 제1호에 따라 부인할 수 있는 행위에 해당하지 않는다.

[2] 부인의 대상이 되는 행위가 파산채권자를 해하는 행위인지는 행위 당시를 기준으로 판단하여야 한다. 이는 특별한 사정이 없는 한 그 행위가 정지조건부인 경우라 하더라도 마찬가지이다.

[해설]

1. 논의의 대상

대상판결 중 부인의 대상이 되는 행위가 정지조건부인 경우파산채권자를 해하는 행위인지 여부를 판단하는 기준 시점에 관한 판시는 채권자취소소송에서 채무자의 재산처분행위가 정지조건부인 경우 사해행위가 되는지 판단하는 기준 시점에 관한 대판 2013다8564(2013. 6. 28.)의 법리를 부인소송에서도 동일하게 적용한 것이므로, 이하에서는 새로운 물품공급이나 역

무제공 등과 동시교환적으로 이루어진 채무소멸행위의 유해성 판단에 관한 법리 설시 부분에 집중하여 살펴보기로 한다.

2. 검토

채무자가 '기존 채무' 중 특정 채권자에 대한 채무만 변제하거나 특정 채권자에게 담보를 제공하는 것이 '편파행위'로서 원칙적으로 부인의 대상이 된다는 점에 대해서는 별다른 이론이 없다. 그러나 채무자가 제3자로부터 새로운 물품공급, 역무제공 등을 받거나 자금을 차입하는 과정에서 그러한 채무소멸 또는 담보제공행위가 이루어진 경우에도 편파행위로서 부인의 대상이 되는지에 대해서는 논란이 있다. 물품공급 등이나 자금차입이 이루어진 시점이 아니라 부인권 행사 시점을 기준으로 보면 이러한 '제3자'도 결국 '파산채권자'에 속하므로 결국 특정한 파산채권자에게 변제나 담보제공 등을 한 것과 다름없게 된다. 그러나 이러한 행위마저 편파행위로 부인된다면, 재정적 어려움에 처한 채무자로서는 생계유지 또는 사업의 계속에 필수불가결한 물품공급, 역무제공을 받는 등 기본적인 거래행위조차 할 수 없게 되고 외부로부터의 자금조달 기회를 원천적으로 봉쇄당하여 재정적 어려움이 더욱 심화될 우려가 있다. 뿐만 아니라 재정적 어려움에 처한 채무자와의 거래를 회피하게 됨으로써 사회경제적으로 더욱 고립을 가져와 결국 파산 외에는 다른 선택지가 없도록 만드는 결과를 초래하게 된다.

미국 연방파산법은, 채무자와 채권자 사이에 재산권 등의 이전행위가 채무자에게 주어지는 '새로운 가치'(new value)와 동시교환적으로 행하여질 것이 의도되었고, 실질적으로도 동시교환적으로 행하여진 것이라면 이에 대해서는 편파행위 부인을 할 수 없도록 하는 예외규정을 두고 있다[§547(c)(1)]. 여기서 '새로운 가치'에는 금전뿐만 아니라 금전적 가치를 갖는 재화, 용역(service)이나 새로운 신용 또는 재산권의 포기 등도 포함된다[§547(a)(2)]. 일본 역시 2004. 6. 2. 파산법을 개정하면서 편파행위 부인의 대상은 '기존 채무'에 대한 담보 공여 및 채무소멸행위에 한한다는 규정을 둠으로써, 위와 같은 '신규 채무'에 대한 담보 공여 등은 편파행위 부인의 대상에서 제외하고 있다(파산법 제162조

제1항).[1)]

우리나라 채무자회생법은 이른바 '동시교환적 행위'나 '신규 채무'에 대한 담보 공여 등이 편파행위 부인의 대상에 해당하는지 여부에 관하여 명문의 규정을 두고 있지는 않다. 그러나 학계에서는 편파행위 부인의 대상은 '기존 채무'에 대한 담보제공 등에 한정하여야 하고 이른바 '동시교환적 행위'는 편파행위 부인의 대상에서 제외하여야 한다는 데 대체적으로 견해를 같이 하고 있다.[2)] 최근에 대법원 역시 채무자가 지급불능 상태에서 특정 채권자에게 담보를 제공하였다고 하더라도 이것이 신규차입과 동시에 교환적으로 행하여졌고, 차입금과 담보 목적물의 가격 사이에 합리적인 균형을 인정할 수 있으며, 이로써 채무자가 차입금을 은닉하거나 증여하는 등 파산채권자를 해하는 처분을 할 우려를 생기게 하는 것이 아니라면 이러한 담보제공행위는 파산채권자를 해하는 행위로 볼 수 없다는 법리를 최초로 설시한 바 있다[대판 2015다240447(2017. 9. 21.)].[3)] 편파행위 부인의 근거는 '채권자 간의 평등 확보'에 있는데, 신규로 출연하여 채권을 취득하는 자에 대해서는 종래의 책임재산의 평등분배를 기대하는 기존채권자와 사이의 평등을 확보할 필요성이 제기되지 않는다는 점에

---

1) 이러한 개정 전에도 학설은, 구제금융을 목적으로 한 담보제공행위는 행위의 유해성 또는 부당성이 없어 부인의 대상에서 제외될 수 있다는 점에 관하여 대체로 이론이 없었고, 최고재판소 역시 일반론으로서 구제금융에 수반한 담보설정이 부인의 대상이 되지 않을 여지를 인정하고 있었다고 한다. 이진만, "통합도산법상의 부인권", 민사판례연구 제28권(2006), 927면.

2) 전병서, "파산법상 부인권에 관한 입법론적 고찰 ─ 채무자회생및파산에관한법률안의 검토를 겸하여 ─", 저스티스 통권 제75호(2003. 10.), 30~31면; 김건호, "도산절차상 부인의 대상과 효과", 법학연구 21권 1호(2010), 19면; 김성용, "미국 파산법상의 부인권 개관", 법조 507호(1998), 136~140면; 권종걸, "미국 연방파산법상 편파행위의 부인과 그 예외", 법학논총 37권 1호(2013. 3.), 386면.

3) 채무자가 금융감독원으로부터 영업정지 등의 처분을 피하기 위해 유상증자에 사용할 가장납입금을 차용하면서 채무자 명의의 예금에 질권을 설정하거나 양도성예금증서를 담보로 교부해 준 사안에서, 채무자의 담보권 설정이 신규자금을 차용하는 것과 동시에 교환적으로 이루어졌고, 이로 인하여 파산채권자의 공동담보가 감소되었다거나 파산채권자들에게 손해가 야기되었다고 볼 수 없다고 판단하여 상고기각한 사례이다.

서 타당한 법리로 볼 수 있다.[4] 또한 일체로 이루어진 행위의 유해성은 그 행위 전체가 파산채권자에게 미치는 영향을 두고 판단되어야 한다(대법원 2018. 4. 12. 선고 2016다247209 판결 등)는 법리에 비추어 보더라도, 차입금과 합리적인 균형이 인정되는 가액의 목적물에 대하여 신규차입과 동시교환적으로 이루어진 담보 제공은, 그러한 담보 제공이 없었다면 신규차입도 없었을 것이라는 점에서, 그 전체를 통틀어 판단할 때 파산채권자에게 불이익을 주는 것이 아니므로, 담보 제공만을 따로 분리하여 그것만을 가지고 유해성이 있다고 판단하는 것은 불합리하다.

변호사의 역무 제공에 따른 보수 지급에 대해서도 이른바 '동시교환적 행위'의 법리가 적용될 수 있는지가 쟁점이 된 국내 사례는 좀처럼 찾아보기 어렵다. 외국의 사례를 살펴보면, 일본의 경우 변호사에 대한 보수 지급이 부인의 대상에 해당하는지에 관하여 명시적으로 판시한 최고재판소 판결은 발견되지 않으나, 하급심 판결 중에는, 채무자가 임의정리 및 자기파산 사건을 의뢰한 변호사에게 지불한 착수금 및 보수가 역무의 제공과 합리적 균형을 잃은 것이 아니어서 구 파산법 제72조 제1호에 의하여 부인할 수 없다고 본 사례,[5] 변호사의 과불금반환청구의 소 제기 및 개인파산 신청에 대하여 지급한 보수액 중 그 역무 제공과 합리적 균형을 결한 부분의 지불 행위에 한하여 신 파산법 160조 3항에서 정한 무상부인의 대상이 된다고 본 사례,[6] 변호사의 파산 신청에 대하여 지급한 보수금 중 일부에 대하여 역무의 제공과 합리적 균형을 잃은 것으로 보아 신 파산법 제160조 제1항 제1호에 기한 부인권 행사를 인정한 사례[7] 등

이 있다. 미국의 경우 채무자가 파산신청 전 1년 이내에 변호사에게 보수를 지급한 경우 그 변호사로부터 '합리적으로 동등한 가치'(reasonably equivalent value)에 미달하는 서비스를 제공받았다면 '사해행위'(fraudulent transfer)로서 부인의 대상이 될 수 있고[11 USC §548],[8] 또한 변호사에 대하여 부담하고 있던 보수지급채무를 파산신청 전 90일 이내에 변제한 경우에는 '편파행위'(preference)로서 부인의 대상이 될 수 있으나[§547(b)], 동시적 교환(contemporaneous exchange for new value), 후속 가치 제공(subsequent new value) 등 폭넓은 예외가 인정되고 있다[§547(c)(1), §547(c)(4)]. 또한 파산신청 전부터 변호사와 채무자 사이에 주기적으로 거래가 있었던 경우에는 통상적 사무(ordinary course of business)의 예외가 인정되기도 한다.[9] 한편, 보수액이 5,850달러를 넘지 않는 경우에는 위와 같은 예외에 해당하는지 여부와 상관없이 언제나 부인할 수 없다[§547(c)(9)].

대상판결에서 A 회사와 B 사이에 채권양도계약서가 작성된 것은 위임계약 체결 후 약 3년이 지난 시점, 즉 승소판결의 확정을 전후한 시점이다. 그러나 이 때 비로소 A 회사와 B 사이에 채권양도계약이 체결된 것이 아니라 A 회사가 위임계약에 따라 B에게 국세환급금양도요구서[10]를 작성, 교부함으로써 위임사무의 성공을 정지조건으로 하여 환급금채권 중 성공보수금 상당액에

---

4) 伊藤 眞, 破産法·民事再生法, 有斐閣(2014), 526~527면.

5) 東京地裁 平成9年 3月 25日 判決. 변호사의 배당자원 확보를 위한 활동으로 3억 5,499만 6,179엔이 채무자의 계좌로 입금되었고 파산채권자들에게 30%를 넘는 배당이 이루어진 사안이다. 변호사회의 보수회규(報酬会規), 해당 사건의 난이, 변호사가 해당 사건에 쏟은 노력과 시간, 그 성과 등의 제반 사정을 고려하면 적절한 보수액은 3,494만 8,418엔이었는데, 원고가 피고에게 지불한 착수금 등은 합계 3,737만 45,000엔으로서 위 적정 보수액을 242만 6,582원 초과하였으나 그러한 정도만으로는 역무의 제공과 합리적 균형을 잃은 것이라고 보기 어렵다고 판단하였다.

6) 東京地裁 平成23年 10月 24日 判決.

7) 東京地裁 平成22年 10月 14日 判決.

8) Steve H. Nickles/Edward S. Adams, Tracing Proceeds to Attorneys' Pockets(and the Dilemma of Paying for Bankruptcy), Minnesota Law Review Vol. 78, p.1122.

9) William Faulkner · Tyler Atkinson, Avoiding avoidance: Keeping payments after client bankruptcy, SAN FRANCISCO Daily Journal(2011. 9. 14.).

10) 국세기본법 제53조는 '납세자는 국세환급금에 관한 권리를 대통령령으로 정하는 바에 따라 타인에게 양도할 수 있다.'고 규정하고 있다. 구 국세기본법 시행령(2010. 2. 18. 대통령령 제22038호로 개정되기 전의 것) 제42조 제1항, 구 국세기본법 시행규칙(2012. 2. 28. 기획재정부령 제262호로 개정되기 전의 것) 제19조에 의하면, 국세환급금에 관한 권리를 타인에게 양도하려는 납세자는 세무서장이 국세환급금통지서를 발급하기 전에 ① 양도인의 주소와 성명 ② 양수인의 주소와 성명 ③ 양도하려는 권리의 내용을 적은 문서로 관할 세무서장에게 요구하여야 하고, 이러한 국세환급금 등의 양도 요구는 위 시행규칙 별지 제24호의2서식의 국세환급금 양도 요구서에 의해야 한다.

관한 양도계약이 체결된 것으로 보아야 하고, 이후 채권 양도계약서를 작성한 것은 이러한 채권양도계약의 대항요건을 갖추기 위한 것에 불과했다. 즉 A 회사와 B 사이의 위임계약 체결과 동시에 승소를 조건으로 하여 환급금채권 중 성공보수금 상당액을 양도하기로 하는 계약이 체결되었는바, '소송사무의 수행'과 '성공보수금의 지급'이 시기적으로 밀접하게 결부되어 있음을 알 수 있다(실질적 동시성). 또한 B가 지급받은 보수액이 110억 원으로 현저히 고액이기는 하나, ① 착수금 없이 승소금액 중 일정비율 부분의 채권을 양도하는 방식으로 보수를 지급하기로 약정한 점(패소의 위험을 전적으로 B가 부담하는 승소조건부 약정으로서, 패소시 A 회사가 지급할 보수액은 0원이었다) ② B의 위임사무 수행과정에 아무런 하자나 잘못이 없었고 그 결과 완전한 승소에 이른 점, ③ 위임사무의 성공으로 약 1,463억 원(환급금 약 1,574억 원 × 93%)이 파산재단에 편입될 수 있었던 점 등을 감안하면, 위 보수액이 부당하게 과다하다고 보기 어렵다. 이러한 제반 사정을 고려해 보면, 지급불능 상태에 있었던 A 회사가 착수금 없이 승소를 조건으로 하여 환급금채권 중 성공보수금 상당액을 양도한 행위가 B의 역무제공과 실질적으로 동시교환적으로 이루어졌고 그러한 역무제공과 채권양도금액 사이에 합리적인 균형이 인정된다고 보아 그 유해성을 부정한 대상판결은 타당하고, '동시교환적 행위'에 관한 학계의 논의를 정면으로 받아들인 것으로 평가된다.

3. 대상판결의 의의

대상판결은 차입금과 합리적인 균형이 인정되는 가액의 목적물에 대하여 신규차입과 동시교환적으로 이루어진 담보 제공의 유해성을 부정한 대판 2015다240447(2017. 9. 21.)에서 최초로 설시된 '동시교환적 행위'의 법리를 채무자가 새로운 물품을 공급받거나 역무 등을 제공받는 경우까지 확장하였다는 점에서 중요한 의미를 갖는 판결이다. 앞으로 '동시교환적 행위'의 법리 적용의 전제가 되는 '실질적 동시성'이나 '합리적 균형성' 등의 요건을 보다 구체화·명확화하는 후속 판결들이 나오길 기대해 본다.

[72] 채무자의 담보제공행위와 부인권

김시내(법무법인 율촌 변호사)　　　　　　　　대법원 2017. 9. 21. 선고 2015다240447 판결

[사안의 개요]

금융감독원은 2008. 1.경부터 계속하여 J은행에게 경영개선 조치로 BIS기준 자기자본비율을 5% 이상 유지하기 위한 유상증자의 이행을 촉구하였고, 이에 J은행은 J은행의 최대주주였던 A명의로 200억 원 상당의 유상증자를 실시하였다. 그러나 금융감독위원회는 또다시 합계 450억 원의 증자를 이행할 것을 촉구하여 J은행은 (i) 시가 229억 원 상당의 강원 횡성군 소재 부동산을 증여받는 한편, (ii) 2009. 12. 2. A, B, C, D로부터 각각 50억 원, E로부터 21억 원 합계 221억 원을 신주발행대금으로 납입받은 것으로 처리하고, 액면가액이 주당 5,000원인 기명식 보통주 442만 주를 발행하여 그 중 각 100만 주를 A, B, C, D에게, 42만 주를 E에게 각 배정하는 방법으로 유상증자를 실시하였다(이하 '이 사건 유상증자'라 한다).

(명목) 신주 인수인	납입액	배정한 신주의 수	비고
A	50억	100만 주	J은행이 2009. 8. 21.에 국민은행에 100억 원을 예금한 후 여기에 질권을 설정하여주고 Y로터 30억 원, Z로부터 70억 원 차용한 금원
B	50억	100만 주	
C	50억	100만 주	J은행이 보유한 양도성예금증서를 담보조로 교부하고 121억원을 P로부터 차용한 금원
D	50억	100만 주	
E	21억	42만 주	
합계	221억	442만 주	

그런데 사실은 J은행이 A와 B로부터 납입받은 것으로 처리한 100억 원은 J은행이 2009. 7. 22. J은행의 운영자금을 이용하여 우리은행으로부터 액면금 100억 원

의 표지어음을 발급받아 이를 담보로 제공하고 유상증자에 사용할 목적으로 Z로부터 100억 원을 차용하였다가, 이를 변제하면서 위 표지어음을 회수한 후 다시 2009. 8. 21.에 국민은행에 100억 원을 예금한 후 해당 예금반환채권에 질권을 설정하여 주고(이하 '이 사건 질권설정행위'라 한다), Y로부터 30억 원, Z로부터 70억 원을 각 차용하여 이것을 신주발행 자본금 명목으로 납입한 것으로 처리한 것이었다. 그리고 J은행이 C, D, E로부터 납입받은 것으로 처리한 121억 원은 2009. 11. 3. J은행이 보유한 기업은행 발행 양도성예금증서를 P에게 담보조로 교부하고(이하 '이 사건 양도성예금증서 교부행위'라 하고, '이 사건 질권설정행위'와 합하여 '이 사건 담보권 설정행위'라고 한다) P로부터 차용한 금원이었으나,[1] 외부적으로는 C가 위 자금의 대여 및 담보설정행위를 한 것으로 처리한 것이었다(실제로 Y와 Z는 2009. 12. 30. 이 사건 질권설정행위에 의한 J은행의 예금계좌에서 30억 원과 70억 원을 각 인출하였고, P가 대여한 121억 원 중 21억 원은 J은행이 소외인으로부터 차용한 12억 원과 시재금 9억원을 합하여 변제하였으며, 양도성예금증서는 전전 양도되어 이후 출금되었다).

위와 같은 일련의 증자에도 불구하고 J은행은 2009. 12. 31. 금융위원회로부터 부실금융기관으로 지정되고, 경영개선명령 등을 통보받았으며, 2010. 8. 17. 전주지방법원 2010하합1호로 파산선고결정을 받고, 예금보험공사가 파산관재인으로 선임되었다.

또한 J은행의 대표이사였던 K는 위 2009. 12. 2.자 유상증자 중 A, B 명의의 100억 원 및 C, D 명의의 100억 원과 관련하여, J은행이 매입한 각 100억 원 상당의 표지어음과 양도성예금증서를 담보로 제공함으로써 Z와 C에게 각 100억 원 상당의 재산상 이익을 취득하게 하고, J은행에 동액 상당의 손해를 가하였다는 이유로

---

[1] 실제로는 P에게 담보를 제공하고 P로부터 121억 원을 대여한 것이었으나 외부적으로는 C가 위 자금을 대여하고 양도성예금증서를 교부받은 것으로 처리하였다.

2012. 7. 23. 특정경제범죄가중처벌등에관한법률위반(배임)죄로 유죄판결이 선고되었고, 이후 확정되었다(이하 '관련 형사사건'이라고 한다).

원고 파산자 J은행의 파산관재인(이하 '원고'라고만 한다)은 J은행이 영업정지 직전에 이 사건 유상증자를 하면서 출자에 참여하는 주주에게 질권을 설정하여 주거나 담보를 위하여 양도성예금증서를 교부한 행위는 파산선고 전에 파산채권자를 해하는 행위로서 채무자회생법 제391조 제1호의 고의부인이나 제391조 제3호의 위기부인 또는 제391조 제4호의 무상부인에 해당한다며 이 사건 질권설정행위 및 이 사건 양도성예금증서 교부행위를 부인하였다.

원심은, 특정채권자에게 변제하거나 담보를 제공하는 편파행위가 고의부인의 대상이 되기 위해서는 특정채권자에게만 변제 혹은 담보를 제공한다는 인식이 필요한 점(대법원 2005. 11. 10. 선고 2003다271 판결), 일체로 이루어진 행위에 대한 파산법상 부인권 행사의 요건으로서의 유해성은 그 행위 전체가 파산채권자에게 미치는 영향을 두고 판단되어야 하며, 그 전체를 통틀어 판단할 때 파산채권자에게 불이익을 주는 것이 아니라면 개별약정만을 따로 분리하여 그것만을 가지고 유해성이 있다고 판단하여서는 아니 된다는 점(대법원 2002. 9. 24. 선고 2001다39473 판결), 파산절차상 부인의 대상이 되는 행위가 파산채권자에게 유해하다고 하더라도 행위 당시의 개별적, 구체적 사정에 따라서는 당해 행위가 사회적으로 필요하고 상당하였다거나 불가피하였다고 인정되어 일반 파산채권자가 파산재단의 감소나 불공평을 감수하여야 한다고 볼 수 있는 경우가 있을 수 있고, 그와 같은 예외적인 경우에는 채권자 평등, 채무자의 보호와 파산 이해관계의 조정이라는 법의 지도이념이나 정의관념에 비추어 법 제391조 소정의 부인권 행사의 대상이 될 수 없다는 점(대법원 2011. 10. 13. 선고 2011다56637 판결) 등을 전제로, ① 이 사건 담보권 설정행위를 전후하여 J은행의 재산이 감소되었다거나 당시 J은행에게 파산절차가 개시되는 경우에 적용되는 채권자평등의 원칙을 회피하기 위하여 J은행의 특정채권자들에게만 우선 변제한다는 인식이 있었다고 보기 어렵고, ② 설령 이 사건 담보권 설정행위가 외견상 파산채권자를 해하는 결과를 초래하였다고 하더라도 사회적

으로 필요하고 상당하였다거나 불가피하다고 인정되어 일반 파산채권자가 파산재단의 감소나 불공평을 감수하여야 하는 예외적인 경우에 해당하며, ③ 이 사건 담보권 설정행위가 법에 위반되거나 J은행의 대표에 대하여 대표권 남용행위에 해당되고 J은행의 이사회결의도 없어 무효에 해당된다고 하더라도 그러한 사정만으로는 이 사건 담보권 설정행위가 파산채권자를 해하거나 채권자평등을 저해하는 행위라고 인정되어 부인권 행사의 대상이 된다고 볼 것은 아니라고 하여, 원고의 청구를 기각하였다. 이에 원고가 상고하였다. 상고기각.

[판결요지]

대법원은 채무자가 지급불능 상태에서 특정 채권자에게 담보를 제공하였다고 하더라도 이것이 ① 신규차입과 동시에 교환적으로 행하여졌고, ② 차입금과 담보목적물의 가격 사이에 합리적인 균형을 인정할 수 있으며, ③ 이로써 채무자가 차입금을 은닉하거나 증여하는 등 파산채권자를 해하는 처분을 할 우려를 생기게 하는 것이 아니라면 이러한 담보제공행위는 파산채권자를 해하는 행위로 볼 수 없어 채무자회생법 제391조 각호에 따라 부인할 수 있는 행위에 해당하지 않는다고 하였다.

다만 대법원은 '설령 이 사건 담보권 설정행위가 외견상 파산채권자를 해하는 결과를 초래하였다고 하더라도 사회적으로 필요하고 상당하였다거나 불가피하였다고 인정되어 일반 파산채권자가 파산재단의 감소나 불공평을 감수하여야 하는 예외적인 경우에 해당된다'는 원심의 판단에 대하여 이는 가정적 부가적 판단으로 그 당부가 판결 결과에 영향을 미치지 아니하였다는 이유로 이에 관한 상고이유는 더 나아가 살펴볼 필요 없이 받아들일 수 없다고 하였다.

[해설]

1. 문제의 소재

채무자가 채권자 또는 담보채권자를 해하는 것을 알고 한 행위(사해행위) 또는 다른 채권자 담보권자와의 평등을 해하는 변제, 담보의 제공 등과 같은 행위(편파행위)를 한 경우 회생절차개시 후 관리인, 파산선고시 파산관재인은 그러한 행위의 효력을 부인하여 일탈된

채무자의 재산을 회복할 수 있는 권리를 갖는데 이를 부인권이라 한다(채무자회생법 제100조, 제391조).

본 사안에서는 은행인 채무자가 영업정지 직전에 이 사건 유상증자를 하면서 출자에 참여하는 주주에게 채무자의 영업정지시 출자금을 반환받을 수 있도록 주주가 지정하는 자에게 질권을 설정하여 주거나 담보를 위하여 양도성예금증서를 교부한 행위의 효력을 채무자에 대한 파산선고 후 파산관재인이 부인할 수 있는지가 문제되었다.

2. 대상판결의 논거

대상판결은 이 사건 담보권 설정행위는 채무자인 J은행이 기존채무를 담보하기 위한 것이 아니라, 금융감독원으로부터 영업정지 등의 처분을 받지 않고 사업의 계속을 도모하기 위하여 자금을 차용하는 것과 동시에 교환적으로 이루어졌고, 그 차용금이 이와 다른 목적으로 유용되거나 압류될 가능성도 없어 파산채권자의 공동담보가 감소되었다거나 파산채권자들에게 손해가 야기되었다고 볼 수 없다는 등의 이유로, 이 사건 담보권 설정행위가 파산채권자들을 해하는 행위에 해당한다거나 당시 J은행이 그러한 결과를 인식하였다고 단정할 수 없다고 판단한 원심의 판단이 정당하다고 하였다. 또한 이 사건 담보권 설정행위가 파산채권자들을 해하는 행위에 해당하지 않는다고 판단한 이상 이 사건 담보권 설정행위는 고의부인은 물론 위기부인의 대상도 아니라고 판단하였다.

3. 검토

부인권은 부인할 행위의 내용, 시기, 상대방에 따라 고의부인, 위기부인, 무상부인으로 분류하는데, 각 유형에 특유한 성립요건 외에 일반적 성립요건으로 채무자의 행위의 유해성과 상당성이 문제된다.

채무자의 행위의 유해성이란 채무자의 일반재산을 절대적으로 감소시킴으로써 일반채권자들을 해하는 사해행위가 되는 경우와 채권자간의 평등을 저해하는 편파행위를 포괄하는 개념으로, 해당 행위 전체가 채권자에게 미치는 영향을 두고 판단되어야 하므로, 그 전체를 통틀어 판단할 때 채권자에게 불이익을 주는 것이 아니라면 개별약정만을 따로 분리하여 그것만을 가지고 유

해성이 있다고 판단하여서는 안 된다.[2]

상당성이란 부인의 대상이 되는 행위가 채권자 등에게 유해하다고 하더라도 행위 당시 개별적, 구체적 사정에 따라서는 당해 행위가 사회적으로 필요하고 상당하였다거나 불가피하여 채권자 등이 채무자 재산의 감소나 채권자들 사이의 불평등을 감수하여야 한다고 볼 수 있는 경우를 말하며, 이 경우에는 예외적으로 해당 행위가 부인권 행사의 대상이 될 수 없다고 한다.[3]

대상판결의 사안은 행위의 유해성 인정여부가 문제된 사안으로, 주로 문제가 되는 부인권 행사 대상 행위유형 중 담보권의 설정행위가 문제가 된 사안이다. 기존 채무에 대한 담보권의 설정은 해당 담보권자가 된 채권자를 다른 채권자들보다 우대하는 결과가 되므로 편파행위에 해당하여 부인 대상이라는 점에 의문이 없다.[4] 문제는 대상판결과 같이 신규차입을 위하여 담보권을 설정하는 경우인데, 대상판결은 문제된 채무자의 담보제공이 신규차입과 동시에 교환적으로 행하여졌고, 그 차입금과 담보 목적물의 가격 사이에 합리적인 균형을 인정할 수 있으며, 이로써 채무자가 차입금을 은닉하거나 증여하는 등 파산채권자를 해하는 처분을 할 우려를 생기게 하는 것이 아니라면 행위의 유해성을 인정할 수 없다고 하였다.

동시교환적 신규차입행위(contemporaneous exchange for new value)에 관하여 일본에서는 신파산법, 개정된 회사갱생법 및 민사재생법에 새로운 규정을 신설하여 부인 대상 행위를 기존 채무에 관하여 한 담보제공행위 또는 채무소멸행위로 제한하여 부인권의 대상이 되지 않음을 명문화하고 있다.[5] 미국에서는 연방파산법 제547조(c)(1)항에서 '채무자에게 새로운 가치를 부여하기 위한 동시교환적 행위'의 경우 부인권의 행사의 대상이 되지 않는 것으로 명시하고 있다.[6]

---

2) 대법원 2002. 9. 24. 선고 2001다39473 판결; 대법원 2018. 4. 12. 선고 2016다247209 판결 등.
3) 대법원 2011. 5. 13. 선고 2009다75291 판결; 대법원 2020. 6. 25. 선고 2016다257572 판결 등.
4) 예컨대 대법원 2005. 11. 10. 선고 2003다2345 판결.
5) 서울회생법원 재판실무연구회, 회생사건실무(상) 제5판, 344면 각주 36.
6) 미연방파산법 제547조(c)(1)항의 규정은 다음과 같다:
   11 U.S.C. §547 Preferences

다만 우리나라에는 채무자회생법에서 이에 관한 명문
규정을 두고 있지 않으므로, 판례를 통해 우리나라의
경우에도 동시교환적 신규차입행위는 그것이 형사상
채무자 회사에 대한 배임행위로 평가되는 것은 별론으
로 하더라도, 채권자에 대하여 유해성이 인정되지 않으
므로 부인권의 대상이 되지 않음을 분명히 하였다는 점
에서 유의미한 판결이다. 추후 입법론으로도 고려할 만
한 부분이다.

(c) The trustee may not avoid under this section a
   transfer—
 (1) to the extent that such transfer was—
   (A) intended by the debtor and the creditor to or for
      whose benefit such transfer was made to be a
      contemporaneous exchange for new value given
      to the debtor; and
   (B) in fact a substantially contemporaneous
      exchange;

[73] 본지변제가 편파행위로서 부인권의 대상이 되기 위한 요건

김진석(서울고등법원 인천재판부 고법판사)   대법원 2005. 11. 10. 선고 2003다271 판결

[사안의 개요]

A증권이 B은행에 ① 액면 200억 원, ② 100억 원의 약속어음을 발행·교부하고 기업어음 할인자금으로 1997. 9. 2. 200억 원(만기 1997. 12. 8.), 1997. 9. 10. 100억 원(만기 1998. 1. 15.)을 대출받았고, ③ 액면 20,052,547,945원의 약속어음을 발행·교부하고 단기콜자금으로 1997. 12. 1. 200억 원(만기 1997. 12. 8.)을 대출받았다. B은행은 1997. 12. 8. 결제용으로 지급받은 위 ①, ③의 각 200억 원의 대출금에 대한 약속어음을 교환에 돌렸고, 자금난으로 위 각 약속어음을 결제하기 어렵게 된 A증권으로부터 변제기의 연장을 요구받자, 이 사건 각 부동산에 관하여 채권최고액 합계 670억 원의 각 근저당권설정계약을 체결하고, A증권으로 하여금 ① 약속어음을 1997. 12. 8. 21:02경, ③ 약속어음을 1997. 12. 8. 20:22경 각 결제하고 400억 원을 B은행이 발행한 자기앞수표로 교부받아 23:43경 A증권의 보통예금 계좌에 입금하여 사용하도록 하였다(이하 '이 사건 심야대출'이라 한다). B은행은 1997. 12. 10. 다시 위 400억 원을 회수하고 같은 날 만기 1997. 12. 12.로 정하여 대여하는 방법으로 기한을 유예하였다가 1997. 12. 12. A증권의 부도로 이를 상환받지 못하였다. B은행은 위 각 근저당권설정계약에 따라 1997. 12. 12.부터 1997. 12. 13.까지 사이에 이 사건 근저당권설정등기를 마쳤다. A증권은 1997. 12. 12. 최종적으로 부도처리되어 증권관리위원회로부터 영업정지처분을 받고 1998. 10. 23. 파산선고를 신청하여 1998. 11. 25. 파산선고를 받아 원고가 파산관재인으로 선임되었다.

원고는 제1심에서 이 사건 근저당권설정계약에 대하여 구 파산법 제64조 제1호 및 제4호의 부인권을 행사한다고 주장하면서 이 사건 근저당권설정등기에 관한 부인의 등기절차의 이행을 구하였다. 제1심은 'B은행은 이 사건 근저당권설정계약이 파산채권자들을 해할 것을 인식하였다고 보기는 어렵고, 신규자금융통을 위한 담보권설정계약은 사회적 상당성이 있을 뿐만 아니

라 불가피한 것으로서 그 행위가 부당성을 띠고 있다고 볼 수도 없으며, 새로 융자를 받으면서 담보권을 설정하는 행위가 파산자의 의무 없는 행위라고 볼 수 없다'는 이유로 원고의 청구를 기각하였다.[1]

원고는 제2심에서 '이 사건 근저당권설정계약은 A증권의 이사회의 결의를 필요로 하는 행위인데 이사회의 결의가 없었고, B은행으로서도 이를 알았거나 알 수 있었으므로 무효라고 주장하면서 이 사건 근저당권설정등기의 말소를 구하는' 청구를 주위적 청구로 추가하고, 기존 청구를 예비적 청구로 변경하였다. 제2심은 주위적 청구를 기각하고, 이 사건 근저당권설정계약은 구 파산법 제64조 제1호의 '파산채권자를 해함을 알고 한 행위'에 해당한다는 이유로 예비적 청구를 인용하였다.[2] 이에 B은행이 상고를 제기하였다. 상고기각.

[판결요지]

[1] 채무자의 일반재산의 유지·확보를 주된 목적으로 하는 채권자취소권의 경우와는 달리, 이른바 편파행위까지 규제 대상으로 하는 파산법상의 부인권 제도에 있어서는 반드시 해당 행위 당시 부채의 총액이 자산의 총액을 초과하는 상태에 있어야만 행사할 수 있다고 볼 필요도 없고, 행위 당시 자산초과상태였다 하여도 장차 파산절차에서 배당재원이 공익채권과 파산채권을 전부 만족시킬 수 없는 이상, 그리고 그러한 개연성이 존재하는 이상, 일부 특정 채권자에게만 변제를 한다거나 담보를 제공하는 것은 다른 채권자들이 파산절차에서 배당받아야 할 배당액을 감소시키는 행위로서 부인권 행사를 할 수 있다.

[2] 파산법 제64조 제1호에서 정한 부인의 대상으로 되는 행위인 '파산자가 파산채권자를 해함을 알고 한 행위'에는 총채권자의 공동담보가 되는 파산자의 일반재산을 절대적으로 감소시키는 이른바 사해행위뿐만

---

1) 서울중앙지방법원 2001. 1. 11. 선고 99가합35589 판결.
2) 서울고등법원 2002. 11. 28. 선고 2001나9948 판결.

아니라 특정한 채권자에 대한 변제나 담보의 제공과 같이 그 행위가 파산자의 재산관계에 영향을 미쳐 특정한 파산채권자를 배당에서 유리하게 하고 다른 파산채권자와의 공평에 반하는 이른바 편파행위도 포함되나, 한편 위와 같은 고의부인이 인정되기 위해서는 주관적 요건으로서 파산자가 '파산채권자를 해함을 알 것'을 필요로 하는데, 파산법이 정한 부인대상행위 유형화의 취지를 몰각시키는 것을 방지하고 거래 안전과의 균형을 도모하기 위해서는, 특정채권자에게 변제하거나 담보를 제공하는 편파행위를 고의부인의 대상으로 할 경우, 파산절차가 개시되는 경우에 적용되는 채권자평등의 원칙을 회피하기 위하여 특정채권자에게만 변제 혹은 담보를 제공한다는 인식이 필요하다.

[해설]

1. 문제의 소재

구 파산법 제64조 제1호가 규정한 고의부인의 객관적 요건인 '파산채권자를 해하는 행위'에 ㉮ 파산자의 일반재산을 절대적으로 감소시킴으로써 모든 채권자를 해하는 행위인 사해행위 외에 일반재산을 절대적으로 감소시키지는 않지만 채권자간의 평등을 저해함으로써 일부 채권자를 해하는 행위인 본지변제와 같은 편파행위도 포함되는지, ㉯ 편파행위가 포함된다면 그 주관적 요건은 무엇인지가 쟁점이다. 고의부인은 행위의 시기를 제한하지 않기 때문에 그 요건에 관한 판단이 매우 중요하다.

2. 대상판결의 논거

대상판결은 고의부인의 객관적 요건인 파산채권자를 해하는 행위에 편파행위도 포함된다는 결론을 제시하고 있고, 편파행위를 고의부인의 대상으로 할 경우에 관한 주관적 요건을 제시하고 있다.

대상판결은 이 사건에 관하여는, 이 사건 심야대출의 경우 기존 채무의 변제를 받고 그 직후 같은 금액을 신규대출하는 방식을 취하였지만, 그 실질 및 경제적 효과에 있어서는 기존 채무에 대한 기한의 연장에 불과한 점 등 제반 사정에 비추어, 이를 담보하기 위하여 이루어진 근저당권설정행위가 이른바 편파행위로서 구 파산법 제64조 제1호에서 정한 부인의 대상이 되고, A증권이

위 각 근저당권설정계약 당시 재무상태가 악화되어 있었고, 위 각 근저당권설정계약 후 4일 만에 지급정지가 되었으며, 당시의 재정상황 및 금융여건에 비추어 조만간 부도가 예견되었던 점 등을 근거로 A증권에게는 파산채권자를 위한 공동담보인 책임재산이 감소하여 그 평등을 저해한다는 인식이 있었다고 판단하였다.

3. 검토

부인권의 유형은 여러 가지로 나눌 수 있으나 채무자회생법의 규정 형식을 기초로 하면 고의부인, 위기부인, 무상부인으로 나눌 수 있다.[3] 구 파산법 제64조 제1호는 "파산채권자를 해함을 알고 한 행위"를 고의부인의 대상으로 규정하면서 담보의 제공, 채무소멸에 관한 행위는 거론하지 않았고, 제64조 제2호는 " … 후에 한 담보의 제공, 채무소멸에 관한 행위 기타 파산채권자를 해하는 행위"를 위기부인의 대상으로 규정하여 '담보의 제공, 채무소멸에 관한 행위'가 '기타 파산채권자를 해하는 행위'의 예시로 해석될 여지, 즉 제64조 제2호는 편파행위만을 의미하는 것으로 해석될 여지가 있었다. 그래서 일본에서는 고의부인의 대상은 ① 사해행위만을 의미한다는 견해와 ② 편파행위도 포함한다는 견해가 나뉘어 있었다. 이는 주로 본지변제가 고의부인의 대상이 되는지와 관련하여 논의되었는데, 위기부인의 대상이 ① 편파행위만을 의미한다는 견해와 ② 사해행위도 포함한다는 견해의 대립과도 관련된 것이다.[4] 채무자회생법 제391조 제2호는 위와 같은 견해 대립을 고려하여 '파산채권자를 해하는 행위'와 '담보의 제공 또는 채무소멸에 관한 행위'를 병렬적으로 규정함으로써 위기부인의 대상을 사해행위와 편파행위 모두를 포함하는 것으로 명시적으로 규정하였다.

대상판결 이전 대법원 2002. 8. 23. 선고 2001다78898 판결은 구 파산법 제64조 제2호의 위기부인의 대상이 되는 '파산채권자를 해하는 행위'에는 사해행위 외에 편파행위도 포함된다고 판시하였고, 이른바 본지변제가 형식적인 위기시기에 이루어진 경우에는 불

---

3) 서울회생법원 재판실무연구회, 법인파산실무, 박영사(2019), 509면.
4) 김진석, "파산절차상 부인권 요건에 관한 몇 가지 쟁점", 재판자료 제127집, 법원도서관(2013), 335면.

평등 변제로서 위기부인의 대상이 될 수 있다고 판시하였다. 대상판결은 고의부인의 대상에 '특정 채권자에 대한 변제'와 같은 본지변제를 아우르는 편파행위도 포함된다는 것을 명확히 하였다. 채무자회생법 시행 이후 '파산채권자를 해하는 행위'에 편파행위가 포함되는지에 관하여 대법원 2011. 10. 13. 선고 2011다56637, 56644 판결은 '파산채권자를 해하는 행위'에 편파행위가 포함된다고 해석하였고, 이후 대법원 2018. 10. 25. 선고 2017다287648, 287655 판결 등도 동일하게 판시하였다.

'특정한 채권자에 대한 변제나 담보의 제공과 같이 그 행위가 파산자의 재산관계에 영향을 미쳐 특정한 파산채권자를 배당에서 유리하게 하고 다른 파산채권자와의 공평에 반하는 편파행위'도 고의부인의 문언상 객관적으로 '채권자를 해하는 행위' 즉 채권자에게 유해한 행위라고 봄이 타당하므로 대상판결의 해석은 타당하다고 생각한다.

다음으로 대상판결은, 편파행위에 대한 고의부인이 인정되기 위한 주관적 요건으로 파산자가 '파산채권자를 해함을 알 것'을 필요로 한다고 판시하고, 파산법이 정한 부인대상행위 유형화의 취지를 몰각시키는 것을 방지하고 거래 안전과의 균형을 도모하기 위해서는, 특정채권자에게 변제하거나 담보를 제공하는 편파행위를 고의부인의 대상으로 할 경우, 파산절차가 개시되는 경우에 적용되는 채권자평등의 원칙을 회피하기 위하여 특정채권자에게만 변제 혹은 담보를 제공한다는 인식이 필요하다고 판시하였다. 대상판결은 주관적 요건에 관하여 인식설을 취하여 적극적인 가해의 의사 내지 의욕까지 필요한 것은 아니고 위와 같은 인식만으로 충분하다는 입장을 취한 것으로 보인다.[5]

대상판결이 인식설을 취한 것은 채권자평등의 원칙과 거래의 안전 및 당사자들의 신뢰 보호 원칙을 적절히 조화시키기 위한 것으로 보인다.

다만, 본지변제를 고의부인의 대상으로 보는 경우 위기부인과 달리 고의부인의 경우는 부인권 대상이 되는

행위의 시기에 관한 제한이 없으므로 거래의 안전 및 당사자들의 신뢰를 침해할 우려가 있다. 2004년 개정되어 2005. 1. 1.부터 시행된 일본 파산법은 위와 같은 문제 등을 고려하여 부인권 대상의 유형을 사해행위와 편파행위의 두 가지로 구별하는 방식을 채택하였고, 편파행위의 시기는 '지급불능이 된 후' 또는 '파산절차개시 신청이 있었던 후'로 제한하였다.[6] 독일도 2017년 도산법을 개정하여 고의부인의 대상이 도산절차개시 신청 전 10년 이내의 행위였던 것을, 본지변제나 담보 제공의 경우에 도산절차개시 신청 전 4년 이내의 행위로 제한하였다.[7] 입법론으로는 법적 불안정성을 제거할 수 있는 방안을 검토하는 것이 타당하다고 생각한다.

---

5) 서울회생법원 재판실무연구회, 법인파산실무, 박영사 (2019), 523면; 대상판결 이후 대법원 2006. 6. 15. 선고 2004다46519 판결; 대법원 2015. 12. 10. 선고 2015다 235582 판결; 대법원 2016. 1. 14. 선고 2014다18131 판결 등도 동일하게 인식설의 입장을 취하고 있다.

6) 김진석, '파산절차상 부인권 요건에 관한 몇 가지 쟁점', 재판자료 제127집, 법원도서관(2013), 344면~356면.

7) 김수정, '고의부인에서 채권자평등원칙과 그 제한에 대한 검토 ― 독일도산법 개정을 계기로 ―', 비교사법 제26권 1호, 한국비교사법학회(2019), 494~495면.

[74] 관재인의 미이행 쌍무계약 해지시 계약상 위약금 조항의 적용 가부

송두용(법무법인 디코드 변호사)　　　　　대법원 2013. 11. 28. 선고 2013다33423 판결

[사안의 개요]

소외 회사는 피고와 부동산 매매계약(이하 '이 사건 매매계약'이라 한다)을 체결하고 피고에게 계약금과 중도금을 지급하였다. 이 사건 매매계약 제10조(계약의 해지)는 '매매계약 당사자 중 일방이 이 계약에서 정한 의무를 위약 또는 불이행하는 경우 상대방은 이 계약을 해제할 수 있다(제1항). 피고의 책임 있는 사유로 이 계약이 해제된 경우에는 피고는 그동안 소외 회사로부터 수령한 매매대금을 반환하고 기지급금의 배액에 해당하는 위약금과 사업추진에 소요된 비용 일체를 소외 회사에게 즉시 지급한다(제2항 전문). 소외 회사의 책임 있는 사유로 이 계약이 해제될 경우 총 매매대금 10%에 해당하는 계약금 전액은 피고에게 귀속한다(제2항 후문). 중도금 지급이 완료된 후에는 피고와 소외 회사 모두 본 매매계약을 해제할 수 없다(제3항).'고 정해져 있다. 소외 회사는 금융기관에 PF대출을 받으면서 피고에 대하여 가지는 매매계약의 취소, 해제 등에 따른 계약금 및 중도금 반환청구권에 관한 양도담보를 설정하였고, 위 금융기관은 원고들에게 소외 회사에 대한 대출금 채권을 양도하면서 위 양도담보권도 양도하였다. 그 후 이 사건 매매계약의 쌍방 이행이 완료되지 않은 상태에서 소외 회사의 파산이 선고되었고, 소외 회사의 파산관재인은 채무자회생법(이하 '법'이라 한다) 제335조 제1항에 의하여 위 매매계약을 해제하였다.

원심 변론과정에서 원고들은 소외 회사의 파산관재인이 이 사건 매매계약을 해제하였으므로 피고는 원고들에게 계약금 및 중도금 전액을 반환할 의무가 있다고 주장하였고, 피고는 소외 회사의 책임있는 사유로 계약이 해제된 경우에 해당하므로 이 사건 매매계약 제10조 제2항 후문에 의해 계약금은 피고에게 귀속되어야 한다고 주장하였다. 이에 대하여 원심은 이 사건 매매계약 제10조 제2항은 같은 조 제1항, 제3항에 비추어 볼 때 중도금의 지급 이전에 채무불이행을 이유로 이 사건 매매계약을 해제할 경우 위약금의 지급이나 계약금의 몰

취에 관하여 정한 것이므로, 위 파산관재인이 법 제335조 제1항에 의하여 이 사건 매매계약을 해제하는 경우에는 적용된다고 볼 수 없다고 판단하여 피고의 주장을 배척하고 계약금 및 중도금 전액 반환을 인정하였다. 그러나 대법원은 위 원심판결을 파기환송하였다.

[판결요지]

소외 회사의 파산관재인이 법 제335조 제1항에 의하여 매매계약을 해제한 때에도 매매계약에서 정한 위약금 약정이 적용된다고 보아야 한다.

[해설]

1. 문제의 소재

파산선고 전에 체결된 매매계약에 위약금 조항이 규정되어 있는 경우, 파산관재인의 법 제335조 제1항에 의한 해제권 행사에도 위약금 조항이 적용될 수 있는지와 이 사건 매매계약상 위약금 조항의 해석상 파산관재인의 해제권 행사에 위약금 조항이 적용될 수 있는지가 문제된다.

2. 대상판결의 논거

대상판결은 이 사건 매매계약의 위약금 조항 제10조 제1항은 채무불이행에 의한 계약 해제를 허용하는 취지일 뿐이고, 위약금 조항 제10조 제3항은 중도금 지급 이후에 해제권 행사가 제한되는 규정으로만 해석하면 중도금 지급 이후에 채무불이행이 있는 경우에도 언제나 매매계약을 해제하지 못하는 불합리한 결과가 발생하므로 민법 제565조 제1항을 주의적으로 정한 취지로 볼 수 있는 점, 법 제335조 제1항에 의한 파산관재인의 해제는 소외 회사가 파산상태에 이른 것을 원인으로 하므로 이는 소외 회사의 책임있는 사유로 계약이 해제된 경우의 하나로 볼 수 있고, 이때 파산관재인의 해제로 피고에게 발생하는 손해는 소외 회사의 채무불이행으로 인한 해제 시의 손해와 큰 차이가 없을 것으로 보이므

로, 위약금 조항 제10조 제2항은 법 제335조 제1항에 의한 파산관재인의 해제로 인해 발생하는 손해까지도 포함하는 위약금 약정이라고 해석함이 타당하다는 점 등을 들고 있다.

3. 검토

가. 쌍방 미이행 쌍무계약에 대한 해제권 행사

법 제335조 및 제337조는 쌍방 미이행 쌍무계약에서 당사자 일방이 파산한 경우 당사자 쌍방의 공평한 보호를 도모하고 파산절차를 보다 원활하고 신속하게 처리하기 위한 규정을 두고 있다. 이에 따르면 파산절차가 개시된 경우 파산관재인은 쌍방 미이행 쌍무계약을 해제 또는 해지하거나 채무의 이행을 청구할 수 있는데(제335조 제1항), 이러한 선택권은 파산관재인이 채권자와 협상하는데 강력한 수단이 된다.[1] 한편, 쌍방 미이행 쌍무계약에 대한 적용범위나 구체적인 적용여부를 판단하는데 필요한 법률규정이 미비하다는 견해도 있다.[2]

파산관재인이 해제를 선택하면, 그 계약의 효력은 일반적 해제에서와 마찬가지로 소급적으로 소멸되어 계약이 처음부터 성립하지 않은 것과 같은 상태가 된다. 또한 파산관재인이 쌍방 미이행 쌍무계약을 해제한 경우 상대방은 손해배상에 대하여 파산채권자로서 권리를 행사할 수 있다.[3]

파산관재인의 제335조에 의한 해제권 행사로 인한 손해배상의 범위는 실질적으로 파산채무자의 귀책사유에 의한 이행불능으로 볼 수 있기 때문에 이행이익의 상실에 의한 손해배상을 포함한다고 한다.[4] 이러한 점에서 일반적인 계약해제로 인한 손해배상과 다를 바 없다.

나. 파산선고 전에 체결한 위약금 약정의 적용 여부에 관한 논의

법 제335조에 의한 파산관재인의 해제권한은 파산절차의 원활한 수행을 위하여 법이 특별히 부여한 것이고, 파산관재인의 해제권 행사의 상대방이 갖는 손해배상청구권은 당사자의 약정이나 민법에 근거하여 발생하는 것이 아니라 법 제337조 제1항에 근거하여 발생한 것임을 근거로 파산선고 전에 체결한 위약금 약정은 파산선고 후 법 제335조에 의해 해제를 한 경우에는 적용될 수 없다는 의견도 상정해 볼 수 있다.

그러나 법 제337조 제1항에 규정된 상대방의 손해배상청구권도 기본적으로는 '계약 해제로 인하여' 상대방에게 발생하는 손해에 대한 배상에 해당하고, 이 사건 매매계약상 위약금 조항도 민법 제398조 제2항의 손해배상액의 예정으로 '계약 해제로 인하여' 상대방에게 발생하는 손해의 액수를 당사자 사이에 미리 예정한 것이므로 제337조 제1항의 손해배상과 근본적으로 다를 바 없다. 또한 당사자들이 여러 사정을 고려하여 위약금에 관하여 약정을 하였음에도 단지 일방이 파산하였다는 이유만으로 그 약정의 효력을 파산관재인에게 주장할 수 없다면 그 위약금 약정의 내용이 합리적인 경우에도 파산이라는 우연한 사정에 의해 그 효력이 부정되어 불합리하다.[5]

일본 하급심 판결도 파산관재인의 해제권 행사에 대한 위약금 약정의 적용을 긍정하고 있다.[6]

다. 이 사건 매매계약상 위약금 조항의 해석에 관한 논의

원심은 이 사건 매매계약 제10조 제1항에서 해제사유를 "일방 당사자의 채무불이행"으로, 해제권자를 그 "상대방"으로 한정하고 있는 점, 제10조 제3항에서 중도금 지급이 완료된 후에는 양 당사자 모두 이 사건 매매계약을 해제할 수 없다고 정하고 있는 점을 근거로 중도금 지급이 완료된 후에 파산관재인이 법 제335조 제1항에 의하여 해제권을 행사하는 경우에는 제10조 제2항이 적용될 수 없다고 판단하였다.

그러나 이 사건 매매계약 제10조 제1항은 채무불이행에 의한 법정해제권을 인정하는 취지로서 '위약 또는 불이행'한 경우 해제할 수 있다고 규정한 반면, 제10조 제2항 후문은 '소외 회사의 책임있는 사유로 매매계약이 해제될 경우'라고 달리 규정하여 제10조 제2항 후문

---

1) 오수근, 도산법의 이해, 이화여자대학교 출판부, 2008, 30~31면.
2) 박재완, "도산법 분야의 최신 판례와 실무례", 인권과 정의 통권 제383호, 2008, 27면.
3) 법 제337조 제1항.
4) 서경환, "회사정리절차가 계약관계에 미치는 영향", 재판자료 86집, 법원도서관 2000, 654면.
5) 고홍석, 대법원판례해설 제97호 2013년 하, 법원도서관, 386~387면.
6) 東京地方裁判所 平成 20年 8月 18日 (LEX/DB 25450076), 名古屋高等裁判所 平成 12年 4月 27日 (LEX/DB 28061591).

의 적용이 제1항의 '위약 또는 불이행'에 한정되지 않는 것으로 해석된다. 또한 제10조 제3항은 중도금 지급 이후 법정해제권 행사를 허용하지 않는 규정으로 해석할 경우 중도금 지급 이후에 채무가 이행불능된 경우에도 언제나 해제하지 못하는 불합리한 결과가 발생하는바, 이 사건 매매계약에서 계약금과 중도금이 동시에 지급된 사정을 감안할 때 민법 제565조 제1항[7]을 주의적으로 규정한 취지라고 해석된다.

따라서 이 사건 매매계약 제10조 제2항 후문은 그 문언 그대로 '소외 회사의 책임 있는 사유로 매매계약이 해제된 경우'라는 요건이 충족되면 계약금이 몰취된다고 해석함이 타당하고, 파산관재인의 해제권 행사는 결국 소외 회사가 파산상태에 이르게 된 것을 원인으로 하므로, 그 해제를 '소외 회사의 책임 있는 사유로 인한 것'으로 볼 수 있다.[8]

---

7) 제565조 (해약금) ① 매매의 당사자 일방이 계약 당시에 금전 기타 물건을 계약금, 보증금 등의 명목으로 상대방에게 교부한 때에는 당사자 간에 다른 약정이 없는 한 당사자의 일방이 이행에 착수할 때까지 교부자는 이를 포기하고 수령자는 그 배액을 상환하여 매매계약을 해제할 수 있다.
8) 고홍석, 대법원판례해설 제97호 2013년 하, 법원도서관, 389~390면.

[75] 수급인이 파산한 경우 쌍방 미이행 쌍무계약 법리의 적용

박진홍(법무법인 태평양 변호사)　　　　　대법원 2001. 10. 9. 선고 2001다24174, 24181 판결

[사안의 개요]

　원고(수급인)가 피고(도급인)와의 건축공사 도급계약의 내용에 따른 공장건물 및 옹벽공사를 완공하여 준공검사를 마친 후 건물인도까지 하였으나 공사잔대금은 지급받지 못한 상태에서 회사정리신청을 하였는데, 회사정리절차 개시 이전 보전관리인이 피고를 상대로 공사잔대금의 지급을 구하는 본소를 제기하고, 그 후 회사정리절차 개시신청이 기각되고 파산선고를 받게 되자 파산관재인이 소송수계를 하였다. 한편 피고는 원고를 상대로 하자보수에 갈음하는 손해배상청구의 반소를 제기하였는데, 원심(서울고등법원 2001. 3. 29. 선고 2000나18754, 18761)은 건축공사 도급계약에 있어서 동시이행의 관계에 있는 도급인의 공사대금지급의무와 수급인의 하자보수의무가 각각 이행되지 못하고 있는 동안 계약당사자의 일방이 파산선고를 받은 경우, 그 도급계약은 파산법 제50조 제1항[1]의 쌍방 미이행 쌍무계약에 해당하고, 수급인이 파산하여 파산관재인인 원고가 하자보수의무의 이행을 전제로 도급인인 피고에 대하여 그 공사대금의 지급을 구하는 이 사건에 있어서, 피고가 갖는 하자보수비 상당의 손해배상채권은 파산법 제38조 제7호의 재단채권이 된다는 이유로 원고의 주장을 배척하였다. 이에 대해 원고가 상고하였다. 파기환송.

[판결요지]

　1. 파산법 제50조 제1항은 쌍무계약에 관하여 파산자 및 그 상대방이 모두 파산선고 당시에 아직 그 이행을 완료하지 아니한 때에는 파산관재인은 그 선택에 따라 계약을 해제하거나 파산자의 채무를 이행하고 상대방의 채무이행을 청구할 수 있다고 규정하고 있는데, 이 규정은 쌍무계약에서 쌍방의 채무가 법률적·경제적으로 상호 관련성을 가지고, 원칙적으로 서로 담보의 기능을 하고 있는데 비추어 쌍방 미이행의 쌍무계약의 당사

자의 일방이 파산한 경우에 파산법 제51조와 함께 파산관재인에게 그 계약을 해제하거나 또는 상대방의 채무의 이행을 청구하는 선택권을 인정함으로써 파산재단의 이익을 지키고 동시에 파산관재인이 한 선택에 대응한 상대방을 보호하기 위한 취지에서 만들어진 쌍무계약의 통칙인바, 수급인이 파산선고를 받은 경우에 도급계약에 관하여 파산법 제50조의 적용을 제외하는 취지의 규정이 없는 이상, 당해 도급계약의 목적인 일의 성질상 파산관재인이 파산자의 채무의 이행을 선택할 여지가 없는 때가 아닌 한 파산법 제50조의 적용을 제외하여야 할 실질적인 이유가 없다. 따라서 파산법 제50조는 수급인이 파산선고를 받은 경우에도 당해 도급계약의 목적인 일이 파산자 이외의 사람이 완성할 수 없는 성질의 것이기 때문에 파산관재인이 파산자의 채무이행을 선택할 여지가 없는 때가 아닌 한 도급계약에도 적용된다.

　2. 건축공사의 도급계약에 있어서는 이미 그 공사가 완성되었다면 특별한 사정이 있는 경우를 제외하고는 이제 더 이상 공사도급계약을 해제할 수는 없다고 할 것인바, 수급인이 파산선고를 받기 전에 이미 건물을 완공하여 인도함으로써 건축공사 도급계약을 해제할 수 없게 되었다면 도급인에 대한 도급계약상의 채무를 전부 이행한 것으로 보아야 하고, 그 도급계약은 파산선고 당시에 쌍방 미이행의 쌍무계약이라고 할 수 없으므로 파산법 제50조를 적용할 수 없다.

[해설]

1. 문제의 소재

　도급인에 대해 파산이 선고된 경우 쌍방 미이행 상태인 도급계약의 처리에 관한 규정으로는 파산법 제50조(법 제335조)와 도급인이 파산한 경우 해제권을 규정한 민법 제674조가 있는데, 위 두 규정 중 어느 것을 적용할 것인지가 문제되었다. 이에 대해 대법원이 '도급인이나 위임의 당사자 일방이 파산선고를 받은 경우에는

---

[1] 채무자회생법(이하 '법'이라 한다) 제335조 제1항도 동일한 내용으로 규정하고 있다.

당사자 쌍방이 이행을 완료하지 아니한 쌍무계약의 해제 또는 이행에 관한 파산법 제50조 제1항이 적용될 여지가 없고, 도급인이 파산선고를 받은 경우에는 민법 제674조 제1항에 의하여 수급인 또는 (도급인의) 파산관재인이 계약을 해제할 수 있다'고 판시한 바 있다(대법원 2002. 8. 27. 선고 2001다13624 판결). 그런데 이 사건은 수급인이 파산한 경우로, 도급인이 파산한 경우와는 달리 민법에 별다른 규정이 없어 일반원리에 따라 파산법 제50조가 적용되는 것이 당연할 것 같은데, 일의 완성을 목적으로 하는 도급계약의 특성 때문에 파산법 제50조가 그대로 적용되는지에 대해 견해가 나뉘어 있다. 나아가 수급인이 공사를 완공하여 인도까지 마쳤는데 하자보수의무만 남아 있는 상태도 "쌍방 미이행"인 쌍무계약에 해당하는지 여부가 문제되는 사안이었다.

2. 대상판결의 논거

대상판결은 수급인이 파산한 경우 파산법 제50조의 적용을 배제하는 취지의 규정이 없는 이상 파산법에서 쌍방 미이행 쌍무계약의 해제 또는 이행에 관한 규정을 둔 근본적인 취지를 고려하여, 도급계약의 목적인 일의 성질상 파산관재인이 수급인의 채무이행을 선택할 여지가 없는 때가 아닌 한 파산법 제50조가 당연히 적용되어야 한다고 판단하였다.

다만, 건축공사의 도급계약에 있어서는 해제 당시 이미 그 공사가 완성되었다면 특별한 사정이 있는 경우를 제외하고는 더 이상 공사도급계약을 해제할 수 없는데(민법 제668조 단서, 대법원 1995. 8. 22. 선고 95다1521 판결 참조), 이 사건의 경우는 수급인이 파산선고 이전에 이미 공장건물 및 옹벽 공사를 완공하여 준공검사를 마치고 인도까지 함에 따라 수급인도 계약을 해제할 수 없게 되었으므로 도급계약상 채무를 전부 이행한 것으로 보아야 하고, 따라서 파산선고 당시 도급계약이 쌍방 미이행 쌍무계약 상태에 있었다고 볼 수 없으니 파산법 제50조는 적용할 수 없다고 판단하였다.

3. 검토

(1) 수급인이 파산한 경우 파산법 제50조를 그대로 적용할 것인지에 대해서는 ① 고용계약에 있어 피용자의 파산과 같이 도급계약의 요소인 수급인의 노무제공

은 파산선고가 있더라도 파산자인 수급인의 자유로운 결정에 맡겨져야 하고 이를 파산재단이 관리 처분할 수는 없으므로 파산선고와 상관없이 도급인과 수급인 사이에 기존의 도급계약관계가 파산절차 밖에서 그대로 존속하고, 따라서 파산법 제50조는 적용되지 않는다는 견해(적용부정설), ② 수급인이 파산한 경우의 도급계약도 통상의 미이행 쌍무계약과 같이 파산법 제50조를 적용하여 처리하면 족하고, 파산법 제55조(법 제341조와 동일)는 파산관재인이 파산법 제50조에 의하여 이행을 선택한 경우의 이행방법을 정한 것으로 이해하는 견해(적용긍정설), ③ 고용의 경우처럼 파산자의 개인적 노무의 제공을 내용으로 하는 도급계약에 대해서는 파산법 제50조의 적용을 부정하고, 그 밖의 도급계약에 대해서는 적용을 긍정하는 견해(이분설)[2]로 나뉘어 있다.

대상판결은 위 견해들 중 ③의 이분설의 입장에 있는 것으로 판단된다. 도급계약의 내용이 일반 건축공사와 같이 내용상 대체성이 있는 것이거나 수급인이 법인이어서 특정 개인의 기능이 계약목적 달성에 필수적 요소가 아닌 경우라면, 그 도급계약관계는 순수하게 재산적 측면에서 처리되더라도 문제가 없을 것이므로, 미이행 쌍무계약의 처리에 관한 파산법 제50조(법 제335조)의 일반원칙이 그대로 적용되어 파산관재인이 계약의 해제와 존속 중 하나를 선택할 수 있다고 해석하여도 무방할 것이다.[3] 그리고 특정의 수급인만이 일을 완성할 수 있는 비대체적 급부를 내용으로 하는 도급계약에서는, 만약 파산법 제50조의 적용을 긍정하여 파산관재인이 일방적으로 계약을 해제할 수 있다고 하면, 도급인으로서는 일이 미완성으로 중단된 상태에서 달리 계약목적을 달성할 방법이 없게 되는 반면 기성고 부분에 대해서는 파산재단에 대하여 채무를 부담할 수밖에 없다. 따라서 이 경우의 도급계약관계에는 파산법 제50조가 적용되지 않는다는 대상판결의 입장이 타당하다고 본다.[4] 다만 파산법 제55조(법 제341조)가 파산관재인에게 개입권을 부여하고 있으므로[5], 그 권리의 행사가 있으면

---

2) 박병대, "파산절차가 계약관계에 미치는 영향", 파산법의 제문제(상), 법원도서관(1996), 476~478면.
3) 박병대, 위의 책, 478면.
4) 박병대, 위의 책, 478면; 이균용, "수급인의 파산과 파산법 제50조의 적용 여부", 대법원판례해설 제38호, 법원도서관, 494~497면도 같은 취지.

그 때 비로소 기존의 도급계약관계가 도급인과 파산관재인 사이의 권리의무관계로 전환되고 권리의무 역시 파산관재인에게 귀속되며, 그와 동시에 도급인과 수급인 사이의 권리의무관계는 종료된다고 할 것이다.[6]

한편, 수급인이 일을 완성하기 전이라면 도급인은 수급인의 손해를 배상하고 공사도급계약을 해제할 수 있는데(민법 제673조), 이 조항은 도급계약에 관한 특칙으로서 법 제353조에 우선하여 적용된다고 보아야 하므로, 이 범위 내에서 파산관재인의 이행선택권이 제한된다고 볼 수 있을 것이다.[7]

(2) 쌍무계약은 민법상 개념과 마찬가지로 쌍방의 채무가 서로 대가적 관계에 있고 이행상 상호 견련성을 가지는 계약을 의미하고, 대표적으로 매매, 임대차, 도급 등을 들 수 있다. 그리고 매매계약에서 매도인이 매수인에게 재산권이전의무 및 목적물인도의무를 이행하였으나 매수인은 대금지급의무를 이행하지 않은 상태에서 매도인에 대해 회생절차가 개시된 경우에 목적물에 하자가 있는 때에는 견해의 대립이 있으나, 매수인의 하자제거청구권 내지 완전물급부청구권을 인정하고 그에 따른 채무이행이 완료되지 않은 이상 매도인의 채무는 이행미완료의 상태에 있는 것으로 본다는 것이 다수설로 보인다.[8]

그런데 도급계약의 경우 수급인이 목적물을 완성하여 도급인에게 인도하였고 대금은 미지급 상태인데 목적물에 하자가 있을 경우 위와 같은 법리가 그대로 적용될 것인지 문제된다.

민법 제668조는 "도급인이 완성된 목적물의 하자로 인하여 계약의 목적을 달성할 수 없을 때에는 계약을 해제할 수 있다. 그러나 건물 기타 토지의 공작물에 대하여는 그러하지 아니하다."라고 규정하고 있으므로, 건축물의 하자를 원인으로 해서는 계약해제를 주장할 수 없으며, 이는 강행규정으로 보는 것이 통설이다.[9] 또한,

민법 제673조는 "수급인이 일을 완성하기 전에는 도급인은 손해를 배상하고 계약을 해제할 수 있다"고 규정하고 있는데, 그 반대해석상 도급인은 수급인이 일을 완성한 후에는 도급계약을 해제할 수 없다. 여기에 대법원 1995. 8. 22. 선고 95다1521 판결이 "건축공사의 도급계약의 해제에 있어서는 해제 당시 이미 그 공사가 완성되었다면, 특별한 사정이 있는 경우를 제외하고는 이제 더 이상 공사도급계약을 해제할 수는 없는 것"이라고 명시적으로 판시하고 있는 점을 종합하여 보면, 수급인의 파산관재인이 도급계약의 해제권이나 해지권을 행사할 수 없는 이상 수급인은 도급계약상 의무이행을 완료한 것이 되고, 따라서 파산법 제50조의 적용을 받지 않는다고 보는 것이 타당하다. 다만, 이 경우 파산자인 수급인의 도급인에 대한 공사잔대금채권은 파산재단 소속의 채권이 되고, 도급인의 수급인에 대한 하자보수에 갈음하는 손해배상채권은 파산채권이 되어 불합리한 것처럼 보이지만, 도급인은 파산채권인 하자보수에 갈음하는 손해배상채권을 자동채권으로 하고, 파산재단 소속 채권인 공사대금채권을 수동채권으로 하여 파산채권자로서 파산법 제89조에 의한 상계권을 행사하면 충분할 것이다.[10]

---

5) 일본 파산법은 우리나라 법 제341조와 같은 내용의 구 일본 파산법 제64조를 삭제하였다. 서울회생법원 재판실무연구회, 『법인파산실무』 제5판, 박영사(2019), 213면.
6) 박병대, 위의 책, 479면.
7) 윤재윤, 『건설관계분쟁법』 제7판, 박영사(2018), 672면.
8) 임채홍·백창훈, 『회사정리법』(상) 제2판, 한국사법행정학회(2002), 354면; 이균용, 위의 글, 498면.
9) 윤재윤, 위의 책, 170면.

10) 이균용, 위의 글, 500면.

[76] 공법적 법률관계와 쌍방미이행 쌍무계약의 법리

서경환(서울회생법원장)　　　　　　대법원 2021. 5. 6. 선고 2017다273441 전원합의체 판결

[사안의 개요]

피고(대전광역시)는 2011. 7. 6. D와 구 사회기반시설에 대한 민간투자법[1](이하 '민간투자법'이라 함)에 근거하여 대전 노은역 광장 지하주차장(이하 '이 사건 지하주차장'이라 함)의 건설 및 운영을 위한 실시협약(이하 '이 사건 실시협약'이라 함)을 체결하였다.[2] 이 사건 실시협약은 사회기반시설의 준공과 동시에 시설의 소유권이 국가 등에 무상으로 귀속되고, 사업시행자에게 일정기간의 관리운영권을 부여하여 자금회수를 허용하는 이른바 BTO(Build-Transfer-Operate) 방식의 민간투자사업을 내용으로 하고 있다.

D는 금융기관 C로부터 이 사건 실시협약과 관련하여 145억 원을 대출받으면서 이 사건 지하주차장 관리운영권에 관하여 C에게 근저당권을 설정해주었다(C는 2013. 11. 1. 파산선고를 받았고 원고가 파산관재인으로 선임되었다).

D는 이 사건 지하주차장을 운영하던 중 2014. 6. 5. 파산선고를 받았고(이하 '이 사건 파산'이라 함), D의 파산관재인은 2014. 7. 11. 채무자회생법 제355조 제1항에 기하여 피고에게 이 사건 실시협약 해지의 의사표시를 하였다. 원고는 2015. 3. 10. D의 파산관재인의 피고에 대한 '실시협약 해지시 정산금채권(106억 원)'에 관하여, 별제권자의 지위에서 채권 압류·전부명령을 받은 다음 피고를 상대로 전부금 지급을 구하는 이 사건 소를 제기하였다. 이에 대하여 피고는 이 사건 실시협약이 해지되지 않았으므로 D의 파산관재인에게 지급할 정산금채무가 존재하지 않는다고 다투었다.

제1심과 원심은 모두 이 사건 실시협약이 쌍방미이행 쌍무계약이 아니고, 쌍무계약이라 하더라도 부수적 채무를 불이행하고 있는 상태에 불과하므로 채무자회

[1] 2011. 3. 31. 법률 제10522호로 개정되기 전의 것.
[2] 원래 사업시행자는 A였는데, A가 시설을 완공하여 피고에게 소유권을 이전하여주고 시설을 운영하다가 D에게 관리운영권을 양도하였고, 이에 따라 D와 피고 사이에 새로 실시협약이 체결된 것이다.

생법 제335조 제1항에 의한 해지가 허용되지 않는다고 판단하여 원고의 청구를 기각하였다. 이에 대하여 원고가 상고하였다. 상고기각.

[판결요지]

1. [다수의견] 쌍무계약의 특질을 가진 공법적 법률관계에도 쌍방미이행 쌍무계약의 해지에 관한 채무자회생법 제335조 제1항이 적용 또는 유추적용될 수 있다. 쌍방미이행 쌍무계약으로 해지권을 행사할 수 있는지 여부를 판단함에 있어서 민간투자법의 입법취지와 그 공법적 특수성, 파산선고 당시 이 사건 실시협약의 진행 정도, 파산선고 당시 당사자들에게 남아 있는 구체적인 권리와 의무의 내용과 그 관계 등을 종합하여 판단하여야 한다. 그런데 ① 이 사건 파산 당시 D와 피고 사이의 법률관계는 상호 대등한 대가관계에 있는 법률관계라고 할 수 없고, ② D와 피고 사이의 법률관계 사이에 성립·이행·존속상 법률적·경제적으로 견련성이 없으며, ③ 오히려 피고가 이 사건 파산 이전에 이미 관리운영권을 설정해 줌으로써 이 사건 실시협약상 채무 이행을 완료하였다고 봄이 타당하다.

2. [별개의견] 이 사건 실시협약은 쌍방미이행 쌍무계약에 해당하지만, 민간투자법에 근거한 '공법상 계약'으로서, 파산을 이유로 이를 해지하는 것은 행정목적 달성을 어렵게 하여 공익에 대한 중대한 침해를 초래하므로, 채무자회생법 제335조 제1항이 유추적용될 수 없다.

3. [반대의견] 실시협약에 따라 사회기반시설을 준공하여 소유권을 주무관청에 귀속시키고 이를 운영할 '사업시행자의 의무'와 사업시행자에게 관리운영권을 설정해주고 이를 운영할 수 있도록 해줄 '주무관청의 의무'는 건설기간과 운영기간을 통틀어 서로 목적적 의존관계에 있는 채무를 부담한다는 점에서 쌍무계약의 특질을 가지고 있으므로, 쌍방미이행 쌍무계약의 법리는 이 사건 실시협약에도 적용되어야 한다.

[해설]

1. 쟁점

사업시행자가 민간투자 사업으로 주무관청과 실시협약을 체결한 다음 지하주차장 시설을 완공하여 주무관청에 소유권을 무상으로 이전하여 주고 장기간의 관리운영권을 설정받아 해당 시설을 운영하던 중에 파산한 경우에, 위 실시협약이 채무자회생법 제335조 제1항에서 정한 '쌍방미이행 쌍무계약'에 해당하여 사업시행자의 파산관재인이 이 조항에 따라 해지할 수 있는지 여부가 문제된다.

대법원 전원합의체는 이 쟁점에 관하여 다음의 세 가지 견해로 나뉘었다.

	다수의견	별개의견[3]	반대의견[4]
공법상 계약에 적용 가부	가능	불가능	가능
쌍방미이행 쌍무계약 여부	미해당	해당	해당
결론	해지불가	해지불가	해지가능

2. 공법상 계약과 제335조의 적용 가부

별개의견은 공법상 계약의 특수성에 비추어 채무자회생법 제335조가 이 사건 실시협약에 유추적용될 여지가 없다고 보았다.

그러나 공법상 계약에는 개별법에 특별한 정함이 없는 한 민법상 계약이나 법률행위 규정이 직접 적용된다고 보는 것이 타당하다. 채무자회생법은 명시적으로 공법적 성격을 가지는 여러 법률관계에 적용하거나 또는 적용을 배제하는 특별 규정을 두고 있는데, 공법상 계약에 대하여 채무자회생법 제335조의 적용을 배제하는 규정은 두고 있지 않다.[5]

---

3) 대법관 안철상.

4) 대법관 김재형, 박정화, 이흥구.

5) 채무자회생법은 2014년에 제335조 제3항을 신설하여 파산관재인이 '국가를 상대방으로 하는 방위력개선사업 관련 계약'을 해제·해지하고자 할 경우에는 방위사업청장과 협의하도록 규정하였는데, 공익상 목적으로 '사법상 계약(국가를 당사자로 하는 계약)'에 해당하는 방위력개선사업 관련 계약에 적용할 특칙을 두고 있음에도, '공법상 계약'에 대하여 제335조를 제한하는 특칙은 두고 있지 않다.

종래 하급심 법원의 도산실무도 공법상 계약이 쌍무계약의 성격을 가지는 경우에 채무자회생법 제335조를 적용해 왔다.[6]

비교법적으로 보아도 공법상 계약에 대하여 쌍방미이행 쌍무계약 법리의 적용을 제한하는 입법례는 찾아보기 어렵고, 이러한 특칙이 없으면 위 법리가 적용되는 것으로 보인다.[7]

따라서 쌍무계약의 특질을 가진 공법적 법률관계에도 쌍방미이행 쌍무계약의 해지에 관한 채무자회생법 제335조 제1항이 적용 또는 유추적용될 수 있다는 대상판결의 판시는 타당하다.

3. 이 사건 실시협약이 쌍방미이행 쌍무계약에 해당하는지 여부

다수의견은 이 사건 실시협약이 D의 파산 당시 쌍방미이행 쌍무계약에 해당하지 않아 파산관재인이 이를 해지할 수 없다고 판단하였다. 아래에서는 다수의견의 판단 논거와 이에 대한 반대의견(별개의견)의 비판적 견해를 함께 살펴본다.

가. 대등한 대가관계에 있는 쌍방 의무의 존부

다수의견은 이 사건 실시협약의 관리·운영 단계에서 정한 쌍방이 부담하는 의무가 존재하더라도,[8][9] 이는 민간투자법에 의하여 법률상 부과되는 것이거나, 관리운영권이라는 물권이 부여됨에 따라 이를 방해하지 않

---

6) 대전지방법원 2014하합7, 서울회생법원 2017하합100011 사건에서 모두 법원은 공법상 계약이라고 볼 수 있는 민간투자법에 의한 실시협약에 대하여 제335조를 적용한 파산관재인의 해지권 행사를 허가해주었다.

7) 미국에서는 연방파산법 제365조 (c)항에서 '개별 법률'이 계약당사자 지위의 양도금지를 정하고 있는 정부계약(government contract) 등에 대하여는 관재인이 '이행'을 선택할 수 없다는 규정을 두고 있는데, 이는 관재인이 이러한 '개별 법률의 제한'이 없는 정부계약에 대하여는 당연히 미이행 쌍무계약의 법리를 적용할 수 있다는 것을 전제한다. C.J.Tabb, Law of Bankruptcy(4th ed.)(2016), 850~851면.

8) 피고의 의무로는 ① 운영기간 동안 D가 부지 및 사업시설을 무상으로 사용·수익하게 할 의무, ② 일정한 사유가 발생한 경우에 총 사업비를 변경하거나 주차요금을 조정하는 데 협조하여야 할 의무, ③ D의 요청이 있을 경우 지체 없이 주차단속을 실시할 의무, ④ D에 대한 감독의무 등.

9) D의 의무로는 ① 법령준수의무, ② 시설유지관리 및 운영의무, ③ 운영계획제출의무 등.

아야 할 소극적 의무를 재확인한 것에 불과하거나, 가정적 상황에서 발생하는 부수적인 채무에 해당하여 그 의무들 사이에 '대등한 대가관계'를 인정하기 어렵다고 보았다.

그러나 D(사업시행자)가 운영기간 동안 이 사건 지하주차장을 유지·관리하면서 운영할 의무는 이 사건 실시협약 체결 당시 그 성립 여부를 좌우하는 중요한 요인으로 실시협약의 본질적 내용에 해당한다. 피고(주무관청)도 이 사건 실시협약상 약정된 운영기간의 만료일까지 D에 대해 관리운영권 설정을 통한 사용·수익을 보장하여 이 사건 지하주차장의 이용자들로부터 사용료를 징수할 수 있도록 함으로써 건설기간 동안 D가 투입한 비용과 이 사건 지하주차장의 소유권 취득에 대한 대가적 급부를 이행한다.

실시협약의 관리·운영 단계와 유사한 법률구조를 가진 임대차계약과 비교하여 보더라도 다수의견의 논거는 의문이다. 임대차계약(실시협약)에서 임대인(주무관청)이 임차인(사업시행자)에게 사용·수익권을 부여하고 목적물을 인도한 것만으로 임대인의 의무 이행이 완료된 것은 아니며, 임차인이 목적물을 사용·수익하게 할 의무는 계약기간 내내 지속된다. 계약기간 중 임차인이 파산한 경우 파산관재인은 제335조 제1항에 의하여 해지할 수 있다.

특히 다수의견은 이 사건 지하주차장의 유지관리의무는 D가 피고와 함께 일반 국민에 대하여 부담하는 의무이므로 '대가관계'를 구성하지 않는다고 설명하고 있는데, 이러한 논리는 공법의 논리와 도산법의 논리가 혼합된 생소한 것으로서 찬동하기 어렵다. 오히려 별개의견처럼 솔직하게 쌍방미이행 쌍무계약에는 해당하지만 공법상 계약으로서 행정목적 달성을 위하여 D의 파산관재인의 해지를 허용할 수 없다는 설명이 논리적으로 일관성 있어 보인다.

나. 피고의 의무이행 완료와 견련성 유무

다수의견은 민간투자법의 실시협약에서 사회기반시설사업의 '시행' 단계[10]와 '관리·운영' 단계[11]를 명백히 구별하여 논리를 전개한다. 먼저, '시행' 단계에서 예정된 D와 피고의 각 의무(이 사건 지하주차장의 공사와

준공, 기부채납)의 이행은 모두 완료되었으므로 쌍방 의무의 견련성이 없다. 다음으로, '관리·운영' 단계에서 피고의 의무는 D에게 관리운영권을 설정함으로써 원칙적으로 종결되었고, 나머지 피고의 의무는 주무관청으로서 갖는 책무이거나, 국민들에 대한 의무이거나, 관리운영권을 방해하지 않을 소극적인 의무에 불과하므로, 이 사건 파산 당시 피고의 D에 대한 의무이행은 이미 완료되었다고 설명한다.

그러나 영리기업인 사업시행자로서는 해당 시설의 관리운영권을 보장받지 못한다면 자기의 비용으로 시설을 준공하거나 그 준공시설의 소유권을 무상으로 주무관청에 이전해 줄 이유가 없다. 민간의 투자를 받아 사회기반시설을 확충·운영한다는 민간투자사업의 개념에 비추어 보더라도, 이 사건 실시협약은 시행 단계와 관리·운영 단계가 서로 유기적으로 밀접하게 관련되어 있는 하나의 계속적 계약으로 보아야 한다는 반대의견이 설득력 있다.

다수의견의 논리를 확대하면, 하나의 계약이라도 인위적으로 그 이행 단계별로 분리하여 대가성·견련성을 따로 평가할 수 있다는 것인데, 이는 제335조에서 쌍방미이행 쌍무계약의 해지권을 부여한 입법 취지와는 어울리지 않는다.

다. 도덕적 해이의 문제

다수의견이 앞에서 본 바와 같이 이론적 완결성이나 설득력이 다소 부족함에도 불구하고 단호하게 D의 파산관재인의 해지를 허용하지 않는 배경에는 정책적 판단이 중요하게 작용하지 않았을까 추측해본다.

다수의견은 이 사건 실시협약에 "이 사건 지하주차장의 운영실패 등에 따른 위험은 사업시행자가 부담한다"는 점이 반복하여 명시되어 있음에도 불구하고, 파산관재인이 채무자회생법에 따라 해지할 수 있다면, 파산절차를 통해 사회기반시설의 운영 위험이 사업시행자에서 국가 등으로 이전되는 부당한 문제가 발생함을 염려하고 있다. 궁극적으로 사업시행자 및 사업시행자의 채권자들이 사회기반시설의 운영 위험에 무관심해지고, 운영부진 시 파산절차를 이용하여 국가 등으로부터 일시에 비용을 회수하려고 시도하게 될 우려가 있어 민간투자사업 전반에 막대한 도덕적 해이를 유발한다는 것이다.

---

10) BTO 방식의 경우 Build 및 Transfer 단계.
11) BTO 방식의 경우 Operate 단계.

그러나 다수의견은 채무자회생법 제335조 제1항에 따라 이 사건 실시협약이 해지되면 무조건 실시협약에 정한 해지 시 지급금(정산금) 전부의 지급의무가 발생하는 것을 전제로 하여 도덕적 해이를 논하고 있다. 이는 잘못된 전제로서, 파산관재인에 의하여 실시협약이 해지되었다 하더라도 구체적인 정산 범위는 새로이 구체적인 심리를 진행하여 확정할 문제이다. 이러한 정산 단계에서 다수의견이 염려하는 도덕적 해이도 고려하여 적정한 산정방식을 도출하면 충분하다.

또한 다수의견은 '파산채무자'의 도덕적 해이와 '파산관재인'의 도덕적 해이를 동일시하는 듯한 설시를 보여준다. 이 사건 주차장의 운영부진을 초래한 것은 파산채무자 D이고, D의 파산관재인은 D의 운영진과는 전혀 무관한 중립적인 인물로서 총 파산채권자에 대한 선관의무를 부담하는 자이다. 파산채무자의 도덕적 해이가 우려된다는 이유로 파산관재인의 권리를 제한한다는 발상은 채무자회생법과 도산제도의 존재이유 자체를 부정할 수도 있는 것이다.

한편 이 사건 실시협약은 '사업시행자의 귀책사유'로 중도 해지되는 경우에도 최소한 '기투입 민간투자자금'만큼을 보전해 주기로 약정하였다.[12] 이는 주무관청이 '무상으로' 이 사건 지하주차장의 소유권을 취득하였음을 고려하여 최악의 경우에도 자기의 비용으로 시설을 준공한 사업시행자에게 적어도 이미 투입한 비용만큼은 보전해 주고자 한 것이다.

그렇다면 역으로, '주무관청'의 도덕적 해이도 생각해볼 수 있다. 이미 준공에 막대한 자금이 요구되는 사회기반시설을 무상으로 취득한 주무관청 입장에서는 해지 시 최소한의 '기투입 민간투자자금'도 보전해 줄 의사나 여력이 없어서 상대방이 파산하였음에도 불구하고 자신이 보유하는 해지권을 행사하지 않고 방치할 수도 있다.[13] 상당한 선 투하 자금을 회수하여야 하는 사업시행자(이미 파산에 이른 경우에는 사업시행자의 대주단 채권자들)의 조급한 입장과 달리 주무관청의 입장은 다소 느긋할 수도 있다.

무엇보다도 파산관재인의 해지권을 불허한 다수의견의 결론은 '일반 공중'에게 피해를 입힐 우려가 있다. 법인이 파산선고를 받으면 해산되고 새로 선임된 파산관재인은 최소한의 운영 인력인 보조인들의 도움을 받아 파산재단의 관리처분을 맡게 된다. D의 파산관재인 입장에서 이 사건 지하주차장을 관리·운영할 조직도 인원도 자금도 부족하다. 주무관청이 사업시행자의 파산에도 불구하고 스스로 보유하는 해지권을 행사하지 않으면서, 파산관재인의 해지권 행사에도 응하지 않는 경우, 이 사건 지하주차장의 운영이 중단되고, 시설이 방치되며 부실화되어 일반 공중에게 돌아가는 피해는 어떻게 해결되어야 할 것인가.

4. 대상판결 판시의 적용범위

다수의견은 대상판결의 판시가, 민간투자법상 실시협약의 사업시행자가 파산한 경우에 대한 '일반 법리'를 선언한 것이 아님을 밝히고 있다. 즉, 이 사건 실시협약에 따라 D가 이 사건 지하주차장을 운영하고 있는 '구체적인 사실관계' 아래서 D의 파산관재인이 해지권을 행사할 수 없다고 결론을 내린 것에 불과하다는 것이다.

유사한 쟁점의 사건으로 '의정부경전철' 사건이 있다. 의정부경전철 사업시행자가 의정부시와 실시협약을 체결하고 경전철 사업시설을 완공하여 의정부시에 기부채납한 후 관리운영권(30년)을 취득하여 운영하다가 이용객 부족과 적자 누적으로 5년 만에 파산이 선고되었다.[14] 파산관재인이 의정부시를 상대로 제335조 제1항에 의하여 해지권을 행사하고 해지 시 정산금의 지급을 구하는 소송을 제기하였는데, 대상판결과 달리 제1심에서 사업시행자가 승소하였고,[15] 현재 서울고등법원에 항소심 계속중이다.[16] '의정부경전철' 사건은 의정부시가 사업시행자에 대하여 '최소수입 미달 분을 보전'하기 위하여 재정적으로 지원하는 조항이 실시협약에 포함되어 있다는 점에서 대상판결과는 사안이 다르다. 즉, '의정부경전철' 사건에서는 실시협약의 관리·운영 단계에 이르렀다고 하더라도 의정부시에게 '미이

---

12) 이 사건 실시협약 제60조 제1항, 별표 11.

13) 이 사건 실시협약에서 '피고'는 사업시행자의 파산을 이유로 협약을 해지할 수 있도록 정하고 있다(제53조 제1항 제3호, 제58조 제1항).

14) 서울회생법원 2017하합100011.

15) 의정부지방법원 2019. 10. 16. 선고 2017가합55060 판결.

16) 서울고등법원 2019나2052806.

행된 의무'가 남아있기 때문에 파산관재인이 제335조
제1항에 의하여 해지권을 행사할 수 있다고 볼 여지가
남아있다.

[77] 파산선고 전의 원인으로 인한 국세나 지방세에 기하여 파산선고 후에 발생한 가산금, 중가산금이 재단채권에 해당하는지 여부

최성문(의정부지방법원 파산관재인(변호사))　　　대법원 2017. 11. 29. 선고 2015다216444 판결

[사안의 개요]

C아파트의 신축사업을 진행한 A회사가 부가가치세 등 국세를 체납하자 Z세무서가 위 아파트 중 일부를 압류하였고, A회사는 2010. 11. 23. 서울중앙지방법원으로부터 파산을 선고받았으며 파산관재인으로 Y가 선임되었다. Y는 A회사 소유인 위 아파트 신축사업 부지, C아파트 건물 등을 F회사에 일괄매각하고 매매대금을 수령하면서 같은 날 F회사에 대하여 위 아파트 신축사업 부지 및 C아파트 건물 전체에 관한 소유권이전등기를 마쳐주었으며, 같은 날 Z세무서는 Y에게 체납세액에 관한 교부청구를 하였다. Y는 파산법원의 허가를 얻어 위 교부청구액 중 일부(납세의무 성립일이 파산선고일 이전인 세액의 본세 부분과 위 본세 부분에 관하여 파산선고일 이전에 발생한 가산금[1])을 합한 금액)을 Z세무서에 납부하고, 재단채권에 해당하는 세금을 모두 변제하였으므로 위 아파트에 관한 압류를 해제하여 줄 것을 요청하였으나, Z세무서는 2013. 4. 18. Y에게 국세 체납액이 남아있어 압류를 해제할 수 없다고 회신하였다. 이에 Y는 위 매매계약의 매수인 F회사를 위하여 2013. 12. 5. 체납세액 중 나머지 조세 부분을 납부하였고 Z세무서는 압류를 해제하였는데, 법률상 원인 없이 '재단채권이 아닌' 후순위 파산채권 등을 변제받은 것이라는 이유로 Y는 국가를 상대로 하는 부당이득반환청구의 소를 서울중앙지방법원에 제기하였다. 위 법원은, 파산선고 이후 발생한 가산금 채권이 재단채권에 해당하지 않는다고

인정하였지만, 가산금 채권을 변제받을 법률상 원인이 존재한다는 점 등을 들어 부당이득반환의무 및 손해배상책임은 인정되지 않는다는 이유로 Y의 청구를 기각하였다. 이에 Y가 항소하였고, 서울고등법원은 파산선고 이전에 발생한 체납세액에 관하여 파산선고 후에 발생한 가산금이 채무자회생법 제473조 제4호의 재단채권에 해당된다는 이유로, 나머지 가산금 채권은 위 제1심 판결과 마찬가지로, 항소를 기각하였다. 이에 Y가 상고하였다.

[판결요지]

'국세징수법 또는 지방세기본법에 의하여 징수할 수 있는 청구권' 중 파산선고 전의 원인으로 인한 청구권은 파산재단에 관하여 생긴 것인지 여부를 불문하고 모두 재단채권에 해당하는 것으로 규정하면서도, 채무자회생법 제446조 제1항 제2호의 규정에 의한 후순위파산채권('파산선고 후의 불이행으로 인한 손해배상액'에 해당하는 것)을 제외한다는 내용이 추가된, 채무자회생법 제473조 제2호가 '파산재단에 관하여 파산관재인이 한 행위로 인하여 생긴 청구권'을 재단채권으로 규정하는 동법 제473조 제4호보다 우선적으로 적용되어야 하므로, 파산선고 전의 원인으로 인한 국세나 지방세에 기하여 파산선고 후에 발생한 가산금 및 중가산금은 후순위 파산채권으로서 재단채권에서 제외된다. 파기환송(이후 파기환송심에서 화해권고 결정으로 종료되었다).

[해설]

1. 문제의 소재

"국세징수법 또는 지방세기본법에 의하여 징수할 수 있는 청구권(국세징수의 예에 의하여 징수할 수 있는 청구권으로서 그 징수우선순위가 일반 파산채권보다 우선하는 것을 포함하며, 제446조의 규정에 의한 후순위파산채권을 제외한다). 다만, 파산선고 후의 원인으로 인한 청구권은 파산재단에 관하여 생긴 것에 한한다."라고 규정함으로써

---

[1] 국세징수법에 따른 가산금과 국세기본법에 따른 납부불성실가산세를 납부지연가산세로 통합하고 가산금제도를 폐지하는 것으로 국세징수법 및 국세기본법(제47조의4 신설)이 2018. 12. 31. 개정되어 2020. 1. 1.부터 시행되고 있으므로, 가산금(납부기한이 지난 날부터 체납된 국세의 100분의 3) 및 중가산금[납부기한이 지난 날부터 매 1개월이 지날 때마다 체납된 국세의 1천분의 12에 상당하는 금액을 위 (일반) 가산금에 가산하여 징수하되 납세고지서별·세목별 세액이 100만원 미만인 경우는 제외] 모두 '납부불성실가산세'로 칭함이 맞다고 사료된다. 그러나 이하에서는 편의상 가산금 및 중가산금으로 칭하고자 한다.

'파산선고 후의 불이행으로 인한 손해배상액 및 위약금'과 같은 후순위 파산채권을 재단채권의 범위에서 명시적으로 제외하는 채무자회생법 제473조 제2호와 달리, 구 파산법(2005. 3. 31. 법률 제7428호로 폐지되기 전의 것) 제38조 제2호는 "국세징수법 또는 국세징수의 예에 의하여 징수할 수 있는 청구권. 단, 파산선고 후의 원인으로 인한 청구권은 파산재단에 관하여 생긴 것에 한한다."라고만 규정함으로써 파산선고 전의 원인으로 발생한 국세나 지방세이기만 하면 그 조세에 관하여 발생한 가산금은 파산선고 전후를 불문하고 재단채권으로 인정되었다.

구 파산법이 폐지되고 채무자회생법이 신설되면서 본세가 파산선고 전에 발생하였더라도 가산금 중 파산선고 이후에 발생한 부분이 후순위 파산채권에 해당됨으로써 재단채권에 포함되지 않는 것으로 해석하게 되었지만, 한편 채무자회생법 제473조 제4호의 ''파산재단에 관하여 파산관재인이 한 행위로 인하여 생긴 청구권'에도 해당될 여지가 있어서 제473조 제2호와 동조 제4호의 관계가 문제되었다. 만약 후자가 우선한다고 해석한다면, 파산선고 이후에 발생한 가산금은 동법 제473조 제2호 본문 중 괄호 부분에 의하여 재단채권에서 배제되더라도 동조 제4호에 의하여 재단채권에 포함될 수 있게 되기 때문이다.

2. 대상판결의 논거

대상판결은, ① 파산선고 전의 원인으로 인한 국세나 지방세에 기하여 파산선고 후에 발생한 가산금·중가산금은 후순위파산채권인 채무자회생법 제446조 제1항 제2호의 '파산선고 후의 불이행으로 인한 손해배상액'에 해당하는 것으로 보아야 한다는 점과 ② '파산재단에 관하여 파산관재인이 한 행위로 인하여 생긴 청구권'을 재단채권으로 규정하는 채무자회생법 제473조 제4호를 파산관재인이 파산재단의 관리처분권에 기초하여 직무를 행하면서 생긴 상대방의 청구권에 관한 일반규정으로, 동조 제2호를 '국세징수법 또는 지방세기본법에 의하여 징수할 수 있는 청구권' 및 '국세징수의 예에 의하여 징수할 수 있는 청구권으로서 그 징수우선순위가 일반 파산채권보다 우선하는 것'만을 적용대상으로 하는 특별규정으로 각각 해석하여 특별규정인 동조 제2

호가 일반규정인 동조 제4호에 우선하여 적용되어야 한다는 점을 각각 논거로 삼고 있는 것으로 보았다.

3. 검토

먼저 파산선고 전의 원인으로 인한 국세나 지방세에 기하여 파산선고 후에 발생한 가산금·중가산금(이하 '파산선고 후 가산금 등'은 후순위파산채권인 채무자회생법 제446조 제1항 제2호의 '파산선고 후의 불이행으로 인한 손해배상액'에 해당한다고 판단하였던 부분은, 가산금 및 중가산금이 "국세가 납부기한까지 납부되지 않는 경우, 미납분에 관한 지연이자의 의미로 부과되는 부대세의 일종"이라는 점을 전제로 한 것으로서 대법원은 90누2833 판결 등에서 가산금 등을 부대세에 해당한다고 판단한 바 있었으며, ①별도의 부과처분 없이 기간의 경과에 따라 국세기본법 및 지방세기본법 규정에 따라 자동적으로 가산되는 점, ②헌법재판소 2006헌가6 등 사건의 비법정의견이 지적하였던 것처럼 파산선고 후의 가산금 채권을 재단채권에 포함시키는 것이 일반채권의 지연이자가 파산법상 후순위채권인 것과 비교할 때 채권등질화의 기본 원칙에 반할 수 있는 점,[2] ③ 파산선고 전의 원인으로 인한 조세채권은 본래 파산채권이어야 할 것이나 조세 등의 징수를 확보하기 위한 정책적인 목적으로 재단채권으로 규정[3]하였던 점 등을 고려하면 타당한 해석이라 할 것이며,[4] 실무 또한 후순위파산채권으로 해석하는 입장인 것으로 보인다.[5]

그 다음으로, 제473조 제2호와 동조 제4호를 특별규정과 일반규정으로 해석하여 전자가 우선한다고 보았

---

2) 한편 후순위파산채권에 해당하는 경우를 제2호의 재단채권에서 제외하지 않았던 구 파산법 제38조와 관련하여 헌법재판소가 2008. 5. 29. 선고하였던 2006헌가6, 11, 17(병합) 사건에서 재판관 5인의 위헌 의견이 있었으나, 위헌결정 선고에 필요한 정족수에 미달하여 합헌 결정이 선고되었다.

3) 서울중앙지방법원 파산부 실무연구회, 『법인파산실무』제4판, 박영사, 2014, 349면.

4) 물론 채무자회생법 제446조 제1항 제2호에서 가산금을 직접적으로 언급하지 않았고, 가산금이 사법(私法)상 이자 또는 지연손해금과 일부 유사한 측면이 있더라도 계산 기간 등의 차이로 인하여 양자를 동일시하는 것의 곤란하다는 이유로 파산선고 후 가산금 등을 재단채권으로 해석해야 한다는 견해들도 있다. 김완석·정지선, 「기업의 도산 관련 조세제도에 관한 연구」, 한국조세연구원, 2010, 61~62면.

5) 서울중앙지방법원 파산부 실무연구회, 전게서, 349~350면.

던 부분도 결론적으로 대상 판결의 입장이 타당하다 할 것이다. 왜냐하면 위 제4호의 "파산재단에 관하여 파산관재인이 한 행위"에는 파산관재인이 직무와 관련하여 부담하는 채무의 불이행도 포함되고,[6] 파산선고 후 파산관재인이 직무상 부담하는 채무 중에 파산선고 전의 원인으로 발생하였던 조세 채무의 변제가 속하기에 그 불이행으로 인하여 발생하는 가산금 등도 채무의 불이행으로 인한 위 제4호의 재단채권의 개념에 포섭될 수 있으며, 가산금 등에 관한 한 파산관재인의 직무상 의무 불이행으로 인한 일반적인 효과를 규정한 위 제4호에 비하여 파산선고 전의 원인으로 발생한 본세를 납부하지 아니하여 발생한 가산금의 재단채권 해당 여부를 규정한 위 제2호가 특별규정이 되기 때문이다.[7][8]

그 외에도, 채권신고기간 및 채권조사기일을 파산선고 당시에 지정하지 않고 일단 보류해 두었다가 파산재단 수집의 성과에 따라 파산채권자에 대한 배당이 가능하게 될 때 비로소 채권조사기일 등을 개최하는 방식으로 운영되고 있는, 개인파산 및 일부 법인파산 사건의 경우에 파산선고 후 매일 발생하고 있을 수 있는 가산금까지 재단채권에 해당되는 것으로 본다면 배당 가부를 가늠하기가 어려워지게 되어[9] 절차 진행이 곤란해질 수 있는, 현실적인 측면을 고려할 때 위 대상 판결이 타당하다고 사료된다.[10]

---

6) 대법원 2014. 11. 20. 선고 2013다64908 전원합의체 판결.
7) 같은 취지 : 이주헌(2018. 6. 4.), 「세법상 가산금의 파산절차 내에서의 지위」, 법률신문, 4면.
8) 견해를 달리하여 동조 제2호가 우선 적용되어야 할 특별규정이 아니라고 보더라도, 재단채권으로서의 조세를 금전으로 변제해야 하는 점을 감안하면 파산선고 후 파산재단을 현금화하기까지 소요되는 기간을 무시하고 파산선고시부터 파산관재인의 직무상 의무 불이행이 있었다고 보아 그 후의 가산금을 모두 재단채권화하는 것도 부당한 측면이 있다고 사료된다.
9) 채권조사 일반기일이 종결된 후에 뒤늦게 파산채권이 신고됨으로써 특별조사기일이 개최되거나 환가 가능한 소액의 재산이 새로 발견되어 환가에 시일이 소요되는 경우 등 채권조사기일 종결 후 최후배당까지의 기간이 늘어나게 되면, 파산선고 후 발생한 가산금도 배당이 지연된 기간만큼 늘어나게 되어 채권조사 절차를 진행하고도 사후적으로 발생한 '재단채권 초과'로 인하여 배당을 실시하지 못하게 되어 채권신고를 위하여 파산채권자들이 기울였던 노력 및 비용을 무위로 만들 수 있다.
10) 만약 파산선고 후 가산금 등까지 재단채권에 해당하는 것

으로 해석한다면, 국가 및 지방자치단체의 공백 없는 조세 징수로 인하여 공공재정이 더욱 확충될 수 있고, 조세채권을 비면책채권으로 규정한 채무자회생법 제556조 단서 제1호로 인하여 면책을 받은 개인채무자에게 면책 후 잔존하게 되는 조세 채무가 경감되어 경제적 갱생에 보다 유리하게 되며, 법인의 파산 절차 종료 후 잔존 조세채무에 관한 책임에 직면하게 되는 과점주주 등 제2차납세의무자의 부담을 덜어주는 효과를 기대할 수 있다. 하지만 비교적 후순위인 (일반) 파산채권자들의 배당 가능성이 더욱 낮아지게 될 수 있기에 채무자의 재산을 전체 채권자에게 공평하게 분배하고자 하는 파산제도의 본래 목적에 어긋날 수 있다는 문제점을 안고 있다.

[78] 재단채권자의 특정채권을 피보전권리로 하는 채권자대위권 행사 허부

이재희(서울고등법원 부장판사)   대법원 2016. 4. 15. 선고 2013다211803 판결

[사안의 개요]

원고는 C 주택 소유의 포항시 북구 두호동 ○○○ 포함 13필지 2,232㎡ 등 지상에 공동주택 신축사업을 시행하기로 하고, 1995. 6. 15. C 주택과 위 토지를 76억 2,110만 원에 매수하는 내용의 매매계약을 체결하고, 1995. 6.경까지 50억 원 상당의 매매대금을 지급하였다. 원고는 위 토지의 매매에 따른 세금부담 때문에, 1997. 9. 30. C 주택과 위 매매계약을 합의해제하고 위 공동주택 신축사업의 사업주체에 C 주택을 포함하는 등의 내용으로 공동사업 기본약정을 체결하는 한편, 1997. 10. 28. 포항시장으로부터 사업주체를 '원고, C 주택, 주식회사 J'로, 시공자를 '원고'로, 사업부지를 '포항시 북구 두호동 ○○○ 외 35필지 60,726㎡'로 하여 그 지상에 '포항○○신천지타운' 공동주택을 신축하기로 하는 내용의 주택건설사업계획승인을 받았다.

C 주택은 1997. 11. 26. 피고와 C 주택이 제공한 사업부지 중의 일부인 이 사건 각 토지에 관하여 포항○○신천지타운의 분양보증을 신탁목적으로 하는 신탁계약을 체결하고, 1997. 12. 16. 이 사건 신탁계약을 원인으로 하여 피고 명의의 소유권이전등기를 마쳤다.

포항○○신천지타운 신축사업이 진행되는 과정에서, C 주택은 2003. 12. 23. 대구지방법원으로부터 파산선고를 받았고, 이 사건 각 토지는 2004. 2. 13.경 분할되면서 위 사업부지에서 제외되었다.

원고와 파산자 C 주택의 파산관재인은 사업부지에서 제외된 이 사건 각 토지의 소유권이전 및 사업과정에서 발생한 비용 등에 관한 정산을 위하여, 2004. 10.경 'C 주택은 원고로부터 부가가치세 대납금 등을 포함하여 합계 약 11억 원을 지급받고 그와 동시에 원고에게 이 사건 각 토지를 포함한 13필지 토지의 소유권을 이전한다'는 내용의 약정을 체결하였고, 이후 파산자 C 주택의 파산관재인은 이 사건 각 토지 등의 소유권이전에 관하여 파산사건이 계속 중인 관할법원의 허가를 받았다.

원고는 이 사건 매매약정에서 정한 금액을 모두 지급하였고, 이 사건 매매약정에 정해진 부동산 중 이 사건 각 토지를 제외한 나머지 9필지의 토지에 관하여 원고 명의의 소유권이전등기가 마쳐졌다. 원고는 이 사건 매매약정에 따른 이 사건 각 토지에 관한 소유권이전등기 청구권의 보전을 위하여 파산자 C 주택의 파산관재인을 대위하여 피고에 대하여 이 사건 신탁계약의 종료를 원인으로 하여 이 사건 각 토지에 관한 신탁등기말소 및 파산자 C 주택 앞으로의 소유권이전등기 절차의 이행을 구하는 이 사건 소송을 제기하였다.

제1심은 원고의 채권자대위권 행사가 적법함을 전제로 원고 승소 판결을 선고하였으나, 원심은 피대위채권인 'C 주택의 피고에 대한 이 사건 각 토지에 관한 소유권이전등기청구권'은 파산자 C 주택의 파산재단에 속하므로, 그 재산의 정리는 파산관재인이 파산절차에 의해서 행하는 것이 마땅하고, 원고가 파산절차에 의하지 아니하고 파산관재인의 권리를 대위행사하여 피고에게 위 각 등기절차의 이행을 구할 법률상의 지위에 있다고 할 수 없다는 이유로, 원고의 이 사건 소를 각하하는 판결을 선고하였다. 이에 원고가 대법원에 상고를 제기하였다. 파기환송.

[판결요지]

특정채권을 가진 재단채권자가 자기의 채권의 현실적인 이행을 확보하기 위하여 파산재단에 관하여 파산관재인에 속하는 권리를 대위하여 행사하는 경우, 그것이 파산관재인의 직무 수행에 부당한 간섭이 되지 않는 등 파산절차의 원만한 진행에 지장을 초래하지 아니하고, 재단채권 간의 우선순위에 따른 변제 및 동순위 재단채권 간의 평등한 변제 등과 무관하여 다른 재단채권자 등 이해관계인의 이익을 해치지 않는다면, 파산재단의 관리처분권을 파산관재인의 공정·타당한 정리에 일임한 구 파산법의 규정취지에 반하지 아니한다. 따라서 특별한 사정이 없는 한, 이와 같은 재단채권자의 채권자

대위권 행사는 법률상 허용된다고 봄이 상당하다.

[해설]

1. 문제의 소재

이 사건에서는 먼저 원고의 피보전채권(이 사건 매매약정에 따른 이 사건 각 토지에 관한 소유권이전등기청구권)의 법적 성격, 즉 파산채권인지, 재단채권인지가 쟁점이 된다. 다음으로 원고의 피보전채권을 재단채권으로 보더라도 원고가 위 채권의 보전을 위하여 파산관재인이 갖는 권리를 대위하여 행사하는 것이 허용되는지 여부가 또 다른 쟁점이다.[1]

2. 원고의 피보전채권의 법적 성격

채권자가 파산재단으로부터 변제받기 위해 가지는 권리는 크게 '파산채권'과 '재단채권'으로 나눌 수 있다. '재단채권'은 파산절차에 의하지 아니하고 파산재단으로부터 수시 변제받을 수 있는 채권이다. '재단채권'은 법률에 명시적인 규정이 있는 경우에만 인정되는데, 구 파산법이나 채무자 회생 및 파산에 관한 법률(이하 '채무자회생법')이 '재단채권'으로 정한 것은 주로 파산재단의 관리·처분·배당 등의 절차로 인한 비용으로, 원칙적으로 파산선고 후에 파산재단에 관하여 생긴 청구이다. 다만 조세채권, 임금채권 등과 같이 정책적·공익적 이유에서 파산선고 전후를 불문하고 재단채권으로 규정한 것이 있다. '재단채권'은 파산절차에 의하지 아니하고 수시로 변제하고(구 파산법 제40조), 파산채권보다 먼저 변제한다(구 파산법 제41조). 재단채권자는 직접 파산관재인에게 변제를 요구할 수 있고 파산관재인을 상대로 이행소송을 제기할 수 있지만(대법원 2001. 12. 24. 선고 2001다30469 판결 참조), 파산재단에 대하여 강제집행을 할 수는 없다(대법원 2007. 7. 12.자 2006마1277 결정 등 참조). 구 파산법 제38조 제4호가 '파산재단에 관하여 파산관재인이 한 행위로 인하여 생긴 청구권'을 '재단채권'으로 규정한 취지는 파산관재인이 파산재단의 관리처분권에 기초하여 그 직무를 행하면서

1) 위 각 쟁점에 관한 자세한 설명은 '재단채권자가 자신의 채권을 보전하기 위하여 파산재단에 관하여 파산관재인에 속하는 권리를 대위하여 행사하는 것이 허용되는지 여부'(김희중, 대법원판례해설, 제107호, 2016년상, 402면 이하) 참조.

생긴 상대방의 청구권을 수시로 변제하도록 하여 이해관계인을 보호함으로써 공정하고 원활하게 파산절차를 진행하기 위한 것이다. 파산선고 후 파산관재인의 행위로 인하여 계약책임, 불법행위책임이 생기는 경우 모두 파산재단의 책임이 병행하여 성립할 수 있고, 그 근거가 구 파산법 제38조 제4호라고 할 수 있다. 파산관재인이 행한 소비대차, 임대차, 위임, 도급, 화해 등에 의하여 상대방이 취득한 채권뿐만 아니라 파산관재인의 불법행위로 인하여 상대방이 취득한 손해배상청구권 등이 이에 해당하고, 파산관재인이 직무와 관련하여 부담하는 채무의 불이행으로 인한 손해배상청구권도 포함된다고 해석된다(대법원 2014. 11. 20. 선고 2013다64908 전원합의체 판결 참조).

원고와 파산자 C 주택의 파산관재인은 '포항○○신천지타운' 신축사업이 실질적으로 종료된 후에 이 사건 각 토지에 관한 정산을 위하여 이 사건 매매약정을 체결하였고, 파산자 C 주택의 파산관재인은 위 약정에 관하여 파산법원의 허가를 받았는바, 이러한 파산자 C 주택의 파산관재인의 법률행위는 파산재단에 속하는 재산을 환가하기 위한 것으로서 파산재단에 관하여 한 행위로 볼 수 있다. 따라서 원고가 이 사건 매매약정에 따라 가지는 소유권이전등기청구권은 구 파산법 제38조 제4호 소정의 '파산재단에 관하여 파산관재인이 한 행위로 인하여 생긴 청구권'에 해당하여 재단채권으로 봄이 타당하다.

3. 채권자의 채권자대위권 행사 가능 여부

민법 제404조 제1항은 "채권자는 자기의 채권을 보전하기 위하여 채무자의 권리를 행사할 수 있다. 그러나 일신에 전속한 권리는 그러하지 아니하다."고 규정하고 있다. 대법원판례는 피보전채권이 금전채권인 경우뿐만 아니라, 일정한 요건 아래 소유권이전등기청구권을 포함한 금전채권 이외의 청구권을 피보전채권으로 한 채권자대위권 행사를 인정하고 있다. 금전채권 또는 금전채권으로 전화될 채권을 보전하기 위하여 채권자대위권이 인정되는 경우를 채권자대위권 제도의 본래 목적과 기능(책임재산의 확보·보전)에 부합하는 것이라는 의미에서 '본래형'이라고 하고, 금전채권 이외의 채권(이른바 특정채권 또는 비금전채권)을 피보전채권으로 하

는 경우를 채권자대위권 제도의 본래 목적과 기능을 벗어난 확대적용이라는 의미에서 '전용형'이라고 부르기도 한다.

가. 피보전채권이 금전채권인 경우(본래형)

구 파산법에 관한 대법원판례는 파산채권자가 파산자에 대한 채권을 보전하기 위하여 파산재단에 관하여 파산관재인에게 속하는 권리를 대위하여 행사하는 것은 법률상 허용되지 않는다고 해석하고 있다. 이는 파산관재인으로의 관리처분권 이전, 파산채권자의 개별적인 권리행사의 금지 등의 파산선고의 효과 등을 고려한 것으로 볼 수 있다(대법원 2000. 12. 22. 선고 2000다39780 판결 등 참조).

피보전채권이 금전채권인 재단채권의 경우에는 파산절차에 의하지 아니하고 파산재단으로부터 수시 변제받을 수 있는 등 파산채권과는 달리 개별적인 권리행사가 금지되지 않아 발생하는 문제이다. 위 문제에 관하여 대법원판례와 국내의 논의는 없으나, 임금 등 재단채권에 기하여 파산선고 전에 강제집행이 이루어진 경우에 그 강제집행은 파산선고로 인하여 효력을 잃는다고 한 대법원 2008. 6. 27.자 2006마260 결정의 취지와 함께, 금전채권을 피보전채권으로 한 채권자대위권의 경우 그 본래의 목적이 채무자의 책임재산 확보·보전에 있는 점, 피보전채권에 기한 강제집행이 허용되지 않으면 책임재산의 확보는 무의미한 점 등을 고려하여 보면, 위와 같은 파산채권자의 채권자대위권을 제한하는 해석과 마찬가지로 재단채권자의 본래형 채권자대위권 행사는 허용될 수 없다고 해석함이 타당하다.

나. 피보전채권이 금전채권 이외의 경우(전용형)

대법원판례는 피보전채권이 소유권이전등기청구권인 경우에 파산채권자가 파산재단에 관하여 파산관재인에게 속하는 권리를 대위하여 행사할 수 없다고 한다. 이는 파산채권의 개별적인 권리행사의 금지 원칙과 함께 파산재단의 관리처분권을 파산관재인에게 일임한 취지에 근거한 것으로 볼 수 있다(대법원 2012. 9. 13. 선고 2012다38162 판결 참조).

재단채권자가 파산재단에 관하여 파산관재인에게 속하는 권리를 대위하여 행사하는 것이 허용되는지 여부에 대해서는 채무자회생법에 관한 대법원판례 중에는 피보전채권이 소유권이전등기청구권인 사안에서 그

것이 허용되는 것을 전제로 본안판단을 한 것이 있고(대법원 2012. 11. 29. 선고 2011다30963 판결), 재단채권은 파산절차에 의하지 아니하고 파산재단으로부터 수시 변제받을 수 있는 권리이고, 전용형 채권자대위권 행사는 피보전채권(특정채권)의 현실적인 이행을 확보하기 위한 것이므로, ① 파산관재인에게 전속된 파산재단에 관한 관리처분권에 일부 제약이 된다고 하더라도 파산관재인의 직무수행에 부당한 간섭이 되지 않는 등 파산절차의 원만한 진행에 지장이 없고, ② 재단채권 간의 우선순위에 따른 변제 및 동순위 재단채권 간의 평등한 변제와는 무관한 경우에는 재단채권자의 전용형 채권자대위권 행사가 허용될 수 있다고 봄이 타당하다. 즉 '파산재단의 관리처분권을 파산관재인의 공정·타당한 정리에 일임하는 구 파산법의 취지'에 반하지 않는다면, 재단채권자의 권리행사를 막을 이유가 없다. 형평성의 관점에서도, 재단채권자가 권리를 행사할 수 없는 상황을 그대로 두는 것이 재단채권자에게 너무 가혹할 수 있을 뿐만 아니라, 파산관재인에 대한 손해배상청구 등의 간접적인 방법만으로는 재단채권자의 권리보호가 매우 미흡할 수 있다.

다. 검토

이 사건의 경우, 원고가 재단채권인 이 사건 각 토지에 관한 소유권이전등기청구권을 보전하기 위하여 채권자대위권 행사를 하는 것이다.

이 사건 각 토지에 관하여 원고에게 소유권을 이전하기 위하여 원고나 파산관재인 모두에게 신탁등기의 말소 등이 필요하고, 신탁등기의 말소와 파산자에 대한 소유권이전 및 원고에 대한 소유권이전이 있어야 파산관재인의 이 사건 각 토지에 관한 환가절차가 완료되며, 그 환가의 실현이 다른 채권자들에 대한 변제 또는 배당을 위하여 필요한 점 등을 고려하면, 원고의 채권자대위권 행사가 파산자 C 주택의 파산관재인의 직무수행에 부당한 간섭이 되는 등 파산절차의 원만한 진행에 지장이 초래된다고 볼 수 없다. 또한 원고의 채권자대위권 행사의 결과는 신탁등기의 말소 및 파산자에 대한 소유권이전에 그치므로, 재단채권 사이의 변제순위 등과는 무관하다. 게다가 신탁등기의 말소 등이 이루어진 후 원고가 이 사건 각 토지에 관하여 소유권을 이전받는다고 하더라도 이는 환가절차의 일환이라는 점에서 다른 재

단채권자 등 총채권자의 이익을 해한다고 보기도 어렵다. 따라서 재단채권자인 원고가 자신의 소유권이전등기청구권을 보전하기 위하여 파산자 C 주택의 파산관재인에게 속하는 권리를 대위행사하여 신탁등기말소 및 파산자에 대한 소유권이전등기를 구하는 것은 재단채권의 행사로서 파산재단의 관리처분권을 파산관재인에게 일임한 구 파산법의 규정취지에 반하지 아니하므로, 법률상 허용된다고 보아야 한다.

이상과 같은 이론을 토대로 채권자가 가진 피보전권리의 종류에 따라 채권자대위권 행사가 가능한지 여부에 대해 간략히 표로 정리하면 아래와 같다.

피보전권리		채권자대위 허부
파산채권	금전채권	×
	특정채권	×
재단채권	금전채권	×
	특정채권	○

4. 여론

대상판결은 특정채권을 가진 재단채권자가 자기 채권의 현실적인 이행을 확보하기 위하여 파산재단에 관하여 파산관재인에 속하는 권리를 대위하여 행사하는 경우, 그 행사의 허용 여부와 한계를 명시적으로 밝힌 최초의 판결이라고 볼 수 있다.

[79] 파산채무자가 공탁한 담보공탁금에 대한 권리행사방법

이희준(서울고등법원 고법판사)　　　　　　　　대법원 2015. 9. 10. 선고 2014다34126 판결

[사안의 개요]

C는 A 소유의 아파트에 관하여 채권자취소권에 기한 소유권이전등기말소청구권을 피보전권리로 하는 처분금지가처분결정을 받았다. A는 위 가처분결정에 이의신청을 하였고, C가 담보로 현금 7천만 원을 공탁하는 것을 조건으로 위 가처분결정을 인가하는 결정을 받았다. C는 A를 피공탁자로 하여 7천만 원을 공탁하였다.

C는 파산선고를 받았고, B가 파산관재인으로 선임되었다. B는 파산선고 전에 C가 A를 상대로 제기한 사해행위취소 청구의 소를 취하하였다.

A는 C가 피보전권리의 존부를 제대로 확인하지 않고 가처분을 신청하여 손해를 입었다고 주장하며 B를 상대로 손해배상 청구의 소를 제기하였다. 제1심은 B는 A에게 손해배상금을 지급하라는 판결을 선고하였다. B는 A의 손해배상청구권은 파산채권이므로 파산채권확정절차를 거쳐야 하는데 이를 거치지 아니하였다고 주장하면서 항소를 제기하였다. 제2심은 B의 항소를 기각하면서, A는 파산재단에 속하는 재산인 공탁금회수청구권 위에 질권을 가진 자로서 별제권자에 해당하고 별제권은 파산절차에 의하지 아니하고 이를 행사할 수 있다고 판단하였다. 이에 B가 상고를 제기하였다. 파기환송.

[판결요지]

가처분채무자가 가처분채권자의 파산관재인을 상대로 파산채권에 해당하는 위 손해배상청구권에 관하여 이행소송을 제기하는 것은 파산재단에 속하는 특정재산에 대한 담보권의 실행이라고 볼 수 없으므로 이를 별제권의 행사라고 할 수 없고, 결국 이는 파산절차 외에서 파산채권을 행사하는 것이어서 허용되지 아니한다.

한편 이러한 경우에 가처분채무자로서는 가처분채권자의 파산관재인을 상대로 담보공탁금의 피담보채권인 손해배상청구권의 존부에 관한 확인의 소를 제기하여 확인판결을 받는 등의 방법에 의하여 피담보채권이

발생하였음을 증명하는 서면을 확보한 후, 민법 제354조에 의하여 민사집행법 제273조에서 정한 담보권 존재 증명 서류로서 위 서면을 제출하여 채권에 대한 질권 실행 방법으로 공탁금회수청구권을 압류하고 추심명령이나 확정된 전부명령을 받아 담보공탁금 출급청구를 함으로써 담보권을 실행할 수 있다. 또한 피담보채권이 발생하였음을 증명하는 서면을 확보하여 담보공탁금에 대하여 직접 출급청구를 하는 방식으로 담보권을 실행할 수도 있다.

[해설]

1. 담보공탁금에 대한 담보권의 법적 성질

가. 문제의 소재

민사재판에서의 담보와 관련하여 민사소송법 제123조[1]는 담보권자가 "담보물에 대하여 질권자와 동일한 권리"를 가진다고만 규정하고 있어서, 금전 또는 유가증권을 공탁하는 방식으로 담보를 제공하는 경우 그 담보권의 성질이 무엇인지 논란이 있다.

나. 학설의 대립[2]

① 종래의 통설은 공탁자의 공탁물회수청구권에 관한 채권질권이라는 입장(법정질권설)이었다. 그러나 담보권 소멸을 조건으로 하여 발생하는 공탁물회수청구권에 관하여 담보권을 갖는다는 것 자체가 모순이라는 비판이 제기되면서 ② "질권자와 동일한 권리"를 우선변제를 받을 수 있는 권리 정도로만 해석하여, 담보권자는 직접 공탁소를 상대로 공탁물 출급청구권을 가지고, 출급한 공탁금 또는 유가증권의 현금화 대금에서 우선변제를 받을 수 있다고 보는 견해(우선적 출급청구권설 또는 환부청구권설)가 유력하게 제기되고 있다. ③ 공탁자

---

1) 민사집행법에서 정한 담보의 경우에도 민사집행법 제19조 제3항에 따라 이 규정이 준용된다.

2) 상세는 민일영 편집대표, 주석 민사소송법(Ⅱ)(제8판), 한국사법행정학회(2018), 167면 이하(진상범 집필부분); 민일영 편집대표, 주석 민사집행법(Ⅰ)(제4판), 한국사법행정학회(2018), 292면 이하(황병하 집필부분) 참조.

가 공탁한 금전 및 유가증권에 관한 동산질권이라는 견해(동산질권설)도 있다.

다. 판례 및 실무

대법원은 1969. 11. 29.자 69마1062 결정 등에서 담보권자가 공탁금회수청구권을 압류하고 추심명령이나 전부명령을 받은 후 담보취소결정을 받아 우선하여 공탁금회수를 청구할 수 있다고 하여 법정질권설을 따르고 있는 것으로 설명된다. 이에 대하여 대법원 2004. 11. 26. 선고 2003다19183 판결은 담보취소에 기초한 권리행사방법을 예외적인 방법처럼 판시하였으므로, 우선적 출급청구권설에 따르는 것으로 보아야 한다는 견해도 있다.

다만 금전 또는 유가증권은 공탁으로 그 특정성이 사라지고 '공탁자의 공탁금회수청구권'이라는 채권관계만 남게 되는데, 민사소송법 제123조에 따라 "질권자와 동일한 권리"가 인정된다면 채권질권에 준하는 담보권 실행방법에 의한 권리행사도 허용된다고 할 것이므로, 법정질권설에 따르든, 우선적 출급청구권설에 따르든 결과적으로는 권리행사방법에 있어서는 큰 차이가 없어 보인다.

「재판상 담보공탁금의 지급청구절차 등에 관한 예규」[3]도 이러한 논리에 따라 담보공탁금에 대한 권리행사방법으로 ① 직접 출급 청구 방식, ② 질권실행을 위한 압류 등 방식을 규정하고 있다. 또한 위 예규는 ③ 담보취소에 기초한 공탁금 회수청구 방법도 규정하고 있다.

2. 공탁자가 파산한 경우

가. 문제의 소재

공탁자가 파산한 경우에도 담보공탁금에 대한 권리행사방법은 위 예규에 따라 행사하면 된다. 다만 ① 직접 출급 청구 방식의 경우 "공탁원인 사실에 기재된 피담보채권이 발생하였음을 증명하는 서면"(확정판결 및 이에 준하는 서면 또는 공탁자의 동의서), ② 질권실행을 위한 압류 등 방식의 경우 "담보권의 존재를 증명하는 서류"를 필요로 하는데, 파산선고를 받은 공탁자를 상대로 어떻게 이를 확보할 수 있는지가 문제가 된다(③ 담보취소에

3) 2003. 7. 25. 행정예규 제517호로 제정되었고, 2013. 3. 13. 행정예규 제952호로 개정되었다.

기초한 공탁금 회수청구 방법의 경우 공탁금회수청구권에 대한 압류 결정을 받아야 하므로 "피담보채권에 관한 집행권원"을 필요로 하는데, 파산이 선고된 이상 담보권자는 그 집행권원을 얻을 수 없으므로, 이 방법으로는 권리행사를 할 수 없다).

파산선고를 받은 공탁자에 대한 피담보채권은 결국 파산채권이므로, 일단 담보권자는 파산채권확정절차를 통하여 이를 확보해야 할 것으로 보인다. 파산채권신고를 하고 파산채권조사절차를 거쳐서(파산관재인이 이의를 제기하는 경우에는 파산채권 조사확정재판, 채권조사확정재판에 대한 이의의 소 등을 거쳐서) 파산채권의 존부를 확정 받으면 된다. 채무자회생법 제424조에 따르면 파산채권은 파산절차에 의하지 아니하고는 이를 행사할 수 없으므로, 이러한 파산채권확정절차를 거치지 아니하고 파산채권에 관한 소를 제기하는 것은 소의 이익이 없어 부적법 각하가 되어야 할 것이다.

그러나 한편 담보권자는 공탁금에 대하여 우선변제를 받을 수 있는 지위에 있으므로 별제권을 갖는 것으로 보이는데, 채무자회생법 제412조는 별제권은 파산절차에 의하지 아니하고 행사할 수 있다고 규정하고 있고, 채무자회생법 제413조는 별제권의 행사에 의하여 변제를 받을 수 없거나 별제권을 포기한 채권액에 관하여만 파산채권자로서 그 권리를 행사할 수 있다고 규정하고 있어서, 결국 담보권자는 공탁자에 대하여 파산채권확정절차를 통하여 파산채권자로서 그 권리를 행사할 수 없는 것처럼 보인다.

이러한 논리적 모순은 어떻게 해소시킬 수 있을까.

나. 해결방법

(1) 우선적 출급청구권설에 따르는 경우

일단 우선적 출급청구권설에 따르면 이 문제는 쉽게 해결된다. 우선적 출급청구권설은 공탁자의 공탁물회수청구권을 상정하지 않고, 대신에 담보권자가 공탁물에 대한 소유권을 취득한 공탁소를 상대로 직접 공탁물 출급청구권을 가진다고 본다. 따라서 공탁금이나 공탁물회수청구권이 공탁자의 파산재단에 속하지 않고, 그에 대한 담보권은 별제권에 해당하지 않는다. 따라서 담보권자는 파산채권확정절차를 통하여 "피담보채권이 발생하였음을 증명하는 서면" 등을 확보하여 담보공탁금에 대한 권리를 행사하면 된다. 민사소송법 개정으로 우선적 출급청구권설을 받아들인 일본 최고재판소는

"가집행선고부 판결에 대한 상소에 따라 금전을 공탁하는 방법으로 담보를 제공하고 강제집행을 정지한 후에 채무자에 대한 회사갱생절차 개시 결정이 있는 경우, 그 피담보채권인 손해배상청구권은 갱생담보권이 아니고 갱생채권에 해당한다."고 하면서 "갱생계획 인가결정이 있더라도 이는 회사갱생법 제203조 제2항에서 말하는 '갱생회사와 함께 채무를 부담하는 자에 대하여 갖는 권리'로서 공탁금 반환청구권을 행사할 수 있다."고 판시하였다.[4]

(2) 법정질권설에 따르는 경우

문제는 법정질권설을 따를 경우이다. 이에 따르면 담보권은 파산재단에 속하는 공탁물회수청구권에 관한 채권질권으로 당연히 별제권에 해당하므로, 앞서 본 논리적 모순이 문제된다. 대상판결도 "가처분채권자가 제공한 담보공탁금에 대한 공탁금회수청구권에 관한 권리는 파산재단에 속하므로, 가처분채무자가 위 공탁금회수청구권에 관하여 질권자로서 권리를 행사한다면 이는 별제권을 행사하는 것으로서 파산절차에 의하지 아니하고 담보권을 실행할 수 있다."고 판시하여 법정질권설을 전제로 논의를 전개하고 있다.

별제권은 파산절차에 의하지 아니하고 행사할 수는 있지만, 그렇다고 그 피담보채권에 관한 파산채권확정절차를 전적으로 배제하는 것은 아니다. 부족액이 생길 수도 있기 때문에 현재 실무는 별제권자가 피담보채권과 함께 예정부족액을 함께 신고하여 파산채권확정절차에 참가하는 것을 허용한다. 이러한 별제권자의 파산채권신고에 대하여 파산관재인은 피담보채권의 존부와 그 액수에 관하여 인부를 할 뿐만 아니라 예정부족액에 관하여도 인부를 하게 된다. 그리고 이의 없는 피담보채권은 파산채권으로 확정되어 파산절차 내에서 불가쟁의 효력을 갖게 되지만, 그 권리행사만큼은 채무자회생법 제413조에 따라 제한된다. 이러한 점에서 본다면 우선 담보권자의 피담보채권을 파산채권으로 보아 파산채권확정절차를 거치도록 하여 "피담보채권이 발생하였음을 증명하는 서면" 등을 확보할 수 있도록 하는 것이 무리한 요구로 보이지는 않는다. 대상판결도 이러한 점에서 "담보공탁금의 피담보채권인 가처분채무자의 손해배상청구권이 파산채무자인 가처분채권자에 대한

파산선고 전의 원인으로 생긴 재산상의 청구권인 경우에는 채무자회생법 제423조에서 정한 파산채권에 해당하므로, 채무자회생법 제424조에 따라 파산절차에 의하지 아니하고는 이를 행사할 수 없다. 그리고 파산채권에 해당하는 채권을 피담보채권으로 하는 별제권이라 하더라도, 그 별제권은 파산재단에 속하는 특정재산에 관하여 우선적이고 개별적으로 변제받을 수 있는 권리일 뿐 파산재단 전체로부터 수시로 변제받을 수 있는 권리가 아니다."라고 판시하면서, 담보권자가 공탁자의 파산관재인을 상대로 손해배상청구권에 관하여 이행의 소를 제기하는 것은 파산절차 외에서 파산채권을 행사하는 것이어서 허용되지 않는다고 하였다.

문제는 별제권자가 담보권의 범위 내에서 만족을 얻을 수 있어 달리 파산채권신고를 하지 않는 경우이다. 이 경우 채무자회생법 제455조 등에 따라 채권조사의 일반기일 이후에 파산채권신고를 하여 특별기일을 통하여 파산채권확정절차를 거칠 수도 있을 것이다. 그런데 대상판결에서는 특별기일을 통한 파산채권확정절차뿐 아니라 피담보채권 확정을 위한 확인의 소를 제기할 수 있다고 판시하였다. 손해배상청구권에 관하여 이행의 소까지 제기한 마당에 다시 파산채권신고절차를 거치도록 한 것은 바람직하지 않다고 생각하여 이를 확인의 소로 변경할 수 있도록 하는 대안을 제시한 것으로 보인다(실제로 대상판결의 파기환송심에서는 화해권고결정으로 마무리가 되었다).[5] 파산채권확정절차 등과의 관계를 고려한다면 확인의 이익이 있는지는 다소 의문이지만, 파산채권확정재판도 결국에는 확인재판의 성격을 갖는다는 점을 고려한다면 본 사건에서만큼은 확인의 소가 소송경제의 측면에서 분쟁을 종국적으로 종식시키는 유효한 방법이 될 수 있을 것으로 보인다.

3. 대상판결의 의의

대상판결은 별제권의 권리행사가 그 피담보채권을 파산채권으로서 파산절차 내에서 행사하는 것을 전적으로 배제하는 것은 아니라는 점을 전제로 그 피담보채

---

4) 일본 최고재판소 2013. 4. 26.자 平成24年(許)第15号 결정.

5) 같은 취지로 김희중, "가처분채권자가 가처분으로 가처분채무자가 받게 될 손해를 담보하기 위하여 담보제공명령으로 금전을 공탁한 후 파산선고를 받은 경우, 가처분채무자가 담보권을 실행하는 방법", 대법원판례해설 제105호(2015년 하), 법원도서관(2016), 314면 참조.

권은 파산채권확정절차를 통하여 확정되어야 한다는 점을 명확히 하였다. 또한 소송경제 측면에서 확인의 소를 통한 파산채권확정방법을 예외적으로 인정하여, 향후 새로운 법리전개의 기초가 될 수 있을 것으로도 보인다.

[80] 파산선고 전에 생긴 근로자의 임금·퇴직금에 대하여 파산선고 후 발생한 지연손해금 채권의 법적 성질

강정완(법무법인 한결 변호사)   대법원 2014. 11. 20. 선고 2013다64908 전원합의체 판결

[사안의 개요]

임금과 퇴직금을 받지 못한 원고(선정당사자)와 선정자들(이하, '원고 등'이라 한다)이 주식회사 E를 상대로 2012. 9. 13. 미지급 임금·퇴직금 및 이에 대하여 퇴직일부터 14일이 경과한 날의 다음 날부터 다 갚는 날까지 근로기준법 또는 소송촉진 등에 관한 특례법에서 정한 연 20%의 비율에 의한 지연손해금의 지급을 구하는 소송을 제기하였다. 회사가 응소하지 아니하여 2012. 10. 26. 원고 등의 승소판결이 선고되었는데 회사는 2012. 10. 25. 파산선고를 받았으며,[1] 파산관재인이 항소하고, 소송절차를 수계하였다.

피고의 소송수계인(이하, '피고'라 한다)은 파산선고 전에 생긴 근로자의 임금·퇴직금에 대하여 파산선고 전, 후에 발생한 지연손해금 부분만 항소하면서, 파산선고 전에 발생한 것은 제423조의 '파산채권'이고, 파산선고 후에 발생한 것은 제446조 제1항 제2호의 후순위파산채권이므로 파산절차에 의해서만 행사할 수 있고, 일반 민사소송의 방법으로 소구하는 것은 부적법하다고 다투었다.

원심은 파산선고 전에 발생한 지연손해금 채권은 제423조의 파산채권이라는 이유로 각하하였으나 파산선고 후에 발생한 지연손해금 채권은 재단채권이므로 피고가 원고 등에게 지급할 의무가 있다고 판시하였다. 피고는 파산선고 후에 발생한 지연손해금 부분에 대하여 상고하였다.

[판결요지]

[다수의견] 채무자회생법이 파산재단에 관하여 '파

---

[1] 파산선고 하루 후에 1심 판결이 선고된 점과 관련하여 소송계속 중 파산선고로 인한 소송절차 중단, 이를 간과한 판결의 효력, 하자의 치유 등에 대하여는 원심에서 논의되지 않은 것으로 보인다. 대법원 2020. 6. 25. 선고 2019다246399 판결 참조. 소송계속의 의미에 관하여는 오정후, "소송계속에 관하여", 서울대학교 법학(제54권 제1호 2013년), 159면 이하 참조

산관재인이 한 행위로 인하여 생긴 청구권'을 재단채권으로 규정하고 있는 취지는 파산관재인이 파산재단의 관리처분권에 기초하여 직무를 행하면서 생긴 상대방의 청구권을 수시로 변제하도록 하여 이해관계인을 보호함으로써 공정하고 원활하게 파산절차를 진행하기 위한 것이므로, '파산재단에 관하여 파산관재인이 한 행위'에는 파산관재인이 직무를 행하는 과정에서 한 법률행위뿐만 아니라 직무와 관련하여 행한 불법행위가 포함되고, 나아가 파산관재인이 직무와 관련하여 부담하는 채무불이행도 포함된다. 그렇다면 파산관재인은 직무상 재단채권인 근로자의 임금·퇴직금 및 재해보상금을 수시로 변제할 의무가 있다고 할 것이므로, 파산관재인이 파산선고 후에 위와 같은 의무의 이행을 지체하여 생긴 근로자의 손해배상청구권은 채무자회생법 제473조 제4호 소정의 '파산재단에 관하여 파산관재인이 한 행위'에 해당하여 재단채권이다.

[별개의견] 파산절차에서 근로자의 임금 등의 법적 성질에 관한 근로기준법 제38조, 근로자퇴직급여보장법 제12조, 구 파산법(2000. 1. 12. 법률 제6111호로 개정되기 전의 것) 제32조, 구 파산법(2005. 3. 31. 법률 제7428호 채무자회생법 부칙 제2조로 폐지) 제38조 제10호의 입법경위와 취지 및 재단채권에 관하여는 파산관재인이 파산절차에 의하지 아니하고 수시로 변제할 의무가 있는 점(채무자회생법 제475조), 지연손해금은 주된 채권인 원본의 존재를 전제로 그에 대응하여 일정한 비율로 발생하는 종된 권리라는 점 등을 종합하여 살펴보면, 근로자의 임금 등에 대한 지연손해금 채권은 파산선고 전후에 발생한 것인지를 불문하고 채무자회생법 제473조 제10호 소정의 '채무자의 근로자의 임금·퇴직금 및 재해보상금'에 해당하여 재단채권으로서의 성질을 가진다.

[반대의견] 채무자회생법 제446조 제1항 제2호는 '파산선고 후의 불이행으로 인한 손해배상액 및 위약금'을 후순위파산채권으로 규정하고 있는데, 여기서 규

정한 손해배상금과 위약금은 파산선고 전부터 채무자에게 재산상 청구권의 불이행이 있기 때문에 상대방에 대하여 손해배상을 지급하거나 위약금을 정기적으로 지급하여야 할 관계에 있을 때 그 계속으로 파산선고 후에 발생하고 있는 손해배상 및 위약금 청구권을 의미한다. 따라서, 채무자회생법에 특별히 달리 취급하는 규정이 없는 한, 채무자에 대하여 파산선고 전의 원인으로 생긴 근로자의 임금 등에 대하여 채무불이행 상태의 계속으로 파산선고 후에 발생하고 있는 지연손해금 채권은 후순위 파산채권이라고 보아야 한다.

대법원은 상고를 기각하였다.

[해설]

1. 문제의 소재

'임금·퇴직금 및 재해보상금(이하, '임금 등'이라 한다)'은 제473조 제10호에서 규정한 재단채권이다.[2] 그런데, 위 규정의 문언상 임금 등의 지급이 지체되어 발생하는 지연손해금 채권은 위 규정에 해당하지 않으며,[3] 달리 지연손해금 채권을 어떻게 볼 것인지에 대한 규정이 없다. 한편, '파산선고 후의 불이행으로 인한 손해배상 및 위약금'은 후순위파산채권이라는 규정(제446조 제1항 제2호)과 '재단채권은 파산절차에 의하지 아니하고 수시로 변제한다'라는 규정(제475조)과 관련하여 재단채권인 임금 등 채권에 부수되어 발생하는 지연손해금 채권의 법적 성질을 재단채권으로 볼 것인지 또는 후순위파산채권으로 볼 것인지, 파산선고를 전후하여 구별할 것인지 여부가 문제되었다.[4]

2. 논거

다수의견은, '파산재단에 관하여 파산관재인이 한 행위'에는 파산관재인이 직무상 행한 법률행위, 직무와

관련한 불법행위, 직무와 관련하여 부담하는 채무의 불이행도 포함되며, 파산관재인은 직무상 재단채권인 근로자의 임금·퇴직금을 수시로 변제할 의무가 있으므로 파산관재인이 파산선고 후에 위 의무의 이행을 지체하여 생긴 근로자의 손해배상청구권은 재단채권이라고 본다. 또한, 후순위파산채권에 관한 채무자회생법 제446조는 제3편 파산절차 중 제4장 제1절 '파산채권' 부분에 규정된 것으로서 '파산채권'에만 적용되고 별도의 절에서 규정하는 '재단채권'에는 적용될 수 없고, 파산채권은 배당시기까지는 변제되지 아니할 것이 예정되어 있어 이행기가 도래한 파산채권에 대해 지연손해금이 발생될 것임을 당연히 예상할 수 있는데, 재단채권은 파산채권과는 달리 수시로 변제하는 것이므로 이행지체가 법률상 당연히 예정되어 있다고 볼 수 없다. 만약 재단채권에 대한 파산관재인의 채무불이행으로 지연손해금이 발생하고 있음에도 파산채권보다도 후순위로 취급하여 실질상 파산배당으로부터 제외하겠다고 하면 파산관재인의 이행지체책임을 면제하여 주는 것과 마찬가지여서 수시변제의 이행을 확보하기 어렵고, 재단채권자 사이의 평등을 해하게 된다. 파산이 선고되면 채무자의 모든 재산은 파산재단에 속하게 되므로 파산관재인은 파산재단에 속한 재산에서 재단채권을 변제할 수밖에 없으니 파산관재인이 재단채권에 대한 수시변제의무를 이행하는지 여부는 파산재단에 직접 또는 간접으로 영향을 미치게 되고, 따라서 재단채권에 대한 파산관재인의 채무불이행은 '파산재단'에 관하여 파산관재인이 한 행위에 해당한다는 것을 들고 있다.

별개의견은 파산절차에서 근로자의 임금 등의 법적 성질에 관한 근로기준법 등의 입법경위와 취지, 재단채권의 수시 변제 의무, 지연손해금이 원본에 부수되는 종된 권리라는 점을 근거로 파산선고 전후에 발생한 것인지를 불문하고 제473조 제10호 소정의 재단채권이라고 보며, 다수의견과 같이 해석하게 되면 파산선고 전에 발생한 지연손해금 부분은 파산채권의 신고 등 파산절차에 의해 채권을 행사해야 하고 파산선고 후에 발생한 부분은 파산관재인에게 직접 이행을 청구해야 하는 등 발생시기에 따라 권리행사 방법이 다르게 된다는 점을 든다.

반대의견은 채무자회생법이 채무자에 대하여 파산

---

2) 구 파산법상(2000. 1. 12. 개정 전) 임금채권은 '우선권 있는 파산채권'이었다.

3) 다수의견과 반대의견 모두 지연손해금 채권이 임금 등 원본 채권과 법적 성질이 다르다는 전제에 서 있다.

4) 대상판결 선고 전에는 파산선고 전·후를 불문하고 지연손해금 채권을 재단채권으로 본 하급심 판결도 있고, 파산선고 후에 발생한 지연손해금 채권을 후순위 파산채권으로 본 판결도 있다. 김희중, "파산선고 전에 생긴 근로자의 임금·퇴직금에 대하여 파산선고 후 발생한 지연손해금 채권의 법적 성질", 사법(31호), 사법발전재단(2014), 273, 275면.

선고 전의 원인으로 생긴 재산상의 청구권을 파산채권이라고 규정하고(제423조)과 '파산선고 후의 불이행으로 인한 손해배상액 및 위약금'을 후순위 파산채권으로 규정하고 있는데(제446조 제1항 제2호), 임금 등에 대하여 파산선고 후에 발생하는 지연손해금은 채무불이행 상태가 계속되어 발생하는 것이므로 위 규정에 의하여 후순위 파산채권으로 보아야 하고, 채무자회생법 제473조 제4호 소정의 '파산재단'에 관하여 파산관재인이 한 행위는 '채무자가 파산선고 당시에 가진 재산'에 관련된 파산관재인의 행위로 보는 것이 문언에 맞는 해석이고, 채무자에 대한 청구인인 '재단채권'에 관하여 파산관재인이 한 행위를 말한다고 보기 어려우며, 파산선고 후에 발생한 지연손해금 채권을 재단채권으로 보게 되면 총 채권자의 공평한 만족의 실현이라는 파산절차의 목적에 맞지 않고, 재단채권의 범위가 무한정 확대되어 예측가능하고 공정한 절차진행을 어렵게 한다는 점 등을 근거로 든다.

3. 검토

파산관재인은 파산재단의 관리처분권자로서 파산재단을 환가하여 배당할 의무가 있으며, 재단채권은 수시로 변제되어야 하므로 파산절차 개시 이후 재단채권의 변제가 지체되어 발생하는 지연손해금 채권은 파산관재인의 부작위에 의하여 발생한 것으로서 제473조 제4호에 해당하는 재단채권으로 볼 여지가 있다. 또한, 파산채권은 파산절차에서 신고, 조사, 확정 절차를 거쳐 파산재단의 환가대금으로 배당받도록 되어 있어서 구체적인 배당이 실시되기 까지는 파산절차 개시 이후 발생하는 지연손해금이 변제되지 아니할 것이 예정되어 있지만 재단채권은 수시로 변제되어야 한다는 점에서 개념상 서로 차이가 있다. 그리고, 파산관재인의 배당률 통지에 의하여 발생한 구체적 배당금 지급채무는 파산단을 대표한 파산관재인의 의무라는 판례,[5] 정리절차 개시 후 관리인이 공익채권의 이행을 지체하여 생긴 손해배상청구권이 공익채권이라는 판례[6]와 일관되게 설명하는 데 다수의견이 적합하다는 장점이 있다.[7]

그러나 파산선고 후 파산관재인의 부작위에 의하여 지연손해금이 발생한다 하더라도 '파산재단에 관한'(제473조 제4호) 행위(부작위)로 해석될 수 있는지는 의문이다. 파산선고 당시에 가진 국내외의 모든 재산은 파산재단을 구성하고(제382조 제1항), 파산절차는 파산재단에 속하는 재산을 대상으로 이루어지는데, 파산재단에 속하는 재산이란 파산선고 당시에 채무자에 속한 적극재산으로서 압류가 가능한 것을 말하기 때문이다.[8] 파산관재인은 파산재단에 속한 재산에서 재단채권을 변제할 수밖에 없으니 재단채권의 수시변제 의무의 이행 여부가 파산재단에 직접 또는 간접으로 영향을 미치는 밀접한 관련이 있다고 하지만 다수의견처럼 밀접한 관련이 있다고 해서 지연손해금을 연체하는 행위가 '파산재단에 관한' 행위에 포섭된다고 보는 것은 법문언의 의미를 넘는 해석이라고 생각된다. 파산선고 후에 발생하는 지연손해금은 '파산선고 전부터 불이행이 있기 때문에 상대방에 대하여 손해배상을 지급하거나 위약금을 정기적으로 지급하여야 할 관계에 있을 때 그 계속으로 파산선고 후에 발생하고 있는 청구권이다.[9] 따라서 임금 등에 대하여 파산선고 후에 발생하는 지연손해금은 후순위파산채권이라고 해석하는 것이 문리해석상 타당하다고 본다.

또한, 다수의견은 파산선고 즉시 파산관재인이 재단채권을 변제하는 것이 가능하다는 전제에 서 있는데, 파산채권과는 달리 재단채권에 대하여는 조사확정절차가 없어서 파산관재인이 재단채권의 내역을 정확하게 알기도 어렵고, 파산재단이 재단채권의 총액을 변제하기에 부족하면 재단채권액의 비율에 따라 변제(제477조 제1항)해야 하기 때문에 파산관재인의 입장에서는 임금채권 등의 지연손해금까지 변제하는 것을 주저할 수밖에 없다. 다수의견은 이러한 파산실무를 도외시하였다는 비판이 있다.[10]

아울러, 파산관재인이 임금 등 정책적 재단채권의 지급을 지체한 경우 지연손해금 채권이 발생하려면 위법

---

5) 대법원 2005. 8. 19. 선고 2003다22042 판결.
6) 대법원 2011. 6. 24. 선고 2009다38551 판결.
7) 김희중, 위 주 4의 논문, 280면.

8) 법인파산실무, 서울회생법원 재판실무연구회, 박영사(2019, 제5판), 77면.
9) 대법원 2004. 11. 12. 선고 2002다53865 판결.
10) 임치용, "개정된 채무자 회생 및 파산에 관한 법률 제415조의2 및 제477조에 대한 관견", 회생법학 제21호, 한국채무자회생법학회(2020. 12. 31.), 35면 이하.

성이 있어야 하는데 재단채권의 총액을 변제하기 부족한 때에는 위법성이 조각되어 지연손해금의 변제의무가 없다는 견해가 있다.[11] 파산선고 후에 발생하는 지연손해금을 우선권 있는 파산채권(제441조)으로 규정하자는 입법론이 있다.[12]

대상판결은 파산선고 전에 생긴 임금채권에 대하여 파산선고 후 발생한 지연손해금 채권을 재단채권이라고 판시함으로써 그동안의 실무상 혼란을 통일하였다는 데 의미가 있다.

4. 여론

임금채권보장법 제7조에 의해 고용노동부장관이 사업주를 대신하여 임금 등(체당금)을 지급한 경우 임금채권자를 대위하므로 재단채권이고, 그에 대하여 파산선고 후에 발생하는 지연손해금 채권은 대상판결에 의하면 재단채권이 된다.[13]

근로기준법 시행령 제17조 제1호에 의하면 임금 채권에 대한 지연손해금률은 연 20%이지만, 파산이 선고되면 위 조항의 적용이 배제된다(시행령 제18조). 임금채권에 대한 파산선고 후 지연이율은 민사법정이율인 연 5%가 타당하다는 견해가 있으나,[14] 서울중앙지법 파산부는 상행위로 발생한 것이고 파산관재인이 채무자의 포괄승계인과 같은 지위에서 임금채무를 승계한다는 이유로 상사법정이율 6%를 적용한다고 한다.[15]

대상판결은 임금채권에 대한 지연손해금의 법적 성질에 관한 것이므로 조세채권 등 다른 모든 재단채권에 대하여 동일하게 적용된다고 보기에는 무리가 있다. 파산선고 전의 원인으로 인한 국세나 지방세에 기하여 파

산선고 후에 발생한 가산금·중가산금이 재단채권이 아니라는 판례(대법원 2017. 11. 29. 선고 2015다216444 판결)가 있다.

법률해석의 방법론, 특히 해석방법의 우선순위에 관한 판례로는 대법원 2009. 4. 23. 선고 2006다81035 판결이 있다.[16] 이와 관련하여 대상판결의 반대의견에 대한 대법관 조희대의 보충의견은 다수의견과 별개의견이 법률해석의 근원적 한계를 일탈한 것이라고 비판하고 있어서 주목된다.

---

11) 정현수, '파산관재인이 재단채권의 지급을 거절한 경우 이행지체 책임이 성립하는지 여부 및 이행지체 책임이 성립하는 경우 지연손해금의 채권의 법적 성질 ─ 대법원 2014. 11. 20. 선고 2013다64908 전원합의체 판결에 대한 평석을 중심으로', 법조(Vol.706), 법조협회(2015. 7), 195면 이하.

12) 정현수, 위 논문, 219면 이하.

13) 체불 임금에 대한 지연손해금은 체당금의 지급범위에 속하지 않고, 체당금 상한액이 정해져 있으므로 체당금으로 보전되지 아니한 임금 채권의 원금 및 파산선고 후의 지연손해금은 근로자가 재단채권으로 행사하여야 한다.

14) 김성용, "2014년 도산법 중요 판례", 인권과 정의(제448호), 대한변호사협회(2014), 270면.

15) 임치용, 위 주 10의 논문, 34면 주 8.

16) 오세혁, "법해석방법의 우선순위에 대한 시론적 고찰", 중앙법학(제21집 제4호), 428면. 법해석론에 관하여는 공두현, "우리 대법원 법해석론의 흐름: 법실증주의, 법현실주의, 법원리론", 법철학연구(제22권 제2호), 185면 이하, 김도균, "우리 대법원 법해석론의 전환 : 로널드 드워킨의 눈으로 읽기 ─ 법의 통일성(Law's Integrity)을 향하여", 법철학연구(제13권 제1호), 95면 이하 참조.

[81] 파산관재인의 배당률지급통지에 의하여 발생한 배당금 지급채무의 이행지체로 인한 지연손해금의 적용이율

김선경(법무법인 율촌 변호사)　　　　　　대법원 2005. 8. 19. 선고 2003다22042 판결

[사안의 개요]

파산회사 A는 주식회사 K 등 3개 회사(후에 모두 회사정리절차가 개시되었다.)가 발행한 회사채의 지급을 보증하였고, 원고는 그 지급보증채권(이하 '이 사건 파산채권'이라 한다)의 양수인이다. 파산회사 A의 파산관재인인 피고는 원고에게 제2회 중간배당을 실시함에 있어, 피고가 보증채무 이행으로 발생하는 주채무자(위 3개 회사)에 대한 구상권을 확보하기 위하여 채권양도 및 그 필요서류의 제출을 요구하였는데도 원고가 이에 응하지 않는다는 이유로, 원고에 대한 일부 중간배당액 합계금 1,944,249,962원(이하 '이 사건 배당금'이라 한다)의 지급을 보류하고 은행에 임치하였다. 원고가 2001. 1. 20. 피고에게 그 배당금의 지급을 요구하였음에도, 피고는 2001. 10. 11.에 이르러서야 이를 지급하였다.

원고는 이행지체 기간의 지연손해금 연 6%와 위 지연손해금에 대한 소장 송달 이후 연 25%의 비율에 의한 지연손해금을 구하였다.

제1심은 이행지체 기간의 지연손해금 연 6%만 인정하였고,[1] 원심은 대법원 1998. 6. 26. 선고 97다7868 판결[2]을 인용하여 이행지체 기간의 지연손해금 연 6%와 위 지연손해금에 대한 소장 송달 이후의 지연손해금도 인용[3]하였다.

---

1) 제1심이 지연손해금에 대한 소장 송달 이후 연 25%의 비율에 의한 지연손해금을 배척한 이유는, "원고는 지연이자 84,375,121원에 대한 2001. 10. 12. 이후의 지연이자의 지급을 구하나, 이는 변제기가 도래한 이자를 원본에 삽입하여 이를 원본으로 하여 그에 대한 이자를 다시 붙이는 복리와 유사한 것으로서 그 지급 약정이 있었다는 증거가 없는 이상, 이에 관한 원고의 주장은 이유가 없다"는 것이었다.
2) 금전채무의 지연손해금채무는 금전채무의 이행지체로 인한 손해배상채무로서 이행기의 정함이 없는 채무에 해당하므로 채무자는 확정된 지연손해금채무에 대하여 채권자로부터 이행청구를 받은 때로부터 또다시 지체책임을 부담하게 된다(같은 취지의 대법원 2004. 7. 9. 선고 2004다11582 판결 참조).
3) 원심은 피고에게 위 중간배당금에 대한 2001. 1. 21.부터 2001. 10. 11.까지 264일 동안 상사 법정이율인 연 6%의 비

대법원은 원심판결을 파기하고 서울고등법원으로 환송하였고, 환송심은 2005. 11. 18. 화해권고결정으로 종결되었다.

[판결요지]

파산채권자의 배당금 지급청구권에는 다양한 종류의 파산채권 원본과 그에 대한 파산선고 전일까지의 이자 및 지연손해금을 합산한 채권이 모두 반영되어 있어, 원래 채권의 성격이 반드시 그대로 유지된다고 보기는 어렵고, 배당절차는 금전화 및 현재화를 거친 파산채권 원금 및 파산선고 이전까지의 지연손해금에 대하여 배당재원의 범위 내에서 각 채권의 비율에 따라 분배하는 절차로서, 배당률을 정하여 통지함으로써 발생한 구체적 배당금 지급채무의 이행은 파산재단을 대표한 파산관재인의 의무이지 파산자의 의무는 아니라 할 것이므로, 배당금 지급채무는 파산채무의 원래 속성이나 파산자가 상인인지 여부와는 무관하게 민사채무로 봄이 상당하고, 그 지연으로 인한 지연손해금에 적용될 법정이율도 원래 파산채무의 속성이나 약정이율 혹은 채무명의에서 정한 지연이율에 영향을 받지 아니하고 민사법정이율인 연 5%가 적용되어야 할 것이다.

[해설]

1. 문제의 소재

파산채권의 이행지체와 배당금 지급의무의 이행지체는 그 손해배상 발생원인이 다르고 취급도 다른 것이므로, 파산채권이 상사채권이라 하여 당연히 상법 소정의 연 6%의 법정이율이 적용된다고 단정할 수는 없으나, 원래의 파산채권이 상사채권인 경우에도 일률적으로 연 5%의 민사법정이율이 적용되어야 한다고 볼 근

율로 계산한 지연손해금 84,375,121원 및 이에 대하여 이 사건 소장 송달 익일부터 판결 선고일까지는 상법 소정의 연 6%, 그 다음날부터 다 갚는 날까지는 「소송촉진 등에 관한 특례법」(이하 '소촉법'이라 한다)소정의 각 비율에 의한 지연손해금의 지급을 명하였다.

거도 없다.[4)]

파산절차에서 신고를 거쳐 확정된 채권에 대하여 파산재산을 처분하여 얻은 금액으로 배당률을 산정하여 지급하는 경우, 즉 배당금 지급채무의 이행지체로 인한 지연손해금 채권은 원래의 지연손해금 채권과 동일성을 유지하는지, 그렇지 않다면 배당금 지급청구권의 성질은 무엇으로 보아야 하는지가 문제된다.

2. 대상판결의 논거

대상판결은 판결요지와 같은 이유로 구체적 배당금 지급채무의 이행은 파산재단을 대표한 파산관재인의 의무이지 파산자의 의무는 아니라 할 것이라고 보고, 배당금 지급채무는 파산채무의 원래 속성이나 파산자가 상인인지 여부와는 무관하게 민사채무로 봄이 상당하고, 그 지연으로 인한 지연손해금에 적용될 법정이율도 원래 파산채무의 속성이나 약정이율 혹은 채무명의에서 정한 지연이율에 영향을 받지 아니하고 민사 법정이율인 연 5%가 적용되어야 할 것이라고 판단하였다.

3. 검토

원심이 상사법정이율을 적용한 근거는 원고의 이 사건 파산채권은 파산회사에 대한 회사채지급보증채권으로서 파산회사의 상행위로 인하여 발생한 것이므로 이것이 배당금청구권으로 전환되었다고 하여 그 성질이 변하는 것은 아니라는 것이고, 소촉법 상의 지연손해금을 인정한 근거는 금전채무의 지연손해금채무는 금전채무의 이행지체로 인한 손해배상채무로서 이행기의 정함이 없는 채무에 해당하므로 채무자는 확정된 지연손해금채무에 대하여 채권자로부터 이행청구를 받은 때로부터 또다시 지체책임을 부담하게 된다는 것이었다.

상법 제54조 소정의 '상행위'에는 기본적 상행위 또는 보조적 상행위로 인한 채무, 쌍방적 상행위로 인한 채무와 채권자 또는 채무자의 어느 일방에 대한 일방적 상행위로 인한 채무가 모두 포함된다.[5)] 또한 직접 상행위로 인하여 생긴 채무 외에 그 변형으로 인정되는 동일성을 가진 채무, 예컨대 채무불이행으로 인한 손해배상채무[6)]나 계약해제로 인한 원상회복채무가 포함된다.[7)]

파산절차는 채무자의 모든 재산을 환가하여 그 환가한 금원으로 파산채권에 대하여 금전에 의한 배당을 함으로써 공평하고 평등한 만족을 도모하는 절차이다. 이를 위하여 파산선고가 있으면 금전에 의한 배당이 가능하도록, 채권의 목적이 금전이 아니거나 그 액이 불확정한 때나 외국의 통화로 정하여진 때에는 파산선고시의 평가액을 파산채권액으로 하고(채무자회생법(이하 '법'이라 한다) 제436조 제1항), 정기금채권의 금액 또는 존속기간이 확정되지 아니한 때에도 파산선고시의 평가액을 파산채권액으로 본다(금전화)(법 제426조 제2항). 파산선고시에 변제기가 도래하지 아니한 기한부채권은 파산선고시에 변제기에 이른 것으로 본다(현재화)(법 제425조). 이러한 파산채권의 금전화와 현재화를 아울러 파산채권의 등질화 또는 균질화라고 한다.[8)]

배당은 파산관재인이 파산재단에 속하는 재산을 환가하여 얻은 금전을 파산채권자에게 그 파산채권의 순위 및 채권액에 따라 평등한 비율로(법 제440조) 분배하여 변제하는 절차이다(법 제505조 이하). 배당률의 통지에 의하여 배당률이 확정되고, 각 채권자는 파산관재인에 대하여 배당금청구권을 취득하게 된다.[9)] 배당률의 통지를 하기 전에 파산관재인이 알고 있지 아니한 재단채권자는 각 배당에서 배당할 금액으로써 변제를 받을 수 없게 된다(법 제534조).

한편 배당금청구권은 파산채권자가 파산관재인의 직무집행장소에서 지급받아야 하는 추심채무이다(법 제517조 제1항 본문). 배당을 실시한 파산관재인은 채권

4) 최동렬, "파산관재인의 배당률지급통지에 의하여 발생한 배당금지급채권의 이행지체로 인한 지연손해금의 적용이율", 대법원판례해설 제57호, 법원도서관(2006), 218면.
5) 김선경, '주석 상법[총칙·상행위(1)], 한국사법행정학회 (2013), 397면.
6) 주택건설업자의 아파트 입주 지연에 따른 지체상금은 상행위인 분양계약의 불이행으로 인한 손해배상채권으로서 그 지연손해금에 대하여도 상법 제54조 소정의 연 6%의 상사법정이율을 적용하여야 한다(대법원 2000. 10. 27. 선고 99다 10189 판결).
7) 주석 상법[총칙·상행위(1)], 한국사법행정학회(2013), 397면.
8) 서울회생법원 재판실무연구회, 법인파산실무(제5판), 박영사, 109면.
9) 대법원 2005. 9. 15. 선고 2005다22886 판결.

자료[10]에 배당액을 기재하고 기명날인하는데, 이는 배당금을 지급하였다는 근거를 남기고 채권자의 집행권원으로서 효력범위를 분명히 하기 위한 절차이다.

이에 따라 파산관재인은 배당에 참가시킬 각 채권자에 대하여 배당률을 통지(법 제515조 제1항)할 때에 배당률, 배당액, 배당예정일, 장소, 지급방법 등을 기재하는 외에 배당금의 영수증 및 송금의뢰서의 용지를 동봉하여 발송하고 있다.[11]

이러한 일련의 절차를 거쳐 확정된 배당금청구권은 그 내용 면에서는 이미 원본채권과 파산선고 전일까지의 지연손해금 채권이 합산되어 한 묶음으로 하여 일반 파산채권으로 취급되고 있다. 따라서 이미 배당금청구권의 내용에 지연손해금의 비율이 민사법정이율인지, 상사법정이율인지, 소촉법상의 지연손해금인지 여부는 모두 반영되어 있다.

이후 배당금청구권에 대한 이행지체가 있으면 파산관재인은 이와 같이 원금 및 지연손해금에 대하여 배당률을 곱하여 정한 배당금청구권 금액에 대한 지연손해금채무를 부담한다.

파산채권은 파산절차에 의하지 아니하고는 변제받을 수 없으므로 파산채권은 배당절차에 의하여 권리내용이 변경되어 그 금액이 감축되고 이행기도 변경된 배당금청구권으로 구체화되므로, 배당금청구권의 이행기는 각 배당이 실시될 때마다 법원이 정한 배당기일이 된다.[12]

이와 같이 채권자가 신고한 파산채권이 이제는 파산관재인과 사이에 구체적인 배당금청구권이 되는 과정을 살펴보면, 배당금 지급채무는 파산채권의 원래 속성이나 채무자가 상인인지 여부와는 무관한 것임을 알 수 있고, 그 지연으로 인한 지연손해금에 적용될 법정이율은 원래 파산채권의 속성이나 약정이율 혹은 집행권원에서 정한 지연이율에 영향을 받지 않게 되는 것을 알 수 있다.

한편 파산관재인은 파산절차를 수행하기 위하여 필

수적이고 가장 중요한 기관이다.[13] 채무자가 파산선고 당시에 가진 모든 재산은 파산재단을 구성하고(법 제382조), 그 파산재단을 관리 및 처분하는 권한은 파산관재인에게 속한다(법 제384조). 또한 파산이 선고되면 파산채권자는 파산절차에 의하지 아니하고는 파산채권을 행사할 수 없고, 파산관재인이 파산채권자 전체의 공동의 이익을 위하여 선량한 관리자의 주의로써 그 직무를 행하므로, 파산관재인은 파선선고에 따라 채무자와 독립하여 그 재산에 관하여 이해관계를 가지게 된 제3자로서의 지위도 가지게 된다.[14] 물론 구체화된 배당금 지급채무를 이행할 자는 파산자가 아니라 파산관재인이다.

배당금청구권은 그 내용 면에서는 이미 원본채권과 파산선고 전일까지의 지연손해금 채권이 합산되어 있으며, 파산선고 이후의 (원본에 대한) 지연손해금은 후순위 파산채권이 된다. 따라서 배당금청구권 지체의 이행지체로 인한 책임은 파산채권(원본)에 대한 지연손해금의 연장선에서 논할 수 없다. 왜냐하면, 예를 들어 파산채권이 유명의채권이고 지연손해금이 20%(소촉법)인 경우 배당금청구권에는 원본과 파산선고 전일까지의 20% 비율에 의한 지연손해금이 포함되어 있을 것인데, 원심의 논리에 따르면, 배당일 이후에는 그 합산 금액에 대하여 다시 20%의 지연손해금을 지급하여야 하는 셈이 되기 때문이다.[15]

파산절차에서의 배당은 등질화(금전화 및 현재화)를 거친 파산채권 원금 및 파산선고 이전까지의 지연손해금에 대하여 배당재원의 범위 내에서 각 채권의 비율에 따라 분배하는 절차이므로, 원래의 파산채권과는 그 성질을 달리하는 것으로 보아야 할 것이다. 따라서 파산채무의 원래 속성이 상사채권이라는 이유로 상사법정이율을 적용할 수는 없을 것이다.[16] 한편, 배당률을 정하

---

10) 파산채권자표의 기재는 확정판결과 동일한 효력이 있고 (법 제460조), 파산이 종결되면 채권자는 채권자표에 기하여 강제집행을 할 수 있다.
11) 임치용, 파산법연구 2, 박영사, 296면.
12) 임치용, 파산법연구 2, 박영사, 296면.
13) 파산관재인의 법적 성질에 관한 다양한 학설에 관한 소개는 윤남근, "일반환취권과 관리인·파산관재인의 제3자적 지위", 회생과 파산 Vol. 1, 사법발전재단(2012), 19면 이하.
14) 대법원 2003. 6. 24. 선고 2002다48214 판결; 대법원 2006. 11. 10. 선고 2004다10299 판결; 대법원 2014. 8. 20. 선고 2014다206563 판결; 대법원 2016. 3. 24. 선고 2015다 246346 판결 등.
15) 최동렬, 전게 논문, 221면.
16) 최동렬, 전게 논문, 221면.

여 통지함으로써 발생한 구체적 배당금지급채무의 이행은 파산재단을 대표한 파산관재인의 의무이지 파산자의 의무는 아닌 것이어서, 파산자가 상인이었다 하여 상사법정이율을 적용할 수도 없고, 파산절차에서 구체적인 배당금지급청구권은 채무자회생법에 의하여 파산관재인의 배당률의 지급통지로써 당연히 발생하는 것이지, 채권의 신고에 의하여 발생하는 것이 아니므로, 구체적인 배당금지급청구권이 파산채권자의 보조적 상행위에 '의하여' 발생한다거나 보조적 상행위로 '인하여' 발생한다고 볼 수 없을 것이다.[17]

배당금지급채무는 파산채무의 원래 속성이나, 파산자의 상인성과는 무관하게 민사채무로 봄이 상당할 것이고, 그 지연으로 인한 지연손해금에 적용될 법정이율도 원래 파산채무의 속성(상사채권인지, 민사채권인지)이나 약정이율에 영향을 받지 아니하고 민사 법정이율인 연 5%가 적용되는 것이 타당한 것으로 보이며, 검토 대상 판결은 이러한 법리를 확인한 것으로 보인다.

---

17) 최동렬, 전게 논문, 222면.

[82] 수탁자의 파산절차상 신탁채권자의 지위

김형두(법원행정처 차장)　　　　　대법원 2004. 10. 15. 선고 2004다31883, 31890 판결

[사안의 개요]

이 사건 토지의 공유자 100여명은 A를 대표자로 하여 이 사건 토지상에 지하 6층, 지상 9층의 이 사건 건물을 신축하기로 하고, B건설회사에 그 신축공사를 도급주었다. X들(원고들)은 위 공유자들로부터 이 사건 건물의 구분점포들을 분양받았다. 그 후 토지 공유자들의 자금부족으로 인해 공사진행이 곤란하게 되자, 이 사건 토지 공유자들은 자신들을 수익자로 하여, 1997. 4. 30. Z부동산신탁 주식회사와 사이에 Z가 이 사건 토지를 신탁받아 건물을 완공하여 분양하기로 하는 이른바 분양형 개발신탁계약을 체결하였다. 이에 Z는 기존의 수분양자들과 Z가 위 각 분양계약상의 분양자로서의 지위를 승계하기로 하는 내용의 분양승계계약을 체결하였다.

위 분양승계계약에 의하면, ① 입점예정일을 승계계약일자보다 소급한 1999. 6. 30.로 하고, ② Z가 위 입점예정일을 1개월 이상 지연하였을 경우에는 기왕에 납부된 대금에 대하여 한국주택은행 일반자금대출 연체금리를 적용하여 산정한 연체기간 동안의 지체상금을 지급하며, ③ Z는 입점지정일 1월 전에 X들에게 입점지정 통보를 하여야 하고, X들은 사전에 Z의 승인을 받은 경우 외에는 입점증을 교부받기 전에 입점할 수 없도록 되어 있었다.

Z는 위 약정 입점예정일을 경과한 2000. 6. 30.경 이 사건 건물을 완공하여 그 사용승인을 받았으나 2003. 6. 2. 이후에도 X들에게 그 입점지정일을 통보하지 아니하였다.

X들은 Z를 상대로 입점지연에 따른 지체상금의 지급을 구하는 소송을 제기하였다. 제1심 법원은 2003. 3. 3. 청구를 상당 부분 인용하는 판결을 하였다. 이에 Z가 항소하였는데, Z는 2003. 6. 2. 파산선고를 받았고 그 파산관재인으로 Y(피고)가 선임되었다.

X들은 입점지연에 따른 지체상금과 초과지급액에 대한 약정 지연손해금 채권을 파산채권으로 신고하였

는데, Y는 파산채권조사기일에 위 신고액 전액에 대하여 부인하였다.

이에 X들은 제2심에서 파산채권확정을 구하는 내용으로 청구취지를 변경하였다.

제2심에서 Y는, X들의 지체상금 채권은 Z가 이 사건 토지를 신탁받은 사무와 관련하여 발생한 권리인데, 이 사건 건물 및 토지는 신탁재산으로서 파산재단을 구성하지 않을뿐더러, X들은 위 신탁재산에 대한 강제집행을 통해 채권의 만족을 얻을 수 있으므로, X들의 채권은 파산재단에서 배당받을 수 있는 파산채권이 아니라는 취지로 주장하였다.

제2심은 위 주장을 배척하였다. 그 이유는 다음과 같다. 신탁법 제22조 제1항은 "신탁재산에 대하여는 강제집행 또는 경매를 할 수 없다. 다만, 신탁 전의 원인으로 발생한 권리 또는 신탁사무의 처리상 발생한 권리에 기한 경우에는 예외로 한다." 제24조는 "신탁재산은 수탁자의 고유재산이 된 것을 제외하고는 수탁자의 파산재단을 구성하지 아니한다"고 규정하고 있다.

먼저, 신탁법 제22조 제1항은, 신탁재산은 수탁자의 고유재산과는 독립된 별개의 재산이므로, 수탁자의 채무에 대해서는 전혀 책임을 부담하지 않지만, 신탁재산 자체가 부담하는 채무, 예컨대 신탁관계가 발생하기 전에 발생한 권리, 또는 X들의 지체상금 채권과 같이, 신탁재산의 관리 또는 처분을 하는 과정에서 발생한 권리에 기하여서는 예외적으로, 신탁재산에 대하여 강제집행 또는 경매를 할 수 있다는 것이고, 위 제24조는 수탁자가 파산하면 수탁자의 고유재산은 파산재단을 구성하지만, 신탁재산은 수탁자의 파산재단에 포함되지 아니한다는 취지이다. 신탁법의 위 규정들에 의하면, X들은, 신탁재산에 대하여 강제집행할 수 없는 Z의 일반채권자들과 달리, 예외적으로 신탁재산에 대하여 강제집행할 수 있고, 신탁재산은 파산재단에 속하지도 아니하나, 신탁법의 위와 같은 규정으로 인해 X들과 같이 신탁사무의 처리와 관련하여 발생한 권리를 취득한 자에 대

한 수탁자의 책임을 신탁재산에 한정시킨다고 해석할
수는 없다. 왜냐하면, 첫째, 신탁법 제38조는, "수탁자
가 신탁행위로 인하여 수익자에 대하여 부담하는 채무
에 관하여는 신탁재산의 한도 내에서 이행의 책임을 진
다"고 규정하고 있는바, 이는 신탁재산의 관리과정에서
발생하는 실질적·경제적 이해관계는 모두 수익자에게
귀속되어, 수탁자는 신탁으로 인한 불이익을 부담하지
아니하므로, 수탁자가 수익자에게 부담하는 급부의무
는 신탁재산을 한도로 이행책임을 지며, 수탁자의 고유
재산에 관하여는 그 채무를 부담하지 아니한다는 수탁
자의 물적 유한책임을 규정한 것인데, X들은 신탁계약
상의 수익자가 아니어서 신탁법 제38조가 적용되지 않
기 때문이다(수탁자인 Z가 X들에 대하여 신탁재산 한도 내에
서의 이행 책임만 부담한다고 하기 위해서는, 신탁법 제38조와
같은 명문의 규정이 있어야 할 것이다). 둘째, Y의 주장은, X
들처럼 신탁재산의 사무처리와 관련하여 발생한 권리
에 기하여 신탁재산으로부터 만족을 얻을 수 있는 자가
파산재단으로부터도 배당받기 위한 파산채권확정의 소
를 제기하는 행위는, 파산자에 대한 일반채권자의 권리
를 침해할 수 있음을 전제로 하는 듯하나, ① 신탁계약
상의 수익자도 아닌 X들이 신탁재산과 관련하여 Z와 분
양승계계약을 직접 체결하여 이 사건 지체상금 채권을
가지게 된 이상, Z와의 법률행위를 통해 채권을 가진 일
반채권자와 달리 볼 아무런 이유가 없는 점, ② X들은
별제권자의 경우처럼 신탁재산에 대하여 우선변제권을
가지고 있지도 않으며, 신탁재산에 대하여 X들과 같은
권리를 가진 자가 경합하는 등의 이유로 X들이 신탁재
산으로부터 어느 정도의 채권 만족을 얻을 수 있는지 전
혀 알 수 없는 점, ③ X들이 신탁재산으로부터 채권의
일부를 변제받는다면 파산재단으로부터는 나머지만 배
당받으면 될 것이고, 파산재단으로부터 먼저 일부 배당
받는 경우에도 그 나머지만 신탁재산으로부터 변제받
으면 되는 점 등에 비추어 보면, X들이 이 사건 지체상
금 등 채권에 기하여 신탁재산에 대하여도 강제집행할
수 있다고 하여, 일반채권자의 채권을 부당히 침해하는
것은 아니기 때문이다.

제2심판결에 대하여 Y가 상고하였다. 상고기각.

[판결요지]

[1] 신탁사무의 처리상 발생한 채권을 가지고 있는
채권자는 수탁자의 일반채권자와 달리 신탁재산에 대
하여도 강제집행을 할 수 있는데(신탁법 제22조 제1항),
한편 수탁자의 이행책임이 신탁재산의 한도 내로 제한
되는 것은 신탁행위로 인하여 수익자에 대하여 부담하
는 채무에 한정되는 것이므로(신탁법 제38조), 수탁자가
수익자 이외의 제3자 중 신탁재산에 대하여 강제집행을
할 수 있는 채권자(신탁법 제22조 제1항)에 대하여 부
담하는 채무에 관한 이행책임은 신탁재산의 한도 내로
제한되는 것이 아니라 수탁자의 고유재산에 대하여도
미치는 것으로 보아야 한다.

[2] 수탁자가 파산한 경우에 신탁재산은 수탁자의
고유재산이 된 것을 제외하고는 파산재단을 구성하지
않는 것이지만(신탁법 제24조), 신탁사무의 처리상 발생
한 채권을 가진 채권자는 파산선고 당시의 채권 전액에
관하여 파산재단에 대하여 파산채권자로서 권리를 행
사할 수 있다.

[해설]

1. 문제의 소재

부동산의 신탁에서 수탁자의 명의로 발생하는 법률
관계는 수탁자가 자기의 고유계정으로 행하는 경우와
사업별 신탁계정의 계산으로 하는 경우로 나누어진다.
'신탁사무의 처리상 발생한 채권'에 대하여는 원칙적
으로 신탁재산만으로 책임을 진다. 그런데 이 사건은
'수탁자가 신탁사무를 처리하는 과정에서 부담하게 된
채무'에 대하여는 신탁재산만으로 책임을 지는 것인가
아니면 수탁자의 고유재산으로도 책임을 지게 되는 것
인가가 쟁점이다.

2. 대상판결의 취지
가. 신탁채권자에 대한 수탁자의 무한책임

대상판결은 '수탁자가 수익자 이외의 제3자 중 신탁
재산에 대하여 강제집행을 할 수 있는 채권자(신탁법 제
22조 제1항), 즉 신탁채권자에 대하여 부담하는 채무에
관한 이행책임은 신탁재산의 한도 내로 제한되는 것이
아니라 수탁자의 고유재산에 대하여도 미치는 것으로
보아야 한다'고 판시하여, 신탁채권자에 대하여는 수탁

자가 자신의 고유재산으로도 책임을 진다는 것을 분명히 하고 있다. 대상판결은 '수탁자의 이행책임이 신탁재산의 한도내에 제한되는 것은 신탁행위로 인하여 수익자에 대하여 부담하는 채무에 한정되는 것이므로(신탁법 제38조),' 신탁법 제38조를 반대로 해석하면 수익자 이외의 자에 대하여는 수탁자의 이행책임이 신탁재산의 한도 내로 제한되지 않는다는 취지이다.[1]

나. 수탁자의 파산시 신탁채권자의 지위

수탁자가 파산한 경우 신탁채권자는 파산재단에 대하여 파산채권자로서 권리를 행사할 수 있는가.

수탁자가 파산한 경우에 신탁재산은 수탁자의 고유재산이 된 것을 제외하고는 파산재단을 구성하지 않는다(신탁법 제24조).

그러나 대상판결은 '신탁사무의 처리상 발생한 채권을 가진 채권자는 파산선고 당시의 채권 전액에 관하여 수탁자의 파산재단에 대하여 파산채권자로서 권리를 행사할 수 있다'고 판시하였다. 이와 같이 대상판결은 파산절차에서도 '수탁자의 신탁채권자에 대한 무한책임원칙'이 적용된다는 점을 분명히 하였다는 점에서 의미가 있다.[2]

다. 후속판결

대상판결은 신탁채권자에 대한 수탁자의 무한책임원칙을 선언하고, 그 원칙이 파산절차에서도 적용된다는 점을 선언한 최초의 판결이다. 이후에도 대법원은 같은 취지의 판결을 계속 하고 있다.[3]

3. 유한책임신탁재산의 파산에 관한 특칙

대상판결은 신탁계약시에 책임재산한정특약이 없는 경우에 관한 사안이다. 그런데 영업으로서 신탁을 영위하는 경우에는 수탁자가 신탁계약의 체결시에 신탁사업별로 책임재산을 한정하는 특약을 체결하는 경우가 있다. 이는 무한책임원칙을 회피하기 위한 것인데, 이러한 책임재산한정특약은 사적자치의 원칙상 유효하다고 보아야 한다.[4] 상대방이 수탁자의 책임재산한정특

약을 승낙하고 거래를 한 경우에는 책임재산한정특약은 당사자 사이에서 유효하다. 이러한 경우에는 신탁채권자에 대한 책임재산은 신탁재산으로 한정되게 된다.

신탁실무상 책임재산한정특약이 많이 이용되게 되자 신탁법은 2011. 7. 25. 개정시에 유한책임신탁제도를 신설하였다. 유한책임신탁이란 신탁행위로 수탁자가 신탁재산에 속하는 채무에 대하여 신탁재산만으로 책임지는 것으로 설정된 신탁이다(신탁법 제114조). 유한책임신탁재산에 대하여는 독자적인 파산능력이 인정된다.[5] 따라서 청산 중인 유한책임신탁의 신탁재산이 그 채무를 모두 변제하기에 부족한 것이 분명하게 된 경우 청산수탁자는 즉시 신탁재산에 대하여 파산신청을 하여야 한다(신탁법 제138조).

채무자회생법도 2013. 5. 28. 개정시에 유한책임신탁재산의 파산에 관한 특칙을 신설하였다. 유한책임신탁재산에 대하여 신탁채권자, 수익자, 수탁자, 신탁재산관리인 또는 신탁법 제133조에 따른 청산수탁자는 파산신청을 할 수 있고(채무자회생법 제578조의3), 파산원인인 지급불능과 부채초과, 파산선고 전의 보전처분, 조사확정재판 등은 일반적인 파산사건과 같다. 유한책임신탁재산에 관한 파산사건은 수탁자의 보통재판적 소재지를 관할하는 회생법원의 관할에 전속하고(채무자회생법 제3조 제7항), 이에 따른 관할법원이 없는 경우에는 유한책임신탁재산의 소재지(채권의 경우에는 재판상의 청구를 할 수 있는 곳)를 관할하는 회생법원의 관할에 전속한다(같은 조 제8항).

---

1) 이중기, "신탁채권자에 대한 수탁자의 책임의 범위: 책임재산한정특약의 효력과 신탁의 도산절차상 처리를 중심으로", 민사판례연구 제28권, 박영사(2006), 500면.
2) 이중기, 전게 논문, 507면.
3) 대법원 2006. 11. 23. 선고 2004다3925 판결; 대법원 2010. 6. 24. 선고 2007다63997 판결.
4) 이중기, 전게 논문, 526면.
5) 서울회생법원 재판실무연구회, 법인파산실무(제5판), 박영사(2019), 29면.

[83] 파산채권확정의 소에서 청구원인 변경의 한계

나원식(대구지방법원 판사)　　　　　　　　대법원 2007. 4. 12. 선고 2004다51542 판결

[사안의 개요]

원고들은 채무자 대구남부신용협동조합(이하 '채무자'라 한다)에 대한 파산절차에서 예금채권을 파산채권으로 신고하였다. 파산관재인이 원고들의 채권에 대하여 이의하자 원고들은 파산관재인을 상대로 채권확정의 소를 제기하였다. 대구지방법원(제1심)은 "채무자의 직원이 원고들로부터 예금 명목으로 돈을 받은 후 개인적인 용도로 소비하였고, 원고들이 직원의 예금에 관한 비진의 내지 배임적 의사를 알 수 있었으므로, 예금계약은 무효"라는 이유로 원고들의 청구를 기각하였다. 원고들은 항소하면서 예금계약이 채무자 직원의 비진의 의사표시이어서 무효로 되는 경우 원고들이 채무자에 대하여 가지는 피용자의 불법행위로 인한 예금 상당의 손해배상액에 대한 파산채권 확정청구를 추가하였다. 대구고등법원(항소심)은 "원고들이 예금 원리금을 파산채권으로 신고하였으므로, 채무자의 사용자책임에 기한 손해배상채권의 확정을 구하는 부분은 채권표에 기재되지 않은 권리의 확정을 구하는 것으로서 부적법하다"는 이유로 이 부분 소를 각하하였다. 원고들이 상고하였다. 파기환송.

[판결요지]

[1] 파산채권자는 채권표에 기재한 사항에 관하여서만 채권확정의 소를 제기하거나 파산 당시에 이미 계속되어 있는 소송을 수계할 수 있으므로, 채권조사기일까지 신고하지 않은 채권을 새로이 주장할 수는 없으며, 채권표에 기재된 것보다 다액의 채권액이나 새롭게 우선권을 주장할 수는 없고, 따라서 채권표에 기재되지 않은 권리, 액, 우선권의 유무 등의 확정을 구하는 파산채권확정의 소 또는 채권표에 기재되지 않은 권리에 관하여 소송이 계속되어 있는 경우의 그 수계신청 등은 모두 부적법하다.

[2] 파산채권확정소송절차에서 당초의 신고채권과 그 발생원인사실부터 별개의 채권으로 보이는 것의 확정을 구하는 것은 허용되지 않지만, 파산채권자표에 기재되어 있는 권리와 급부의 내용이나 수액에 있어서 같고 청구의 기초가 동일하지만 그 발생원인을 달리 하는 다른 권리의 확정을 구하는 경우와 같이 비록 법률상의 성격은 다르더라도 사회경제적으로 동일한 채권으로 평가되는 권리로서 그 채권의 확정을 구하는 것이 파산관재인이나 다른 채권자 등의 이의권을 실질적으로 침해하는 것이 아니라면 그러한 채권의 확정을 구하는 것은 허용된다.

[해설]

1. 문제의 소재

파산절차에서 신고한 파산채권에 대하여 파산관재인 또는 파산채권자의 이의가 있는 때에는 원칙적으로 그 파산채권(이하 '이의채권'이라 한다)을 보유한 파산채권자가 이의자를 상대방으로 하여 채권조사확정재판을 신청하고(채무자회생법 제462조), 채권조사확정재판에 불복하는 자가 그에 대한 이의의 소를 제기할 수 있다(제463조). 다만 이의채권에 관하여 파산선고 당시 소송이 계속되어 있는 경우에는 채권자가 이의자를 상대방으로 하여 소송을 수계하여야 하고(제464조), 집행력 있는 집행권원이나 종국판결이 있는 채권에 대한 이의주장은 이의자가 채무자가 할 수 있는 소송절차에 의하거나 파산선고 당시 계속 중인 소송을 수계하는 방법으로 한다(제466조). 제465조는 위와 같은 파산채권확정절차에서 채권조사확정재판신청, 채권조사확정재판에 대한 이의의 소 제기 및 이의채권에 관한 소송의 수계는 파산채권자표에 기재한 사항에 한하여 할 수 있다고 규정하고 있다. 회생절차에 관하여도 동일한 취지의 규정이 있다(제173조).

제465조에 의한 청구원인의 제한과 관련하여, 대상판결의 사안과 같이 채권자가 급부의 내용이나 액수 및 청구의 기초는 동일하지만 그 발생원인을 달리 하는 다른 권리의 확정을 구하는 것이 허용되는지가 문제된다.

2. 청구원인 제한의 취지

파산절차상 채권조사 및 확정은 채권액, 원인 및 우선권의 유무 등이 기재된 파산채권자표를 기초로 하여 채권조사기일에서 파산관재인, 파산채권자의 이의 진술을 통해서 그 정당성을 확보한다. 파산관재인이나 파산채권자가 이의를 한 경우 파산채권은 확정되지 않고, 채권조사확정재판, 채권조사확정재판에 대한 이의의 소 또는 파산선고 당시 계속 중인 소송의 수계 등을 통한 확정절차를 거치는데, 이러한 파산채권확정소송의 판결 등은 파산채권자 전원에 대하여 효력이 있다(제468조). 만약 파산채권자표에 기재하지 않은 사항이 파산채권확정소송의 당사자 사이에 확정되고, 그 소송결과가 파산채권자 전원에 대하여 효력이 미친다면, 채권조사절차의 취지에 반할 뿐만 아니라, 소송당사자 이외의 이해관계인이 이의권을 행사할 기회를 침해한다. 이에 따라 대법원은 파산채권자는 파산채권의 확정에 관한 소송절차에서 채권조사기일까지 신고하지 않았거나 기일에서 조사하지 않은 채권을 새로이 주장할 수 없고, 파산채권자표에 기재된 것보다 다액의 채권액이나 새롭게 우선권을 주장할 수도 없다고 판시하여 왔다.[1] 대상판결도 제465조가 채권조사기일까지 신고하지 아니한 채권을 새로이 주장할 수 없도록 하는 것은 소송당사자가 되지 못한 파산관재인이나 다른 채권자의 이의권 행사의 기회를 보장하기 위한 것이라고 하면서 기존 판례를 재확인하고 있다(판결요지 [1]). 기존 판례는 대부분 파산채권을 신고할 때 원금만 신고하고 이자나 지연손해금 부분을 신고하지 않은 사안에서 신고하지 않은 부분을 파산채권확정의 소의 대상으로 할 수 없다고 한 것이었다.

3. 청구원인 변경의 한계

가. 대상판결 사안의 경우 원고들은 파산채권으로 예금채권을 신고하였을 뿐 사용자책임에 기한 손해배상채권을 신고하지는 않았으므로, 후자에 대한 파산채권확정청구 부분은 파산채권자표에 기재된 권리에 관한 것이 아니다. 그러나 대상판결은, 채권신고 단계에서 법률구성을 잘못한 결과를 오로지 신고채권자의 자기

책임으로 돌리기보다는 신고채권자와 다른 채권자 등과의 이해관계를 합리적으로 조정할 필요가 있다는 입장에서 보아 파산채권자가 채권확정소송절차에서 당초의 신고채권과 다른 채권의 확정을 구할 수 있는 경우를 인정한다(판결요지 [2]). 그 구체적인 이유는 다음과 같은 점을 생각해 볼 수 있다.

① 파산채권자는 원칙적으로 법원이 정하는 신고기간 안에 채권을 신고하여야 하고, 채권신고기간은 파산선고를 한 날부터 2주 이상 3월 이하이어야 한다(제312조 제1항 제1호). 신고기간이 비교적 단기이어서 기간 내에 그 권리에 관한 충분한 법률적 검토를 거쳐 정확히 신고하는 것이 어려울 수 있다.

② 파산채권을 신고할 당시 채권의 발생 원인이 되는 사실관계가 불명확하고, 채권조사기일이나 채권확정절차에서 다른 파산채권자나 파산관재인의 이의사유 또는 공격방어방법에 따라 신고한 채권의 원인을 변경할 필요성이 있을 수 있다.

③ 채권신고서에는 신고하는 파산채권을 다른 채권과 식별하여 그 채권을 특정할 수 있을 정도로 기재하면 된다.[2] 신고채권자로서는 신고 당시 파산관재인이나 다른 파산채권자로부터 이의가 있을지 알 수 없고, 이의 없이 확정되는 경우도 많으므로, 통상의 소를 제기하는 것과 같은 정도의 주의를 기울여 채권신고할 것을 기대하기 어렵다.

④ 파산채권자는 채권신고기간 후에도 파산채권을 신고할 수 있으므로, 발생원인을 달리하는 파산채권을 다시 신고하고, 채권조사결과에 따라 이의가 있으면 파산채권확정절차를 진행할 수 있다. 일반적으로 계속 중인 파산채권확정소송의 당사자가 추가로 신고한 채권에 대하여도 이의를 제기할 것이고, 기존에 이의하지 않았던 이해관계인이 추가로 신고한 채권에만 이의할 가능성은 적으므로, 무익한 절차를 반복하는 결과가 된다.[3]

⑤ 판례는 채권조사기일에 이의를 진술하지 않은 파

1) 대법원 2000. 11. 24. 선고 2000다1327 판결; 대법원 2002. 4. 23. 선고 2002다8308 판결 등.

2) 대법원 2001. 6. 29. 선고 2000다70217 판결; 대법원 2003. 5. 30. 선고 2002다67482 판결.

3) 장상균, "파산채권확정의 소에 있어서 청구원인 변경의 한계", 대법원판례해설 제68호, 법원도서관(2008년 상반기), 287면.

산채권자도 채권확정절차에서 통상의 보조참가 또는 공동소송적 보조참가를 할 수 있다고 본다.[4] 이에 따르면 확정을 구하는 권리에 대한 채권조사절차가 이루어지지 않아 이의를 진술할 수 없었던 이해관계인도 계속 중인 파산채권확정소송에 참가함으로써 간접적으로 이의권을 행사할 기회가 보장된다.

나. 결국 청구원인의 제한을 어디까지 인정해야 하는가의 문제는 사실관계의 불명확 또는 권리의 법적 이해의 곤란성 등 신고채권자의 측면과, 파산관재인이나 다른 파산채권자가 파산채권자표의 기재로부터 예상할 수 있는 범위 등 이의권자의 측면을 종합적으로 고려하여 판단하여야 한다.[5] 구체적인 기준으로는 대상판결과 같이 확정을 구하는 청구의 내용이 파산채권자표에 기재된 권리와 비교하여 청구의 기초에 변경이 없고, 사회경제적으로 동일한 이익을 목적으로 하는 경우에는 이의권자의 이의권을 실질적으로 침해하는 것이 아니라고 할 것이다.[6]

4. 관련 판례

대상판결의 법리에 따라 청구원인 변경의 한계에 관하여 판시한 판례로는 다음과 같은 것이 있다.

가. 신고한 채권과 다른 청구원인을 변경하는 것을 긍정한 판례로는, ① 대판 2011다31706(2013. 2. 28.)(채무자와의 매매계약에 기한 소유권이전등기의무의 이행불능으로 인한 손해배상채권과 기지급 매매대금 상당의 부당이득반환채권), ② 대전고법 2016나15653(2018. 1. 10.)(채무자 회사에 대한 대여금 채권과 채무자 회사의 이사회결의가 없어 준소비대차계약이 무효가 되는 경우 대여금 상당의 부당이득반환채권), ③ 광주고법(전주) 2011나3058(2012. 5. 31.)(지급보증서에 기한 보증채권과 무효인 지급보증서 발급으로 인한 손해배상채권), ④ 서울고법 2016나2074041(2017. 12. 21.)(회생절차에서 회생담보권으로 신고한 '물품 및 관련 서류를 목적물로 하는 양도담보권'과 '수출대금채권을 목적물로 하는 양도담보권')이 있다.

나. 신고한 채권과 다른 청구원인으로 변경하는 것을 부정한 판례로는, ① 대전고법 2018나103941(2018. 12. 21.)(회생절차에서 회생담보권으로 신고한 '채무자와의 채광도급계약에 기한 광업채굴권에 대한 유치권'과 '채광도급계약에 따라 채광용역비를 피담보채권으로 하는 부동산 상사유치권'), ② 서울고등 2015나10860(2017. 1. 20.)(사업약정에 따른 상가 분양수익금 채권과 채무자가 PF대출금을 상환하지 않아 채권자가 신탁계좌에서 상가 수입금을 회수하지 못하여 발생한 손해배상청구권)이 있다.

5. 결론

대상판결은 파산채권자표에 기재되어 있는 권리와 파산채권확정소송에서 확정을 구하는 권리가 사회경제적으로 동일한 채권인지 및 이의권자의 이의권을 실질적으로 침해하는지 여부에 따라 제465조 청구원인 제한의 적용범위를 규율함으로써 신고채권자와 다른 채권자 등과의 이해관계를 합리적으로 조정하고자 한 점에 의의가 있다. 다만 신고채권자로서는 채권신고 단계에서 채권의 사실관계 및 법률구성에 관하여 충분히 검토하고, 필요한 경우 예비적 신고를 함으로써 채권확정절차에서 청구원인 제한으로 인한 분쟁을 미리 방지할 필요가 있다.[7]

---

4) 대법원 2012. 6. 28. 선고 2011다63758 판결; 서울고법 2014. 5. 19.자 2013라808 결정.
5) 伊藤眞 외 5인, 条解 破産法(第2版), 弘文堂(2014), 906면.
6) 박태준, "파산채권의 확정절차", 재판실무연구(5) 도산관계소송, 한국사법행정학회(2009), 361면.
7) 島岡大雄 외 3인, 倒産と訴訟, 商事法務(2013), 119(上甲悌二).

[84] 도산채권의 확정절차

양민호(인천지방법원 부장판사)　　　　　　　대법원 2006. 11. 23. 선고 2004다3925 판결

[사안의 개요]

감리회사인 A는 신탁회사인 X를 상대로 감리비 지급청구소송을 제기하여, 감리비 청구액 303,450,400원(이하 '이 사건 감리비'라고 한다) 중 195,078,400원 및 이에 대한 1998. 5. 17.부터 완제일까지의 지연손해금을 지급하라는 취지의 일부 승소판결을 선고받았다. 그 후 항소심 계속 중인 2002. 12. 30. X가 파산선고를 받자 A는 이 사건 감리비 및 이에 대한 1998. 5. 17.부터 파산채권 신고일인 2003. 1. 29.까지의 지연손해금을 파산채권으로 신고하였고, 파산자 X의 파산관재인은 채권조사기일에 위 채권 전부에 관하여 이의를 제기하였다. A는 항소심에서 파산자 X의 소송수계인인 파산관재인을 상대로 선택적으로 이 사건 감리비 및 이에 대한 1998. 5. 17.부터 완제일까지의 지연손해금을 파산채권으로 확정하여 달라는 취지의 청구를 추가하였다. 항소심은 제1심에서 인정한 195,078,400원의 감리비와 이에 대한 1998. 5. 17.부터 완제일까지의 지연손해금을 파산채권으로 확정한다는 취지의 판결을 선고하였다. 이에 X가 상고하였다. 파기자판.

[판결요지]

[1] 파산채권자는 채권표[1]에 기재한 사항에 관하여만 채권확정의 소[2]를 제기하거나 파산 당시에 이미 계속되어 있는 소송을 수계한 후 채권확정의 소로 변경할

수 있으므로, 채권조사기일까지 신고하지 않은 채권을 새로이 주장하거나 채권표에 기재된 것보다 다액의 채권액을 주장할 수 없다. 따라서 파산채권을 신고하지 않아 채권표에 기재되지 않은 권리에 대한 채권확정의 소는 부적법하므로, 파산채권확정을 구하는 소에서 파산채권신고 여부는 소송요건으로서 직권조사사항이다.[3]

[2] 구 파산법은 의결권의 유무나 배당의 순위에 있어 일반 파산채권과 구별되는 우선권 있는 파산채권과 후순위 파산채권이라는 개념을 마련하고, 우선권 있는 파산채권이나 후순위 파산채권이 포함되어 있는 경우 파산채권자의 채권신고, 채권조사, 파산관재인의 인부, 채권표 작성 등 파산채권확정에 필요한 일련의 절차에서 모두 그 구분을 반드시 표시하도록 요구하고 있으므로, 파산관재인 등의 이의가 있어 파산채권확정의 소를 통하여 채권이 확정되는 경우에도 우선권 있는 파산채권이나 후순위 파산채권이 포함된 때에는 그 구분 또한 파산채권확정의 소에 있어 확정의 대상이 되므로 판결 주문에서 그 구분을 명확히 표시해 주어야 한다.[4]

[해설]

1. 문제의 소재

파산채권은 파산절차에 의하지 아니하고는 행사할 수 없으므로,[5] 파산선고가 있는 경우 파산재단에 관한

---

1) 구 파산법은 '채권표'라는 용어를 사용하였으나, 2005년 채무자회생법이 제정되면서 '파산채권자표'로 그 용어가 수정되었다. 이하에서는 채무자회생법에 따라 '파산채권자표'라는 용어를 사용하기로 한다.

2) 구 파산법은 이의채권의 확정을 위해 소송절차인 채권확정의 소를 제기하도록 하였으나(제217조), 통합도산법이 제정되면서 소송절차가 아닌 결정절차로서의 채권조사확정재판을 신청하도록 하였고(제462조), 위 재판결과에 대하여 이의가 있는 경우 비로소 소송절차인 채권조사확정재판에 대한 이의의 소(463조)를 제기하도록 하였다. 이하에서는 채권확정의 소를 현행 채무자회생법상 그에 대응하는 절차인 채권조사확정재판으로 보고 이에 관해 해설하기로 한다.

3) 대상판결은, 항소심에서 인용한 감리비에 대한 지연손해금 중 채권신고가 되지 않은 '2003. 1. 30.부터 완제일까지의 지연손해금'에 대하여 파산채권확정을 구하는 부분은 소송요건이 흠결되어 부적법하므로 이를 각하하였어야 한다고 판단하였다.

4) 대상판결은, 파산선고일 이후의 지연손해금채권은 후순위 파산채권이므로(구 파산법 제37조 제2호, 채무자회생법 제446조 제1항 제2호), 항소심이 파산채권으로 확정한 채권 중 감리비에 대한 파산선고일인 2002. 12. 30.부터 채권신고일인 2003. 1. 29.까지의 지연손해금 청구금은 후순위 파산채권에 해당함에도, 항소심이 이를 구분하지 아니한 채 파산채권으로 확정한 조치는 위법하다고 판단하였다.

5) 채무자회생법 제424조. 다만, 파산절차를 수행하는 데 필요한 비용에 해당하는 청구권 등과 같은 재단채권은 파산절차

소송절차는 중단된다.[6] 그러므로 파산채권을 보유한 채권자가 파산채권자로서 권리를 행사하기 위해서는 채권신고·조사·확정의 절차에 따라 그 권리의 내용이 확정되어야 한다. 다만, 파산선고 당시 파산채권에 관한 소송이 계속 중인 경우 채권의 확정을 위해 채권조사확정재판을 신청하는 대신 위와 같이 계속 중인 소송을 수계하여 그 권리의 확정을 구할 수도 있다. 그렇다면 채권조사확정재판이나 수계한 소송에 의하여 채권을 확정하는 경우, 구체적으로 확정의 대상, 즉 채권조사확정재판의 심판대상이나 수계한 소송의 소송대상이 무엇인지 문제된다.

2. 검토

파산선고를 받은 채무자의 재산을 채권자들에게 공정하게 환가·배당하기 위해서는 그 전제로서 파산채권의 내용을 확정하여야 할 필요가 있다. 그런데 집단적·포괄적 강제집행절차로서의 파산절차의 특성을 고려하면 파산채권의 확정을 개개의 소송절차에 맡겨 둘 경우 많은 시간과 비용이 소요되므로, 채무자회생법은 파산절차 내에 파산채권조사확정절차를 따로 마련해 두고 있다. 이를 간단하게 살펴보면 다음과 같다. 즉, ① 파산절차에 참가하고자 하는 채권자는 법원이 정하는 기간 내에 채권액 및 원인, 우선권의 유무, 후순위 파산채권의 구분 등에 관한 사항을 신고하여야 하고, 법원은 위와 같이 신고된 사항을 기재한 파산채권자표를 작성한다.[7] ② 법원은 채권조사기일을 열어 채권신고 사항에 관하여 파산관재인이나 다른 채권자의 이의가 있는지 여부를 조사하고, 그 조사결과를 파산채권자표에 기재한다.[8] ③ 파산관재인이나 다른 채권자의 이의가 없는 채권은 그 채권액, 우선권의 유무, 후순위 파산채권의 구분에 관해 신고된 내용 그대로 확정되고,[9] 이의가 있는 채권에 관해서는 간이하고 신속한 결정절차인 채권조사확정재판을 통해 채권의 존부나 그 내용을 확정한

다.[10]

채권조사확정재판은 파산채권자가 신고한 채권에 대하여 이의가 있는 경우 이의채권의 존부 및 그 내용을 확정하여 파산절차상의 지위를 결정하는 것이므로, 그 심판대상은 이의채권의 존부 및 채권액뿐만 아니라, 채권신고사항으로 파산채권자표에 기재되고 채권조사의 대상이 되는 우선권의 유무, 후순위 채권의 구분과 같은 채권의 속성에 관한 것도 포함된다. 결국, 채권신고, 조사, 채권조사확정재판에 의한 채권의 확정은 동일한 대상을 둘러싸고 단계적으로 행하여지는 것이라고 볼 수 있다.

같은 맥락에서 채무자회생법 역시 '파산채권자는 파산채권자표에 기재된 사항에 한하여 채권조사확정재판의 신청을 할 수 있다.'고 규정하고 있다.[11] 파산채권자표에 기재되지 않은 사항은 채권조사확정재판의 심판대상이 되지 않을뿐더러, 채권조사확정재판의 당사자 사이에서 파산채권자표에 기재되지 않은 사항이 확정된다면, 그 당사자가 아닌 다른 파산채권자 등의 관여 없이 권리가 확정되는 것이어서 다른 파산채권자 등의 이의권을 침해할 수 있기 때문이다.[12] 나아가 대법원은 추완신고의 적법 여부는 채권신고나 조사의 대상이 아니고, 채권조사절차 또는 채권조사확정재판절차에 의한 확정의 대상이라고 볼 수도 없어, 추완신고가 추후보완 요건을 구비하지 않았다는 것을 사유로 하는 채권조사확정재판은 허용되지 않는다는 입장이다.[13]

다만, 파산채권자표에 기재되어 있는 권리와 급부의 내용이나 액수가 같고 청구의 기초가 동일하지만 그 발생 원인을 달리하는 것과 같이 사회경제적으로 동일한 채권으로 평가되는 다른 권리의 확정을 구하는 것은 허용된다.[14]

파산선고 당시 이의채권에 관하여 소송이 계속 중인 경우에는 채권조사확정재판을 거치는 대신 계속 중인 소송을 수계하여 이의채권의 존부 및 그 내용을 확정하도록 하는데, 이는 이의채권에 관한 소송이 계속 중임에

에 의하지 아니하고 수시로 변제되므로(채무자회생법 제475조), 파산채권과 같이 채권신고·조사·확정의 절차가 필요 없다.

6) 민사소송법 제239조.

7) 채무자회생법 제447조 제1항, 제448조 제1항.

8) 채무자회생법 제450조, 제459조.

9) 채무자회생법 제458조.

10) 채무자회생법 제462조 제1, 2항.

11) 채무자회생법 제465조 .

12) 서울회생법원 재판실무연구회, 법인파산실무(제5판), 322면.

13) 대법원 2018. 7. 24. 선고 2015다56789 판결.

14) 대법원 2007. 4. 12. 2004다51542 판결.

도 새로이 채권조사확정재판을 신청하도록 하는 것은 비용과 시간의 측면에서 비경제적이고 종래 소송의 경과를 무시하는 것이 되어 불합리하기 때문이다.[15] 이에 따라 파산선고 당시 이의채권에 관한 소송이 계속 중이어서 이를 수계하여야 함에도, 채권조사확정재판을 신청하였다면 이는 부적법하다.[16]

이의채권의 확정을 위해 계속 중인 소송을 수계하는 경우, 이는 채권조사확정재판을 대신하여 계속 중인 소송절차를 이용하는 것이므로, 소송의 대상 역시 채권조사확정재판의 심판대상과 마찬가지로 보아야 한다.[17] 채무자회생법 역시 '파산채권자는 파산채권자표에 기재된 사항에 한하여 소송을 수계할 수 있다.'고 규정하고 있다.[18] 따라서 채권조사절차를 거치지 않은 채 한 소송수계신청은 부적법하다.[19] 채권조사절차를 거쳤더라도 이의가 없는 채권에 관해서는 채권조사확정재판을 신청할 수 없고[20] 채권의 확정을 위한 소송수계신청도 할 수 없다.[21] 이의채권의 확정을 위해 소송수계신청을 하였다면, 청구취지 역시 파산채권의 확정을 구하는 것으로 변경하여야 한다.

대법원은 대상판결에서 이러한 법리를 밝히고 있다.

---

15) 서울회생법원 재판실무연구회, 법인파산실무(제5판), 329면.

16) 구 회사정리법상 회사정리절차에 관한 것으로 대법원 1991. 12. 24. 선고 91다22698, 22704 판결.

17) 다만, 신청절차와 관련하여 채권조사확정재판의 경우 일반조사기일 또는 특별조사기일로부터 1개월 이내에 신청하여야 하지만(채무자회생법 제462조 제5항), 소송수계신청에 대해서는 위와 같은 기간의 제한이 없다. 따라서 수계신청은 최후배당의 배당제외기간이 끝날 때까지 할 수 있다고 보아야 한다(제5판 법인파산실무, 서울회생법원 재판실무연구회, 332면). 이와 달리 회생절차의 경우 채권조사확정재판과 동일한 기간제한을 두고 있다(채무자회생법 제170조 제2항, 제172조 제2항).

18) 채무자회생법 제465조.

19) 대법원 2018. 4. 24. 선고 2017다287587 판결.

20) 서울회생법원 재판실무연구회, 법인파산실무(제5판), 321면.

21) 신고된 회생채권에 대하여 이의가 없어 신고한 내용대로 확정되고, 확정된 회생채권을 회생채권자표에 기재한 때에는 그 기재는 확정판결과 동일한 효력이 있으므로, 계속 중이던 회생채권에 관한 소송은 소의 이익이 없어 부적법하다고 한 것으로 대법원 2020. 3. 2. 선고 2019다243420 판결이 있다. 이와 같은 법리는 파산채권에 관해서도 마찬가지로 적용된다고 볼 수 있다.

[85] 개인채무자의 파산신청에 대하여 파산원인이 있는지, 파산절차의 남용에 해당하는지 여부의 판단 기준

서경환(서울회생법원장)　　　　　　　대법원 2009. 5. 28.자 2008마1904, 1905 결정

[사안의 개요]

채무자는 2008년 제1심법원에 파산·면책신청을 하였다. 채무자는 1973년생 남성으로서 배달업무에 종사하면서 월 76만 원 정도의 소득을 얻고 있었고, 보증금 100만 원, 월세 19만 원의 다가구주택에 거주하면서 장애인 어머니를 부양하고 있었다. 채무자는 2001년경 덤프트럭을 구입하여 사업을 하다가 실패한 후 카드 돌려막기 등으로 채무가 증가하여 파산에 이르렀고, 파산신청 당시 채무총액은 4,362만 원 정도였다. 제1심은 채무자의 채무총액, 현재 생활상황, 노동능력(34세의 남성으로 도시일용노동자의 평균수입 예상), 부양가족 수 등을 고려할 때 파산원인이 존재하지 않는다고 판단하여 파산신청을 기각하였다. 항고심은 채무자가 건강하고 어머니 외에 다른 부양가족이 없으므로 파산원인이 존재하지 않고, 가사 파산원인이 존재한다고 하더라도 채무자의 파산신청이 파산절차의 남용에 해당하므로 제309조 제2항을 적용하여 파산신청을 기각할 수 있다고 판단하여 항고를 기각하였다. 이에 채무자가 재항고하였고, 대법원은 원심결정을 파기환송하였다.

[결정요지]

1. 채무자가 개인인 경우 그가 현재 보유하고 있는 자산보다 부채가 많음에도 불구하고 지급불능 상태가 아니라고 판단하기 위하여는, 채무자의 연령, 직업 및 경력, 자격 또는 기술, 노동능력 등을 고려하여 채무자가 향후 구체적으로 얻을 수 있는 장래 소득을 산정하고, 이러한 장래 소득에서 채무자가 필수적으로 지출하여야 하는 생계비 등을 공제하여 가용소득을 산출한 다음, 채무자가 보유 자산 및 가용소득으로 즉시 변제하여야 할 채무의 대부분을 지속적으로 변제할 수 있는 객관적 상태에 있다고 평가할 수 있어야 한다. 이와같은 구체적·객관적 평가 과정을 거치지 않고 단지 채무자가 젊고 건강하다는 등의 추상적·주관적인 사정에 근거하여 함부로 그 채무자가 지급불능 상태에 있지 않

다고 단정하여서는 아니 된다.

2. 제309조 제2항에서 개인인 채무자의 파산신청이 '파산절차의 남용'에 해당한다는 것은, 채무자가 현재는 지급불능 상태이지만 계속적 반복적으로 일정한 소득을 얻고 있고 이러한 소득에서 생계비 등을 공제한 가용소득으로 채무를 변제할 수 있어서 개인회생절차 등을 통하여 충분히 회생을 도모할 수 있다고 인정되는 경우를 주로 의미한다. 따라서 채무자가 개인회생절차 등을 신청한다면 그 절차를 통하여 충분히 회생을 도모할 수 있는 상태인지 여부를 전혀 심리하지 않은 상태에서 채무자에게 장래 소득이 예상된다는 사정만에 터 잡아 함부로 채무자의 파산신청이 '파산절차의 남용'에 해당한다고 단정하여서는 아니 된다.

[해설]

1. 문제의 소재 ― 개인파산 엄격심사주의

2004년 개인회생제도의 도입과 함께 개인파산제도가 널리 홍보되어 개인파산신청이 급증하자(2007년 전국법원 접수건수 154,039건), 채권금융기관과 일부 언론에서 개인파산사건의 도덕적 해이, 법원의 부실한 심사를 부각시켰고, 법원은 2007년경부터 '엄격심사방식'을 도입하였다.[1]

엄격심사와 맞물려 부각된 문제는 파산면책제도에 익숙하지 않아 부정적 선입관을 가지고 있는 하급심 판사들이 파산원인에 대한 구체적·객관적 심사 자체를 거치지도 않고 추상적·주관적 사정(예컨대 '채무자가 젊고 건강하다' 등)에 기하여 파산면책신청을 받아주지 않는 사례가 전국적으로 성행하였다는 점이다.

2. 개인파산의 '지급불능' 판단기준

대상결정은 실제로 지급불능 상태에 있음에도 불구

---

1) 자세한 배경은 서경환, "파산면책의 정당화 근거 및 개인도산제도 활성화를 위한 개선방안," 법조 2019년 10월호, 259~261면 참조.

하고, 채무자가 젊고 건강하다는 이유만으로 파산원인이 없다고 보아 파산신청을 기각하는 하급심 실무례에 초점을 맞추어 구체적인 판단기준을 제시하였다.

즉, 채무자가 개인인 경우 그가 현재 보유하고 있는 자산보다 부채가 많음에도 불구하고 지급불능 상태가 아니라고 판단하기 위하여는, 채무자가 향후 구체적으로 얻을 수 있는 장래 소득을 산정하고, 이러한 장래 소득에서 생계비 등을 공제하여 가용소득을 산출한 다음, 채무자가 보유 자산 및 가용소득으로 즉시 변제하여야 할 채무의 대부분을 지속적으로 변제할 수 있는 객관적 상태에 있다고 평가할 수 있어야 한다. 단지 채무자가 젊고 건강하다는 등의 추상적·주관적인 사정에 근거하여 함부로 그 채무자가 지급불능 상태에 있지 않다고 단정하여서는 아니 된다는 것이다.

대상결정의 제1심 및 항고심은 채무자가 34세의 젊은 남자로서 건강하고 노동능력을 보유하고 있으며 부양가족이 적다는 추상적 사정에 기하여 채무자의 장래 소득이나 생계비에 대하여 전혀 산출하여 보지도 않은 채 채무자가 지급불능 상태에 있지 않다고 단정하였다. 그러나 이러한 하급심의 판단 관행은 대상결정이 제시한 구체적 판단기준에 따르면 위법하게 되었다.

3. 개인파산신청이 '파산절차의 남용'에 해당하는지 여부의 판단기준

제309조 제2항에서 "법원은 채무자에게 파산원인이 존재하는 경우에도 파산신청이 '파산절차의 남용'에 해당한다고 인정되는 때에는 심문을 거쳐 파산신청을 기각할 수 있다"고 규정하고 있다. 위 조항은 2005. 3. 31. 채무자 회생 및 파산에 관한 법률을 제정하면서 신설되었다. 이 규정은 미국 구 연방파산법 §707조(b)의 '실질적 남용(substantial abuse)' 또는 2005년 개정 연방파산법 §707(b)의 '남용(abuse)'을 이유로 한 파산신청 기각 조항을 우리나라에 도입한 것으로 설명되고 있다.

그런데 제309조 제2항의 '남용'이 무엇을 의미하는가에 관하여 확립된 판단기준이 없었고, 당시 하급심 상당수 실무례는 젊고 건강한 채무자의 파산신청을 기각하는 경우 파산원인이 없을 뿐만 아니라 가사 파산원인이 있더라도 파산절차의 남용에 해당한다는 이유를 함께 내세우고 있었다.

대상결정은 파산면책제도의 목적 및 다른 도산절차와의 관계, 제309조 제2항의 입법목적 등에 비추어 볼 때, '파산절차의 남용에 해당한다'는 것은 채무자가 현재에는 지급불능 상태이지만 계속적으로 또는 반복하여 일정한 소득을 얻고 있고 생계비 등을 공제한 가용소득으로 채무의 상당 부분을 변제할 수 있어서 개인회생절차 등을 통하여 회생을 도모할 수 있다고 인정되는 경우를 '주로' 의미한다고 판시하였다.

대상결정은 파산절차 남용에 관한 법리를 최초로 설시하여 하급심에 판단기준을 제공하고, 덧붙여 '주로'라는 표현을 사용함으로써 향후 파산절차 남용의 판단요소가 추가될 수 있는 여지를 남겨놓았다.

그후 대법원 2011. 1. 25.자 2010마1554, 1555 결정은 파산절차의 남용을 규정한 제309조 제2항이 일반적인 '권리남용금지' 원칙의 한 표현이라고 보고, 파산신청이 파산절차의 남용에 해당하는지 여부는 다른 일반조항에서와 마찬가지로 그 권리의 행사에 관련되는 여러 사정을 종합적으로 고려하여 판단해야 한다고 설시하였다. 그러한 판단요소로는 채무자의 변제능력뿐만 아니라 파산신청의 동기와 경위, 지급불능의 원인 및 이해관계인들의 행태, 파산절차와 관련하여 제공하는 각종 정보의 정확성, 채무자 지출의 낭비적 요소, 면책 불허가사유의 존재 등을 제시하였다.[2]

제309조 제1항 제5호는 파산신청의 기각사유로 "그 밖에 신청이 성실하지 아니한 때"를 규정하고 있다. 법원 실무에서는 신청서 기재사항이나 첨부서류를 누락하고 법원이 보정을 촉구하였음에도 정당한 사유 없이 응하지 아니한 경우, 심문기일에 정당한 사유 없이 2회 이상 불출석한 경우 등이 위 기각사유에 해당한다고 보고 있다.

미국의 경우 원래 파산신청이 불성실한 경우(bad faith)를 명문의 기각사유로 규정하고 있지는 않고, 다만 연방파산법 §707조(a)의 일반 기각사유에 포함되는 것으로 유추해석하고 있었는데, 1984년 파산법개정으로 §707(b)에 '실질적 남용(substantial abuse)'이 기각

---

[2] 민법상 권리남용론을 파산절차 남용에서 적용한 연구로는 이무룡, "법인파산절차 남용에 관한 연구," 저스티스 2020년 2월호 237면 이하 참조.

사유로 추가되었다. 그런데 '실질적 남용'의 개념이 모호하고 그 적용 여부를 법원의 재량판단에 맡겨 둔 결과 위 규정이 거의 적용되지 않자, 미국 의회는 2005년 파산법을 개정하면서 '남용(abuse)'으로 표현을 바꾸고 채무자의 가용소득에 따라 남용으로 추정되는 요건을 구체적으로 규정하였다. 예컨대 §707(b)에 따르면 채무자 가용소득이 월 $214(2016년 기준)를 넘으면 항상 파산절차의 남용으로 추정하고, 이를 뒤집으려면 채무자가 특별한 사정을 증명해야한다.[3]

파산절차의 남용을 규정한 제309조 제2항이 일반적인 '권리남용금지' 원칙의 한 표현이라고 본 대법원판례(위 2010마1554, 1555 결정)의 적용에는 주의가 필요하다. 판사에게 파산신청의 기각에 대한 광범위한 재량권을 부여한 것으로 받아들여질 경우 담당 판사의 파산제도에 대한 인식과 선입관에 따라 편차가 발생할 수 있기 때문이다. 대상결정은 이러한 위험을 인식하고, 파산절차의 남용이란 '주로' 가용소득이 있어서 개인회생절차 등을 이용할 수 있음에도 불구하고 파산신청을 한 경우를 말한다고 제한적으로 해석함으로써, 하급심 실무에 구체적이고 실천적인 판단기준을 제시하였다는 점에 큰 의미가 있다.

---

3) C.J.Tabb, LAW OF BANKRUPTCY, 4th ed. 2016. 169~173면 참조.

[86] 파산신청 기각사유인 '신청이 성실하지 아니한 때'의 의미 및 판단 기준

서경환(서울회생법원장)　　　　　　　　　　대법원 2008. 9. 25.자 2008마1070 결정

[사안의 개요]

채무자는 4억 8,300만 원 정도의 채무를 부담하여 파산상태에 있었고 2007. 10. 12. 제1심법원에 파산·면책신청을 하였다. 제1심법원은 2007. 12. 28. 채무자에게 보정명령을 하면서 ① 재산목록상 자동차 내역 기재, ② 형사판결문 제출, ③ 친족의 재산목록 제출, ④ 거주지 건물 등기부등본의 제출, ⑤ 2002년부터 2007년까지 재산세 과세증명서 제출, ⑥ 개인채권자 전부 및 채권자 20, 22번에 대한 부채증명서 제출을 요구하였다. 채무자는 2008. 1. 15. 위 보정명령에 따라 ①, ②, ④, ⑤항의 요구자료는 법원에 제출하였고, ③항에 대하여는 남편의 부가가치세 과세표준증명서를, ⑥항에 대하여는 개인채권자 1명의 공정증서를 법원에 제출하였으나 나머지 채권자들은 부채증명서를 발급하여 주지 않아 증빙서류를 제출하지 못한다는 사유서를 첨부하였다.

제1심법원은 채무자에 대하여 추가적인 보정을 명하거나 심문을 여는 등의 아무런 절차를 거치지 아니한 채 2008. 1. 28. '채무자의 신청이 성실하지 아니하다'는 이유로 파산신청을 기각하였고, 항고심은 제1심을 유지하여 항고를 기각하였다. 채무자가 재항고하였다. 파기환송.

[결정요지]

1. 채무자회생법 제309조 제1항 제5호에서 파산신청의 기각사유로 규정하고 있는 '신청이 성실하지 아니한 때'라 함은 채무자가 제302조 제1항에 정한 신청서의 기재사항을 누락하였거나 제302조 제2항 및 채무자회생규칙(이하 '규칙'이라 함) 제72조에 정한 첨부서류를 제출하지 아니하였고, 이에 대하여 법원이 보정을 촉구하였음에도 채무자가 정당한 사유 없이 응하지 아니한 경우를 말한다. 따라서 법원이 보정을 명한 사항이 위와 같이 법령상 요구되지 않는 내용에 관한 것이라면 채무자가 그 사항을 이행하지 못하였다 하더라도 이를 이유로 파산신청을 기각하는 것은 허용되지 않고, 또한

채무자가 법원의 보정 요구에 일단 응한 경우에는 그 내용이 법원의 요구사항을 충족시키지 못하였다 하더라도 법원이 추가적인 보정 요구나 심문 등을 통하여 이를 시정할 기회를 제공하지 아니한 채 곧바로 파산신청을 기각하는 것은 허용되지 않는다.

2. 법원이 파산신청인에게 보정을 명한 사항 중 '친족의 재산 난에 기재된 재산목록'과 '채권자에 대한 부채증빙자료'는 제302조 제2항 및 규칙 제72조에 정한 파산신청시의 첨부서류에 해당하지 않으므로, 이러한 사항에 관하여 파산신청인이 보정명령을 완전히 이행하지 못하였음을 이유로 파산신청을 기각하는 것은 허용되지 않고, 설령 위 보정사항이 법령상 요구되는 필수자료의 제출을 요구하는 것이었다고 하더라도 일단 보정에 응한 파산신청인에 대하여 아무런 추가적인 시정의 기회 부여 없이 곧바로 파산신청을 기각하는 것은 허용되지 않는다고 한 사례.

[해설]

1. 문제의 소재 ─ 개인파산 엄격심사주의

2004년 개인회생제도의 도입과 함께 개인파산제도가 널리 홍보되어 개인파산신청이 급증하자(2007년 전국법원 접수건수 154,039건), 채권금융기관과 일부 언론에서 개인파산사건의 도덕적 해이, 법원의 부실한 심사를 부각시켰고, 법원은 2007년경부터 '엄격심사방식'을 도입하였다.[1]

엄격심사를 위하여 신청서류는 복잡해지고 소명자료는 까다롭고 방대하여졌다. 문제는 이러한 신청서류나 소명자료가 '법령'에 근거한 것이 아니라 담당 재판부의 '보정명령'에 근거한 것이었고, 그 결과 법원별·재판부별로 개인파산제도에 대한 관점의 차이에 따라 요구하는 서류의 편차가 심했으며, 가사 법령에서 요구

---

1) 자세한 내용은 서경환, "파산면책의 정당화 근거 및 개인도산제도 활성화를 위한 개선방안," 법조 2019년 10월호, 259~261면 참조.

하는 서류가 아니라하더라도 재판부의 보정명령에 불응하면 제309조 제1항 제5호의 '신청이 성실하지 아니한 때'에 해당한다는 이유로 파산신청을 기각당하는 사례가 일반화되었다.

2. 입법례

미국 연방파산법 §707(a)(3)은 법이 요구하는 신청서류(채권자목록, 재산목록 등)를 제출하지 않을 경우 기각한다고 규정하고 있을 뿐, '신청이 불성실한 경우(bad faith)'를 명문의 기각사유로 규정하지는 않고 있다.

일본은 2005년 파산법 제30조 제2호에서 "부당한 목적으로 파산절차 개시신청을 하거나 그 밖에 신청이 성실하지 않은 때"를 기각사유로 규정하고 있다. 한편, 일본은 파산법 제21조에서 파산절차개시 신청서의 심사와 보정 및 이에 불응한 경우 각하하는 근거 규정을 따로 두고 있다.

입법론으로는 우리 법에서도 미국이나 일본과 같이 법령상 요구하는 신청서류를 구비하지 못한 경우에 기각한다는 조항을 신설하는 것이 바람직하다. 이러한 경우 개념이 모호한 '신청이 성실하지 아니한 때'를 기각사유로 정하는 조항을 별도로 남겨둘 필요가 없다. 우리 법에서는 제309조 제2항에서 '파산신청이 파산절차의 남용에 해당하는 경우'를 별도의 기각사유로 규정하고 있기 때문이다(일본 파산법에는 '파산절차의 남용'을 이유로 하는 기각 근거조항이 따로 없다).

3. '신청이 성실하지 아니한 때'의 판단 기준

제309조 제1항 제5호의 '신청이 성실하지 아니한 때'의 의미는 신청이 권리남용에 해당하는 경우를 포함한다고 넓게 해석할 수도 있고, 대상결정처럼 신청서와 첨부서류 심사 단계로 국한하여 해석할 수도 있다. 실무에서는 파산신청인이 파산심문 기일통지를 송달받고도 정당한 사유 없이 2회 이상 심문기일에 불출석하는 경우에도 신청이 성실하지 아니한 때에 해당한다고 본다.

대상결정에 따르면, 채무자가 신청서의 기재사항을 누락하였거나 첨부서류를 제출하지 않았음을 이유로 '신청이 성실하지 아니하다'고 인정하기 위하여는 채무자가 제302조 제1항에 정한 신청서의 기재사항을 누

락하였거나 제302조 제2항 및 규칙 제72조에 정한 첨부서류를 제출하지 아니하였고, 이에 대하여 법원이 보정을 촉구하였음에도 채무자가 정당한 사유 없이 응하지 아니한 경우이어야 한다. 제302조 제2항 및 규칙 제72조에 정한 첨부서류는 "채권자목록, 재산목록, 채무자의 수입 및 지출에 관한 목록, 호적등본, 주민등록등본, 진술서"이다.

대상결정에서는 제1심법원이 보정을 명한 사항 중 '친족재산목록'과 '채권자에 대한 부채증빙자료'는 법령에서 정한 첨부서류에 해당하지 않는다고 보아서 그 보정 불이행을 이유로 기각할 수 없다고 판단하였다.

한편, 대상결정은 채무자가 법원의 보정 요구에 일단 응한 경우에는 그 내용이 법원의 요구사항을 충족시키지 못하였다 하더라도 법원이 추가적인 보정 요구나 심문 등을 통하여 이를 시정할 기회를 제공하지 아니한 채 곧바로 파산신청을 기각하는 것은 허용되지 않는다고 판시하였다. 이는 도산상태에 이른 채무자의 특수성(주로 주거가 불안정하고 법률전문가의 조력을 받기 어려운 상태에 있음)을 고려할 때 '신청이 성실하지 아니한 때'를 이유로 하여 파산신청을 기각하기 위하여는 채무자에게 추가적인 시정 기회를 제공하고 신중하게 판단하는 것이 바람직하다는 대법원의 의지가 담긴 판시라고 볼 수 있다.

종래 보정명령으로 광범위한 첨부서류의 제출을 요구하고 이에 불응할 경우 바로 파산신청을 기각하여 오던 하급심 실무는 대상결정으로 인하여 커다란 변화를 겪게 되었다.

4. 친족의 재산에 관한 사항

대상결정에서 채무자 본인이 아닌 '친족의 재산목록'은 법령에서 정한 첨부서류에 해당하지 않는다고 보아서 그 보정 불이행을 이유로 기각할 수 없다고 판단하였다. 대상결정의 취지를 이어받아 대법원은 채무자 모친의 재산에 관한 사항(대법원 2009. 11. 6.자 2009마1464, 1465 결정)이나 채무자 처 명의아파트의 분양대금 출처에 관한 사항(대법원 2011. 10. 28.자 2011마961 결정)은 법령상 요구되는 신청서의 기재사항이나 첨부서류에 해당하지 않는다고 판시하였다.

관련하여, 채무자가 법원에 대하여 그 '재산상태'에

관하여 허위의 진술을 하면 면책불허가사유로 규정하고 있는데(제564조 제1항 제3호), 채무자의 친족 등이 보유하는 재산은 채무자의 재산이라고 볼 수 없으므로, 채무자가 이러한 친족 등의 재산상태에 관하여 허위의 진술을 하였다고 하여 위 조항에 정한 면책불허가사유에 해당한다고 볼 수 없다는 판례도 있다(대법원 2009. 3. 20.자 2009마78 결정).

5. 여론

2019. 6. 법원행정처에 설치된 '회생·파산위원회'에서 개인파산 신청서류의 간소화를 권고하는 건의문을 채택하였고, 대법원은 전국 도산담당판사 간담회를 거쳐 '개인파산 및 면책신청사건의 처리에 관한 예규'를 개정하였다. 2020. 1. 20.부터 시행된 위 개정예규에서 개인파산 및 면책신청서의 표준양식을 정비하고 법원별로 29종에서 60여 종에 이르던 첨부서류를 14종으로 간소화하였다. 종전에 파산관재인이 관행적으로 요구하던 채무자의 부모, 배우자, 자녀 등의 재산관계 소명자료는 위 개정예규에서 모두 삭제되었다.

[87] 재도의 파산신청 허용 여부

서경환(서울회생법원장) 　　　　　　　　대법원 2011. 8. 16.자 2011마1071 결정 등

[재도의 파산신청을 불허한 대법원결정들]

(1) 대법원 2006. 12. 21.자 2006마877 결정

면책신청기간을 도과하여 면책신청이 각하된 자가 면책결정을 받기 위한 목적으로 하는 재도의 파산신청은 구 파산법 제339조 제5항에 제한적으로 정한 면책신청 추완 규정을 면탈하게 하는 것으로서 허용될 수 없다.

(2) 대법원 2009. 11. 6.자 2009마1583 결정

파산결정을 받았으나 면책기각결정을 받아 위 결정이 확정된 후 오로지 면책을 받기 위하여 동일한 파산원인으로 재차 파산신청을 하는 이른바 재도의 파산신청은 허용할 수 없다.

(3) 대법원 2011. 8. 16.자 2011마1071 결정

파산결정을 받았으나 면책불허가결정을 받아 그 결정이 확정된 후에는 오로지 면책을 받기 위하여 동일한 파산원인으로 재차 파산신청을 하는 이른바 재도의 파산신청은 허용되지 않는다.

[해설]

1. 재도의 파산신청의 의의

재도(再度)의 파산신청이란 '파산선고'는 받았으나 면책결정을 받지 못한 채무자가 면책결정을 받을 목적으로 다시 파산신청을 하는 것을 의미한다. 처음부터 파산신청 자체가 '각하·기각'된 경우에 채무자가 면책결정을 받을 목적으로 다시 파산신청을 하는 것과는 구별된다(종전 파산신청에 대한 결정에 재소금지효력이나 기판력이 인정되는 것이 아니기 때문에 이러한 파산신청은 허용된다).

채무자가 파산선고는 받았으나, ① 면책신청을 하지 않았거나 면책신청기간을 도과한 경우, ② 면책절차 중 면책신청을 취하한 경우, ③ 면책신청이 각하·기각된 경우, ④ 면책불허가결정을 받은 경우 등에 재도의 파산신청이 가능한 것인지가 문제된다.

2. 대상결정들의 입장

대법원은 면책신청기간을 도과하여 면책신청이 각하된 채무자가 다시 파산신청하는 것은 허용될 수 없다고 최초로 입장을 표명한 이후[위 (1)결정], 면책기각결정을 받은 채무자의 재도의 파산신청[위 (2)결정], 면책불허가결정을 받아 확정된 채무자의 재도의 파산신청[위 (3)결정]을 불허하는 입장을 유지하고 있다.

아쉬운 점은, 채무자회생법에서 재도의 파산신청을 금지하는 규정이 없음에도 불구하고 왜 재도의 파산신청을 허용할 수 없는지에 대한 구체적 논거를 밝히지 않고 선례를 인용하고만 있다는 점이다.

3. 대상결정들에 대한 비판

하급심 실무에서는 재도의 파산신청을 불허하는 법적 근거가 모호하고, 대상결정들의 입장을 따를 경우 채무자에게 가혹하다는 지적이 꾸준히 제기되어 왔다. 대상결정들의 법리적·실무적 문제점으로는 다음과 같은 내용을 지적할 수 있다.

가. 채무자회생법의 명문 규정에 저촉

채무자회생법에는 재도의 파산신청을 금지하는 규정이 없다. 채무자회생법 제559조 제2항에서 "면책신청이 기각된 채무자는 동일한 파산에 관하여 다시 '면책신청'을 할 수 없다"는 규정이 있을 뿐, 면책신청이 기각된 채무자가 다시 '파산신청'을 할 수 없다는 명문의 규정은 없다. 채무자회생법 제564조 제1항 제4호에서 면책허가결정을 받고 7년이 경과하지 않은 채무자는 면책불허가사유에 해당한다고 규정하고 있을 뿐, 다시 파산신청을 할 수 없다는 제한 규정은 없다.

채무자회생법 제309조 제2항은 "채무자에게 파산원인이 존재하는 경우에도 파산신청이 '파산절차의 남용'에 해당한다고 인정되는 때에는 파산신청을 기각할 수 있다"고 규정하고 있을 뿐이다. 그런데 대상결정들은 동일한 파산원인으로 다시 파산신청한 것이 '파산절차의 남용'에 해당하는지 여부에 대한 구체적인 심리를

요구하지도 않은 채 종전 사건에서 면책이 기각 또는 불허가되었다는 사정만 있으면 '예외 없이' 재도의 파산신청을 불허한다고 선언하고 있고, 그 근거 법규에 대한 설명은 없다.

나. 외국 입법례 및 실무

미국 연방파산법은 우리와 달리 파산절차와 면책절차가 일원화되어 있으므로 '파산신청 기각'을 우리나라의 '면책신청 기각'에 준하여 볼 여지가 있다. 그런데 미국 연방파산법은 파산신청이 기각되었다 해도 특별한 사정이 없으면 새로운 파산신청이나 면책을 방해하지 않는다는 명문의 규정을 두고 있다[§349(a)].

다만, ① 채무자가 악의적으로 법원 명령에 불응하거나 절차의 진행과정에서 법원에 출석하지 않은 경우, ② 채권자로부터 금지명령의 취소신청이 들어오자 채무자 스스로 파산신청을 취하한 경우에는 '180일 이내'에 다시 파산신청을 못한다는 예외조항을 두고 있을 뿐이다[§109(g)].

다. 권리보호의 이익 존부

대상결정들이 채무자회생법상 명문의 근거 규정이 없음에도 재도의 파산신청을 불허하는 이유는 '권리보호의 이익'이 없다고 판단하였기 때문이라고 보인다. 즉, 이미 파산신청을 하여 파산선고를 받았는데, 동일한 파산원인으로 다시 파산신청을 하는 것은 권리보호의 이익이 없다고 보는 것이다.

비록 채무자회생법에서 파산절차와 면책절차를 분리하고 별도의 신청을 하도록 요구하고 있으나, 파산절차와 면책절차는 총 채권자를 위하여 채무자의 총 재산을 환가·배당하고 위와 같이 배당된 부분을 제외한 나머지 채무는 면책하여 채무자로 하여금 새로운 출발을 할 수 있도록 하는 목적 하에 긴밀하게 연관되어 있는 것으로서 실질적으로 하나의 절차로 진행되므로, 그 법률상 이익을 분리하여 볼 수 없다.

개인채무자의 경우 파산선고를 받은 후 복권되지 않으면 각종 직업상·신분상 결격사유에 해당한다는 법규정이 200여 개 이상 존재한다. 그럼에도 불구하고 개인채무자가 스스로 파산신청을 하는 이유는 파산선고를 받은 후 면책·복권을 받기 위해서이다. 그런데 파산선고는 받았지만 면책이 기각되거나 불허가되어 기존 채무로부터 벗어나지 못하였음은 물론, 추가적으로 파산

선고에 따른 각종 직업상·신분상 불이익을 받고 있는 채무자가 이로부터 탈피하기 위하여 다시 파산신청을 하는 것이 '권리보호의 이익'이 없다는 대상결정들의 판시는 지나치게 형식논리적이라고 볼 수밖에 없다.

라. 영구적으로 소멸하지 않는 채권으로부터 채무자의 현실적인 구제 필요성

대법원은 종래 확정판결에 의한 채권의 소멸시효기간인 10년의 경과가 임박한 경우에는 그 시효중단을 위한 재소는 소의 이익이 있다는 법리를 유지하여 왔고 이러한 법리는 현재에도 여전히 타당하다(대법원 2018. 7. 19. 선고 2018다22008 전원합의체 판결 참조). 위 전원합의체 판결에서, "시효중단을 위한 재소를 허용하여 영구적으로 소멸하지 않는 채권의 존재를 인정하게 되면 변제능력이 없는 경제적 약자가 견뎌야 할 채무의 무게가 더욱 무거워지는 사회적 문제도 따른다"는 반대의견의 지적에 대하여, 다수의견은 "확정판결에 의한 채무라 하더라도 채무자가 파산이나 회생제도를 통해 이로부터 전부 또는 일부 벗어날 수 있는 이상, 채권자에게는 시효중단을 위한 재소를 허용하는 것이 균형에 맞다"고 반박하였다. 이러한 다수의견의 반박 취지를 살리기 위하여도 채무자에게 재도의 파산신청을 허용함이 옳다.

마. 재도의 회생절차·개인회생절차는 허용되는 실무와 균형

현재 도산절차 실무상 회생절차·개인회생절차 개시결정을 받은 채무자가 그 후 회생절차·개인회생절차가 폐지된 경우에 폐지결정 확정 후 바로 '동일한 회생원인·개인회생원인'을 이유로 재도의 회생절차·개인회생절차 개시신청을 하는 것이 허용되고 있고, 이를 금지하는 규정이 없다. 파산선고를 받았다가 파산폐지결정을 받은 채무자도 다시 파산신청을 할 수 있고, 이를 금지하는 규정도 없다. 유독 파산선고를 받았다가 면책신청이 기각되거나 면책불허가를 받은 채무자에 대하여만 재도의 파산신청을 금지하는 해석은 다른 도산절차와 균형이 맞지 않다.

바. 하급심의 실무 경향

대상결정들이 지니고 있는 앞서 본 바와 같은 법리적·실무적 문제점 때문에, 하급심 실무에서는 파산선고를 받았다가 면책신청이 기각되거나 면책을 불허가받은 채무자가 다시 파산신청을 하더라도 '동일한 파산

원인'에 해당한다는 판단을 매우 엄격하게 하여 재도의
파산신청에 해당하지 않는다고 보아서, 사실상 채무자
에게 새로운 파산·면책의 기회를 제공하는 경향이 강
하다.

4. 맺음말

특별한 법적 근거도 없이, 종전 사건에서 면책이 기
각 또는 불허가되었다는 사정만 있으면 '예외 없이' 재
도의 파산신청을 불허한다고 선언한 대상결정들에 찬
성할 수 없다. 채무자가 다시 파산신청을 하게 된 기간,
경위, 의도 등을 종합하여 재도의 파산신청이 '파산절
차의 남용'에 해당한다고 판단되는 경우에 채무자회생
법 제309조 제2항(채무자에게 파산원인이 존재하는 경우에
도 파산신청이 파산절차의 남용에 해당한다고 인정되는 때에
는 파산신청을 기각할 수 있다)을 적용하여 파산신청을 기
각하면 충분하다.

[88] 목록에 기재된 범위를 넘는 채권에 대한 면책결정의 효력

김관기(김·박 법률사무소 변호사)　　　　　대법원 2016. 4. 29. 선고 2015다71177 판결

[사안의 개요]

A는 2006. 7. 13. 대부업자 B로부터 600만원을 이자 24%, 변제기 2006. 12. 13.까지로 정하여 빌리면서 담보를 위하여 거주하고 있는 아파트에 관하여 C공사에 대하여 장차 행사할 수 있는 1,400만원의 임대차보증금반환채권을 양도하고 그 통지를 C공사에 하였다. A가 이행지체하고 아파트 임대차기간도 만료되자 B는 C공사를 대위하여 A를 상대로 임대차계약을 해지하고 아파트를 C공사에 인도하라는 소송을 제기하였다. 이 소송에서 2009. 10. 12.자로, "1. 원금 600만원의 대여금 채무가 잔존함을 확인하고, 2. 가. 2009. 11. 10.까지 연체이자 260만원을 지급하고, 나. 그 다음날부터 발생하는 매달 10만원의 이자를 지급하되, 가.항의 불이행이나 나.항의 이자가 3회 이상 연체시 A는 기한의 이익을 상실하며, A는 아파트를 C공사에 명도한다"는 내용의 화해권고결정이 확정되었고, 2009. 11. 20.부터 2013. 4. 22.까지 합계 580만원을 지급하였으나, 화해 당시 이미 발생하여 있던 연체이자 260만원의 지급기일은 지켜지지 않았고 이후 발생한 월 10만원의 이자도 밀리면서 지급되었다.

A는 2013. 4. 22. 파산 및 면책의 신청을 하여 2013. 6. 11. 파산선고, 2014. 3. 26. 면책결정을 받아 그 무렵 면책결정은 확정되었던 바, A는 채권자목록에 B를 채권자로 하여 원금 600만원의 채무를 기재하였다.

B가 화해조항에 따라 아파트 명도의 집행에 나서자, A는 면책결정을 받았음을 이유로 면책된 파산채권 회수의 수단인 부동산인도청구권의 집행불허를 소구함에 대하여, B는 면책된 것은 채권자목록에 기재된 원금 600만원이며 이자와 건물인도의무는 잔존한다고 다투었다. 원심은 A가 원금 600만원의 채무만 기재하고 이자 채무를 기재하지 않은 것은, 설령 그 경위가 원금 채무를 기재하면 당연히 이자 채무도 포함되는 것으로 알았기 때문이라고 하더라도 이는 채무자인 A가 이자 채무의 존재를 알고 있었으나 과실로 채권자목록에 기재

하지 않은 것이어서 악의로 기재하지 않은 것이므로 A는 여전히 이자채무를 부담하고 있고, 이자 채무가 면책되지 않은 이상 그 실현을 위한 부동산인도의무가 있다고 판단하였다.

[판결요지]

[1] 채권자목록에 원본 채권만이 기재되고 이자 등 부수하는 채권을 따로 기재하지 않았더라도 목록에 기재된 채권자는 파산채권자로서 면책절차에 참여할 수 있었으니 면책결정의 효력은 이자 등 그에 부수하는 채권을 포함하여 채권 전액에 미친다.

[2] 다만 부동산인도의무가 파산신청 이전에 확정되었으면 별제권의 행사로 강제집행은 허용되어야 할 것이다.

[해설]

1. 문제의 소재

채무자회생법(이하 "법"이라 한다) 제566조는 "면책을 받은 채무자는 파산절차에 의한 배당을 제외하고는 파산채권자에 대한 채무의 전부에 관하여 그 책임이 면제된다. 다만, 다음 각호의 청구권에 대하여는 책임이 면제되지 아니한다. 7. 채무자가 악의로 채권자목록에 기재하지 아니한 청구권. 다만, 채권자가 파산선고가 있음을 안 때에는 그러하지 아니하다."고 규정하고 있다. 그 면책의 범위를 정함에 있어서, 채권자별로 채권액을 표시한 한도 내에서 면책의 효력이 미치는 것이 아니면, 채권자를 제대로 표시한 이상 그의 파산채권이 면책되는 것인가가 주요 쟁점이며, 별제권이 있는 경우 면책결정에 영향을 받는지도 부가적 쟁점이 되었다.

2. 대상판결의 논거

법 제566조에서 채권자목록에 기재되지 않은 채권을 면책에서 제외되는 근거로, 면책신청에 대한 이의 등을 신청할 기회를 박탈당하는 불이익을 받게 되는 채권

자를 보호하려는 데에 있다. 한편 면책을 신청한 자에 대하여 파산선고가 있는 경우 법원이 기일을 정하여 채무자를 심문하기로 결정한 때에는 그 결정을 공고하고 면책의 효력을 받을 파산채권자로서 법원이 알고 있는 파산채권자 등에게 송달하여야 한다. 또한 채무자심문기일을 정하지 않는 경우에도 법원은 이의신청할 수 있는 기간을 지정하는 결정을 하여 이를 면책의 효력을 받을 채권자에게 송달하여야 한다. 이에 대해 파산채권자는 심문기일부터 30일 내에 또는 법원이 정한 이의신청 기간 내에 면책신청에 관하여 법원에 이의를 신청할 수 있다(법 제558조 제1항, 제2항, 제562조 제1항 본문, 제8조)."는 규정에 비추어 채무자가 면책신청의 채권자목록에 파산채권자 및 그 파산채권의 원본 내역을 기재하여 제출하면 그 채권자는 면책절차에 참여할 수 있는 기회가 보장된다 할 것이므로, 채무자가 채권자목록에 원본 채권만을 기재하고 이자 등 그에 부수하는 채권을 따로 기재하지 않았다고 하더라도, 그 부수채권이 채무자가 악의로 채권자목록에 기재하지 아니한 비면책채권에 해당한다고 할 것은 아니다.

다만 C공사에 대한 아파트명도의무는 별제권 행사를 위한 것인 한도 내에서 집행이 허용되어야 할 것이다.

3. 검토

동일한 채권자에 대하여도 여러 가지 원인으로 채권이 발생할 수도 있고, 본래 다른 사람에게 속하던 채권이 채권양도, 대위 등을 통하여 특정 채권자에게 집중될 수도 있으며, 이자율의 변동이나 지급시기, 지급급여의 변동 및 이자, 원금 충당방식의 차이에 따라 정확한 채권잔액의 계산은 쉽지 않은 것이 현실이다. 만일 채무자가 자신이 면책을 받을 파산채권의 금액을 주장한 한도 내에서만 면책을 얻고 그 이상은 면책을 받을 수 없는 것이라고 한다면, 파산신청에 나서는 채무자로서는 채권을 스스로 정확히 계산하여 제출하여야 한다는 실무상의 부담이 있고 그러한 법리에 채무자가 적응하는 과정에서 가능하면 채권금액을 과장할 인센티브가 생긴다. 반면에, 채권자로서는 자신이 채권자로 절차에 참여하지 않고 또 채무자가 누락한 채권금액을 수인하였다가 후일 비면책의 특권을 주장하려고 할 인센티브가 있다. 이것은 법 제447조 제1항이 파산채권자가 파산

채권액과 원인을 신고하도록 규정하고 있어 파산채권의 주장 및 입증은 원칙적으로 파산채권자의 책임이라는 파산절차에서의 원칙에 비추어 수긍할 수 없는 방식이라고 하겠다.

한편, 채권자목록에 원금채권이 기재된 채권자는, 정상적으로 진행되는 파산절차, 면책절차에서라면, 당연히 파산선고가 있었던 사실을 알 것이다. 법 제314조 제1항에 의하면 파산선고는 알고 있는 채권자에게 송달의 방법으로 파산선고에 관한 사항을 통지하도록 되어 있기 때문이다. 그렇다면 비록 채무자가 특정 채권자에 대한 채권 금액을 어떻게 인식하였느냐와 상관 없이 법 제566조 제7호 단서에 의하여 당연히 면책결정의 효력을 받게 될 것이다. 실체법상 권리 주장, 면책의 항변, 채무자가 악의로 누락하였다는 재항변, 채권자도 파산선고를 알고 있었다는 재재항변이라는 관념적 순서에 따라 적절한 주장이 이루어지지 않는 지극히 예외적인 경우가 아니라면, 원금채권만 기재하였으므로 이자채권은 비면책이라는 식의 결론은 실제 거의 발생하기 어렵다.

원심판결이 인용한 제1심판결은 "제566조 제7호에서 말하는 '채무자가 악의로 채권자목록에 기재하지 아니한 청구권'이라고 함은 채무자가 면책결정 이전에 파산채권자에 대한 채무의 존재 사실을 알면서도 이를 채권자목록에 기재하지 않은 경우를 뜻하므로, 채무자가 채무의 존재 사실을 알지 못한 때에는 비록 그와 같이 알지 못한 데에 과실이 있더라도 위 법조항에 정한 비면책채권에 해당하지 아니하지만, 이와 달리 채무자가 채무의 존재를 알고 있었다면 과실로 채권자목록에 이를 기재하지 못하였다고 하더라도 위 법조항에서 정하는 비면책채권에 해당한다. 이와 같이 채권자목록에 기재하지 아니한 청구권을 면책대상에서 제외한 이유는, 채권자목록에 기재되지 아니한 채권자가 있을 경우 그 채권자로서는 면책절차 내에서 면책신청에 대한 이의 등을 신청할 기회를 박탈당하게 될 뿐만 아니라 그에 따라 법 제564조에서 정한 면책불허가사유에 대한 객관적 검증도 없이 면책이 허가, 확정되면 원칙적으로 채무자가 채무를 변제할 책임에서 벗어나게 되므로 위와 같은 절차 참여의 기회를 갖지 못한 채 불이익을 받게 되는 채권자를 보호하기 위한 것이다. 따라서 사실과 맞지 아니하는 채권자목록의 작성에 관한 채무자의 악의 여부

는 위에서 법 제566조 제7호의 규정 취지를 충분히 감안하여, 누락된 채권의 내역과 채무자와의 관련성, 그 채권자와 채무자의 관계, 누락의 경위에 관한 채무자의 소명과 객관적 자료와의 부합 여부 등 여러 사정을 종합하여 판단하여야 하고 단순히 채무자가 제출한 자료만으로는 면책불허가 사유가 보이지 않는다는 등의 점만을 들어 채무자의 선의를 쉽게 인정하여서는 아니된다"는 선행판결(대법원 2010. 10. 14. 선고 2010다49083 판결)의 문면을 그대로 인용하여 법리를 설시한 후, 여기에 변제되지 않은 이자가 남았다는 사실을 적용하여 A는 당연히 알고 있었을 것이니 최소한 과실로 채권자목록에 기재하지 아니하였다는 판단을 하였다. 그러나 선의를 쉽게 인정하여서는 안 된다고 하면서 악의를 인정하는 것은 자의적인 비약이다. 그런데, A가 법률전문가라도 이자 계산 정확하게 할 수 있었을까?

위 2010다49083 판결이 주목한 사실관계에 의하면, 구상보증인인 채무자는 신용보증인인 채권자의 구상금청구로 2007. 2. 7. 패소판결을 받아 확정되었는데 채무자는 2007. 1. 25. 파산신청을 함에 있어 이를 기재하지 않고 신용보증 대상이었던 대출금 채권의 연대보증만을 기재하였는데, 채무자는 2005. 11. 9. 유일한 재산을 동생에게 이전하였고, 그 전날인 2005. 11. 8. 채무자의 남편이 주택을 사위에게 처분하였으며, 신용보증인인 채권자가 사해행위취소소송을 제기하여 2006. 6. 19. 소장부본을 송달 받았고 파산신청서 접수 직후에는 사해행위를 인정하는 판결 정본까지 송달 받았을 뿐만 아니라, 채무자 자신이 제출한 신청서에 첨부한 부속서류에는 채권자가 발행한 채무잔액확인서가 첨부되어 있고 그 금액이 원채권자의 채권액과 일치하고 있었다는 것이다. 아무리 사실심의 전권에 속하는 것이라지만 상식에 반하는 사실인정을 사유로 원심을 파기한 독특한 사건에서 파기이유로 삼지 않아도 되는 지나가는 말이 마치 제정법의 원칙인 것처럼 인용되기에는 적당하지 않다. 위 판결은 결코 채무자의 악의를 쉽게 인정하라는 취지가 아니다.

법 제412조에 의하면 별제권은 파산절차와 상관 없이 행사하므로, 파산절차를 투과한다. 즉, 면책결정의 효력은 별제권자의 파산채권자에게도 미치지만, 별제권자로서는 파산채권자에게 파산채권을 이행하라는

소를 제기하지는 못하지만, 담보권은 실행할 수 있다(대법원 2011. 11. 10. 선고 2011다21219 판결). 대상판결은 파산절차 이전에 권리로서 확정된 별제권인 양도담보권 즉 C공사로부터 임대차보증금 1,400만원의 반환채권을 실행하기 위한 부동산인도의무가 파산절차 개시 이전에 성립하였다면 이것은 허용되어야 한다는 부가적 판단을 하였던 바, 당사자가 구체적으로 주장하였는지 여부가 명확하지 않고, 원심 법원도 이 부분은 쟁점으로 삼지 않았었다.

4. 여론

대상판결은 별제권이 유효하게 성립한다는 판단에 따라, 환송 후 원심은 아파트를 C공사에 명도하는 범위를 초과하는 부분에 관하여만 강제집행을 불허하는 즉 명도집행을 허용하는 내용으로 변경하는 판결을 하였다. 결과적으로 A는 실익이 없는 소송을 한 셈이 되었지만, 대상판결은 함부로 채무자의 악의 누락을 인정하는 포악한 실무에 제동을 걸었다는 정도의 의의가 있다고 하겠다.

[89] 보험자가 보험자대위에 기하여 취득한 채권의 면책 여부

이성용(서울남부지방법원 부장판사)　　　대법원 2009. 5. 28. 선고 2009다3470 판결

[사안의 개요]

원고(보증보험사)는 A회사(피보험자 겸 보험계약자)와, A회사의 경리직원인 피고를 피보증인으로 하는 신원보증보험계약을 체결하였다. 그 후 피고는 1억 원이 넘는 공금을 횡령하는 보험사고를 일으켰고, 원고는 A회사에 보험금을 지급하였다. 피고는 의정부지방법원에서 파산선고를 받은 데 이어 면책결정을 받았고 그 면책결정이 확정되었다. 원고는 상법 제682조의 보험자대위 규정에 따라 A회사의 피고에 대한 손해배상채권을 취득하였음을 이유로 서울중앙지방법원에 피고를 상대로 구상금청구의 소를 제기하였고, 공시송달에 의한 승소판결을 선고받았다. 피고의 추완항소를 받아들인 원심법원은 구 파산법(2005. 3. 31. 채무자회생법 부칙 제2조로 폐지, 이하 '구 파산법') 제349조 제3호[1]의 취지가 가해자에게 손해배상의무의 이행을 강제하여 피해자를 두텁게 보호하기 위한 데에 있음을 전제로, 피해자인 A회사가 원고로부터 보험금을 지급받음으로써 이미 피해를 전보 받은 점, 비면책채권에 해당하는지를 판단함에 있어 보험자대위보다 파산법의 입법목적 및 취지가 우선하여야 하는 점, 보험자는 면책에 따른 채권회수 불능의 위험을 고려할 수 있는 지위에 있었다는 점을 들어 원고의 피고에 대한 채권이 면책되었다고 보아 제1심 판결을 취소하고 소를 각하하였다. 원고가 상고하였고, 대법원은 위 원심판결을 파기환송하였다.

[판결요지]

구 파산법 제349조 단서 제3호에서 '파산자가 악의로 가한 불법행위로 인한 손해배상청구권'을 비면책채권으로 규정하고 있는바, 이는 파산자의 채무가 사회적으로 비난받을 만한 행위로 인한 경우까지 면책결정에 의하여 그 채무에 관한 책임을 면제하는 것은 정의의 관념에 반하는 결과가 된다는 점을 고려한 것이다. 한편,

상법 제682조에 의하면, 손해가 제3자의 행위로 인하여 생긴 경우에 보험금액을 지급한 보험자는 그 지급한 금액의 한도에서 그 제3자에 대한 보험계약자 또는 피보험자의 권리를 취득한다고 규정하고 있는바, 이 경우 피보험자 등의 제3자에 대한 권리는 동일성을 잃지 않고 그대로 보험자에게 이전되는 것이므로, 보험자가 취득하는 채권이 구 파산법 제349조 단서 제3호 소정의 비면책채권에 해당하는지 여부는 피보험자 등이 제3자에 대하여 가지는 채권 자체를 기준으로 판단하여야 한다.

[해설]

1. 쟁점

신원보증보험계약에서의 보험자의 피용인에 대한 보험자대위권 행사에 있어서, 피용인의 항변권의 범위의 판단 기준이 쟁점으로, 이를 대위권자의 입장에서 판단할 것인가(채권자 보호의 일반 법리에 따를 것인가), 아니면 채무자의 입장에서 판단할 것인가(이 경우에도 채무자 면책제도의 이념을 관철할 것인가)?

2. 신원보증보험계약의 의의

가. 신원보증보험은 보증보험(상법 제726조의5)의 일종으로, 피용자(피보증인)가 사용자(피보험자)를 위해 그의 사무를 집행함에 있어 또는 그의 직무상의 지위를 이용하여 보험기간 중에 민사 또는 형사상의 위법행위를 함으로써 사용자가 입은 손해를 보험자가 보상하는 보험으로서, 타인을 위한 보험 또는 이 사건과 같이 사용자 자신이 보험계약자가 되는 자기를 위한 보험(신원신용보증보험) 형태로 체결된다.[2]

나. 신원보증보험계약(특별약관 포함)상 보험사고로 인한 손해는 ① 보통약관상 피보증인의 범죄행위로 인하여 피보험자가 직접 입은 손해, ② 보통약관상 피보증

---

1) 채무자회생법 제566조 제3호에서 '채무자가 고의로 가한 불법행위로 인한 손해배상청구권'으로 개정되었다.

2) 박세민, 보험법(제5판), 박영사(2019), 817면; 한창희, 보험법(개정3판), 국민대학교출판부(2016), 508면.

인의 제3자에 대한 범죄행위로 인하여 피보험자가 제3자에 대하여 법률상 손해배상책임을 부담함으로써 입은 손해, ③ 특별약관상 피보증인의 중대한 과실 등 민사상 책임을 지는 행위로 인하여 피보험자가 직접 입은 손해, ④ 특별약관상 피보증인의 중대한 과실 등 민사상 책임을 지는 행위로 인하여 피보험자가 제3자에 대하여 법률상 손해배상책임을 부담함으로써 입은 손해로 대별되고, ①, ③의 손해를 부보하는 보험부분은 통상의 손해보험에, ②, ④의 손해를 부보하는 보험 부분은 손해보험 중에서도 영업책임보험(상법 제721조)에 해당한다.[3]

3. 보험자대위의 효과

가. 보험자대위란 보험자가 보험사고로 인한 피보험자의 손해에 대하여 피보험자에게 보험금을 지급한 경우 피보험자나 보험계약자가 보험의 목적 또는 사고를 야기한 제3자에 대하여 가지는 권리를 보험자가 법률상 당연히 취득하는 것을 말한다.[4] 여기에는 보험의 목적에 대한 권리를 대위하는 잔존물대위(상법 제681조)와 제3자에 대한 권리를 대위하는 청구권대위(상법 제682조)의 2가지가 있다. 보험자대위는 손해보험의 경우에만 인정되는 것이 원칙이다.[5]

나. 보험금을 지급한 보험자는 그 지급한 금액의 한도에서 그 제3자에 대한 피보험자의 권리를 취득한다(상법 제682조). 즉 보험자대위에 있어서는 피보험자의 제3자에 대한 권리가 동일성을 잃지 않고 그대로 보험자에 이전되므로,[6] 피보험자의 청구권에 있는 제한이나 하자는 보험자가 취득하는 청구권에 승계된다.[7]

4. 사안의 검토

가. 이 사건 신원보증보험은 통상의 손해보험이자 자기를 위한 보험으로서 원고가 A회사에 보험금을 지급함으로써 원고는 보험자대위에 의하여 A회사의 피고에 대한 권리를 취득한다.

나. 보험자대위에 의하여 피보험자의 제3자에 대한 권리가 동일성을 잃지 않고 그대로 보험자에게 이전되는 이상 A회사가 피고에 대하여 가지는 피고의 횡령으로 인한 손해배상청구권 자체가 원고에게 이전되게 된다.

다. 비면책채권에 해당하는지 여부를 실체법상 보험자대위라는 이론만으로 결정할 것이 아니라 파산법의 입법목적 및 취지에 따라 결정하여야 할 것인가? 면책채권에 해당한다면 채무자 갱생의 도산법 이념을 관철하는 것이 의심 없이 받아들여질 수 있는 반면에, 비면책채권이 되는 순간 도산법의 이념과 유리되고 원래의 일반사법의 원리만이 적용되는 것이 논리적이기는 하나, 그러한 해석의 타당성에 대하여 의문이 제기될 수 있다.[8] 그런데 보험자대위에 의해 보험자가 취득하여 행사하는 청구권이 원래 피보험자가 채무자에 대하여 보유하였던 청구권과 동일성이 유지되는지는 보험법 고유의 법리에 따를 수밖에 없고, 이에 대한 답변이 주어지면 그 결론에 따라 비면책 여부의 결론이 도출되는 바,[9] 그럼에도 그 결론의 당부를 도산법의 이념의 잣대

---

3) 대법원 2002. 9. 6. 선고 2002다30206 판결.
4) 주석상법[보험(1)], 한국사법행정학회(2015), 484면; 박세민, 전게서, 485면.
5) 다만 인보험 중 상해보험계약의 경우 당사자 간 다른 약정이 있는 때에는 보험자는 피보험자의 권리를 해하지 아니하는 범위 안에서 그 권리를 대위하여 행사할 수 있다(상법 제729조 단서).
6) 대법원 1999. 6. 11. 선고 99다3143 판결.
7) 소멸시효의 기산점과 기간에 관하여 대법원 1999. 6. 11. 선고 99다3143 판결.

8) 김형두, "'파산자가 악의로 가한 불법행위로 인한 손해배상청구권'을 보험회사가 대위변제한 경우 파산자에 대한 구상금채권의 법적 성격", 민사판례연구 32권(2010. 2.), 박영사, 628면 이하.
9) 대법원도 근로기준법 제30조의2 제2항에 따른 우선변제권 있는 임금채권을 대위변제한 대위자에게 우선변제권을 인정한다(대법원 1996. 2. 23. 선고 94다21160 판결). 또한 대법원은 보험계약자가 보증대상 납세의무를 납기 내에 이행하지 아니함으로써 피보험자가 입게 되는 손해를 담보하는 납세보증보험의 경우 보증에 갈음하는 기능을 가지고 있어 보험자의 보상책임을 보증책임과 동일하게 볼 수 있으므로, 납세보증보험의 보험자가 그 보증성에 터잡아 보험금을 지급한 경우에는 변제자대위에 관한 민법 제481조를 유추적용하여 피보험자인 세무서가 보험계약자인 납세의무자에 대하여 가지는 채권을 대위행사할 수 있다고 판시하면서, 공익채권인 교통세를 대위 변제한 서울보증보험 주식회사가 변제자 대위의 법리에 따라 서인천세무서장이 가지고 있던 교통세에 대한 종전의 권리를 동일성을 유지한 채 취득하였다고 판단하였다(대법원 2009. 2. 26. 선고 2005다32418 판결).

로 다시 검토한다는 것은 도산법으로부터 절연된 법률관계를 다시 도산법의 적용 영역으로 복귀시키는 무리한 해석을 시도하는 것이 아닌지 의문이 든다. '악의에 기한 불법행위'에 대하여는 주로 사회적 비난가능성이 문제되고(대법원의 입장), '채무자가 중대한 과실로 타인의 생명 또는 신체를 침해한 불법행위로 인하여 발생한 손해배상청구권'(채무자회생법 제566조 제4호)에 대하여는 채권자 보호의 필요성만이 본질적인 이념이 된다[10]는 등으로 일의적인 구분이 가능한지도 의문이다. 비면책채권의 범위를 해석으로 좁히기보다는 입법적 조치가 필요해 보인다.

라. 결론적으로 본 판결의 대법원 입장에 찬성한다.

5. 여론

채무를 변제할 이익이 있는 자가 채무를 대위변제한 경우에 변제자대위권 외에 통상 채무자에 대하여 구상권을 가지는바, 구상권과 변제자대위권은 그 원본, 변제기, 이자, 지연손해금의 유무 등에 있어서 그 내용이 다른 별개의 권리이므로,[11] 보험자가 면책결정 확정 후 보험금을 지급하고서 보험자대위권이 아닌 구상권을 행사하는 경우 채무자는 보험자에 대하여 면책의 항변을 할 수 있는가? 면책의 효력은 파산채권에 미치므로, 파산선고 후의 원인에 기하여 생긴 것으로서 파산채권이 아닌 청구권에 대하여는 면책의 효력이 미치지 아니하나,[12] 보증인이 주채무자에 대한 면책결정 확정 후 채권자에게 보증채무를 이행하였다 하더라도, 이로써 취득한 채무자에 대한 구상채권은 파산채권인 장래의 청구권(채무자회생법 제427조 제2항)이 현실화된 것에 불과하므로, 보험자가 행사하는 구상권도 파산채권으로 보아 이에 대하여 면책의 효력이 미친다고 함이 타당하다.

---

10) 김형두, 전게논문, 631면.
11) 대법원 1997. 5. 30. 선고 97다1556 판결.
12) 개인파산·회생실무, 서울회생법원 재판실무연구회, 제5판(2019), 박영사, 354면.

[90] 개인파산절차에서 일부 변제사실 미기재와 면책불허가사유

정민교(수원지방법원 전임회생위원(변호사))　　　　대법원 2008. 12. 29. 선고 2008마1656 판결

[사안의 개요]

갑은 2007. 4. 18. 대구지방법원에 개인파산을 신청한 자인데, 2006. 7. 동인의 부동산에 경매가 개시되자 2006. 11. 보험계약을 해지하여 해약환급금으로 채권자 중 1인인 을에게 3천만원을 변제하였다. 갑은 파산 및 면책신청 당시 진술서에 채무의 지급이 곤란할 정도로 경제사정이 어려워진 이후 일부 채권자에게만 변제한 경험이 없다고 기재하였다. 2008.1. 24. 갑에 대하여 파산선고 및 동시폐지결정이 있은 후 채권자가 이의하면서 을에 대한 변제사실이 드러나자 법원은 갑에 대하여 2008. 8. 13. 제 564조 1항 1호, 3호, 제650조 1호, 제651조 2호의 면책불허가 사유에 해당함을 들어 면책불허가 결정을 하였고, 갑이 항고하였으나 원심법원은 항고를 기각하였으며 이에 갑이 재항고하였다. 파기환송.

[결정요지]

[1] 제564조 제1항 제3호는 "채무자가 허위의 채권자목록 그 밖의 신청서류를 제출하거나 법원에 대하여 그 재산상태에 관하여 허위의 진술을 한 때"를 면책불허가사유로 규정하고 있는바, 위 규정은 채무자가 '고의'로 허위 신청서류를 제출하거나 허위의 진술을 한 경우에 한정하여 적용되는 것일 뿐, 채무자가 '과실'로 허위 신청서류를 제출하거나 허위의 진술을 한 경우에는 적용되지 아니한다.

[2] 제564조 제1항 제1호, 제650조 제1호의 '채권자에게 불이익한 처분행위'란 재산의 증여나 현저히 부당한 가격으로의 매각과 같이 모든 채권자에게 절대적으로 불이익한 처분행위를 말하는 것이므로, 채무자가 여러 채권자들 중 일부 채권자에게 채무의 내용에 좇아 변제를 하는 행위는 '채권자에게 불이익한 처분행위'에 해당한다고 할 수 없다.

[3] 채무자가 파산의 원인인 사실이 있음을 알면서 여러 채권자들 중에서 어느 채권자에게 특별한 이익을 줄 목적으로 변제하였더라도 그 행위가 '변제기에 도달한 채무를 그 내용에 좇아 변제하는 것'인 경우에는 제564조 제1항 제1호, 제651조 제2호 면책불허가 사유에 해당한다고 볼 수 없다.

[해설]

1. 문제의 소재

파산채무자가 면책결정을 받게 되면 채권자목록에 기재된 채권 중 비면책채권을 제외한 나머지 채권에 대하여 파산절차에 의한 배당을 제외하고는 책임이 면제되며(제566조 제1항), 면책의 결정이 확정되면 당연복권된다(제574조). 즉 면책을 받아야 채무자로서는 잔존 채무에 대한 책임을 면제받고, 신분상 불이익 등으로부터 복권되므로 면책은 채무자에게 있어 개인파산의 가장 핵심적인 요소이다.

채무자회생법은 면책기각사유(제559조 제1항 각 호)와 면책불허가 사유(제564조 제1항 각 호)를 규정하여 두 단계를 거쳐 면책결정을 하고 있다.

사안에서 문제된 규정은 제564조 제1항 1호 중 제650조 1호와 제651조 2호, 제564조 제1항 3호이다. 이하에서는 면책불허가사유 규정의 연혁, 엄격해석 요부를 검토한 후 해당 판시의 타당성을 검토하고자 한다.

2. 면책불허가사유의 연혁 및 면책불허가사유의 내용

개인파산은 채무자회생법이 제정되기 전에는 이를 파산법[법률 제998호, 1962. 1. 20. 제정 시행 1962. 1. 20.]에서 규정하였다. 구 파산법은 제346조에서 면책불허가사유 규정을 두고 있었고 채무자회생법이 제정되면서 2005. 3. 31. 폐지되기 전까지 해당 규정은 개정된 바 없이 제정법 당시의 규정을 유지하였다. 2005. 3. 31. 제정된 채무자회생법은 제564조에서 면책불허가사유를 규정하면서 기존의 면책불허가 사유의 골격을 유지하면서 일부 규정을 수정하였다. 그 내용은 다음과 같다.

제1호는 사기파산죄, 과태파산죄, 구인불응죄, 파산
증뢰죄, 설명의무위반에 해당하는 행위가 있을 때를,
제3호는 채무자가 허위의 채권자목록 그 밖의 신청서류
를 제출하거나 법원에 대하여 그 재산상태에 관하여 허
위의 진술을 한 때를 규정하고 있다. 1호의 문언상 각
범죄에 해당하는 "행위가 있다"고 "인정"되면 해당 범
죄로 기소되거나, 유죄판결을 받을 것을 요하지 않는다.
　'채무자가 과다한 낭비·도박 그 밖의 사행행위를 하
여 현저히 재산을 감소시키거나 과대한 채무를 부담한
사실이 있는 때'를 과태파산죄의 구성요건에서 삭제(구
파산법 제367조 1호)하면서 면책불허가사유(6호)로 추가
하였다. 동시에 종래 파산법에서는 규정하고 있지 않던
재량면책에 관한 2항을 두어 면책사유가 있는 경우에도
파산에 이른 경위 그 밖의 사정을 고려하여 법원이 면책
을 허가할 수 있도록 규정하고 있다.

3. 면책불허가 사유의 엄격해석 요부

법은 면책신청에 대한 기각사유가 있는 경우 기각 여
부는 재량이지만, 면책불허가사유가 없는 경우 면책결
정은 의무로 규정하고 있다(제559조 제1항, 제564조 제1
항 참조). 또한 면책불허가 사유가 있는 경우에도 파산에
이르게 된 경위, 그 밖의 사정을 고려하여 상당하다고
인정되는 경우 면책을 허가할 수 있도록 규정하고 있다
(제564조 제2항). ① 면책은 파산절차에서 가장 핵심적
인 효과를 발생시키는 결정인 점, ② 면책불허가 사유가
있음에도 불구하고 재량면책을 규정하고 있는 점, ③ 면
책신청에 대하여 기각사유를 규정하여 일정한 사안들
이 걸러지는 점에 비추어 면책불허가 사유는 되도록 엄
격하게 해석할 필요가 있다.
　대법원 역시 면책불허가사유를 엄격하게 해석하고
있는 것으로 판단된다. 대법원은 구 파산법[법률 제6627
호, 2002. 1. 26. 타법개정, 시행 2002. 7. 1.] 제346조 1호,
제367조 1호의 면책불허가사유가 문제된 사안에서
"파산법 제346조 1호 면책불허가사유의 하나인 '낭비'
라 함은 당해 채무자의 사회적 지위, 직업, 영업상태, 생
활수준, 수지상황, 자산상태 등에 비추어 사회통념을
벗어나는 과다한 소비적 지출행위를 말하고, 채무자의
어떠한 지출행위가 '낭비'에 해당한다고 보기 위해서
는 그것이 형사처벌의 대상이 될 수 있음을 감안하여 보

다 신중한 판단을 요한다."고 판시하면서, 채무자가 97.
1. 4.부터 11. 12.까지 회사의 대표이사로 근무하면서
급여를 전혀 지급받지 못하던 중 별다른 재산도 없는 상
태에서 97. 3. 경부터 같은 해 11, 경까지 157,948,627
원 상당의 채무를 부담한 사안에서 채무자가 별다른 재
산도 소득도 없는 상태에서 과도하게 신용카드를 사용
하고 금원을 차용하여 사용한 행위가 낭비에 해당함을
들어 면책불허가결정을 한 원심판결을 파기·환송하였
다(대결 2004마86(2004. 4. 13.)).

4. 대상결정의 해석
가. 제564조 1항 3호

제564조 3호는 ① 허위의 서류를 제출하거나 그 밖
의 신청서류를 제출하거나, ② 법원에 대하여 재산상태
에 관하여 허위의 진술을 한 때를 면책불허가 사유로 하
고 있다.
　대상결정은 "위 규정은 채무자가 '고의'로 허위 신청
서류를 제출하거나 허위의 진술을 한 경우에 한정하여
적용되는 것일 뿐, 채무자가 '과실'로 허위 신청서류를
제출하거나 허위의 진술을 한 경우에는 적용되지 아니
한다."고 판시하면서 채무자가 진술서에는 변제사실을
기재하지 않았지만 재산목록에는 위 변제내용을 기재
하고 보험해약 관련 소명자료를 첨부하였음을 들어 채
무자가 고의로 허위의 신청서류를 제출하거나 허위의
진술을 한 것으로 보기 어렵다고 보아 제564조 제1항 3
호의 면책불허가사유에 해당하지 않는다고 판시하였다.
　허위의 사전적 의미는 "1. 진실이 아닌 것을 진실인
것처럼 꾸민 것. 2. 자기가 진실이라고 믿지 아니하는
일을 타인에게 진실인 것처럼 믿게 하는 고의적인 언
행"으로 고의를 요소로 한다.
　사안에서 채무자는 진술서에는 환급금 중 일부로 채
권자에게 변제한 사실을 기재하지 않았지만 재산목록
에는 해당 사실을 구체적으로 기재하였다. 재산목록에
해당 사실이 기재되었던 만큼 채무자로서는 전체적으
로 허위의 진술을 한다는 인식이 있었다고 보기 어렵다.
　특히 파산신청은 대리인 없이 채무자가 신청하는 경
우가 많아 신청서 상 질문의 의도를 잘못 이해하고 진술
하는 경우가 발생할 수 있고, 파산절차는 비송의 성격을
띠고 있어 직권조사에 의하고 있는 점에 비추어 채무자

가 신청당시 이를 기재하지 않았다는 점만으로는 허위의 목록을 제출하였거나 허위의 진술을 한 것으로 보기는 어렵다.

해당 설시는 타당하다.

나. 제564조 1항 1호, 제650조 1호

제564조 제1항 1호 중 제650조 1호는 채무자가 파산선고의 전후를 불문하고 ① 자기 또는 타인의 이익을 도모하거나 채권자를 해할 목적으로 ② 파산재단에 속하는 재산을 은닉 또는 손괴하거나 채권자에게 불이익하게 처분하는 행위를 구성요건으로 하고 있다.

대상결정은 "제564조 제1항 제1호, 제650조 제1호에서 '채권자에게 불이익한 처분행위'란 재산의 증여나 현저히 부당한 가격으로의 매각과 같이 '모든 채권자'에게 '절대적'으로 불이익한 처분행위를 말하는 것이지 일부 채권자에게 채무의 내용에 좇아 변제를 하는 행위는 이에 해당하지 않는다."고 판시하였다.

대상결정 전인 2003~2007년 사이에 개인파산사건이 급증하면서 본지변제를 부인권의 문제로 해결할 것인지, 면책불허가사유로 볼 것인지에 대해 논의가 있었다. 대상결정은 해당 논의를 정리한 점에서 의의가 있다.

즉, 동 결정은 '채권자에게 불이익하게 처분하는 행위'를 엄격하게 해석하여 일부 채권자에게 불이익하더라도 모든 채권자에게 불이익한 것이 아니라면 해당 행위를 부인권의 행사대상으로 보는 것과는 별개로 이를 면책불허가사유로 볼 수는 없음을 분명히 설시한 것으로 보인다.

이후 실무는 본지변제를 부인권의 행사대상으로 보아 부인권 행사를 통하여 해당 금액을 재단에 귀속시키고 있다. 본지변제를 면책불허가사유로 하는 것은 채무자와 채권자 누구에게도 이익이 되지 않는다. 채무자는 면책을 받지 못하게 되고, 채권자는 다시 개별적 추심을 통하여 변제를 받을 수밖에 없기 때문이다. 채권자로서는 해당 금액만큼을 재단에 환원시켜 절차 내에서 배당을 받는 것이 별도의 추심 노력을 들이지 않아도 된다는 점에서 이를 개인파산의 절차내에서 해결하는 것이 이익이다. 해당 설시는 채무자와 채권자의 이익에 모두 부합하는 것으로서 타당하다.

다. 제564조 1항 1호, 제651조 2호

제564조 1항 1호는 과태파산죄 등에 해당하는 행위가 있다고 인정하는 때를 면책불허가 사유로 규정하고 있다. 대상결정에서는 651조 2호의 과태파산죄 중 '파산선고 전후를 불문하고 "① 파산의 원인인 사실이 있음을 알면서 ② 어느 채권자에게 특별한 이익을 줄 목적으로 한 ③ 채무의 소멸에 관한 행위로서 ④ 채무자의 의무에 속하지 않거나 그 방법 또는 시기가 채무자의 의무에 속하지 않는 행위'에 해당하는지 여부가 문제되었다.

대상결정은 위 ①, ②의 의미에 관하여는 설시하지 않고 '변제기에 도달한 채무를 그 내용에 좇아 변제하는 것'인 경우에는 제564조 제1항 제1호, 제651조 제2호에 해당하지 않는다고만 판시하였다. 변제기에 이른 채무의 변제가 ④ 중 어떤 이유로 면책불허가사유에 해당하지 않는지도 구체적으로 설시하지는 않았다.

하지만 대상결정은 지급정지 또는 지급불능에 이른 채무자가 사실상 변제독촉에 시달리는 경우가 많고 독촉에 시달리다 변제에 이르는 경우도 많은 현실을 고려하여 면책불허가 사유를 엄격하게 해석한 것으로 보인다. 이러한 변제 역시 위 2)와 같은 맥락에서 부인권의 문제로 해결하는 것은 별론으로 하고 면책불허가사유로 삼을 수 없다고 본 점에서 의의가 있다.

5. 여론

개인파산제도는 지급불능에 이른 채무자에 대한 집단적 추심절차로서 채권자는 해당 절차를 통하여 공평하게 배당을 받고 채무자는 나머지 채무로부터 면책을 받는 점에서 채무자와 채권자 모두의 이익을 위한 제도인 점, 법이 재량면책 규정을 두고 있는 점에 비추어 면책불허가사유는 가급적 엄격하게 해석할 필요가 있다.

대상결정은 이러한 취지에 부합하는 것으로서, 당시 실무에 기준을 제시하였다는 점에서 의의를 가지며 결론적으로 타당하다.

[91] '낭비'와 면책불허가 사유

권순민(특허법원 고법판사)　　　　　　　대법원 2004. 4. 13.자 2004마86 결정

[사안의 개요]

A는 주주이자 대표이사로 재직하던 회사의 운영이 어려워 운영자금 충당을 위해 은행대출, 신용카드를 이용하여 그 비용 등을 충당하면서 채무가 누적되었고, 회사 채무를 인수하는 조건으로 회사의 운영권을 B에 양도하기에 이르렀으나 B가 그 채무를 변제하지 아니하였다. 이에 A가 신청한 개인파산절차에서 서울중앙지법은 A에 대하여 파산을 선고하고 동시에 파산폐지의 결정을 한 다음 파산법 제346조 제1호, 제367조 제1호 소정의 면책불허가사유에 해당하는 사실이 인정된다는 이유로 면책불허가결정을 하였다. 이에 대하여 A는 항고를 제기하였으나, 서울중앙지법은 '이 사건 채무가 회사의 운영과 관련한 것이라는 점을 인정할 만한 자료가 없고, 오히려 이 사건 채무의 일부는 7건의 신용카드 대금이고, 일부 대출금의 과목이 가계일반대출 등인 점으로 미루어 보아 이 사건 채무의 상당 부분이 가계자금으로 소요된 것으로 보이고, A가 별다른 자산도 없고 소득도 없는 상태에서 과도하게 신용카드를 사용하고 금원을 차용하여 사용한 행위는 낭비에 해당한다'라는 이유로 항고를 기각하였다. A가 재항고하였다. 파기환송.

[결정요지]

파산법 제346조 제1호는 법원은 파산자가 제367조 등의 죄에 해당하는 행위가 있다고 인정하는 때에 한하여 면책불허가의 결정을 할 수 있다고 규정하고 있고, 같은 법 제367조 제1호는 채무자가 파산선고의 전후를 불문하고 낭비 또는 도박 기타 사행행위를 하여 현저히 재산을 감소시키거나 과대한 채무를 부담하는 행위를 하고 그 선고가 확정된 때에는 5년 이하의 징역 또는 5천만 원 이하의 벌금에 처하도록 규정하고 있는바, 여기에서 면책불허가사유의 하나인 '낭비'라 함은 당해 채무자의 사회적 지위, 직업, 영업상태, 생활수준, 수지상황, 자산상태 등에 비추어 사회통념을 벗어나는 과다한 소비적 지출행위를 말하고, 채무자의 어떠한 지출행위가 '낭비'에 해당한다고 보기 위해서는 그것이 형사처벌의 대상이 될 수 있음을 감안하여 보다 신중한 판단을 요한다.

[해설]

1. 문제의 소재

개인파산은 법인파산과 달리 면책이 파산신청인의 궁극적 목적이고, 파산선고 자체는 면책결정을 받기 위한 하나의 전제 과정에 불과하다는 특징이 있다. 또 개인파산은 성격상 도산 상태를 초래한 원인에 채무자에게 낭비 등 어느 정도 사회적으로 비난받을 요소가 있는 경우가 상당수일 것인데 면책불허가 기준을 기계적으로 적용하여 무조건 면책을 허용하거나 불허하게 되면, 채권자에게 일방적으로 불이익을 강요하거나 채무자의 회생을 저해하는 부당한 결과가 되는 경우가 많을 것이다. 이러한 점에서 면책불허가로서의 낭비의 개념을 어떻게 해석하느냐 하는 것이 중요한 의미를 가지고, 이러한 낭비의 개념 해석은 면책제도의 이념 및 근거에 관한 견해의 대립과 밀접한 관계가 있다.

2. 대상결정의 논거

대상결정은 이 사건 채무의 발생일자가 A가 회사의 대표이사로 근무하던 시기에 집중되어 있는 점, B에게 회사의 경영권 등을 양도하면서 그 양도대금은 A가 회사를 경영하던 중 발생한 부채를 B가 부담하는 조건으로 계약한 점, 그 계약서에 첨부된 금융기관 차입내역과 카드결제내역에는 회사의 금융기관 차입이 가계일반자금대출 등의 형태로 이루어진 내역과 A 명의의 신용카드 결제내역이 기재된 점, A는 회사가 금융기관으로부터 일반자금대출을 할 때 연대보증하기도 한 점 등을 근거로 이 사건 채무가 발생하게 된 것은 A의 낭비에 원인이 있다기보다는 A가 회사의 대표이사이자 주주로 회사의 운영에 관여하게 되면서 회사운영과 관련한 자금을 지출하게 되면서 발생하였다고 볼 여지가 많은데도

원심은 채증법칙을 위반하여 사실을 잘못 인정하였거나 파산법 소정의 면책불허가사유에 관한 법리를 오해하였다고 판단한 후 원심결정을 파기환송하였다.

3. 검토

파산법은 일정한 유형의 파산범죄를 규정한 후 이를 면책불허가사유의 하나로 끌어다 쓰고 있었는데,[1] 과태파산죄 유형 중 하나로서의 '낭비 또는 도박 기타 사행행위를 하여 현저히 재산을 감소시키거나 과대한 채무를 부담하는 행위'도 그중 하나였다(제367조 제1호). 이는 파산법하에서 실무상 가장 자주 문제된 유형으로서, 대상결정은 파산법하에서의 면책불허가사유로서의 낭비의 개념을 최초로 판시하되, 그 개념을 엄격히 설시함으로써 면책허가의 범위를 넓히는 정책방향을 제시하였다는 데 의의가 있다.[2] 따라서 대상결정은 현행 채무자회생법에서의 '낭비'의 개념을 해석하는 데 있어서도 하나의 지침을 제공하는 것이다. 한편 채무자회생법은 '낭비'가 불확정개념이고 현실적으로 맞지 않는다는 비판을 받아들여 이를 벌칙에서 삭제하였고, 다만 면책불허가사유로서 별도 조문으로 존치시키되, 파산법에는 없던 '과다한'이란 문구를 추가하여 그 불허가 요건은 더 엄격히 하였다(제564조 제1항 제6호).[3]

대상결정은 낭비로 인한 행위가 형사처벌의 대상이 될 수도 있다는 점을 감안하여 낭비에 해당하는지 여부를 신중하게 판단하여야 한다고 하였으나, 낭비가 형사처벌 대상에서 제외된 채무자회생법하에서 더는 그러한 근거를 원용하기 어렵게 되었다.[4] 다만 낭비에 해당

하는지 여부를 보다 신중하게 판단해야 한다는 점은 면책제도의 이념(채무자의 갱생), 면책주의의 연혁, 면책대상으로서의 채무자상이 반드시 성실한 채무자에 한정되는 것이 아니라 파산에 이른 채무자 중 보통의 채무자라는 점, 우리 경제현실, 채무자회생법에서 파산법에 없던 '과다한'이란 문구를 추가하여 그 불허가 요건을 더 엄격히 한 점 등에 비추어 볼 때 채무자회생법하에서도 유지되어야 함이 타당하다.[5]

'낭비'는 당해 채무자의 사회적 지위, 직업, 영업상태, 생활수준, 수지상황, 자산상태 등에 비추어 사회통념을 벗어나는 과다한 소비적 지출행위를 의미한다. 즉 낭비는 평가개념으로서, 법관은 자신의 가치관뿐만 아니라 현대 소비사회에 있어서 일반적으로 통용되는 가치관을 고려하여 낭비에 해당하는지 여부를 결정해야 한다.[6] 한편 일본에서는 면책불허가사유로서의 낭비 개념에 대해 객관적 기준(생계비 1/3 이상 지출)에 의해 정하려는 견해도 있으나, 이 견해는 사회상황의 변화에 대응하기 어렵고 개개의 채무자의 상황을 참작하기 어려운 경직성의 난점이 있기 때문에 통설 및 판례는 낭비 개념을 획일적으로 정하지 않고, 파산자가 놓인 사회적·경제적 입장 등과의 관계에서 당해 지출이 과도한지 아닌지 평가개념의 측면에서 접근하고 있다.[7]

불확정개념으로서의 낭비 개념은 개정 전 민법의 한정치산자에서도 찾아볼 수 있다.[8] 그러나 한정치산 요건으로서의 낭비 개념에 관한 우리 판례는 별로 보이지 않고, 학설상 낭비 대상인 재물의 성격, 낭비의 결과, 소비의 방법 내지 목적, 소비의 모습이 합리적인지 여부, 계속적·반복적 소비인지 여부 등이 낭비를 판단하는 중요 요소로서 설명되었다.[9]

---

1) 이는 파산법이 대륙법에 영미법의 면책주의를 채용한 일본법 체계를 비판 없이 도입한 데 따른 결과로서 이러한 구조는 채무자회생법에서도 유지되고 있다. 파산범죄는 엄격 해석의 대상이나 면책불허가사유는 합목적적 해석의 대상이므로 입법론상 면책불허가 사유를 벌칙규정과 별도로 독자적으로 규정하는 것이 바람직하다. 伊藤眞 외 2인, 新破産法의 基本構造와 實務, Jurist, 有斐閣(2007), 539면.

2) 서태환, "파산법상 면책불허가사유로서의 낭비의 개념", 대법원판례해설 49호, 법원도서관(2004), 798면.

3) 법무부, 채무자 회생 및 파산에 관한 법률 해설, 법무자료 제272집(2006), 160면. 당초 채무자회생법 정부안은 과태파산죄에서 '낭비'를 삭제하는 것이었으나, 낭비한 채무자에게 아무런 불이익을 주지 않는다는 부정적 여론이 조성되자, 최종안에서 독립된 면책불허가사유로 존치시켰다.

4) 전대규, "면책불허가사유로서의 '낭비'의 개념에 관하여",

재판실무연구(2005), 207, 208면.

5) 대법원 2004. 3. 29.자 2004마646 결정도 같은 취지에서, 채무 중 상당 부분의 발생원인이 타인에 대한 다수의 채무를 연대보증하였다가 그 타인 등이 채무를 이행하지 아니하여 채무가 급격히 증가한 것으로 볼 여지가 많으므로 채무가 발생하게 된 것이 낭비에 원인이 있는 것인지 여부에 대하여 보다 세밀히 심리함을 요한다고 하여 원심을 파기하였다.

6) 伊藤眞, 破産法(第4版補訂版), 有斐閣(2006), 526면.

7) 伊藤眞·松下淳一 編, 倒産判例百選(第5版), 有斐閣(2013), 171면; 伊藤眞 외 5인, 條解 破産法(第2版), 弘文堂(2014), 1658면.

8) 2011. 3. 7. 법률 제10429호로 개정되기 전 민법 제9조.

파산법상 낭비의 개념을 판단함에 있어서도 이와 크게 다르지 않은데, 불확정개념을 판단함에 있어 법관의 주관적 가치판단에 좌우되지 않도록 여러 요소를 종합하여 신중을 기해야 한다.[10] 즉, 낭비의 전형적인 예로서 흔히 수입에 비하여 지출이 과다한 경우를 들고 있으나, '낭비'라는 단어의 의미와 '도박 기타 사행행위'와 대등하게 나열된 점 등을 고려하면 수지 불균형만으로 바로 '낭비'에 해당된다고 볼 수 없고, 지출의 목적이 향락적인지, 행위가 반윤리성을 띠고 있는지, 수지 불균형의 정도가 현저한지, 사회통념을 일탈한 정도가 상당히 큰지 등의 요소를 종합적으로 고려해야 한다.[11] 그 중에서도 자금의 사용처는 낭비를 판단할 여러 인자 중 중요한 것으로서, 사용처가 분명하지 않은 지출이 낭비에 해당될 것이고, 생활비 명목의 지출이라 하더라도 그 사용처가 분명하지 않고 금액이 과다할 경우에는 낭비로 판단할 수 있는 경우가 있다. 여기서 지출은 소비적 지출에 국한되지 않고 증여나 회수가능성 없는 대여 등의 비소비적 지출도 포함된다고 보아야 한다.[12] 일본의 실무상 낭비로 인정된 자금의 사용처로 나타나는 예는, 음식비, 고가품(보석장식품, 의복, 화장품, 이불)의 구입, 해외여행비, 화장품, 보정속옷, 영어회화나 자기계발세미나의 수강료, 주식거래, 투자목적 부동산 구입, 접대비, 풍속점(성인업소)의 이용 등이다.[13] 우리의 실무도 이와 크게 다르지 않은데, 백화점, 면세점에서의 고가품 매입, 옷과 핸드폰, 게임 아이템, 가상화폐, 외제 자동차 등의 구입, 자녀 용돈, 피부 및 체형관리, 홈쇼핑, 특급호텔 숙박, 가요주점, 골프, 트럼프 도박, 경마, 나이트클럽, 모텔, 마사지, 다단계 및 불법게임 등 사행성

업체 투자, 초단타주식매매 등을 들 수 있다.[14] 한편 독일에서는 지출이 전체 자산 및 소득과의 관계에서 부적절하고 경제적으로 이해할 수 없는 것이어야 하되, 본질적 한계(Wesentlichkeitsgrenze)를 초과하여야 낭비라고 보고 있다. 이를테면 제3자를 위하여 쓸데없어 보이는 지출을 했다 하더라도 그것이 경미한 정도에 불과하다면 낭비에 해당하지는 아니한다.[15]

---

9) 민법주해, 총칙편(1), 박영사(1992), 298면(양삼승).
10) 파산법 제367조 제1호는 '낭비' 개념의 판단기준이 추상적이고 애매하고 법관의 주관적 가치판단에 좌우되는 면이 강하고, 형식적으로는 낭비 개념에 해당되어도 이제 사회생활의 변화나 환경에 의하여 법적으로 문제시할 필요가 없는 경우도 있으므로 시대에 뒤떨어진 규정이라는 비판이 있었다. 전병서, 최신 파산법, 법문사(2003), 326, 327면.
11) 竹下守夫·藤田耕三 編, 破産法大系(第3券), 靑林書院(2015), 45면.
12) 今中利昭 외 2인, 實務倒産法講義(下), 民事法研究會(2006), 860면.
13) 東京地裁破産再生實務研究會, 破産·民事再生の實務(第3版)(破産編), 金融財政事情研究會(2014), 572, 573면.

14) 서울지법 2003. 9. 9.자 2003라735 결정; 서울중앙지법 2004. 2. 11.자 2003라764 결정(확정); 대전지법 2005. 3. 10.자 2005라29 결정(확정); 서울중앙지법 2008. 9. 17.자 2007라967 결정(확정); 서울중앙지법 2010. 6. 9.자 2010라177 결정(확정); 서울중앙지법 2011. 1. 12.자 2010라1103 결정(확정); 수원지법 2014. 6. 30.자 2012하면5149 결정(확정); 부산지법 2015. 12. 8.자 2015하면225 결정(항고기각, 재항고기각); 부산지법 2016. 11. 28.자 2016하면799 결정(확정); 서울회생법원 2018. 2. 2.자 2016하면8421 결정(확정); 창원지법 2020. 3. 27.자 2019하면1845 결정(확정); 서울회생법원 2020. 3. 31.자 2018하면102862 결정; 대전지법 2020. 4. 2.자 2019하면1051 결정(확정); 춘천지법 2020. 4. 2.자 2019하면252 결정(확정)
15) Münchener Kommentar Insolvenzordnung, 4. Auflage, C.H.Beck(2020), § 290 Rn. 66. 한편 독일 판례 중 낭비에 해당한다고 본 것으로는, 채무자가 재정적으로 어려운 상태가 지속되는 가운데 채무자의 형편에 맞지 않는 생활양식을 영위하고 있는 경우(BGH NZI 2005, 233), 채무자가 자신이 지급불능 상태에 있음을 알면서 2,000유로를 도박으로 소진한 경우(AG Duisburg JurBüro 2007, 329), 채무자가 가까운 친척에 대하여 현저한 금액을 증여한 행위로서, 채무자가 그 전에 얻은 소득과 비교하여 지출을 대폭 감소시키지 않는 경우(AG Göttingen, NZI 2012, 423), 채무자가 실업에도 불구하고 최근의 순수익에 비해 월 지출을 늘린 경우(LG Duisburg, Beschl. v.8.4.2009 – 7T39/09 –, juris), 채무자가 자신의 집을 제3자에게 무료로 사용할 수 있도록 함으로써 자신의 재산에 속하는 사용가능성을 사실상 낭비적으로 활용한 경우(BGH, Beschl. v.10.12.2009 – IXZB20/08 –, juris.)가 있다.
반면에 낭비에 해당하지 않는다고 한 판결례로는, 상속포기는 일신전속적 권리이므로 채무자가 채권자에게 손해를 끼칠 목적으로 상속포기한 때라 하더라도 낭비에 해당하지 않는다고 한 것이 있다(LG Mainz ZVI 2003, 362). 또, 채무자가 지급불능상태가 된 후 특정 채권자에게 변제한 경우 특별히 무가치하다고 볼 징표가 없다면 낭비가 아니라고 한 사례가 있고(BGH NZI 2009, 710), 다만 파산절차가 진행되는 동안 채무자가 자신이 지급불능임을 알고 있음에도 불구하고, 임의로 개별채권자에게 상당한 금액을 지급하는 것은 분명히 경제적으로 불합리한 일이므로 이 경우는 낭비에 해당한다는 사례도 있다(AG Duisburg NZI 2007, 473). 그 밖에 채무자가 자신의 부업을 수행하기 위해 필요한 차량의 수리

면책불허가사유인 '낭비'는 평가개념으로서 평가자의 가치관이나 시대 상황에 따라 그 해석이 달라질 수 있고, 특히 면책제도의 이념 내지 근거를 어떻게 보는지에 따라 달라지게 된다. 일본에서는 파산제도의 주된 목적이 채권자의 권리실현에 있는 것을 전제로, 파산채권자의 이익실현에 성실하게 협력한 파산자에 대하여 특전으로서 면책을 부여한다는 전통적 견해(특전설)[16]와 면책을 파산자에게 갱생 수단을 부여하기 위한 사회정책적 입법으로 보는 현재의 통설(갱생설)이 존재한다.[17] 채무자의 성실성을 강조하는 특전설에 의하면, 파산하는 채무자의 인격적·도덕적 책임을 추급하는 경향이 강하기 때문에 보다 엄격하게 해석·운용될 것이다. 이에 대하여 면책절차가 파산하는 채무자를 보호하고 경제적으로 갱생시키기 위한 제도라는 측면을 강조하는 갱생설의 입장에 서면 채무자의 불성실이란 형식적인 면뿐만 아니라 실질적인 면에까지 판단하게 될 것이므로 면책불허가사유를 한정적으로 해석할 것이다.[18] 즉, 그 재산 상황에서 통상적인 정도에 걸맞지 않게 넘어서는 지불을 동반하는 경우 형식적으로는 낭비에 해당한다고 할 수 있지만, 낭비가 존재해도, 그것이 파산하는 채무자에게 특유한 것이 아닌, 행위 당시의 사회 상황에 비춰볼 때 누구나 그런 행동을 했을 것이라는 사정이나, 낭비 행위를 했다고 해도 경제적 파탄이 뜻하지 않은 경제 변동으로도 야기된 것이라는 사정 등이 인정될 때는 실질적으로 낭비에 해당하지 않는다고도 볼 수 있을 것이다.[19]

우리 파산법(제346조)은 "면책불허의 결정을 할 수 있다"라고 규정하여 면책불허가사유가 있는 경우에도 재량에 의하여 면책을 허가하는 길을 열어놓았고,[20] 이에 따라 실무는 파산자와 관련된 다양한 사정을 참작하여 "재량면책"을 인정하였으며,[21] 학설도 이를 지지하였다. 채무자회생법(제564조 제1항)은 일정한 면책불허가사유가 있는 경우를 제외하고는 반드시 면책을 허가하도록 하는 한편, 파산법하에서의 실무를 받아들여 면책불허가사유가 있는 경우에도 법원이 재량으로 면책을 허가할 수 있도록 근거규정(제564조 제2항)을 신설하였다.[22] 나아가 채무자회생법은 제564조의 조문 제목을 '면책불허가사유'라고 한 파산법(제346조)과 달리 '면책허가'라고 규정하고 있고, 파산법하에서 가능하던 면책절차 중의 강제집행 등을 금지 및 중지하고 있다(제557조). 이에 비추어 보면 우리 법체계는 기본적으로 갱생설에 가까운 입장으로 이해할 수 있다. 대상결정 이후 채무자회생법하에서 대법원 역시 개인파산제도에 관하여 "그 제도를 설계함에 있어서 반드시 파산자에 대한 면책을 일종의 특전으로 이해하는 전제 위에서 이를 행할 필연적인 이유는 없고, 적극적으로 채무자의 불성실성을 드러내는 것으로 평가되는 사유 등이 없는 한 원칙적으로 면책을 인정한다고 하여도 이는 파산상태에 있는 채무자에게 가급적 넓은 범위에서 경제적 재생의 기회를 부여하여 인간다운 삶을 살 수 있는 터전을 마련하려는 정당하고 중요한 입법목적에 기한 것"이라고 판시하였다.[23]

그런데 대상결정이 나오기 전까지의 파산법하에서

를 맡겼는데 파산절차비용을 충당하기 위해 그 수리를 철회하지 않았다고 하더라도 그 수리비용지출은 낭비가 아니라고 한 사례(LG Stendal NZI 2014, 372 mAnm Stephan NZI 2015, 374), 채무자가 자기 소유의 업체를 폐업하면서 그 업체가 보유하던 4대의 자동차를 처분하여 합계 5,100유로를 받아 이를 소비한 경우 낭비에 해당하지 않는다고 한 사례(BGH NZI 2006, 712)가 있다.

16) 最高裁 1961. 12. 13.자 결정(民集 15-11-2803)을 들어 일본 판례는 특전설의 입장이라고 보는 것이 일반적이나, 위 결정은 면책제도가 안이하게 이용될 것이라는 우려에서 일반예방적 표명을 하고 있는데 지나지 않고 실제로는 특전설에 의하여 면책제도가 운용되고 있다고 할 수 없다는 견해도 있다. 伊藤眞·松下淳一 編, 倒産判例百選(第5版), 有斐閣(2013), 171면.

17) 우리의 경우도 위 두 가지 입장이 혼재되어 있다고 보는 것이 일반적이고, 어느 입장을 강조하는지에 따라 심리방식이 달라진다고 풀이된다. 남효순·김재형, 도산법강의, 법문사(2005), 760면.

18) 青山善充·伊藤眞·松下淳一 編, 倒産判例百選(第4版), 有斐閣(2006), 151면.

---

19) 양 입장의 차이는 결국 면책이 원칙이고 면책불허가가 예외인지, 아니면 그 반대인지로 정리할 수 있을 것이다.

20) 위 조항은 일부면책의 근거로도 해석될 여지가 있어, 파산법상 실무는 위 조항에 근거하여 일본의 실무와 같이 전부면책 또는 일부면책을 결정하였다.

21) 서울회생법원 재판실무연구회, 개인파산·회생실무(제5판), 박영사(2019), 335, 336면.

22) 2005년 시행된 일본의 신파산법도 재량면책의 근거조항을 신설하였는데(제252조 제2항), 우리와 차이가 없다.

23) 대법원 2009. 7. 9.자 2009카기122 결정.

의 재판실무는 이론적으로는 파산법 제346조를 갱생설의 입장으로 이해하면서도,[24] 사실상 특전설의 입장에서 면책의 요건을 엄격하게 해석, 운용하고 있었다.[25] 이러한 종래 실무는 그렇게 엄격하게 운용하지 않더라도 면책취소를 통해 정당한 제도 운용이 가능하고, 면책을 불허함으로써 파산자에 대한 징벌의 효과를 거두려는 의도는 찬성하기 어려우며, 그러한 징벌적 효과는 반윤리적일 뿐 아니라 반사회적인 데다가 면책제도의 운용이 지나치게 법원 중심적이어서 자의적으로 흐를 위험을 갖고 있다는 점에서 문제가 있었다.[26] 나아가 최근 가계대출 등 소비자금융과 주택구입융자의 급증, 다중채무 부담 금융채무불이행자의 증가, 고령화 및 대가족 돌봄 방식 해체, 사회 양극화 심화, 고용시장 불안정 및 금융시장 불균형과 우리 특유의 보증 문화로 인한 문제가 발생하고 있는 반면, 전통적으로 사회적 안전망이 제대로 기능을 하지 못했던 우리 실정을 고려할 때, '낭비'라는 모호하고 불확정한 개념을 폭넓게 해석하는 종래 실무는 사회·경제적 측면에서도 수긍할 수 없는 것이었다. 대상결정은 이러한 사정을 모두 고려하여 '낭비' 개념을 엄격하게 해석함으로써 특전설에 치우친 실무의 균형을 보정하는 정책방향을 제시한 것으로서 시의적절하였다고 볼 수 있다.

대상결정과 원심은 낭비에 해당하는지 여부를 판단함에 있어서 채무발생원인, 즉 자금의 사용처를 주요 인자로 고려한 것으로 보인다. 실제로 채무자의 성실성을 판단함에 있어서는 다른 인자들보다 채무발생원인이 사회적으로 비난받을 만한 것인지 여부가 중요할 수밖에 없다. 그런데 채무발생의 원인이 사회적으로 비난받을 만한 것인지에 의하여 판단하는 것은 그 개념 자체가 윤리적인 것이어서 이를 엄격하게 요구할 경우 현대 개인파산사건의 주된 형태인 경솔하고 무절제한 채무자를 제외함으로써 실제로는 면책의 허용 폭을 극히 좁게 할 우려가 있다.[27] 따라서 앞서 본 바와 같이 갱생설의

입장에 서서 형식적인 면뿐만 아니라 실질적인 면도 아울러 고려하고, 그 판단의 주체적 대상을 채무자와 같은 생활수준의 일반인들을 표준으로 함으로써 불확정개념인 '낭비'를 해석함에 있어 자의적으로 흐를 우려를 불식시킬 필요가 있다.

원심은 채무자가 채무의 상당 부분을 가계자금으로 사용하였다고 본 반면, 대상결정은 채무자가 회사운영자금 충당을 위하여 은행대출이나 신용카드를 사용하였다고 보았다. 대상결정은 여기에다가 채무자의 영업상태(회사 운영 악화), 사회적 지위 내지 직업(주주 겸 대표이사)을 덧붙여 고려한 다음 채무자의 행위는 낭비에 해당하지 않는다고 판단하였다. 행위 당시의 상황만 놓고 보면 채무자가 별다른 자산이나 소득이 없는 상태에서 과도하게 대출이나 신용카드 사용을 한 행위가 낭비에 해당한다고 한 원심의 판단은 형식적 측면에서는 수긍할 여지가 있다. 그러나 채무자가 왜 그 상황에서 대출이나 신용카드 사용을 하였는지, 채무자와 같은 생활수준의 일반인이 그 상황에서 다른 선택을 할 수 있었는지 등을 파고 들어가면 그 판단은 달라질 수 있다. 즉, 자신이나 가족을 위해서가 아니라 자신이 운영하는 회사의 빚을 갚기 위해 대출이나 신용카드를 사용하는 등 적극적인 경제활동을 하다가 파탄에 이른 점은 행위 당시의 사회 상황과 일반인의 법감정에 의할 때 비난가능성이 높다고 볼 수 없고, 회사의 파탄상황에서 회사를 회생시키기 위해 실경영주가 사재를 털고 자금을 융통하는 것은 무절제한 소비와는 궤를 달리한다고 보아야 한다. 이러한 실질적인 요인들은 위와 같은 형식적인 낭비의 성격을 충분히 희석할 수 있는 것으로 평가되고, 따라서 이러한 채무자에게 회생 가능성을 부여할 정당한 근거가 충족된다.

파산법하의 실무가 낭비의 개념을 굳이 획일적이고 엄격하게 해석한 이유는, 그렇게 하더라도 재량면책 단계에서 선처의 여지가 있는 채무자는 구제할 수 있다고 보았기 때문이 아닌가 추측된다. 그러나 이야말로 전형적인 특전설의 사고에 입각한 것이고, 더욱이 이러한 실무의 입장은 채무자가 당시 파산법상 낭비행위로 형사처벌 대상이 될 수 있는 상황이었으므로 채무자의 지위를 매우 위태롭게 하는 것이었다. 이러한 까닭에 대상결

24) 서울지방법원, 파산사건실무(2001), 343면.
25) 서울지법 2001. 4. 30.자 2000파321 결정이 "면책제도는 성실한 파산자에 대한 특전으로서 그 면책 여부를 판단함에 있어 파산자의 인격적·도의적 책임도 함께 고려하지 않을 수 없는 것"이라며 면책을 불허가한 것은 이러한 종래 실무의 입장을 단적으로 보여준다.
26) 서태환, 전게논문, 794, 795면.
27) 서태환, 전게논문, 784면.

정은 재량면책 단계가 아닌 면책불허가 단계에서 낭비의 개념을 재정립함으로써 채무자의 회생을 돕고자 한 것으로 파악되고, 이러한 태도는 갱생설에 더 가까워진 채무자회생법하에서도 유지되어야 함이 타당하다.

한편 채무자의 이러한 낭비 등 행위로 인하여 '현저'하게 재산을 감소시키거나 '과대'하게 채무를 부담하여, 결국 파산채권자의 이익을 해하는 결과가 발생되어야 한다. 이러한 '현저', '과대'라는 평가개념도 '낭비'와 마찬가지로 채무자의 전 재산상태와의 관계에 있어서 사회통념에 의하여 결정될 수밖에 없다.[28] 또한, 이러한 낭비 등 행위와 현저한 재산 감소 또는 과대한 채무 부담과 사이에 상당인과관계가 인정되어야 하고, 간접적인 원인에 지나지 않는 경우는 제외되어야 한다. 따라서 이미 지급불능 상태에 빠진 상태에서 궁박한 상황을 타개할 수 있다고 믿고 다액이라고 할 수 없는 돈으로 사행행위를 한 경우에는 면책불허가사유가 될 수 없다.[29]

---

28) 齋藤秀夫 외 2인 編, 注解 破産法(下), 靑林書院(1999), 871면.

29) 東京高決 1985. 11. 28.자 결정[伊藤眞, 破産法(第4版補訂版), 有斐閣(2006), 526면에서 재인용].

[92] 목록에 누락된 불법행위채무의 면책 여부

김관기(김·박 법률사무소 변호사) 대법원 2010. 5. 13. 선고 2010다3353 판결

[사안의 개요]

A는 벌점 누적으로 운전면허가 취소된 상태에서 2000. 6. 11. B를 차에 태우고 가다가 졸음운전으로 길가에 주차된 다른 차량을 들이받는 사고를 내서 그 충격으로 B는 고관절탈구 등 상해를 입었다. 무보험차량 사고에 관한 보장사업의 수탁자인 C보험회사는 B에게 치료비, 보상비로 17,070,000원을 지급하였고 A는 C보험회사에 3,120,110원을 공탁하였다. C보험회사는 이에 기초하여 그 차액인 13,949,890원 및 지연손해금의 지급을 구하는 소를 제기하여 2005. 3. 23. 승소판결을 받아 그 무렵 채무가 확정되었다.

그 후 A는 파산신청을 하였고, 2007. 7. 31. 파산선고, 같은 해 9. 20. 면책결정이 내려져 확정되었는데 면책신청시 제출한 채권자목록에 C보험회사는 포함되지 않았다. C보험회사가 집행권원인 위 판결에 기한 강제집행을 시도하자 A는 면책된 파산채권에 기한 강제집행의 불허를 구하였다. 제1심법원은 청구를 인용하였으나, 항소심은 채권자목록에 C보험회사가 누락되었으므로 면책의 효력이 C보험회사에는 미치지 않으며, 가정적 판단으로 A의 채무는 중대한 과실로 타인의 신체를 침해한 불법행위로 인한 것이므로 이 점에서도 면책의 대상에서 제외된다는 이유로 제1심 판결을 취소하였다. 이에 A가 상고하였다. 파기환송.

[판결요지]

[1] 벌점 누적으로 운전면허가 취소된 자가 졸음운전으로 주차된 차를 들이받은 것이라면 무면허운전이 사고의 직접 원인으로 작용하였다고 보기 어렵고 전방주시를 태만히 한 상태에서 졸음운전을 하였다는 점만으로는 중대한 과실이 있다고 하기 어려워 비면책채권에 해당하지 않는다.

[2] 파산채권은 그것이 면책신청의 채권자목록에 기재되지 않았다고 하더라도 채무자회생법 제566조 단서의 각호에 해당하지 않는 한 면책의 효력으로 그 책임이 면제된다.

[해설]

1. 문제의 소재

파산절차의 규범을 위반하지 않은 채무자에게 권리로서 주어지는 면책(채무자회생법 제564조 참조)은 주로 계약에 의하여 발생한 채권의 이행을 법적으로 강제하지 못하게 함으로부터 채무자를 보호한다. 그런데 어떤 채권자는 면책의 효력을 받지 않고 고유의 권리실현절차를 계속할 수 있다. 즉 제566조는 "면책을 받은 채무자는 파산절차에 의한 배당을 제외하고는 파산채권자에 대한 채무의 전부에 관하여 그 책임이 면제된다. 다만, 다음 각호의 청구권에 대하여는 책임이 면제되지 아니한다."라고 규정한 후, "1. 조세 2. 벌금, 과료, 형사소송비용, 추징금 및 과태료 3. 채무자가 고의로 가한 불법행위로 인한 손해배상, 4. 채무자가 중대한 과실로 타인의 생명 또는 신체를 침해한 불법행위로 인하여 발생한 손해배상 5. 채무자의 근로자의 임금, 퇴직금 및 재해보상금 6. 채무자의 근로자의 임치금 및 신원보증금 7. 채무자가 악의로 채권자목록에 기재하지 아니한 청구권. 다만, 채권자가 파산선고가 있음을 안 때에는 그러하지 아니하다. 8. 채무자가 양육자 또는 부양의무자로서 부담하여야 하는 비용 9. 취업 후 학자금 상환 특별법에 따른 취업 후 상환 학자금대출 원리금"을 열거하고 있다. 이들은 재단채권으로서 우선변제 받거나(제1호, 제5호, 제6호, 제8호: 제473조 제2호, 제9호 내지 제11호) 파산절차에서 배당을 받는 외에도 면책결정 이후의 민사절차를 통하여 강제될 수 있다는 특권을 준 것이 위 조항의 취지이다. 이런 예외사유에 해당하는 것으로 인정될 경우 채권은 이전보다 훨씬 더 강력한 보호를 받을 수 있다. 채무자의 이행을 주저하게 하는 다른 채무 부담이 사라지기 때문이다.

대부분 불법행위 채권과 같이 계약에 의하여 발생한 것이 아니어서 채권자의 실권을 강요하는 것이 적당하

지 않거나(1 내지 4호) 약한 자의 보호와 같은 정책상의 이유가 있는 채권(5, 6, 8, 9호)이다. 채무자로 하여금 금융채무로부터 벗어나 가장으로서, 납세자로서 의무를 이행하도록 강제하고, 면책의 혜택을 받는 인적 자본 그 자체를 형성하는데 기여한 것으로 가정된 학자금 대출도 파산절차를 투과할 명분이 충분하다.

가. 중과실에 의하여 발생한 채권

법률행위에 의하여 발생한 채권은 그 발생 여부에 대한 채권자의 통제권이 있으므로 파산절차로 채권의 효력을 잃을 가능성을 부과할 수 있다. 일종의 경제규제이다. 그것은 사무관리나 부당이득에 관하여도 마찬가지이다. 곤경에 처한 사람을 못 본 체하는 선택도 자유로운 것이며, 허가 없는 무상사용에 대하여 부당이득 반환을 구하는 것도 채권자의 의사에 달려 있다. 그러나 불법행위의 경우에는 채권자의 선택이라는 요소가 희박하다. 예를 들어 보통 사람이 아파트 위층에서 떨어지는 사람을 미리 예상하여 피하거나 신호를 무시하고 횡단보도와 인도로 돌진하는 차량을 예상하여 방어 행동을 취하며 걸으리라고 기대할 수는 없는 것이다. 고의의 불법행위인 경우에도 채권자가 채무자의 파산절차에 참가하는 권리를 제한하게 되면 불법행위를 장려하는 결과가 된다. 따라서 이 경우에는 면책의 범위에서 제외하는 정책적 의미가 명확하다. 다만 과실에 의하여 발생한 불법행위채무인 경우에는 채무자나 채권자의 심리적 요소에 면책 여부의 기준을 두는 것이 모호하고 결국 어디까지 면책을 인정할 것인가의 정책상 문제로 귀결된다. 채무자회생법이 제정되기 전의 구 파산법(2005. 3. 31. 법률 제7428호로 폐지된 것)은 "파산자가 악의로 가한 불법행위로 인한 손해배상"만을 규정하였으나 채무자회생법 제566조 제4호는 "채무자가 중대한 과실로 타인의 생명 또는 신체를 침해한 불법행위로 인하여 발생한 손해배상"을 추가하여 인적 손해에 대하여는 중과실로 인한 경우도 면책의 대상에서 제외하였는데, 무면허운전이 여기에 해당하는 것인지가 쟁점이 되었다.

나. 누락된 채권

한편, 제7호에서 비면책채권의 하나로 "채무자가 악의로 채권자목록에 기재하지 아니한 청구권"을 규정하고 단서로서 "채권자가 파산선고가 있음을 안 때에는 그러하지 아니하다"라고 예외를 규정하고 있다. 채권의 발생원인 즉 성질에 따라 파산절차를 투과하는 다른 항의 비면책채권과 다르게 채무자, 채권자의 심리적 상태가 비면책 여부를 좌우하는 특이한 사례인바, 대상판결은 채권자목록에 기재되지 않았음을 이유로 면책의 항변을 배척한 원심의 조치가 적정한 지를 따졌다.

2. 대상판결의 논거
가. 중과실

채무자의 갱생이라는 입법목적, "채무자가 중대한 과실로 타인의 생명 또는 신체를 침해한 불법행위로 인하여 발생한 손해배상(제4호)은 채무자회생법의 제정(2005년)으로 추가로 규정된 점, 채무자회생법은 면책 불허가사유가 있는 경우라도 파산에 이르게 된 경우, 그 밖의 사정을 고려하여 상당하다고 인정되는 경우에는 재량면책을 허가할 수 있도록 규정하고(같은 조 제2항), 구 파산법 하에서는 가능하던 면책절차 중의 강제집행 등을 금지, 중지(제557조)함으로써 채무자의 경제적 재기를 뒷받침하고 있는 점 등에 비추어 볼 때, '중대한 과실'이란 채무자가 조금만 주의를 기울였다면 생명 또는 신체 침해의 결과가 발생하리라는 것을 쉽게 예견할 수 있음에도 그러한 행위를 만연히 계속하거나 조금만 주의를 기울여 어떠한 행위를 하였더라면 생명 또는 신체 침해의 결과를 쉽게 회피할 수 있음에도 그러한 행위를 하지 않는 등 일반인에게 요구되는 주의의무에 현저히 위반하는 것을 말하므로, 벌점 누적으로 인한 면허 취소 상태에서의 운전은 그 자체만으로는 사고의 원인이라고 말하기 어렵고 다른 사유로 보강되지 않는 한 중과실에 해당하지 않는다.

나. 누락된 채권

제566조에 "면책을 받은 채무자는 파산절차에 의한 배당을 제외하고는 파산채권자에 대한 채무의 전부에 관하여 그 책임이 면제된다. 다만 다음 각 호의 청구권에 대하여는 책임이 면제되지 아니한다"고 규정하고 있으므로, 파산채권은 그것이 면책신청의 채권자목록에 기재되지 않았다고 하더라도 제566조 단서의 각 호에 해당하지 않는 한 면책의 효력으로 그 책임이 면제된다.

3. 검토

가. 중과실

교통사고처리특례법 제3조 제2항 단서에 규정된 사유에 의하면 신호위반, 중앙선침범 등 중대한 도로교통법상 의무위반이 사고의 원인이 되었을 때에는 피해자의 의사나 충분하게 손해를 배상하는 보험가입 여부에 불구하고 원칙적으로 처벌한다. 운전면허는 도로교통법이 정하는 가장 기본적인 규제이므로 무면허운전도 행정법규상으로는 역시 중대한 위반이라고 볼 수 있을 것이다. 그러므로 피상적으로 관찰하면 이러한 도로교통법의 규제를 지킬 수 있는 인센티브를 부여하기 위하여 교통사고로 처벌되는 경우에는 파산절차에 의한 면책을 배제하는 것도 정당하다고 볼 수도 있겠고 원심은 그러한 입장이었다.

대상판결은 중대한 과실 여부는 형사법의 획일적인 기준에 의할 것이 아니라 채무자의 행위를 평가하여 구체적인 상황에서 실제로 중대한 과실이 사고를 일으켰는지를 따져야 한다는 법리를 제시하고, 벌점누적에 의한 무면허운전 그 자체로서는 비면책채권을 구성하는 중대한 과실로 인한 인신사고에 해당하지 않음을 예시한 것에 의의가 있다. 대법원은 편도 1차로의 국도를 주행하던 승용차가 눈길에 미끄러지면서 중앙선을 넘어가 반대차로에서 제설작업중이던 피해자를 충격하여 사망에 이르게 한 사안에 대하여도 비면책채권에 해당하지 않는다는 원심의 판단을 유지한 바 있다.[1]

나. 누락된 채권

제566조 제7호의 구조를 보면, 면책 여부가 다투어지는 민사소송에서 채권자 선의, 채무자 악의인 경우에만 면책의 효력이 부정된다.

	채무자 선의	채무자 악의
채권자 선의	면책	면책 제외
채권자 악의	면책	면책

채권이 유효하게 존재한다는 청구원인에 대하여 면책의 항변을 할 수 있고, 이에 대하여 채무자가 악의로 목록에 누락하였다는 재항변을 할 수 있으며, 이에 대하여 다시 채권자가 파산선고가 있음을 알았다는 재재항변이 가능할 것이다.

면책의 항변이 제기된 것에 대하여 C보험회사의 채권이 채권자목록에 기재된 바 없고 이를 파산절차에서 추후 보완하였다는 채무자의 주장을 입증할 증거가 없다는 이유로 채무자의 면책 주장을 배척한 원심은, 위와 같이 채무자가 악의였는지, 채권자가 악의였는지 판단받을 기회조차 부여함이 없었으니 법률을 위반한 것이다. 대상판결은 그 잘못을 지적하였다. 실무상으로도 면책결정의 주문은 채무자를 면책한다고 하지 목록으로 특정하여 채권을 면책한다고 하지 않는다.

4. 여론

미국 연방 파산법 제523조(a)(9)항은 음주운전 또는 약물 복용상태에서의 운전(DUI)으로 타인의 생명 또는 신체를 침해한 경우를 비면책채권으로 하고 있다.

채권자목록에 채무자가 악의로 기재하지 않은 채권을 면책에서 제외하되 채권자가 악의인 경우에는 면책을 허하는 근거로는, 채무자가 어느 채권자의 이름을 목록에 기재하지 않으면 그 채권자는 면책에 대한 이의를 진술할 기간의 통지(채무자회생법 제558조 제1항, 제2항, 제562조 제1항)를 받지 못하여 이의를 진술할 기회를 사실상 박탈당하는데 이런 경우 채무자가 그 채권에 대한 이행채무를 면하는 것은 적당하지 않다는 취지인데, 다만 채권자가 이를 알았던 경우에는 그 기회가 있었으니 면책의 효력이 미치는 것으로 하였다는 것이라고 흔히 설명되고 거의 확립된 듯하다.[2] 면책을 받지 못하는 상황을 피하기 위하여 파산채권을 고의로 누락한 채무자에 대한 징벌은 이해할 만하지만, 파산채권자에게 파산절차를 투과하는 망외의 이득이 생기는 근거는 모호하다. 게다가 그것이 채권자가 알았는지 몰랐는지에 좌우된다는 것은 채무자에 대한 징벌과는 무관하다. 오히려 불성실한 채무자에 대한 징벌에 관하여 채무자회생법 제564조 제1항 제3호는 허위의 채권자목록을 제출한 것을 면책불허사유로 규정하고, 제569조 제1항은 부정

---

[1] 대법원 2010. 3. 25. 선고 2009다91330 판결. 해당 판결에 대한 평석으로는 조용현, "채무자 회생 및 파산에 관한 법률 제566조 제4호에서 규정하는 '중대한 과실'의 의미", 대법원 판례해설 83호(2010상반기).

[2] 伊藤眞, 破産法 民事再生法 第2版(2011) 556면. 대법원 2010. 10. 14. 선고 2010다49083 판결 등.

한 방법으로 면책을 받은 자에 대하여 면책취소를 신청할 수 있는 것으로 규정하여 별도의 구제수단을 제공하고 있다. 이와 같은 점을 고려하면, 해당 규정은 파산절차에 의한 배당에 참여할 기회를 잃었기 때문에 그 한도 내에서 채권자를 보상하기 위한 것이라고 보는 것이 합당하지 않을까?[3]

파산절차에 의한 개인채무자의 면책에 관하여는 아직도 논의가 많고, 그 중 어느 편에 서느냐에 따라 실정법의 해석론도 좌우되는 듯하다. 민사법상의 의무에 대한 예외가 파산법에 의한 면책이라고 보면, 예외를 좁게 해석하는 원칙에 의할 때 채무자 보호의 범위를 좁게 해석하려는 경향이 있다. 그러나 파산제도가 민사법과 평면을 달리하는 것으로 인식하여 면책이 원칙이라고 보면 대상판결의 입론을 이해할 수 있다.

---

3) 캐나다 파산법 §178(1)(f)는 채권자가 채무자의 파산절차를 알고 있었음에도 파산채권 신고를 하지 않아서 자신의 권리를 상실한 경우를 제외하고 파산관재인이 인식하지 못한 채권에 대하여 응당 배당되었어야 할 금액에 대하여 비면책 채권으로 규정한다. 이러한 입장에 의하면 채권자에게 배당할만한 재산이 없어 파산절차에서 채권신고가 이루어지지 않고 폐지되는 경우에는 채권자, 채무자의 선의, 악의를 가리지 않고 면책의 효력을 인정하게 된다. 미국에서의 실무는 그렇게 확립된 듯하다. Judd v. Wolfe 78F.3d110. 그 해설은 김관기, "채권자명부에 빠진 채권자에 대한 면책결정의 효력," 서강법학 제8권(2007).

[93] 개인회생절차 개시신청 기각사유인 '신청이 성실하지 아니한 때'의 의미 및 판단 기준

서경환(서울회생법원장)　　　　　　　　대법원 2011. 6. 10.자 2011마201 결정

[사안의 개요]

채무자는 제주도청 기능직 공무원으로 근무하고 있었는데, 채무자의 처가 납품사업을 운영하다가 재정파탄에 빠졌고, 그 과정에서 채무자 명의로 대출·채무보증 등 다액의 채무가 누적되었다. 채무자는 2006. 1. 제주지방법원에 개인회생을 신청하여 2006. 12. 변제계획을 인가받았으나 압류 적립된 급여의 일부를 개인회생재단에 편입하지 않고 임의 소비한 사실이 발견되어 2007. 5. 개인회생절차가 폐지되었다. 위와 같이 폐지결정을 받은 다음 채무자는 2007. 7.부터 2010. 7.까지 제주지방법원에 3회에 걸쳐 개인회생절차 개시신청을 하였으나, 법원은 신청이 성실하지 않다는 이유 등으로 개시신청을 모두 기각하였다.

채무자는 2010. 11. 5. 다시 개인회생절차 개시신청을 하였는데, 제1심은 2010. 11. 16. 채무자가 신청일 전 10년 이내에 개인회생을 신청한 사실 중 일부 기재를 누락하였고, 이미 3차례 개시신청이 기각된 후에 별다른 사정변경 없이 다시 이 사건 신청을 하는 등 신청이 성실하지 아니하다는 이유로 채무자회생법 제595조 제7호를 적용하여 개인회생절차 개시신청을 기각하였다.

채무자는 제1심결정에 대하여 항고하면서, 당초 신청 시 과거 신청내역 3건 중 1건을 착오로 누락하였다고 설명하면서 이를 보완하였다. 항고심은 채무자가 세 번에 걸쳐 개인회생절차 개시신청을 하였으나 개인회생절차를 남용하여 채권자의 권리행사를 방해하였다는 등의 사유로 신청이 기각된 사실이 인정되고, 기각결정 이후 특별한 사정변경이 없음에도 또다시 개인회생절차 개시신청을 하는 것이 그 자체로 '신청이 성실하지 아니한 때'에 해당한다는 이유로 항고를 기각하였다. 채무자가 재항고하였다. 파기환송.

[결정요지]

법원이 채무자회생법 제595조 제7호에서 정한 '그 밖에 신청이 성실하지 아니한 때'에 해당한다는 이유로 채무자의 개인회생절차 개시신청을 기각하려면, 채무자에게 같은 조 제1호 내지 제5호에 준하는 절차적인 잘못이 있거나 채무자가 개인회생절차 진행에 따른 효과만을 목적으로 하는 등 부당한 목적으로 개인회생절차 개시신청을 하였다는 사정이 인정되어야 한다.

[해설]

1. 관련규정 및 입법례

채무자회생법 제595조는 개인회생절차 개시신청의 기각사유로 채무자가 신청권자의 자격을 갖추지 아니한 때(제1호), 신청 시 첨부서류를 제출하지 않거나, 허위로 작성하거나, 제출기한을 준수하지 아니한 때(제2호), 절차비용을 납부하지 아니한 때(제3호), 변제계획안의 제출기한을 준수하지 아니한 때(제4호), 신청일 전 5년 이내에 면책을 받은 사실이 있는 때(제5호), 개인회생절차에 의함이 채권자 일반의 이익에 적합하지 아니한 때(제6호), 그 밖에 신청이 성실하지 아니하거나 상당한 이유 없이 절차를 지연시키는 때(제7호)를 들고 있다. 대상판결에서 쟁점이 된 기각사유는 제7호 중 '신청이 성실하지 아니한 때'의 판단기준이다.

한편, 제309조는 파산신청의 기각사유를 정하고 있는데, 제1항 제5호에서 "그 밖에 신청이 성실하지 아니한 때"를 들고 있고, 제2항에서는 "파산신청이 파산절차의 남용에 해당한다고 인정되는 때"를 추가하고 있다.

미국 연방파산법(11 U.S.C.) §1307(c)는 우리 개인회생절차와 유사한 제13장 절차의 기각사유를 열거하고 있는데, '신청이 불성실한 경우(bad faith)'는 명문의 기각사유로 규정하지 않고 있다. 그러나 연방대법원의 2007년 Marrama 판결(Marrama v Citizens Bank of Massachusetts, 549 U.S. 365)에서 신청불성실을 이유로 신청을 기각하는 하급심 판결들을 승인한 이래 신청불성실(bad faith)이 파산법원의 재량적 기각사유로 자리

잡고 있다.

일본은 민사재생법 제25조 제4호에서 "부당한 목적으로 재생절차 개시신청을 하거나 그 밖에 신청이 성실하지 않은 때"를 기각사유로 규정하고 있다.

2. '신청이 성실하지 아니한 때'의 판단 기준

개인회생절차 개시신청의 기각사유를 규정한 채무자회생법 제595조에서는 파산신청의 경우(제309조 제2항)와 달리 '개인회생절차의 남용'을 기각사유로 따로 규정하고 있지 않지만, 하급심의 실무상 제7호 '신청불성실'에는 '개인회생절차의 남용'이 포함되는 것으로 해석하고 있었는데, 대상결정은 이를 분명히 하였다.

대상결정은 '신청불성실'의 판단기준으로 "채무자에게 제595조 제1호 내지 제5호에 준하는 절차적인 잘못이 있거나 채무자가 개인회생절차 진행에 따른 효과만을 목적으로 하는 등 부당한 목적으로 개인회생절차 개시신청을 하였다는 사정"을 제시하였다.

대법원은 후속결정에서 '부당한 목적으로 개인회생절차 개시신청'을 하였는지는 그 신청에 이르게 된 경위, 채무의 규모, 채무의 발생 시기 및 사용 내역, 강제집행 대상 재산의 유무, 변제계획안의 내용 등 여러 사정을 종합하여 판단하여야 한다고 기준을 제시하였다(대법원 2012. 1. 31.자 2011마2392 결정).

3. '신청불성실' 여부 판단에 관한 구체적 사례
가. 폐지 후의 반복적인 개인회생신청

개인회생절차가 폐지된 후 3회에 걸친 개인회생절차 개시신청이 기각된 후 또다시 채무자가 개인회생절차 개시신청을 한 것만으로는 '신청불성실'에 해당하지 않는다(대상결정).

그 근거로는 개인회생절차 기각 후의 재신청을 법에서 금지하고 있지 아니한 점, 반복적인 신청만을 이유로 하는 기각을 허용하면 사실상 채무자의 회생의 길이 봉쇄된다는 점, 최초의 개인회생절차 폐지시부터 오랜 기간이 경과하여 사정변경이 발생하였을 가능성이 높은 점 등을 들고 있다.

나. 수입을 벗어난 과도한 소비생활

채무자가 물리치료사로서 적지 않은 수입이 있음에도 수입을 초과한 낭비성 지출 등 과도한 소비생활로 다

액의 채무를 발생시킨 후 개인회생절차 개시신청을 한 것만으로는 '신청불성실'에 해당하지 않는다(대법원 2012. 1. 31.자 2011마2392 결정).

개인파산에서는 '과다한 낭비로 인한 과대한 채무부담'을 면책불허가 사유로 규정하고 있으나(제564조 제1항 제6호), 개인회생절차에서는 과다한 낭비가 면책불허가 사유에 해당하지 않는다.

다. 개시신청에 근접하여 발생한 채무액이 전체 채무액에서 차지하는 비중이 높은 경우

채무자가 개인회생절차 개시신청 전 약 1년 동안 발생시킨 대출금채무가 전체 개인회생채무 중 약 80%에 해당한다는 이유로 개시신청을 기각한 원심에 대하여, 대법원은 대출금 중 상당 부분이 기존 채무의 상환에 사용되었고, 나머지도 채무자의 생활비, 범칙금 납부 등으로 사용된 사정에 비추어 보면 개인회생절차 개시신청에 근접하여 발생한 채무액이 전체 채무액에서 차지하는 비중이 높다는 사정만으로는 '신청불성실'에 해당하지 않는다고 보아 원심을 파기하였다(대법원 2013. 3. 15.자 2013마101 결정).

한편, 채무자가 개인회생절차 개시신청 1년 전 이내에 총 채무액의 50%에 상당하는 대출을 받아 그중 대부분을 주식매수자금으로 사용하였고, 보정명령에도 불구하고 그 대출금의 사용처를 밝히지 않은 경우에, 채무자의 개신신청이 '신청불성실'에 해당한다고 보아 기각한 하급심 결정례가 있다(서울중앙지방법원 2010. 10. 7.자 2010라315 결정. 재항고 미제기로 확정)

라. 개인회생절차를 진행할 의사가 없으면서 강제집행을 피할 목적으로 개시신청

일본에서는 채무자가 재생절차를 진행할 의사가 없이 보전처분이나 중지명령 등을 얻어 일시적으로 채권자의 권리행사를 피한 후 자산을 은닉하기 위한 목적으로 재생신청을 한 경우를 '신청불성실'의 전형적인 예로 보고 있다고 한다.[1]

우리나라의 경우 "개인회생절차를 진행할 의사가 없으면서 강제집행을 피할 목적으로 신청을 한 사안"에 관하여 언급한 대법원판례는 없으나, '부당한 목적'으로 개시신청을 한 전형적인 사례로 '신청불성실'에 해

---

[1] 園尾隆司・小林秀之, 條解 民事再生法(第3版), 弘文堂 (2013), 121면.

당한다고 볼 여지가 충분하다.

4. 파산절차의 남용과 개인회생절차의 남용

앞서 본 바와 같이 파산절차에서는 개인회생절차의 기각사유와 달리 '파산절차의 남용'을 기각사유로 법에 명시하고 있다. 대법원 2011. 1. 25.자 2010마1554, 1555 결정은 파산절차의 남용을 규정한 제309조 제2항이 일반적인 '권리남용금지' 원칙의 한 표현이라고 보고, 파산신청이 파산절차의 남용에 해당하는지 여부의 판단요소로 채무자의 변제능력, 파산신청의 동기와 경위, 지급불능의 원인 및 이해관계인들의 행태, 파산절차와 관련하여 제공하는 각종 정보의 정확성, 채무자 지출의 낭비적 요소, 면책불허가사유의 존재 등을 제시하였다

개인회생절차에 대하여 위 2010마1554, 1555 결정의 판단기준을 그대로 적용하는 데에는 신중할 필요가 있다. 그 이유는 ① 개인회생절차에서는 파산절차의 경우와 달리 '개인회생절차의 남용'을 기각사유로 명시하고 있지 않은 점, ② 채무를 변제하지 않고 전부 면책을 받는 개인파산절차와 달리 개인회생절차는 3년 내지 5년 가용소득을 전부 변제에 투입하는 절차라는 점, ③ 파산절차와 달리 개인회생절차의 면책불허가사유는 매우 제한적으로 규정하고 있는 점, ④ 일반적인 사법상 권리남용금지 원칙을 도산절차에 도입할 경우 자칫 판사에게 개인회생신청의 기각에 대한 광범위한 재량을 부여한 것으로 실무가 운영되어 담당 판사의 개인도산제도에 대한 가치관에 따라 편차가 발생할 우려가 있는 점 등을 들 수 있다.

따라서 개인회생절차의 '신청불성실' '절차의 남용'은 개인파산절차의 경우보다 엄격하게 해석할 필요가 있다고 본다.

[94] 개인회생절차의 변제계획변경에 변경이 필요한 사유를 요하는지 여부

권민재(서울남부지방법원 판사)　　　　　　　　대법원 2019. 3. 19.자 2018마6364 결정

[사안의 개요]

채무자는 2014. 2. 14. 개인회생절차개시신청을 하여 2014. 10. 7. 가용소득을 월 172,583원, 변제기간을 60개월(월 평균수입 1,200,000원, 월 평균 생계비 2인 가구 기준 1,027,417원, 재산 6,004,337원)로 하는 변제계획안에 대하여 인가결정을 받았다. 2017. 12. 12. 채무자회생법이 개정되어 변제기간의 상한이 3년(기존 5년)으로 단축되었고(2018. 6. 13. 시행), 서울회생법원이 2018. 1. 8. 기존에 인가된 사건에 대하여 변제기간의 단축을 허용하는 업무지침을 제정·시행하자 채무자는 2018. 2. 1. 변제기간만 47개월로 변경하는 변제계획 변경안(당시 월 소득 2,600,000원, 자동차 등 재산 증가)을 제출하여 2018. 5. 16. 위 변경안에 대하여 인가결정을 받았다. 위 인가결정에 대하여 채권자가 즉시항고를 하였으나 2018. 9. 13. 항고기각결정이 있었고(서울회생법원 2018라100208), 채권자가 소급입법금지원칙 위반, 법적 안정성 침해, 신뢰보호원칙 위반, 이해관계인 사이의 형평성 침해 등 문제가 있어 헌법과 법률의 규정에 적합하지 않아 채무자의 변제계획 변경안이 불인가되어야 한다는 이유로 재항고하였다. 파기환송.

[결정요지]

채무자회생법 제619조 제1항의 규정에는 인가된 변제계획 변경안의 제출사유를 제한하고 있지 않으나, 인가된 변제계획의 변경은 변제계획에서 정한 사항의 변경이 필요한 사유가 발생하였음을 당연한 전제로 하는 것으로 인가 후에 채무자의 소득이나 재산이 변동 등 변경이 필요한 사유가 발생하지 않은 경우에도 아무런 제한 없이 변제계획을 변경할 수 있도록 허용하는 것은 아니다. 개정법 부칙규정의 취지 및 적용범위 등에 비추어 법 개정이 있었다는 사정만으로 변제기간을 변경할 사유가 발생하였다고 볼 수 없다. 따라서 변제기간을 단축하는 변경안에 대하여 채무자의 소득이나 재산 등의 변동사항을 조사하여 인가된 변제계획에서 정한 변제기간의 변경사유가 발생하였는지 심리·판단하여야 한다. 또한 변제계획 변경안이 인가되기 위해서는 채무자회생법 제614조에서 정한 다른 인가요건도 충족하여야 한다.

[해설]

1. 문제의 소재

채무자회생법 제619조 제1항은 "채무자·회생위원 또는 개인회생채권자는 변제계획에 따른 변제가 완료되기 전에는 인가된 변제계획의 변경안을 제출할 수 있다"고 규정하여 변제계획 변경안을 제출할 수 있는 제출기한만 규정하고 있을 뿐, 인가된 변제계획 변경안의 제출 사유를 제한하고 있지 않다.[1] 위와 같은 규정에도 불구하고 변제계획 변경을 위해서는 인가 후 사정변경이 필요한지, 변제기간을 단축한 법률의 개정이 인가 후 사정변경에 해당하는지가 문제된다.

2. 대상결정의 논거

대상결정은 인가된 변제계획의 변경은 변경이 필요한 사유가 발생하여야 함을 전제로 인가 후 변제기간의 상한을 단축하는 법개정이 있었다는 이유만으로 변제기간을 변경할 필요가 생겼다고 볼 수 없다는 이유로 원심결정을 파기하였다. 대상결정은 변경사유 없이 인가된 변제계획의 변경이 가능하면 안정적인 변제계획의 수행이 매우 곤란해지고, 인가 전에 변제계획안을 수정(채무자회생법 제610조 제2항)하는 것과 차이가 없게 된다는 점을 논거로 변제계획 변경에는 변경사유가 필요하고, 개정법 부칙의 취지[2]는 개정규정 시행 전에 신청한 사건의 경우 개정 전 규정의 존속에 대한 개인회생채권자 등 이해관계인의 신뢰가 개정규정의 적용에 관한

---

1) 대법원 2015. 6. 26.자 2015마95 결정.
2) 개정법 부칙은 공포 후 6개월이 경과한 날부터 제611조 제5항의 개정규정을 시행하되(제1조 단서), 개정규정 시행 후 최초로 신청하는 개인회생사건부터 개정규정을 적용하도록 규정하고 있다(제2조 제1항).

공익상의 요구보다 더 보호가치가 있다고 인정하여 그러한 신뢰를 보호하기 위하여 그 적용을 제한한 것이라는 점을 논거로 법개정이 있었다는 이유만으로 변제기간을 변경할 사유가 발생하였다고 볼 수 없다고 판단하였다.

3. 검토

변제계획의 변경이라 함은 변제계획 인가결정 후 변제계획에 따른 변제가 완료되기 전에 변제계획에서 정한 사항을 변경하는 것을 말한다.[3] 변제계획 변경안은 변제계획안과 달리[4] 채무자 외에 회생위원, 개인회생채권자도 제출할 수 있고,[5] 그 제출기한을 "변제계획에 따른 변제가 완료되기 전까지"로 정하고 있을 뿐 채무자회생법 제619조 제1항에 명시적으로 변제계획 변경안의 제출 사유를 제한하고 있지 않다.[6] 이는 회생절차에서 "부득이한 사유로 회생계획에서 정한 사항을 변경할 필요가 생긴 때에는 … 신청에 의하여 회생계획을 변경할 수 있다"고 규정(채무자회생법 제282조 제1항)한 것과 다르다. 위와 같은 규정의 형식 때문에 개인회생절차에서 변제계획 변경안 제출 시 '변제계획 변경이 필요한 사유'가 필요한지 견해가 대립하고 있다. 채무자가

변제계획 변경안을 제출하는 경우에는 변제계획의 인가요건 외에 별도의 변제계획변경을 허용하는 기준이 필요하지 않으나, 개인회생채권자 등이 변제계획 변경안을 제출하였을 때에는 현저한 사정변경 등 변경의 필요성에 관한 별도의 기준이 필요하다는 견해,[7] 사정변경은 인가 당시 발생할 것을 예상하지 못했던 정도여야 한다는 견해,[8] 변제계획 인가 후 채무자의 소득이나 재산의 변동 등 인가된 변제계획의 변경이 필요한 사유가 발생하여야 한다는 견해[9]가 있으나, 명시적으로 사유의 제한이 없다는 견해는 없는 것으로 보인다.[10] 변제계획의 변경이란 변제계획 인가결정 후 변제계획에서 정한 사항을 변경하는 것으로 채무자회생규칙 제91조 제3호에서도 '변제계획의 변경안을 제출하는 취지 및 그

---

3) 서울회생법원 재판실무연구회, 『개인파산·회생실무』, 제5판, 박영사(2019), 658면.

4) 변제계획안은 채무자만이 제출할 수 있다(채무자회생법 제610조 제1항).

5) 채무자, 관재인(trustee), 무담보 채권자(the holder of an allowed unsecured claim)가 변제계획 변경안을 제출할 수 있도록 하는 미국 연방파산법 제13장 절차와 유사하다고 한다(조인, "개인회생절차에서 인가된 변제계획의 변경", 2018년 법관연수 어드밴스과정 연구논문집, 사법연수원(2019), 14~15면). 이는 우리나라 개인회생절차가 미국 연방파산법 제13장을 모델로 하여 도입되었기 때문이다.

6) 채무자회생법은 변제계획의 변경사유에 관하여 별도의 기준을 규정하지 않고 최초 변제계획의 작성 및 인가에 관한 규정을 준용하고 있다(채무자 회생 및 파산에 관한 법률 해설, 법무부(2006), 185면). 채무자회생법 제619조 제1항과 유사하게 채무자회생법의 모델인 미국연방파산법 §1329는 특정한 채권자 조의 변제금액을 증액하거나 감액하기 위한 경우, 변제기간을 연장하거나 단축하기 위한 경우, 변제계획과는 관계없는 변제로 해당 채권에 대한 변제금액을 변경하기 위한 경우, 채무자나 부양가족의 건강보험료의 지급을 위하여 변제금액을 감액하기 위한 경우에 변제계획을 변경할 수 있다고 규정하고 있으나 채무자가 변제계획 변경안을 제출할 때 변경사유가 필요한지에 대하여는 명확한 규정이 없다.

7) 김희중, "개인회생절차에 있어서 인가 후 변제계획변경의 절차 및 인가 요건", 대법원판례해설 제103호(2015년 상), 법원도서관(2015), 444~445면. 위 입장은 채무자의 변경안 제출의 경우 법이 그 사유를 제한하지 않고 있고, 법원의 인가는 재량이 아니라 의무이며, 채무자는 언제든지 재신청을 할 수 있는 점을 근거로, 채권자의 변경안 제출의 경우 인가 시 예상할 수 있던 범위 내의 가용소득 증가 등의 이유로 변제계획 변경을 허용한다면 절차의 안정을 해치고, 채무자가 안정적으로 변제계획을 수행할 수 없다는 점을 근거로 한다.

8) 조인, "개인회생절차에서 인가된 변제계획의 변경", 2018년 법관연수 어드밴스과정 연구논문집, 사법연수원(2019), 28~29면. 위 입장은 인가결정에 대한 항고 절차를 회피하는 수단으로 변제계획의 변경절차가 남용될 수 있고, 변제계획 변경안의 제출횟수에 아무런 제한이 없어 반복적인 분쟁으로 이해관계인의 법적 안정성을 해칠 수 있는 점 등을 근거로 한다.

9) 서울회생법원 재판실무연구회, 전게서, 658면; 전병서, "2019년 도산법 중요판례평석", 인권과 정의 제489호, 대한변호사협회(2020), 489면; 김옥희, 개인회생절차의 인가 후 변제기간 단축, 재판과 판례 제28집, 대구판례연구회(2020), 379면; 김용철, 로앤비온주, 채무자 회생 및 파산에 관한 법률 제619조. 마찬가지 취지에서 미국과의 비교법적 검토를 통해 변제계획의 변경은 일정 기간 동안의 가용소득을 책임재산과 맞바꾸는 합의가 채무자의 재무상태 변화라는 사정변경이 있는 경우에도 유지 내지 회복할 수 있도록 하는 제도이지 사정변경이 없음에도 합의를 사후에 일방적으로 파기할 수 있게 하려는 제도는 아니라는 입장은 김성용, "변제계획상 변제기간 결정과 변경", 비교사법 제26권, 한국비교사법학회(2019), 242~243면.

10) 서울회생법원의 업무지침을 변경사유의 제한이 없다는 견해로 볼 수도 있으나, 서울회생법원의 업무지침은 변제기간의 상한을 3년으로 단축한 법률의 개정을 변경사유로 보고 있는 입장에 가깝다.

사유'를 기재하도록 규정하고 있으므로 변경사유는 필요하다고 봄이 상당하다. 다만 채무자회생법 제619조 제1항에서 제출사유를 제한하고 있지는 않으므로 회생절차와 달리 개인회생절차에서는 변제계획 변경사유는 가능한 넓게 인정하여야 한다고 본다. 변경사유가 필요하다는 입장에서도 인가결정 후 법률의 개정으로 변제기간의 상한을 단축한 것이 변경사유에 해당하는지 여부가 문제된다. 변제기간의 상한이 8년이던 구 개인채무자회생법에 따라 인가결정을 받은 채무자가 채무자회생법의 시행으로 변제기간의 상한이 5년으로 단축되자 변제기간의 상한을 5년으로 단축한 변제계획 변경안을 제출한 사건에서 과거 대법원은 변제계획 변경안에 대하여 불인가 결정을 한 원심을 수긍한 사례[11]가 있고, 대상결정도 법 개정이 있었다는 이유만으로 변제기간을 변경할 사유가 발생하였다고 볼 수 없다는 입장이다.[12] 그러나 위와 같은 입장은 수긍하기 어렵다. 변제기간을 단축한 개정이유는 "개인회생제도의 도입취지에 맞게 회생 가능한 채무자들을 조속히 적극적인 생산활동에 복귀할 수 있도록 하기 위하여 개인회생의 변제기간은 3년을 초과할 수 없도록 단축할 필요"[13]가 있다는 것으로 5년이라는 변제기간이 지나치게 장기간이라는 반성적 고려인 것으로 보이는 점, 위와 같은 법률의 개정은 채무자들이 현실적으로 감당할 수 있는 최대 변제기간이 3년이라는 국민적 합의가 있었다고 볼 수 있는 점, 위와 같은 합의가 변경된 상황에서 이미 인가결정을 받은 채무자라는 이유로 3년 이상의 변제기간을 수행하라는 것은 지나치게 가혹하고 개인회생제도의 도입목적에도 맞지 않는 점, 채무자회생법은 변제기간의 상한만 정하고 있지 하한은 정하고 있지 않은 점,[14] 변제계획 인가결정은 회생절차의 인가결정과 달리 권리변경의 효력이 없어 인가결정에 대하여 인가결정의

구속력을 강하게 인정할 필요가 없고, 채권자들의 기대이익도 그리 크다고 볼 수 없는 점, 실무상 개정법 시행 전에 인가결정을 받지 않은 채무자의 경우 변제기간의 상한을 3년으로 한 변제계획안에 대하여 인가결정을 하였는데 개정법 시행 전에 인가결정을 받았다는 이유만으로 변제계획 변경을 허용하지 않는 것은 각 법원의 사건처리 속도의 편차가 큰 상황에서 법원의 보정명령 등에 신속하게 응하여 절차가 빨리 진행된 채무자가 오히려 절차의 진행이 늦어진 채무자 보다 불리한 취급을 받게 되는 점,[15] 앞서 본 바와 같이 변제계획 변경사유는 폭 넓게 인정될 필요가 있는 점 등에 비추어 보면 법률의 개정도 변제계획 변경사유에 해당한다고 봄이 상당하다. 다만, 법률의 개정이 변제계획 변경사유에 해당한다고 하더라도 변제계획 변경안이 인가되기 위해서는 변제계획 변경안의 인가 당시를 기준으로 채무자회생법이 정한 인가요건을 모두 충족하여야 하는데 제1심과 항고심은 위와 같은 요건에 대하여 아무런 심리를 하지 않았으므로 항고심 결정을 파기한 대상결정의 결론 자체는 타당성이 있다.

4. 여론

대상결정으로 통일적으로 처리가 되지 않아 혼란스러웠던 실무가 정리된 점에 큰 의의가 있다.[16] 다만 위와 같은 문제는 변경사유의 존재를 요구하는 명시적인 규정이 없어 발생한 문제로 궁극적으로는 입법의 개정을 통하여 해결하는 것이 바람직하다. 그 밖에 개인회생절차는 전적으로 채무자의 자발적인 의사에 따라 진행되어야 하고 이러한 이유로 최초의 변제계획안은 채무자만이 제출할 수 있도록 하고 있는 점, 미국 연방파산법상 채무자는 개인회생절차 진행 중 개인파산절차로 전환할 수 있어 채무자 외의 자에 의한 변제계획안 변경

---

11) 대법원 2010. 7. 9.자 2010마595 결정(심리불속행 기각).
12) 김옥희, 전게논문, 381면, 전병서, 전게논문, 207면도 동일한 입장이다. 김성용 전게논문 247~248면은 미국과의 비교법적 검토를 통해 채무자의 단순한 소득의 감소나 소득의 상실만으로는 변제기간을 단축할 수 없다고 한다.
13) 관보 제19151호(2017. 12. 12.), 16면.
14) 채무자회생법 제614조 제1항 제4호에 정한 청산가치보장의 원칙, 같은 조 제2항 제3항에서 정한 최소변제액 제공원칙이 변제기간의 하한을 정한 것이라는 견해는 김성용, 전게논문, 227~228면.

15) 2019년 개인회생개시신청 후 인가결정까지 소요되는 기간은 서울회생법원은 6.1개월인 반면 울산지방법원은 11.9개월로 약 6개월의 편차가 있다(국회위원 박주민, 2020. 10. 7. 보도자료 참조).
16) 2020. 3. 24. 공포·시행된 채무자회생법은 부칙 제2조 제1항 단서의 신설을 통해 개정규정 시행 전에 변제계획 인가결정을 받은 채무자가 개정규정 시행일에 이미 변제계획안에 따라 3년 이상 변제계획을 수행한 경우에는 신청 또는 직권으로 이해관계인의 의견을 들은 후 면책결정을 할 수 있도록 하여 일부 채무자의 경우 구제를 받을 수 있을 것으로 예상된다.

에 대응할 수 있으나 채무자회생법은 그러한 대응방안이 없는 점, 개인회생절차는 채무자의 자발적인 수행의사가 중요한데 채무자가 원하지 않은 내용으로 변제계획이 변경되는 것은 개인회생절차의 취지에 맞지 않은 점 등을 고려하면, 변제계획 변경안의 제출자를 채무자로 한정하도록 법률의 개정[17])도 검토가 필요하다. 아울러 대상결정과 동일한 사안으로 개인회생채권자가 변제계획 변경안에 대한 인가결정에 대하여만 즉시항고를 제기하고, 면책결정에 대하여는 즉시항고를 제기하지 않아 면책결정이 확정된 경우 인가결정에 대한 항고는 부적법하다는 대법원 2019. 7. 25.자 2018마6313 결정, 개인회생채권자가 변제계획 변경안에 대한 인가결정에 대하여는 즉시항고를 제기하지 않고, 면책결정에 대하여만 즉시항고를 제기한 경우 면책재판에서 인가결정의 위법성을 다툴 수 없다는 대법원 2019. 8. 20.자 2018마7459 결정도 있다.

---

17) 동지 전대규, 채무자회생법 제4판, 법문사(2020), 1425면; 일본 민사재생법 제234조는 소규모개인재생에서 채무자만이 재생계획 변경을 신청할 수 있는 것으로 규정하고 있고, 제244조는 급여소득자 등 재생에서 제234조를 준용하고 있다.

[95] 우선변제권 있는 임대차보증금반환채권과 개인회생절차

김희중(김·장 법률사무소 변호사)   대법원 2017. 1. 12. 선고 2014다32014 판결

[사안의 개요]

1. 원고에 대한 개인회생절차의 진행경과[1]

가. 2005. 10. 20. 원고(임대인), 개인회생절차 개시신청.

나. 2006. 7. 4. 법원, 개인회생절차 개시결정. 원고는 개인회생채권자목록에 피고에 대한 임대차보증금반환채무 55,000,000원을 기재하였고, 그 존재 및 액수는 그대로 확정되었다.

다. 2006. 11. 3. 법원, 변제계획 인가결정. 인가된 변제계획에는 근저당권의 피담보채권 및 피고의 임대차보증금반환채권을 '별제권부 채권 및 이에 준하는 채권'으로 취급한 다음, 임차주택의 경매 등 별제권 행사로 변제받을 수 없는 채권만을 변제의 대상으로 삼았고, 변제기간 동안 미변제 채권이 확정될 경우에만 채무자의 변제금액으로 원금 기준의 안분 변제를 받도록 정하였다.

라. 2012. 6. 25. 법원, 면책결정(2012. 7. 10. 확정). 그런데 임차주택(대지 포함, 이하 같다)에 관하여 선순위 근저당권에 기한 임의경매가 실행되지 않았고 미변제액도 확정되지 않았다는 등의 이유로 임차인인 피고는 원고에 대한 면책결정 전까지 임대차보증금에 관하여 아무런 변제를 받지 못하였다.

2. 소송경과

원고는, 개인회생절차에서 피고의 임대차보증금반환채권을 개인회생채권자목록에 기재하였고, 개인회생절차에서 변제계획에 따라 변제를 완료하여 면책결정을 받았으므로, 피고의 임대차보증금반환채권에도 면책결정의 효력이 미친다고 주장하면서, '원고가 피고에게 임대차보증금 55,000,000원을 지급하라'는 내용의 이 사건 확정판결에 기초한 강제집행은 불허되어야 한다는 취지의 청구이의의 소를 제기하였다. 제1심과 항

소심은 피고가 원고에 대한 개인회생절차 종료 이후에 이 사건 확정판결에 기초하여 실시한 강제집행은 우선변제권이 인정되는 임차주택에 한하여 허용되고(원고 패소 부분), 임차주택을 제외한 나머지 집행 대상에 관하여는 허용되지 않는다고 판단하였다. 대법원은 임차주택에도 강제집행이 허용되어서는 안 된다는 취지의 원고의 상고를 기각하였다.

[판결요지]

임대인에 대한 개인회생절차의 진행 중에 임차주택의 환가가 이루어지지 않아 주택임차인이 환가대금에서 임대차보증금반환채권을 변제받지 못한 채 임대인에 대한 면책결정이 확정되어 개인회생절차가 종료되었더라도 특별한 사정이 없는 한 주택임차인의 임대차보증금반환채권 중 구 개인채무자회생법(2005. 3. 31. 법률 제7428호 채무자 회생 및 파산에 관한 법률 부칙 제2조로 폐지, 이하 '개인채무자회생법'이라 한다) 제46조 제1항[2]에 의하여 인정된 우선변제권의 한도 내에서는 같은 법 제84조 제2항 단서 제1호에 따라 면책이 되지 않는 '개인회생채권자목록에 기재되지 아니한 청구권'에 해당하여 면책결정의 효력이 미치지 않는다.

[해설]

1. 개인회생실무에서의 임대차보증금반환채권의 취급[3]

가. 임대차보증금반환채권은 다른 일반 개인회생채

1) 사안은 양민호, 2016년 하반기 도산법 관련 대법원 판례 소개, 도산법연구 제7권 제2호(2017. 6.), 248~249면 참조.

2) 개인채무자회생법 제46조 ① 주택임대차보호법 제3조(대항력 등) 제1항의 규정에 의한 대항요건을 갖추고 임대차계약증서상의 확정일자를 받은 임차인은 개인회생재단에 속하는 주택(대지를 포함한다)의 환가대금에서 후순위권리자 그 밖의 채권자보다 우선하여 보증금을 변제받을 권리가 있다.

3) 이 사건은 개인채무자회생법이 적용되는 사안이나, 실무상의 취급이나 법문의 내용은 채무자 회생 및 파산에 관한 법률(이하 '채무자회생법'이라 한다)이 적용되는 현재도 큰 차이가 없다. 본문은 개인채무자회생법의 적용을 전제로 설명하지만, 그 설명은 채무자회생법의 적용을 함에 있어서도 유효하다.

권보다 우월적 지위를 가지지만, 임차주택의 환가대금의 한도 내에서만 우선권을 가지므로, 우선권 있는 개인회생채권이 아닌 특정재산에 관하여 우선적이고 개별적으로 변제받을 수 있는 별제권과 유사한 성격을 가진다.[4] 실무서[5]는 임차인이 임대차보증금반환채권에 관하여 판결 등 집행권원을 따로 가지고 있다고 하더라도 이 채권은 (개인회생채권자목록에 기재된) 개인회생채권에 해당되므로, 채무자(임대인)에 대하여 개인회생절차 개시결정이 내려졌다면 그 집행권원에 기한 강제집행은 개인채무자회생법 제60조 제1항 제2호에 따라 금지된다고 설명한다.

나. 변제계획안 작성에 있어서는 대항요건과 확정일자를 갖춘 임대차보증금반환채권, 대항요건을 갖춘 소액임대차보증금 중 일정 금액은 우선변제권이 있으므로, 별제권에 준하여 취급한다.[6] 현재의 개인회생실무는 주택임차인의 임대차보증금반환채권 중 임차주택의 환가대금에서 우선변제를 받을 수 있는 부분에 관하여 개인회생절차 외의 경매절차(예를 들어 근저당권의 별제권 행사) 등에서 우선변제를 받는 것[7]만을 예정하고 있을 뿐, 변제계획에 채무자의 임차주택 처분에 의한 변제대상으로 삼지 않는다(이 사건도 그렇다). 즉 별제권에 준하여, 임차주택의 환가대금으로 변제받지 못할 것으로 예상되는 금액만을 변제계획에 의한 변제대상으로 삼고 있다.[8]

2. 실무의 문제점

별제권자의 경우 개인회생절차의 변제계획에 의하

---

4) 서울중앙지방법원 파산부 실무연구회, 개인파산·회생실무(제4판), 박영사(2014), 499~500면; 서울회생법원 재판실무연구회, 개인파산·회생실무(제5판), 박영사(2019), 554면. 이하 위 각 책을 '개인파산·회생실무(제4판)', '개인파산·회생실무(제5판)'이라고만 한다.

5) 개인파산·회생실무(제4판), 500면. 대상판결 선고 후에 출간된 개인파산·회생실무(제5판), 554면도 동일하다.

6) 채무자회생법 제586조, 제415조 참조; 개인파산·회생실무(제4판), 568면; 개인파산·회생실무(제5판), 621면.

7) 그 외에 채무자가 자발적으로 임차주택을 처분(매매 또는 재임대)하는 경우도 가능하다.

8) 만약 변제계획에 임대차보증금을 채무자의 임차주택 처분에 의한 변제대상으로 삼는다면, 채무자는 임차주택을 처분하여 임차보증금반환채권을 변제해야 변제계획의 수행이 완료되므로, 채무자는 반드시 임차주택을 처분해야 한다.

지 아니하고 그 권리를 행사하여 자신의 채권의 만족을 받을 수 있고, 그러한 권리행사에 의하여 변제를 받을 수 없는 채권액에 관해서만 개인회생채권자로서 그 권리를 행사할 수 있다.[9] 그런데 임대차보증금반환채권에 관하여 임차주택의 처분에 의한 변제대상으로 삼지 않는 개인회생실무에 의하면, 주택임차인은 임차주택의 근저당권자(별제권자)가 실행한 경매절차에의 참가 외에 개인회생절차 외에서 경매신청 등 권리행사를 할 수 없을 뿐만 아니라, 이 사건과 같이 별제권자인 선순위 근저당권자가 변제기간 내에 임의경매를 실행하지 않는 경우, 채무자(임대인)가 변제계획의 변제기간 내에 자발적으로 임차주택을 처분(매매 또는 재임대)하지 않는다면 주택임차인은 사실상 임대차보증금을 회수할 수 있는 방법이 없게 된다.

3. 대법원판결의 해석

원심판결이나 제1심판결은 그간의 실무 해석을 그대로 유지하면서, 면책결정의 효력이 임대차보증금반환채권에 관하여 별제권에 준하여 보호되는 한도에서 미치지 않는다고만 해석하였다. 하지만 ① 우선변제권 있는 임대차보증금반환채권에 관하여 면책결정의 효력이 미치지 않는다고 해석한다면, 그 채권은 개인회생절차의 제약을 받지 않고 권리행사를 할 수 있다고 보아야 하는 것이 논리적으로 일관되고, 아니면 ② (원고의 주장과 같이) 임대차보증금반환채권이 개인회생절차의 제약을 받는 개인회생채권이라면, 면책결정의 효력이 미친다고 해석하는 것이 논리적이라는 비판이 가능하다. 그런데 ②와 같은 해석은 그간의 실무의 태도와는 너무 큰 차이가 있고 실질적으로는 주택임차인을 보호하지 못하는 결과가 되어 부당하다. 따라서 ①과 같이 우선변제권 있는 임대차보증금반환채권에 관하여 개인회생절차의 제약을 받지 않고 권리를 행사하는 방안을 생각해볼 필요가 있다.

이에 관하여는 우선변제권 있는 임대차보증금반환채권을 ㉮ 개인회생채권자목록에 기재되지 아니한 청구권으로 해석하거나, ㉯ 개인회생채권이 아닌 것으로 인정하는 방법이 있다. 그런데 임대차보증금반환채권

---

9) 개인파산·회생실무(제4판), 497면; 개인파산·회생실무(제5판), 551면.

이 개인회생채권에 해당됨은 법문상 불가피한 해석이므로,[10] 대상판결에서는 그간의 실무와는 다른 ㉮와 같은 해석론을 전개하였다.

개인회생채권자목록 제도가 변제계획안 작성의 전제인 변제대상 채권을 확정하기 위한 것이므로, 개인회생절차 외에서 변제가 가능한 채권은 '개인회생채권자목록에 기재되지 아니한 청구권'에 해당한다고 보는 해석이다. 즉 개인회생절차 외의 경매절차에서 우선변제가 가능하다는 취지의 개인채무자회생법 제46조와 함께 별제권에 준하여 취급하는 개인회생실무 등을 고려하여, 임대차보증금반환채권 중 개인회생절차 외의 경매절차 등에서 변제받을 수 없는 부분만이 변제계획의 변제의 대상이 되고, 그 부분만이 '개인회생채권자목록에 기재된 청구권'에 해당한다는 것이다. 이러한 해석은 우선변제권 있는 임대차보증금반환채권을 별제권에 준하여 취급하는 현재의 변제계획 작성 실무와도 들어맞는다.

4. 대상판결의 포섭범위

대상판결의 포섭범위를 확장하면, 개인회생절차개시 후 임차주택에 대하여 우선변제권이 미치는 한도에서 소제기 및 강제집행이 가능할 것이다. 상속 한정승인과 같이 물적 유한책임을 인정하는 것과 유사하다. 한편 채무자회생법 제600조 제2항에 의하여 변제계획 인가결정일까지 담보권의 실행 등을 위한 경매가 중지 또는 금지되는데, 대상판결과 같은 해석은 개인회생절차개시 후에도 일정기간 임대차보증금반환채권에 기한 강제집행을 중지 또는 금지시킬 수 없는 문제가 생긴다. 이는 위 규정을 유추적용하는 등의 방법을 고려할 수 있다.

5. 여론

대상판결은 그간 임대차보증금반환채권에 관한 실무의 모순되는 해석 때문에 임차인의 권리구제가 어려웠던 점을 해결하는 방안을 제시하였다는 데에 그 의의가 있다. 대상판결의 포섭범위에 관하여 '면책결정의 효력'에 관한 것으로만 받아들이는 것이 일반적인데,[11] 위와 같은 대상판결의 법리가 나오게 된 배경 등을 살펴보면 개인회생절차개시 후 임대차보증금반환채권에 기한 소제기나 강제집행까지도 영향을 미칠 수 있다.

---

10) 개인회생채권은 채무자에 대하여 개인회생절차개시결정 전의 원인으로 생긴 재산상의 청구권을 의미하는데(개인채무자회생법 제26조), 이 사건 임대차보증금반환채권은 원고에 대한 개인회생절차개시결정 전에 체결된 임대차계약에 부수한 보증금계약에 근거한 것으로서 '개인회생채권'에 해당한다(파산선고 전의 임대차계약에 기한 임대차보증금반환채권이 파산채권에 해당함을 전제로 파산채권자의 상계금지사유에 관한 채무자회생법 제422조 제1호를 적용한 대법원 2012. 11. 29. 선고 2011다30963 판결 참조).

11) 대상판결 선고 이후 출간된 개인파산·회생실무(제5판), 554면도 마찬가지이다.

[96] 개인회생절차에서 변제계획변경안에 대한 인가가 의무적인지 여부

권민재(서울남부지방법원 판사)　　　　　　대법원 2015. 6. 26.자 2015마95 결정

[사안의 개요]

채무자는 2012. 1. 20. 개인회생절차개시신청을 하여 2012. 6. 19. 가용소득을 월 909,709원, 변제기간을 52개월(월 평균수입 1,739,740원, 월 평균 생계비 1인 가구 기준 830,031원, 청산가치 5,691,459원)로 하는 변제계획안에 대하여 인가결정을 받았다. 채무자는 변제계획에 따라 11개월간 수행한 후 2013. 3. 21. 결혼, 배우자의 임신으로 가용소득이 감소하였다는 이유로 향후 49개월간 가용소득을 월 200,000원으로 하는 변제계획 변경안(당시 월 평균수입 1,945,394원, 월 평균 생계비 3인 가구 기준 1,745,394원, 청산가치 8,780,925원)을 제출하였다. 제1심 법원은 변제계획 변경안의 송달 및 채권자집회 등의 절차를 거치지 않고 2013. 4. 16. 채무자회생법 제614조 제1항 제2호를 이유로 불인가 결정(부산지방법원 2012개회2775호)을 하였고, 채무자가 즉시항고를 하였으나 항고심도 동일한 이유로 2014. 12. 23. 항고를 기각(부산지방법원 2013라289)하였다. 채무자가 대법원에 재항고를 제기하였다.

[결정요지]

채무자회생법은 인가된 변경계획 변경안의 제출사유를 제한하고 있지 않다. 채무자가 변제계획 변경안을 제출하면 법원은 개인회생채권자 등에게 변제계획 변경안을 송달하여야 하고, 개인회생채권자 등에게 개인회생채권자집회의 기일과 변제계획 변경안의 요지를 통지하여야 하며, 개인회생채권자집회 등에서 개인회생채권자 등이 채무자가 제출한 변제계획 변경안에 관하여 이의를 진술하는지 여부를 확인하여야 한다. 그리고 채무자회생법 제614조에 의한 인가요건이 갖추어진 변제계획안에 대한 법원의 인가는 재량이 아니라 의무적인 것이고, 이러한 법리는 변제계획의 변경안에 대한 법원의 인가의 경우에도 마찬가지이다. 파기환송.

[해설]

1. 문제의 소재

채무자회생법 제619조 제1항은 "채무자·회생위원 또는 개인회생채권자는 변제계획에 따른 변제가 완료되기 전에는 인가된 변제계획의 변경안을 제출할 수 있다"고, 같은 조 제2항은 "제1항의 규정에 의한 변제계획 변경안에 관해서는 제597조 제2항·제611조·제613조·제614조·제615조 제1항 및 제617조의 규정을 준용한다"고만 규정하고 있어 변제계획 변경안 제출 시 변제계획 변경사유가 없거나 변제계획 변경안이 채무자회생법이 정한 인가요건을 갖추지 못하였음에도 최초 변제계획안과 마찬가지로 변제계획안 송달과 개인채권자집회기일의 지정 등의 절차를 반드시 거쳐야 하는지, 변제계획 변경안의 경우에도 인가요건이 충족되면 인가가 법원의 재량이 아니라 의무인지가 문제된다.

2. 대상결정의 논거

대상결정은 채무자회생법에서 인가된 변제계획 변경안의 제출사유를 제한하고 있지 않으므로 채무자가 변제계획 인가 후 가용소득의 감소 등의 사유로 변제계획의 변경안을 제출하였다면, 법원은 개인회생채권자 등에게 위 변제계획의 변경안을 송달하고 개인회생채권자집회 등에서 위 변제계획의 변경안에 대한 개인회생채권자 또는 회생위원의 이의 여부를 확인한 다음, 위 변제계획의 변경안에 대하여 개인회생채권자 또는 회생위원이 이의를 진술하지 아니하고 채무자회생법 제614조 제1항 각 호의 요건이 모두 충족된 때에는 위 변제계획의 변경안에 대하여 인가결정을 하여야 하고, 개인회생채권자 또는 회생위원이 이의를 진술하는 때에는 변제율 감소나 생계비 산정 오류 등의 사정을 심리하여 채무자회생법 제614조 제1항 각 호의 요건 외에 '가용소득 전부 제공의 원칙' 등과 같은 제614조 제2항 각 호의 요건을 구비하고 있는지를 판단한 다음 위 변제계획의 변경안에 대하여 인가 또는 불인가 결정을 하였어

야 하는데, 제1심 법원은 채무자가 제출한 변제계획 변경안을 개인회생채권자 등에게 송달하여 개인회생채권자집회 등에서 개인회생채권자 등의 이의 여부를 확인하지 않은 상태에서, 채무자가 제출한 변제계획의 변경안이 채무자회생법 제614조 제1항 제2호의 요건을 충족하지 못한 경우에 해당한다는 이유로 위 변제계획 변경안을 인가하지 아니하여 위법하다고 판단하였다.

3. 검토[1]

법원은 채무자가 제출한 변제계획안을 검토한 후 인가 여부의 결정을 내리는데, 대법원 판례[2]는 인가요건이 갖추어진 변제계획안에 대한 법원의 인가는 재량이 아니라 의무라고 한다. 한편 채무자 회생법 제614조는 변제계획 인가요건에 관하여 개인회생채권자 또는 회생위원이 이의를 진술하지 아니한 경우(제1항)[3]와 이의를 진술한 경우(제2항)[4]를 구분하여 규정하고 있다.[5] 위 인가요건 중 채무자회생법상 가장 중요한 변제계획 인가요건은 청산가치보장의 원칙과 가용소득 전부투입의 원칙이라고 한다.[6] 위 두 가지의 인가요건은 개인회생채권자 또는 회생위원이 이의를 진술한 경우에 구비여부를 판단하게 되므로, 법원은 개인회생채권자 등에게 변제계획안의 송달, 개인회생채권자집회의 기일과 변제계획 요지의 통지, 개인회생채권자집회의 진행을 통한 이의진술권 보장 등의 절차를 거치게 된다. 법원은 변제계획 변경안이 제출된 경우 변제계획 변경의 필요성이 없거나 인가 요건을 구비하지 않았다고 판단되는 경우에 인가 전에 변제계획안이 제출된 경우와 같은 절차를 거치지 않아도 되는지가 문제된다. 이에 대하여는 대상결정과 같이 개인회생채권자의 이의 등에 따른 변제계획안의 송달 및 채권자집회의 개최는 필수적이라

는 견해[7]와 변제계획 변경안이 변경의 필요성이 없거나 채무자회생법에서 정한 인가 요건을 갖추지 못한 경우에는 개인회생채권자집회를 열 필요가 없다는 견해[8]가 있다. 채무자회생법 제619조 제2항에서는 제610조를 준용하고 있지 않으나 변제계획 변경안에 대한 수정안의 제출이나 수정명령이 가능한 것으로 보이는 점,[9] 서울회생법원의 개인회생 변제기간 단축에 따른 업무지침의 폐지 후 변제계획안의 변경안이 제출되는 경우는 그리 많지 않아 위와 같은 절차를 거치더라도 법원의 업무부담이 과중해지는 것으로 보이지 않는 점, 개인회생채권자 등의 이의진술 여부에 따라 인가요건이 달라지는 점 등 여러 사정을 고려하면 변제계획 변경안 제출자의 절차적 권리를 보장하고 인가요건의 충족여부를 확인하기 위하여 변제계획안의 송달 및 개인채권자집회기일을 여는 것이 타당하다. 채무자회생법상 변제계획 변경안에 대한 인가가 법원의 재량인지, 의무인지에 관하여는 재량이라는 견해는 없는 것으로 보인다. 대법원 판례와 같이 채무자회생법 제614조에 의한 인가요건이 갖추어진 변제계획안에 대한 법원의 인가는 재량이 아니라 의무적인 것이고, 이러한 법리는 채무자회생법 제619조 제2항에서 제614조를 준용하고 있는 이상 법원은 변제계획 변경안에 대하여도 법원의 인가는 의무적이라 할 것이다.[10] 또한 채무자회생법 제614조 제

---

1) 변제계획 변경사유의 필요성 등에 관하여는 이 책 94번 판례 평석(대법원 2019. 3. 19.자 2018마6364 결정) 참고.

2) 대법원 2009. 4. 9.자 2008마1311 결정.

3) 법률적합성 원칙, 공정·형평의 원칙 및 수행 가능성의 원칙, 청산가치보장의 원칙 등이다.

4) 가용소득 전부투입의 원칙, 최소변제액 제공의 원칙 등이다.

5) 김희중, "개인회생절차에 있어서 인가 후 변제계획변경의 절차 및 인가 요건", 대법원판례해설 제103호(2015년 상), 법원도서관(2015), 436면.

6) 서울회생법원 재판실무연구회, 『개인파산·회생실무』, 제5판, 박영사(2019), 598면.

7) 김희중, 전게논문, 446~447면.

8) 조인, "개인회생절차에서 인가된 변제계획의 변경", 2018년 법관연수 어드밴스과정 연구논문집, 사법연수원(2019), 18~19면. 위와 같은 경우에도 개인회생채권자집회기일을 열어 채무자나 개인회생채권자로 하여금 집회에 참석하도록 하는 것이 채무자 또는 개인회생채권자에게 과도한 절차 참여의 부담을 지우고, 법원으로서도 불필요한 업무 부담을 안게 되어 타당하지 않다는 것을 논거로 한다.

9) 조인, 전게논문, 37~38면, 위 논문은 회생계획안 배제와 같은 제도가 없는 개인회생절차에서 변제계획 변경안에 대한 수정명령은 적정한 개인회생절차의 운용을 위하여 필요하고, 원 변제계획안에 대한 인가절차에서와 달리 변제계획 변경안에 대하여 수정명령을 하지 않아야 하는 특별한 사정도 없다고 한다.

10) 채무자회생법과 달리 미국 연방파산법은 변제계획 변경안이 법상 요건을 충족한다고 하더라도 변경안의 인부는 결국 법원의 재량에 의하여 결정된다고 명시하고 있다{11 U.S.C.A. §1329(a)}. 따라서 법상 요건들이 충족되어도 법원이 인가결정을 하지 않을 수 있는 것이다. 조영기, "개인회생채무자가 변제계획을 불수행하는 경우의 해결방안 고찰 ― 변제계획

1항 제2호에서 규정한 '공정·형평의 원칙'이란 권리의 우선순위에 따른 변제의 원칙을 의미하는 것으로서[11] 제1심이나 항고심이 판단의 근거로 삼은 변제율의 감소나 생계비 산정의 오류 등의 사정은 '공정·형평의 원칙'에 반하는 사유라 보기 어렵고 채무자가 제출한 변제계획 변경안에 대하여 개인회생채권자 등이 이의를 진술한 경우에 비로소 심리·판단하여야 하는 채무자회생법 제614조 제2항에서 규정한 '가용소득 전부 제공의 원칙' 등의 충족여부와 관련된 것으로 개인회생절차에서 인가 후 변제계획의 변경에 관한 절차와 그 인가요건에 대하여 심리를 다하지 않았다는 대상결정은 타당하다.

4. 여론

대상결정은 인가후 변제계획의 변경을 하기 위한 절차가 무엇인지, 변제계획 변경안에 대한 인가가 법원의 재량이 아니라 의무라는 점을 명시적으로 판단하였다는 점에서 그 의의가 있다. 변제계획 변경안 제출제도의 실효성을 높이기 위해 향후 채무자회생법의 개정을 통해 채무자회생법 제619조에서 제610조 제2항 내지 제4항을 준용하도록 하여 명시적으로 변제계획 변경안 제출 시 수정안 제출이나 수정명령이 가능하도록 하는 것이 바람직하다고 본다. 또한, 실무상 변제계획 변경안이 제출되는 경우와 특별면책[12]이 신청되는 사건 수는 개인회생개시신청 사건 수에 비하여 현저히 적은 것으로 보이는데,그 원인은 어떠한 경우에 변제계획 변경안의 제출과 특별면책이 가능한지 채무자의 경우 알 수 없고, 결과에 대한 예측이 불가능하다는데 있다. 법원은

변제계획 변경사유가 무엇인지, 특별면책의 요건 중 "채무자가 책임질 수 없는 사유로 변제를 완료하지 못하였을 것"에 대한 구체적인 기준을 설정하여 인가 후 변제계획의 수행에 어려움을 겪는 채무자들이 그동안 수행해온 결과가 무용의 절차로 돌아가지 않도록 하는 좀 더 노력할 필요가 있다.[13]

변경제도를 중심으로", 사법논집 제61집(2015), 424면.

11) 대상결정과 달리 '공정·형평의 원칙'이 "권리의 우선 순위에 따른 변제"를 의미하는 것에 한정된 것으로 볼 것이 아니고, 우리 입법자가 미국 연방파산법상 성실의 요건과 같은 일반조항으로 기능할 것을 기대하고 그에 갈음하여 '공정·형평의 원칙'의 요건을 규정하였다고 해석할 여지가 충분하다는 견해로는 김성용, "변제계획상 변제기간 결정과 변경", 비교사법 제26권, 한국비교사법학회(2019), 250면.

12) 특별면책은 '변제계획의 변경이 불가능'한 경우에 이용할 수 있는 것으로 변제계획 변경과 양립불가능한데, 특별면책이 활성화되기 위해서는 변제계획의 변경이 가능한 경우와 불가능한 경우가 구체적으로 무엇인지에 대한 기준 설정이 필요하다.

13) 대법원 산하 회생·파산위원회는 2020. 6. 25. 특별면책의 활성화를 권고한 바 있고, 서울회생법원에서는 소속 법관, 회생위원 및 외부 전문가를 포함한 '개인회생제도개혁TF'를 구성하여 활동한 결과 2020. 7. 22. 실무준칙 제451호(면책 허부의 결정), 제441호(변제계획 불수행 사건의 처리)를 개정하여 특별면책을 활성화할 수 있는 기반을 마련하였다. 추후 변제계획 변경제도를 활성화할 수 있도록 변제계획 변경 사유에 대한 연구 및 실무준칙의 개정 등의 노력도 필요한 것으로 보인다.

[97] 도산전형적 법률사항에 대한 준거법으로서 도산법정지법

이은재(법무법인 광장 변호사)　　　　　대법원 2015. 5. 28. 선고 2012다104526, 104533 판결

[사안의 개요]

국내 법인들인 원고와 피고는 2007년 경 건조 중인 2척의 선박에 대한 정기용선계약을 체결하였고 이 정기용선계약의 준거법은 영국법으로 정하고 선박들의 국적은 파나마 국으로 정하였다. 선박들이 건조 중인 2009. 3. 6. 정기용선자인 원고에 대한 회생절차가 개시되고 원고의 관리인은 채무자회생법 제119조 제1항에 따라 이 사건 정기용선계약을 해지하였다. 피고는 원고의 이 사건 정기용선계약 해지로 인해 장래의 용선료 수입 상당의 손해가 발생하였다고 주장하면서 그 손해배상채권을 회생채권으로 신고하였으나 원고의 관리인이 이를 전부 부인하였다. 이에 피고는 회생채권조사확정재판을 신청하였으며 법원은 2011. 2. 23. 피고의 원고에 대한 회생채권은 24,187,113달러임을 확정한다는 결정을 하였다. 이에 대하여 원고와 피고가 모두 이의하였으나 1심법원과 2심법원은 모두 이 결정을 유지하였고 원고만이 상고하였다. 상고기각.

[판결요지]

외국적 요소가 있는 계약을 체결한 당사자에 대한 회생절차가 개시된 경우, 그 계약이 쌍방미이행 쌍무계약에 해당하여 관리인이 이행 또는 해제나해지를 선택할 수 있는지 여부, 그리고 계약의 해제나 해지로 인하여 발생한 손해배상채권이 회생채권인지 여부는 도산법정지법인 채무자회생법에 따라 판단되어야 하지만, 그 계약의 해제나 해지로 인한 손해배상의 범위에 관한 문제는 계약 자체의 효력과 관련된 실체법적 사항으로서 도산전형적인 법률효과에 해당하지 아니하므로 국제사법에 따라 정해지는 계약의 준거법이 적용된다.

[해설]

1. 문제의 소재

판결요지는 두 가지로 나누어 볼 수 있다. 첫째는 외국적 요소가 있는 미이행쌍무계약의 당사자 일방에 대한 회생절차가 개시된 경우 그 계약을 이행 또는 해제나 해지할 것을 선택할 수 있는지 여부 및 그 해제나 해지로 발생한 손해배상채권이 회생채권인지 여부는 도산전형적인 법률효과를 가지는 사항이므로 도산법정지법인 채무자회생법이 적용된다라는 판시이고, 둘째는 이러한 미이행쌍무계약의 해제나 해지로 인한 손해배상의 범위에 대한 문제는 본래 그 계약의 준거법에 따른다는 판시이다. 이 평석에서는 도산법에 관련된 첫째 판시에 대하여만 논의하기로 한다.

2. 대상판결의 논거

대상판결은 판결요지만을 설시하고 그에 대한 별다른 논거를 설시하지 않고 있다.

3. 검토

가. 기존의 평석

기존 평석은 외국적 요소가 있는 도산절차에 적용될 실체법적 준거법은 국제사법의 기본원칙과 도산 법률관계의 특수성을 고려하여 도산법정지법이 적용되어야 하는데[1] 대상판결은 이러한 도산법정지법 원칙의 적용 범위에 대하여 명시적으로 판시한 최초의 대법원 판결이라고 평가한다.[2] 그리고 이 판결과 같은 법리를 명시하지는 아니하였으나 같은 취지의 판결(2001. 12. 24. 선고 대법원 2001다30469)이 이미 있었다고도 설명한다.[3]

---

[1] 김진오, "외국적 요소가 있는 쌍방미이행 쌍무계약에서 도산법정지법(倒産法廷地法) 원칙의 적용 범위 및 영국법상 중간이자공제의 법리", 대법원판례해설 제103호(2015), 411~412면; 석광현, "도산국제사법의 제 문제: 우리 법의 해석론의 방향", 사법 제4호(2008), 121~122면.

[2] 김진오, 전게논문, 429면.

[3] 김진오, 전게논문, 412면; 석광현, "영국법이 준거법인 채권간의 소송상 상계에 관한 국제사법의 제문제", 서울대학교 법학 제57권(2016), 225면 각주 88. 2001년 대법원 판결은 준거법이 영국법인 대출계약 상의 대주인 우리나라 은행이 파산한 사안에서 은행의 파산관재인은 구 파산법 제50조에 따라 계약 이행 여부를 선택할 수 있다고 판시하였는바, 이는 도

나. 대상판결의 법리에 대한 의문

우선 대상판결의 결론 즉 이 사건에 채무자회생법이 적용된다는 점은 타당하다고 생각한다. 채무자회생법은 국내 도산절차에 적용되는 법률인 것이다.

그러나 채무자회생법이 적용되는 이유가, 위 평석과 같이 국제사법 등의 원칙에 따라 도산실체법으로 도산법정지법이 적용되어야 하는데 마침 이 사건에서 도산법정지법이 채무자회생법이기 때문이라고 한다면, 외국 도산법이 우리 법원이 적용될 가능성이 있다고 하여야 할 것이다. 예를 들어 만약 이 사건에서 원고에 대한 도산절차가 영국 법원에서 개시되었고 미이행쌍무계약 해지의 적법성이 우리 법원에서 문제가 되었다면 우리 법원은 이 문제를 영국 도산법에 따라 판단하여야 한다는 법리가 될 수도 있는 것이다.

이 평석은 ① 이러한 법리가 대상판결 자체에서 명시적으로 설명되지 않았고, ② 국제도산의 입법 방식과 실무에 비추어 이러한 법리는 예외적이며, ③ 채무자회생법의 조문 해석으로 이러한 법리를 도출하기 어렵다는 세 가지 근거에서 이러한 법리는 적절하지 않음을 지적하고자 한다.

다. 대상판결의 불명확성

도산법정지법이 왜 도산전형적인 법률효과를 갖는 사항에 적용되어야하는지에 대하여 대상판결에서는 아무런 설명이 없다. 더구나 이에 대하여는 하급심에서 다투어지지 않아서 그 논의의 맥락을 알기도 어렵다. 그러므로 과연 대상판결이 어떠한 국제사법의 원칙과 도산법의 특성을 고려하여 이와 같은 결론에 도달하였는지가 불명확하다.

라. 국제도산에서 입법과 실무의 추세

국제도산에 있어 각국 도산절차의 효력범위를 정하는 입법의 방식은 크게 속지주의와 보편주의가 있다. 속지주의는 도산절차의 효력을 도산절차를 개시한 국가의 영토로 한정하는 방식이고 보편주의는 특정 국가에서 개시된 도산절차의 효력이 채무자의 전세계 모든 재산과 권리에 미치게 하는 방식이다.[4]

보편주의를 택하는 경우 중심적 법원에서 채무자의

전세계적 권리와 재산에 대한 도산절차를 진행할 필요가 있다.[5] 이러한 역할은 UNCITRAL Model Law[6] 이래 채무자의 주된 이익의 중심지(Centre of Main Interests, 'COMI')가 있는 국가의 법원이 수행하는 것이 적절하다고 논의되는 것으로 보인다.[7]

순수한 보편주의에 따른 입법은 현실적 문제가 우려되므로 일정한 지역적 이익을 보호하는 수정된 보편주의가 타당하다고 할 것이다.[8] 수정된 보편주의에 따른 입법의 내용은 EU Insolvency Regulation[9] 및 UNCITRAL Legislative Guide[10]에서 구체화되었다. EU Insolvency Regulation 제7조와 UNCITRAL Legislative Guide 입법안 제31조에서는 도산절차에 적용되는 법률은 도산절차가 개시된 국가의 법(즉, 도산법정지법)이라고 명시적으로 규정하고 이어 예외적인 경우를 나열한다.

그런데 EU Insolvency Regulation 이외에 보편주의를 채택하여 국제도산절차에 적용될 준거법을 도산법정지법으로 명시하는 입법을 가진 국가는 많지 않다.[11]

반면 UNCITRAL Model Law에 기초를 둔 입법을 한 국가들은 2020년 6월 현재 48개국에 이른다. UNCITRAL

산법정지법인 우리 파산법을 적용한 사례라는 설명이다.

4) 서울회생법원 재판실무연구회, 회생사건실무(하), 박영사 (2019), 362면.

5) Jay Lawrence Westbrook, "Global Insolvency Proceedings for a Global Market: The Universalist System and the Choice of a Central Court", 96 Texas Law Review 1473, 1474(2018).

6) UNCITRAL Model Law: UNITED NATIONS COMMISSION ON INTERNATIONAL TRADE LAW, UNCITRAL Model Law on Cross-Border Insolvency with Guide to Enactment, U.N. Sales No. E.99.V.3 (1999).

7) Jay Lawrence Westbrook, 전게논문 1473.

8) 이 글에서는 주절차와 종절차에 대한 논의는 생략한다.

9) EU Insolvency Regulation: Regulation (EU) 2015/848 of the European Parliament and of the Council of 20 May 2015 on insolvency proceedings (recast) (Council Regulation (EC) 1346/2000 of 29 May 2000 on insolvency proceedings의 수정본).

10) UNCITRAL Legislative Guide: UNITED NATIONS COMMISSION ON INTERNATIONAL TRADE LAW, Legislative Guide on Insolvency Law, U.N. Sales No. E.05.V.10 (2005).

11) 석광현, "도산국제사법의 제 문제: 우리 법의 해석론의 방향", 사법 제4호 (2008)에 소개된 독일법 이외에는 거의 알려져 있지 않다.

Ⅴ. 국제도산

Model Law는 절차적인 측면에서 보편주의를 도모하였고 실체법적 측면을 언급하지 않았다. 따라서 UNCITRAL Model Law에는 도산법정지법이 언급되지 않고 있다.

영국과 미국은 UNCITRAL Model Law를 채택한 대표적인 국가이나 아래 판결들에서 보듯이 도산법정지법을 도산실체법의 준거법으로 하는 해석론은 받아들여지지 않고 있다.

(1) 영국: Pan Ocean 판결[12]

Pan Ocean과 Fibria는 준거법을 영국법으로 하는 정기용선계약을 체결하였다. Pan Ocean이 한국에서 회생절차에 들어갔고 이어 Pan Ocean의 회생절차는 영국에서 승인되어 Pan Ocean에 대한 중재 제기가 금지되었다. Fibria는 용선계약상 도산해지조항에 따라 계약해지를 통지하였고 반면 Pan Ocean은 계약이행을 선택하였다. Fibria는 용선계약 해지의 확인을 구하는 중재를 개시할 수 있도록 하는 허가를 영국 법원에 요청하였고 Pan Ocean은 Fibria가 도산해지조항에 따라 용선계약을 해지할 수 없다는 명령 등의 조치를 영국 법원에 요청하였다. 영국법상 도산해지조항은 유효하다. 그러나 영국법은 UNCITRAL Model Law를 국내입법하였으며 여기에는 법원이 적절한 구제조치를 할 수 있다는 규정이 있어 Pan Ocean은 한국법이 적용된다는 전제하에서 이 규정에 근거하여 구제조치를 요청한 것이었다. 영국 법원은 이 규정에서 적절한 구제조치는 영국 도산법에 따른 적절한 구제조치를 말하는 것이라고 결론을 내리고 영국 국내 도산에서 얻을 수 없는 구제조치를 명령할 수는 없다면서 Pan Ocean의 청구를 기각하였다. 나아가, 영국법에 따라 규율될 계약상 실체적 권리에 대하여 영국 법원이 한국 도산법을 적용한다는 것은 당사자들에게 놀라운 일이 될 것이라고도 판시하였다. 이 판결에 더하여 영국 common law에서 도산절차에 적용될 준거법에 대하여 명확한 이론을 발전시켜 오지 않은 점[13]을 감안하면, 영국 법원은 외국 도산법을 적용하지 않는다고 볼 수 있다.[14]

(2) 미국: Qimonda 판결[15]

Qimonda는 독일회사로서 독일에서 파산절차에 들어갔다. Qimonda의 주요 자산은 10,000여개의 특허이고 그 중 4,000개는 미국 특허였다. 미국 파산법 제15장은 Model Law를 국내입법한 것이었고 Qimonda의 독일 파산절차는 제15장에 따라 승인되었다. 승인과 때를 맞추어 Jaffé(Qimonda의 파산관재인)는 독일 파산법에 따라 특허 라이선스계약을 해지하였다. 한편 파산법원은 승인과 동시에 추가적인 명령을 내리면서 Qimonda의 미국 절차에 미국 파산법 제365조가 적용된다는 내용을 포함시켰다. 특히 미국 파산법 제365조의 (n)항은 파산절차에서 미이행쌍무계약이 해지되더라도 라이선스를 받는 당사자의 권리를 보호하는 규정인데 독일 파산법에는 이러한 규정이 없었다. Jaffé는 추가적인 명령에 해지 효력을 제한하는 제365조의 (n)항이 포함되지 않아야 한다고 주장하였다. 최초 파산법원은 이 주장을 받아들였으나 이의가 제기되어 지방법원은 이 결정을 재고하도록 파산법원에 사건을 환송하였고 파산법원은 이 주장을 받아들이지 않기로 결정하였다. 이 파산법원의 결정은 제4순회법원에 직접 항소되었다. 제4순회법원은, 미국 파산법 제15장 제1522조 (a)항에 따라 채권자의 이익과 채무자를 포함한 다른 관련자의 이익을 충분히 보호되는 경우 법원은 적절한 구제조치를 허용할 수 있는데, 파산법원의 결정은 라이선스를 받은 자의 이익과 채무자의 이익을 합리적으로 형량하여 제365조 (n)항을 적용하도록 결정하였다고 판시하고 항소를 기각하였다.

Qimonda 판결은 개별적 논점마다 미국 법원이 자국법을 적용할 것인가 여부를 정하는 것을 보여준다. 이러한 해석론은 결국 미국 파산법에서는 도산법정지법을 도산실체법의 준거법으로 인정하지 않는 것으로 귀착된다.[16]

---

12) Pan Ocean 사건: Fibria Celulose S/A v. Pan Ocean Co. Ltd, [2014] EWHC 2124 (Ch).

13) Look Chan Ho, Cross-Border Insolvency: Principles and Practice, Sweet & Maxwell(2016), 264.

14) 한국은 EU 회원국이 아니므로 Pan Ocean 사건에는 EU Insolvency Regulation이 적용되지 않는다.

15) Qimonda 사건: Jaffé v. Samsung Elecs. Co., 737 F.3d 14 (4th Cir. 2013).

16) Alan L. Gropper, "The Curious Disappearance of Choice of Law as an issue in Chapter 15 Cases", 9 Brooklyn Journal of Corporate, Finance & Commercial Law 152, 164(2014).

마. 채무자회생법의 검토

채무자회생법은 UNCITRAL Model Law의 영향을 받았다고 설명하면서 이에 따라 채무자회생법은 속지주의 입법을 포기하고 수정된 보편주의를 선택하였다고 주장하는 견해가 있다.[17] 그러나 영국이나 미국의 경우와 같이 단일 채무자에 대하여 전세계적으로 하나의 도산절차가 진행되어야 한다는 원칙으로 표현되는 보편주의를 채무자회생법에서 채택한 조문을 찾기 어렵다고 보인다.

UNCITRAL Model Law만을 채택한 입법도 수정된 보편주의를 채택하는 입법이라고 호칭하는 견해도 있으나 이는 타당하지 않다.[18] 사실 UNCITRAL Model Law는 준거법 선택 규정이 없으므로 보편주의가 아니라 속지주의에 근거하여 절차적 협력을 규정하는 것이라고 할 수 있고[19] 이러한 측면에서 Pan Ocean 사건에서 영국 법원이 도산법정지법인 한국법이 아니라 영국법을 적용한 것이나 Qimonda 사건에서 미국 법원이 자국 파산법을 적용하도록 결론을 내린 것을 이해할 수 있다.

그 밖에도, 채무자회생법 하에서는 도산법정지법의 적용에 여러 어려움이 있다. 우선 어느 나라의 도산법이 적용될 것인가에 대하여 보면, 채무자회생법은 COMI를 채택하지 아니하였고 달리 중심적 도산법정지법을 선택하는 적절한 기준이 없다. 그리고 도산법정지법이 국내법과 충돌하는 경우 이를 어떻게 처리할 것인가에 대하여 채무자회생법은 아무런 원칙을 제시하고 있지 아니하다.

바. 도산법정지법의 근거로서 보편주의

보편주의의 기본적 명제가 하나의 중심적 도산절차가 개별 채무자에 대하여 국제적으로 적용되어야 한다는 점임을 감안하면, 보편주의의 채택으로서 국제적 도산의 중심지의 법률 즉 도산법정지법의 적용이 되어야 함을 알 수 있고, 이 경우 준거법에 대한 국제사법 원칙의 적용이 필요하지는 않다고 사료된다.[20]

반대로 보편주의의 입법적 채택없이 국제사법 이론으로 도산법정지법을 도산 실체법의 준거법으로 결정하는 것은 적절하지 않다고 본다. 외국 도산 실체법의 국내 적용은 채무자회생법상 국제도산체제에 대한 근본적인 문제로서 해석론으로 결정될 것은 아니라고 보인다. 위 미국과 영국의 판결들도 법원의 해석으로 보편주의를 도입하기가 어려운 것을 보여준다.

또한 국제사법적 해석에 따른 보편주의의 도입은 기존 입법과도 충돌될 우려가 있다. 예를 들면 위 2001년 대법원 판결에서 은행의 파산절차가 외국에서 진행되었다면 국제사법적 이론으로는 도산법정지법을 적용하여야 하나 이는 당시 속지주의 법률조항과 충돌되는 것이다.

사. 결론

이상 본 바와 같이 외국의 도산실체법인 도산법정지법을 국내 법원이 적용하는 것은 대상판결을 지나치게 넓게 해석하는 것으로 사료된다. 대상판결은 채무자회생법과 도산 실무가 장래 나아갈 방향으로서 보편주의를 지향한다는 원칙을 선언하였다는 측면에서 충분히 중요한 의미가 있다고 할 수 있다.

4. 여론

도산법정지법의 적용 여부와 범위는 국제도산에 대한 입법에 따라 달라진다고 할 것이고 대상판결의 논점은 근본적으로 입법적으로 해결되어야 할 과제로 사료된다.

---

17) 석광현, "도산국제사법의 제 문제: 우리 법의 해석론의 방향", 사법 제4호(2008), 114면.

18) Sefa M. Franken, "Cross-Border Insolvency Law: A Comparative Institutional Analysis", 34 Oxford Journal of Legal Studies 97, 103(2014).

19) Sefa M. Franken, 전게논문, 104면.

---

20) 이헌묵, "국제적 상계에 대한 준거법", 국제거래법연구 제18권(2009), 148~149면.

[98] 외국도산절차에서 이루어진 외국법원의 면책재판 등의 승인

박민준(대법원 재판연구관(판사))　　　　　　대법원 2010. 3. 25.자 2009마1600 결정

[사안의 개요]

A는 B에 대하여 손해배상채권을 가지고 있었는데, B는 2004. 2. 9. 미국 법원에 연방파산법 제11장 절차를 신청하였다. A는 위 제11장 절차에서 채권을 신고하지 아니하였고(채권신고기간은 2004. 8. 16.까지였음) 대신에 B가 국내에 소유한 부동산을 가압류하여 채권의 만족을 얻고자 하였다. B에 대한 위 제11장 절차에서는 2005. 5. 18. 회생계획이 인가되었고, 2008. 2. 12. 서울중앙지방법원에서 채무자회생법(2005. 3. 31. 제정, 2006. 4. 1. 시행)에 따라 위 제11장 절차를 승인하는 결정이 내려졌다. 한편, A는 2008. 3. 27. 우리나라에서 B를 상대로 파산을 신청하였는데, 이에 따라 B에 대하여 파산선고가 내려지자 B는 즉시항고를 하였다. 이후 항고심 법원은 위 제11장 절차에서의 면책의 효력을 그대로 인정하게 되면 국내 채권자의 이익을 부당하게 침해하게 된다는 등의 이유로 항고를 기각하였고, B는 재항고하였다. 상고기각.

[결정요지]

채무자회생법상의 '외국도산절차의 승인'은 민사소송법 제217조와는 달리 외국법원의 '재판'을 승인하는 것이 아니라 당해 '외국도산절차'를 승인하는 것으로서 그 법적 효과는 외국도산절차가 지원결정을 하기 위한 적격을 갖추고 있음을 확인하는 것에 그치는 것이고, 그 승인에 의하여 외국도산절차의 효력이 직접 대한민국 내에서 확장되거나 국내에서 개시된 도산절차와 동일한 효력을 갖게 되는 것은 아니다.

채무자회생법상의 '지원결정'은 국내에서 진행되고 있는 채무자의 업무 및 재산에 대한 소송 등의 중지와 강제집행, 담보권실행을 위한 경매, 보전절차 등의 금지 또는 중지, 채무자의 변제금지 또는 채무자 재산의 처분금지 등 외국도산절차의 대표자가 외국도산절차에 필요한 배당·변제재원을 국내에서 보전·확보하고 이를 기초로 배당·변제계획을 수립하거나 그 계획을 수행할 수 있도록 절차적인 지원을 하는 것일 뿐, 외국법원이 외국도산절차에서 한 면책결정이나 회생계획의 인가결정 등과 같이 채무나 책임을 변경·소멸시키는 재판(이하 '외국법원의 면책재판 등'이라고 한다)을 직접 한다거나 외국법원의 면책재판 등에 대하여 국내에서 동일한 효력을 부여하는 재판을 함으로써 채권자의 권리를 실체적으로 변경·소멸시키기 위한 절차는 아니다.

외국법원의 면책재판 등은 실체법상의 청구권 내지 집행력의 존부에 관한 것으로서 그에 의하여 발생하는 효과는, 채무자와 개별 채권자 사이의 채무 혹은 책임의 감면이라고 하는 단순하고 일의적인 것이고, 그 면책재판 등의 승인 여부를 둘러싼 분쟁은 면책 등의 대상이 된 채권에 기하여 제기된 이행소송이나 강제집행절차 혹은 파산절차 등에서 당해 채무자와 채권자 상호간의 공격방어를 통하여 개별적으로 해결함이 타당하므로, 이 점에서 외국법원의 면책재판 등의 승인은 그 면책재판 등이 비록 외국도산절차의 일환으로 이루어진 것이라 하더라도 민사소송법 제217조가 규정하는 일반적인 외국재판의 승인과 다를 바 없다. 따라서 속지주의 원칙을 폐지한 채무자회생법하에서 외국도산절차에서 이루어진 외국법원의 면책재판 등의 승인 여부는 그 면책재판 등이 민사소송법 제217조의 승인요건을 충족하고 있는지를 심리하여 개별적으로 판단함이 상당하고, 그 승인 여부를 채무자회생법의 승인절차나 지원절차에 의하여 결정할 것은 아니다.

외국법원의 면책재판 등을 승인하기 위해서는 그 면책재판 등의 효력을 인정하는 것이 대한민국의 선량한 풍속이나 그 밖의 사회질서에 어긋나지 아니할 것이라는 요건을 충족하여야 하는바(민사소송법 제217조 제3호), 여기서 대한민국의 선량한 풍속이나 그 밖의 사회질서에 어긋나는 경우라 함은, 국내 채권자의 외국도산절차에 대한 적법한 절차 참가권이 침해되는 등 외국법원의 면책재판 등의 성립절차가 선량한 풍속이나 그 밖의 사회질서에 어긋나는 경우나 외국법원의 면책재판

등의 내용이 선량한 풍속이나 그 밖의 사회질서에 어긋나는 경우뿐만 아니라, 외국법원의 면책재판 등에 따른 면책적 효력을 국내에서 인정하게 되면 국내 채권자의 권리나 이익을 부당하게 침해하는 등 그 구체적 결과가 선량한 풍속이나 그 밖의 사회질서에 어긋나는 경우 등도 포함된다.

미국 파산법원의 회생계획인가결정에 따른 면책적 효력을 국내에서 인정하는 것이 구 회사정리법(2005. 3. 31. 법률 제7428호 채무자 회생 및 파산에 관한 법률 부칙 제2조로 폐지)의 속지주의 원칙을 신뢰하여 미국 파산법원의 회생절차에 참가하지 않고 채무자 소유의 국내 소재 재산에 대한 가압류를 마치고 강제집행이나 파산절차 등을 통하여 채권을 회수하려던 국내 채권자의 권리를 현저히 부당하게 침해하게 되어 그 구체적 결과가 우리나라의 선량한 풍속이나 그 밖의 사회질서에 어긋나는 경우에 해당하므로, 위 미국 파산법원의 회생계획인가결정은 민사소송법 제217조 제3호의 요건을 충족하지 못하여 승인될 수 없다.

[해설]

1. 문제의 소재

유엔국제상거래법위원회(United Nations Commission on International Trade Law, UNCITRAL)에서 1997년에 성안한 「국제도산에 관한 모델법」(Model Law on Cross-Border Insolvency, 이하 '국제도산모델법'이라 한다)은 수정된 보편주의(modified universalism)에 기초하고 있는데 현재 40여 개 이상의 국가에서 채택되어 있을 정도로 나름 성공을 거두고 있다.[1] 이와 같은 성공의 배경으로는 국제도산모델법이 주로 절차적인 측면에 초점을 맞추고 있다는 점도 들 수 있는데,[2] 그 결과

실체적인 측면의 문제에 대하여는 국제도산모델법만으로 해결이 어려운 경우가 발생하게 되고, 외국도산절차에서 이루어진 외국법원의 면책재판 등을 승인하는 문제 역시 국제도산모델법에서 명시적으로는 다루어지지 아니하였다.

우리나라의 경우에 2005년 채무자회생법이 제정되면서 비록 여러 부분에서 변형된 형태이기는 하나 국제도산모델법을 받아들였고, 이에 따라 종전의 속지주의[3]에서 벗어나 수정된 보편주의로 나아가게 되었다. 그러나, 국제도산모델법과 마찬가지로 채무자회생법의 제5편(국제도산)에서도 도산 관련 외국재판의 승인에 관한 명시적인 규정을 두고 있지 아니하였고, 이에 따라 도산 관련 외국재판, 특히 외국법원의 면책재판은 어떠한 방법을 통하여 승인할 수 있는 것인지에 관한 견해의 대립이 발생하게 되었다.

우선, 제1설은 채무자회생법에 따른 승인결정이 필요하다는 견해이다. 위 견해에 의하면, 외국도산절차가 진행 중인 경우에는 외국도산절차의 승인결정과 외국도산절차에 따른 면책의 효력을 승인하는 재판이라는 지원처분(채무자회생법 제636조 제1항 제5호에 의한 것)이 필요하고, 외국도산절차가 이미 종료된 경우에는 채무자회생법을 유추적용하여 외국도산법에 따른 면책의 효력을 승인할 수 있을 것이라고 한다.[4][5]

---

1) 각국의 국제도산모델법 채택 현황은 UNCITRAL 홈페이지의 "Texts and Status" 화면(https://uncitral.un.org/en/texts)을 통해 확인 가능하다.
2) 즉, 각국의 입장에서 덜 위협적인 것으로 보이는 절차적인 측면에서부터 국내 도산절차에 외국의 도산법을 적용하도록 함으로써 향후 도산절차에서의 주권 행사를 점진적으로 통제하여 보편주의의 이상에 다가가고자 한 것이라고 한다[John A. E. Pottow, "Beyond Carve-Outs and Toward Reliance: A Normative Framework for Cross-Border Insolvency Choice of Law", 9 Brook. J. Corp. Fin. & Com. L. 197~198 (2014)].
3) 채무자회생법 제정 이전에는 외국 도산절차의 효력이 우리나라에 미치지 아니하는 것으로 정하고 있었다. 다만, 이러한 속지주의 하에서도 민사소송법 제217조에 따라 미국 파산법원의 파산관재인의 선임에 관한 재판의 효력을 승인할 수 있다고 본 판례가 있었다(대법원 2003. 4. 25. 선고 2000다64359 판결).
4) 석광현, "외국도산절차에 따른 면책 효력의 승인", 법률신문 2009. 7. 20.자 제3763호. 특히, 이 견해에서는 민사소송법에 따른 외국재판 승인 경로를 따르는 것과 관련하여, 채무자회생법이 결정승인제를 취하고 있음에도 외국도산절차를 구성하는 재판 중에 면책재판에 대해서만 자동승인제를 취할 근거가 없고, 회생계획인가결정의 경우 아직 회생절차개시결정의 효력이 우리나라에서 승인되지 아니한 상태에서 회생절차의 일부를 구성하는 회생계획인가결정이 그에 앞서 효력을 발생할 수 있어 논리적으로 수용할 수 없으며, 판결의 기판력보다 파급효과가 크고 법제에 따른 편차도 심한 외국도산법상 면책의 효력을 그대로 우리나라에 확장시키는 것은 위험하다고 밝히고 있다.
5) 이와 관련하여, 외국에서 종결된 도산절차도 채무자회생법에 의한 승인대상이 될 수 있다고 보아야 한다는 견해도 있다.

반면, 제2설은 외국도산절차에 따른 면책재판도 외국재판의 승인에 관한 민사소송법 제217조에 의하여 승인되어야 한다는 견해이다.[6)]

대상결정은 제2설의 입장을 채택하였고, 나아가 외국법원의 면책재판 등에 따른 면책적 효력을 국내에서 인정한 구체적인 결과가 선량한 풍속이나 그 밖의 사회질서에 어긋나는 경우 등에는 민사소송법 제217조 제3항의 요건을 갖추지 못한 것으로 볼 수 있다는 점도 설시하였다.

2. 대상판결의 논거

대상결정은 채무자회생법상 '승인'이 사법공조의 성질이 가장 강하고, 그 성질이 외국재판의 승인과는 상당히 다르다는 점에 기초하고 있는 것으로 보인다.[7)] 이에 따라 채무자회생법상의 외국도산절차의 승인결정은 그 자체만으로 실체적인 법률관계를 변경하는 구체적인 효력을 발생시킬 수 없기 때문에 제1설과 같이 외국도산절차가 종료된 후에도 채무자회생법상 승인결정을 통하여 외국법원의 면책재판 등을 승인할 수는 없고, 외국법원의 면책재판을 승인하는 문제는 사법공조의 성격을 갖지 아니하므로 채무자회생법상의 지원결정으로 다룰 것이 아니라고 보았다. 나아가, 채무자회생법에 따라 지원신청을 하는 방법으로 외국 면책재판의 승인 등을 얻도록 하면 외국도산절차의 대표자가 신청인이 되어 다수 채권자 및 이해관계인의 절차참여와 공격방어권이 법적으로 보장되지 아니한 상태에서 외국 면책재판 등의 승인을 포괄적으로 내릴 수 있게 되므로 부당한 결과가 발생할 수 있고, 외국도산절차가 이미 종결된 경우 등에는 외국 면책재판 등의 승인을 받을 길이 막힐 수 있으며, 민사소송법 제217조에 따라 외국 면책재판 등을 승인하더라도 공서양속조항을 통하여 통제 가능한 점도 고려하였다.[8)]

3. 검토

국제도산모델법 제8조에서는 위 모델법이 전 세계적으로 일관성 있게 해석되어야 한다는 취지를 밝히고 있다. 그러나, 현실에서는 국제도산모델법을 채택한 국가들 사이에 그 해석을 상이하게 하고 있음이 드러나고 있고, 이와 관련하여서는 같은 영미법계 국가들인 미국(연방파산법상 제15장 절차를 통하여 국제도산모델법을 채택)과 영국(국제도산규정을 통하여 국제도산모델법을 채택) 사이에도 상당한 차이가 있다는 점이 주목받고 있다.[9)] 특히 도산 관련 외국재판을 승인하는 문제에 관하여, 미국은 연방파산법상 제15장 절차를 통하여 외국도산절차에서 인가된 회생계획 등을 승인하여 왔으나,[10)] 영국 대법원은 2012년의 Rubin 사건[11)]에서 국제도산규정에 따라 가능한 지원처분은 절차적인 것에 한정되므로 그와 같은 지원처분을 통하여 외국의 도산 관련 재판을 승인할 수는 없다고 판단[12)]하였다.

대상결정은 이와 같이 각국 사이에 입장이 나누어질 수 있는 문제에 관하여 판단을 한 것인데, 국제도산모델법이 절차적인 측면에 초점을 맞추면서 외국법원의 면책재판 등의 승인에 대하여는 정하고 있지 아니하고 이는 채무자회생법도 마찬가지인 점, 채무자회생법에 따른 승인결정과 지원결정을 통하여 외국법원의 면책재판 등을 승인하고자 한다면 외국도산절차가 이미 종료되어 버린 경우에 그 처리에 어려움이 발생하는 점 등을 감안하면, 대상결정에서 외국법원의 면책재판 등의 승

임채웅, "한미국제도산사건에 관한 연구", 법조 57권 6호, 225~228면.

6) 임치용, "채무자 회생 및 파산에 관한 법률 중 제5편 국제도산에 대한 해설", 파산법연구 2, 325~327면.

7) 오영준, "채무자 회생 및 파산에 관한 법률하에서 외국도산절차에서 이루어진 외국법원의 면책재판 등의 승인", 대법원판례해설 제83호(2010 상반기), 법원도서관(2010), 630~632면.

8) 오영준(주 7), 637~641면.

9) Adrian Walters, "Modified Universalism & The Role of Local Legal Culture in the Making of Cross-Border Insolvency Law", 93 Am. Bank. L.J., 47 (2019) 등 참조.

10) In re Metcalfe & Mansfield Alternative Investments, 421 B.R. 685 (Bankr. S.D.N.Y. 2010); In re Rede Energia S.A., 515 B.R. 69 (Bankr. S.D.N.Y. 2014); In re Avanti Communications Group PLC, 582 B.R. 603 (Bankr. S.D.N.Y. 2018) 등 참조. 이와 같이 외국도산절차에서 인가된 회생계획 등을 승인함에 있어서 기본적으로 국제도산모델법 제21조 제1항 (g)를 입법화한 연방파산법 §1521(a)(7)을 근거로 삼고 있고, 이에 더하여 연방파산법 §1507도 근거로 삼기도 한다.

11) Rubin v. Eurofinance SA, [2012] UKSC 46.

12) 즉, 국제도산모델법 제21조 제1항 (g)를 입법화한 국제도산규정 제21조 제1항 (g)에 따라 외국의 도산 관련 재판을 승인할 수는 없다는 것이다.

인 여부를 민사소송법 제217조에 따라 판단하여야 한다고 본 것은 불가피한 측면이 있는 것으로 보인다.[13]

이러한 대상결정에 대하여, 민사소송법 제217조의 승인요건 중 송달요건은 도산절차에서는 이를 충족하기가 매우 어려운 점 등을 고려하여 대상결정처럼 민사소송법 제217조를 '적용'하는 것보다는 '유추적용'하여야 하고, 나아가 외국도산절차의 대표자로서는 외국도산절차가 종결되기 전에 미리 면책된 채권의 행사를 금지하는 취지의 지원결정을 미리 받아둘 수 있다면 그 종결 후의 분쟁을 줄이는 것에 도움이 될 수 있고 면책의 효력을 인정받기 위하여 우리나라에 도산절차를 따로 신청하여야 하는 부담도 피할 수 있을 것이라는 견해가 제시되고 있다.[14]

이와 관련하여, 대상결정에도 불구하고 외국도산절차를 통하여 면책된 채권의 행사를 금지하는 취지의 지원결정을 미리 받을 수 있는지 여부가 문제될 수 있을 것으로 보인다. 그런데, 위와 같이 외국도산절차를 통하여 면책된 채권의 행사를 금지하는 취지의 지원결정은 사실상 채권자의 권리를 실체적으로 변경·소멸시키는 것에 해당할 여지가 있어서 대상결정의 내용에 비추어 보면 그러한 지원결정이 허용될 수 있을지 의문이다.[15]

결국, 민사소송법 제217조가 외국법원의 면책재판 등을 고려하고 규정된 것은 아닌 점, 소송이나 집행절차로 나아가기 전에 미리 외국법원의 면책재판 등이 승인될 필요성이 있는 점 등을 고려하면, 궁극적으로는 외국법원의 면책재판 등을 승인하기 위한 별도의 절차가 규정되는 것이 필요할 것이다.

4. 여론

대상결정 및 앞서 본 Rubin 사건의 판단 등으로 인하여 도산 관련 재판의 승인 및 집행에 관한 명시적인 국제규범의 필요성이 대두되었는데, 이에 따라 UNCITRAL에서는 수년간의 논의를 거쳐 2018년에 「도산 관련 재판의 승인 및 집행에 관한 모델법」(Model Law on Recognition and Enforcement of Insolvency-Related Judgments, 이하 '승인집행모델법'이라 한다)을 성안하였다.[16] 승인집행모델법의 '도산 관련 재판'에는 회생계획을 인가하는 결정 등이 포함되게 된다(제2조 (d)).

향후 승인집행모델법을 우리나라의 법체계에 맞도록 채택함으로써 외국법원의 면책재판 등의 승인을 위한 별도의 절차를 규정하는 방안을 검토하여 볼 수 있을 것이다.[17]

---

13) 한편, 미국의 경우에 연방파산법 제15장 절차를 통하여 외국도산절차에서 인가된 회생계획 등을 승인하여 온 것에 관하여는, 국제도산모델법을 채택하여 제15장 절차를 마련하면서도 기존에 연방파산법상 규정되어 있던 '예양'(comity) 역시 제15장 절차에 명시하였던 점(연방파산법 §1507, §1509 참조)도 영향을 미친 것으로 보인다(R. Craig Martin & Cullen Drescher Speckhart, Chapter 15 for Foreign Debtors, American Bankruptcy Institute (2015), 140~151}. 참고로 국제도산모델법 자체에서는 '예양'에 관하여 명시적으로 규정하지는 아니하였다.

14) 한민, "도산 관련 외국재판의 승인과 집행", BFL 제81호 (2017. 1.), 106~109면.

15) 참고로, Bakhshiyeva v. Sberbank of Russia 사건 {[2018] EWHC 59 (Ch)}에서는 채무자가 영국 법원에 아제르바이잔의 도산절차에서 인가된 회생계획의 승인을 구하는 대신에 국제도산규정에 따른 지원결정으로서 위 회생계획에 따라 면책된 채무에 관한 집행 등을 영구적으로 중지시켜 줄 것을 신청하였으나(Rubin 사건의 판결을 우회하기 위한 것이었음), 위 법원은 채무자가 구하는 지원결정의 실질적 효과는 실체상의 권리를 영구히 부정하는 것이어서 절차적인 사항을 벗어난다는 등의 이유로 채무자의 신청을 받아들이지

아니하였다.

16) Model Law on Recognition and Enforcement of Insolvency-related Judgments with Guide to Enactment, 11.

17) 특히 승인집행모델법의 조항들 중에는 이를 입법하려는 국가에 선택지를 부여한 조항들이 있다. 한편, 그 중 제X조(Article X)에서는 국제도산모델법에 따라 입법된 법률에 따른 지원결정이 '재판의 승인 및 집행'(recognition and enforcement of a judgment)도 포함한다는 등의 간단한 내용을 담고 있는데, 이러한 제X조의 규정에 대하여는 승인집행모델법 제14조에서 정한 상세한 승인 거절 사유와 같은 보호장치 없이 제X조를 그대로 입법하는 것이 경솔할 수 있겠다는 지적도 이루어지고 있다(Inga West, "UNCITRAL Cross-Border Insolvency Model Laws: And Then There Were Two...", 16 International Corporate Rescue 82, 88 (2019)}.

[99] 정리채권확정소송과 관련하여 사기에 의해 취득된 외국중재판정의 승인을 거부할 수 있는 요건 및 중재판정의 상대방이 취할 수 있는 조치

김영석(대법원 재판연구관(판사))　　　　　　대법원 2009. 5. 28. 선고 2006다20290 판결

[사안의 개요]

원고(루이지애나 주법에 따라 설립된 미국법인)는 국제상업회의소(International Chamber of Commerce, ICC) 중재재판소에서 피고(펄프제조업 등을 영위하는 내국법인)를 상대로 중재절차(중재지: 홍콩)를 진행하여 승소 판정(이하 '이 사건 중재판정')을 받았는데,[1] 이후 피고에 관하여 구 회사정리법(2005. 3. 31. 법률 제7428호 채무자회생법 부칙 제2조로 폐지되기 전의 것)에 따른 회사정리절차(울산지방법원 98파222)가 개시되어, 원고는 위 중재판정에 기한 채권을 정리채권으로 신고하였으나 관리인이 이의를 하자 정리채권확정소송을 제기한 사안인바,[2] 제1심법원은 원고의 청구를 인용하였으나(울산지방법원 98가합8505), 원심법원은 원고가 중재절차에서 허위의 주장과 증거를 제출하여 중재판정을 편취하였으므로 1958년 외국중재판정의 승인 및 집행에 관한 협약(이하 '뉴욕협약'이라 한다) 제5조 제2항 (나)호의 거부사유(이하 '공서위반'이라 한다)[3]가 존재한다는 이유로 원고의 청구를 각하하였다(부산고등법원 2003나12311).

1) 이 사건 중재절차에서는 3차례에 걸쳐 중재판정을 내려졌는데, 이하에서는 편의상 이를 별도로 구분하지 않고 일괄하여 '이 사건 중재판정'이라 부르기로 한다.

2) 원고는 당초 1998. 11. 18. "피고의 관리인"을 상대로 정리채권확정소송을 제기하였으나, 2008. 6. 10. 회사정리절차가 종결되면서 상고심에서 "피고"가 다시소송수계를 하였다. 이에 이하에서는 편의상 소송의 상대방을 (별도의 소송수계 표시 없이) '피고'라 부르기로 한다.

3) 뉴욕협약은 외국중재판정의 승인/집행을 원활하게 할 목적으로 1958년에 성안된 국제규범인데, 위 협약은 1973. 2. 19. 제정된 다자조약 제471호를 통해 1973. 5. 9.부터 우리나라에서 발효되었다. 위 협약은 제5조에서 중재판정의 승인/집행을 거부할 수 있는 예외적인 사유를 규정하고 있는데, 그중 공서위반에 관한 규정을 하고 있는 제5조 제2호의 번역문(외교통상부의 국문번역을 따름)은 아래와 같다.

> 제5조 ② 중재판정의 승인 및 집행을 요구 받은 국가의 권한 있는 당국이 다음의 사항을 인정하는 경우에도 중재판정의 승인과 집행이 거부될 수 있다.
> 나. 판정의 승인이나 집행이 그 국가의 공공의 질서에 반하는 경우.

이에 원고가 상고하였다. 파기환송.

[판결요지]

뉴욕협약이 적용되는 외국중재판정은 위 협약 제5조에서 정한 승인[4]의 거부사유가 인정되지 않는 이상,[5] 확정판결과 동일한 효력이 있어 기판력이 있으므로, 정리채권확정소송의 관할법원은 외국중재판정의 판정주문에 따라 정리채권 및 의결권을 확정하는 판결을 해야 하는데, 그 거부사유의 유무를 판단하기 위한 범위에서는 중재판정에서 이미 판단된 사항에 관하여도 심리·판단할 수 있지만 그와 같은 명목으로 중재판정의 실체적 판단을 전면적으로 재심사한 후 외국중재판정이 편취되었다고 보아 승인을 거부하는 것은 허용되지 않는바, 결국 승인국 법원으로서는 외국중재판정의 승인을 신청하는 당사자가 중재절차에서 처벌받을만한 사기적 행위를 했다는 점이 명확한 증명력을 가진 객관적인 증거에 의하여 명백히 인정되고, 반대당사자가 과실 없이 이를 알지 못하여 중재절차에서 그에 대한 공격방어를

4) 이 사건에서 원고는 (중재판정에 터 잡아 피고의 국내재산에 강제집행을 할 수 있도록 '집행판결'을 받으려는 것이 아니라), 단지 위 중재판정에 대내적 효력을 부여받아 그 주문과 같은 내용으로 정리채권 및 의결권을 확정하고자 한다. 즉, 대상판결은 외국중재판정의 ("집행"이 아니라) "승인"에 관한 것인데 판결문에는 이 부분이 다소 혼재되어 기재되어 있으므로 이하에서는 편의상 "승인"으로 통일하여 표시하기로 한다. 참고로 석광현, "외국중재판정의 승인·집행제도의 개선방안", 『국제상사중재법연구 제2권』, 박영사, 2019, 62면에서는 대상판결에 관하여 "뉴욕협약의 승인거부사유가 없는 한 우리 법원의 승인판결이 없이도 기판력이 있다고 판시한 것"이라고 설명하면서, 이를 외국중재판정의 자동승인을 확인한 사례로 소개하기도 한다.

5) 뉴욕협약과 달리, 투자자-국가(Investor-State) 간 중재에 사용되는 ICSID Convention은 ICSID에서 직접 불복절차를 관장하여 일관된 법리형성을 꾀하고 개별 "체약국"에 ICSID 중재판정에 대한 승인/집행을 거부할 수 있는 권한을 부여하지 않는다. 이에 관한 더욱 자세한 설명은 김영석, "ICSID 중재판정의 집행(enforcement)에 관한 연구", 국제사법연구 제25권 제2호, 2019, 513면 이하를 참조.

할 수 없었으며, 사기적 행위가 중재판정의 쟁점과 중요한 관련이 있다는 요건이 모두 충족되는 경우에 한하여 승인을 거부할 수 있을 뿐이고, 그와 같은 경우가 아니라면 당사자가 외국중재판정을 취소/정지하는 별도의 절차를 거친 이후에야 비로소 그 승인을 거부할 수 있을 뿐이다.

[해설]

1. 문제의 소재

이 사건 중재판정은 그 중재지가 홍콩으로서 뉴욕협약이 적용되므로,[6] 마찬가지로 위 협약의 체약국인 우리나라는 그 승인국으로서 공서위반 사유의 존부를 판단해야 하는데, 피고가 이 사건 중재판정이 사기적 방법에 의하여 편취되었다고 주장하는 경우, 법원으로서는 먼저 공서위반의 판단방법(판단을 위해 필요한 심리의 범위)을 확정한 다음, 외국중재판정의 편취를 이유로 외국중재판정의 승인을 거부할 수 있기 위한 요건, 그러한 요건의 충족을 주장하기 어려운 경우 당사자가 취할 수 있는 조치 등에 대해 검토하여야 한다.[7]

2. 대상판결의 논거

대상판결은 공서위반에 '중재판정이 사기적 방법에 의하여 편취된 경우'가 포함될 수 있다고 하면서도, ⅰ) 뉴욕협약 제5조가 집행거부사유를 제한적으로 열거하면서 중재인의 사실오인이나 법리오해 등은 제외하고

있는 점, ⅱ) 중재판정은 확정판결과 동일한 효력이 있으므로 중재판정의 대상이 된 청구권의 존재는 이미 당사자 사이에 확정된 것이어서 본안에서 판단된 실체적 사항에 관하여 다시 심리·판단하는 것은 예외적·제한적으로 이루어져야 하는 점, ⅲ) 특히, 공서위반에의 해당 여부는 국내적인 사정뿐만 아니라 국제적 거래질서의 안정이라는 측면도 함께 고려하여 이를 제한적으로 해석하여야 하는 점(대법원 2003. 4. 11. 선고 2001다20134 판결) 등을 종합하여, 편취 여부를 심리한다는 명목으로 실질적으로 중재인의 사실인정과 법률적용 등 실체적 판단의 옳고 그름을 전면적으로 재심사하는 것은 허용되지 않는다고 설시하면서, 앞서 본 3가지 요건이 모두 충족되는 경우가 아니라면 별도의 절차(외국중재판정의 취소/정지)를 거치지 않고 외국중재판정의 승인을 거부하는 것은 허용되지 않는다고 판단하였다.

3. 검토

가. 실질재심사 금지원칙의 확인

대상판결은 원칙적으로 본안에서 판단된 실체적 사항에 관하여는 독자적으로 심리·판단할 수 없다는 실질재심사(review of the merits) 금지의 원칙이 외국중재판정에도 적용됨을 확인하고 있는데, ① 외국재판의 승인에 관하여도 이미 같은 원칙이 확립되어 있고,[8] 각국 법원의 협조적 기능과 감독적 기능이 균형적으로 요구됨은 외국중재판정에서도 마찬가지인 점,[9] ② 종래 대법원(대법원 1988. 2. 9. 선고 84다카1003 판결)에서도 "집행조건의 충족여부 및 집행거부사유의 유무를 판단하기 위하여 필요한 범위 내에서"만 본안에서 판단된 사항을 심사를 할 수 있다고 설시하였고,[10] 실체 판단의 당부를 이유로 외국중재판정을 번복한 예는 찾아볼 수 없는 점,[11] ③ 나아가 이와 같은 입장은 "사기적인 방법

---

[6] 홍콩은 당초 영국이 1977. 4. 21. 뉴욕협약에 가입함으로써 위 협약의 효력을 받게 되었고, 1997. 7. 1. 중국에 반환된 뒤에도 중국의 뉴욕협약 적용범위 확장정책에 따라 여전히 그 효력을 받고 있다. 이에 관한 더욱 자세한 설명은 석광현, "사기에 의하여 획득한 외국중재판정의 승인과 공서위반 여부", 판례연구 제24집(2), 서울지방변호사회, 2011, 128면을 참조.

[7] 만약, 당사자 간의 중재계약만이 있거나 중재절차가 진행되는 도중에 피고에 대한 회사정리절차가 개시된 경우라면, 중재절차의 개시가 가능한지 혹은 진행되던 중재절차가 중단되고 수계되어야 하는지 여부 등에 관한 쟁점이 추가로 발생하였을 것이다. 이에 관한 더욱 자세한 설명은 오영준, "가. 외국중재판정의 승인 및 집행에 관한 협약이 적용되는 외국중재판정의 편취를 이유로 집행국 법원이 그 외국중재판정의 집행을 거부할 수 있는 경우, 나. 외국중재판정의 승인 및 집행에 관한 협약이 적용되는 외국중재판정의 편취를 주장하는 당사자가 취할 수 있는 조치", 대법원판례해설 제79호, 2009, 577면을 참조.

[8] 민사집행법 제27조 제1항은 외국재판을 '집행'함에 있어 그 판결의 옳고 그름을 조사하여서는 안 된다는 원칙을 명시하고 있다. 한편, 석광현(주 6), 140면에 의하면 외국재판의 "승인"에 관하여는 명문의 규정은 없지만 해석상 당연히 위 원칙이 동일하게 적용된다.

[9] 오영준(주 7), 581면.

[10] 이 사건에서 대법원은 유효한 중재합의가 있었다는 중재판정부의 판단을 뒤집고, 결국 당사자 간에 서면에 의한 중재합의가 존재하지 않는 것으로 판단하였다.

[11] 오영준(주 7), 580면.

V. 국제도산

으로 편취한 판결인지 여부가 외국재판에 대한 승인을 거부할 사유에 해당하지 않는다"는 또 다른 대법원판결(2004. 10. 28. 선고 2002다74213 판결)과도 논리적으로 일관된 점 등에 비추어 보면, 이러한 설시는 타당하다.

나. 중재판정 편취를 이유로 승인을 거부하기 위한 요건의 확립

한편, 대상판결은 뉴욕협약이 적용되는 외국중재판정이 사기적 방법에 의하여 편취되었음을 이유로 법원이 그 판정의 승인을 거부할 수 있는 요건을 명확히 제시함과 동시에, 그러한 요건이 충족되지 못하는 경우 당사자가 예비적으로 취할 수 있는 수단까지 제안하고 있다는 점에서 중요한 의미를 가진다고 볼 것이다.[12] 물론, 미국법원에서 확립된 "편취를 주장하는 자가 그 중재판정의 효력을 부정하기 위해 입증해야 하는 세 가지 기준(a three-prong test)"을 차용하여 이론을 구성하는 과정에서 대상판결이 보다 구체적이고 정밀하게 법리를 전개했으면 좋았을 것이라는 비판이 있기는 하지만,[13] 위와 같은 3가지 요건의 제시는 뉴욕협약의 기본이념을 따라 가능한 중재판정을 원활히 승인하겠다는 것이어서 대한민국이 안정적인 국제상사중재실무를 운영하고 있다는 인상을 대외적으로 줄 수 있을 것으로 보인다. 결국, 대상판결에서는 원고가 중재판정을 편취할 목적으로 처벌받을 만한 사기적 행위를 하였다는 점이 명확한 증명력을 가진 객관적인 증거로 인정되지 않았고, 피고도 중재절차에서 위와 같은 주장을 하며 증거를 제출할 기회를 충분히 부여받았다는 등의 이유로 그 승인을 거부할 수 없다고 판단하였는데, 타당하고 설득력 있는 결론이라고 생각된다.[14]

4. 여론

비록 대상판결은 구 회사정리법이 적용되는 정리채권확정소송에서 다루어진 사안이지만, 동일한 구조와 체계를 가지고 있는 현행 채무자회생법상의 채권조사절차에서도 동일하게 그 법리를 적용할 수 있을 것이다. 특히, 외국중재판정이 중재절차의 일방 당사자에 관하여 개시된 국내도산절차에 어떠한 방식으로 영향을 미칠 수 있는지를 다룬 첫 번째 사례라는 점에서 그 의미가 더욱 크다.

---

12) 오영준(주 7), 605면은 이에 더하여 뉴욕협약의 기본정신에 어긋나 전면적인 사실인정과 법률판단을 하여 중재판정을 취소할 수 있다는 법리오해로 인하여 이 사건 중재판정이 정리채권확정의 소 제기 후 11년이 경과하도록 확정되지 못하고 있었던 것이라고 언급하기도 하였다.

13) 가령, 석광현(주 6), 158면 이하에서는 "당사자가 중재절차에서 처벌받을 만한 사기적 행위를 하였는지" 여부를 "중재국"과 "승인국" 중 어느 국가의 법을 기준으로 판단할 것인지 분명하지 않다고 지적하였다.

14) 대법원의 파기환송 취지에 따라 환송후원심(부산고등법원 2009나7618호)은 이 사건 중재판정의 주문을 기초로 정리채권 및 의결권을 확정하는 판결을 선고하였고, 위 판결은 2010. 4. 29. 대법원의 상고기각 판결(2010다 3148호)로 그대로 확정되었다.

346 도산판례백선

[100] 기업구조조정촉진법상 반대채권자의 채권매수청구권의 법적 성질 및 대상

김지평(김·장 법률사무소 변호사)　　　　대법원 2019. 1. 31. 선고 2016다215127 판결

[사안의 개요]

(1) 원고 은행은 2006. 10. 20. 조선업을 하는 A회사와 파생상품거래약정을 체결하고, 이에 터잡아 외화선물환거래를 내용으로 하는 360건의 파생상품계약을 체결하였다.

(가) 그것은 원고가 A회사로부터 계약 만기에 약정 달러화를 거래시점에서 정한 계약환율로 매수하는 통화선도계약이다. (나) 만기시 시장환율이 계약환율보다 높으면 원고가 약정 달러화에 만기시 시장환율과 계약환율의 차이를 곱한 원화 상당의 이익을 얻게 되는 반면 만기시 시장환율이 계약환율보다 낮으면 A회사이 약정 달러화에 계약환율과 만기시 시장환율 차이를 곱한 원화 상당의 이익을 얻게 된다. (다) 원고는 파생상품계약을 비롯한 대고객 거래 전체를 대상으로 한 환위험 헷지를 위하여 외환스왑(FX Swap) 거래를 수행하였다.

(2) 원고와 피고들을 포함한 A회사의 채권금융기관들로 구성된 협의회는 2010. 4. 8.경 A회사의 경영정상화 및 재무구조 개선을 목적으로 하는 'A회사 채권금융기관 자율협약'을 체결하고, A회사에 대한 채권금융기관 공동관리절차를 개시하였다.

(가) 이 협약은 협의회의 구성, 업무 및 기능, 의결방법에 관하여 규정하는 외에 여기에서 정하지 않은 운용방법 및 절차는 구 기업구조조정촉진법(2011. 5. 19. 법률 제10684호, 실효) 또는 채권금융기관협의회운영협약, 조선업구조조정처리기준의 규정을 준용하도록 규정되어 있다(제8조). (나) 이 협약 체결 당시 협의회는 2010년도에 만기가 도래하는 A회사에 대한 채권의 원금(지급보증, 파생상품 정산 등 포함)에 대해 2010. 5. 31.까지 상환을 유예하기로 결의하였다. (다) 2010. 5. 28. 개최된 제4차 협의회에서는 상환유예기간을 2012. 7. 31.까지로 연장하는 결의를 하였고, 2010. 7. 26. 개최된 제5차 협의회에서는 상환유예기간을 다시 2012. 12. 31까지로 연장하면서 파생상품채권의 처리에 관하여 다음과 같이 결의하였다. ① 파생상품채권의 결제를

2012. 12. 31.까지 유예한다. ② 각 채권금융기관은 유예기간 중 환율하락으로 인한 손실액 축소 등 청산 필요성이 있다고 판단되는 계약의 경우에는 주관은행과 협의를 거쳐 조기청산하거나 일반대출로 전환할 수 있기로 한다. ③ 가지급금 또는 미수금으로 처리한 경우에는 일반대출로 전환하고 5%의 금리를 적용하며 기발생 연체이자는 면제하기로 한다.

(라) 2011. 9. 7. 개최된 제8차 협의회에서 A회사에 2,500억 원 한도 내에서 신규자금을 지원하기로 결의하였는데, 원고는 반대하였다.

(마) 원고는 2011. 9. 7. 위 결의에 찬성한 피고들을 상대로 자율협약 제8조, 구 기촉법 제20조에 따라 A회사에 대하여 가지고 있는 일체의 채권에 대하여 채권매수청구권을 행사하였다(당시 원고는 파생상품계약에 따른 A회사에 대한 채권액은 179,308,993,427원으로 하여 채권매수청구권을 행사하였다).

(3) 원고는 파생상품계약의 만기를 연장하여 오다가 2012. 5. 23.부터 2012. 10. 24.까지 파생상품계약을 모두 순차 청산하였고, 이에 맞추어 외환스왑 거래도 함께 청산하였다. 원고의 채권매수청구권 행사일인 2011. 9. 7. 이후부터 파생상품계약이 청산될 때까지 원고가 수행한 외환스왑 거래에는 파생상품계약의 환위험을 헷지하기 위한 부분이 포함되어 있다. 원고의 채권매수청구일인 2011. 9. 7.부터 2011. 12. 21.경까지 원/달러 환율은 1,071.80원에서 1,167.10원으로 95.3원 상승하였고, 채권매수청구일뿐만 아니라 파생상품계약의 각 만기일 당시의 시장환율도 계약환율보다 높았다. 채권매수청구일인 2011. 9. 7. 당시의 시장환율과 계약환율의 차이에 약정 달러화를 곱한 금액은 179,308,993,427원이고, 파생상품계약의 각 해당 만기일을 기준으로 하면 266,436,115,400원이다.

(4) 원고는 찬성채권자인 피고들은 원고의 채권매수청구에 따라 파생상품계약에 따른 계약상 지위 이전을 위한 협력의무가 있음에도 이를 불이행하여 그 후 유

지된 A회사와의 파생상품거래에서 약 998억 원 상당의 손해를 입었다고 주장하면서 그 배상을 구하였다.

(5) 원심은, 2011. 9. 7. 채권매수청구권을 행사함에 따라 파생상품계약에 따른 원고의 A회사에 대한 채권이 곧바로 양도되는 것은 아니지만 찬성채권자들에게 파생상품계약의 계약상 지위가 이전되어야 하며, 찬성채권자들은 파생상품계약의 계약상 지위 이전과 관련하여 A회사의 동의를 받을 수 있도록 협력할 의무를 부담한다고 판단하였다. 다만 찬성채권자들이 채권매수청구권 행사 직후부터 협력의무를 위반한 것은 아니고 찬성채권자 중 한 은행이 협의회 부의안건을 원고에게 발송하였거나 원고의 채권매수청구권 행사 관련 공문을 반송한다는 취지의 공문을 발송한 때부터는 협력의무를 위반하였다고 보았음. 다만, 원고로서도 2011. 9. 7. 채권매수청구권을 행사함에 따라 더 이상 이 사건 파생상품계약에 따른 환위험을 부담하지 않게 되었으므로 파생상품계약을 모두 청산하는 등의 조치를 취했어야 하는데, 내부적으로 충분한 의견교환이나 검토를 하지 아니한채 거래를 유지함에 따른 손해가 발생한 것이지 찬성채권자인 피고들의 협력의무 위반으로 인하여 원고에게 손해가 발생한 것은 아니며, 원고의 손해는 채권매수청구권 행사 후 단기간에 환율이 상승한데 따른 것이므로, 찬성채권자들의 협력의무 위반과 상당인과관계가 있는 것으로는 볼 수 없다는 이유로 원고의 청구를 기각한 제1심판결을 유지하였다. 원고가 상고. 상고기각.

[판결요지]

파생상품계약에 따르면 원고는 만기시 시장환율이 계약환율보다 상승하는 경우 그 차액에 약정 달러화를 곱한 금액 상당의 정산채권을 갖게 된다. 위 채권은 장래 발생할 채권으로서 채권액이 확정되어 있지 않으나, 매수청구권 행사 당시 특정이 가능하고 가까운 장래에 발생할 것임이 상당한 정도로 기대되며, 이행기까지 채권액을 확정할 수 있는 기준이 설정되어 있었으므로, 채권매수청구권 행사의 대상에 해당한다. 따라서 원고의 채권매수청구권 행사로, 장래에 원고가 이 사건 파생상품계약에 따라 A회사에 대해 갖게 될 위 차액정산채권에 관하여 원고와 피고들 사이에 매매계약이 성립

하였다.

원고의 채권매수청구권 행사에 따라 피고들이 파생상품계약상 원고의 지위를 인수해가거나 파생상품계약을 청산하도록 한 후 그에 의하여 발생한 일반채권을 양수해가는 등의 방법으로 원고가 A회사과 맺은 계약관계에서 벗어날 수 있도록 필요한 조치를 취하여야 할 적극적 협력의무가 있는 것은 아니다.

[해설]

1. 문제의 소재

구 기업구조조정촉진법 제20조 제1항은 어느 채권금융기관이 다수결에 따른 결정에 반대하는 경우 찬성채권자들에 대하여 자기의 채권을 매수하도록 청구할 수 있다고 규정하고 있으며, 이러한 반대채권자의 채권매수청구권은 어느 채권자가 위 결정에 따른 영향을 받지 아니하고 현재 시점에서의 자신의 권리의 가치를 보상받고 해당 기업에 대한 이해관계에서 벗어날 수 있도록 하는 기능을 한다. 그런데 반대채권자가 채권매수청구권을 행사한 이후 그 채권이 당연히 찬성채권자들에게 이전하는 것인 지 아니면 찬성채권자들의 협력이 필요한 것인 지, 그 대가는 어떻게 정하는 것인 지가 문제로 된 사건이다. 반대채권자와 찬성채권자들 사이에 매수가격이나 조건 등에 대한 명확한 논의가 없던 중 반대채권자가 파생상품계약을 유지함으로 인하여 손해가 발생한 경우 찬성채권자들의 협력의무의 이행지체를 이유로 배상을 청구할 수 있는 지가 쟁점이 되었다. 즉 반대채권자의 매수청구권이 강학상 형성권에 해당하는지가 쟁점인 것이다.

2. 대상판결의 논거

일부 하급심은 형성권이 아니라고 보았다.[1] 위 권리는 금융채권자협의회에 대해서는 채권매수절차를 진행하거나 매수·상환의 가격 및 조건을 협의할 의무를, 찬성한 채권금융기관에 대해서는 반대채권자의 채권을 매수할 의무를 각각 부여하는 권리로 이해하는 것이 타당하다는 것이다. 그리고 반대채권자의 채권매수청구에 따라 매매계약 성립이 의제되는 시점은 반대채권자와 매수당사자 등 사이에 협의가 이루어진 경우에는 매

---

1) 서울고등법원 2014. 10. 8. 선고 2013나2026140 판결.

매계약이 체결된 때, 협의가 이루어지지 않은 경우에는 조정위원회의 결정 등이 확정된 때로 보는 것이 타당하다고 판시하였다.

다른 하급심은 형성권으로 보았다.[2] 그 근거는 구 기업구조조정촉진법 제20조 제1항이 반대채권자가 채권매수청구권을 행사할 수 있는 경우를 공동관리절차의 개시 및 채권재조정 또는 신규 신용공여에 관한 협의회의 의결에 반대하는 경우로 한정하고 있다는 점, 위 기촉법 제20조는 반대채권자의 범위, 채권매수청구권의 행사시기 및 방법을 명확히 규정하고 있을 뿐만 아니라 반대채권자의 채권매수청구에 따른 매수 주체를 공동관리절차의 개시에 찬성한 금융채권자로 확정시켜 두었다는 점, 반대채권자의 채권매수청구권은 금융채권자가 법에 따라 자신의 의사와 무관하게 재산권 및 경제활동의 자유에 대한 제한을 받게 될 것을 고려하여 협의회의 의결에 반대하는 채권자가 자신의 채권을 매도함으로써 대상 기업에 대한 금융채권자 지위를 벗어나 의사에 반하는 공동관리절차나 채권행사의 유예, 채권재조정이나 신용공여 부담을 지지 않을 기회를 보장하고자 하는 데 그 취지가 있으므로 반대채권자의 채권매수청구권을 실질적으로 보장할 필요가 있다는 점 및 위 법의 전체적인 체계 등을 고려할 때, 법 제20조의 반대채권자의 채권매수청구권은 형성권이라고 해석된다는 것이다. 이에 따라 반대채권자가 금융채권자협의회의 의결일로부터 7일 이내에 채권의 종류와 수를 기재한 서면으로 채권매수청구권을 행사하면 찬성채권자들의 승낙 여부와는 관계없이 반대채권자와 찬성채권자 사이에 반대채권자의 부실징후기업에 대한 채권에 관한 매매계약이 성립한다는 것이다.

대상판결은 그 자체로는 특별한 이유를 밝히고 있지는 않다. 원심은 찬성채권자가 채권 매수절차 진행이라는 작위의무로서 협력의무가 있음을 전제로 다만 그 불이행과 상당인과관계가 없다는 취지로 판단하였음에 반하여, 대상판결은 한 걸음 더 나아가 반대채권자의 채권매수청구권의 법적 성질을 반대채권자 일방이 발하는 의사표시에 의하여 권리의무가 발생하는 강학상 형성권으로 규정하여 실무상의 논란을 정리하였다.

2) 서울고등법원 2016. 4. 21. 선고 2015나2045268 판결; 서울고등법원 2016. 7. 21. 선고 2015나2075719 판결.

3. 검토

반대채권자의 채권매수청구권을 형성권이라고 해석하는데, 이러한 견해는 기업구조조정촉진법의 반대채권자 채권매수청구권 규정의 입법 연혁과도 부합한다고 생각된다. 최초의 기업구조조정촉진법(2001. 8. 14. 법률 제6504호로 제정된 것) 제29조는 반대채권자가 금융채권자협의회에 대하여 매수를 청구하도록 하면서도(제1항), 동시에 채권금융기관의 채권매수의무를 규정하면서 제3항에서 금융채권자협의회가 채권금융기관 이외의 제3의 기관 또는 부실징후기업에 매수를 요청하거나 상환을 요청할 수 있다고 규정하고 있었다. 법원은 이를 근거로, 금융채권자협의회에 대해 채권매수절차를 진행하거나 매수·상환의 가격 및 조건을 협의할 의무를 부담시키는 반대채권자의 권리로 이해하는 것이 타당하다고 보았다. 그러나 이와 같은 초기 입법내용에 대해서는 반대채권자의 채권매수청구권이 합병이나 중요한 영업양수도의 경우 이에 반대하는 주주의 매수청구시 회사가 주식을 매수하여야 한다고 정하고 있는 상법상 반대주주의 주식매수청구권(상법 제374조의2 및 제522조의3 등)에 비하여 불완전하므로 반대채권자의 권리가 보다 실질적으로 보장되어야 한다는 취지에서 많은 비판이 있었다. 그 후 개정된 구 기업구조조정촉진법 제20조 제1항에서는 채권매수청구의 상대방을 금융채권자협의회의 의결에 찬성한 금융채권자, 즉 찬성채권자로 규정함으로써 찬성채권자에게 채권매수청구가 이루어지면 원칙적으로 찬성채권자가 해당 채권을 매수하는 것으로 권리행사방식을 변경하였다.

또한, 대상판결의 위와 같은 전제는 법률관계의 신속하고 안정적인 처리 및 반대채권자의 권리보호라는 측면에서 보더라도 타당하다고 생각한다. 비록 구 기업구조조정촉진법이 제정되면서 찬성채권자는 채권매수청구가 있은 이후부터 6개월 이내에 연대하여 해당 채권을 매수하도록 정하는 등 반대채권자의 권리가 강화되기는 하였으나, 금융채권자조정위원회에 대한 조정신청이나 법원에 대한 이의 제기가 있는 경우 이러한 제한에 대한 예외가 적용된다. 또한 채권매수청구로써 반대채권자 보유 채권에 대한 매매계약이 체결된 것으로 보지 않는다면 반대채권자로서는 채권매수청구권의 대상이 되는 채권의 처리나 이후 개최되는 협의회에서의 의결권 행사 여부 및 그 방향에 있어 매우 불안정한 상황에 놓이게 된다. 상법상 합병이나 중요한 영업양수도 등에 있어서도, 반대주주 지위의 법적 불안정성 등을 고려, 반대주주의 주식매수청구권은 형성권이라고 보는 것이 일반적 견해이다. 이러한 점들을 고려하면, 대상판결에서 적절히 정리한 바와 같이, 반대채권자의 채권매수청구권은 형성권이며, 반대채권자가 매수청구권을 행사함에 따라 원칙적으로 반대채권자와 찬성채권자 사이에 반대채권자 보유 채권 전부에 대한 매매계약이 성립한 것으로 보는 것이 타당하다.

한편, 대상판결은 반대채권자의 채권매수청구권의 대상이 될 수 있는 채권에는 장래채권이 포함된다고 보았다. 지명채권의 양도에 관하여 대법원은 '장래 발생할 채권이라도 현재 그 권리의 특정이 가능하고 가까운 장래에 발생할 것임이 상당한 정도로 기대되는 경우'에는 장래채권 또한 채권양도의 대상이 될 수 있다고 해석하고 있다(대법원 1991. 6. 25. 선고 88다카6358 판결 등). 반대채권자의 채권매수청구권의 행사도 반대채권자가 가진 채권의 양도를 목적으로 하므로, 반대채권자 보호 및 채권매수청구권 제도의 실효성 확보, 기존 판례 및 해석과의 일관성 유지 차원에서 채권매수청구권의 대상채권에 위와 같은 장래채권도 포함된다고 해석하는 것이 타당할 것이다.

[101] 기업구조조정촉진법상의 신규신용공여 결의 직접이행청구권

김형두(법원행정처 차장)　　　　　　　　대법원 2014. 9. 4.자 2013마1998 결정

[사안의 개요]

A회사는 2011. 2. 24. 주채권은행인 B은행의 주도하에 채권은행협의회 운영협약에 따라 소집된 채권은행 자율협의회(이하 '자율협의회'라고 한다)의 결의에 따라 채권은행 공동관리절차가 개시되었다.

자율협의회에서 채권금융기관들이 A회사에 합계 900억 원의 신규자금을 분담하여 지원하기로 하는 내용의 안건이 가결(이하 '이 사건 지원결의'라고 한다)되었다. C(신용보증기금)는 자율협의회의 구성원이었지만 위 지원결의에 반대하였다.

이 사건 지원결의에는 지원방법으로 '지원금액: 900억 원', '지원과목: 기업일반자금대출', '지원금리: 연 6.0%로 매월 후취/보증료 연 1.2% 이내', '지원기간: 1년으로 하되, 운영위원회가 별도로 정할 때까지 자동으로 연장하기로 한다', '지원시기: 본 안건 가결 이후 주채권은행의 실행통보 시 즉시 실행'이라고 정해져 있고, 신용보증기관으로서 대출업무를 취급하지 않는 C의 경우 신규자금 대출에 갈음하여 C의 분담액인 100억 9천만 원에 대하여 100% 보증서를 발급하고 이를 담보로 주채권은행 또는 신규 대출을 희망하는 금융기관이 지원하는 것으로 정해져 있었다. 주채권은행인 B은행은 자율협의회의 구성원이자 C를 포함한 나머지 구성원 전원의 대리인 자격으로 A회사 및 그 대주주와 사이에 이 사건 지원결의를 포함하여 자율협의회에서 확정된 경영정상화계획을 성실히 이행하기로 한다는 내용의 특별약정(이하 '이 사건 특별약정'이라 한다)을 체결하였다.

그 후 구 기업구조조정 촉진법(2011. 5. 19. 시행되어 부칙 제2조 제1항에 따라 2014. 1. 1. 실효된 것, 이하 '제3차 기촉법'이라고 한다)이 시행됨에 따라 제3차 기촉법에 따른 신용공여 계획의 수립에 관한 채권금융기관협의회(이하 '협의회'라 한다)는 A회사에 대하여 채권금융기관 공동관리절차를 개시한 다음, 채권은행협의회 운영협약에 따른 사적 정리절차를 제3차 기촉법에 따른 공동관리절차로 전환하고 자율협의회에서 확정한 경영정상화계획을 계속 적용하기로 의결하였다.

이후 이 사건 신규자금 지원결의에서 C의 분담액으로 정하여진 100억 9천만 원에 대하여, A회사가 B은행을 상대로 대출신청을 하였고, B은행은 C의 신용보증을 조건으로 대출을 승인하였다. 그러나 C는 위 대출에 대한 신용보증서 발급을 거부하였다.

이에 A회사 및 B은행은 C에 대하여 '위 대출채무에 대하여 신용보증을 하겠다는 뜻을 A회사 및 B은행에게 통지하고 위 대출채무에 대한 보증서를 발급하라'는 가처분신청을 법원에 제기하였다.

제1심 및 제2심은 위 가처분신청을 기각하였고, 대법원에 재항고 되었다. 재항고 기각.

[결정요지]

제3차 기촉법 제17조, 제8조 제1항, 제2항의 내용과 취지 등에 비추어 보면, 협의회의 의결은 협의회와 공동관리기업[1] 사이의 해당 기업의 경영을 정상화하기 위한 계획(이하 '경영정상화계획'이라 한다)의 이행을 위한 약정(이하 '이행약정'이라 한다)에 포함될 경영정상화계획의 내용을 결정하기 위한 것으로서 특별한 사정이 없는 한 채권금융기관 사이의 신용공여 계획 이행에 관한 청구권을 설정한 것으로 볼 수 없으므로, 신용공여 계획에 관한 협의회의 의결을 이행하지 아니하는 채권금융기관이 제3차 기촉법 제21조에 따라 다른 채권금융기관에 대하여 손해배상책임을 부담하게 될 수 있음은 별론으로 하고, 협의회의 의결 자체로 채권금융기관이 다른 채권금융기관에 대하여 신용공여 계획의 이행을 청구할 권리를 갖게 된다고 할 수는 없다.

---

1) 제4차 기촉법까지는 '부실징후기업'이라는 용어만 사용되었으므로, 대상결정에도 '부실징후기업'이라고 기재되어 있다. 제5차 기촉법부터는 '부실징후기업' 중 채권금융기관이 공동관리를 개시한 기업에 대하여는 '공동관리기업'이라는 용어를 사용하고 있으므로, 이하에서는 공동관리기업이라고 바꾸어 기재하기로 한다.

또한 협의회가 공동관리기업과 체결한 이행약정에 정해진 사항이 채권재조정과 같이 이행약정 자체로서 권리, 의무를 설정하거나 변경 또는 소멸시키는 것에 해당하지 아니하고 대출계약이나 지급보증계약의 체결에 의한 신용공여와 같이 향후 별도의 계약 체결을 예정한 계획에 해당하는 경우에는, 특별한 사정이 없는 한 이행약정의 당사자 사이에서 이행약정만으로 경영정상화계획으로 예정된 별도의 계약이 체결된 것이나 다름없는 법적 구속력을 부여하려는 의사가 있었다고 볼 수 없으므로, 공동관리기업이나 채권금융기관이 이행약정에 기하여 다른 채권금융기관에 대하여 신용공여 계획의 이행으로서 대출계약 등을 체결하거나 그에 관한 의사표시를 하도록 청구할 권리를 갖는다고 할 수도 없다.

[해설]
1. 기촉법의 연혁
가. 워크아웃
정부는 금융기관간 사적 합의를 바탕으로 하는 기업개선작업(workout)을 추진하여 1998. 6. 25.기업구조조정촉진을 위한 금융기관협약(이른바 기업구조조정협약)이 체결되었다. 재벌기업을 포함한 중견대기업을 대상으로 한 워크아웃은 사실상 정부를 뒤에 둔 금융감독원이 주도하고 있었고 금융기관의 의사결정과 이견 조정에 대해 금융감독원은 상당한 영향력을 행사하였다.

나. 기촉법의 6차례 제정
정부는 금융기관간 사적 합의인 기업구조조정협약을 법률의 형태로 입법하여 강제력을 부여하고자 시도하였다. 그것이 기촉법이다.

기촉법은 채무자회생법의 특별법으로 '공동관리절차'라고 하는 새로운 도산절차를 창설하는 것을 내용으로 하였다. 법원이 아닌 정부가 주도하는 새로운 형태의 도산제도를 창설한 것이다.

기촉법의 주된 내용은 금융기관의 영업상 의사결정에 국가가 간섭하는 것이었다. 채권자인 금융기관이 스스로 판단할 능력이 없다고 보아 국가가 일정한 의사결정을 강제한다는 취지였다. 법원, 대한변협 등은 기촉법이 사적 자치의 원칙에 위배되고 재산권을 침해한다는 위헌성을 들어 제정에 반대하였으나 결국 2001년에 한시법의 형태로 입법이 되었다.

정부는 이후에도 한시법의 형태로 기촉법의 제정을 반복하고 있는데, 그동안 모두 5차례 제정되었다가 사라졌고, 현행 제6차 기촉법은 2018. 10. 16. 제정되었고 2023. 10. 15.까지만 효력을 가진다.

2. 대상사건의 쟁점
제3차 기촉법 제20조[2]에 의하면 협의회의 의결에 반대한 채권금융기관은 7일 이내에 찬성한 채권금융기관에 대하여 자기의 채권을 매수하도록 청구할 수 있도록 하고 만약 그 기간내에 반대매수청구권을 행사하지 아니한 경우에는 해당 의결에 찬성한 것으로 간주되도록 하고 있다.

대상사건에서 C는 이 사건 지원결의에 반대하였지만 채권매수청구권은 행사하지 아니하였으므로 C는 이 사건 지원결의에 동의한 것으로 간주되어 그 결의의 효력에 기속되게 되었다. 그런데 C는 이 사건 지원결의에 따른 대출에 대한 신용보증서 발급을 거부하여 그 결의 내용을 이행할 의무를 위반하였다. 이러한 경우에 공동관리기업인 A회사 또는 협의회의 다른 구성원인 B은행이 C에 대하여 협의회 결의에서 정한 사항에 대한 의무이행을 청구할 수 있느냐가 대상사건의 쟁점이다.

3. 검토
가. 하급심 선례
2004년에 서울고등법원은 공동관리기업이 회사채를 출자전환하기로 하는 협의회 결의를 이행하지 않는 채권금융기관들을 상대로 그 결의의 이행청구를 하였던 사안에서 제1차 기촉법 제17조[3]는 수권규정(授權規

---

2) 제3차 기촉법 제20조(반대채권자의 채권매수청구권) ① 다음 각 호의 어느 하나에 해당하는 사항에 대하여 제18조 제1항에 따른 협의회의 의결이 있는 경우 의결에 반대한 채권금융기관(이하 "반대채권자"라 한다)은 협의회의 의결일부터 7일 이내에 협의회의 의결에 찬성한 채권금융기관(이하 "찬성채권자"라 한다)에 대하여 채권의 종류와 수를 기재한 서면으로 자기의 채권을 매수하도록 청구할 수 있다. 이 경우 채권의 매수를 청구할 수 있는 채권금융기관은 협의회에 참석하지 아니하였거나 참석하여 반대의 의사를 서면으로 표시한 자에 한정하며, 그 기간 이내에 채권을 매수하도록 청구하지 아니한 자는 해당 협의회의 의결에 찬성한 것으로 본다.
　1. 제5조에 따른 채권금융기관 공동관리절차의 개시
　2. 제10조에 따른 채권재조정 또는 신규 신용공여
3) 제1차 기촉법 제17조(채권재조정 등) ① 채권금융기관은

定)의 형식을 취하고 있고, 회사정리법의 경우 정리계획에서 정리채권자 등에게 신주를 발행할 것을 정할 때에는 그 권리자가 계획인가가 결정된 때 또는 정리계획에서 정한 때에 주주가 된다고 규정함으로써(회사정리법 제254조) 법률규정에 따른 '형성적 효력'을 명문으로 규정하고 있음에 반하여, 기촉법의 경우에는 전체 조문을 면밀히 살펴보아도 채권재조정에 관한 협의회의 의결이 공동관리기업과 채권금융기관 사이에 그 의결에 따른 법률관계를 직접 창설하는 '형성적 효력'을 발생시킨다는 명시적인 법률규정을 발견할 수 없다는 이유로, 공동관리기업이 협의회 의결을 바로 원용하여 다른 채권금융기관에 대하여 그 이행청구를 할 수는 없다고 판시하였다.[4]

나. 대상판례의 의의

대상판례는 대법원이 위 하급심 선례의 법리를 유지한 것이다.

다. 대상판례의 논거

대상판례에는 명시되어 있지 아니하나 대상판례의 제1심 결정에서는 그 논거를 다음과 같이 밝히고 있다.

제3차 기촉법은 채권금융기관이 협의회에서 결의한 사항을 이행하지 아니하는 경우 해당 채권금융기관을 상대로 결의에서 정한 의무의 이행을 청구할 수 있는지에 관하여, 아무런 근거 규정을 두고 있지 아니하였다. 다만, 제3차 기촉법은 해당 채권금융기관의 손해배상책임에 관한 규정(제21조[5])을 두고 있을 뿐이다.

부실징후기업의 경영정상화를 위하여 필요하다고 판단되는 경우 협의회의 의결에 따라 당해 기업에 대하여 채권재조정 또는 신규신용공여(기존 신용공여조건의 변경은 제외한다. 이하 같다)를 할 수 있다. 이 경우 채권재조정은 권리의 순위를 고려하여 공정하고 형평에 맞게 이루어져야 한다.
② 제1항의 규정에 의한 채권재조정에 대한 협의회의 의결은 채권금융기관의 총 담보채권(당해 자산의 청산가치 범위 내에서 유효담보가액에 해당하는 채권을 말한다. 이하 같다) 액중 4분의 3이상의 담보채권을 보유한 채권금융기관이 찬성하여야 그 효력이 있다.
4) 서울고등법원 2004. 6. 8 선고 2003나41588 판결(확정).
5) 제3차 기촉법 제21조(손해배상책임 등) ① 채권금융기관은 다음 각 호의 어느 하나에 해당하는 경우에는 다른 채권금융기관이 받은 손해의 범위에서 연대하여 손해를 배상할 책임이 있다.
  1. 채권금융기관(제20조제1항에 따라 채권의 매수를 청구한 채권금융기관은 제외한다)이 협의회의 의결을 이행

제3차 기촉법의 규정들이 이와 같은 태도를 취하고 있는 이상 대상사건에서 C에 대하여 신용보증계약의 체결을 강제하는 것은 헌법상 보장된 계약체결의 자유를 제한하는 것이 될 수 있다.

또한 제3차 기촉법 제21조 제2항은 결의를 이행하지 않은 채권금융기관으로 하여금 위약금을 협의회에 납부하고 손해배상책임을 면할 수 있도록 하고 있다. 만약 대상사건에서 C를 상대로 결의사항의 이행을 직접 강제할 것을 청구할 수 있다고 한다면, 위 조항에 따른 반대 금융기관의 선택권이 사실상 유명무실하게 되는 측면도 있다.

따라서 대상사건에서 C가 이 사건 지원결의를 이행하지 아니함으로써 B은행 또는 채권금융기관들이 입은 손해에 대하여 C를 상대로 손해배상책임을 추궁할 수 있는 것은 별론으로 하고, A 또는 B가 C를 상대로 직접 신용보증계약 체결의 이행을 구할 수 있다고 보기는 어렵다.

라. 대상판례의 판시 내용

위와 같은 논거를 바탕으로 대법원은 다음과 같이 판시하고 있다.

① 협의회의 의결은 협의회와 공동관리기업 사이의 경영정상화계획의 이행약정에 포함될 경영정상화계획의 내용을 결정하기 위한 것으로서 특별한 사정이 없는 한 채권금융기관 사이의 신용공여 계획 이행에 관한 청구권을 설정한 것으로 볼 수는 없다.

② 신용공여 계획에 관한 협의회의 의결을 이행하지 아니하는 채권금융기관이 제3차 기촉법 제21조에 따라 다른 채권금융기관에 대하여 손해배상책임을 부담하게 될 수 있음은 별론으로 하고, 협의회의 의결 자체로 채권금융기관이 다른 채권금융기관에 대하여 신용공여 계획의 이행을 청구할 권리를 갖게 된다고 할 수는 없다.

③ 협의회가 공동관리기업과 체결한 이행약정에 정해진 사항이 채권재조정과 같이 이행약정 자체로서 권리, 의무를 설정하거나 변경 또는 소멸시키는 것에 해당

하지 아니한 경우
② 제1항에 따른 손해배상책임이 있는 채권금융기관은 다른 채권금융기관 전부를 위하여 위약금을 협의회에 납부할 수 있다. 이 경우 제1항에 따른 손해배상책임은 면제된다.

하지 아니하고 대출계약이나 지급보증계약의 체결에 의한 신용공여와 같이 향후 별도의 계약 체결을 예정한 계획에 해당하는 경우에는, 특별한 사정이 없는 한 이행약정의 당사자 사이에서 이행약정만으로 경영정상화계획으로 예정된 별도의 계약이 체결된 것이나 다름없는 법적 구속력을 부여하려는 의사가 있었다고 볼 수 없다. 따라서 공동관리기업이나 채권금융기관이 이행약정에 기하여 다른 채권금융기관에 대하여 신용공여 계획의 이행으로서 대출계약 등을 체결하거나 그에 관한 의사표시를 하도록 청구할 권리를 갖는다고 할 수도 없다.

마. 손해배상액의 산정 및 위약금

대상판례에 의하면 B은행은 C에 대하여 손해배상을 청구할 수 있을 뿐이다. 그런데 그 손해를 어떻게 산정할 것인지가 애매하다는 문제점이 지적되었다.[6]

또한 제3차 기촉법에 의하면 손해배상책임이 있는 채권금융기관은 다른 채권금융기관 전부를 위하여 위약금을 협의회에 납부할 수 있는데, 이때에는 그 범위에서 위 손해배상책임이 면제된다(제21조 제2항).

이에 대한 개선방안으로 협의회의 의결사항 내용에 미리 의결사항 미이행기관에 대한 위약금 관련 내용을 상세히 정해놓는 것이 분쟁예방을 위한 간명한 해결책이라는 의견이 있었다.[7] 이와 같은 의견을 반영하여 제5차 기촉법부터는 위약금과 손해배상책임을 별도로 분리하여 규정하였다. 즉, 협의회는 의결사항을 이행하지 아니하는 금융채권자에 대하여 그 의결에 따라 위약금을 부과할 수 있고, 이와 별도로 의결사항 불이행에 따르는 손해배상 예정액을 의결로 정할 수 있다는 규정을 신설하였다(제28조 제3항, 제5항). 이에 따라 협의회 의결 불이행에 따른 부담이 커져서 협의회 의결의 구속력이 더 높아지게 되었다.

바. 법률 규정의 변화

제3차 기촉법 제20조는 현행 기촉법 제27조[8]에 거

의 같은 내용으로 규정되어 있다(다만 결의할 수 있는 항목이 다수 추가되었다). 그러나 제3차 기촉법 제21조에서 현행 기촉법 제28조 제2항[9]과 같이 이행 요구 조항이 신설되었다.[10] 현행 제28조 제2항은 협의회는 구성원인 금융채권자에 대하여 의결사항의 이행을 요구할 수 있다고 명시적으로 규정하고 있다. 현행법이 위와 같은 규정을 둔 것은 협의회 구성원들에 대한 구속력을 강화하기 위한 것이다. 다만, 현행법 제18조 제4항[11]에서 금융채권자가 공동관리기업에 대하여 신규 신용공여를

수를 기재한 서면으로 자기의 금융채권(공동관리절차에서 출자전환된 주식을 포함한다) 전부를 매수하도록 청구할 수 있다. 이 경우 채권의 매수를 청구할 수 있는 금융채권자는 협의회의 의결일까지 반대의 의사를 서면으로 표시한 자에 한정하며, 매수청구기간에 채권을 매수하도록 청구하지 아니한 자는 해당 협의회의 의결에 찬성한 것으로 본다.
  1. 공동관리절차의 개시
  2. 기업개선계획의 수립 및 변경
  3. 채무조정
  4. 신규 신용공여
  5. 공동관리절차의 연장
  6. 그 밖에 협의회의 의결로 정하는 사항
9) 제6차 기촉법 제28조(협의회 의결사항의 이행) ① 금융채권자(제27조 제1항에 따라 채권의 매수를 청구한 금융채권자는 제외한다. 이하 이 조에서 같다)는 제23조 제1항에 따라 협의회가 의결한 사항을 성실히 이행하여야 한다.
  ② 협의회는 금융채권자에 대하여 의결사항의 이행을 요구할 수 있다.
  ③ 협의회는 의결사항을 이행하지 아니하는 금융채권자에 대하여 그 의결에 따라 위약금을 부과할 수 있다.
  ④ 금융채권자는 협의회의 의결사항 또는 제14조에 따른 약정을 이행하지 아니하여 다른 금융채권자에게 손해를 발생시킨 경우 다른 금융채권자가 받은 손해의 범위에서 연대하여 손해를 배상할 책임이 있다.
  ⑤ 협의회는 의결사항의 불이행에 따르는 손해배상 예정액을 의결로 정할 수 있다.
10) 제28조 제2항의 규정은 제5차 기촉법이 2016. 3. 18.에 신규 제정될 때에 새로이 추가되어 현재에 이르고 있다.
11) 제6차 기촉법 제18조(신규 신용공여) ① 금융채권자는 공동관리기업의 기업개선을 위하여 필요하다고 판단하는 경우 협의회의 의결에 따라 해당 기업에 대하여 신규 신용공여(기존 신용공여조건의 변경은 제외한다. 이하 같다)를 할 수 있다. 이 경우 신규 신용공여 금액은 협의회 의결로 달리 정하지 아니하는 한 제26조에 따라 신고된 금융채권액에 비례하여 정한다.
  ④ 금융채권자가 공동관리기업에 대하여 신규 신용공여를 할 의무는 금융채권자가 해당 기업과 신규 신용공여에 관한 약정을 체결하는 때에 발생한다.

---

6) 최효종, "기촉법상 신규공여 결의 직접이행청구권 인정여부에 관한 소고", 법조(2015. 6.), 197면 이하.
7) 최효종, 전게 논문, 200면.
8) 제6차 기촉법 제27조(반대채권자의 채권매수청구권) ① 다음 각 호의 어느 하나에 해당하는 사항에 대하여 협의회의 의결이 있는 경우 그 의결에 반대한 금융채권자(이하 "반대채권자"라 한다)는 협의회의 의결일부터 7일 이내(이하 "매수청구기간"이라 한다)에 주채권은행에 대하여 채권의 종류와

할 의무는 금융채권자가 해당 기업과 신규 신용공여에 관한 약정을 체결하는 때에 발생한다고 규정하고 있으므로, 제28조 제2항에 기하여 공동관리기업이 신용공여 결의에 반대하는 금융기관에 대하여 직접 소송을 통하여 이행을 청구할 수 있는 것은 아니라고 해석된다.[12] 금융위원회도 현행 기촉법에 대한 설명자료에서 제28조 제2항이 '채권자에 대한 협의회의 의결사항 이행 요구권을 명시하고 있으나, 단순 선언적 규정에 불과'하다고 설명하고 있다.[13] 따라서 현행 기촉법하에서도 대상판례의 법리는 여전히 적용된다고 할 수 있다.

---

12) 김지평, 로앤비 온주 기업구조조정촉진법 제28조 해설 부분; 문혜영, 로앤비 온주 기업구조조정촉진법 제18조 해설 부분.

13) 금융위원회, 기업구조조정촉진법 설명자료(2016. 3. 30), 65면.

판례색인

(판례색인은 본문에 언급된 판례 중 도산법 관련 대법원 판결과 결정만)
대상으로 작성하였고, 평석대상인 판례는 **굵은 글자체**로 표시하였다.

반산 오수근 교수 연보

아버지 오지영님과 어머니 손인숙님의 3남 2녀(원근, 정애, 형근, 정근, 수근) 중 막내로 강원도 춘천시 교동 24번지에서 1956년 8월 29일 태어났다. 1981년 장은진과 결혼하여 1982년 서울에서 첫째 아들 석원을, 1985년 미국 미시간주 앤아버에서 둘째 아들 동한을 낳았다. 2017년 첫째가 결혼하여 김태희를 며느리로 맞았고 2019년 손녀 세주가 태어났다.

1961년 춘천중앙유치원에, 1962년 춘천교육대학부속국민학교에, 1968년 춘천제일중학교에 입학해서 공부했다. 1971년 춘천고등학교에 진학하였고, 3학기 후 신일고등학교로 전학해서 고등학교를 마쳤다. 재수 후 1975년 서울대학교 사회계열에 입학했고, 1976년 법과대학에 진학해서 법학공부를 시작했다. 1979년 법과대학을 졸업하고 대학원 법학과에 진학하여 법학석사학위를 받았다. 1981년 육군사관학교 법학과 교관으로 선발되어 3년간 군 복무를 하였다. 이 시기에 서울대학교 대학원 경영학과에서 경영학(회계학 전공)을 공부하였다. 전역 후 미국 미시간 로스쿨에서 1년간 공부하고 비교법학석사학위를 받았고, 1994년 숭실대학교에서 법학박사학위를 받았다.

1986년 인하대학교 전임대우강사로, 1988년에는 조교수로 임명되어 법학과와 무역학과에서 상법의 여러 과목, 민법, 법학개론을 강의하였다. 법학을 잘 강의하는 데 관심이 있어 강의 초기부터 학생들의 강의 평가를 받아 수업방식을 개선하기에 힘썼고 인하대학교 교무부처장으로 근무하면서 1997년 우리나라에서 처음으로 교수학습센터를 개소하였다.

2000년에는 이화여자대학교로 옮겨서 강의와 연구를 계속했다. 2014년 법학전문대학원장으로 일하면서 한국법학전문대학원협의회 이사장을 맡아 19대 국회에서 사시존치 움직임을 저지하는데 힘썼다. 2016년부터 3년간 법학적성시험(LEET) 출제위원장으로 일했다.

연구 초기에는 회사법, 항공법, 국제사법에 대한 논문을 주로 썼는데 1992년부터 도산법을 공부하여 도산법에 대한 첫 번째 논문을 민사판례연구회에서 발표했고 이후 도산법은 주된 연구 주제가 되었다. 1997년 외환위기 후 도산법연구회를 조직하여 관심있는 연구자들과 함께 공부하면서 도산법의 제·개정작업에 오랫동안 참여했다. 아울러 OECD, World Bank, ADB, UNCITRAL 등 국제기구에서 도산법과 관련된 활동을 했다. UNCITRAL에서는 도산법분과위원회에서 10여 년 활동하였고 전체 회의와 온라인분쟁해결분과위원회의 의장을 맡았다.

〔**수학**〕

서울대학교 법과대학 법학과(法學士)	1975~1979
서울대학교 대학원 법학과(法學碩士, 상법전공)	1979~1981
서울대학교 대학원 경영학과(經營學碩士, 회계학전공)	1981~1988
미국 미시간대학교 로스쿨(Master of Comparative Law)	1984~1985
숭실대학교 대학원 법학과(法學博士, 상법전공)	1987~1994

〔**교직경력**〕

서울대학교 법과대학 법학과 조교	1979~1981
육군사관학교 교수부 법학과 교관/전임강사	1981~1984
서울대학교 법과대학 법학과 강사	1986~1988
인하대학교 법정대학 법학과 전임대우강사~교수	1986~2000
이화여자대학교 법과대학/법학전문대학원 교수	2000~2021
이화여자대학교 기획처장	2010~2012
이화여자대학교 감사실장	2010~2016
이화여자대학교 법학전문대학원장	2014~2016

〔**수상**〕

Fulbright Scholar	1991~1992
이화여자대학교 강의우수교수	2001, 2003
DAAD Award	2003
한국상사법학회 학술상 (제1호)	2006
이화여자대학교 법학전문대학원 강의우수교수	2011, 2016
홍조근정훈장	2020

〔**사회활동**〕

한국상사법학회 편집/연구이사	1996~2000
법무부 회사정리관련 법률개정 특별분과위원회 위원(장)	1998~1999
도산법연구회 회원	1998~현재
금융감독위원회 증권선물조사심의위원회 위원	2001~2004
법무부 통합도산법 제정 특별분과위원회 위원장	2001~2005
법무부 국제거래법연구단 연구위원	2001~2014

UNCITRAL Working Group V (도산법) 한국정부 고문	2001~2010
코스닥등록법인협의회 자문위원회 위원	2001~2013
UNCITRAL Working Group V (도산법) 제29차 회의 부의장	2003~2004
한국예탁결제원 파생금융상품자문위원회 위원	2003~2010
서울중앙지방법원 조정위원	2004~2011
재단법인 한국연구원 이사	2005~2017
신용회복위원회 심의위원	2005~2008
대림산업 사외이사	2005~2015
한국은행 지급결제제도 자문위원	2006~현재
한국공정거래조정원 조정위원	2007~2011
법무부 도산법개정위원회 위원장	2008~2010/2013/ 2015~2016
법무부 법무자문위원회 위원	2008~2016
UNCITRAL 제42차 전체 회의 (Commission Session) 의장	2009~2010
한국소비자원 소비자분쟁조정위원회 위원	2010~2013
한국소비자원 이사	2010~2013
UNCITRAL Working Group III (ODR) 의장	2011~2014
전자거래분쟁조정위원회 조정위원	2010~2017
대법원 법원행정처 회생·파산위원회 위원장	2013~현재
한국법제연구원 연구자문위원	2014~2018
한국법제연구원 연구윤리심의위원회 위원장	2014~2016
한국법학전문대학원협의회 이사장	2015~2016
대법관추천위원회 위원	2015~2016
검찰총장추천위원회 위원	2015~2016
사법연수원 운영위원	2015~2016
주식회사 동양 사외이사	2016~2017
법무부 사법시험관리위원회 위원	2016~2017
법무부 변호사시험관리위원회 위원	2016~2020
법학적성시험 연구사업단 단장/출제위원장	2016~2019
Editor-in-Chief, *KLRI Journal of Law and Legislation*	2018~현재
금융채권자 조정위원회 위원	2018~현재
법무부 해외파견검사심의위원회 위원	2019~2020

[학위논문]

"從業員持株制度가 株式會社 法理에 미친 영향에 관한 研究"법학석사학위논문 (서울대학교, 1981)

The Anti-Trust Law of Korea : Four Years of Experience and Prospect, M.C.L. Thesis (The University of Michigan Law School, 1985)

"會計規範體系의 解釋試論"경영학석사학위논문 (서울대학교, 1988)

"法務費用保險에 관한 研究"법학박사학위논문 (숭실대학교, 1994)

[일반 논문]

"政府借款에 의한 물품 및 용역 購買契約에 관한 研究"「陸士論文集」 제24집 (1983)

"國際去來法의 本質에 관한 研究"「仁荷大學校 社會科學研究所 論文集」 제8집 (1989)

"商法會計規定에 관한 서론적 고찰"「仁荷大學校 社會科學研究所 論文集」 제8집 (1989)

"일본의 내부자거래 규제"「증권」 (1989)

"남북한 교류에 따른 준국제사법적 문제 해결을 위한 서론적 연구"「南北韓統一研究論文集」 (1990)

"東西獨간의 準國際私法的 문제에 관한 연구"「裵慶淑교수 화갑기념논문집」 (1991)

"會計規範體系論"「鄭熙喆교수 고희기념논문집」 (1991)

"KAL 007사건에 대한 美國 判例法 研究"「李泰魯교수 화갑기념논문집」 (1992)

"재벌기업의 전문경영체제의 확립을 위한 법학적 방안"「仁荷大學校 社會科學研究所 論文集」 제11집 (1993)

"미국의 법무보험"「법과 사회」 제8권 (1994)

"運送人의 損害賠償 責任制限에 관한 歷史的 考察"「韓國航空法學會誌」 제5집 (1993)

"Prepaid Legal Service Plans in Canada"「商事法研究」 제12집 (1993)

"航空運送契約法 試案에 대한 비판적 검토"「金斗煥교수 화갑기념논문집」 (1994)

"會社整理法의 역사적 발전과정에 관한 소고"「民事判例研究」 제16집 (1994)

"법무보험제도의 도입과 그 형태"「법과 사회」 제10권 (1994)

"美國 破産法 理論에 관한 소고"「梁承圭교수 화갑기념논문집」 (1994)

"法的 協商"「美國學」 제17집 (1994)

"整理會社의 管理人의 自己去來와 相計"「民事判例研究」 제17집 (1995)

"파산입법의 본질에 관한 연구"「省谷論叢」 제26집 (1995)

"國際航空運送 規制의 새로운 傾向"「航空宇宙法學會誌」 제8집 (1996)

"항공화물운송장의 법률관계"「民事判例研究」 제19집 (1997)

"會社整理制度에 대한 실증적 연구"「商事法研究」 제16권 제2호 (1997)

"航空運送人의 責任制限의 철폐"「航空宇宙法學會誌」 제9집 (1997)

"소비자파산과 금융기관의 대응방안"「월간상호신용금고」 (1998)

"會社整理法의 改定過程과 課題"「人權과 正義」 통권 261호 (1998)

"비지배주주의 권리보호와 경영투명성의 제고"「上場協」 1998년 춘계호 (1998)

"남북한간의 국제사법적 문제"「국제사법연구」 (1998)

"법무보험의 실현방안에 관한 연구"「인천법조」 제4집 (1998)

"주주총회 결의의 하자에 관한 판례연구"「私法研究」 제4집 (1999)

"도산절차에 대한 개념적 이해"「商事法研究」 제17권 3호 (1999)

"국제항공운송인의 책임제한에 관한 협상"「航空宇宙法學會誌」 제11집 (1999)

"집중투표제"「人權과 正義」 통권 270호 (1999)

"회사정리계획안의 변제계획에 관한 연구"「商事法研究」 제18권 제2호 (1999)

"OECD 기업지배구조 원칙에 관한 분석"「比較私法」 제6권 제2호 (1999)

"미국법에 비춰본 和議의 의미"「判例實務研究」 제3권 (1999)

"와르소 협정과 손해배상"「國際去來法研究」 제8집 (1999)

"회사정리법에서 평등, 공정, 형평의 개념"「民事判例研究」 제22집 (2000)

"회계에 대한 법적 규율체계"「商事法研究」 제18권 제3호 (2000)

"부실기업처리제도의 법적 경제학적 기초"「商事判例研究」 제11집 (2000)

"도산법 통합론에 대한 비판"「法學論集」 제5권 제1호 (이화여자대학교, 2000)

"淸算價値를 下廻하는 整理計劃案의 當否"「民事判例研究」 제23권 (2000)

"企業構造調整과 法治主義"「公法研究」 제29권 제2호 (2001)

"기업구조조정촉진법 비판"「法學論集」 제6권 제1호 (이화여자대학교, 2001)

"동남아시아 국가의 도산법에 대한 비교법적 연구"「商事法研究」 제20권 제2호 (2001)

"통합도산법에 관한 소고"「송상현선생 화갑기념논문집」 (2002)

"회사 형태의 선택에 관한 실증연구"「商事法研究」 제21권 제1호 (2002) (공저)

"상법, 무엇을 어떻게 가르칠 것인가?"「법학연구」 제12권 제2호 (연세대학교, 2002)

"會計監査의 법적 의미"「商事判例研究」제13집 (2002)

"상법 제401조에 대한 비판적 해석론"「私法研究」제7집 (2002)

"회사정리절차개시와 근저당권부 피담보채권의 확정"「判例實務研究」제6집 (2003)

"적격금융거래의 일괄정산에 관한 입법론"「法學論集」제8권 제2호 (이화여자대학교, 2004)

"사전조정제도에 관한 연구"「商事法研究」제23권 제1호 (2004)

"특수관계인에 대한 법 규정의 위헌성"「商法研究의 香氣」(2004)

"표현대표이사에 관한 판례분석"「私法研究」제9집 (2004)

"통합도산법 입법경과"「BFL」제9호 (2005)

"채무자 회생 및 파산에 관한 법률 제정경위 및 주요 내용"「法曹」제584호 (2005)

"통합도산법의 과제와 전망 1"「저스티스」통권 제85호 (2005)

"회사정리계획의 수행에 관한 실증적 연구"「企業法研究」제19권 제4호 (2005)

"Globalization in Legal Education of Korea" *Journal of Legal Education*, Vol. 55, No. 4 (2005)

"워크아웃(기업개선작업)에 관한 연구"「商事法研究」제24권 제4호 (2006)

"會計規範 立法論"「상장협연구」제53호 (2006)

"Personal Bankruptcy in Korea: Challenges and Responses" *Theoretical Inquiries in Law*, Vol. 7, No. 2 (2006)

"전공과목간 성적의 비교분석"「법학교육연구」제1권 (이화여자대학교, 2006) (공저)

"성적 등급별 빈도 및 비율 분석"「법학교육연구」제1권 (이화여자대학교, 2006) (공저)

"문제중심학습법을 활용한 법학교육 – 모의수업의 내용과 관찰을 중심으로"「法學」제47권 제4호 (서울대학교, 2006)

"청산가치 보장의 원칙"「民事判例研究」제26권 (2007)

"도산절차와 결제제도"「증권예탁」제62호 (2007)

"정리계획수행과 주주의 권리 – 국제상사 사건을 중심으로 – "「商事判例研究」제20집 제3권 (2007)

"An Overview of the New Korean Insolvency Law" *Norton Journal of Bankruptcy Law and Practice*, Vol. 16, No. 5 (2007)

"Legal interpretation in Korea"「法學論集」제12권 제2호 (이화여자대학교, 2008) (공저)

"韓國新倒産法制의 概要"「國際商事法務」Vol. 36, No. 6 (2008)

"Priority in Insolvency Proceedings" *Journal of Korean Law*, Vol. 7, No. 2 (2008)

"기업회생제도의 현황과 개선방향"「사법」제4호 (2008)

"도산법의 개정 방향"「BFL」제34호 (2009)

"도산절차에서 우선순위 – 우선순위의 의미에 대한 새로운 해석 – "「法學論集」제13권 제2호 (이화여자대학교, 2009)

"국제도산절차의 공조(共調) – UNCITRAL 국제도산절차 협조 실무 지침 소개 – "「통상법률」제88호 (2009)

"도산실효조항의 유효성"「판례실무연구」제9권 (2010)

"특수관계인이 관련된 행위의 부인"「민사판례연구」제32권 (2010)

"과중채무정리제도에 대한 연구"「法學論集」제15권 제1호 (이화여자대학교, 2010)

"회생절차의 종료와 부인권"「商事法研究」제30권 제1호 (2011)

"도산법에 대한 법경제학적 고찰"「법경제학연구」제8권 제1호 (2011)

"한국채택국제회계기준상 연결실체의 판단기준에 대한 법리적 분석"「商事法研究」제30권 제3호 (2011)

"물상보증인의 변제와 연대보증채무의 확정 – 대법원 2011.2.24. 선고 2010다82103 판결 비평"「도산법연구」제4권 제1호 (2013)

"회생절차에서 M&A의 법적 쟁점 – 웅진홀딩스 사례를 중심으로"「商事法研究」제32권 제2호 (2013)

"기업구조조정촉진법의 적용범위"「도산법연구」제5권 제1호 (2014)

"1주 발행 주식회사의 법률관계"「商事法研究」제33권 제2호 (2014)

"監事는 會計監査를 하지 않는다 – 상법 회계관련 규정의 규범성에 대한 斷想 – "「商事法研究」제33권 제3호 (2014)

"기업회생제도(2006–2012)에 관한 실증적 연구"「商事法研究」제34권 제1호 (2015)

"韓國における企業構造調整促進法 – 論議と展望"「伊藤眞先生古稀祝賀論文集 民事手續の現代的使命」(有斐閣, 2015) (번역: 최유나, 최정임)

"A Reflection on Practical Training in Legal Education in South Korea," *Asian Journal of Law and Society*, Volume 3, Issue 2 (2016)

"개인회생 채무자의 차금과 사기죄"「도산법연구」제6권 제3호 (2016)

"기업구조조정촉진법의 운영실태(2007–2013)에 대한 실증연구"「經濟法研究」제16권 제1호 (2017)

"도산절차에서 형성권의 취급"「法學研究」제28권 제4호 (충남대학교, 2017)

"韩国个人破产制度框架以及面临的问题"「中国政法大学学报」2020년 제2호 (번역: 陈景善 教授)

"韩国与日本上市公司破产重整制度及启示"「中证金融与法律研究」 2019년 제4기 총 104호 (2019) (공저)

〔번역〕

"企業會計와 會社法"「商事法研究」제15권 제2호 (1996)

"파산면책의 역사적 전개"「商法研究의 香氣」(2004) (공역)

〔서평〕

"A Sociolegal Anatomy of Insolvency Rulemaking in a Global Context" *Norton Annual Review of International Insolvency* (2010)

〔학술대회 발표/강연〕

"Liability for International Aviation: Aerial Incidents and Warsaw Convention of 1929" (Golden Gate University School of Law, March 19-20, 1992)

"Government Intervention in Corporate Reorganization: Corporate Restructuring Promotion Act" Recent Developments in Corporate Insolvency of Korea (The University of Hong Kong, April 18-19, 2002)

"Insolvency Laws of Korea - 40 Years Experience and Perspectives" Insolvency Law Seminar for Vietnamese Delegate (KIM & CHANG, April 22, 2002)

"Rule of Law in Market: Recent Development in Korea" Mansfield Dialogue on Rule of Law, Taiwan Retreat (May 23-25, 2002)

"한국의 부실기업 구조조정 사례"「한중 경제협력의 기본방향과 향후과제」한중수교 10주년기념 세미나 (북경대학, 2002. 7. 4-5)

"Insolvency Law Reform of Korea: a Continuing Learning Process" Forum of Asian Law Reform II (OECD, Dec. 16-17, 2002)

"Drafting New Insolvency Law of Korea" Forum for Insolvency Risk Management (World Bank, Jan. 28-29, 2003)

"Setting insolvency rules : a course of understanding and persuasion" Forum of Asian Law Reform III (OECD, Nov. 10-11, 2003)

"Asian Insolvency Law Reform in the Past Decade" Forum for Asian Insolvency Reform V (OECD, April 26-27, 2006)

Moderator, Corporate Governance: Its Legal Issues and Prospect in Asia, 2006 ALIN

International Academic Conference (Dec. 6, 2006)

"Expansion of 'Rule of Law' in the Market - Korean Experience after the Economic Crisis in late 1990's" Government Policies and Corporate Strategies under Structural Change and Economic Dynamism, Seminar organized by KDI and DRC (Beijing, Jun. 7, 2007)

"Rehabilitating Korea's Corporate Insolvency Regime, 1992-2007" Seminar - Pushing Back at Globalization (Monash University, Australia, November 27-28, 2007)

"Legal Interpretation in Korea" International Seminar on Legal Interpretation organized by JOPSO and Office of the National Assembly of Vietnam (Hanoi, February 21-22, 2008)

"Expansion of 'Rule of Law' - Korean Experience after the Economic Crisis of 1997" Special lectures at the University of Hanoi and the Royal Academy of Cambodia (Jan. 13-14, 2009)

"Responses of Korea to Sub-prime Crisis" Seminar on Restoring Financial Stability - The Legal Response (IMF, Nov. 30 - Dec. 3, 2009)

"Site-switching in Insolvency Law Reform" East Asian Law and Society Conference, (Hong Kong, Feb. 5-6, 2010)

"한국 금융기관의 도산과 도산법" 금융기관 도산에 관한 한중일 세미나 (중국정법대, 2018. 3. 24)

"한국 도산법의 과제" 타카기 기념강연 (도쿄, 2019. 7. 16)

"도산절차와 M&A" 薊門破産重組対话 (중국 정법대, 2019. 7. 21)

"Cross-border Insolvency" IMF Workshop (Singapore, Jul. 30. - Aug. 2, 2019)

"역사에서 배우는 도산법 원리" 서울회생법원 워킹 런치 (2019. 12. 11)

〔연구보고서〕

「所有와 經營의 分離 : 經營現代化와 經營民主化」 (서울대학교 사회과학연구소, 1991) (9인 공동)

「인천직할시 중구청 재정수익사업」 (인천시 중구청, 1996) (5인 공동)

「한국통신 주식의 분산과 주주권 행사의 제한에 관한 연구」 (한국통신 경영연구소, 1999)

「공기업 정책전환에 대응한 한국통신의 구조조정 전략에 관한 연구보고서」 (한국개발연구원, 1998) (5인 공동)

「통신사업과 퇴출제도 연구」 (정보통신부, 2000)

「국내외 부실채권 정리기능 강화방안 연구」 (한국개발연구원, 2001) (10인 공동)

「통합도산법의 입법에 관한 연구」 (법무부, 2002)

「회사정리법 등 도산3법의 통합법제에 관한 연구」(국회 법제사법위원회, 2002)

「도산법에 관한 국제기구의 접근방법에 대한 연구」(법무부, 2002)

「파생금융상품의 일괄청산에 관한 연구」(법무부, 2003)

「공기업 민영화 이후의 소유지배구조에 관한 연구」(기획재정부, 2003) (3인 공동연구)

「국가사업과 관련된 갈등조정 시스템에 관한 연구」(한국개발연구원 국제정책대학원대학교, 2004)

「도산법상 결제시스템의 보호」(한국은행/증권거래소, 2004)

「금융기관 적기시정조치의 실효성 제고방안 연구」(기획재정부, 2004) (4인 공동연구)

「법학교육에서 평가와 교과과정의 재구성」(한국학술진흥재단, 2003~2005)

「전력거래소 시장에서의 전력거래관계에 대한 법률적 분석」(전력거래소, 2005)

「채무자회생 및 파산에 관한 법률의 기본원리·구조 고찰 및 그 발전방향 연구」(법무부, 2005)

「세계법령정보센터의 구축 및 개선방안」(법제처, 2005) (3인 공동연구)

「도산법제선진화를 위한 비교법제 연구 – 채무자 회생 및 파산에 관한 법률 개정 방안을 중심으로 – 」(법무부, 2008)

「도산감독기구 설치 방안 연구」(법무부, 2009)

「UNCITRAL Guide」(법무부, 2010)

「공정거래 자율준수 프로그램 개선방안」(공정거래위원회, 2010)

「온라인 분쟁해결(ODR)에 관한 국제 규범 모델 연구 – 주요 ODR 시스템 분석」(한국법제연구원, 2011)

「공정거래 자율준수 프로그램 개선방안 연구」(공정거래위원회, 2010)

「미국 도산법 연구: 통합도산법 개정안의 입법례를 중심으로」(중소기업연구원, 2011)

「도산법에 관한 UNCITRAL 입법지침 연구」(법무부, 2011)

「한국특수판매공제조합의 법적 성격 규명 및 이익잉여금 배당에 관한 연구」(한국특수판매공제조합, 2013)

「Micro Finance / Micro Business에 관한 UNCITRAL에서의 논의 분석」(한국법제연구원, 2013)

「법원과 회생·파산절차 관여자의 바람직한 역할 재정립 방안」(법원행정처, 2013)

「세계은행 기업하기 좋은 환경 구축을 중심으로 한 도산법제 개선사업 연구」(법무부, 2014)

「UNCITRAL Working Group III ODR 절차 규칙에 관한 논의」(법제연구원, 2014)

「기업구조조정촉진법 상시법제화 방안 연구」(금융위원회/법무부, 2014)

「UNCITRAL W/G III의 ODR 절차 규칙에 관한 논의 분석과 전망 (1)」(한국법제연구원, 2014)

「개인회생절차 이용 실태에 관한 연구」(법무부/금융위원회, 2015)

「법학전문대학원 중장기 개선방안 연구」(교육부, 2016)

「일본 민사재생법 및 파산법 번역」(법무부, 2019)

「일본 회사갱생법 및 승인원조법 번역」(법무부, 2020)

[Book Chapters]

"Constitution and Government" *Korea — The Land of Morning Calm* (Korean Educational Development Institute, 1997)

"Corporate Exit and Development of Insolvency Law", in Dae-Kyu Yoon, ed. *Recent Transformations in Korean Law and Society* (Seoul National University Press, 2000)

"Asian Insolvency Regimes from a Comparative Perspectives: Problems and Issues for Reform" in *Insolvency Systems in Asia — An Efficiency Perspective* (OECD, 2001) (co-authored)

"Country Report - Korea, in *Insolvency Systems in Asia — An Efficiency Perspective*" (OECD, 2001) (co-authored)

"*Participantes Recomendaciones 108 a 125*" *Guía Legislativa de UNCITRAL sobre el Régimen de la Insolvencia* (coordinated by Davis Morán Bovio), (LA LEY, 2007)

"Personal Bankruptcy in Korea" in Johanna Niemi, Iain Ramsay & William C Whitford ed. *Consumer Credit, Debt & Bankruptcy* (Hart Publishing, 2009)

"Rehabilitating Korea's corporate insolvency regime, 1992-2007" in John Gillespie and Randall Peerenboom ed. *Regulation in Asia — Pushing back on globalization* (Routledge Law in Asia, 2009) (co-authored)

"National Report for the Republic of Korea" in Dennis Faber, Niels Vermunt, Jason Kilborn and Tomáš Richter ed., *Commencement of Insolvency Proceedings* (Oxford University Press, 2012) (co-authored)

"Corporate Restructuring During Times of Crisis in South Korea," in *Restoring Financial Stability — The Legal Response*, Current Development in Monetary and Financial Law, Vol. 6 (IMF, 2012)

"National Report for the Republic of Korea" in Dennis Faber, Niels Vermunt, Jason Kilborn, and Kathleen van der Linde ed., *Treatment of Contracts in Insolvency* (Oxford University Press, 2013) (co-authored)

"National Report for the Republic of Korea" in Dennis Faber, Niels Vermunt, Jason

Kilborn, Tomáš Richter and Ignacio Tirado ed., *Ranking and Priority of Creditors* (Oxford University Press, 2016) (co-authored)

"Republik Korea" in Münchner Kommentar, InsO, Band 4, 3. Auflage (2016) & 4 Auflage (2021) (translated into German by Wolfgang Zenker)

〔단행본〕

「國際私法」(세영사, 1985) (공저)

「比較法」(한국방송통신대학, 1991) (공저)

「고등학교 상업법규」(교육인적자원부, 2000)

Bankruptcy of Large Firms and Exit Mechanisms in Korea (Korea Development Institute, 2000) (co-authored)

「알기 쉬운 개인회생절차」(이화여자대학교출판문화원, 2004) (공저)

「채무자 회생 및 파산에 관한 법률 해설」(법무부, 2006)

「외부감사론」(두솔, 2007)

「도산법개혁 1998-2007」(두솔, 2007)

「도산법의 이해」(이화여자대학교출판부, 2008)

「도산법」(한국사법행정학회, 2012) (공저)

「어음수표법 요해」(경성문화사, 2017)

「외국도산절차의 승인에 관한 법과 실무」(한국법제연구원, 2019)

「변호사시험의 완전 자격시험화 방안에 관한 연구」(삼영문화사, 2020) (공저)

「기업경영과 법」(경문사, 2018; 홍문사, 2021)

도산법과 함께 30년

오 수 근 (이화여자대학교 법학전문대학원 교수)

도산법연구회에서 도산법 발전의 한 시대를 정리하는 「도산판례백선」으로 저의 정년퇴임을 기념해 주셨습니다. 도산법이 필요한 시대에 서 있었을 뿐인데 분에 넘치는 영광이고 기쁨입니다. 도산법과 씨름한 지난 30년을 정리하여 말씀드리는 것으로 저의 감사인사를 대신하고자 합니다.

첫 논문

대학 4학년 때(1979년) 공장을 운영하시던 아버님이 저를 부르시더니 원청회사가 '회사정리'에 들어갔다는데 그것이 무엇이냐고 물으셨습니다. 법전을 찾아보고 「회사정리법」이라는 법률이 있는 것을 알았습니다. 그리고 시간이 많이 흐른 뒤인 1992년 가을, 다음 해 여름에 있을 민사판례연구회 하계 세미나에서 회사정리법이 역사적으로 어떻게 발전해 왔는지 발표하라는 말씀을 듣게 되었습니다. 회사정리법이나 도산법을 공부한 일이 없었지만 분부를 거역할 처지가 아니었기 때문에 곧장 도산법 공부를 시작했습니다.

당시에는 우리나라에 도산법에 관한 문헌이 거의 없어서 미국 도산법 책을 먼저 읽었습니다. 외국 문헌으로 공부하면서 내가 이해한 것이 맞는지 확인할 수가 없고 막힐 때 물어볼 데가 없어서 답답했습니다. 그러던 중 1993년 6월 하순부터 한 달 동안 미국 국무부 초청으로 미국 사법제도를 시찰할 기회가 있었습니다. 마침 가이드가 미국 변호사여서 미국 도산법에 대해 언제든지 질문을 할 수 있었고 미국 전국을 다니면서 도산법 전문가들도 만나고 도서관에도 마음껏 갈 수 있어 도산법 공부하기에 그보다 더 좋을 수는 없었습니다.

7월 중순부터 발표문을 준비하기 시작했는데 그동안 읽었던 많은 도산법 문헌에서 "회사정리법의 역사적 발전과정"이라는 발표 주제에 맞는 내용을 제가 설정한 분석틀에 맞추어 정리하는 일은 그리 어렵지 않아 보였습니다. 7월 말 발표문의 초고를 완성하고 읽어 보니 분석 틀에도 문제가 있어 보이고 몇 가지 사실관계에 대한 확인도 필요해 보였습니다. 귀국 비행기에서 발표문을 다시 읽어가면서 수정해 나갔는데 점점 더 미궁에 빠지는 느낌이었습니다. 불안한 마음에 비행기에서 거의 잠을 자지 못한 채로 귀국해서는 한 달 만에 만나는 가족들과도 편안한 시간을 보내지 못하고 밤새 발표문에 매달렸습니다.

그 다음 날 오후에 세미나가 열리는 무주로 가족들과 함께 이동해서 숙소에 짐을 풀고 저녁 만찬장에 갔는데 발표 생각에 제대로 식사를 할 수 없었습니다. 서둘러 숙소로 돌아와서 발표문을 처음부터 읽어 가며 무슨 문제가 있는지 체크해 봤는데 이슈들이 서로 엉겨서 갈피를 잡을 수 없었습니다. 새벽 3시 경에는 도저히 더 손을 쓸 수 없다는 생각이 들면서 멍한 상태가 되었습니다. 자판 소리에 잠을 제대로 자지 못하던 아내가 일어나 제 모습을 보더니 놀라서 왜 그러냐고 물었습니다. 얼굴이 창백하고 손이 얼음장처럼 차다고 하면서 얼굴을 손으로 비벼주었습니다. 아내가 너무 걱정 하지 말라며 잘 될 거라고 위로해 주었지만 제게는 모두 흘러가는 소리였습니다.

아내는 다시 침대로 가고 저는 모니터를 보고 있었지만 생각은 정지된 채였습니다. 의식은 있 지만 머릿속은 백지처럼 비어 가는 것을 처음 경험했습니다. 4시가 조금 지나니 먼동이 트면서 하 늘이 조금씩 밝아졌습니다. 저는 날이 밝는 것이 무서웠습니다. 발표를 제대로 하지 못해 회원들 앞 에서 망신당할 생각을 하니 진땀이 났습니다. 저도 모르게 기도가 나왔습니다. "하나님, 동이 트지 않게 하시든지 지금 저를 데려가 주십시오."

그렇게 기도하면서 이제는 내가 할 수 있는 것이 아무것도 없다는 것을, 또 내가 지금까지 이해 했다고 생각한 것이 다 내 것이 아니라는 것을 뼛속 깊이 깨달았습니다. 잘 해야 한다는 생각도, 잘 할 수 있다는 생각도 없어지니 오히려 마음이 가라앉았습니다. 마음이 가라앉으니, 이번 발표로 내 가 잘한다는 것을 회원들에게 보여주고 싶고, 내가 얼마나 능력 있는 사람인지 자랑하고 싶은 마음 이 있는 것이 보였습니다.

그때 하나님께 기도했습니다. "하나님, 제가 할 수 있는 것이 아무것도 없음을 고백합니다. 제 가 공부하고 이해한 것이 제 힘으로 한 것이 아님을 알게 되었습니다. 몇 시간 후에 하는 발표가 어 떻게 될지 모르지만 뽐내고 싶은 욕심 다 버렸습니다. 제가 제대로 발표할 수 있으면 그것은 오직 당신의 힘으로 당신이 허락하셔서 하게 된 것임을 인정합니다. 만일 제가 이 발표 이후에 도산법을 계속 공부하게 된다면 그것은 전적으로 당신의 힘으로, 당신의 열심으로, 당신의 은혜로 하는 것임 을 명심하겠습니다."

그렇게 기도한 후 마음을 추스르고 첫 번째 발표를 무사히 마쳤습니다. 교수가 된 지 얼마 안 되서 당시 전공하는 사람이 없는 미지의 영역인 도산법을 공부하게 된 것은 제가 선택한 것이 아니 고 전적으로 하나님이 선택하신 것이었습니다. 교만이 저를 앞세울 때 저의 생각을 흩어 놓으시고 하나님의 열심으로 일이 되는 것임을 그 새벽에 깨닫게 해 주셨습니다. 그렇게 쓰여진 것이 "會社整 理法의 역사적 발전과정에 관한 소고(1994)"입니다. 그 날의 체험과 기도는 제가 도산법을 공부하 는 동안 늘 저의 죽비가 되었습니다.

원리 탐구

첫 번째 논문에서 도산법을 역사의 관점에서 접근한 것이 그 후 도산법을 공부하는 데 큰 도움 이 되었습니다. 유신시대에 학부를 마친 저는 당시의 정치상황 때문에 현실을 제대로 규율하지 못 하는 법, 특히 공법에 대해 부정적인 이미지를 가졌었고 그러한 인식이 법을 공부하는 데 늘 방해가 되었습니다. 그런데 도산법이 역사적으로 발전해 온 과정을 해석론보다 먼저 공부하면서 도산법이 변화한다는 점을 분명하게 인식하게 되었고 당시 우리나라의 도산 실무는 빈약했지만 경제 사회 환경이 바뀌면 도산법이 본래의 기능을 발휘할 때가 올 것이라는 믿음을 갖게 되었습니다. 또 도산법의 여러 법원칙을 만드는 사회경제적인 요인에도 관심을 갖게 되었습니다.

도산법을 미국 도산법 문헌을 통해서 처음 공부했기 때문에 은연 중 많은 영향을 받았습니다. 그 중에 가장 큰 것은 도산제도의 목적에 대해 서로 다른 견해가 존재한다는 점을 인식한 것입니다. 채권자협상이론과 손실분배이론이 도산제도의 의미를 다르게 파악하고 법원칙의 형성과 운영에 다른 의견을 낸다는 점이 도산제도 자체를 다양한 시각에서 볼 수 있는 기회를 주었고 그런 이론들과 처음 몇 년 동안 씨름했습니다("美國 破産法 理論에 관한 소고(1994)"; "파산입법의 본질에 관한 연구(1995)").

또 어떤 쟁점이 있으면 미국의 사례를 먼저 찾아보게 되었습니다. 화의법이 그 예의 하나입니다. 이용되지 않던 화의절차의 신청이 폭증하자 화의절차에 대한 논의가 많아져 대법원 비교법실무연구회에서 발표도 하고("미국법에 비춰본 和議의 의미(1999)"), 여러 도산절차의 본질을 생각해 보기도 했습니다("도산절차에 대한 개념적 이해(1999)"). 도산실효 조항의 유효성도 미국법을 깊이 들여다 본 예입니다("도산실효조항의 유효성(2010)").

미국 도산법에서 유래한 개념 중 하나로 오랫동안 저를 답답하게 한 것이 '공정 형평'이라는 개념입니다. 이는 미국 도산법의 역사적 배경 하에서 형성된 개념이지만 이를 계수한 일본이나 우리나라에서는 그런 맥락과 별도의 독자적인 해석을 하면서 실체가 모호해졌습니다("회사정리법에서 평등, 공정, 형평의 개념(2000)").

우리나라에서 도산절차에 대한 경험이 일천하다 보니 도산법의 근본 원리에 대해서 서로 이해가 부족한 때가 적지 않았습니다. "청산되는 경우보다 많아야 한다는 주장은 독단적인 견해에 불과하다"는 대법원 판결을 보고 놀라서 논문을 쓰고("淸算價値를 下廻하는 整理計劃案의 當否(2000)") 입법에 직접 반영했습니다. 그런데 청산가치를 파산시 분할매각을 전제로 산정하는 것이나 청산가치 보장을 강제인가의 요건으로 삼는 것에 대해서는 여전히 의문이 있습니다("청산가치 보장의 원칙(2007)"). 또 "우선하여 변제한다"는 도산법 규정에서 '우선'이 무슨 의미인지를 생각해 보기도 했습니다("도산절차에서 우선순위 - 우선순위의 의미에 대한 새로운 해석 - (2009)").

원리적 문제의 하나로 오래 기억되는 것이 국제상사사건입니다. 당시 도산법연구회 월례 발표회를 원효로 국제상사 빌딩에 있는 삼성경제연구소 회의실에서 했는데 그 빌딩 1층 로비에 이랜드가 정리계획 인가 후 출자전환된 국제상사 주식을 인수한 것을 비난하는 국제상사 노조의 대자보가 붙어 있었습니다. 그것을 보면서 회사정리절차에서도 주주의 권리는 인정되어야 하지 않나 하는 생각을 했습니다. 경영능력이 있는 대주주가 형성된 정리회사를 법원이 제3자에게 매각하는 것은 도산법의 원리에 맞지 않다는 것을 지적한 논문이 "정리계획수행과 주주의 권리(2007)"입니다.

실증연구

문헌을 통해 도산법을 공부하면서 도산절차가 현장에서 어떻게 진행되는지 늘 궁금했습니다. 마침 한 지방법원장님의 후의로 1992년부터 1996년까지 종결된 37개 회사정리사건의 기록을 창고에서 열람했습니다(개인정보라는 이유로 판결문에서 이름을 지우는 지금과는 달리 그 당시에는 그런 여유가 있었습니다). 그 자료에서 파탄의 원인, 절차별 소요기간, 판단기준을 정리하였는데("會社整理制度에 대한 실증적 연구(1997)"), 이 논문을 쓰면서 제가 평소에 법학을 공부하면서 가지고 있었던 "법학에서는 말만 무성하다"는 일종의 불만이 조금은 해소될 수 있었습니다.

위 논문을 준비하면서 정리계획안 중 변제계획이 채무자 기업의 실질을 잘 반영하지 못한다는 생각이 들어 좀 더 체계적으로 분석을 할 필요를 느꼈습니다. 다행히 1995년 이후 인가된 회생계획 30개를 한 시중은행에서 연구를 위하여 제공해 주었습니다. 그 자료를 분석하여 변제계획의 허구성을 논증했습니다("회사정리계획안의 변제계획에 관한 연구(1999)").

도산법에 대한 실증연구를 위해서 기본적인 데이터가 있는 사건기록이나 관련 자료에 접근하는 것도 힘들었지만 그 자료를 정리하는 일도 여간 힘들지 않았고 시행착오의 연속이었습니다. 수석부장님의 배려로 옥상 창고에서 기록을 볼 때는 소형 복사기를 들고 가서 복사를 해서 연구실에서 다시 정리를 하기도 했습니다. 그렇게 수집한 자료로 1997년부터 2004년까지 8년 동안 서울지방법원에서 종료되거나 정리계획이 인가된 171개 채무자기업의 정리절차 진행과정과 정리계획 수행 내역을 분석하여 파산부 설치 후 실무의 변화를 확인할 수 있었습니다("회사정리계획의 수행에 관한 실증적 연구(2005)"). 또 통합도산법 시행 전후의 차이를 알아보기 위해 정리절차 41건과 회생절차 225건을 비교분석하기도 했습니다("기업회생제도의 현황과 개선방향(2008)"). 이 연구를 끝으로 법원에서 사건기록을 볼 수 있는 기회는 더 이상 없었습니다. 개인정보 보호의 원칙에는 동의하지만 학술연구를 위해서 일정한 통제 하에 관련 자료가 제공되어야 한다고 생각합니다.

통합도산법 시행 이후의 기업 회생절차에 대한 실증연구를 위해 서울중앙지방법원에 접수된 사건 중 개시일이 기재된 751개 사건의 진행경과를 분석하였는데 표본의 수가 많아서 통계적으로 유의미한 결론을 도출할 수 있었고 통합도산법 시행 후의 변화도 볼 수 있었습니다("기업회생제도 (2006-2012)에 관한 실증적 연구(2015)").

개인 도산절차에 대한 첫 번째 실증연구로 사건기록 대신 과중채무자들이 이용하는 인터넷 사이트에 게시된 글을 분석하여 과중채무자가 겪는 어려움 즉 도산절차 이용의 비용 측면을 분석하였습니다("과중채무정리제도에 대한 연구(2010)"). 그러다 도산사건 전문가이신 변호사님의 후의로 개인회생사건 기록을 볼 기회가 생겼습니다. 법원에서도 개인도산사건 기록은 보기가 쉽지 않는데 특별한 기회였습니다. 서울의 여러 법률사무소에서 진행한 212개 개인회생사건 기록에서 채무자들이 언제, 어느 채권자에게서, 얼마의 채무를 부담하는지를 분석하여 이른바 '돌려막기'라는 것이 과중채무자의 일상적인 차금 패턴임을 규명하였습니다("개인회생 채무자의 차금과 사기죄(2016)").

돌려막기를 과중채무자의 사기적 행위로 인식하는 것이 잘못된 것임을 입증한 논문입니다.

기업구조조정촉진법은 한시법으로 제정되어 폐기와 재입법을 반복하면서 그 때마다 재입법의 이유가 조금씩 달라졌지만 공통적인 전제는 워크아웃이 법정절차보다 효과적인 구조조정 수단이라는 점이었습니다. 그 전제가 맞는지를 알아보기 위해 상장기업을 중심으로 회사정리절차를 거친 기업과 워크아웃을 거친 기업의 주가와 실적 변화를 비교하였고 그 결과 워크아웃이 법정도산절차보다 실제로 더 효과적이지 않다는 점을 논증했습니다("워크아웃(기업개선작업)에 관한 연구(2006)"). 이 논문으로 한국상사법학회가 수여하는 제1호 학술상을 타기도 해서 실증연구에 대한 법학자들의 생각이 열려있는 것을 알았습니다.

실증연구를 위해서는 사건기록을 직접 볼 수밖에 없다고 생각했었는데 그것이 단견임을 체험할 기회도 있었습니다. 금융감독위원회가 주도한 연구과제를 금융연구원과 함께 수행했는데 금융위원회가 한 국책은행에 요청하자 워크아웃에 들어간 200여개 기업의 채무조정내역과 진행과정이 1주일 만에 엑셀 표에 정리되어 온 것을 보고 놀랐습니다. 제가 원시 자료에 접근할 수 있다고 해도 그 정도의 데이터를 모아서 정리하려면 적어도 3-4개월은 매달려 있어야 할 분량이었습니다. 법률가가 경제관료와 경쟁해서 이기기 쉽지 않겠다는 씁쓸한 생각을 하면서 워크아웃의 현장을 분석했습니다("기업구조조정촉진법의 운영실태(2007-2013)에 대한 실증연구(2017)").

외환위기와 도산법 제·개정

1997년 말 몰아닥친 외환위기로 도산법이 사회 전체의 관심을 받게 되었고 도산법 개정은 이른바 IMF 위기 극복을 위한 정부의 주요 과업이 되었습니다. 1998년 1월 법무부에 도산법 개정위원회가 구성되어 위원으로 참여하면서 처음으로 도산법 전체와 대면하게 되었습니다. 개정위원회 위원 중 도산법에 전념하는 사람은 저뿐이어서 정부 부처나 유관 기관들이 저와 주로 소통하였고 1999년 이후에는 위원장을 맡게 되었습니다. 도산법 개정과 제정이 이어지면서 2016년까지 입법작업을 조정하는 일은 제 일과의 한 부분이 되었습니다.

도산법 개정의 주무부처는 법무부였지만 경제관료들이 여러 사항의 입법을 주문하고 독려하는 형국이었습니다. 그래서 자주 경제관료나 경제학자들을 만나게 되었는데 그 동안 제가 만나던 법률가들과는 사고나 표현 방식이 많이 다른 점에 놀라기도 했습니다. 어느 세미나에서 "법학자와 경제학자가 같이 일을 하다 보면 법학자는 경제학자의 주장이 너무 과감해서 가슴이 덜컹 내려 앉고 경제학자는 법학자의 논리전개가 너무 답답해서 화병이 난다"는 조크를 한 기억이 납니다.

2000년 한국 정부는 IMF와 TAL(Technical Assistant Loan) Project를 진행했습니다. 이것은 IMF가 해당국의 부족한 부분을 개선하기 위해 외국 전문가의 도움을 받게 하는 것인데 무상이 아니고 해당국에 융자를 해 주고 그 돈으로 학습하게 하는 프로그램입니다. 이 프로그램의 일환으로 한국 도산법 개혁을 위한 연구작업이 진행되었는데 연구수행기관의 요청으로 2000년 11월 이대에서 이틀 동안 세미나를 주관하였습니다. 이 세미나에서 도산법 개정의 밑 그림이 그려졌습니다.

문제는 도산법 개정이 개별 규정의 개정이 아니고 통합도산법 제정으로 방향을 잡은 점입니다. 저는 통합도산법 제정을 할 때가 아니라고 생각했습니다. 법정도산절차가 제대로 기능하지 못하는 이유는 법률이나 이를 적용하는 법원에 문제가 있어서가 아니고 정부의 개입과 관치금융 때문이므로 이러한 근본 문제들이 해결되지 않는 한 통합도산법 제정이 해결책이 될 수 없다고 보았습니다 ("도산법 통합론에 대한 비판(2000)"). 통합도산법을 제정할 충분한 연구가 축적되지 않은 점도 마음에 걸렸습니다. 그렇지만 정부가 통합도산법 제정을 IMF에 이미 약속한 상태여서 제가 막을 수 있는 것이 아니었습니다. 도산법 개정작업을 하면서 호흡을 맞춘 동역자들을 믿고 제정 작업을 시작했습니다.

통합도산법 제정 과정에서 가장 논란이 많았던 부분은 회생절차의 관리인입니다. 오랫동안 법원은 정리회사의 관리를 제대로 하지 못한다는 외부의 비판을 받았습니다. 회사정리절차는 일반 소송절차와 달라서 법관이 잘 관리하기가 쉽지 않은데 더욱이 사건 수가 적었으니 법원에 사건 처리의 경험이 축적될 수가 없었습니다. 외환위기 이후 사건이 폭증하자 대법원이 역량 있는 판사들을 서울중앙지방법원 파산부에 집중적으로 배치해서 외국의 도산절차를 연구하고 실무처리 경험을 축적하여 이를 전국 법원에 확산함으로써 전국적으로 도산사건 처리 수준을 높인 것은 잘 알려진 대로입니다. 이 과정에서 법원은 자신이 제3자 관리인을 임명해야 회사정리사건 전체를 제대로 관리할 수 있다고 확신한 것 같습니다. TAL 프로젝트의 일환으로 진행된 세미나에 법원 대표로 참석한 파산부 판사님은 기존 경영자에게 관리권을 부여하는 문제를 계속 논의한다면 앞으로 회의에 참석하지 않겠다고 단언할 정도로 법원의 생각은 단호했습니다.

이 쟁점은 도산법 역사에서 보면 이미 정답이 나와 있습니다. 1938년 미국 도산법에는 회생절차가 두 가지 있었습니다. 하나는 제3자 관리인을 임명하는 제10장 절차이고, 다른 하나는 기존 경영자가 관리권을 갖는 제11장 절차였습니다. 입법자는 전자는 상장기업과 같은 대기업에, 후자는 작은 회사에 적용할 것을 의도했지만 대부분의 기업이 기존 경영자가 경영권을 유지하는 후자를 선택하는 현실을 막지 못했습니다. 결국 1978년 도산법에서는 회생절차를 일원화하면서 기존 경영진에게 관리권을 부여하기에 이릅니다. 이런 사실을 개념적으로 아는 것과 마음으로 받아들이는 것은 다른 문제라고 생각했기 때문에 법원의 완강한 자세를 이해하지 못할 것은 아니었습니다.

회사정리사건을 처리한 경험이 많은 변호사님들은 기존 경영자의 경영권을 인정하는 것이 회생절차의 조기 신청을 유도할 수 있는 가장 중요한 요인이라는 것을 아셨기 때문에 경영자 관리인 제도의 도입을 강력히 주장했지만 채권자 그룹이나 법원이 정면으로 반대하는 상황에서 이를 채택하는 것은 쉽지 않았습니다. 그 후 회사정리 사건이 줄어들고 법원의 실무 경험도 쌓이면서 경영자 관리인에 대한 법원의 부정적 시각도 점차 완화되었고 그 결과 현행법과 같은 타협이 이루어졌습니다. 통합도산법 시행 이후 문언 그대로 기존 경영자 관리인 원칙을 적용하다가 관리인 불선임이 늘어나면서 이 문제에 대한 이견은 대부분 해소되었다고 봅니다. 우리에게는 그런 학습의 시간이 필요했습니다. 법원이 그 역할과 조직의 특성상 생각을 바꾸는 것이 쉽지 않은데 그런 변화를 마다하지 않은 점은 높이 평가할 일이라고 생각합니다.

통합도산법 제정과정에서 특별한 공을 들인 것이 채무자회생법 제120조와 제336조의 '지급결제제도 등에 대한 특칙'입니다. 이 내용은 제정위원회 논의 단계에서는 거론된 일이 없었습니다. 조문화 작업 중 재경부는 거래 당사자의 도산이 시스템에 미칠 위험 때문에 한국의 파생상품거래가 국제금융시장에서 위축되고 있으므로 파생상품거래를 도산절차의 영향에서 벗어나게 해야 한다는 요청을 했습니다. 도산법 전공자에게 도산절차에서 벗어나는 규정을 만들어 달라는 요청 자체가 거북한 일이지만 파생상품 거래에 관련된 ISDA의 활동이 국내에 잘 알려지지 않았던 때여서 우선 실태를 파악하는 데 상당한 시간을 써야 했습니다. 필요성을 공감하여 조문을 구상하고 있는데, 한국은행에서 지급결제제도를, 이어서 증권예탁결제원에서 증권결제제도를 도산절차에서 분리하는 입법을 해 달라는 요청을 했습니다.

외국의 입법례도 확립되어 있지 않은 상황에서 이들 제도에 관한 입법을 하려면 무엇보다 입법에 관여하는 여러 이해관계인의 이해와 공감대를 형성할 필요가 있었습니다. 그래서 공식적인 공청회 전에 관련 기관의 인사를 초청해서 세 가지 유형의 거래 구조와 도산절차에서 배제할 필요성에 대한 세미나를 열었습니다. 그 때 논의된 바를 기초로 신설된 조문이 제120조와 제336조입니다. 도산사건으로 인한 시스템 위험을 배제하는 조항이 하나의 조문을 구성하는 예는 다른 나라에서 찾기 힘듭니다. 이들 조문은 우리 자신의 필요성과 생각으로 우리가 만든 조문이라고 평가합니다. 이 조문에 대해서는 그 필요성이나 범위에 대해 비판적인 의견이 있으니 그런 의견들을 반영하여 정치하게 다듬으면 우리가 만든 잘 된 조문의 하나로 내세울 수 있을 것입니다.

연구성과가 충분히 집적되지 않은 상태에서 서둘러 입법을 하다 보니 아쉬운 부분도 많고 입법의 의도가 제대로 반영되지 않은 부분도 나중에 발견하곤 했습니다. 그 중의 하나가 제101조 제2항입니다. 입법할 때 의도는 "특수관계인을 상대방으로 하는 행위"뿐만 아니라 "특수관계인을 위한 행위"에도 적용하는 것이었는데 문언이 이를 제대로 반영하지 못했습니다("특수관계인이 관련된 행위의 부인(2010)").

채무자회생법 제정에 깊이 관여하면서 입법과정과 내용에 대해 여러 차례 기고를 하였고 그 내용을 종합하여 「도산법 개혁 1998-2007」(2007)을 출간하였습니다. 우리나라 도산법 제·개정은 외국에서도 관심이 많아서 외국어로도 여러 차례 발표했습니다. 그 과정에서 늘 마음에 남아 있는 것은 제 능력의 한계와 시간적 제약 때문에 세 법률을 화학적으로 통합하지 못하고 물리적으로 통합한 점입니다. 저는 그 작업을 못했지만 역량있는 후학들이 완수하시리라 기대합니다.

기업구조조정촉진법

외환위기 후 도산법학자로서 가장 불편했던 점은 채무조정에 정부가 개입하는 현실이었습니다. 어떤 공장을 지을지, 어떤 자금에서 투자할지, 누구에게 운영을 맡길지를 정부가 정하는 정부주도형 경제성장기의 부실기업 처리 방식(부실기업정리, 산업합리화조치, 부도유예협약 등)이 '워크아웃'이라는 이름으로 다시 시행된 점입니다. 채권자와 채무자 간의 자율적인 채무조정이라면 별 문제가 없지만 정부가 대기업의 채무조정에 직접 개입하게 되면 사법절차를 통한 채무조정의 역량은 줄어들어 법정도산절차가 형해화될 것을 우려했습니다. 상법교수로는 이례적으로 공법학회 세미나에 초대되어 기업구조조정에서도 법치주의의 이념이 구현되어야 한다고 주장했고("企業構造調整과 法治主義(2001)"), 정부가 워크아웃의 법적 불안정성을 극복하기 위해 「기업구조조정촉진법」을 한시법으로 입법했을 때 기촉법의 문제점에 대해 비판했습니다("기업구조조정촉진법 비판(2001)").

재경부는 기촉법 제정 이후에도 이미 시행된 워크아웃에 대한 일종의 면책장치를 도산법에서 찾으려고 했습니다. 그 방법의 하나로 워크아웃에서 합의된 내용을 정리절차에서 정리계획안으로 인가받기를 원했고 구체적인 방법으로 미국의 pre-packaged plan을 도입할 것을 요구했습니다. 그러한 요구를 접하고 모든 사건에서 채권신고와 확정절차를 거쳐야 하는 우리나라에서는 미국식 프리팩이 미국에서와 같은 효과를 가질 수 없는 이유를 설명해야 했습니다("사전조정제도에 관한 연구(2004)"). 세월이 한참 지난 후에 법원 주도로 한국식 프리팩이 시행되는 것을 보면서 경제관료들과 긴장관계를 지속했던 때를 떠올렸습니다.

제가 처음 걱정했던 바와는 달리 워크아웃이 계속 시행되었지만 법정도산절차는 견고히 자리를 잡았고 워크아웃은 이제 채무자 기업이 선택할 수 있는 하나의 선택지로 기능하게 되었습니다. 기촉법의 상시화를 위해서는 적용대상을 확대하고 사후 사법심사를 확대해야 한다는 방안을 제시하였습니다(「기업구조조정촉진법 상시법제화 방안 연구」, 2014).

우리나라 워크아웃은 우리나라에 특유한 것이어서 외국에서도 관심이 많았습니다. 특히 일본에서 타카기 선생님을 중심으로 사적 조정에 다수결제도를 도입하려는 움직임이 활발해서 2014년 도쿄에서 기촉법에 대해 발표를 하기도 했고 평소 많은 가르침을 받고 있는 이토 마코토 교수님의 고희 기념 논문집에 기촉법을 둘러싼 논의를 정리하고 논평해서 기고했습니다("韓國における企業構造調整促進法 - 論議と展望(2015)"). 외국에서 진행된 중재나 소송에서 전문가 의견서를 내거나 증언을 할 기회가 여러 번 있었는데 대부분 한국의 기촉법에 관한 것이었습니다. 기촉법 절차의 법적 불확실성이 그만큼 크다는 예라고 봅니다.

도산법연구회

1998년 1월 한국개발연구원이 주관한 기업퇴출제도 세미나에 토론자로 초대받으면서 혼자서 논문을 쓰던 사람이 처음으로 바깥 세상에 나가게 되었습니다. 도산법 개정작업에서 도산법에 관심이 있는 분들을 많이 만나게 되면서 함께 공부하는 모임이 필요하다는 생각을 하게 되었습니다.

저는 평소에 학회에 대해 부정적인 시각을 갖고 있었습니다. 제가 대학을 다니던 시절에 전공 교수님들 간에 알력이 있는 경우 학회가 정치무대가 되고, 학회가 회장, 고문, 이사 등 직함을 즐기는 조직이 되고, 여러 학회 회장을 한 것을 큰 경력으로 내세우고, 학회에서 발표와 토론이 형식적으로 진행되는 것 등이 모두 보기 흉했습니다. 도산법 연구 모임을 만들면서는 회장 등의 직책을 두지 않고, 연구 발표시 자유롭게 토론을 할 수 있는 분위기를 유지하기로 마음먹었습니다.

1998년 6월 첫 연구발표회를 준비하면서 모임의 이름을 학회 대신 도산법연구회로 정하고 제가 연락책이 되어 발표자를 모시고 진행을 했습니다. 주저함 없이 질문과 비평을 하여 "이해할 때까지 질문한다"는 것이 일종의 모토가 되었습니다. 점잖은 발표와 토론에 익숙한 분들은 이런 풍경을 낯설어 하기도 했습니다. 발표자는 자원하기도 하고 모셔오기도 했습니다. 참석인원은 초기 몇 년 간은 매번 10여 명 정도였는데, 당시에는 도산법 연구를 하거나 실무를 하는 분이 많지 않아서 도산법에 관심이 있는 분들은 한 번 정도는 연구회에 참석하셨을 겁니다.

느슨한 조직으로 운영하는 것이 장점도 많았지만 회원 수가 많아지고 연구회 운영에 더 많은 분들이 체계적으로 참여하기 위해서는 법인화할 필요가 있었습니다. 법인화 이야기가 나온 것은 이미 여러 해 되었지만 저의 게으름으로 지체되고 있다가 더 이상 지체할 수 없어서 2009년 법인화했습니다. 법인화할 때 필요한 출연금은 도산법 연구에 동참한 동역자들의 출연으로 마련했습니다. 이제 연구회는 누구의 연구회가 아닌 공적 주체로 존재하게 되었습니다. 초기에는 회장의 임기를 제한하지 않았지만 더 많은 분들이 연구회 운영에 참여할 수 있도록 임기제를 두고 제1, 2 부회장을 미리 선임하여 회장단이 연속성을 갖고 일할 수 있게 하였습니다. 앞으로도 수평적 관계에서 연구회를 운영하고 고문 같은 불필요한 직책을 두지 않았으면 합니다.

법인화만큼이나 큰 변화는 「도산법연구」 발간이었습니다. 1996년 한국상사법학회 연구이사로 일하면서 우리나라 법학계에서 처음으로 게재논문 평가제도를 시행한 경험이 있기 때문에 논문 평가나 연구지 발간은 낯선 일이 아니었지만 도산법은 그렇게 논문을 받아서 평가하기에는 연구 저변이 넓지 않아 도산법에 관한 중요한 정보를 모으고 제공하는 기능에 중점을 두어 발간하기로 하였습니다. 명칭, 제호, 판형, 폰트 등 기술적인 사항을 확정하고 2010년 1월 제1호를 발간하였습니다. 초기 작업과 매호 교정 작업 그리고 여러 가지 행정업무 등에 이대 학생들의 노고가 컸습니다. 저 혼자 작업을 하다가 보니 힘에 부쳐 발간일을 자꾸 미루게 되어 제8권부터는 박재완 교수님이 맡아 수고하고 계십니다. 편집 일을 나누어 할 수 있는 체계가 갖추어져서 편집자에게 과중한 부담이 되지 않았으면 좋겠습니다.

국제 활동

1997년 외환위기가 발생하자 국제금융기관과 국제기구에서 한국의 도산법과 실무에 관심을 갖고 접근했습니다. 도산법을 전공하는 사람이 별로 없었던 시절이라 제가 접촉 대상이 되는 일이 많았습니다. 그들이 하는 첫 질문은 한국에 도산법이 있는가 하는 것이었습니다. 「회사정리법」이나 「파산법」의 영문본이 없던 시절입니다.

각 기관의 성격에 따라서 저의 역할도 달랐습니다. OECD와는 우리나라를 포함한 외환위기를 겪은 동남아시아 국가의 도산제도 변화에 대한 연구활동을 했고(*Insolvency Systems in Asia-An Efficiency Perspective*, 2001), ADB는 몇 차례 자문을 했고, IMF와 World Bank와는 세미나와 워크숍의 발표자로 여러 차례 같이 일했습니다.

그 중에서도 특별한 것은 IMF 담당자와의 관계였습니다. 1998년 처음 IMF 담당자를 만날 때는 그가 무슨 일을 하는지 또 한국 정부와 어떤 관계에 있는지 잘 몰랐습니다. 처음 만난 담당자는 도산전문법원의 설치가 필요하다고 역설했습니다. 저는 생각이 달랐기 때문에 여러 차례 논쟁을 하면서 이 사람이 왜 이렇게 한국 걱정을 하나 궁금했습니다. 나중에 보니 자기가 주장해서 한국에 도산전문법원이 생기면 그것이 자신의 실적이 되는 것이었습니다. 두 번째 만난 담당자는 통합도산법의 제정을 주장했습니다. 그 문제에 대해서도 많이 다투었는데 새로운 입법을 하게 했다는 것이 그의 중요 실적이었습니다.

통합도산법 제정위원회 위원장을 맡았는데 재경부에서 IMF가 파견하는 외국 전문가의 지도편달을 받는 세미나를 하자는 연락이 왔습니다. 현실적으로 필요하지 않아서 사양을 했는데 계속 강권했습니다. 통합도산법 제정위원회 위원장은 참여할 생각이 없다고 거절했더니 재경부에서 법무부에 협조요청을 했습니다. 법무부 담당 심의관의 부탁으로 다시 재경부 담당자를 만나서 긴 논의 끝에 IMF가 보낸 전문가의 설교를 듣는 것이 아니고 우리가 질문을 하고 그들이 답변하는 방식으로 진행하고 제정위원회나 위원 자격으로 참여하는 것이 아니고 한국의 도산법 전문가들이 개별적으로 참여하는 것으로 합의했습니다.

의아했던 것은 재경부가 이 모임에 왜 이렇게 매달리는가 하는 점이었습니다. 일이 다 끝난 후에 전모를 파악해 보니, IMF에 파견된 재경부 담당자는 IMF와 여러 가지 협의를 하면서 서로 주고받게 되는데 이 모임이 IMF의 요구사항의 하나였고 그 요구를 성사시킬 임무가 부여되자 재경부 담당자들은 물불을 안 가리고 일을 추진한 것이었습니다. 거친 일처리 방식에 마뜩잖았던 경우가 많았지만 목표에 대한 집중도를 보면서 한국 경제관료의 힘을 느꼈고 경제관료의 그런 속성을 극복하고 시장법치주의로 가는 여정이 험난하겠다는 생각을 여러 번 했습니다. 그 때 만났던 담당자들은 나중에 모두 고위직에 올랐습니다.

2001년 법무부로부터 UNCITRAL 뉴욕 회의에 참가해 달라는 요청을 받았습니다. UNCITRAL 이라는 기구가 국제도산모델법을 만든 기관이라는 것 외에는 별로 알지 못한 상태에서 모든 것을 현장에서 부딪치면서 배웠습니다. 발언권을 신청하려면 국가 이름표를 세우고, 발언을 시작할 때와 끝맺을 때 "Thank you, Mr. Chairman"이라고 말하고, 발언은 회원국 상호간의 대화가 아니고

의장과의 대화이고, 분과위원회(Working Group) 담당 직원(secretary)이 의장을 보좌해서 회의 자료를 만든다는 것 등 처음 몇 년 동안은 회의 때마다 새로운 것을 배워 나갔습니다.

　UNCITRAL에서 의제 채택이나 회의 진행을 주도하는 그룹이 있습니다. 주제와 시기별로 차이가 있지만 도산법에서는 미국, 영국, 프랑스 전문가들의 활동이 활발했습니다. 많은 나라에서 대표단을 보낼 때 동일한 인사를 계속 보내지 않고 회의 때마다 다른 사람을 보냅니다. 그렇게 되면 회의에서 논의하는 내용에 대한 이해가 부족해서 들을만한 내용을 발언하기가 쉽지 않습니다. 게다가 언어의 문제가 있습니다. 6개 UN 공식 언어 외의 언어를 사용하는 대표는 외국어로 발언해야 하는데 그것이 쉽지 않을 수 있습니다. 더욱이 동시통역되는 언어는 내용에 대한 이해가 충분하지 않으면 이해하기에 쉽지 않습니다.

　저는 첫 회의부터 발언을 했습니다. 제가 영어를 잘 못하지만 당시 한국의 도산법을 제정하고 있었기 때문에 현장의 이야기를 해야겠다고 생각했고 다른 대표들도 입법 현장에 있는 사람의 의견을 경청했습니다. 다행히 법무부가 각 분과위원회별로 같은 사람을 파견했기 때문에 회의가 거듭될수록 노하우가 축적되었습니다. 오래지 않아 회의 전이나 후에 따로 모여서 논란이 많은 쟁점에 대해서 논의하고 문구를 다듬는 일종의 비공식적인 소위원회에 참석함으로써 주류그룹에 들어가게 되었습니다. 2003년에는 의장이 급히 귀국하게 되어 의장 역할을 대신하는 부의장에 선임이 되어 회의 진행방식을 현장에서 실수해 가며 배우기도 했습니다(당시 한국은 UNCITRAL 회원국이 아니고 옵서버 국가였습니다. 회원국이 아닌 국가의 대표가 의장단의 일원이 될 수 있는지에 대해 법적 검토가 이루어졌고 개인 자격으로 가능하다는 결론을 내렸다고 합니다).

　UNCITRAL 회의에 여러 해 참여하면서 몇 가지 소망이 생겼습니다. 사무국에 한국 출신 직원이 있고, 한국이 분과위원회의 의장을 맡고, 한국이 의제를 개발해서 분과위원회 창설을 주도하고, 한국이 아시아에서 UNCITRAL의 허브 역할을 하고, 제자가 저의 역할을 이어서 맡는 것이었습니다. 2007년 한국인 직원이 사무국에 입성하여 맹활약 중이고, 제가 2009년 제42차 전체 회의 의장에 선임이 되었고 2011년에는 새로 구성된 WG III(Online Dispute Resolution)의 의장으로 2014년까지 일했습니다. 2012년에는 인천에 UNCITRAL 분사무소가 개설되었습니다. 제 후임으로 저의 동료가 맡아서 잘 수행하고 계십니다. 법무부의 일관된 정책 시행으로 우리나라가 UNCITRAL에서 중요한 역할을 하게 된 것은 의미 있는 발전이라고 하겠습니다.

　도산법에 관한 비정부 국제기구에는 영국 도산실무가를 중심으로 하는 INSOL과 미국과 캐나다 변호사를 중심으로 하는 III가 있습니다. INSOL은 INSOL International 아래 각국의 INSOL이 연대하는 구조로 되어 있습니다. INSOL 간부진은 여러 번 INSOL Korea를 조직해 보라고 권했고 몇 번 생각도 해 봤지만 추진하지는 않았습니다. III은 기존 회원의 추천을 받아 개별적으로 입회하는 구조인데 저는 2006년에 III에 입회하여 두세 번 모임에도 참석하고 III가 발간하는 *Annual Review of International Insolvency*의 편집위원에 위촉되었습니다. 또 엄격한 추천제로 입회하는

American College of Bankruptcy에 2007년 입회하게 되어 워싱턴 D.C.의 Building Museum에서 거창한 입회식을 갖기도 했습니다. 저는 III와 ACB 모두에서 2011년 탈퇴했습니다. 이런 기구들의 모임에 참석하면 외국의 도산전문가들을 만나 최근의 경향을 들을 수 있고 네트워킹을 하는 장점이 있지만 교수인 제게는 시간이나 비용 면에서 어울리지 않는 점이 많았습니다. 더욱이 서구 사회를 기반으로 하는 이런 모임에서 한국인이 주류에 들어가기에는 한계가 분명했습니다. 저의 존재가 조직 구성원의 다양성을 유지하는 데는 도움이 되겠지만 그런 기구들이 저의 삶에 특별한 의미를 갖지는 못했습니다.

국제활동 중 만났던 할리데이(Terence Halliday) 박사와의 작업은 제게 학문적으로 특별한 의미를 갖습니다. 2000년 American Bar Foundation 소속이라고 자신을 소개한 거구의 법사회학자를 만나게 되었는데 한국의 도산법 제·개정과정을 연구하고 있었습니다. 이미 영국과 미국의 도산법 제정과정을 법사회학적 시각에서 연구한 저서를 펴낸 분이었습니다. 평소 법사회학에 대해서 관심이 많았던 저는 그 분과의 토론에서 많은 영감을 주고받았습니다. 할리데이 박사와는 UNCITRAL 회의 때마다 만나서 한두 나절씩 공동작업을 해서 논문을 발표하기도 하고("Rehabilitating Korea's corporate insolvency regime, 1992–2007 (2009)") 그의 저술(*Bankrupt: Global Lawmaking and Systemic Financial Crisis*, 2009)에 대한 서평을 쓰기도 했습니다("A Sociolegal Anatomy of Insolvency Rulemaking in a Global Context(2010)"). 서울이나 시카고에서 만나게 되면 서로 집에 묵으면서 다음 작업을 준비했는데 제가 이런 저런 보직을 맡으면서 진척을 못해 미안하고 아쉽습니다.

타카기 선생님

타카기 신지로(高木新二郎) 선생님은 1937년생으로 저와는 19년 차이가 있지만 같이 다닐 때 제가 가방을 들어 드리겠다고 하면 한 번도 허락하신 일이 없었습니다. 70대에도 스킨 스쿠버와 개썰매를 즐기셨고 변호사, 판사, 교수, 구조조정 실무가의 다양한 길을 걸으시면서 당신이 옳다고 생각하신 것을 즉시 실행에 옮기시는 분이셨습니다. 일본 지인들이 전혀 일본인 같지 않은 분이라고 입을 모으면서도 일본 도산법계를 대표하는 분이라는 데 이견이 없습니다.

2000년대 초 국제회의에서 처음 타카기 선생님을 뵌 후 얼마 지나지 않아 저는 선생님을 저의 멘토로 의지했고 선생님은 저를 신뢰하는 파트너로 대하셨습니다. 제가 가장 감복했던 것은 선생님의 놀라운 학습능력과 추진력이었습니다. 40대 독학으로 영어와 미국 도산법을 공부하시고 쓰신 책이 「米国新倒産法概説」(1984)입니다(선생님 댁에 갔을 때 서재에서 그 책을 보고 제게 주시라고 했더니 그 책은 틀린 부분이 많아서 다 없애야 한다고 하시면서 안 주시겠다는 것을 거의 빼앗아 왔습니다). 자신이 아는 것과 모르는 것을 분명히 하시고 좋아하는 것과 싫어하는 것을 숨기지 않으셨습니다. 일을 좋아하고 열심히 하시는 모습을 뵐 때마다 감탄할 수 밖에 없었고 저의 롤 모델이 되셨습니다.

평소 일본의 침략전쟁을 잘못된 것이라고 비판하시면서 일본이 동아시아 국가의 발전에 기여할 의무가 있다고 말씀하셨던 선생님은 제4회 한중일 도산법 심포지엄(서울, 2012) 리셉션에서 일본의 침략을 공개적으로 사과하겠다고 말씀하셔서 제가 말렸던 일도 있었습니다. 자신이 잘 아시는 도산법과 기업구조조정을 통해 한국과 중국 그리고 동아시아가 더 발전했으면 좋겠다는 비전을 갖고 일하셨습니다.

2018년 8월 타카기 선생님이 돌아가셨다는 소식을 들었습니다. 연세가 있으시니까 돌아가시는 것이 이상하지는 않지만 죽음이 그렇게 도적처럼 올 수 있다는 것을 깨달았습니다. 2018년 9월 댁으로 문상을 가서 영정 앞에서 선생님께 이렇게 인사드렸습니다.

선생님,

저 왔습니다.

지난 18년 동안 선생님께서는 저의 큰 스승이셨습니다.

아시아인이 별로 보이지 않는 국제 무대에서 선생님은 제가 기댈 수 있는 큰 나무셨고 저의 든든한 후원자이셨습니다.

빈에서 제게 해 주셨던 조언을 늘 기억하고 있습니다.

"직설적으로 이야기해라. 행동하면서 생각해라."

선생님께서는 저와 제 아내를 특별히 생각하셔서 댁으로 초대해 주시고, 일본에 오면 늘 숙소까지 챙겨 주셨습니다. 제게 일본은 선생님이 계신 곳을 의미했는데 오늘은 선생님께 작별인사를 하러 왔습니다.

선생님께서 갖고 계신 동아시아에 대한 비전으로 「동아시아도산재건협회」가 창설되었고 10회 심포지엄을 이번 가을 서울에서 열게 되었습니다. 선생님이 안 계신 심포지엄이 어떨지 아무 생각이 안 납니다.

이제 선생님은 사랑하시는 사모님과 자녀들 그리고 늘 말씀하시던 손자 손녀들의 수호천사가 되셔서 영원히 가족들과 함께 하실 줄 믿습니다.

누구에게도 신세를 지지 않으시고 대의를 생각하시면서 멋지게 사신 선생님처럼 살겠습니다.

사랑과 존경을 담아 절을 올립니다.

오수근 드림

2019년 10월 27일 서울에서 열린 제10회 한중일 도산법 심포지엄은 이 모임을 만드신 타카기 선생님의 추모행사로 시작했습니다. 중국과 일본 대표에 이어 제가 추도사를 마치고 다음과 같이 제안했습니다. "원래는 타카기 박사님을 추모하는 묵념을 올릴 계획이었는데 그것은 타카기 스타일이 아니라는 생각이 들었습니다. 한 평생 높은 비전을 갖고 열정적으로 사시다가 누구에게도 폐를 끼치지 않으시고 홀연히 우리 곁을 떠나신 타카기 박사님을 생각하면서 뜨거운 박수로 환송해 주시면 고맙겠습니다."

한중일 심포지엄

한중일 도산법 심포지엄은 앞서 언급한대로 타카기 선생님의 한국과 중국에 대한 부채감에서 시작했습니다. 타카기 선생님이 몇 차례 한중일 모임을 말씀하셔서 우선 한국과 일본의 전문가 회의를 해보기로 했습니다. 2009년 4월 4일 이대 진선미관에서 한국과 일본에서 온 20여 명의 전문가가 모여 순차통역을 하면서 하루 종일 여러 주제에 대한 발표와 토론을 했습니다. 이 자리에 중국 왕웨이궈 교수님이 참석하셔서(김춘 교수의 개별 통역) 한중일의 구색을 갖추었습니다. 긴 하루의 토론이 끝나고 인사동의 한국 토속음식점에서 저녁식사를 했는데 한 일본 참석자가 '진로'를 주문해서 도산한 진로가 생각나기도 했습니다. 타카기 선생님이 저녁식사 비용을 각자 부담하자고 하셨습니다. 비용 문제 때문에 한국이나 중국에서 심포지엄 개최를 어려워하지 않을까 염려하신 선생님의 배려였다고 생각됩니다.

그 후 타카기 선생님, 왕웨이궈 교수님 그리고 제가 계속 상의해서 한국, 중국, 일본이 돌아가면서 심포지엄을 열기로 했습니다. 한중일 도산법 심포지엄을 기획하면서 가장 먼저 문제 되었고 항상 문제 되는 것이 언어입니다. 여러 나라 사람들이 모여 회의를 할 때 제일 간단한 방법은 영어로 진행하는 것입니다. 저는 처음부터 영어 진행에 반대했습니다. 영어로 진행하면 회의장에 도산법 전문가가 나오는 것이 아니고 영어를 말할 수 있는 사람만 나오는 것을 다른 국제회의에서 많이 봤기 때문입니다. 같은 동시통역사에게 계속 일을 맡기면서 도산법을 공부하는 경험을 쌓게 해서 통역의 질을 향상할 수 있었습니다.

지금까지 11번의 심포지엄을 통해 다른 나라의 도산법에 대한 이해를 넓힐 수 있었습니다. 처음에는 제도의 소개가 주를 이루었는데 점차 틀을 잡아서 연례보고, 주요 사건, 핵심 쟁점, 가상사례 등 실질적이고 깊이 있는 논의를 하게 되었습니다. 그 과정에서 각국 도산법의 변화와 발전을 직접 확인하는 것은 큰 공부라 하겠습니다. 도산법 심포지엄은 도산법을 공부하는 것 외에도 서로 다른 문화를 체험하고 교류하는 기회가 되었습니다. 중국은 대표자를 공항에서 영접하는 것을 당연히 여기는데 한국과 일본은 아예 생각도 안 합니다. 리셉션에서 음식을 담은 용기의 바닥이 보이면 중국 참가자들은 손을 못 대는데 일본 참가자들은 음식을 남기고 행사장을 떠나는 것을 불편해 합니다. 이메일에 대한 반응속도도 다르고 각국 구성원간의 의사소통 방식도 아주 다릅니다. 그런 세 나라가 모여서 매년 심포지엄을 10년 넘게 하는 것은 정말 대단한 일이고 특별한 성과입니다.

반성과 숙제

도산법과 함께 한 30년을 돌아보면서 가장 아쉬운 점은 도산법 이론을 천착하는 데 몰입하지 못한 점입니다. 1997년 이후 도산사건이 폭증하면서 실무에서 일어나는 문제를 해결하기 위한 연구들이 많이 진행되어 실무를 개선하는 데 큰 도움이 되었습니다. 이 과정에서 도산실무가들이 많은 기여를 했고 그 열정에 경의를 표합니다. 장기적으로 보면 도산법 이론에 대한 깊은 연구와 이해가 필요합니다. 근본적인 문제에 대한 이해가 충분하지 않으면 작은 문제에는 답을 하지만 큰 문제에는 답을 하지 못하는 어려움에 처할 수 있습니다.

아무래도 실무가들은 실무적인 문제에 먼저 눈이 가게 되고 도산법 학자는 이론적인 문제를 다룰 여유가 있습니다. 학자에게 주어진 사회적 책무라 하겠습니다. 한 일본 교수님께 일본에 도산법 전공 교수가 몇 명 정도 되는지 물은 적이 있습니다. 그분의 답이 제가 아는 대학을 기준으로 할 때 약 200명 정도일거랍니다. 그에 비하면 우리나라에서 대학이나 연구소에서 도산법 연구를 하는 분의 수는 그것의 10%도 되지 않습니다. 그런 상황에서, 더욱이 우리나라 도산법 연구의 초기라 할 수 있는 지난 30년 동안 학자로서 이론적인 연구에 매진하지 못하고 제게 주어진 한정된 시간을 도산법 입법 활동과 국제 활동과 같은 바깥일에 많이 쓴 것이 아쉽습니다. 도산법의 근본 문제에 대한 연구를 도산법 학자들에게 부탁드립니다.

교수 정년퇴임으로 도산법 연구 30년의 매듭을 지으면서도 아직 끝내지 못한 숙제가 있습니다. 첫째는 이토 마코토(伊藤眞) 교수님의 저술을 번역하고 우리나라 판례와 학설을 추가하는 일입니다. 10년 전에 시작하여 초고를 몇 번 다듬으면서도 아직 마무리하지 못해 오랫동안 학은을 입은 이토 교수님께도 죄송하고 제 자신에 대한 마음의 짐이 있습니다. 현재 작업하고 있는 일본 도산법 번역 작업이 끝나면 제일 먼저 이토 교수님 숙제를 해야 합니다.

둘째는 우리나라 도산법에 대한 영문저술입니다. 채무자회생법의 내용을 영문으로 소개할 기회가 여러 번 있었고, 현재도 *Oxford International and Comparative Insolvency Law Series*의 한국법 집필자로 참여하고 있지만 우리나라 도산법을 한 권으로 읽을 수 있는 영문 서적이 있으면 좋겠다는 생각이 있어 전부터 준비해왔습니다. 영문 도산법을 쓰기로 공적으로 약속한 바도 있어 피할 수 없는 숙제가 되었습니다.

셋째는 도산법과 윤리의 문제입니다. 법전원에서 도산법 강의를 거의 매학기 하면서 주로 법원칙과 실무를 설명하고 토의했습니다. 2021년 1학기 정년퇴임 전 마지막 학기의 '소비자파산법' 강좌에서는 도산제도 특히 개인 면책을 둘러싼 윤리 문제를 집중적으로 살펴봤습니다. 수강생들과 함께 읽은 Jukka Kilpi의 *Ethics of Bankruptcy*를 번역 출간하기로 했는데 역자 주를 달면서 많은 공부가 될 것 같습니다.

밀린 숙제를 끝내고도 제게 시간이 남아 있다면 두 가지를 더 하고 싶습니다. 하나는 형성권에 대한 연구입니다. 회생절차 중 부인권을 행사했는데 그에 대한 결정이 확정되기 전에 회생절차가 종료하면 부인권 행사는 어찌 되는지가 문제 되어 왔습니다. 저는 부인권이 일단 행사되면 그 후에 도산절차가 종료되더라도 채무자가 이를 승계하는 것이 맞다고 생각했습니다("회생절차의 종료와 부인권(2011)"). 이를 둘러싼 논란의 한 원인은 형성권에 대한 이해가 서로 다르기 때문이라고 봅니다. 회생채권을 청구권으로 규정한 「채무자회생법」 제118조 제1호를 해석하면서, 우리가 형성권이라는 개념을 사용하지만 형성권이라고 불리는 개별 권리의 내용은 서로 다르다는 것을 알게 되었습니다("도산절차에서 형성권의 취급(2017)"). 도산법에서 한 발 내딛을 수 있으면 좋겠습니다.

다른 하나는 도산법 문헌 지도를 만드는 일입니다. 여러 해 전 대학원생들과 우리나라 도산법 문헌의 내용을 정리하고, 수준을 표시하고, 문헌에서 기술한 내용이 어느 문헌에서 먼저 등장했는지를 추적하는 작업을 해 보았습니다. 우리나라 법학의 고질적인 문제의 하나는 저작권에 대한 인식이 철저하지 못한 점입니다. 사실과 의견, 자기 의견과 남의 의견을 명확히 구분하지 못하는 일이 드물지 않습니다. 심지어는 판례에서도 최초의 판례가 아닌 최근의 판례가 논거로 인용됩니다. AI의 도움을 받으면 원저자를 찾는 일이 조금 수월해질지 모르겠습니다.

감사의 말씀

도산법은 세 가지 면에서 제 인생에 주어진 큰 선물입니다. 첫째는 제가 사회에 도움이 되는 일을 할 수 있게 해 주었습니다. 저에게 법학은 밀린 숙제 같은 존재였습니다. 우연한 기회에 법학을 전공하게 되었지만 재미와 보람을 느끼지는 못했고, 제가 잘 할 수 있나 하는 염려를 놓은 때가 없었습니다. 그러다 도산법을 공부하게 되면서 경제를 돌아가게 하고 새출발하는 기회를 주는 일을 한다는 긍지가 저를 완주하게 했습니다.

둘째는 좋은 분들을 만나게 해 주었습니다. 동창회에도 안 나가고 경조사도 안 챙기는 폐쇄적인 성격인데 도산법을 통해서 정말 좋은 분들을 많이 만났습니다. 훌륭한 인품과 탁월한 식견을 가진 분들을 만날 때마다 감동했고, 그 분들을 통해서 많이 배웠고 저의 삶이 풍성해졌습니다. 지금도 가족 외에 제가 만나고 연락하는 분들은 대부분은 도산법이 인연이 되어 알게 된 분들입니다. 이 글에서 그런 분들과의 귀한 경험을 구체적으로 소개하고 싶었지만 저의 부실한 기억이 누를 끼칠 것 같아서 실명으로 말씀드리는 것은 다음 기회로 미루겠습니다.

셋째는 넓은 세상을 보게 했습니다. 6살에 유치원에 간 후 평생을 학교에만 있었습니다(군 복무도 육군사관학교에서 교수부 법학과 교관으로 했습니다). 학교라는 갇힌 공간에 살면서 기업과 사회 그리고 삶의 현장을 본 것은 대부분 도산법을 통해서입니다. 도산법을 통해 사회의 큰 그림을 보고 균형을 잡을 수 있었습니다.

끝으로, 귀한 책으로 제 정년퇴임을 기념해 주시고 이런 글을 쓸 수 있게 해주신 사단법인 도산법연구회 「도산판례백선」 편집위원회 위원장님과 위원님들 그리고 옥고를 써주신 필자들께 깊이 감사드립니다. 도산법연구회 동지들의 혜안과 배려와 수고에 존경과 경의를 표합니다.

사단법인 도산법연구회 도산판례백선 편집위원회

위 원 장	김관기(김·박 법률사무소 변호사)	
위　　원	김성용(성균관대학교 법학전문대학원 교수)	
위　　원	김형두(법원행정처 차장)	
위　　원	박재완(한양대학교 법학전문대학원 교수)	
위　　원	서경환(서울회생법원장)	
위　　원	정영진(인하대학교 법학전문대학원 교수)	
위　　원	홍성준(법무법인 태평양 변호사)	
간　　사	김영근(법무법인 세종 변호사)	
간　　사	황인용(법무법인 율촌 변호사)	

반산 오수근 교수 정년기념
도산판례백선

초판발행	2021년 8월 30일
엮은이	사단법인 도산법연구회 도산판례백선 편집위원회
펴낸이	안종만·안상준
편　집	이승현
기획/마케팅	조성호
표지디자인	이수빈
제　작	고철민·조영환
펴낸곳	(주)박영사
	서울특별시 금천구 가산디지털2로 53, 210호(가산동, 한라시그마밸리)
	등록 1959. 3. 11. 제300-1959-1호(倫)
전　화	02)733-6771
f a x	02)736-4818
e-mail	pys@pybook.co.kr
homepage	www.pybook.co.kr
ISBN	979-11-303-3969-6 93360

copyright©사단법인 도산법연구회, 2021, Printed in Korea

정　가　　23,000원